Hansjörg Otto/Marcus Bieder
Arbeitsrecht
De Gruyter Studium

Hansjörg Otto, Marcus Bieder

Arbeitsrecht

—

5. völlig neu bearbeitete Auflage

DE GRUYTER

Dr. Hansjörg Otto, em. Professor für Bürgerliches Recht und Arbeitsrecht
an der Georg-August-Universität Göttingen

Professor Dr. Marcus Bieder, Lehrstuhl für Bürgerliches Recht, deutsches und europäisches
Arbeitsrecht, Handels- und Gesellschaftsrecht an der Universität Osnabrück

ISBN 978-3-11-028581-9
e-ISBN (PDF) 978-3-11-028582-6
e-ISBN (EPUB) 978-3-11-038862-6

Bibliografische Information der Deutschen Nationalbibliothek
Die Deutsche Nationalbibliothek verzeichnet diese Publikation in der Deutschen Nationalbiblio-
grafie; detaillierte bibliografische Daten sind im Internet
über http://dnb.dnb.de abrufbar.

© 2020 Walter de Gruyter GmbH, Berlin/Boston
Druck: CPI books GmbH, Leck
Eingebundenes Bild: Christopher Schmid, Novarc Images,
Alamy Stock Foto

www.degruyter.com

Vorwort

Das Lehrbuch „Arbeitsrecht" erscheint nunmehr in der fünften Auflage. Der mehr als zehnjährige Abstand zur Vorauflage macht naturgemäß in einem so schnelllebigen Rechtsgebiet wie dem Arbeitsrecht umfangreiche Aktualisierungen erforderlich. Sowohl die Rechtsprechung des EuGH als auch des BAG haben in der letzten Dekade grundlegende Umwälzungen erfahren. Zugleich sind bedeutende Gesetzesänderungen – im Individualarbeitsrecht etwa das Mindestlohngesetz und im kollektiven Arbeitsrecht das Tarifeinheitsgesetz – in Kraft getreten, denen Rechnung getragen werden musste. Gleiches gilt für die Herausforderungen, denen sich die Arbeitsrechtsordnung zunehmend vor dem Hintergrund der fortschreitenden Globalisierung und Digitalisierung der Arbeitswelt („Arbeitswelt 4.0") zu stellen hat. Den abstrakten Erörterungen sind nun knapp 100 Fallbeispiele vorangestellt, weitere Übersichten sowie Prüfungsschemata ergänzt worden, um den Leser auf anstehende Prüfungen – sei es im Pflichtfachbereich, sei es in der universitären Schwerpunktbereichsprüfung – möglichst optimal vorzubereiten.

Der Autorenwechsel bei einem Lehrbuch ist naturgemäß heikel, zumal wenn er über einige „akademische Generationen" hinweg und zwischen Personen erfolgt, die bislang keine gemeinsamen Projekte verwirklicht haben. Ich danke *Hansjörg Otto* herzlichst, dass er mir die Bearbeitung dieses Werks nicht nur überlassen, sondern auch für die Neuauflage völlig freie Hand gelassen und das nötige Vertrauen geschenkt hat. Das Ausmaß der durch den Autorenwechsel veranlassten Änderungen ist freilich überschaubar, da die bisherige Fokussierung auf die dogmatischen Grundlagen des Arbeitsrechts zeitlos ist und unsere Positionen, was ich beim Beginn der Arbeiten an diesem Buch nicht zu hoffen gewagt hätte, selbst im Detail weitgehend übereinstimmen. Ich hoffe, dem von *Hansjörg Otto* für die Vorauflage formulierten Anspruch, die Grundlagen und Grundzüge dieses Rechtsgebiets nicht nur zu referieren, sondern auch zu diskutieren, nach wie vor gerecht zu werden.

Zur Arbeit mit diesem Buch haben wir nach unserer Erfahrung nützliche Hinweise unter der Überschrift „Arbeitsmaterial" im Anschluss an das Inhaltsverzeichnis zusammengefasst. Der Leser benötigt zumindest den Text des Grundgesetzes, des Bürgerlichen Gesetzbuches, der wesentlichen arbeitsrechtlichen Gesetze und Richtlinien der EU. Ohne die Lektüre der im Text genannten Normen, die den Ausgangspunkt jeder Vor- oder Nachbereitung universitärer Veranstaltungen bilden sollte und letztlich den Erfolg in Examen und Prüfung sichert, wird manche Passage unverständlich bleiben. Der Fußnotentext belegt zum einen die Aussagen im Text und enthält zum anderen – ohne Anspruch auf

https://doi.org/10.1515/9783110285826-001

Vollständigkeit – ergänzende Nachweise, die zu einer weiteren Vertiefung anregen sollen. Die Schrifttumsauswahl unter „Arbeitsmaterial" soll den Zugang zum Arbeitsrecht und vor allem zu dessen Spezialmaterien weiter erleichtern. Die Rechtsprechung ist zur leichteren Auffindbarkeit auch im Internet (etwa über beck-online.de oder juris.de) nach Datum und Aktenzeichen zitiert. Für die herkömmliche Information über BAG-Entscheidungen bieten sich die überwiegend am Gegenstand orientierte Loseblattsammlung AP (Nachschlagewerk des Bundesarbeitsgerichts – Arbeitsrechtliche Praxis) und die NZA (Neue Zeitschrift für Arbeitsrecht) an, die deshalb in der Regel parallel genannt sind.

Zuletzt gilt mein Dank nicht nur, aber vor allem meiner Frau, Oberstaatsanwältin *Sabine Diekmann*, die mir – wie immer – trotz ganz erheblicher eigener Arbeitsbelastung den Rücken für dieses Projekt freigehalten hat, und unserer Tochter *Maja*, die ihren Papa neben Kaufmannsladen, Knetgummi und Vorlesestunden überraschend klaglos (zumindest manchmal) für die Arbeit am Schreibtisch freigegeben hat. Gleiches gilt für die Mitarbeiter und Lektoren des de Gruyter Verlags, die meine zahlreichen Fristüberschreitungen mit Geduld ertragen haben, sowie meinem bewährten Lehrstuhlteam, das entweder durch kritische Hinweise, Anregungen und Recherchen unmittelbar an diesem Werk mitgewirkt oder durch sein Engagement bei anderen, gleichzeitig abzuschließenden Projekten das Erscheinen dieses Buchs überhaupt erst ermöglicht hat. Zu danken habe ich deshalb insbesondere *Inge Götz, Sarah Ewersmeyer, Merle Kropik, Julius Horstkötter* und *Marcel Holthusen* und meinen beiden ehemaligen Assistenten *Lars Giesen* und *Florentine Füg*.

Osnabrück, im August 2019 *Marcus Bieder*

Inhalt

Verzeichnis der Abkürzungen

a.A.	anderer Ansicht
a.a.O.	am angegebenen Ort
a.E.	am Ende
a.F.	alte Fassung
AAB	Allgemeine Arbeitsbedingungen
AAG	Gesetz über den Ausgleich der Arbeitgeberaufwendungen für Entgelt-fortzahlung
ABl.	Amtsblatt
ABl.EU	Amtsblatt der EU
Abs.	Absatz
AcP	Archiv für die civilistische Praxis (Zeitschrift)
AEntG	Gesetz über zwingende Arbeitsbedingungen bei grenzüberschreitenden Dienstleistungen (Arbeitnehmer-Entsendegesetz)
AEUV	Vertrag über die Arbeitsweise der Europäischen Union
AFG	Arbeitsförderungsgesetz
AFRG	Arbeitsförderungs-Reformgesetz
AG	Aktiengesellschaft
AGB	Allgemeine Geschäftsbedingungen; Arbeitsgesetzbuch
AGB-Gesetz, AGBG	Gesetz zur Regelung des Rechts der Allgemeinen Geschäftsbedingungen
AGG	Allgemeines Gleichbehandlungsgesetz
AiB	Arbeitsrecht im Betrieb (Zeitschrift)
AktG	Aktiengesetz
Alt.	Alternative
a.M.	am Main
Anl.	Anlage
Anm.	Anmerkung
AP	Arbeitsrechtliche Praxis (Nachschlagewerk des Bundesarbeitsgerichts)
ArbeitsstättenVO	Arbeitsstättenverordnung
ArbG	Arbeitsgericht
ArbGG	Arbeitsgerichtsgesetz
AR-Blattei	Arbeitsrecht-Blattei (Handbuch für die Praxis)
ArbPlSchG	Gesetz über den Schutz des Arbeitsplatzes bei Einberufung zum Wehr-dienst
ArbSchG	Gesetz über die Durchführung von Maßnahmen des Arbeitsschutzes zur Verbesserung der Sicherheit und des Gesundheitsschutzes der Beschäf-tigten bei der Arbeit
Arbu/AuR	Arbeit und Recht (Zeitschrift)
ArbStättVO	Verordnung über Arbeitsstätten
ArbVG	Arbeitsvertragsgesetz
ArbVG 1992	Diskussionsentwurf eines Arbeitsvertragsgesetzes, DJT 1992
ArbZG	Arbeitszeitgesetz
Art.	Artikel

ASiG	Gesetz über Betriebsärzte, Sicherheitsingenieure und andere Fachkräfte für Arbeitssicherheit
AtzG/ATG	Altersteilzeitgesetz
AuA	Arbeit und Arbeitsrecht (Zeitschrift)
AufenthG	Gesetz über den Aufenthalt, die Erwerbstätigkeit und die Integration von Ausländern im Bundesgebiet
Aufl.	Auflage
AÜG	Gesetz zur Regelung der gewerbsmäßigen Arbeitnehmerüberlassung
AVE	Allgemeinverbindlicherklärung
Az.	Aktenzeichen
AZO	Arbeitszeitordnung
BABl.	Bundesarbeitsblatt (Zeitschrift)
BAG	Bundesarbeitsgericht
BAnz.	Bundesanzeiger
BAT	Bundesangestelltentarifvertrag
BB	Betriebsberater (Zeitschrift)
BBG	Bundesbeamtengesetz
BBiG	Berufsbildungsgesetz
Bd. (Bde.)	Band (Bände)
BDA	Bundesvereinigung der Deutschen Arbeitgeberverbände
BDSG	Bundesdatenschutzgesetz
BEEG	Gesetz zum Elterngeld und zur Elternzeit
BErzGG	Gesetz zum Erziehungsgeld und zur Elternzeit
BeschFG	Beschäftigungsförderungsgesetz
BetrAVG	Gesetz zur Verbesserung der betrieblichen Altersversorgung (Betriebsrentengesetz)
BetrVG	Betriebsverfassungsgesetz
BGB	Bürgerliches Gesetzbuch
BGBl.	Bundesgesetzblatt
BGH	Bundesgerichtshof
BGHZ	Amtliche Sammlung der Entscheidungen des BGH in Zivilsachen
Bl.	Blatt
BlStSozArbR	Blätter für Steuerrecht, Sozialversicherung und Arbeitsrecht
BMAS	Bundesminister(ium) für Arbeit und Soziales
BPersVG	Bundespersonalvertretungsgesetz
BRAO	Bundesrechtsanwaltsordnung
BR-Drucks.	Drucksache des Deutschen Bundesrates
BRRG	Beamtenrechtsrahmengesetz
BSG	Bundessozialgericht
BT-Drucks.	Drucksache des Deutschen Bundestages
BUrlG	Mindesturlaubsgesetz für Arbeitnehmer (Bundesurlaubsgesetz)
BVerfG	Bundesverfassungsgericht
BVerfGE	Amtliche Sammlung der Entscheidungen des BVerfG
BVerwG	Bundesverwaltungsgericht
BVerwGE	Amtliche Sammlung der Entscheidungen des BVerwG
BZRG	Bundeszentralregistergesetz

bzw.	beziehungsweise
CGB	Christlicher Gewerkschaftsbund
DAG	Deutsche Angestellen Gewerkschaft
DB	Der Betrieb (Zeitschrift)
DBB	Deutscher Beamtenbund
DDR	Deutsche Demokratische Republik
DDR-AGB	Arbeitsgesetzbuch der DDR
DEArbVG 2007	Diskussionsentwurf eines Arbeitsvertragsgesetzes Stand: November 2007
ders.	derselbe
DGB	Deutscher Gewerkschaftsbund
Diss.	Dissertation (Universitätsort)
DJT	Deutscher Juristentag
DKP	Deutsche Kommunistische Partei
Dok.	Dokument
DRdA	Das Recht der Arbeit (österreichische Zeitschrift)
DrittelbG	Gesetz über die Drittelbeteiligung der Arbeitnehmer im Aufsichtsrat
DVBl.	Deutsches Verwaltungsblatt (Zeitschrift)
E	Entwurf, Entscheidung
e.V.	eingetragener Verein
EArbVG	Entwurf eines Arbeitsvertragsgesetzes
EArbVG Brandenburg	Entwurf eines Arbeitsvertragsgesetzes des Landes Brandenburg (Art. 1 des Entwurfes eines Gesetzes zur Bereinigung des Arbeitsrechts [BR-Drucks. 671/96 v. 12.9.1996])
EArbVG Sachsen	Entwurf eines Arbeitsvertragsgesetzes des Landes Sachsen (BR-Drucks. 293/95 v. 23.5.1995)
EBRG	Gesetz über Europäische Betriebsräte
EFZG	Gesetz über die Entgeltfortzahlung an Feiertagen und im Krankheitsfall
EG	Europäische Gemeinschaft
EGBGB	Einführungsgesetz zum Bürgerlichen Gesetzbuch
EGV	Vertrag zur Gründung der Europäischen Gemeinschaft i.d.F. des Vertrages von Nizza
Einl.	Einleitung
EKD	Evangelische Kirche in Deutschland
EMRK	Europäische Menschenrechtskonvention
Entsch.	Entscheidung
ESC	Europäische Sozialcharta
EStG	Einkommensteuergesetz
EU	Europäische Union
EUV	Vertrag über die Europäische Union
EuGH	Gerichtshof der Europäischen Gemeinschaften
EWG	Europäische Wirtschaftsgemeinschaft
EWiR	Entscheidungen zum Wirtschaftsrecht (Zeitschrift)
EWR	Europäischer Wirtschaftsraum
EuZA	Europäische Zeitschrift für Arbeitsrecht

EzA	Entscheidungssammlung zum Arbeitsrecht
f., ff.	folgend(e)
FDGB	Freier Deutscher Gewerkschaftsbund
FLZG	Feiertagslohnzahlungsgesetz
FN	Fußnote dieses Buches (Innenverweisung)
Fn.	Fußnote
G	Gesetz
GBl.	Gesetzblatt
GDBA	Gewerkschaft Deutscher Bundesbahnbeamten und Anwärter
GDL	Gewerkschaft Deutscher Lokomotivführer
GEW	Gewerkschaft Erziehung und Wissenschaft
GewO	Gewerbeordnung
ggfs.	gegebenenfalls
GG	Grundgesetz für die Bundesrepublik Deutschland
GK	Gemeinschaftskommentar
GleibG	Gleichberechtigungsgesetz
GmbH	Gesellschaft mit beschränkter Haftung
GMH	Gewerkschaftliche Monatshefte (Zeitschrift)
GmS OGB	Gemeinsamer Senat der Obersten Gerichtshöfe des Bundes
GS	Großer Senat
h.M.	herrschende Meinung
HAG	Heimarbeitsgesetz
Halbs.	Halbsatz
HBV	Gewerkschaft Handel, Banken und Versicherungen
HGB	Handelsgesetzbuch
HRG	Hochschulrahmengesetz
Hrsg.; hrsgg.	Herausgeber; herausgegeben
HzA	Handbuch zum Arbeitsrecht
i. d. F. (v.)	in der Fassung (vom)
i.S.	im Sinne
i.V.m.	in Verbindung mit
IAO	Internationale Arbeitsorganisation
IG	Industriegewerkschaft
insbes.	Insbesondere
InsO	Insolvenzordnung
IPR	Internationales Privatrecht
ISR	Internationales Seeschifffahrtsregister
iwd	Informationsdienst des Instituts der deutschen Wirtschaft
JA	Juristische Arbeitsblätter (Zeitschrift)
JArbSchG	Gesetz zum Schutze der arbeitenden Jugend
JöR	Jahrbuch des öffentlichen Rechts der Gegenwart

juris	Internetportal der juris GmbH: Juristisches Informationssystem für die Bundesrepublik Deutschland
JuS	Juristische Schulung (Zeitschrift)
JZ	Juristenzeitung (Zeitschrift)
Kap.	Kapitel
Kom. endg.	Kommission, endgültig
KR	Gemeinschaftskommentar zum Kündigungsrecht
krit.	kritisch
KSchG	Kündigungsschutzgesetz
LadSchlG	Gesetz über den Ladenschluss
LAG	Landesarbeitsgericht
LAGE	Entscheidungen der Landesarbeitsgerichte
LFZG, LohnFG	Lohnfortzahlungsgesetz
m. E.	meines Erachtens
MindArbBedG	Gesetz über die Festsetzung von Mindestarbeitsbedingungen
MitbestG	Gesetz über die Mitbestimmung der Arbeitnehmer
MitbestErgG	Gesetz zur Ergänzung des MontanMitbestG (Mitbestimmungsergänzungsgesetz)
MontanMitbestG	Gesetz über die Mitbestimmung der Arbeitnehmer in den Aufsichtsräten und Vorständen der Unternehmen des Bergbaus und der Eisen und Stahl erzeugenden Industrie (Montan-Mitbestimmungsgesetz)
MünchArbR	Münchener Handbuch zum Arbeitsrecht
MuSchG	Gesetz zum Schutze der erwerbstätigen Mutter
MVG.EKD	Mitarbeitervertretungsgesetz der Evangelischen Kirche zu Deutschland
n.F.	neue Fassung
NachwG	Gesetz über den Nachweis der für ein Arbeitsverhältnis geltenden wesentlichen Bedingungen
NGG	Gewerkschaft Nahrung-Genuss-Gaststätten
NJW	Neue Juristische Wochenschrift (Zeitschrift)
Nr.	Nummer(n)
NRW	Nordrhein-Westfalen
NZA	Neue Zeitschrift für Arbeitsrecht
NZA-RR	NZA-Rechtsprechungs-Report Arbeitsrecht
o. J.	ohne Jahresangabe
ÖTV	Gewerkschaft öffentliche Dienste, Transport und Verkehr
ötv	Das ötv-magazin (Zeitschrift)
OVG	Oberverwaltungsgericht
PersV	Die Personalvertretung (Zeitschrift)
RAG	Reichsarbeitsgericht

RAGE	Amtliche Sammlung der Entscheidungen des Reichsarbeitsgerichts (Band u. Seite)
Rats.-Dok.	Dokument des Rats der EG
RdA	Recht der Arbeit (Zeitschrift)
RefE	Referentenentwurf
RN	Randnummer – Inhalts- und Sachverzeichnis sowie Innenverweisungen dieses Buches
Rn.	Randnummer(n)
RGBl.	Reichsgesetzblatt
RGZ	Amtliche Sammlung der Entscheidungen des Reichsgerichts in Zivilsachen
RVO	Reichsversicherungsordnung
S.	Seite; Satz
s.	siehe
SAE	Sammlung arbeitsrechtlicher Entscheidungen (Zeitschrift)
SchwbG	Schwerbehindertengesetz
SE	Societas Europaea
SGB	Sozialgesetzbuch
SGB I	Erstes Buch – Allgemeiner Teil
SGB II	Zweites Buch – Grundsicherung für Arbeitssuchende
SGB III	Drittes Buch – Arbeitsförderung
SGB IV	Viertes Buch – Gemeinsame Vorschriften für die Sozialversicherung
SGB V	Fünftes Buch – Gesetzliche Krankenversicherung
SGB VI	Sechstes Buch – Gesetzliche Rentenversicherung
SGB VII	Siebtes Buch – Gesetzliche Unfallversicherung
SGB IX	Neuntes Buch – Rehabilitation und Teilhabe behinderter Menschen
SGB X	Zehntes Buch – Sozialverwaltungsverfahren und Sozialdatenschutz
SGB XI	Elftes Buch – Soziale Pflegeversicherung
SGB XII	Zwölftes Buch – Sozialhilfe
sog.	sogenannt
SPD	Sozialdemokratische Partei Deutschlands
SprAuG	Gesetz über Sprecherausschüsse der leitenden Angestellten
StVZO	Straßenverkehrs-Zulassungs-Ordnung
TVAng	Tarifvertrag für Angestellte
TVArb	Tarifvertrag für Arbeiter
TVG	Tarifvertragsgesetz
TVöD	Tarifvertrag für den öffentlichen Dienst
Tz.	Textziffer
TzBfG	Gesetz über Teilzeitarbeit und befristete Arbeitsverträge
u. a.	und andere/unter anderem
UEVG	Unfallversicherungs-Einordnungsgesetz
ULA-Nachrichten	Zeitschrift der Union der Leitenden Angestellten
UmwG	Umwandlungsgesetz
Urt.	Urteil
USA	Vereinigte Staaten von Amerika

v.	vom; von
ver.di	Vereinte Dienstleistungsgewerkschaft e.V.
Verf.	Verfasser
VersR	Versicherungsrecht (Zeitschrift)
VG	Verwaltungsgericht
vgl.	vergleiche
Vorbem.	Vorbemerkung
WissZeitVG	Gesetz über befristete Arbeitsverträge in der Wissenschaft
WO	Wahlordnung
WSI-Mitteilungen	Monatzeitschrift des Wirtschafts- und Sozialwissenschaftlichen Instituts in der Hans-Böckler-Stiftung
z.B.	zum Beispiel
z.T.	zum Teil
ZfA	Zeitschrift für Arbeitsrecht
ZIAS	Zeitschrift für internationales Arbeitsrecht und Sozialrecht
Ziff.	Ziffer(n)
ZIP	Zeitschrift für Wirtschaftsrecht
ZPO	Zivilprozessordnung
ZRP	Zeitschrift für Rechtspolitik
ZTR	Zeitschrift für Tarifrecht
zust.	zustimmend

Arbeitsmaterial

I. Gesetzessammlungen

„Arbeitsgesetze" mit einer Einführung von *Richardi*, dtv-Beck-Texte Nr. 5006, zuletzt 94. Aufl.,
    München 2019
„Arbeits- und Sozialordnung – Gesetzestexte, Einleitungen, Anwendungshilfen", 44. Aufl.,
    Frankfurt a. M. 2019, hrsgg. von *Kittner*
„EU-Arbeitsrecht", 7. Aufl., München 2019, hrsgg. von *Schliemann*
„Europäisches Arbeits- und Sozialrecht (EAS)", hrsgg. von *Oetker/Preis*, Stand: 06/2019
„Internationale Arbeits- und Sozialordnung", hrsgg. von *Däubler/Kittner/Lörcher*, 2. Aufl.,
    Köln 1994

II. Schrifttum (Auswahl)

Annuß/Thüsing (Hrsg.), Teilzeit- und Befristungsgesetz, 3. Aufl., Frankfurt a. M. 2012
Ascheid/Preis/Schmidt (Hrsg.), Kündigungsrecht – Großkommentar zum gesamten Recht der
    Beendigung von Arbeitsverhältnissen, 5. Aufl., München 2017
Boemke, Studienbuch Arbeitsrecht, 2. Aufl., München 2004
Brox/Rüthers/Henssler, Arbeitsrecht, 19. Aufl., Stuttgart/Berlin/Köln 2016
Clemenz/Kreft/Krause (Hrsg.), AGB-Arbeitsrecht, 2. Aufl., Köln 2019
Däubler, Das Arbeitsrecht 1, 16. Aufl., Reinbek 2006 (zitiert: *Däubler*, Arbeitsrecht 1)
Däubler, Das Arbeitsrecht 2, 12. Aufl., Reinbek 2009
Däubler (Hrsg.), Tarifvertragsgesetz mit Arbeitnehmerentsendegesetz, 4. Aufl., Baden-Baden
    2016 (zitiert: Däubler/*Bearbeiter*, TVG)
Däubler/Bertzbach (Hrsg.), Allgemeines Gleichbehandlungsgesetz, 4. Aufl., Baden-Baden 2018
    (zitiert: HK-AGG/*Bearbeiter*)
Däubler/Bonin/Deinert, AGB-Kontrolle im Arbeitsrecht, 4. Aufl., München 2014
Däubler/Deinert/Zwanziger (Hrsg.), KSchR – Kündigungsschutzrecht, 10. Aufl., Frankfurt a. M. 2017,
Däubler/Kittner/Klebe/Wedde (Hrsg.), BetrVG, 16. Aufl., Frankfurt a. M. 2018
Dreier, H. (Hrsg.), Grundgesetz, Bd. 2, 3. Aufl., Tübingen 2015 (zitiert: *Bearbeiter* in: H. Dreier, GG)
Dütz/Thüsing, Arbeitsrecht, 24. Aufl., München 2019
Fitting/Engels/Schmidt/Trebinger/Linsenmaier, Betriebsverfassungsgesetz mit Wahlordnung,
    Handkommentar, 29. Aufl., München 2018 (zitiert: *Fitting*, BetrVG)
Gamillscheg, Arbeitsrecht I, 8. Aufl., München 2001 (zitiert: *Gamillscheg*, Arbeitsrecht I)
Gamillscheg, Kollektives Arbeitsrecht, Bd. I, München 1997 (zitiert: *Gamillscheg*, KollAR I)
Gamillscheg, Kollektives Arbeitsrecht, Bd. II, München 2008 (zitiert: *Gamillscheg*, KollAR II)
Germelmann/Matthes/Prütting, ArbGG, 9. Aufl., München 2017 (zitiert: *Bearbeiter* in:
    Germelmann u. a., ArbGG)
Habersack/Henssler, Mitbestimmungsrecht, 4. Aufl., München 2018
Hanau/Adomeit, Arbeitsrecht, 14. Aufl., Neuwied 2007
Hanau/Steinmeyer/Wank (Hrsg.), Handbuch des europäischen Arbeits- und Sozialrechts,
    München 2002
Henssler/Braun (Hrsg.), Arbeitsrecht in Europa, 3. Aufl., Köln 2011

Henssler/Willemsen/Kalb (Hrsg.), Arbeitsrecht Kommentar, 8. Aufl., Köln 2018

Hess/Worzalla/Glock/Nicolai/Rose/Huke, BetrVG, 10. Aufl., Köln 2018 (zitiert: Hess/ Worzalla/ Glock/Nicolai/Rose/Huke-*Bearbeiter*)

Hromadka/Maschmann, Arbeitsrecht Band 1 – Individualarbeitsrecht, 7. Aufl., Berlin/ Heidelberg/New York, 2018 (zitiert: *Hromadka/Maschmann*, Arbeitsrecht 1)

Hromadka/Maschmann, Arbeitsrecht Band 2 – Kollektivarbeitsrecht + Arbeitsstreitigkeiten, 7. Aufl., 2017 (zitiert: *Hromadka/Maschmann*, Arbeitsrecht 2)

Hueck/Nipperdey, Lehrbuch des Arbeitsrechts, 7. Aufl., Bd. 1, Berlin/Frankfurt a. M. 1963, Bd. 2, 1. Hbd. 1967, 2. Hbd. (unter Mitarbeit von *Säcker*) 1970

Jacobs/Krause/Oetker/Schubert, Tarifvertragsrecht, 2. Aufl., München 2013 (zitiert: *Bearbeiter* in: Jacobs/Krause/Oetker/Schubert, Tarifvertragsrecht)

Jarass/Pieroth, GG, 15. Aufl., München 2018

Junker, Grundkurs Arbeitsrecht, 18. Aufl., München 2019 (zitiert: *Junker*, Grundkurs)

Kempen/Zachert (Hrsg.), TVG – Tarifvertragsgesetz, 5. Aufl., Frankfurt a. M. 2014

Kiel/Lunk/Oetker, Münchener Handbuch zum Arbeitsrecht, Bd. 1 und 2, 4. Aufl., München 2018 (zitiert: MünchArbR/*Bearbeiter*)

Kissel, Arbeitskampfrecht, München 2002

Kittner, Arbeitskampf – Geschichte, Recht, Gegenwart, München 2005

KR – Gemeinschaftskommentar zum Kündigungsschutzgesetz und zu sonstigen kündigungsschutzrechtlichen Vorschriften, 12. Aufl., Köln 2019 (zitiert: KR-Bearbeiter)

Krause, Arbeitsrecht, 4. Aufl., Baden-Baden 2019

Küttner, Personalbuch 2019, 26. Aufl., München 2019

Lieb/Jacobs, Arbeitsrecht, 9. Aufl., Heidelberg 2006

Löwisch (Hrsg.), Arbeitskampf- und Schlichtungsrecht, Heidelberg 1997

Löwisch/Caspers/Klumpp, Arbeitsrecht, 11. Aufl., Düsseldorf 2017

Löwisch/Kaiser, Betriebsverfassungsgesetz, 7. Aufl., Frankfurt a. M. 2017 (zitiert: *Löwisch/ Kaiser*, BetrVG)

Löwisch/Rieble, Tarifvertragsgesetz, 4. Aufl., München 2017 (zitiert: *Löwisch/Rieble*, TVG)

Löwisch/Schlünder/Spinner/Wertheimer, Kündigungsschutzgesetz, 11. Aufl., Frankfurt a. M. 2018 (zitiert: *Löwisch/Schlünder/Spinner/Wertheimer*, KSchG)

Meinel/Heyn/Herms, TzBfG, 5. Aufl., München 2015

Michalski, Arbeitsrecht, 7. Aufl., Heidelberg, 2008

Müller/Preis, Arbeitsrecht im öffentlichen Dienst mit TVöD und TV-L, 7. Aufl., München 2009

Müller-Glöge/Preis/Schmidt (Hrsg.), Erfurter Kommentar zum Arbeitsrecht, 19. Aufl., München 2019 (zitiert: ErfK/*Bearbeiter*)

Münchener Kommentar zum BGB, Bd. 1, Allgemeiner Teil §§ 1–240, AllgPersönlR, ProstG, AGG, 8. Aufl., München 2018, (zitiert: MünchKommBGB/*Bearbeiter*)

Nikisch, Arbeitsrecht, Bd. 1, 3. Aufl., Tübingen 1961, Bd. 2, 2. Aufl. 1959, Bd. 3, 2. Aufl. 1966

Otto, Personale Freiheit und soziale Bindung – Zur Kontrolle und Gewährleistung personal motivierten Verhaltens im Privatrecht, München 1978 (zitiert: *Otto*, Personale Freiheit)

Otto, Arbeitskampf- und Schlichtungsrecht, 2006 (zitiert: *Otto*, Arbeitskampf)

Otto/Schwarze/Krause, Die Haftung des Arbeitnehmers, 4. Aufl., Berlin 2014 (zitiert: *Otto/ Schwarze/Krause*, Haftung)

Plander, Ratgeber Studentenjobs, München 2007

Preis, Prinzipien des Kündigungsrechts bei Arbeitsverhältnissen, München 1987 (zitiert: *Preis*, Prinzipien)

Preis, Arbeitsrecht – Individualarbeitsrecht Lehrbuch für Studium und Praxis, 5. Aufl., Köln 2017

Preis, Arbeitsrecht –Kollektivarbeitsrecht Lehrbuch für Studium und Praxis, 4. Aufl., Köln 2017

Preis (Hrsg.), Der Arbeitsvertrag Handbuch der Vertragspraxis und -gestaltung, 5. Aufl., Köln 2015 (zitiert: *Preis*, Arbeitsvertrag)

Raiser/Veil/Jacobs, Mitbestimmungsgesetz und Drittelbeteiligungsgesetz, 6. Aufl., Berlin 2015

Reichold, Arbeitsrecht, 6. Aufl., München 2019

Richardi (Hrsg.), Betriebsverfassungsgesetz, 16. Aufl., München 2018 (zitiert: *Richardi/ Bearbeiter*, BetrVG)

Richardi/Bayreuther, Kollektives Arbeitsrecht, 4. Aufl., München 2019

Richardi/Dörner/Weber (Hrsg.), Personalvertretungsrecht, 4. Aufl., München 2012

Rolfs, Studienkommentar Arbeitsrecht, 4. Aufl., München 2014

Sachs (Hrsg.), Grundgesetz, 8. Aufl., München 2018 (zitiert: *Bearbeiter* in: Sachs, GG)

Schaub/Ahrendt/Koch/Link/Treber/Vogelsang, Arbeitsrechts-Handbuch, 17. Aufl., München 2017

Schliemann (Hrsg.), Das Arbeitsrecht im BGB, 2. Aufl., Berlin/New York 2002

Stege/Weinspach/Schiefer, Betriebsverfassungsgesetz, 9. Aufl., Köln 2002

v.Hoyningen-Huene, Betriebsverfassungsrecht, 6. Aufl., München 2007

Waltermann, Arbeitsrecht, 19. Aufl., München 2018

Wiedemann (Hrsg.), Tarifvertragsgesetz, 8. Aufl., München 2019 (zitiert: *Bearbeiter* in: Wiedemann, TVG)

Wiese/Kreutz/Oetker/Raab/Weber/Franzen/Gutzeit/Jacobs, Betriebsverfassungsgesetz, Gemeinschaftskommentar, 11. Aufl., Köln 2018 (zitiert: Bearbeiter in: GK-BetrVG)

Wlotzke/Preis/Kreft, Betriebsverfassungsgesetz, 4. Aufl., München 2009

Wollenschläger, Arbeitsrecht, 3. Aufl., Köln/Berlin/München, 2010

Wörlen/Kokemoor, Arbeitsrecht, 12. Aufl., München 2017

Zöllner/Loritz/Hergenröder, Arbeitsrecht, 7. Aufl., München 2015 (zitiert: *Zöllner/Loritz/ Hergenröder*, Arbeitsrecht)

III. Insbesondere Fallsammlungen

Belling/Luckey, Höchstrichterliche Rechtsprechung zum Arbeitsrecht, 2. Aufl., München 2000

Boemke/Luke/Ulrici, Fallsammlung zum Schwerpunktbereich Arbeitsrecht, Berlin/Heidelberg, 2008

Heckelmann/Franzen, Fälle zum Arbeitsrecht, 4. Aufl., München 2015

Junker, Fälle zum Arbeitsrecht, 4. Aufl., München 2018

Krause, Arbeitsrecht I – Individualarbeitsrecht, München 2007, in der Reihe: Prüfe dein Wissen (PdW) – Rechtsfälle in Frage und Antwort

Michalski, Arbeitsrecht – 50 Fälle mit Lösungen, 7. Aufl., Heidelberg 2013

Oetker, 30 Klausuren aus dem Individualarbeitsrecht, 10. Aufl., München 2017

Oetker, 30 Klausuren aus dem Kollektiven Arbeitsrecht, 9. Aufl., München 2016

Richardi/Annuß, Arbeitsrecht – Fälle und Lösungen nach höchstrichterlichen Entscheidungen, 7. Aufl., Heidelberg 2000

Säcker (Hrsg,), Individuelles Arbeitsrecht *case by case*, Frankfurt a. M., 2006

Säcker (Hrsg,), Kollektives Arbeitsrecht *case by case*, Frankfurt a. M., 2006

Stoffels/Reiter/Bieder, Fälle zum kollektiven Arbeitsrecht, 2. Aufl. München 2016

Wank, Übungen im Arbeitsrecht, 3. Aufl., Berlin, 2002

IV. Entscheidungssammlungen

AP, Arbeitsrechtliche Praxis – Nachschlagewerk des Bundesarbeitsgerichts (teilweise mit
    Anmerkungen)
BAGE, Amtliche Sammlung der Entscheidungen des Bundesarbeitsgerichts
EzA, Entscheidungssammlung zum Arbeitsrecht (teilweise mit Anmerkungen)
EuGH Slg., Sammlung der Entscheidungen des Europäischen Gerichtshofs
LAGE, Entscheidungen der Landesarbeitsgerichte
SAE, Sammlung arbeitsrechtlicher Entscheidungen (Auswahl mit Anmerkungen)

V. Zeitschriften

AiB, Arbeitsrecht im Betrieb
ArbuR (AuR), Arbeit und Recht
BB, Betriebs-Berater
DB, Der Betrieb,
EuZA, Europäische Zeitschrift für Arbeitsrecht
EuZW, Europäische Zeitschrift für Wirtschaftsrecht
NJW, Neue Juristische Wochenschrift
NZA, Neue Zeitschrift für Arbeitsrecht
NZA-RR, NZA-Rechtsprechungs-Report
RdA, Recht der Arbeit
ZfA, Zeitschrift für Arbeitsrecht
ZIP, Zeitschrift für Wirtschaftsrecht

VI. Material im Internet

http://eur-lex.europa.eu/de/index.htm, Der Link zur EU
http://www.arbeitsagentur.de, Bundesagentur für Arbeit, Nürnberg (aktuelle Zahlen unter
    statistik.arbeitsagentur.de)
http://www.bmas.de, Bundesministerium für Arbeit und Soziales
http://www.bmg.bund.de, Bundesministerium für Gesundheit
http://www.bmwi.de, Bundesministerium für Wirtschaft und Technologie
http://www.boeckler.de, Hans-Böckler-Stiftung, Düsseldorf
http://www.bundesarbeitsgericht.de, Der Link nach Erfurt
http://www.gesetze-im-internet.de, Zugang zu deutschen Gesetzen
http://www.iwkoeln.de, Institut der deutschen Wirtschaft Köln (Dort unter „Studien" eine Fülle
    von Statistiken und Schaubildern)

Ferner kostenpflichtige Portale, regelmäßig frei einsehbar über die Hochschule:
http://www.juris.de
http://www.beck-online.de

1. Teil: Grundlegung

§ 1 Blickpunkt Arbeitsrecht

Wer sich über einen längeren Zeitraum mit dem Arbeitsrecht befasst, kann sich 1
des Eindrucks nicht erwehren, dass das Informationsbedürfnis über dieses
Rechtsgebiet in den letzten Jahrzehnten ständig gewachsen ist. Dies zeigt sich z. B.
im akademischen Unterricht und in der expandierenden Fachpresse, aber gerade
auch in der zunehmenden Resonanz in den Medien. Die öffentliche Aufmerksamkeit hängt eng mit der wirtschaftlichen Entwicklung, insbesondere mit der
Lage auf dem Arbeitsmarkt zusammen. Das ist gar nicht verwunderlich. Recht
dient überwiegend zur Verhaltenssteuerung oder zur Bewältigung von Interes-
senkonflikten. Bei günstiger Konjunkturlage und niedriger Arbeitslosenzahl
werden die unmittelbar Beteiligten auch ohne staatliche Intervention leichter
einen tragfähigen Kompromiss finden. Das Allgemeininteresse ist in solchen
Zeiten kaum berührt, so dass sich der Gesetzgeber nicht zur Tätigkeit herausge-
fordert fühlt. Verschlechtert sich hingegen die wirtschaftliche Lage, kämpfen die
unmittelbar Beteiligten hartnäckiger um ihre Positionen. Zugleich wird an den
Gesetzgeber appelliert, der schwächeren Seite zur Hilfe zu kommen. Dann kann es
geschehen, dass die Effektivität rechtlicher Regelungen überschätzt, die Relevanz
volks- und betriebswirtschaftlicher Daten unterschätzt wird. Diese Zusammenhänge haben sich in der Vergangenheit immer wieder gerade in globalen Krisensituationen, etwa derjenigen der New Economy oder der globalen Finanzkrise
gezeigt. Im Folgenden sollen die widerstreitenden Interessen, die das Arbeitsrecht
möglichst zu einem gerechten Ausgleich bringen soll, näher beleuchtet werden.

I. Rechtstatsächliche Bedeutung

1. Individualinteressen
In der Bundesrepublik Deutschland waren zum Ende des dritten Quartals 2018 von 2
insgesamt rund 45 Millionen Erwerbstätigen allein ca. 40,8 Millionen abhängig
und damit als Arbeitnehmer beschäftigt.[1] Ebenso wie das Wohnungsmiet- oder
Steuerrecht geht das Arbeitsrecht daher fast jeden Haushalt etwas an.

    Die Interessenlage des **einzelnen Arbeitnehmers** lässt sich leicht am Bei- 3
spiel einiger der später detailliert darzustellenden Problemkreise bewusst machen. Man denke an den erkrankten Arbeitnehmer, der sich über die Fortzahlung

---

[1] Pressemitteilung des Statistischen Bundesamts Nr. 437 v. 13.11.2018.

https://doi.org/10.1515/9783110285826-002

seiner Vergütung Sorgen macht oder der seine Kündigung befürchtet. Man denke ferner an den geringfügig Beschäftigten (z. B. einen Studenten), der nach seinem Urlaubsanspruch fragt und entgegen einem weitverbreiteten Irrtum einen Mindestanspruch nach dem Bundesurlaubsgesetz hat, auf den er nicht einmal verzichten kann.

4   Der **einzelne Arbeitgeber** möchte z. B. wissen, ob er einem langjährig beschäftigten Mitarbeiter außerordentlich oder wenigstens ordentlich kündigen darf, wenn dieser aus dem Betrieb einen Gegenstand von geringem Wert gestohlen hat oder mehrfach unpünktlich war. Noch gewichtiger sind planerische Gesichtspunkte. Der Arbeitgeber erkundigt sich etwa nach der rechtlichen Zulässigkeit einer befristeten Einstellung, weil er davon gehört hat, dass die Arbeitsgerichte eine vereinbarte Befristung eventuell auf ihre sachliche Berechtigung kontrollieren. Der Arbeitgeber beabsichtigt den Einsatz neuer Maschinen, der zu Umschulungen, Versetzungen oder sogar Entlassungen führen kann, und fragt, welche Rechte dem Betriebsrat zustehen. Eine Missachtung seiner Rechte kann Sanktionen auslösen, insbesondere auch Zahlungspflichten zugunsten betroffener Arbeitnehmer begründen. Ein anderer Unternehmer ist bereit, einen insolvenzgefährdeten Betrieb zu übernehmen. Damit gingen indessen gemäß § 613a BGB nicht nur sämtliche Arbeitsverhältnisse auf ihn über, sondern der Erwerber übernähme kraft Gesetzes auch die noch nicht erfüllten Verbindlichkeiten des bisherigen Betriebsinhabers; eine Kündigung allein wegen der Betriebsübernahme ist unzulässig.

5   Vor allem das letzte Beispiel zeigt, dass man arbeitsrechtliche Fragestellungen nicht einfach mit dem **Interessengegensatz** zwischen Arbeitnehmer und Arbeitgeber oder gar mit einem angeblichen Klassengegensatz zwischen Arbeit und Kapital gleichsetzen darf. Die mit der Betriebsübernahme verbundenen Lasten können die Betriebsfortführung blockieren, die im Interesse der in dem maroden Betrieb Beschäftigten liegt; eine allzu kostenträchtige Übernahme kann sogar das gesunde Unternehmen und damit Arbeitsplätze der dort Beschäftigten gefährden. Gerade in strukturschwachen Gebieten sind allerdings Investitionen anderer privater Unternehmen unerlässlich, um die Arbeitslosigkeit in Grenzen zu halten. Dieses macht das gemeinsame Interesse an wirtschaftlich gesunden Betrieben besonders deutlich.

6   Ein weiteres Beispiel soll abschließend das **Interessengeflecht** veranschaulichen: Der Arbeitgeber verhandelt mit dem Betriebsrat über die Einführung von Werksurlaub während der Sommerferien. Er kann durch die zeitweilige Schließung des Betriebes laufende Kosten und Mittel für Vertretungen sparen, Reparaturen ohne Störung des Betriebsablaufs durchführen lassen und ist vor allem der Sorge enthoben, individuelle Beurlaubungen und einen sinnvollen Arbeitseinsatz zu koordinieren. Arbeitnehmer mit schulpflichtigen Kindern wer-

den es begrüßen, dass ihr Urlaub nicht an dringenden betrieblichen Interessen scheitert. In manchen Fällen, je nach Betriebsart, werden es Arbeitnehmer auch als vorteilhaft ansehen, dass sie nicht für die Urlauber teilweise mitarbeiten müssen. Demgegenüber werden sich familiär weniger gebundene Arbeitnehmer durch den Werksurlaub an der freien Entfaltung ihrer Persönlichkeit oder an einer kostengünstigeren Reise außerhalb der Hauptferienzeit gehindert sehen. In den Verhandlungen muss der Betriebsrat also nicht nur nach einem Kompromiss zwischen den Interessen des Arbeitgebers und der Belegschaft suchen, sondern ebenso nach einem Ausgleich der widerstreitenden Interessen der Arbeitnehmer. Der Gesetzgeber hat für die inhaltliche Lösung des Konflikts kaum hilfreiche Vorgaben gemacht. Zwar sind Urlaubswünsche gemäß § 7 Abs. 1 BUrlG zu berücksichtigen, aber eben nur dann, wenn nicht nachweislich „dringende betriebliche Belange oder Urlaubswünsche anderer Arbeitnehmer, die unter sozialen Gesichtspunkten den Vorrang verdienen, entgegenstehen". Selbst wenn letzteres nicht der Fall ist, muss der einzelne Arbeitnehmer jedenfalls bereit sein, den Konflikt nicht allein mit seinem Arbeitgeber, sondern unter Umständen mit seinem unmittelbaren Vorgesetzten oder den Kollegen zu riskieren, wenn er seine Ansprüche durchsetzen möchte.

2. Kollektive Interessen

Im Arbeitsrecht lässt sich von kollektiven Interessen in einem doppelten Sinn sprechen. Man kann darunter lediglich die Interessen der Kollektive selbst (Gewerkschaften, Arbeitgeberverbände), also die **Verbandsinteressen** verstehen. Hier sind aber nicht nur die Verbandsinteressen gemeint, sondern auch die **gebündelten Interessen der Verbandsmitglieder**. Die Doppelbedeutung lässt sich am Tarifvertragsrecht besonders gut vor Augen führen. **7**

Gemäß § 2 Abs. 1 des Tarifvertragsgesetzes sind Gewerkschaften fähig, Tarifverträge abzuschließen. Wesentliches Motiv, Gewerkschaften zu gründen oder ihnen beizutreten, ist der tarifliche Schutz bestehender Arbeitnehmeransprüche bzw. die kollektive Durchsetzung günstigerer Arbeitsbedingungen, z. B. durch den Abschluss eines neuen Lohntarifvertrages. Da der Gesetzgeber nicht definiert hat, welche Voraussetzungen erfüllt sein müssen, damit eine Gewerkschaft im Sinne des Gesetzes vorliegt, hat die Rechtsprechung zur Beantwortung dieser Frage Kriterien entwickelt. Hierzu soll auch **„Durchsetzungskraft gegenüber dem sozialen Gegenspieler und hinreichende organisatorische Leistungsfähig-** **8**

keit" gehören.[2] Wörtlich heißt es in dem Grundsatz-Beschluss des Bundesarbeitsgerichts v. 28. 3. 2006 zur Tariffähigkeit der Christlichen Gewerkschaft Metall (CGM):[3]

> „Nach der ständigen Rechtsprechung des Senats muss eine Arbeitnehmervereinigung Durchsetzungskraft besitzen, um sicherzustellen, dass der soziale Gegenspieler Verhandlungsangebote nicht übergehen kann. Ein angemessener, sozial befriedender Interessenausgleich kann nur zustande kommen, wenn die Arbeitnehmervereinigung zumindest so viel Druck ausüben kann, dass sich die Arbeitgeberseite veranlasst sieht, sich auf Verhandlungen über eine tarifliche Regelung von Arbeitsbedingungen einzulassen. Die Arbeitnehmervereinigung muss von ihrem sozialen Gegenspieler ernst genommen werden, so dass die Arbeitsbedingungen nicht einseitig von der Arbeitgeberseite festgelegt, sondern tatsächlich ausgehandelt werden."

9 Zu einer solchen Entscheidung über den Status der vermeintlichen Gewerkschaft kommt es, wenn die Arbeitgeberseite oder eine konkurrierende Arbeitnehmervereinigung die **Tariffähigkeit eines Arbeitnehmerverbandes** anzweifelt und deshalb das Arbeitsgericht anruft (§§ 2a Abs. 1 Nr. 4, 97 ArbGG). Die Vereinigung, die für ihre Anerkennung vor dem Arbeitsgericht streitet, nimmt ihre eigenen Interessen wahr, verfolgt aber zugleich das Interesse ihrer Mitglieder. Andere Arbeitnehmervereinigungen denken bei einer solchen gerichtlichen Überprüfung sicher an die ihrer Macht abträgliche Konkurrenz, an den Verlust von Mitgliedern und Beiträgen, aber auch an die eigene, für die Mitglieder wesentliche Durchsetzungsfähigkeit. Die Interessenlage der Arbeitgeberseite ist keineswegs offenkundig. Einerseits vermag eine Zersplitterung auf der Seite des sozialen Gegenspielers möglicherweise den Druck bei Tarifverhandlungen abzuschwächen. Andererseits vermehrt sich zugleich die Zahl der potentiellen Verhandlungspartner, deren Forderungen unter Umständen divergieren oder sich im Ergebnis summieren. In der jüngeren Vergangenheit haben Spartengewerkschaften wie die Gewerkschaft der Lokomotivführer, der Marburger Bund, die Union der Flugbegleiter und die Gewerkschaft der Flugsicherung von sich reden gemacht[4] und den Gesetzgeber durch gehäufte Arbeitskampfaktivitäten letztlich dazu gezwungen, das äußerst umstrittene Prinzip der Tarifeinheit (§ 4a TVG) einzuführen.[5] Auch hat in anderen Ländern eine Zersplitterung der Gewerkschaften zu ihrer Radikalisierung beigetragen. Unabhängig von der Ursachenforschung und politischen

---

2 BAG v. 28.3.2006 – 1 ABR 58/04 – Orientierungssatz 2, AP Nr. 4 zu § 2 TVG Tariffähigkeit mit zust. Anm. *Henssler/Heiden* = NZA 2006, 1112.
3 BAG v. 28.3.2006 – 1 ABR 58/04 –, AP Nr. 4 zu § 2 TVG Tariffähigkeit, Rn. 39.
4 *Otto*, Arbeitskampf, § 6 Rn. 6.
5 Näher dazu § 10 RN 725f.

Bewertung solcher Auseinandersetzungen um Verbandsmacht und Mitglieder, mutet es schon erstaunlich an, dass das Arbeitsrecht oder – genauer gesagt – die angerufenen Richter über die Durchsetzungsfähigkeit und damit über die Anerkennung als Gewerkschaft entscheiden sollen, obwohl Art. 9 Abs. 3 GG die Koalitionsfreiheit nach seinem Wortlaut uneingeschränkt gewährleistet. Das BAG hebt immerhin stärker als früher hervor, dass es sich um eine rechtfertigungsbedürftige Einschränkung der Koalitionsfreiheit handelt;[6] dies erklärt zugleich eine deutlich spürbare Zurückhaltung bei der Formulierung der Anforderungen.

3. Interessen der Allgemeinheit

Das Arbeitsrecht gerät aber nicht nur deswegen in den Blickpunkt, weil Interessenkonflikte zwischen Arbeitgebern und Arbeitnehmern und ihren Verbänden mit den Mitteln des Rechts bewältigt werden sollen. Zunehmend richtet sich die Aufmerksamkeit auch auf die Konsequenzen arbeitsrechtlicher Regelungen für die Allgemeinheit. Drei Stichworte seien den folgenden Ausführungen als Merkposten vorangestellt: **Arbeitskampf, Arbeitsmarkt** und **Wirtschaftsstandort.** 10

a) Arbeitskampfbedingte Störungen des beruflichen und privaten Alltags

Mögliche Konsequenzen, die sich aus einem Recht auf Arbeitskampf, auf Streik und Aussperrung, für die Allgemeinheit ergeben, sind evident. Man denke nur an auf ihre Operation wartende Kranke, an Müllberge, an den Ausfall öffentlicher Verkehrsmittel oder an mit Urlaubern überfüllte Flughäfen. Versetzt man sich in die Rolle dieser Betroffenen, kommen einem das arbeitskampfbedingte Fehlen der Tageszeitung am Frühstückstisch oder gar die Ausstrahlung einer Tagesschau aus dem Münchener Studio des Bayerischen Rundfunks statt aus Hamburg[7] vergleichsweise harmlos vor, selbst wenn man der in Art. 5 Abs. 1 GG gewährleisteten Meinungs- und Informationsfreiheit einen besonders hohen Rang einräumt. Ist der Arbeitskampf rechtmäßig, können geschädigte Dritte keinesfalls von den am Kampf beteiligten Verbänden oder gar von deren Mitgliedern Schadensersatz fordern.[8] Der Beifall für die polnische Gewerkschaft „Solidarnos'c'" sollte zur Genüge bewusst gemacht haben, dass ein freiheitlicher und sozialer Rechtsstaat den Gewerkschaften – und damit auch der Arbeitgeberseite – das Recht zum Abschluss von Tarifverträgen und zu ihrer kampfweisen Durchsetzung 11

---

6 BAG v. 28.3.2006 – 1 ABR 58/04 –, AP Nr. 4 zu § 2 TVG Tariffähigkeit, Rn. 44.
7 So geschehen am 25.7.1988, „Alles ruck, zuck", Der Spiegel Nr. 31 v. 1.8.1988, S. 61f.
8 BGH v. 14.3.1978 – VI ZR 68/76 –, NJW 1978, 2031f.

im Grundsatz gewährleisten muss. Dies gilt unabhängig davon, ob man sich mit den jeweiligen Forderungen solidarisiert und ob man sich mit jeder Attitüde der Gewerkschaftsführung oder ihrer Gegenspieler bei Tarifauseinandersetzungen identifiziert. Trotz gravierender Beeinträchtigung von Drittinteressen wird man daher lediglich über Voraussetzungen und Grenzen eines rechtmäßigen Arbeitskampfes nachdenken, seine grundsätzliche rechtliche Anerkennung jedoch nicht in Frage stellen.

b) Arbeitsmarkt

12 Die Schwankungen auf dem Arbeitsmarkt, die sich in der Vergangenheit in phasenweise ganz stark divergierenden Arbeitslosigkeitsquoten widergespiegelt haben[9], fordern besonders dazu heraus, das Arbeitsrecht aus dem Blickwinkel der Arbeitslosen zu betrachten. Im arbeitsrechtlichen Schrifttum hat wohl zuerst *Reuter* die Figur des **„Arbeitsplatzinhabers"** erfunden, diese Arbeitnehmer den **Arbeitslosen** gegenübergestellt[10] und vor einem „weder verfassungsrechtlich noch sozialpolitisch förderungswürdigen Sozialfeudalismus" gewarnt.[11] Ausgangspunkt seiner Überlegungen ist die unbestreitbare Tatsache, dass die arbeitsrechtlichen Schutznormen ganz überwiegend voraussetzen, dass dem einzelnen Arbeitssuchenden der Abschluss eines Arbeitsvertrages gelungen ist. Wer Arbeitsplatzinhaber ist, genießt in der Regel Kündigungsschutz, hat einen Anspruch auf Entgeltfortzahlung im Krankheitsfall und bezahlten Erholungsurlaub; derart abgesichert kann er nicht nur im Kollektiv, sondern auch individuell für eine Verbesserung seiner Arbeitsbedingungen eintreten. Auf der anderen Seite handelt es sich für die Arbeitgeberseite bei all diesen Absicherungen fraglos um Kostenfaktoren. Wer neue Arbeitnehmer wegen einer etwas günstigeren Auslastung des Betriebes einstellt, muss sich zwangsläufig über die Höhe der Lohn- und Lohnnebenkosten Gedanken machen und auch darüber, ob und in welcher Zeit und unter welchen Voraussetzungen er nicht mehr benötigte Arbeitskräfte notfalls entlassen kann.

13 Einen vergleichbaren Interessengegensatz kennzeichnet die fortwährende Diskussion um sogenannte **prekäre Arbeitsverhältnisse**. Der normative Regelfall, an den unsere Arbeitsordnung anknüpft, ist das auf Dauer bestehende, durch das Kündigungsschutzrecht mit einem gewissen Bestandsschutz ausgestattete

---

9 Vgl. § 2 RN 60.
10 Grundlagen des Kündigungsschutzes – Bestandsaufnahme und Kritik, in: FS 25 Jahre Bundesarbeitsgericht, 1979, S. 405, 410, 420.
11 Grundlagen des Kündigungsschutzes – Bestandsaufnahme und Kritik, in: FS 25 Jahre Bundesarbeitsgericht, 1979, S. 405, 427.

Dauer- und Vollzeitarbeitsverhältnis, das von einem Beschäftigten mit einem bestimmten Arbeitgeber als unmittelbarer Vertragspartei eingegangen wird. Die Beschäftigungsrealität sieht freilich vielfach anders aus: Zwischen 1991 und 2017 stieg die Quote der in Teilzeit Beschäftigten bei weiblichen Arbeitskräften von 30,2 auf 46 % und männlichen Arbeitskräften von 2,1 auf 11 %.[12] Der Anteil befristeter Arbeitsverhältnisse erhöhte sich – mit zwischenzeitlich noch höheren Spitzenwerten – von 1991 bis 2016 von 6,9 auf 8,3 % (weibliche Beschäftigte) bzw. von 5,8 auf 7,7 % (männliche Mitarbeiter).[13] Im Zeitarbeitsbereich stieg die Zahl der Arbeitnehmerüberlassungen von zu vernachlässigenden 42.000 Personen im Jahr 1985 auf mittlerweile 1.023.000 Beschäftigungsverhältnisse (2017) an.[14] Auch zwischen all diesen, prekär Beschäftigten und den Inhabern idealtypischer und auch sozialversicherungsrechtlich wünschenswerter Stammarbeitsplätze besteht offenkundig eine Konkurrenzsituation auf dem Arbeitsmarkt, dem die arbeitsrechtliche Regulierung Rechnung tragen muss.

Die sozialen und wirtschaftlichen Rahmenbedingungen verändern sich seit **14** einiger Zeit grundlegend, was nicht ohne Einfluss für die Gestaltung des Arbeits- und Sozialrechts bleiben kann. Dabei hat die Verunsicherung sowohl das Individualarbeitsrecht unter dem Schlagwort der **„Flucht aus dem Normalarbeitsverhältnis"**[15] als auch das kollektive Arbeitsrecht ergriffen, wo seit mehr als einem Jahrzehnt die **Erosion des Flächentarifvertrages** im Vordergrund steht.[16] Austritte aus den Arbeitgeberverbänden[17] und die Figur der Verbandsmitgliedschaft ohne Tarifbindung (OT-Mitglieder)[18] oder der Gründung tarifunwilliger Verbände sind – nach unserer Auffassung – bedenkliche Symptome. Vermehrt wird auch versucht, durch Fremdvergabe bzw. Auslagerung von Aufgabenbereichen (**„outsourcing"**) ungünstige Tarifregelungen zu umgehen. Ausdruck dieser

---

12 Statistik abrufbar unter http://www.boeckler.de/51985.htm. Tatsächlich dürfte die Teilzeitquote noch höher liegen, da in der Statistik nur Beschäftigungsverhältnisse bis höchstens 31 Wochenarbeitsstunden erfasst sind, nach § 2 Abs. 1 S. 1 TzBfG im Rechtssinne allerdings teilzeitbeschäftigt jedermann ist, dessen regelmäßige Wochenarbeitszeit kürzer als die eines vergleichbaren vollzeitbeschäftigten Arbeitnehmers ist.
13 Statistik abrufbar unter http://www.boeckler.de/53500.htm.
14 Quelle: Arbeitsagentur, Berichte: Blickpunkt Arbeitsmarkt, 2019, Aktuelle Entwicklungen der Zeitarbeit, S. 6.
15 So der Titel der Schrift von *Plander*, 1990.
16 *Adomeit*, Regelung von Arbeitsbedingungen und ökonomische Notwendigkeiten, 1996; Blanke/Schmidt (Hrsg.), Tarifpolitik im Umbruch, 1995.
17 *Schroeder/Ruppert*, WSI-Mitt. 1996, 316 ff.
18 BAG v. 23.10.1996 – 4 AZR 409/95 (A) –, AP Nr. 15 zu § 3 TVG Verbandszugehörigkeit = NZA 1997, 383; BAG v. 18.7.2006 – 1 ABR 36/05 –, Nr. 19 TVG zu § 2 Tarifzuständigkeit = NZA 2006, 1225; dazu *Buchner*, NZA 2006, 1377 ff.

Unruhe ist, dass der Deutsche Juristentag bereits 1996 unter rechtspolitischem Aspekt die Frage diskutiert hat: „Empfiehlt es sich, die Regelungsbefugnisse der Tarifparteien im Verhältnis zu den Betriebsparteien neu zu ordnen?"[19] Auf eine Fixierung des Tarifniveaus zielen gerade umgekehrt Bestrebungen, als Voraussetzung für öffentliche Aufträge **„Tariftreue"** und damit jedenfalls die Leistung der Tariflöhne zu fordern.[20] Ihnen folgte die – durch das Inkrafttreten des Mindestlohngesetzes[21] gerade in ökonomischer Hinsicht noch nicht vollständig zum Erliegen gekommene – Debatte um die Einführung eines **Mindestlohns** auf dem Fuß.

15   Unter der Überschrift **„Flexibilisierung"** des Arbeitsrechts (oder der Arbeitsbedingungen) wird mit zunehmender Intensität der Frage nachgegangen, inwieweit gesetzliche oder tarifliche Regelungen aus ökonomischen Gründen, aber auch im Interesse der Selbstbestimmung der Arbeitnehmer oder der Arbeitslosen weniger starr gestaltet werden sollen.[22] Die „Auflösung des Normalarbeitsverhältnisses", verstanden als auf unbegrenzte Dauer angelegte Vollzeitbeschäftigung, wird beständig diskutiert.[23] Ein signifikantes Beispiel für eine gesetzliche Regelung in diesem Zusammenhang bietet das „Gesetz über Teilzeitarbeit und befristete Arbeitsverträge" v. 21.12.2000[24]. Vorläufer war das „Gesetz über arbeitsrechtliche Vorschriften zur Beschäftigungsförderung" v. 26.4.1985[25]. § 14 Abs. 2 TzBfG erleichtert den Abschluss befristeter Arbeitsverträge, indem er bewusst keinen sachlichen Grund bis zur Dauer von zwei Jahren auch bei bis zu dreimaliger befristeter Verlängerung verlangt. Der Gesetzgeber verband mit diesem Schritt die Hoffnung, dass sich Arbeitgeber eher zu einer befristeten Einstellung entschließen, wenn sie bei der Beendigung des Arbeitsverhältnisses nicht

---

19 Vgl. das Gutachten von *Richardi*, in: Verhandlungen des 61. Deutschen Juristentages Karlsruhe 1996, Band I Gutachten, 1996, S. B 5–102. Der Juristentag hat sich allerdings für die Beibehaltung des Verbandstarifvertrages ausgesprochen, jedoch an die Tarifparteien appelliert, vor allem von der Möglichkeit tariflicher Öffnungsklauseln in wesentlich stärkerem Maße Gebrauch zu machen (Band II/2 Sitzungsberichte, 1996, Beschlüsse 1 und 2a, S. K 193).
20 Vgl. § 7 RN 520 und § 10 RN 723.
21 Dazu § 7 RN 518.
22 *Möschel*, BB 2002, 1314 ff.; *Rieble*, Arbeitsmarkt und Wettbewerb – Der Schutz von Vertrags- und Wettbewerbsfreiheit im Arbeitsrecht, 1996; *Zöllner*, NZA 1997, 121 ff.; ferner *Franz*, Chancen und Risiken einer Flexibilisierung des Arbeitsrechts aus ökonomischer Sicht, ZfA 1994, 439 ff.
23 Besters (Hrsg.), Auflösung des Normalverhältnisses, 1988, mit Beiträgen von *Gaugler, Müller, Reuter* und *Zimmermann*; *Plander*, Flucht aus dem Normalarbeitsverhältnis: An den Betriebs- und Personalräten vorbei?, 1990.
24 Weitere Informationen unter dem Suchbegriff: teilzeit-info.de.
25 BGBl. I S. 710.

mit einer gerichtlichen Kontrolle rechnen müssen. Inwieweit die Teilzeitarbeit durch die Neuregelung auch für die Arbeitgeberseite attraktiver wird, ist zweifelhaft. Das bereits zuvor bestehende und ausgebaute Verbot der unterschiedlichen Behandlung gegenüber vollbeschäftigten Arbeitnehmern ohne sachlichen Grund (§ 4 Abs. 1 TzBfG) ist nämlich um einen potentiellen Anspruch auf Verringerung bzw. Verlängerung der Arbeitszeit (§§ 8 und 9 TzBfG) ergänzt und durch die Einführung der sogenannten Brückenteilzeit – also einer von vornherein auf einen bestimmten Zeitabschnitt begrenzten Teilzeitbeschäftigung, die eine Rückkehr zur Vollzeitarbeit erlaubt – jüngst deutlich gestärkt worden.[26] Stark im Aufwind befindet sich trotz gewerkschaftlicher Kritik die legale Arbeitnehmerüberlassung,[27] besser als „Leiharbeit" bekannt, der aber durch das – tarifdispositive – Gebot „Gleiches Entgelt für gleiche Arbeit im Betrieb" (§ 9 Nr. 2 AÜG) und eine zeitliche Befristung der Höchstüberlassungsdauer (§ 1 Abs. 1 S. 3, Abs. 1b AÜG) Zügel angelegt werden sollen.

Eine seit 1988 beim Bundesminister für Wirtschaft ressortierende „Deregulierungskommission" legte bereits 1991 unter dem Titel „Marktöffnung und Wettbewerb" Vorschläge für eine **Deregulierung** auf dem Arbeitsmarkt vor, insbesondere für die Bereiche Tarifvertragsrecht, Kündigungsschutz und Abfindungen auf Grund von Sozialplänen sowie Arbeitszeit (z.B. Liberalisierung der Ladenschlusszeiten).[28] Der Sachverständigenrat[29] und die Monopolkommission (1994)[30] drängen in die gleiche Richtung. Ähnliche Vorschläge hat z.T. die vom „Bündnis für Arbeit, Ausbildung und Wettbewerbsfähigkeit" 1999 vereinbarte Arbeitsgruppe **Benchmarking** entwickelt.[31] Die Forderungen der Arbeitgeber- 16

---

26 Gesetz zur Weiterentwicklung des Teilzeitrechts – Einführung einer Brückenteilzeit v. 11.12. 2018 (BGBl. I S. 2384).

27 S. *Picker*, ZfA 2002, 469 ff.

28 Deregulierungskommission, Marktöffnung und Wettbewerb, 1991, Achtes Kapitel: Der Arbeitsmarkt, S. 133 ff., VII. Vorschläge zur Deregulierung, S. 149 ff.

29 Z.B. Jahresgutachten 1989/90 und 2001/02 des Sachverständigenrates zur Begutachtung der gesamtwirtschaftlichen Entwicklung, BT-Drucks. 11/5786 v. 23.11.1989, insbes. zur Arbeitszeit (Tz. 359 ff.) und zum Kündigungsschutz (Tz. 364 ff.), und BT-Drucks. 14/7569 v. 21.11.2001, insbes. zum Tarifvertragsrecht (Tz. 413 ff.).

30 Mehr Wettbewerb auf allen Märkten, Hauptgutachten 1992/93, 1994 (zugleich BT-Drucks. 12/ 8323 v. 22.7.1994) Tz. 191 ff., 873 ff., 933 ff. (Vorschläge). Im Vordergrund stehen freilich Vorschläge zur Auflockerung des Tarifvertragsrechts (Tz. 936 ff.).

31 Benchmarking bedeutet in diesem Fall, dass durch einen Vergleich mit anderen Ländern erfolgreiche Praktiken erkannt und im eigenen Land umgesetzt werden. Vgl. *Eichhorst/Profit/ Thode*, Benchmarking Deutschland: Arbeitsmarkt und Beschäftigung, Bericht der Arbeitsgruppe Benchmarking und der Bertelsmann Stiftung, 2001, S. 27 f., 163 ff.

seite in ihrer Initiative „BDA-pro-job.de" [32] gehen jedoch weit darüber hinaus. In der aktuellen Diskussion wird deshalb vielfach **„Flexicurity"** eingefordert, also eine sinnvolle Verknüpfung von Flexibilität und Sicherheit.[33] Das Schlagwort beherrschte auch das Grünbuch der EG v. 22.11.2006 „Ein moderneres Arbeitsrecht für die Herausforderungen des 21. Jahrhunderts"[34].

17   Wie sehr insoweit die arbeitsrechtliche Regulierung von tages- und parteipolitischen Vorstellungen abhängig sein kann, belegt exemplarisch das 1996 durch die Koalition aus **CDU/CSU** und **F.D.P.** als Teil des sog. „Sparpakets" verabschiedete „Arbeitsrechtliche Gesetz zur Förderung von Wachstum und Beschäftigung" v. 25.9.1996[35], das vor allem den Kündigungsschutz verringerte, erneut die Befristung von Arbeitsverträgen erleichterte und die Entgeltfortzahlung im Krankheitsfall einschränkte. Diese Regelungen wurden allerdings ganz überwiegend von **SPD** und **Bündnis 90/Die** Grünen durch das „Gesetz zu Korrekturen in der Sozialversicherung und zur Sicherung der Arbeitnehmerrechte" v. 19.2.1998[36] rückgängig gemacht.

18   Die Gewerkschaften befürchten, dass eine rein marktwirtschaftlich orientierte **„Deregulierung"** des Arbeitsrechts oder der Arbeitsbedingungen den erreichten sozialen Standard erheblich schmälern könnte.[37] Sie haben eine – wie uns scheint – keineswegs unbegründete Sorge vor einem „Mitnahmeeffekt". So lässt sich nicht von der Hand weisen, dass befristete Arbeitsverträge abgeschlossen werden, auch wenn der Arbeitgeber mit einer negativen Entwicklung seines Betriebes überhaupt nicht rechnet.[38] Sicherlich können arbeitsrechtliche Schutzvorschriften die Einstellung erschweren. Man muss jedoch auch über die sozialen Folgewirkungen des Abbaus von Schutznormen nachdenken. Zudem scheint uns Zurückhaltung geboten, weil primär der Markt über die Vernichtung oder Schaffung von Arbeitsplätzen entscheidet, nicht das Arbeitsrecht. Das Ziel kann deshalb nur sein, die Zahl der Arbeitsplatzinhaber insgesamt zu vermehren. Ein erleichterter

---

32 Vgl. Der Arbeitgeber 6/2002, S. 10 f., sowie den gleichnamigen Leitfaden der BDA, Stand. Juni 2002.
33 Kronauer/Linne (Hrsg.), Flexicurity – Die Suche nach Sicherheit in der Flexibiliät, 2005.
34 KOM/2006/0708 endg. Dazu der Suchbegriff: BMAS – Regierung nimmt Stellung zu EU – Grünbuch „Arbeitsrecht" v. 18.4.2007 und das zurückhaltende Ergebnis des Europäischen Wirtschafts- und Sozialausschusses am 11.7.2007 (ABl. C 256 v. 27.10.2007, S. 108 – 113).
35 BGBl. I S. 1476 – dazu Beschlußempfehlung und Bericht des Ausschusses für Arbeit und Sozialordnung v. 26.6.1996, BT-Drucks. 13/5107.
36 BGBl. I S. 3843.
37 *Küchle*, WSI-Mitt. 1990, 1 ff.
38 Vgl. die differenzierte Analyse von *Büchtemann*, RdA 1990, 117 ff.

Rollentausch mit Arbeitslosen bei gemindertem Sozialschutz wäre jedenfalls kein befriedigendes Ergebnis einer Deregulierung.

Auf tariflicher Ebene stehen seit längerem die Absenkung der Dauer der **19** wöchentlichen **Arbeitszeit bei gleichem Lohn** und der Abbau von Überstunden im Mittelpunkt einer Diskussion, die vor allem deshalb brisant ist, weil rechtstatsächlich in den letzten Jahren erstmals wieder ein (marginaler) Anstieg der Wochenarbeitszeiten zu beobachten war.[39] Die Gewerkschaften stellen in diesem Zusammenhang die Sorge um die Arbeitsplätze heraus. Dabei geht es einerseits um die Arbeitsplätze der bereits Beschäftigten, die wegen mangelnder Auslastung oder wegen notwendiger Modernisierungsmaßnahmen bei unveränderter Arbeitszeit gefährdet scheinen. Hier sind die Gewerkschaften bei Arbeitszeit und Vergütung zunehmend zu Zugeständnissen in Gestalt von unternehmens- oder betriebsbezogenen „Ergänzungs-" bzw. „Sanierungstarifverträgen" bereit. Demgegenüber trotzen sie den Arbeitgebern im Falle von Betriebsstilllegungen kostenträchtige „Sozialplan-Tarifverträge"[40] ab. Es geht aber auch um die Voraussetzungen für neue Arbeitsplätze. Die Arbeitgeber betonen stärker ihr Interesse an einer flexibleren Gestaltung der Vergütung (z. B. durch Einmalzahlungen) und der Arbeitszeit[41]. Zur besseren Ausnutzung ihrer betrieblichen Anlagen oder zur Anpassung an die Auftragslage (Stichwort „atmendes Unternehmen"[42]) fordern sie größere Bereitschaft etwa zu Überstunden mit oder ohne Freizeitausgleich, zum Zwei- oder Dreischichtbetrieb bzw. zur Samstagsarbeit[43], ausnahmsweise auch zur Sonntagsarbeit.[44] Erwähnt sei in diesem Zusammenhang auch die – zwischenzeitlich korrigierte – Einführung der 4-Tage-Woche für Arbeitnehmer bei der Volkswagen AG[45] und deren Projekt „Benchmark-Produktion 5000 x 5000"[46]. Soweit einer derartigen Arbeitsorganisation tarifliche Regelungen im Wege stehen, soll in Verhandlungen mit den jeweiligen Betriebsräten eine betriebsnahe Lösung gefunden werden. Auch von Gewerkschaftsseite wird die „Abkehr vom Normalarbeitstag" mehr oder weniger widerwillig als zwangsläufig angesehen,

---

39 Quelle: https://de.statista.com/statistik/daten/studie/4047/umfrage/entwicklung-der-jaehrli chen-arbeitszeit-pro-erwerbstaetigen/.

40 S. auch § 12 RN 921.

41 Vgl. *Hermann*, Forcierte Arbeitszeitflexibilisierung: die 35-Stunden-Woche in der betrieblichen und gewerkschaftlichen Praxis, 1999.

42 *Hartz*, Das atmende Unternehmen, 1996.

43 *Rhein/Schäfer*, Tarifliche Arbeitszeiten – Zeitverschiebung in den Betrieben, iwd Nr. 19 v. 10. 5. 2001, S. 6.

44 *Richardi*, Grenzen industrieller Sonntagsarbeit. Ein Rechtsgutachten, 1988, S. 15.

45 Vgl. den Tarifvertrag mit der IG Metall, NZA 1994, 111 f.

46 Dazu *Schwitzer*, Das IGM-Tarifsystem 5000 mal 5000 bei Volkswagen – Mindeststandards und neue Regelungsansätze –, ArbuR 2001, 441 ff.

dabei jedoch die Notwendigkeit einer sozialverträglichen Arbeitszeitgestaltung betont.[47]

20   Zu der partiell ungünstigen Arbeitsmarktlage trägt z.T. auch die **Tätigkeit ausländischer Unternehmen in Deutschland** bei, die ihre Arbeitnehmer zu wesentlich schlechteren Bedingungen beschäftigen können und deshalb ihre Leistung billiger anbieten. Musterbeispiel hierfür ist die Bauwirtschaft. Der Gesetzgeber hat versucht, durch das Arbeitnehmer-Entsendegesetz v. 26.2.1996[48] gegenzusteuern, das aufgrund der im Frühsommer 2018 verabschiedeten und bis zum 30.7.2020 umzusetzenden Entsende-Änderungsrichtlinie 2018/957[49] zur Reform der Entsenderichtlinie 96/71/EG[50], die für alle Branchen die Festlegung von Mindestarbeitsbedingungen ermöglicht, erneut im Fokus des Interesses steht. Diese Regulierungsmaßnahme soll auf dem Umweg über die Allgemeinverbindlicherklärung der maßgeblichen Vergütungstarifverträge durch das Bundesministerium für Arbeit gemäß § 5 TVG zu einheitlichen Mindestbedingungen führen. Die Allgemeinverbindlicherklärung verzögerte sich durch den Widerstand der **Bundesvereinigung der Arbeitgeberverbände** (BdA), die die faktische Festschreibung eines zu hohen Lohnniveaus über die Branche hinaus befürchtete. Das Gesetz enthält deshalb seit 1999 eine Verordnungsermächtigung, von der auch Gebrauch gemacht worden ist.[51]

21   Aktuell stellen die Phänomene der **Globalisierung und Digitalisierung** – Stichwort Arbeitswelt und Arbeitsrecht 4.0[52] – die Arbeitsrechtsordnung vor die drängendsten Herausforderungen. Seit Jahrzehnten in einer eher auf die Güterproduktion ausgerichteten Industrie bewährte Regelungen, etwa zu regulären Ruhezeiten (§ 5 ArbZG) oder zur Sonn- und Feiertagsruhe (§§ 9 ff. ArbZG), erweisen sich im internationalen Wettbewerb gerade in Dienstleistungsunternehmen als Hemmnis, wenn Geschäftspartner des Arbeitgebers auf anderen Kontinenten und

---

47 *Seifert*, WSI-Mitt. 1989, 670 ff.

48 Zu Zielen, Hintergründen und Geschichte des Gesetzes Däubler/*Lakies*, TVG, Anhang 2 zu § 5 Rn. 1–76.

49 Richtlinie 2018/957 zur Änderung der Richtlinie 96/71/EG über die Entsendung von Arbeitnehmern im Rahmen der Erbringung von Dienstleistungen v. 28.6.2018 (ABl. EU 2018 Nr. L 173 S. 16). Zu den wesentlichen Änderungen und der Reformdiskussion im Überblick *Franzen*, EuZA 2019, 3; *Kellerbauer*, EuZW 2018, 846; *Riesenhuber*, NZA 2018, 1433.

50 Richtlinie 96/71/EG über die Entsendung von Arbeitnehmern im Rahmen der Erbringung von Dienstleistungen v. 16.12.1996 (ABl. EG 1997 Nr. L 18 S. 1).

51 Zuerst durch Verordnung über zwingende Arbeitsbedingungen im Baugewerbe v. 25.8.1999 (BGBl. I S. 1894). Das BVerfG hat die Ermächtigung für verfassungsgemäß erklärt (v. 18.7.2000 – 1 BvR 948/00 –, AP Nr. 4 zu § 1 AEntG).

52 Hierzu *Annuß*, NZA 2017, 345; *Haußmann*, RdA 2019, 131; *Krause*, NZA 2016, 1004; *Schubert*, RdA 2018, 200.

damit in anderen Zeitzonen kontaktiert werden müssen. Moderne Kommunikationsformen – Internet, Mobiltelefonie, soziale Netzwerke u. a. – ermöglichen eine viel zeitnähere Kommunikation zwischen Arbeitgeber und Arbeitnehmer als in der Vergangenheit und insbesondere auch, Letzteren nahezu zu jeder Tageszeit auch ausserhalb seines Arbeitsplatzes zu erreichen. Auf die aus diesem Phänomen der **ständigen Erreichbarkeit der Arbeitnehmer in ihrer Freizeit**[53] resultierenden Probleme hat das geltende Arbeitszeit- und Arbeitsschutzrecht naturgemäß angesichts seines Entstehungszeitpunkts keine passenden Antworten parat. Der **Übergang von der Produktions- zur Dienstleistungsindustrie** führt überdies im Verbund mit zunehmender Automatisierung und Digitalisierung verstärkt dazu, dass Dienste ohne Bindung an einen bestimmten, örtlich feststehenden und an eine bestimmte Betriebsorganisation gebundenen Arbeitsplatz erbracht werden können. Konsequenz dessen ist die **Entstehung neuer Beschäftigungsformen** (Solo-Selbständige, Werkvertragsbeschäftigte, Crowd-Worker u. v. m.), die sich allenfalls mit Mühe noch unter den Arbeitnehmerbegriff subsumieren lassen, so dass die Anwendbarkeit der arbeitsrechtlichen Schutzgesetze sowie des Arbeitsrechts insgesamt zunehmend in Frage steht[54] und jedenfalls klassische arbeitsrechtliche Kodifikationen, wie etwa das Betriebsverfassungsrecht in ihrer aktuellen Gestalt mit dieser Entwicklung kaum noch Schritt halten können.[55]

c) Wirtschaftsstandort Deutschland

Die arbeitsrechtlichen Rahmenbedingungen werden auch bei der Entscheidung von Unternehmen für und gegen den Wirtschaftsstandort Deutschland erörtert.[56] Hier setzt das Schlagwort von der **Globalisierung der Märkte** den Akzent. 22

Offenkundig wird die Wirtschaftskraft (und damit wiederum der Arbeitsmarkt) durch die **Verlagerung von Betriebsstätten ins Ausland** oder durch den Verzicht auf inländische Investitionen von in- und ausländischen Unternehmen beeinträchtigt. Beispiele für eine solche negative Entwicklung bilden etwa die deutsche Gebrauchsgüterindustrie (AEG, BenQ Deutschland, Nokia in Bochum) oder die Seeschifffahrt, bei der das sog. Ausflaggen von Schiffen zugleich be- 23

---

53 Näher § 7 RN 505.
54 Näher § 3 RN 72 ff.
55 Vgl. zur Debatte über notwendige Reformen und eine Ausweitung des personellen Anwendungsbereichs des Betriebsverfassungsgesetzes nur *Däubler/Klebe*, NZA 2015, 1032, 1040 f.; *Hanau*, NJW 2016, 2613, 2614 f;; ferner *Wank*, EuZA 2016, 143.
56 *Dichmann*, Der Arbeitgeber 1989, 258 ff.; *Schettkat*, WSI-Mitt. 2001, 674 ff.

deutet, dass das deutsche Arbeitsrecht einschließlich der einschlägigen Tarifverträge keine Anwendung findet. Für Kauffahrteischiffe unter deutscher Flagge im internationalen Verkehr ist inzwischen durch ein besonderes Internationales Seeschifffahrtsregister ein von Gewerkschaftsseite heftig kritisierter, aber vom BVerfG[57] geduldeter gesetzlicher „Notausgang" aus dem deutschen Arbeitsrecht zu einem Sonderstatus eröffnet worden, sofern die Besatzungsmitglieder im Inland keinen Wohnsitz oder ständigen Aufenthalt haben.[58]

24　　Nach unserer Auffassung ist es selbstverständlich, dass die zu erwartenden **Lohnkosten** ein maßgeblicher Faktor für die unternehmerische Investitionsentscheidung sind. Zweifelhaft ist indessen, inwieweit gerade dem Arbeitsrecht eine Schlüsselrolle zukommt. Das Lohnniveau hängt ganz wesentlich von den Lebenshaltungskosten und der allgemeinen Entwicklung des Lebensstandards ab. Aus diesem Grund, aber auch aufgrund der europäischen Grundfreiheiten, ist eine Anpassung an die Länder mit Niedriglöhnen ohnehin ausgeschlossen. Im Übrigen bedarf es für Lohnerhöhungen der Zustimmung der Arbeitgeberseite. Die Anerkennung des Streikrechts besagt nicht zugleich, dass den Gewerkschaften der Einsatz dieses Mittels leichtfiele. Noch immer werden zudem übertarifliche Löhne gezahlt. Unverändert besorgniserregend ist allerdings die Höhe der von Arbeitgeber und Arbeitnehmer ganz überwiegend je zur Hälfte zu tragenden Sozialabgaben für die Renten-, Kranken-, Pflege- und Arbeitslosenversicherung.[59] So muss ein Arbeitgeber in Niedersachsen im Jahr 2019 bei einem **Bruttolohn** von 3.000 € für einen alleinstehenden, gesetzlich sozialversicherten Arbeitnehmer insgesamt ca. 3.706 € aufwenden, während dieser, in Steuerklasse I eingeordnet, nach Abzug von ca. 598 € Sozialabgaben und ca. 484 € für Steuern einschließlich Kirchensteuer und Solidaritätszuschlag **netto** lediglich rund 1.900 € erhält. Die Arbeitskosten sind also annähernd doppelt so hoch wie der Nettolohn. Hier stehen jedoch primär sozialpolitische Vorstellungen auf dem Prüfstand.

25　　Bei der Diskussion über die Lohnkosten darf im Übrigen die **Arbeitsproduktivität**, d.h. die Wertschöpfung je Arbeitsstunde, nicht vergessen werden. Hier liegt die Bundesrepublik nach wie vor über dem Durchschnitt der EU-Staaten.[60]

---

57 BVerfG v. 10.1.1995 – 1 BvF 1/90 u.a. –, BVerfGE 92, 26 ff. = AP Nr. 76 zu Art. 9 GG mit Anm. *Wank.*

58 § 21 Abs. 4 des Flaggenrechtsgesetzes v. 26.10. 1994 (BGBl. I S. 3140).

59 Für 2019 18,6 % Rentenversicherung (in der knappschaftlichen Rentenversicherung 24,7 %), mindestens 14,6 % Krankenversicherung (je nach Krankenkasse), 3,05 % Pflegeversicherung (Zuschlag für Kinderlose 0,25 %) und 2,5 % Arbeitslosenversicherung.

60 Statistisches Bundesamt Deutschland, Menüpunkt: STATmagazin, Suchgriff: Volkswirtschaftliche Gesamtrechnungen, Produktivität und Lohnkosten v. 30.10. 2007; ferner Wirtschafts-

Unser arbeitsrechtliches System mit seinen im Vergleich zu anderen Indu- 26
strieländern sehr weitreichenden Mitbestimmungsregelungen auf Betriebs- und
Unternehmensebene[61] bringt indessen für den Wirtschaftsstandort durchaus
auch bedeutsame Vorteile. Die Mechanismen für eine rationale Konfliktlösung
sind weit entwickelt. Der **soziale Frieden** ist bisher ganz überwiegend, selbst
während globaler Krisensituationen, gewährleistet. Damit entfallen kostenträchtige Störungen des Arbeitsablaufes und der Leistungsfähigkeit.

II. Die Entwicklung des Arbeitsrechts zu einem eigenständigen Rechtsgebiet

Über die Geburtsstunde des Arbeitsrechts herrscht Streit. *Mayer-Maly* hat sich 27
immer wieder dagegen ausgesprochen, die Geschichte des Arbeitsrechts allein auf
die Figur der abhängigen Arbeit im heutigen Sinne zu beziehen.[62] In der Tat belegt
z. B. die Quellensammlung zur Geschichte des deutschen Arbeitsrechts von
Ebel[63], die von 1300 bis 1849 reicht, dass eine Vielzahl von Fragen, die mit der
Arbeitsleistung in einem auf längere Dauer angelegten Rechtsverhältnis verknüpft sind, kontinuierlich wiederkehren, demnach Tradition haben.[64]

Die Quellensammlung endet im 19. Jahrhundert, also zu einer Zeit, zu der 28
nach vorherrschender Meinung zwar nicht die Geschichte abhängiger Arbeit, aber
doch die Geschichte des modernen Arbeitsrechts beginnt, und zwar als Reaktion
auf die sozialen Folgen der immer weiter um sich greifenden Industrialisierung.
Vor allem in den Fabriken benötigte man eine große Zahl auch unqualifizierter
Arbeitskräfte, die gering entlohnt werden konnten und dementsprechend länger
für ihren oder den Lebensunterhalt ihrer Familie arbeiten mussten. Besonders
erschreckendes Kennzeichen ist die Kinderarbeit. Mit dem Verfall der ständischen
Ordnung und der durch die Aufhebung der Gutsherrschaft begünstigten zunehmenden Landflucht zerbrachen die hergebrachten sozialen Strukturen.[65] Zugleich

---

kammer Österreich, Statistik abrufbar unter http://wko.at/statistik/eu/europa-arbeitsproduktivi
taet.pdf.
61 S. unten § 12.
62 Römische Grundlagen des modernen Arbeitsrechts, RdA 1967, 281 ff.; Vorindustrielles Arbeitsrecht, RdA 1975, 59 ff.
63 Quellen zur Geschichte des deutschen Arbeitsrechts (bis 1849), 1964. S. ferner *Schröder*, Zur
Arbeitsverfassung des Spätmittelalters, 1984.
64 In seiner informativen Einleitung gibt *Ebel*, Quellen zur Geschichte des deutschen Arbeitsrechts (bis 1849), 1964, einen Überblick über den wesentlichen Inhalt der Quellen. Hervorgehoben
seien Regelungen über Höchst- und Mindestlöhne, Lohnschutz und Arbeitszeit.
65 *Schneider*, Kleine Geschichte der Gewerkschaften – Ihre Entwicklung in Deutschland von den
Anfängen bis heute, 2. Aufl. 2000, S. 17 ff.

wuchsen das Schutzbedürfnis der Arbeitnehmer und die Gefahr für den sozialen Frieden.

29 Die Entwicklung des Arbeitsrechts ist geprägt durch das Bemühen, das fehlende **Verhandlungsgleichgewicht zwischen Arbeitgeber und Arbeitnehmer auszugleichen** und die Arbeitnehmer vor den Risiken ihrer Tätigkeit durch **kollektive Versicherung** zu schützen, sowie durch den relativ jungen Gedanken der **Arbeitsförderung.**

1. Ausgleich unzureichender Verhandlungsmacht

30 Instrumente zum Ausgleich unzureichender Verhandlungsmacht des einzelnen Arbeitnehmers sind der **gesetzliche Arbeitnehmerschutz**, die **kollektive Selbsthilfe** und die erst in jüngerer Zeit effektive **Mitbestimmung auf Betriebs- und Unternehmensebene.**

a) Staatlicher Arbeitnehmerschutz

31 Als Initialzündung für den **staatlichen Arbeitnehmerschutz** in Deutschland werden die Klagen des Generals **von Horn** über die mangelnde Wehrtauglichkeit der Jugendlichen in Fabrikgegenden bewertet, die 1828 zu einer Kabinettsorder König **Friedrich Wilhelm III.** von Preußen an dessen Innen- und Kultusminister führte.[66] Es folgte das preußische „Regulativ über die Beschäftigung jugendlicher Arbeiter in Fabriken" v. 9.3.1839 [67]. § 1 des Regulativs verbot die regelmäßige Beschäftigung von Kindern in Fabriken oder bei Berg-, Hütten- und Pochwerken vor zurückgelegtem **neunten (!)** Lebensjahr; § 3 Abs. 1 begrenzte die regelmäßige Arbeitszeit für junge Leute vor zurückgelegtem **sechzehnten** Lebensjahr auf zehn Stunden täglich, und § 5 untersagte die Beschäftigung solcher jungen Leute vor 5 Uhr morgens und nach 9 Uhr abends sowie gänzlich an Sonn- und Feiertagen.

32 In der Folgezeit wurde die auf den Prinzipien der Gewerbe- und Vertragsfreiheit fußende liberalistische „Gewerbeordnung für den Norddeutschen Bund" v. 21.6.1069[68] verschiedentlich durch Arbeitnehmerschutzvorschriften angereichert. Besonders bedeutsam war die Novelle v. 1.6.1891[69], die u.a. die Arbeit an

---

66 Vgl. *Syrup/Neuloh*, 100 Jahre staatliche Sozialpolitik 1839 – 1939, 1957, S. 62 Fn. 8.
67 Gesetzes-Sammlung S. 156. Hierzu *Roscher*, Die Anfänge des modernen Arbeitsrechts – Ein Beitrag zur Geschichte des Jugendarbeitsschutzes unter besonderer Berücksichtigung der Entwicklung in Preußen –, Frankfurt a.M. 1985, S. 359 ff.
68 Bundes-Gesetzblatt des Norddeutschen Bundes S. 245.
69 Gesetz, betreffend Abänderung der Gewerbeordnung, RGBl. S. 261.

Sonn- und Feiertagen grundsätzlich mit zwingender Wirkung ausschloss.[70] Zuvor hatte Kaiser **Wilhelm II.** die erste Internationale Arbeiterschutzkonferenz vom 15. bis 29. 3. 1890, also vor bereits mehr als 125 Jahren, nach Berlin einberufen.

Staatliche Eingriffe in die Vertragsfreiheit, an deren Erforderlichkeit zum **33** Schutz des Arbeitnehmers nicht zu zweifeln ist, und die Kontrolle durch die Gewerbeaufsicht trugen zur Entfremdung des Arbeitsrechts von dem auf dem Prinzip der Selbstbestimmung unabhängiger und gleichmächtiger Partner beruhenden allgemeinen Zivilrecht bei.[71] Diese Entfremdung wurde durch das Bürgerliche Gesetzbuch v. 18. 8. 1896[72], das am 1. 1. 1900 in Kraft trat, eher verstärkt, weil es in 20 Paragraphen unter der Überschrift „Dienstvertrag" mit Regelungen auskam, die sowohl für Dienstleistungen des Selbstständigen (z. B. des frei praktizierenden Arztes) als auch für abhängige Arbeit gelten sollten.

b) Kollektive Selbsthilfe

Soweit es darum geht, die Arbeitsbedingungen auszuhandeln, ist ohne **kollektive** **34** **Selbsthilfe**, also ohne **freie Gewerkschaften**,[73] nicht auszukommen – es sei denn, man würde sich zu einer staatlich gelenkten Planwirtschaft bekennen. Insofern tritt ein weiteres, dem allgemeinen Zivilrecht fremdes Element hinzu. Denn dort wird der Zusammenschluss von Unternehmen mit dem Ziel, gleiche Preise oder sonstige Geschäftsbedingungen durchzusetzen, im Interesse des Wettbewerbs gerade mit den Mitteln des Kartellrechts bekämpft, um wirtschaftlicher Übermacht entgegenzuwirken. Der Staat duldete mit § 152 der Gewerbeordnung von 1869 zunächst lediglich die Bildung von Koalitionen der Arbeitnehmer bzw. Arbeitgeber und ließ sie als Verhandlungspartner im Grunde nur gewähren, ohne eine spezifische rechtliche Grundlage für den Abschluss von Tarifverträgen zu schaffen. Der erste Buchdruckertarifvertrag wurde gleichwohl

---

70 Zur Vorgeschichte, zu der auch die Entlassung des Reichskanzlers Bismarck gehört, und zum weiteren Inhalt s. *Reichold*, ZfA 1990, 5 ff., und *Kaufhold*, ZfA 1991, 277 ff.

71 *Söllner*, Der industrielle Arbeitsvertrag in der deutschen Rechtswissenschaft des 19. Jahrhunderts, in: Studien zur europäischen Rechtsgeschichte, hrsgg. von Wilhelm, 1972, S. 288 ff., S. 301 ff.

72 RGBl. S. 195. Zur Entstehungsgeschichte des Dienstvertragsrechts im BGB und seinem Verhältnis zum Arbeitsrecht s. *Weiß*, Die Entwicklung des Arbeitsvertragsrechts und das BGB, 1991, S. 58 ff.

73 Zur Gewerkschaftsgeschichte s. *Schneider*, Kleine Geschichte der Gewerkschaften – Ihre Entwicklung in Deutschland von den Anfängen bis heute, 2. Aufl. 2000.

bereits 1873 vereinbart.[74] 1913 existierten schon 12.369 Tarifverträge, die für 1,8 Millionen Beschäftigte in 193.000 Betrieben galten.[75] Seit der „Verordnung über Tarifverträge, Arbeiter- und Angestelltenausschüsse und Schlichtung von Arbeitsstreitigkeiten" v. 23.12.1918[76] sind die Verbände von Staats wegen auch formal zur Rechtssetzung durch Tarifvertrag ermächtigt. 1919 stellte Art. 159 der Weimarer Reichsverfassung die Koalitionen unter verfassungsrechtlichen Schutz. Nunmehr schützt Art. 9 Abs. 3 GG die Koalitionsfreiheit[77] im Zuge einer in der Grundtendenz stetigen geschichtlichen Entwicklung, die durch das Verbot der Gewerkschaften im Dritten Reich freilich unterbrochen war.[78]

35   Nach seinem Wortlaut gewährleistet Art. 9 Abs. 3 S. 1 GG jedermann zwar nur das Recht, zur Förderung der Arbeits- und Wirtschaftsbedingungen Vereinigungen zu bilden, d. h. sie zu gründen, ihnen beizutreten und sich in ihnen zu betätigen (**positive individuelle Koalitionsfreiheit**); nach herrschender und von uns geteilter Auffassung gilt das ebenso für die Kehrseite, also das Recht, einer Koalition fernzubleiben (**negative Koalitionsfreiheit**). Notwendig mitgewährleistet ist nach dem Zweck des Art. 9 Abs. 3 GG aber auch die **kollektive Koalitionsfreiheit der Verbände.** Da die Koalitionsfreiheit und insbesondere das in ihr wurzelnde Streikrecht gegen den widerstreitenden Staat erst allmählich erkämpft wurden, haftet dem Arbeitsrecht noch immer ein Hauch rechtsverändernden Ungehorsams an.

c) Mitbestimmung in Betrieb und Unternehmen

36 Durchgesetzt hat sich im Grundsatz auch der Gedanke der **Mitbestimmung auf Betriebs- und Unternehmensebene,** dessen erste Ansätze in dem Entwurf einer sozial-liberalen Minderheit der verfassunggebenden Nationalversammlung in Frankfurt für eine Gewerbeordnung für das Deutsche Reich aus dem Jahr 1849 zu finden sind.[79] Im Zuge der bereits erwähnten Arbeiterschutznovelle von 1891[80] sah

---

74 Auszugsweise abgedruckt in: Kollektives Arbeitsrecht, Quellentexte zur Geschichte des Arbeitsrechts in Deutschland, Bd. 1 1840 – 1933, hrsgg. von Blanke/Erd/Mückenberger/Stascheit 1975, S. 61 f.

75 *Oetker* in: Wiedemann, TVG, Geschichte Rn. 4.

76 RGBl. S. 1456 – hierzu *Hainke*, Vorgeschichte und Entstehung der Tarifvertragsverordnung vom 23. Dezember 1918, Diss. Kiel 1987.

77 Näher dazu unten § 9. Der vorläufig letzte Meilenstein ist die Relativierung der Kernbereichslehre durch BVerfG v. 14.11.1995 – 1 BvR 601/92 –, BVerfGE 93, 352 ff.

78 Vgl. *Ramm*, Das deutsche kollektive Arbeitsrecht zwischen den beiden Weltkriegen, ZfA 1988, 157 ff.

79 Verhandlungen der deutschen verfassunggebenden Reichsversammlung zu Frankfurt a.M., hrsgg. von Haßler, Band 2, 1848/49, S. 921 ff., 925 f.; zu den Motiven S. 940 ff.

man wenigstens fakultative Fabrikausschüsse vor. Nach weiteren Zwischen-
schritten brachte das heftig umkämpfte Betriebsrätegesetz v. 4.2.1920[81] den ersten wirklichen Durchbruch.[82]

Mit der Bildung von Betriebs- und Personalräten bzw. der Zugehörigkeit von   37
Arbeitnehmern zum Aufsichtsrat eines Unternehmens wird die Entscheidungsfreiheit des Arbeitgebers kraft Gesetzes im Interesse seiner Vertragspartner, der
Arbeitnehmer, eingeschränkt. So bedarf beispielsweise die Einführung von Kurz-
oder Akkordarbeit gemäß § 87 Abs. 1 Nr. 3 bzw. 11 des geltenden Betriebsverfassungsgesetzes der Zustimmung des Betriebsrats. Auch dieses Element ist dem
allgemeinen Zivilrecht fremd. Eine abgestufte Beteiligung der Arbeitnehmerseite
hat sich jedoch insofern als erforderlich und sinnvoll erwiesen, als die Belange
der Arbeitnehmer gerade durch Maßnahmen auf der Ebene eines Betriebes bzw.
Unternehmens in gravierender Weise betroffen sein können. Deshalb ist die
Mitbestimmung ein ganz wesentlicher Beitrag zum sozialen Frieden.

Bereits in dem Kaiserlichen Erlass v. 4.2.1890[83] wird es für die „Pflege des   38
Friedens zwischen Arbeitgebern und Arbeitnehmern" als erforderlich angesehen,
„die Arbeiter durch Vertreter, welche ihr Vertrauen besitzen, an der Regelung
gemeinsamer Angelegenheiten zu beteiligen". Die Arbeitgeberseite hat diesen
Aspekt nicht immer ernst genug genommen, sondern demgegenüber das –
durchaus verständliche – Interesse an schnellen und unbeeinflussten Füh-
rungsentscheidungen unter Berufung auf das Privateigentum betont. Erstaunlicherweise kam 1920 die Kritik am geplanten Betriebsrätegesetz mit nicht geringerer Schärfe aus dem Kreis der Unabhängigen Sozialdemokraten. Deren
Abgeordneter *Geyer* attackierte vor allem die SPD, die sog. Mehrheitssozialisten: [84]

> „Es ist der Gedanke der Parität zwischen Unternehmertum und Arbeiterklasse, der diesem
> Gedanken des sozialen Friedens zugrunde liegt, und dieser Gedanke ist durchaus gegenre-
> volutionären Charakters. Denn wer den sozialen Frieden sichern will und dabei sowohl das
> Unternehmertum als Klasse, als ausbeutende, als auch das Proletariat als Klasse, als aus-
> gebeutete, bestehen lassen will, der wird nicht die Aufhebung der Klassenherrschaft, son-
> dern im Gegenteil die Verewigung des Unternehmertums mit seiner Ausbeutungsfunktion
> erreichen."

---

80 Oben § 1 RN 32.
81 RGBl. S. 147.
82 Vgl. *Reichold*, Betriebsverfassung als Sozialprivatrecht, 1995, sowie *Wiese*, Entwicklung des
Rechts der Betriebs- und Unternehmensverfassung, JuS 1994, 99 ff.
83 Deutscher Reichs-Anzeiger und Königlich Preußischer Staats-Anzeiger v. 5.2.1890, Nr. 34, S. 1.
Hierzu *Reichold*, ZfA 1990, 5, 35 ff.
84 Verhandlungen der verfassunggebenden Deutschen Nationalversammlung, Stenographische
Berichte, Band 331 (1920), S. 4255 f.

Die Geschichte des modernen Arbeitsrechts beweist demgegenüber: Sozialer Wandel durch Reformen ist möglich und im Interesse des sozialen Friedens notwendig.

2. Der Versicherungsgedanke

39 Ein zweites bahnbrechendes Strukturelement ist der Versicherungsgedanke. Kaiser **Wilhelm I.** sprach in seiner Botschaft v. 17.11.1881[85] die Überzeugung aus, „daß die Heilung der sozialen Schäden nicht ausschließlich im Wege der Repression sozialdemokratischer Ausschreitungen, sondern gleichmäßig auf dem der positiven Förderung des Wohles der Arbeiter zu suchen sein werde". Damit war auf Anregung **Bismarcks** der Anstoß für die gesetzliche Sozialversicherung auf der Grundlage der Solidarität auch zwischen Arbeitgebern und Arbeitnehmern gegeben.[86] 1883 wurde die gesetzliche Krankenversicherung[87] eingeführt. 1884 folgte die gesetzliche Unfallversicherung[88]: An die Stelle der Haftung des Arbeitgebers gegenüber Arbeitnehmern für zurechenbare Körperschäden trat die Versorgung durch Berufsgenossenschaften ohne Rücksicht auf die Ursache des Arbeitsunfalls; damit war der verletzte Arbeitnehmer nicht mehr gezwungen, etwaige Ansprüche gegenüber seinem Arbeitgeber geltend zu machen. 1889 erging das „Gesetz, betreffend die Invaliditäts- und Altersversicherung"[89]. 1911 wurden diese drei Versicherungszweige in der Reichsversicherungsordnung (RVO)[90] zusammengefasst, und außerdem wurde ein spezielles Gesetz für die Invaliditäts- und Alterssicherung der Angestellten[91] geschaffen. 1927 kam das Gesetz über die Arbeitsvermittlung und Arbeitslosenversicherung[92] hinzu. Jüngste Kinder des Versicherungsgedankens sind aus dem Jahr 1974 das Konkursausfallgeld[93] für rückständigen Arbeitslohn und die Absicherung der betrieblichen Altersversorgung bei wirtschaftlicher Notlage oder gar Insolvenz des Unternehmens durch

---

85 Stenographische Berichte über die Verhandlungen des Reichstages, V. Legislaturperiode – Erste Session 1881/82, S. 2.

86 Wegen der Einzelheiten s. *Gitter/Schmitt*, Sozialrecht, 5. Aufl. 2001, S. 7 ff.

87 Gesetz, betreffend die Krankenversicherung der Arbeiter v. 15.6.1883 (RGBl. S. 73).

88 Unfallversicherungsgesetz v. 6.7.1884 (RGBl. S. 69).

89 Vom 22.6.1889 (RGBl. S. 97).

90 Vom 19.7.1911 (RGBl. S. 509).

91 Vom 20.12.1911 (RGBl. S. 989).

92 Vom 16.7.1927 (RGBl. I S. 187).

93 Gesetz über Konkursausfallgeld v. 17.7.1974 (BGBl. I S. 1481), jetzt als „Insolvenzgeld" eingefügt in §§ 165 ff. SGB III.

Leistungen des Pensions-Sicherungs-Vereins[94]; zuletzt geboren ist 1994 die Pflegeversicherung[95].

Dieser versicherungsrechtliche Schutz wird heute mit einer Ausnahme, **40** nämlich der Sicherung der zusätzlichen betrieblichen Altersversorgung, dem **Sozialrecht** als Sonderrechtsgebiet zugeordnet; die maßgeblichen Rechtsnormen wurden Schritt für Schritt im Sozialgesetzbuch (SGB) zusammengefasst. Arbeitsrecht und Sozialrecht sind jedoch vielfältig miteinander verzahnt. Besonders deutlich wird dies bei der Sicherung der wirtschaftlichen Existenz des Arbeitnehmers im Krankheitsfall[96]: Grundsätzlich ist der Arbeitgeber zumindest für die ersten sechs Wochen der krankheitsbedingten Arbeitsunfähigkeit leistungspflichtig. Danach tritt die gesetzliche Krankenversicherung ein; im Streitfall ist sie vorleistungspflichtig und kann eventuell beim Arbeitgeber Regress nehmen.

3. Arbeitsförderung

Zu erwähnen ist schließlich der Gedanke der Arbeitsförderung, der über die bloße **41** Arbeitsvermittlung und Berufsberatung hinaus erst mit dem Arbeitsförderungsgesetz v. 25. 6. 1969[97] eigenständige Bedeutung gewonnen hat. Während früher die staatliche Gefahrenabwehr etwa in Gestalt der Gewerbeaufsichtsämter dominierte, hatte die Bundesanstalt für Arbeit nun einen massiven Anteil an der Daseinsvorsorge durch ein Bündel von Maßnahmen, die der Arbeitslosigkeit entgegenwirken sollen. Sie sind durch die zumindest regional immer noch prekäre Arbeitsmarktlage in den neuen Bundesländern noch bedeutsamer geworden und kennzeichnen seit Jahren das SGB III als Reformbaustelle. Hervorzuheben ist insoweit die Förderung der Berufswahl und der Berufsausbildung (§§ 48 ff. SGB III).

2002 hatte die damals von der „rot-grünen" Bundesregierung eingesetzte **42** „**Hartz-Kommission**"[98] neue Vorschläge zur Reform des Arbeitsmarktes vorgelegt.[99] Die 13 erarbeiteten „Innovationsmodule" sollen die Arbeitslosigkeit durch

---

94 §§ 7 ff. des Gesetzes zur Verbesserung der betrieblichen Altersversorgung v. 19. 12. 1974 (BGBl. I S. 3610).

95 Sozialgesetzbuch (SGB) Elftes Buch (XI) Soziale Pflegeversicherung v. 26.5. 1994 (BGBl. I S. 1014).

96 Vgl. § 7 RN 550 ff.

97 BGBl. I S. 582.

98 Benannt nach dem Vorsitzenden der Kommission, dem damaligen Vorstandsmitglied der VW-AG Peter Hartz.

99 Moderne Dienstleistungen am Arbeitsmarkt, Bericht der Kommission, hrsgg. vom Bundesministerium für Arbeit und Sozialordnung, August 2002.

eine Umgestaltung der vormaligen Bundesanstalt für Arbeit in eine moderne Dienstleistungsorganisation unter dem Namen Bundesagentur für Arbeit mit „JobCentern" und durch arbeitsmarktpolitische Maßnahmen senken. Die Umsetzung erfolgte abschnittsweise durch vier Gesetze „für moderne Dienstleistungen am Arbeitsmarkt".[100] Bedeutsam an diesem Reformpaket war die, zwischenzeitlich weggefallene sozialversicherungspflichtige Beschäftigung Arbeitsloser in Leiharbeit durch von den Agenturen für Arbeit beauftragte private „Personal-Service-Agenturen" (§ 37c SGB III a.F.) sowie die Erleichterung geringfügiger Beschäftigung (§§ 8 und 8a SGB IV). Im Focus steht indessen nach wie vor das „Vierte Gesetz" v. 24.12.2003[101] (kurz **Hartz IV**), das in Konsequenz der „Agenda 2010" die Zusammenführung von Arbeitslosen- und Sozialhilfe zu einer „Grundsicherung für Arbeitssuchende" im SGB II regelt, verbunden mit heftig kritisierten erheblichen Abstrichen hinsichtlich der Gewährung des deutlich höheren Arbeitslosengeldes. Nicht alle dieser Neuerungen haben sich in der Rückschau, wie auch die Aufhebung des § 37c SGB III zeigt, als effizient erwiesen.

III. Funktionen des Arbeitsrechts

43 Dem Arbeitsrecht kommt in seinem in § 3 näher zu erörternden Anwendungsbereich zunächst die allgemeine Aufgabe jeder Rechtsordnung zu, den **Rechtsfrieden** zu gewährleisten. Dies bedeutet, dass rechtliche Regeln zur Lösung typischer Konflikte sowie ein geordnetes Verfahren zur Streitbereinigung zur Verfügung gestellt werden müssen.

44 Wie andere Rechtsgebiete ist das Arbeitsrecht materiell auf einen **Interessenausgleich** ausgerichtet. Mit Rücksicht auf dessen typische soziologische Ausgangslage ist es jedoch besonders durch den **Schutzgedanken zugunsten des Abhängigen** geprägt. Das BVerfG spricht von einer **„strukturellen Unterlegenheit"**.[102] Von hier aus erklärt sich auch das von der Rechtsordnung bereitgestellte kollektive Instrumentarium des Tarif- und Mitbestimmungsrechts. Für eine Rechtsordnung, die von der privatautonomen Gestaltung der Rechtsverhältnisse ausgeht, sind dabei einseitig zwingende Normen charakteristisch, von denen nur zugunsten des sozial Schwächeren abgewichen werden kann.

---

100 „Erstes" und „Zweites Gesetz" v. 23.12.2002 (BGBl. I S. 4602 und 4621), „Drittes" v. 23.12. 2003 (BGBl. I S. 2848).
101 BGBl. I S. 2954.
102 BVerfG v. 7.2.1990, – 1 BvR 26/84 –, BVerfGE 81, 242ff. = AP Nr. 65 zu Art. 12 GG mit zust. Anm. *Canaris*; v. 26.6.1991 – 1 BvR 779/85 –, BVerfGE 84, 212, 229; v. 4.7.1995 – 1 BvF 2/86 u. a. –, BVerfGE 92, 365ff., 395.

Schließlich hat das Arbeitsrecht für unsere gesamte Gesellschaftsordnung 45
sicher eine **Befriedungsfunktion.** Hierunter verstehen wir die Kanalisierung der
Auseinandersetzungen, nicht deren Unterdrückung. Das Arbeitsrecht leistet seinen Beitrag zum sozialen Ausgleich und gibt damit eine Antwort auf die „Soziale
Frage". Unser Arbeitsrecht ist kein „Klassenrecht".[103] Ein solches Etikett blockiert
eher die offene rechtspolitische Diskussion einzelner Problemkreise wie Arbeitszeit, Kündigungsschutz, Mitbestimmung. Dass die Diskussionsbeiträge von
unterschiedlichen politischen Standorten und Erfahrungen mitgeprägt sind, ist
selbstverständlich. Gleichwohl handelt es sich um persönliche Meinungsäuße-
rungen und nicht um Klassenstandpunkte. Jedenfalls wäre es verfehlt, Arbeitsrecht lediglich als Teil der Sozialordnung zu betrachten. Vielmehr besteht – wie
noch näher darzustellen ist[104] – ein prinzipieller Zusammenhang mit der Wirtschaftsordnung. Die Allokationsfunktion, also die Lenkung von Ressourcen zur
ökonomisch sinnvollsten Verwendung, erfasst mit dem Produktionsfaktor Kapital
auch den Produktionsfaktor Arbeitskraft.[105] Hier gleicht das Arbeitsrecht Härten
aus und ist insoweit Reaktion auf die sozialen Probleme des bestehenden Ord-
nungssystems i.S. des grundgesetzlichen Sozialstaatsgebots. Da die Schutzbe-
dürfnisse der Arbeitnehmer sich zunehmend unterscheiden, ist die normative
Umsetzung entsprechender rechtspolitischer Bestrebungen jedoch schwieriger
geworden.[106]

IV. Verhältnis zum allgemeinen Zivilrecht

Wieacker hat den Ausbau, die Verselbständigung und die Fortbildung des Ar- 46
beitsrechts durch Rechtsprechung und Lehre einen der wenigen fraglosen Fort-
schritte der Rechtskultur des 20. Jahrhunderts genannt.[107] Angesichts seiner
Entwicklungsgeschichte lässt sich das Arbeitsrecht sicher nicht als Kind des
Bürgerlichen Rechts begreifen. Andererseits folgt aus der Eigenständigkeit noch
keine durchgehende Abkapselung vom allgemeinen Zivilrecht oder gar eine Po-
larität. Neuerdings ist der Gesetzgeber partiell bemüht, bisher außerhalb des BGB

---

103 Vgl. auch *Reuter*, Die Stellung des Arbeitgebers in der Privatrechtsordnung, Hamburg 1989, S.
7 ff.
104 § 2 RN 53 ff.
105 Ebenso *Zöllner/Loritz/Hergenröder*, Arbeitsrecht, § 1 III, S. 7 ff.
106 Aus der Vielzahl der Stellungnahmen *Hanau*, RdA 1999, 159 ff.; s. auch *Peutner*, Einfluß des
Arbeitsrechts auf Beschäftigungsentscheidungen, 2002, sowie die Untersuchung in *Frick/Kluge/
Streeck*, Die wirtschaftlichen Folgen der Mitbestimmung, 1999.
107 Privatrechtsgeschichte der Neuzeit, 2. Aufl., 1967, S. 549.

verankerte Lösungsansätze in das BGB zu integrieren.[108] Insofern ist die Kontroverse über das Verhältnis des Zivilrechts zum Arbeitsrecht, wie sie etwa auf der Zivilrechtslehrertagung 1975 vehement zwischen *Gamillscheg*[109] und *Zöllner*[110] ausgetragen worden ist, nicht leicht verständlich, wenn man sich dem Arbeitsrecht erstmals nähert oder als Praktiker der wissenschaftlichen Auseinandersetzung ferner steht. Die Diskussion ist gleichwohl nicht etwa akademischer Natur und betrifft vor allem drei Punkte, nämlich die **Bedeutung der Privatautonomie**, die **Anwendung von Normen des allgemeinen Zivilrechts**, insbesondere des BGB, sowie die **Methode der Rechtsfindung.**

47   Die Frage nach der **Bedeutung der Privatautonomie** ist vor allem eine Frage nach der Schutzbedürftigkeit des Arbeitnehmers unter den heutigen Bedingungen der Arbeitswelt. Niemand wird daran zweifeln, dass sich die soziale Lage des Arbeitnehmers wesentlich verbessert und gerade nicht im Sinne eines Klassengegensatzes ständig weiter verschärft hat, wie es **Marx**[111] und **Engels**[112] prognostiziert hatten. Dies bedeutet aber nicht, dass der heutige Arbeitnehmer typischerweise imstande ist, die Arbeitsbedingungen als gleichberechtigter Vertragspartner auszuhandeln. Von dieser Einschätzung hängt es aber weitgehend ab, inwieweit man z. B. den Abschluss befristeter Arbeitsverträge der gerichtlichen Kontrolle unterwirft, steht hier doch vor allem der Kündigungsschutz auf dem Spiel. Bei der grundlegenden Wahl zwischen Arbeitsvertrag einerseits und freiem Dienst- oder Werkvertrag andererseits geht es um nichts Geringeres als die Ausschaltung arbeitsrechtlicher und sozialrechtlicher Schutznormen insgesamt. Die Konsequenzen werden sich aus den folgenden Ausführungen noch deutlicher ergeben.

48   Mit dem Stichwort Privatautonomie verbindet sich außerdem zunehmend eine ganz andere Frage: Diskutiert wird über das **Selbstbestimmungsrecht des Arbeitnehmers als Individuum im Verhältnis zum Kollektiv**, also zur Gewerkschaft oder zum Betriebsrat als Organ der Belegschaft. Es wird befürchtet,

---

108 Man vergleiche nur die am 1.1.2002 in Kraft getretenen §§ 310 Abs. 4, 615 S. 3 und § 619a BGB. Andererseits findet man neuere allgemeine arbeitsrechtlichen Normen in §§ 105 – 110 Gewerbeordnung i.d.F. v. 24.8.2002 (BGBl. I S. 3412).
109 AcP 176 (1976), 197 ff.
110 AcP 176 (1976), 221 ff.
111 Das Kapital, Erster Band, Erstes Buch, 1867, in: Karl Marx Ausgabe, Bd. IV: Ökonomische Schriften, hrsgg. von Lieber/Kautzky, 1971, S. 779 f.
112 Die Entwicklung des Sozialismus von der Utopie zur Wissenschaft, 1882, Neudruck: 1955, S. 114 ff., 121.

dass der einzelne ohne Not und möglicherweise auch unangemessen bevormundet wird.[113] Wichtig wird dies insbesondere bei der Erörterung der Konkurrenz von arbeitsvertraglichen Regelungen mit solchen aus Tarifverträgen und Betriebsvereinbarungen z. B. hinsichtlich der Samstagsarbeit. Zu denken ist aber auch an das Mitbestimmungsrecht des Betriebsrats etwa bei der Festsetzung von Überstunden, die der Einzelne zu leisten bereit ist, oder an das – sachlich beschränkte – Zustimmungsverweigerungsrecht des Betriebsrats bei der Einstellung von Arbeitnehmern.

Zum Zweiten wird um die **Anwendung von Normen des Bürgerlichen** 49 **Rechts** gestritten. Nach Ansicht von *Gamillscheg* sollen BGB-Regeln nur Anwendung finden, „wenn und soweit sie die Vorprüfung auf ihre soziale Tauglichkeit erfolgreich bestehen".[114] Die grundsätzliche Geltung der Norm wird also verneint und gleichsam eine neue Rechtfertigung verlangt. Die Gegenposition bestimmt den Ausgangspunkt der Rechtsanwendung umgekehrt:[115] Für den Arbeitsvertrag als Dienstvertrag des Abhängigen gelten im Grundsatz die allgemeinen Regeln, soweit der Gesetzgeber nicht eine speziellere Norm geschaffen hat, Gewohnheitsrecht entstanden ist oder der Richter ausnahmsweise das Recht fortbilden darf oder muss. Ein gutes Beispiel für die praktischen Konsequenzen bildet die Arbeitnehmerhaftung. Das BGB geht in § 276 Abs. 1 S. 1 im Grundsatz davon aus, dass ein Schuldner für Vorsatz und jede Fahrlässigkeit, d. h. den geringsten Mangel an Sorgfalt, wie sie allgemein verlangt wird, einzustehen hat. Diese strenge Haftung wird heute allgemein für den Arbeitnehmer als unzeitgemäß empfunden und eingeschränkt.[116] Wer nun gleichwohl das BGB zum Ausgangspunkt nimmt, wie wir es für richtig halten, wird sich hinsichtlich des Umfangs einer Haftungsmilderung und deren Begründung schwerer tun, als derjenige, der eine BGB-Norm nur unter dem Vorbehalt ihrer sozialen Tauglichkeit akzeptiert. Zwar ist der dogmatische Ausgangspunkt sicher nicht allein entscheidend, wenn man den Alterungsprozess[117] des BGB bedenkt, und vielleicht nicht einmal ausschlaggebend, wenn man auf die unterschiedlichen Lösungsmodelle für die Arbeitnehmerhaftung blickt. Unweigerlich wird die Abwägung letztlich inhaltlich von den Gesichtspunkten des Schadensausgleichs, gerechter Risikoverteilung, der Prävention und des Schutzes der wirtschaftlichen Existenz

---

113 *Richardi*, Kollektivgewalt und Individualwille bei der Gestaltung des Arbeitsverhältnisses, 1968; *Kreutz*, Grenzen der Privatautonomie, 1979; *Löwisch*, ZfA 1996, 293 ff. – Anders *Däubler*, NZA 1988, 857 ff.
114 AcP 176 (1976), 197, 220.
115 *Richardi*, ZfA 1988, 221 ff., 254 f.
116 § 7 RN 595 ff.
117 Vgl. BVerfG v. 3. 4. 1990 – 1 BvR 1186/89 –, BVerfGE 82, 6, 8.

des Arbeitnehmers bestimmt. Aber es kommt kaum von ungefähr, dass *Gamillscheg*[118] den Schritt zur Haftung nur für Vorsatz und grobe Fahrlässigkeit ohne den Gesetzgeber wagen will, während *Zöllner*[119] zur Zurückhaltung mahnt und eine begrenzte Haftung bei einfacher Fahrlässigkeit befürwortet.

50   In einem gewissen Zusammenhang mit der Bindung an das BGB steht zum Dritten die **Methode der Rechtsfindung.** Die Orientierung am Bürgerlichen Recht bringt es mit sich, dass auch dessen Strukturen stärkeres Gewicht bekommen, nämlich seine Begrifflichkeit und Systematik. Dogmatik, die an geltendes Recht anknüpft, wirkt damit zugleich auch eher bewahrend. Demgegenüber sieht sich derjenige freier gestellt, der – wie *Gamillscheg*[120] – den Richter bis zum Erlass einer arbeitsrechtlichen Kodifikation ermuntert, als „Ersatzgesetzgeber" tätig zu werden. Denn die richterliche Entscheidung ist ihrer Natur nach auf den Einzelfall oder doch auf einen Teil eines Problemkomplexes ausgerichtet und deshalb mehr auf wertende als auf dogmatische Überlegungen angelegt. Selbstverständlich ist der demokratisch legitimierte Gesetzgeber primär für den Zustand der Arbeitsrechtsordnung verantwortlich. Angesichts der gesetzgeberischen Untätigkeit in wichtigen Fragen wie der Arbeitnehmerhaftung und des Arbeitskampfrechts, die durch die Sorge vor Konflikten mit den Arbeitgeberverbänden und Gewerkschaften sowie deren Mitgliedern mitbedingt ist, wird ein Mittelweg zwischen ungerechter Rechtsstarrheit und beliebiger Rechtsschöpfung zu suchen sein.

V. Eigenständige Arbeitsgerichtsbarkeit

51 Ausdruck und zugleich eine Ursache der Eigenständigkeit des Arbeitsrechts ist auch die **besondere Gerichtsbarkeit,** deren Anfänge mit den Gewerbe-[121] und Kaufmannsgerichten[122] in das Ende des 19. Jahrhunderts zurückreichen und die mit der ausdrücklichen Nennung des Bundesarbeitsgerichts in Art. 95 GG sogar verfassungsrechtliche Absicherung erfahren hat.[123] 1927 wurden Arbeitsgerichte für alle Arbeitnehmer zuständig.[124] Der Gerichtszweig kennt **drei Instanzen.** Das Arbeitsgericht und das Landesarbeitsgericht bzw. deren Spruchkörper, die Kam-

---

118 Vgl. Anm. zu BAG v. 23.3.1983 – 7 AZR 391/79 –, ArbuR 1983, 314, 317 f.

119 Anm. zu demselben BAG-Urteil (FN 114), EzA § 611 BGB Gefahrgeneigte Arbeit Nr. 14.

120 AcP 176 (1976), 197, 220.

121 Gesetz, betreffend die Gewerbegerichte v. 29.7.1890 (RGBl. S. 141).

122 Gesetz, betreffend Kaufmannsgerichte v. 6.7.1904 (RGBl. S. 141).

123 Dazu *Reichold*, ZfA 1990, 5, 18 ff.

124 Arbeitsgerichtsgesetz v. 23.1.1926 (RGBl. I S.507). Gegenwärtig gilt das Arbeitsgerichtsgesetz v. 2.7.1979 (BGBl. I S. 853, berichtigt S. 1036).

mern, sind mit einem Berufsrichter sowie zwei ehrenamtlichen Richtern besetzt, von denen je einer aus dem Kreis der Arbeitgeber und der Arbeitnehmer stammen muss; die ehrenamtlichen Richter werden von den Verbänden vorgeschlagen. Erst beim Bundesarbeitsgericht in Erfurt (früher Kassel) befinden sich in den Senaten die drei Berufsrichter gegenüber ihren zwei ehrenamtlichen Kollegen jedenfalls der Zahl nach in der Mehrheit. Besonderer Sachkunde bedarf es aber auch bei denjenigen, die vor dem Arbeitsgericht als Prozessvertreter agieren. Zwar gibt es hier nicht das Erfordernis einer Zulassung als Rechtsanwalt; seit 1987 besteht aber die Möglichkeit, seine „besonderen Kenntnisse und Erfahrungen" durch die Zusatzbezeichnung „Fachanwalt für Arbeitsrecht" nach einer Zusatzprüfung zu dokumentieren.[125] Umso erstaunlicher sind Bestrebungen, die Arbeitsgerichtsbarkeit in die Zivilgerichtsbarkeit zu integrieren.[126]

In Deutschland erledigten die Arbeitsgerichte bei einer insgesamt schwierigen Arbeitsmarktsituation im Jahr 2006 allein in erster Instanz 476.906 Klagen. Hiervon betrafen 244.419 den Bestand des Arbeitsverhältnisses, also vor allem Kündigungen, 170.588 das Arbeitsentgelt. Mit weitem Abstand folgten Streitigkeiten über Urlaub bzw. Urlaubsentgelt (18.867), die Zeugniserteilung und -berichtigung (30.817) sowie Schadensersatz (4.541).[127] Beim BAG hatten etwas mehr als 30 % der Verfahren die Beendigung des Arbeitsverhältnisses zum Gegenstand.[128] Wie stark das Verfahrensaufkommen von der aktuellen konjunkturellen Entwicklung abhängig ist, belegen die Vergleichswerte für das Jahr 2017, dem etliche Jahre mit viel niedrigeren Arbeitslosenquoten vorausgegangen waren. Von insgesamt 339.794 erledigten Klagen in der ersten Instanz betrafen 133.989 Zahlungsbegehren, 189.518 Bestandsstreitigkeiten (180.886 Kündigungsschutzprozesse), 2.832 Eingruppierungsstreitigkeiten und 108.104 sonstige Streitgegenstände.[129] Die erkennbar nachhaltige Konzentration auf Bestandsstreitigkeiten hat uns dazu veranlasst, sämtliche verfahrensrechtlichen Aspekte näher im Zusammenhang mit dem Kündigungsschutzprozess anzusprechen.[130]

---

125 Seit 1991 hat der Gesetzgeber für die Vergabe der Bezeichnungen eine spezielle gesetzliche Grundlage geschaffen (s. jetzt § 43c Bundesrechtsanwaltsordnung v. 2.9.1994 [BGBl. I S. 2278]).
126 Zukunft der Arbeitsgerichtsbarkeit, 2. ZAAR-Kongreß, 2005, hrsgg. von Rieble; *Rehder*, Die fragile Erfolgsgeschichte der Arbeitsgerichtsbarkeit – Wie ein Gerichtszweig seine Unabhängigkeit verteidigt, Suchbegriff: Abschaffung der Arbeitsgerichtsbarkeit.
127 www.bmas.bund.de (Suchbegriff „Arbeitsgerichtsbarkeit").
128 Suchbegriff: bundesarbeitsgericht.de/statistik.
129 Quelle: Statistische Bundesamt, abrufbar unter: https://www.bmas.de/SharedDocs/Downloads/DE/PDF-Statistiken/Ergebnisse-Statistik-Arbeitsgerichtsbarkeit-2017.pdf?__blob=publicationFile&v=2.
130 § 6 RN 415 ff.

52

§ 2 Arbeitsrecht und Wirtschaftsordnung

53 Die rechtliche Ausgestaltung der Beziehungen zwischen Arbeitgeber[1] und Arbeitnehmer[2] wird maßgeblich durch die Wirtschaftsordnung und deren rechtliche Vorgaben geprägt. Dabei besteht eine wechselseitige Abhängigkeit. So kann z. B. ein Land mit zentraler Planwirtschaft freie unternehmerische Betätigung und Tarifautonomie allenfalls in engen Grenzen zulassen. Dies zeigt, dass die jeweiligen verfassungsrechtlichen Vorgaben für die Wirtschaftsordnung den äußeren Rahmen jeder Arbeitsrechtsordnung bilden. Will man mit dem Arbeitsrecht die Individualinteressen von Arbeitnehmer und Arbeitgeber, kollektive Interessen und die Interessen der Allgemeinheit zum Ausgleich bringen, muss man diese Vorgaben beachten. Deswegen wird der Blick primär hierauf gerichtet. Daneben gibt es trotz unterschiedlicher Wirtschaftsordnungen vielfältige gemeinsame arbeitsrechtliche Fragestellungen, wie anschließend zu zeigen sein wird.

I. Verfassungsrechtliche Vorgaben für die Wirtschaftsordnung

54 *Zöllner* weist zutreffend darauf hin, dass das Arbeitsrecht „mit seiner die Macht in Betrieben und Unternehmen aufteilenden und die Unternehmenserträge lenkenden Funktion zu einem wesentlichen Stück wirtschaftsordnenden Rechts geworden" ist.[3] In den westlichen Industrieländern ist das Arbeitsrecht auf das Marktmodell zugeschnitten, also auf den Austausch von Waren und Dienstleistungen unter dem Druck des Wettbewerbs. Dieses Modell wird allerdings durch eine Vielzahl staatlicher Eingriffe (etwa in Form von Subventionen) modifiziert und durch die Teilnehmer am Markt (etwa durch Kartellbildungen, gerade auch der arbeitsrechtlichen Koalitionen) teilweise denaturiert. Das marktwirtschaftliche System ist zwar für die Bundesrepublik Deutschland – wie das BVerfG entschieden hat – nicht unmittelbar verfassungsrechtlich festgeschrieben,[4] durch die tatsächliche Ausgestaltung der Wirtschaftsordnung aber hinreichend anerkannt. In bewusster Abkehr von der „sozialistischen Planwirtschaft" (Art. 9 Abs. 3 S. 2 der DDR-Verfassung[5]) betont die **Präambel zum Staatsvertrag vom 18. 5. 1990**[6] den

---

1 Unten § 3 RN 121 ff.
2 Unten § 3 RN 72 ff.
3 *Zöllner/Loritz/Hergenröder*, Arbeitsrecht, S. 2. S. ferner *Rieble*, Arbeitsmarkt und Wettbewerb – Der Schutz von Vertrags- und Wettbewerbsfreiheit im Arbeitsrecht, 1996.
4 BVerfG v. 20.7.1954 – 1 BvR 459/53 u. a. –, BVerfGE 4, 7, 17 f.; v. 16.3.1971 – 1 BvR 52/66 u. a. –, BVerfGE 30, 292, 315; (Mitbestimmungsurteil) v. 1.3.1979 – 1 BvR 532/77 u. a. – BVerfGE 50, 290, 338.
5 Vom 6.4.1968 i. d. F. v. 7.10.1974 (Gbl. I S. 425).

„GEMEINSAMEN WILLEN, die Soziale Marktwirtschaft als Grundlage für die weitere wirtschaftliche und gesellschaftliche Entwicklung mit sozialem Ausgleich und sozialer Absicherung und Verantwortung gegenüber der Umwelt auch in der Deutschen Demokratischen Republik einzuführen und hierdurch die Lebens- und Beschäftigungsbedingungen ihrer Bevölkerung stetig zu verbessern".

1. Grundrechte

Auch ohne ausdrückliche verfassungsrechtliche Verankerung einer bestimmten **55** Wirtschaftsordnung setzen jedenfalls die Grundrechte staatlichen Eingriffen bedeutsame Grenzen.[7] Damit wäre z.B. die Einführung einer Planwirtschaft in wesentlichen Punkten unvereinbar. Angesichts der Erfahrung, dass bürokratisch organisierte Einheiten weder in West[8] noch in Ost die berufenen Unternehmer sind, und des offenkundigen Scheiterns der „sozialistischen Planwirtschaft" in der DDR und den osteuropäischen Staaten sowie anderer planwirtschaftlicher Systeme sind die folgenden Überlegungen eher theoretischer Natur. Gleichwohl lohnt es sich, den Freiheitsgehalt unserer Wirtschaftsordnung herauszuarbeiten, der vielen allzu selbstverständlich geworden ist und der nicht selten gerade bei wirtschaftlichen Krisenerscheinungen mehr als Risiko denn als Chance empfunden wird.

Art.12 Abs. 1 GG gewährleistet grundsätzlich mit der Freiheit der Berufswahl **56** auch die Entscheidung des angehenden Arbeitgebers für eine **freie unternehmerische Betätigung,** und – leichter einschränkbar – die Freiheit der Berufsausübung.[9] Generelle staatliche Produktions-, Lieferungs- und Preisvorgaben würden mit dieser Freiheit kollidieren. Art. 14 GG schützt das private Eigentum, indem er nur die gesetzliche Inhaltsbestimmung und Sozialbindung des Eigentums entschädigungslos zulässt, eine ausgleichspflichtige Enteignung hingegen allein zum Wohle der Allgemeinheit erlaubt. Dies gilt auch für das unternehmerische Eigentum. Art. 15 GG gestattet zwar die „Vergesellschaftung" von „Grund und Boden, Naturschätzen und Produktionsmitteln", gebietet aber eine Ent-

---

6 BGBl. II S. 537.

7 Nach den Worten von *Richardi,* in: MünchArbR § 1 Rn. 15, bilden Art. 12 und 14 GG die grundrechtlichen Pfeiler für eine marktmäßig-rechtsgeschäftliche Ordnung des Arbeits- und Wirtschaftslebens.

8 Man denke an den Skandal um den gewerkschaftseigenen Baukonzern „Neue Heimat" Anfang der 80iger Jahre, dem kurze Zeit später der der gewerkschaftseigenen Handelskette Coop folgte (dazu *Elvers,* Vergangenheit und Zukunft der Gemeinwirtschaftsidee, GMH 1986, 755 ff.; *von Loesch,* Über einige Mißverständnisse nach dem Neue-Heimat-Debakel, GMH 1987, 124 ff.).

9 BVerfG v. 1.3.1979 – 1 BvR 532/77 u.a. –, BVerfGE 50, 290, 362; v. 27.1.1998 – 1 BvL 15/87 –, BVerfGE 97, 169, 176.

schädigung. Abgesehen von der mangelnden Finanzierbarkeit einer solchen Vergesellschaftung ist die Harmonisierung der bisher leerlaufenden Bestimmung mit der Berufsfreiheit allenfalls eng begrenzt vorstellbar. Ferner gewährleistet Art. 9 Abs. 1 GG die gemeinsame wirtschaftliche Tätigkeit durch die Bildung von Gesellschaften.[10] Schließlich ist die allgemeine Vertragsfreiheit Bestandteil des Grundrechts auf freie Entfaltung der Persönlichkeit (Art. 2 Abs. 1 GG).

57   Auch die **Berufsfreiheit der Arbeitnehmer** ist mit einer Planwirtschaft nicht vereinbar.[11] So gerät z. B. die Zuteilung beruflicher Chancen wie beim numerus clausus des Hochschulzugangs[12] schnell mit dem durch Art. 12 Abs. 1 S. 1 GG gewährleisteten Recht in Konflikt, Beruf, Arbeitsplatz und Ausbildungsstätte frei zu wählen.[13] Darüber hinaus gewährleistet die freie Wahl des Arbeitsplatzes nach Ansicht des Bundesverfassungsgerichts auch einen Mindestbestandsschutz des Arbeitsverhältnisses über die zivilrechtlichen Generalklauseln.[14] Art. 12 Abs. 2 GG bestimmt zudem ausdrücklich, dass niemand „zu einer bestimmten Arbeit ge-zwungen werden" darf, „außer im Rahmen einer herkömmlichen allgemeinen, für alle gleichen öffentlichen Dienstleistungspflicht"[15].

58   Art. 9 Abs. 3 GG gewährleistet für Arbeitnehmer und Arbeitgeber die freie Bildung von Koalitionen und schützt zugleich – wenn auch nicht unbegrenzt – deren Betätigung.[16] Hierzu gehört zweifelsfrei die **Festlegung von Arbeitszeit und Mindestlöhnen durch Tarifvertrag**, ein erlaubtes Kartell auf dem Arbeits-markt. In eine Planwirtschaft passt ein freies Aushandeln der Arbeitszeit und der Löhne, das die Kalkulation von Produktionsumfang oder Lohnkosten wesentlich erschwert, indessen nicht.

---

10 BVerfG v. 1.3.1979 – 1 BvR 532/77 u. a. –, BVerfGE 50, 290, 353 ff.

11 Der Bürger der DDR hatte gemäß Art. 24 Abs. 1 S. 2 der Verfassung „das Recht auf einen Ar-beitsplatz und dessen freie Wahl" lediglich „entsprechend den gesellschaftlichen Erfordernissen und der persönlichen Qualifikation".

12 Grundlegend BVerfG v. 18.7.1972 – 1 BvL 32/70 und 25/71 – BVerfGE 33, 303, 332 ff.; vgl. auch *Tettinger/Mann* in: *Sachs*, GG, Art. 12 Rn. 132.

13 BVerfG v. 24.4.1991 – 1 BvR 1341/90 –, BVerfGE 84, 133, 146 f. (Warteschleifenentscheidung); *Papier*, Art. 12 GG – Freiheit des Berufs und Grundrecht der Arbeit, DVBl. 1984, 801 ff.; *Zachert*, Mosaik von Arbeitnehmergrundrechten im Grundgesetz, BB 1998, 1310 ff.

14 BVerfG v. 27.1.1998 – 1 BvL 15/87 –, BVerfGE 97, 169, 178 f. = JZ 1998, 348, 352 ff. mit zust. Anm. *Otto*. Näher dazu § 4 RN 144 ff., § 6 RN 392.

15 Im parlamentarischen Rat sind insoweit gemeindliche Hand- und Spanndienste, die Feuer-wehr- und die Deichschutzpflicht angesprochen worden (JöR n.F. 1 [1951], 133, 135, 137 f.).

16 Vgl. näher unten § 9.

2. Sozialstaatsprinzip

Das Marktmodell ist freilich kein Selbstzweck, und der staatlichen Zurückhaltung 59
sind ihrerseits Grenzen gesetzt. In Art. 20 Abs. 1 GG ist das Sozialstaatsprinzip
verankert. Dieses ist nicht nur ein bloßer Programmsatz, sondern eine der unmittelbaren Rechtsanwendung zugängliche Staatszielbestimmung.[17] Art. 28 Abs. 1
S. 1 GG spricht ausdrücklich vom sozialen Rechtsstaat: Dem Gesetzgeber ist der
Ausgleich der sozialen Gegensätze und die Ausgestaltung einer gerechten Sozialordnung aufgegeben. Dabei hat er einen weiten Gestaltungsspielraum; zwingend vorgegeben sei lediglich, dass der Staat Mindestvoraussetzungen für ein
menschenwürdiges Dasein seiner Bürger schaffe.[18] Auf diese Weise sind die allgemein anerkannten arbeitsrechtlichen Schutzinstrumente zwar nicht im Detail,
wohl aber in ihrer Grundsubstanz weitgehend abgesichert.[19] „Gesetzliche Vorschriften, die sozialem und wirtschaftlichem Ungleichgewicht entgegenwirken,
verwirklichen hier die objektiven Grundentscheidungen des Grundrechtsab-
schnitts und damit zugleich das grundgesetzliche Sozialstaatsprinzip.“[20] Greif-
barster Ausdruck des Sozialstaatsgedankens ist das 2014 in Kraft getretene Gesetz
zur Regelung eines allgemeinen Mindestlohns[21], welches das praktisch unangewendet gebliebene Gesetz über die Festsetzung von Mindestarbeitsbedingungen[22], das bei einem Versagen der Tarifautonomie z. B. branchenspezifische Regelungen von Mindestentgelten durch Verordnung erlaubte, abgelöst hat.

3. Gesamtwirtschaftliches Gleichgewicht und Recht auf Arbeit

Art. 109 Abs. 2 GG gibt Bund und Ländern auf, „bei ihrer Haushaltswirtschaft den 60
Erfordernissen des gesamtwirtschaftlichen Gleichgewichts Rechnung zu tragen".
Was dies bedeutet, wird durch **§ 1 S. 2 des „Gesetzes zur Förderung der Sta-
bilität und des Wachstums der Wirtschaft" vom 8. 6. 1967**[23] näher bestimmt:

**„Die Maßnahmen sind so zu treffen, daß sie im Rahmen der *marktwirtschaftlichen Ord-
nung* gleichzeitig zur Stabilität des Preisniveaus, zu einem hohen Beschäftigungsstand und**

---

17 BVerfG v. 18. 7. 1967 – 2 BvF 3/62 u. a.; 2 BvR 139/62 u. a. –, BVerfGE 22, 180, 204; v. 13. 1. 1982 – 1
BvR 848/77 u. a. –, BVerfGE 59, 231, 263; v. 19. 10. 1983 – 2 BvL 5/80, 1 BvR 1023/83 u. a. –, BVerfGE 69,
272, 314.
18 BVerfG v. 29. 5. 1990 – 1 BvL 20/84 u. a. –, BVerfGE 82, 60, 80 f. (Besteuerung).
19 Vgl. *Düwell*, ArbuR 1998, 149 ff. Dazu auch MünchArbR/*Fischinger* § 6 Rn. 8 f.
20 BVerfG v. 7. 2. 1990 – 1 BvR 26/84 – unter C I 3, BVerfGE 81, 242, 255 = AP Nr. 65 zu Art. 12 GG mit
zust. Anm. *Canaris* = EzA § 90a HGB Nr. 1 mit zust. Anm. *Schwerdtner*.
21 Vom 11. 8. 2014 (BGBl. I S 1348), näher dazu § 7 RN 518.
22 Vom 11. 2. 1952 (BGBl. I S. 17).
23 BGBl. I S. 582 i. d. F. v. 31. 8. 2015 (BGBl. I S 1474).

außenwirtschaftlichem Gleichgewicht bei stetigem und angemessenem Wirtschaftswachstum beitragen."

Die Erfahrung lehrt, dass das gleichzeitige Erreichen der Ziele des sog. „magischen Vierecks" der Wirtschafts- und Finanzpolitik nicht durchgängig gelingt; insbesondere das zweite Ziel wurde z.B. durch die um die Jahrtausendwende hohe Arbeitslosigkeit, die von 1997 bis 2006 im Jahresschnitt zwischen 10,3 % und 13,0 % der abhängigen Erwerbspersonen (ohne Soldaten) schwankte[24], mittlerweile aber überwunden ist, ebenso nachhaltig wie dauerhaft verfehlt, obwohl die Bekämpfung der Arbeitslosigkeit zu den Staatsaufgaben gehört.

61   Weder aus dem Sozialstaatsprinzip noch aus Art. 109 Abs. 2 GG ergibt sich jedoch ein unmittelbarer Anspruch des Einzelnen gegen den Staat auf einen Arbeitsplatz. Ein (Grund-)**Recht auf Arbeit** in diesem Sinn kann es im Rahmen einer marktwirtschaftlichen Ordnung nicht geben[25], auch wenn Art. 15 Abs. 1 EGRC vollmundig proklamiert „Jede Person hat das Recht zu arbeiten" und Art. 45 S. 2 der Saarländischen Verfassung lautet: „Jeder hat nach seinen Fähigkeiten ein Recht auf Arbeit". Solche und ähnliche Aussagen in anderen Länderverfassungen sind als bloße Programmsätze zu qualifizieren, die zwar die staatliche Aufgabe unterstreichen[26], aber – wie der Saarländische Verfassungsgerichtshof [27] klargestellt hat – kein „subjektives (klagbares) soziales Grundrecht auf Arbeit" begründen. Immerhin gebietet zum einen das Grundrecht der Berufsfreiheit (Art. 12 Abs. 1 GG) eine faire Chance bei dem Wettbewerb um vorhandene Arbeitsplätze und zum anderen das Sozialstaatsprinzip eine finanzielle Absicherung des einzelnen bei Arbeitslosigkeit sowie Maßnahmen der Arbeitsförderung.[28] Mehr könnte die Aufnahme eines Rechts auf Arbeit als Staatsziel in das Grundgesetz, wie es insbesondere von den Gewerkschaften gefordert wird,[29] auch faktisch nicht leisten.

---

24 Vgl. Statistisches Taschenbuch 2007, hrsgg. vom Bundesministerium für Arbeit und Soziales, Tabelle 2.10.

25 BAG v. 25.6.1964 – 2 AZR 382/63 –, AP Nr. 14 zu § 1 KSchG Betriebsbedingte Kündigung Leitsatz 4; *Papier*, DVBl. 1984, 801, 810 f.; *Däubler*, Das Arbeitsrecht 2, 11. Aufl. 1998, Rn. 26 f.; MünchArbR/ *Benecke* § 31 Rn. 18 ff. jeweils m.w.N.

26 Vgl. dazu *Tettinger/Mann* in: *Sachs*, GG, Art. 12 GG Rn. 20.

27 Saarländischer Verfassungsgerichtshof v. 9. 6.1995 – Lv 6/94 –, NJW 1996, 383 ff. = JuS 1996, 743 f. (*Sachs*).

28 Art. 27 Abs. 1 des Entwurfs des „Zentralen Runden Tisches" für eine DDR-Verfassung v. 4.4. 1990 (dokumentiert in: Blätter für deutsche und internationale Politik, 6 [1990], S. 731 ff.) lautete denn auch: „Jeder Bürger hat das Recht auf Arbeit oder Arbeitsförderung".

29 Zuletzt wurde dies 1992 vom DGB der von Bundestag und Bundesrat eingesetzten gemeinsamen Verfassungskommission als ausdrückliche Staatszielbestimmung vorgeschlagen.

4. Resümee

Zusammenfassend bedeutet dies: Auch ohne ausdrückliche verfassungsrecht- 62
liche Festschreibung der „**Sozialen Marktwirtschaft**" sind deren wesentliche
Eckpunkte in Gestalt der Grundrechte und des Sozialstaatsprinzips verfassungs-
fest. Diese Vorgaben finden ihre Entsprechung auf der europäischen Ebene. Zu
den grundlegenden Werten gehören gemäß Art. 2 des **Vertrags über die Europäische Union i. d. F. von Lissabon**[30] die Wahrung der Menschenrechte. Laut
Art. 3 Abs. 3 S. 2 EUV wirkt die Union auf die nachhaltige Entwicklung Europas auf
der Grundlage eines ausgewogenen Wirtschaftswachstums und von Preisstabili-
tät, eine in hohem Maße wettbewerbsfähige soziale Marktwirtschaft, die auf
Vollbeschäftigung und sozialen Fortschritt abzielt, sowie ein hohes Maß an Um-
weltschutz und Verbesserung der Umweltqualität hin.

II. Systemneutrale Probleme

Unabhängig vom politischen und wirtschaftlichen System tauchen in jeder 63
Wirtschaftsordnung die im Folgenden zu erörternden Fragen in der Arbeitswelt
auf.

1. Lohngerechtigkeit

Immer wieder beschäftigt die Frage nach dem gerechten Lohn, die letztlich nur 64
eine Facette des schon seit der Antike diskutierten Problems darstellt, ob es für
bestimmte Güter oder Leistungen einen gerechten Preis gibt.[31] Geht man davon
aus, dass es die unterschiedlich ausgebildete Arbeitsmotivation verbietet, allen
Arbeitnehmern die gleiche Vergütung zu zahlen, so setzte eine gerechte Entlohnung richtig differenzierte Löhne voraus. Unsere Rechtsordnung versucht hierauf
gar nicht erst eine Antwort zu geben, sondern überlässt dies dem Markt. *Alfred
Hueck*[32] hat das Dilemma, vielleicht etwas zu religiös angehaucht, auf den Punkt
gebracht:

---

30 Vom 13.12.2007 (ABl. Nr. C 306 S. 1) als „Reformvertrag" des Vertrages von Nizza v. 26.2.2001
(BGBl. 2002 II S. 1666).
31 S. nur *Bieder*, Kompensatorische Vertragsgestaltung im Arbeits- und Wirtschaftsrecht, 2015,
S. 465 ff. m.w.N.
32 *Hueck*, in Heckel, Der gerechte Lohn, 1963, S. 18, 28; dazu auch *Bieder* (FN 31) und *Blomeyer*,
in: Universitätsbund Erlangen-Nürnberg e. V. (Hrsg.), Der „gerechte Preis", 1982, S. 39 f.

„Der gerechte Lohn ist für den Arbeitrechtler bestenfalls ein Ideal, von dem er aber weiß, dass wir es hier auf Erden nicht verwirklichen können. Wir haben (...) weder die Möglichkeit, ihn mit hinreichender Genauigkeit zu bestimmen, noch können wir, selbst wenn die Feststellung theoretisch möglich wäre, ihn in der Praxis durchsetzen.“[33]

Anders ausgedrückt: die Frage des angemessenen Lohns ist **keine Rechtsfrage**, die vom Richter beantwortet werden könnte, sondern eine **Regelungsfrage**, über die sich Arbeitgeber und Arbeitnehmer bzw. Arbeitgeberverband und Ge8owerkschaft verständigen müssen.[34] Für die – auch im Quervergleich – gerechte Vergütung des Pflegepersonals in einem Seniorenheim einerseits und der Berufsfußballspieler andererseits gibt es keine Vorgaben.

65   Unsere Rechtsordnung greift vielmehr erst ein, wenn ein Arbeitgeber gleiche und zunehmend auch gleichwertige Arbeit ohne sachlichen Grund unterschiedlich bezahlt.[35] Ganz im Vordergrund steht hierbei die von Art. 3 Abs. 2 GG schon lange geforderte Gleichberechtigung der Frau. Auf europäischer Ebene ist der Grundsatz des gleichen Entgelts für Männer und Frauen bei gleicher Arbeit, der in nahezu jedem Wahlkampf parteiübergreifend erneut als Forderung bemüht wird, durch die Regelung des Art. 157 des Vertrages über die Arbeitsweise der EU [AEUV]) schon lange unmittelbar geltendes Recht. Seit 1980 hatte auch § 612 Abs. 3 BGB – 2006 ersetzt durch das umfassendere Diskriminierungsverbot in § 7 des Allgemeinen Gleichbehandlungsgesetzes (AGG) – dem Arbeitgeber ausdrücklich verboten, wegen des Geschlechts oder wegen der darauf beruhenden Schutzvorschriften für gleiche oder für gleichwertige Arbeit eine niedrigere Vergütung zu vereinbaren.[36] Dass sich hierdurch der vor allem durch geschlechtsspezifisches Berufswahlverhalten, höhere Teilzeitquoten weiblicher Arbeitnehmer und Ausfallzeiten wegen Kindererziehung oder Angehörigenpflege tatsächlich bestehende gender-pay-gap nicht wirksam bekämpfen lässt, steht auf einem anderen Papier. Aber auch die an Art. 3 GG, Art. 157 AEUV gebundenen Tarifvertragsparteien[37] werden dieser Gerechtigkeitsaufgabe nicht immer hinrei-

---

33 *Hueck*, Der gerechte Lohn in arbeitsrechtlicher Sicht, in Heckel, Theodor (Hrsg.), Der gerechte Lohn, 1963, S. 18, 28.

34 Grundsätzlich zu dem Unterschied zwischen Rechts- und Regelungsstreitigkeiten *Bötticher*, Regelungsstreitigkeiten, in: FS Lent, 1957, S. 89 ff.

35 Schon BAG v. 6.4.1955 – 1 AZR 365/54, AP Nr. 7 zu Art. 3 GG; v. 27.4.1988 – 4 AZR 707/87 –, AP Nr. 63 zu § 1 TVG Tarifverträge: Metallindustrie = NZA 1988, 626.

36 Vgl. BAG v. 23.9.1992 – 4 AZR 30/92 –, AP Nr. 1 zu § 612 Diskriminierung = NZA 1993, 891; v. 23.8.1995 – 5 AZR 942/93 –, AP Nr. 48 zu § 612 BGB = NZA 1996, 579.

37 Vgl. EuGH v. 27.6.1990 – C 33/89 – (Kowalska), AP Nr. 21 zu Art. 119 EWG-Vertrag; BAG v. 7.11.1995 – 3 AZR 1064/94 –, AP Nr. 71 zu Art. 119 EWG-Vertrag = NZA 1996, 656; EuGH v. 9.9.1999 – C-281/97 – (Krüger), AP Nr. 11 zu Art. 119 EG-Vertrag.

chend gerecht.[38] Zunehmend wird aber auch gefragt, ob eine Vergütungsabrede nicht wegen eines auffälligen Missverhältnisses von Leistung und Gegenleistung gemäß § 138 BGB nichtig ist mit der Folge, dass der übliche Lohn als vereinbart gilt (§ 612 Abs. 2 BGB).[39] Plakativ ist der Fall des angestellten Rechtsanwalts, der bei einer wöchentlichen Arbeitszeit von 35 Stunden im Monat nur 1.500,– DM brutto erhalten sollte.[40]

Der Feststellung des gerechten Lohnes sind auch planwirtschaftliche Gesetze **66** nicht näher gekommen. Das Arbeitsgesetzbuch der DDR[41] (im Folgenden DDR-AGB) bot z.B. in § 2 Abs. 3 nur eine programmatische, rechtlich unerhebliche Leerformel an, wenn es auf das Prinzip „Jeder nach seinen Fähigkeiten, jedem nach seiner Leistung" hinwies und den Werktätigen nach Qualität und Quantität der Arbeit bezahlt sehen wollte. Präzise war hingegen das spezielle Gebot am Schluss, „daß Mann und Frau, Erwachsene und Jugendliche bei gleicher Arbeitsleistung gleichen Lohn erhalten".

2. Steigerung des Realeinkommens

Mit der Frage des gerechten Lohnes eng verknüpft ist das Problem der Steigerung **67** des Realeinkommens. Bemerkenswerterweise hatte § 95 Abs. 1 S. 1 DDR-AGB 1977 den gesamtwirtschaftlichen Zusammenhang der Lohnpolitik ausdrücklich hergestellt, wenn es dort hieß, dass „das Arbeitseinkommen der Werktätigen in Übereinstimmung mit der Entwicklung der Volkswirtschaft gemäß ihrer Leistung planmäßig wächst". Unsere Rechtsordnung verzichtet aus gutem Grund auf eine rechtliche Aussage zur Lohnhöhe. Jedoch lässt sich festhalten, dass das Arbeitsrecht einer erheblichen Einkommenssteigerung zugunsten der Arbeitnehmer keinesfalls im Wege steht, sondern mit dem – notfalls erzwingbaren – Tarifvertrag ein wirksames Instrument für eine effektive Lohnpolitik zur Verfügung stellt, wie die Zeit von 1968 bis 1988 beweist.[42] Zuletzt ist es den Gewerkschaften – bei allenfalls zunächst sinkender Jahresarbeitszeit – hingegen nur gelungen, den Lebensstandard in etwa zu sichern. So sind die inflationsbereinigten Reallöhne und -gehälter im Zeitraum von 1991 bis 2012 nur um 3,1% gestiegen, während der

---

38 Bericht der Bundesregierung zur Berufs- und Einkommenssituation von Frauen und Männern, BT-Drucks. 14/8952 v. 25.4.2002, S. 215 ff.
39 LAG Berlin v. 20.2.1998 – 6 Sa 145/97 –, NZA-RR 1998, 392 (Stundenlohn in Höhe von 42% des üblichen Tariflohns)
40 Hess. LAG v. 28.10.1999 – 5 Sa 169/99 –, NZA-RR 2000, 521 f.
41 Vom 16.6.1977 (GBl. I S. 185).
42 Vgl. die 2. Aufl. 1997, S. 58.

Nominallohnzuwachs im gleichen Zeitraum 36,7% betrug.[43] Die Nettorealverdienste haben sich in diesem Zeitraum insgesamt um 4,9 % verringert. Überdies dürfen die referierten Zahlen nicht darüber hinwegtäuschen, dass die Nettolohnentwicklung möglicherweise stark segmentiert ist. Einerseits wird vermutet, dass die Steigerungsraten bei den Beziehern überdurchschnittlicher hoher Einkommen größer ausfallen als im Niederiglohnsektor, also zwischen den einzelnen Berufsbildern signifikant differieren. Andererseits legen die Verhandlungspolitik und -ergebnisse einzelner Gewerkschaften, wenn sie auf gleiche Pauschalzahlungen unabhängig von der betroffenen Tarifgruppe setzen und die Bezieher hoher und niedriger Einkommen so im Ergebnis einander annähern, erhebliche Unterschiede zwischen einzelnen Branchen nahe.

3. Typische Arbeitsorganisation

68 Gemeinsame Probleme schafft ferner die typische Arbeitsorganisation der modernen Industrie- und Dienstleistungsgesellschaft. Die Arbeitsteilung führt zu einer Entpersonalisierung der Arbeit; ganz besonders gilt dies für die industrielle Produktion, bei der der Arbeitnehmer häufig nicht einmal den Herstellungsvorgang bis zum Endprodukt überblickt. Zugleich wird der Arbeitgeber aus der Sicht der Arbeitnehmer umso eher zu einer anonymen Figur, je größer die wirtschaftliche Einheit ist, eine Entwicklung, die durch die Entstehung von immer größeren Unternehmen und Konzernen beschleunigt wird. Ansprechpartner sind die unmittelbaren Vorgesetzten, nur ausnahmsweise der Betriebsleiter oder die führenden Manager. Zur Bündelung der Arbeitnehmerinteressen und zu ihrer Vermittlung bedarf es deshalb betrieblicher Arbeitnehmervertretungen, mögen sie im internationalen Vergleich auch rechtlich noch so unterschiedlich ausgestaltet sein.[44] Dabei zeigte sich selbst im sozialistischen Osteuropa bereits vor den umstürzenden Änderungen ein Trend zu größerer Unabhängigkeit von staatlicher Lenkung.[45] Besonders eindrucksvoll ist die Entwicklung in der Volksrepublik

---

43 Dazu Bundeszentrale für politische Bildung; aktuelles Zahlenmaterial abrufbar unter: https://www.bpb.de/politik/innenpolitik/arbeitsmarktpolitik/187829/lohnentwicklung-in-deutschland-und-europa.

44 Vgl. *Gamillscheg/Blanc-Jouvan/Davies/Hanau/Runggaldier/Summers*, Mit bestimmung der Arbeitnehmer in Frankreich, Großbritannien, Schweden, Italien, den USA und der Bundesrepublik Deutschland, 1978; *Junker*, Betriebsverfassung in Klein- und Mittelbetrieben – Ein europäischer Vergleich, NZA 2002, 131 ff.

45 Zur Entwicklung in der Sowjetunion s. *Krüger*, Die Mitbestimmung, 1990, 176 ff.; in der ehemaligen Tschechoslowakei wurden durch die Einführung von Betriebsräten mit eigenen Kompetenzen Änderungen in der Betriebsverfassung vorgenommen (BABl. 1987 Nr. 12 S. 21).

China, die sich nun zu einer „sozialistischen Marktwirtschaft" bekennt: [46] Selbstständig wirtschaftende Einheiten ermöglichen dort nun flexibleres unternehmerisches Handeln und geben zugleich dem Arbeitsvertrag mehr Raum; damit werden aber gerade in dieser Phase eines totalen Umbruchs auch den Arbeitnehmer schützende Regelungen eher noch dringlicher, als dies bei der bisherigen vollen Einbindung der gesamten Lebensbedingungen in das Arbeitskollektiv der Fall war.

4. Ausgestaltung des Arbeitnehmerschutzes

Weiterhin treten im Bereich des Arbeitnehmerschutzes unabhängig von der bestehenden Wirtschaftsordnung regelmäßig dieselben Fragen auf. Man denke etwa an die Reichweite des Weisungsrechts gegenüber dem Arbeitnehmer und an den Umfang seiner Haftung für dem Arbeitgeber zugefügte Schäden. Ein Problem bildet auch die angemessene Reaktion auf ein Arbeitnehmerverhalten, das die Arbeit im Betrieb stört oder gefährdet (z. B. die Missachtung eines Rauch- oder Alkoholverbotes, Mobbing). Eine Entlassung wäre häufig unverhältnismäßig, ohne Sanktion wäre das Verbot hingegen bald wirkungslos. Noch näher liegen Gemeinsamkeiten beim Arbeitsschutz (z. B. Arbeitszeit, Gefahrenschutz gegen Arbeitsunfälle und Krankheiten, Mutterschutz, Schutz vor Alter und Invalidität). **69**

Die Systemneutralität vieler Fragen wird unter anderem durch die Arbeit der 2019 ihr hundertjähriges Bestehen feiernden **„Internationalen Arbeitsorganisation"** (kurz IAO; englisch: ILO) in Genf unterstrichen. Deren Hauptaufgabe ist nach der Präambel der IAO-Verfassung [47] die Schaffung „wirklich menschenwürdiger Arbeitsbedingungen", zu denen insbesondere Arbeitsschutzbestimmungen gehören. Zu diesem Zweck werden Empfehlungen und Übereinkommen verabschiedet. Während die Empfehlungen der IAO für die Mitgliedstaaten unverbindlich sind, können die Übereinkommen wie völkerrechtliche Verträge durch ihre Ratifizierung verbindlich werden. [48] Die IAO hat gegenwärtig 187 Mit- **70**

---

46 § 1 des Arbeitsgesetzbuchs der Volksrepublik China, verabschiedet am 5.7.1994, in Kraft getreten am 1.1.1995, übersetzt von *Yubo Wang/Hohenberg*, China aktuell 1995, 504 ff. Vgl. dazu auch *Schneider*, ArbuR 1998, 429.

47 Abgedruckt bei *Däubler/Kittner/Lörcher* (Hrsg.), Internationale Arbeits- und Sozialordnung, 2. Aufl. 1994, S. 214 ff. Zur Entwicklung der IAO MünchArbR/*Kohte* § 172 Rn. 37 ff.

48 In Deutschland werden die Übereinkommen nach Art. 59 Abs. 2 GG erst nach Ratifikation und Transformation zu innerstaatlich verbindlichem Recht. Erst durch das Zustimmungsgesetz erhält das Übereinkommen den Rang des einfachen Gesetzes, ohne schon dadurch Rechte und Pflichten des Bürgers zu begründen (vgl. dazu MünchArbR/*Kohte* § 172 Rn. 41 ff.). Ungeachtet dessen, handelt es sich bei den Übereinkommen der IAO/ILO um Quellen, aus denen sich die Auslegung des nationalen Arbeitsrechts speisen kann.

glieder[49], darunter unabhängig von ihrer Wirtschaftsordnung die Industrieländer aus West und Ost, aber auch Länder der Dritten Welt mit ihren höchst unterschiedlich strukturierten Volkswirtschaften und Wirtschaftsordnungen.[50] Bei den Letzteren schließt allerdings z.T. schon die Wirtschaftsstruktur auf Dauer angelegte Arbeitsverhältnisse mit bezahltem Urlaub, Lohnfortzahlung im Krankheitsfall und Kündigungsschutz sowie eine straff organisierte Gewerkschaftsbewegung von vornherein weitgehend aus.[51] In Deutschland lässt sich der Arbeitsschutz[52] – der auch auf ratifizierten IAO-Übereinkommen beruht –[53] grob wie folgt einteilen: in den Arbeitszeitschutz durch das Arbeitszeitgesetz (ArbZG), in den technischen Arbeitsschutz durch das Arbeitsschutzgesetz, das Arbeitssicherheitsgesetz sowie die verschiedenen Unfallverhütungsvorschriften und in den Schutz bestimmter Personengruppen durch das Mutterschutzgesetz, das Jugendarbeitsschutzgesetz, durch das SGB IX (Rehabilitation und Teilhabe behinderter Menschen) sowie das Heimarbeitsgesetz (HAG).

---

49 Quelle: www.ilo.org.de, Rubrik „wir über uns".

50 Vgl. *Däubler/Kittner/Lörcher* (Hrsg.), Internationale Arbeits- und Sozialordnung, 2. Aufl. 1994, S. 177 ff., 181.

51 Hierzu der damalige Generalsekretär der IAO *Schregle*, Probleme des Arbeitsrechts in der Dritten Welt, Kleine Schriften zur Sozialpolitik und zum Arbeitsrecht, 7. Folge Heft 1, 1982.

52 Vgl. *Kittner*, Arbeits- und Sozialordnung, zu Nr. 7, S. 210 ff.

53 Z. B. Übereinkommen Nr. 3 über die Beschäftigung von Frauen vor und nach der Niederkunft v. 29.11.1919 (RGBl. 1927 II S. 497), auf das das MuSchG zurückgeht, oder Nr. 153 über die berufliche Rehabilitation und Beschäftigung der Behinderten v. 20.6.1983 (BGBl. 1989 II S. 2), auf dem das Recht behinderter Menschen im SGB IX beruht.

§ 3 Begriff und Gegenstand des Arbeitsrechts

Nachdem die bisherigen Ausführungen eine erste Anschauung von der Bedeu- 71
tung des Arbeitsrechts, seiner Positionierung in der Rechtsordnung und seiner
Konfliktträchtigkeit vermittelt haben, wenden wir uns nun der Bestimmung der
Grundbegriffe und den vom Arbeitsrecht erfassten Rechtsbeziehungen zu. Dabei
muss man sich von Anfang an bewusst sein, dass aus der Geltung gerade der
arbeitsrechtlichen Normen eine Fülle von besonderen Rechten und Pflichten
folgen. Diese betreffen nicht nur die Arbeitsvertragsparteien, sondern berühren
auch die Interessen der Allgemeinheit, so z.B. die Abführung von Sozialversi-
cherungsbeiträgen und Lohnsteuer (strafbewehrt!, § 266a StGB).

I. Definitionen des Arbeitnehmers und des Arbeitsrechts

Beispielsfälle

Fall 1: Handwerksmeister M, seit Längerem im Ruhestand, bessert seine Einkünfte auf, indem er
in der örtlichen Justizvollzugsanstalt (JVA) des Landes L im Rahmen der dort (auch zu Resozia-
lisierungszwecken) angeboten Ausbildung zum Maschinenschlosser einzelne Ausbildungsab-
schnitte betreut. Grundlage der Tätigkeit ist eine im Jahr 2014 geschlossene, als „Werk- und
Ausbildervertrag" überschriebene Vereinbarung, kraft derer sich M verpflichtet, wöchentlich
zehn praktische und theoretische Unterrichtsstunden anzubieten, die mit Blick auf die notwendige Vor- und Nachbereitungszeit mit je 80 € vergütet werden. Seinerzeit bestand Einigkeit, dass
M die Stunden in den, auch für den Unterricht vollständig ausgerüsteten Räumen der JVA und, um
die Abstimmung mit anderen Kursen zu gewährleisten, zu von der Leitung der JVA vorgegeben
Zeiten abzuleisten hat. Die Unterrichtsinhalte und -materialien werden M ebenfalls gestellt. Die
Anmeldung zu dem Ausbildungsgang ist für die Inhaftierten freiwillig, allerdings ist M ver-
pflichtet, sämtliche von der Leitung der JVA benannten Personen in seine Kurse aufzunehmen. Im
Jahr 2019 entschließt sich die Anstaltsleitung, um den veränderten Arbeitsmarktbedingungen
Rechnung zu tragen, verstärkt Ausbildungen zum Koch und im Informatikbereich anzubieten, den
Ausbildungsgang zum Maschinenschlosser hingegen sofort einzustellen. Sie benachrichtigt M
hierüber, dankt für seine Dienste und teilt mit, dass die Vereinbarung aus dem Jahr 2014 damit
hinfällig sei. M, der wegen seiner kleinen Rente dringend auf den Zusatzverdienst angewiesen ist,
möchte den Fortbestand des Vertragsverhältnisses gerichtlich festgestellt wissen. An welches
Gericht muss er sich wenden und hat sein Antrag Erfolg?

Fall 2: Das Ehepaar E hat eine kleine Tochter (T). Mit der neunzehn Jahre alten Auszubildenden zur
Sozialpflegerin (S) kommen sie überein, dass diese gelegentlich in den Abendstunden und am
Wochenende auf T im Hause der E aufpasst. Pro Stunde wird eine Vergütung von 15 € vereinbart.
Die E fragen, wenn Bedarf besteht, bei S rechtzeitig vorher an, ob sie Zeit habe, vorbei zu
kommen. Es besteht Einigkeit – und ist im Laufe der Zeit auch häufiger vorgekommen – dass S,
wenn sie verhindert ist, entsprechende „Betreuungsaufträge" auch ablehnen kann. Sofern S auf
Fernsehen und Süßigkeiten verzichtet, soll die Gestaltung der Betreuungstätigkeit zudem, weil

die E ihr vertrauen, in ihrem Ermessen liegen. In der Sozialversicherung wurde S nicht angemeldet. Als sich S, eine begeisterte Leichtathletin, im Training verletzt, verlangt sie von den E Fortzahlung der Vergütung für zwei schon abgestimmte Betreuungstermine (insgesamt 150 €). E sind entsetzt und verweigern die Zahlung. Zu recht?

Fall 3: P hat gerade seinen Abschluss als Systemprogrammierer an der Fachhochschule gemacht. Da er zusammen mit seiner Freundin F ein kleines Kind hat, um dessen Betreuung er sich möglichst flexibel kümmern können möchte, will er zunächst als „free-lancer" tätig werden. Er meldet sich auf der Internetplattform project-networking.com (I) an, die Informatikern, Programmierern und ähnlichen Berufsgruppen gegen ein geringes, von den Unternehmen zu zahlendes Entgelt, Aufträge vermittelt. Dazu stellen die teilnehmenden Unternehmen entsprechende Projektbeschreibungen, Qualifikationsanforderungen für die Auftragnehmer, einen Zeitplan für einzelne Arbeitsschritte und eine dead-line, bis zu der die Arbeiten insgesamt abgeschlossen sein müssen, und die in Aussicht stehende Gesamtvergütung online. Auf diese Angebote können sich dann die Nutzer der Plattform bewerben. Nachdem P sich in mehr als einem Jahr auf Dutzende dieser Angebote erfolgreich beworben und die entsprechenden Arbeiten verrichtet hatte, beantragt er, da F mittlerweile das zweite gemeinsame Kind erwartet, die Inanspruchnahme von Elternzeit nach § 15 BEEG. Mit Erfolg?

1. Einführung

72 Das „**Eingangstor**"[1] **zum Arbeitsrecht** ist der **Arbeitnehmerbegriff.** Er ist der Schlüsselbegriff, der über die Anwendbarkeit fast aller arbeitsrechtlichen Normen entscheidet: Die Koalitionsfreiheit nach Art. 9 GG ist Arbeitnehmern vorbehalten; die Anwendbarkeit der zwingenden nationalen arbeitsrechtlichen Schutzgesetze und auch die Primär- und Sekundärrechtsakte des Unionsrechts setzen voraus, dass ein Arbeitsverhältnis vorliegt, ein Arbeitgeber also in der konkreten Anwendungssituation eine Person gerade als Arbeitnehmer beschäftigt. Ob M sich z. B. im Fall 1 auf das Kündigungsschutzgesetz berufen kann, längere Kündigungsfristen genießt und einen Kündigungsschutzprozess vor dem Arbeitsgericht führen kann, hängt nach § 1 Abs. 1 KSchG, § 622 BGB und § 2 Abs. 1 Nr. 3 ArbGG ebenso von dessen Arbeitnehmereigenschaft ab, wie die Erfolgsaussichten des Entgeltfortzahlungsbegehrens der Babysitterin in Fall 2 (§ 1 EFZG) oder des Elternzeitantrags des P in Fall 3 (§ 15 Abs. 1 S. 1 BEEG). Die Begriffsbedeutung weist zudem weit über das Arbeitsrecht hinaus, da nach § 2 Abs. 2 Nr. 1 SGB IV Personen, die gegen Arbeitsentgelt beschäftigt sind, in der gesetzlichen Sozialversicherung pflichtversichert und nach § 2 Abs. 1 S. 1 Nr. 4 EStG Einkünfte aus nichtselbständiger Arbeit steuerpflichtig sind. Beides setzt offenkundig eine Tätigkeit gerade als Arbeitnehmer voraus.

---

1 *Reinecke*, in: FS Dieterich, 1999, S. 463 ff., 463.

Die wesensnotwendig mit dem Arbeitnehmerbegriff verbundene Umschrei- 73
bung des **Arbeitsrechts** lässt sich als **Recht der abhängigen Arbeit auf privatrechtlicher Grundlage** definieren. Gegen verbreitet anzutreffende Formulierungen wie Sonderrecht der Arbeitnehmer oder Recht der in persönlicher Abhängigkeit arbeitenden Personen spricht erstens die fehlende Einbeziehung arbeitnehmerähnlicher, lediglich wirtschaftlich abhängiger Personen[2], zweitens der allzu starke Bezug allein auf die Arbeitnehmerseite[3] und drittens die Ausklammerung der kollektiven Komponente. Der Zusatz „auf privatrechtlicher Grundlage" ist erforderlich, weil es abhängige Arbeit auch auf öffentlich-rechtlicher Grundlage gibt, insbesondere in Gestalt des Beamtenverhältnisses. In jüngerer Zeit wird als Anknüpfungspunkt verstärkt der Arbeitsvertrag in den Vordergrund gestellt.[4] In Grenzfällen ist aber eine rechtliche Bewertung gerade unabhängig vom Vertragswortlaut erforderlich.[5]

Die Festlegung der Voraussetzungen des **Arbeitnehmerbegriffs** blieb **lange** 74
Zeit Rechtsprechung und Lehre überlassen. Wenn überhaupt, knüpften gesetzliche Bestimmungen wie **§ 5 Abs. 1 S. 1 ArbGG** oder **§ 5 Abs. 1 S. 1 BetrVG**, wonach Arbeitnehmer im Sinne dieser Gesetze Arbeiter und Angestellte sowie die zu ihrer Berufsausbildung Beschäftigten sind, an diesen Erkenntnisstand an, ohne zur Begriffspräzisierung selbst etwas beizutragen. Hiermit waren naturgemäß erhebliche Unsicherheiten insbesondere für nicht rechtskundig beratene Betroffene verbunden. Mit Wirkung **zum 1. 4. 2017** hat der Gesetzgeber im Kontext der Neuregelung des Arbeitnehmerüberlassungsrechts **erstmals den Arbeitnehmerbegriff legaldefiniert. § 611a BGB** lautet:

„(1) Durch den Arbeitsvertrag wird der Arbeitnehmer im Dienste eines anderen zur Leistung weisungsgebundener, fremdbestimmter Arbeit in persönlicher Abhängigkeit verpflichtet. Das Weisungsrecht kann Inhalt, Durchführung, Zeit und Ort der Tätigkeit betreffen. Weisungsgebunden ist, wer nicht im Wesentlichen frei seine Tätigkeit gestalten und seine Arbeitszeit bestimmen kann. Der Grad der persönlichen Abhängigkeit hängt dabei auch von der Eigenart der jeweiligen Tätigkeit ab. Für die Feststellung, ob ein Arbeitsvertrag vorliegt, ist eine Gesamtbetrachtung aller Umstände vorzunehmen. Zeigt die tatsächliche Durchführung des Vertragsverhältnisses, dass es sich um ein Arbeitsverhältnis handelt, kommt es auf die Bezeichnung im Vertrag nicht an.

---

2 Dazu unten § 3 RN 99, 108 ff.
3 S. dazu *Gast*, BB 1993, 66 ff.
4 *Hromadka/Maschmann*, Arbeitsrecht 1, § 3 Rn. 46. Ausführlich *Söllner*, „From status to contract", Wandlungen in der Sinndeutung des Arbeitsrechts, in: FS Zöllner Bd. II, 1998, S. 949 ff.; als Neuorientierung zur Bestimmung des Arbeitnehmerbegriffs insgesamt *Maschmann*, Arbeitsverträge und Verträge mit Selbständigen, 2001, S. 110 ff.
5 Aus richterlicher Perspektive *Reinecke*, in: FS Dieterich, 1999, S. 463 ff.

(2) Der Arbeitgeber ist zur Zahlung der vereinbarten Vergütung verpflichtet.“

75 Diese Umschreibung versucht – unvollständig und mit Unschärfen behaftet[6] – den Stand der bisherigen Rechtsprechung in Gesetzesform zu gießen. Abgesehen von der Verknüpfung mit dem Weisungsrecht des Arbeitgebers (§ 106 GewO), der Forderung nach einer Gesamtbetrachtung aller (welcher?) das Vertragsverhältnis prägenden tatsächlichen Umstände und der – trivialen – Feststellung, dass die Klassifizierung des Vertragsverhältnisses durch die Parteien im Zweifel unerheblich ist, bringt § 611a BGB den Rechtsanwender bei der Lösung praktischer Abgrenzungsprobleme nicht weiter, obwohl sich der Gesetzgeber ausdrücklich auf die Fahnen geschrieben hatte, durch die Neuregelung missbräuchliche Gestaltungen, etwa beim dauerhaften Einsatz von Werkunternehmern oder im Kontext der Arbeitnehmerüberlassung, zurück zu drängen.[7] Es handelt sich – vergleichbar mit der rein kursorischen Abbildung der Arbeitnehmerhaftung durch Änderung des § 276 BGB[8] und die an Inhaltsleere kaum zu überbieten „Regelung" der Betriebsrisikolehre in § 615 S. 3 BGB[9] – um eine für **neuere arbeitsrechtliche Legislativakte typische „Merkzettelgesetzgebung"** durch überkommene Rechtsprechung in Bezug nehmende Blankettnormen, die Konflikte, obgleich dies die ureigenste Aufgabe der Gesetzgebung wäre, nicht selbst schlichtet und entscheidet, sondern an die Rechtspraxis delegiert. Um den Anwendungsbereich des § 611a BGB abstecken und den Arbeitnehmerbegriff teleologisch zutreffend bestimmen zu können, ist deshalb immer noch ein Rückgriff auf die ältere Rechtsprechung des BAG unumgänglich.

76 Erforderlich für die Feststellung der Arbeitnehmereigenschaft sind nach wie vor die in der nachstehenden **Übersicht** zusammengestellten, noch zu präzisierenden Merkmale:

---

[i] – Abschluss eines **privatrechtlichen Vertrags**,
 – gerichtet auf die **Leistung von Diensten** (iSd. § 611ff. BGB),
 – die unselbständig, also **fremdbestimmt** und **in persönlicher Abhängigkeit** (§ 611a BGB) und
 – **gegen Entgelt** (§ 611a Abs. 2 BGB) erbracht werden.

---

6 Zur Kritik an der Neuregelung nur ErfK/*Preis*, § 611a BGB Rn. 9 ff.
7 BT-Drs. 18/9232, S. 2.
8 Vgl. § 7 RN 595 ff.
9 Dazu § 7 RN 542 ff.

2. Ausschlussfunktion des Arbeitnehmerbegriffs

Die zuvor refererierten vier Kernelemente des Arbeitnehmerbegriffs erlauben es 77
i. d. R. – sowohl in der Klausur als auch der praktischen Fallbearbeitung – mit
wenigen Worten andere Beschäftigungsverhältnisse vom Arbeitsrecht zu sepa-
rieren.

a) Beamte und anderweitig öffentlich-rechtlich Dienstverpflichtete

Beamte stehen in einem **„öffentlich-rechtlichem Dienst- und Treueverhältnis"** 78
(Art. 33 Abs. 4 GG) und sind deshalb keine Arbeitnehmer. Für sie gilt das Be-
amtenrecht. Das Beamtenverhältnis wird nicht durch einen privatrechtlichen
Vertrag, sondern durch einen Verwaltungsakt begründet. Entscheidend ist der
formale Akt der Ernennung, die durch Aushändigung einer Urkunde mit den
Worten „unter Berufung in das Beamtenverhältnis" erfolgt (§ 5 Abs. 2 BRRG).
Maßgeblich sind also nicht die Art der Tätigkeit und die dazu erforderliche
Qualifikation. Andererseits werden im öffentlichen Dienst keineswegs nur Beamte
beschäftigt. Knapp 1,843 Millionen Beamten (einschließlich Richter und Soldaten) stehen rund 2,8 Millionen Angestellte und Arbeiter gegenüber.[10] Zu den
Angestellten zählen inzwischen beispielsweise recht viele Lehrer, die von Anfang
an nur teilzeitbeschäftigt werden und denen die eigentlich durch das Grundgesetz
vorgesehene Verbeamtung durch die Länder aus Kostengründen vorenthalten
wird. Insbesondere, aber mittlerweile nicht nur in den neuen Bundesländern
erfolgt die Verbeamtung sehr zurückhaltend, und die Privatisierung vor allem im
Bereich der früheren Bundesbahn und Bundespost führt nachhaltig zu einer
Verringerung der Zahl der Beschäftigten und insbesondere der Beamten im öffentlichen Dienst. Für die Arbeitnehmer im öffentlichen Dienst gilt das Arbeitsrecht, freilich mit einer Reihe von Besonderheiten;[11] genannt sei hier die Geltung
des Personalvertretungsrechts statt des Betriebsverfassungsgesetzes. Unter dem
egalisierenden Einfluss des Europarechts, dessen Arbeitnehmerbegriff mit Blick
auf die Anwendung einzelner Rechtsakte auch Beamte umfassen kann[12], verliert
die Unterscheidung aber – völlig zu Recht – an Bedeutung.[13]

---

10 Vgl. https://www.bmi.bund.de/DE/themen/oeffentlicher-dienst/zahlen-daten-fakten/zahlen-
daten-fakten-node.html.
11 Vgl. *Müller/Landshuter*, Arbeitsrecht im öffentlichen Dienst, 7. Aufl. 2009; *Bieder*, Arbeitsrechtlicher Beschäftigtenschutz für Beamte und Mitarbeiter des öffentlichen Dienstes, in *Fütterer/
Pötters/Stiebert/Traut* (Hrsg.), Arbeitsrecht – für wen und wofür?, 2014, S 71 ff.
12 EuGH v. 16. 9. 2010 – C-149/10 –, EuZW 2011, 62; ErfK/*Preis*, § 611a BGB Rn. 20; s. auch *Oberthür*,
RdA 2018, 286; *Wank*, EuZW 2018, 21.

79   Gleichfalls keine Arbeitnehmer sind Personen, denen die Erfüllung von Dienstpflichten auf sonstige Weise hoheitlich mittels Verwaltungsakts aufgegeben wird, etwa Strafgefangenen[14] oder sog. „Ein-Euro-Jobbern".[15]

b) Werkvertragsrecht

80 Das Arbeitsrecht ist grundsätzlich nicht anzuwenden, wenn ein Werkvertrag abgeschlossen wird. Durch den Werkvertrag verpflichtet sich der **Unternehmer**, ein Werk zu erstellen (§ 631 BGB). Das ist handgreiflich bei der Herstellung oder Veränderung einer Sache; man denke an den Bauunternehmer oder den Inhaber einer Kraftfahrzeugwerkstatt. Beide schulden den **Erfolg**, nicht die Tätigkeit als solche. Eine Werkleistung muss jedoch nicht in einer Sache sichtbaren Ausdruck finden. Gegenstand des Werkvertrages kann vielmehr auch „ein anderer durch Arbeit oder Dienstleistung herbeizuführender Erfolg sein" (§ 631 Abs. 2 BGB). Die maßgebliche Leistung des Architekten besteht z. B. nicht in der Übereignung des mit der Bauzeichnung versehenen Papiers, sondern in dem geistigen Werk, der Idee. Eine Werkleistung erbringt auch der selbstständige Taxiunternehmer, der einen Kunden zum Bahnhof fährt oder durch einen von ihm beschäftigten Fahrer dorthin bringen lässt. Von dem Werkvertrag des Unternehmers mit den Kunden ist die interne Rechtsbeziehung zu den eigenen Leuten zu unterscheiden. Für das vom Werkstattinhaber beschäftigte Personal gilt das Arbeitsrecht ebenso wie für den vom Taxiunternehmer abhängig beschäftigten Fahrer.

81   Entscheidend für die Abgrenzung zum Arbeitsrecht ist vor allem die **Reichweite und Ausgestaltung des Weisungsrechts.** Auch dem Werkbesteller steht ein solches zu, da z. B. der Hauseigentümer fraglos dem beauftragten Malermeister vorgeben darf, in welcher Farbe er die Wände eines Zimmers zu streichen hat oder welche Büsche der Gärtner auf dem Grundstück entfernen oder zurückschneiden soll. Im Gegensatz zu dem nach § 106 GewO in Bezug auf Art, Ort und Zeit der Arbeitsleistung äußerst weitreichenden Direktionsrecht sind die Weisungsbefugnisse des Werkbestellers darauf beschränkt, den Werkerfolg – wie in den Beispielsfällen – näher und insbesondere produktbezogen zu konkretisieren. Wann, mit welchen Methoden und welchen Arbeitsschritten der Unternehmer diesen Erfolg herbeiführt, ist hingegen allein dessen Angelegenheit. Dies spiegelt sich auch in der **unterschiedlichen Gefahrtragung** wieder: Während der Arbeitgeber bereits die Dienste der Beschäftigten als solche zu vergüten hat,

---

13 Näher *Otte*, Der Personalrat 1999, 254 ff. Vgl. auch EuGH v. 11.1. 2000 – C-285/98 – (Tanja Kreil), AP Nr. 19 zu EWG-Richtlinie 76/207 = JZ 2000, 412 ff. mit zust. Anm. *Götz*.
14 Vgl. exemplarisch etwa die Arbeitspflicht in § 38 Abs. 1 NJVollzG v. 8.4. 2014 (Nds. GVBl. S. 88).
15 LAG Niedersachsen v. 25.7. 2007 – 15 Sa 1814/06 –, BeckRS 2007, 47294.

selbst wenn sie für ihn wirtschaftlich wertlos oder sonst nicht sachgerecht verwertbar sind[16], wird der Werklohn erst nach Abnahme des erfolgreich hergestellten Werks fällig (§§ 640, 641 BGB).

c) Dienstvertragsrecht der Selbstständigen

Nehmen Sie an, Sie beauftragten einen Rechtsanwalt mit der Wahrnehmung Ihrer Rechte in einer Auseinandersetzung mit Ihrem Nachbarn. Der Rechtsanwalt schuldet fraglos eine Dienstleistung. Im Vordergrund steht für Sie allerdings der Erfolg. Gleichwohl ist der vereinbarte Vertragsgegenstand nicht der Erfolg, sondern die Dienstleistung als solche. Das anwaltliche Standesrecht untersagt es sogar grundsätzlich, dass ein Anwalt eine Vergütung nur für den Fall des Obsiegens vereinbart („Erfolgshonorar", § 49b Abs. 2 BRAO). Auch bei dem Vertrag mit einem Arzt, den jemand als Privatpatient abschließt, fehlt es in aller Regel am Erfolgsbezug. Damit handelt es sich nicht um einen Werkvertrag. Für die Verpflichtung zur entgeltlichen Dienstleistung bietet das BGB als Vertragstyp den in den §§ 611ff. geregelten **Dienstvertrag** an. Eine ganze Reihe der Normen unter diesem Titel gelten indessen nach dem Gesetzeswortlaut nur für **Arbeitsverhältnisse:** Maßregelungsverbot (§ 612a), Rechte und Pflichten bei Betriebsübergang (§ 613a), Beweislast bei der Arbeitnehmerhaftung (§ 619a). Bei den Kündigungsfristen wird zwischen „einem Dienstverhältnis, das kein Arbeitsverhältnis ... ist" (§ 621) und dem „Arbeitsverhältnis eines Arbeiters oder Angestellten (Arbeitnehmers)" (§ 622) unterschieden. Für die Gesetzessystematik folgt hieraus, durch § 611a BGB n. F. bestätigt, dass der Gesetzgeber das Dienstverhältnis bzw. den Dienstvertrag als Oberbegriff verwendet, dem Dienstleistungen auf Grund eines „Nicht-Arbeitsvertrages" und auf Grund eines „Arbeitsvertrages" untergeordnet werden. **82**

In der Praxis spricht man natürlich nicht von „einem Dienstverhältnis, das kein Arbeitsverhältnis ist", und erst recht nicht von einem „Nicht-Arbeitsvertrag". Die erste Formulierung ist lediglich eine missglückte Definition, die zweite ist inhaltsleer. Eingebürgert haben sich vielmehr der **freie Dienstvertrag**, der **Dienstvertrag des Selbstständigen** oder noch kürzer der **Dienstvertrag** ohne jeden Zusatz. Für den Dienstvertrag des Abhängigen bzw. Unselbstständigen hat sich demgegenüber der Begriff **Arbeitsvertrag** durchgesetzt. **83**

---

16 Näher unten § 7 RN 515ff.

d) Sonstige spezifische Arbeitstätigkeit

84 Die **familienrechtliche Dienstleistungspflicht** der Ehegatten oder Lebenspartner sowie der im Haushalt lebenden, von den Eltern unterhaltenen Kinder beruht auf Gesetz (§§ 1360, 1619 BGB). Von vornherein ausgeklammert bleibt auch jede Tätigkeit auf rein **vereinsrechtlicher oder gesellschaftsvertraglicher Grundlage**, weil hier die Leistung von Diensten gerade für einen anderen nicht im Vordergrund steht (vgl. § 5 Abs. 2 Nr. 2 BetrVG). Selbstverständlich gestattet es aber die Vertragsfreiheit, dass Ehegatten oder Lebenspartner miteinander oder Vereine und Gesellschaften mit ihren Mitgliedern Arbeitsverhältnisse begründen, die neben die genannten Verpflichtungen treten. Ob dies der Fall ist, hängt letztlich vom Nachweis und der Auslegung entsprechender Vereinbarungen ab.

3. Kriterien für die positive Bestimmung der Arbeitnehmereigenschaft

85 Mit der Ausgrenzung allein ist es indessen nicht getan. Gerade Grenzfälle verlangen nach einer positiven Bestimmung, die das generalklauselhaft in § 611a Abs. 1 S. 1 BGB n. F. umschriebene Merkmale der „weisungsgebundenen, fremdbestimmten Arbeit in persönlicher Abhängigkeit" näher ausfüllt und die für die nach § 611a Abs. 1 S. 4 BGB n. F. erforderliche „Gesamtbetrachtung aller Umstände" maßgeblichen Wertungsgesichtspunkte zusammenträgt.

a) Gesteigerte Schutzbedürftigkeit und Struktur der Arbeitsorganisation

86 Vorweg ist nach den Gründen zu fragen, die die Unterscheidung zwischen dem Dienstvertrag des Selbstständigen und dem Arbeitsvertrag inhaltlich rechtfertigen. Diese, auch die neue Legaldefinition tragenden Gründe liegen in der typischerweise gesteigerten Schutzbedürftigkeit des abhängig Beschäftigten und in der spezifischen Struktur der Arbeitsorganisation.

87 Die besondere **Schutzbedürftigkeit** zeigt sich

> **i** in der Untrennbarkeit der Arbeitsleistung von der Person, woraus sich das Erfordernis des
> Arbeitsschutzes (Leben, Gesundheit, Arbeitskraft) ergibt,
> – in der Einbindung des abhängig Beschäftigten in einen fremden Organisations- und Herr-
> schaftsbereich, die Persönlichkeitsschutz verlangt,
> – in der Abhängigkeit der wirtschaftlichen Existenz von der fremdbestimmten Arbeitsleistung,
> die Kündigungsschutz und Entgeltschutz gebietet.

Rechtliche Konsequenzen verlangt auch die **Struktur der Arbeitsorganisation,** 88
nämlich

- das Nebeneinander vieler Beschäftigter, das kollektive Instrumente ermöglicht und auf
  Gleichbehandlung drängt,
- die notwendige Koordination des Arbeitsprozesses, die gesteigerte Anpassung erfordert
  und zum Interessenausgleich auch unter den Beschäftigten zwingt.

---

b) *Weisungsgebundenheit des Beschäftigten bei der Tätigkeitsgestaltung und Arbeitszeiteinteilung*

Das Arbeitsrecht erfasst **nur unselbständige Beschäftigungsverhältnisse** und 89
gilt daher, wie gezeigt, nicht für Werk- und freie Dienstverträge. Die Legaldefinition erinnert hieran in Gestalt der für die Arbeitnehmereigenschaft **konstitutiven
Weisungsbindung nach § 106 GewO.** Denn Weisungsgebunden ist, wer nicht im
Wesentlichen frei seine Tätigkeit gestalten und seine Arbeitszeit bestimmen kann
(§ 611a Abs. 1 S. 3 BGB). Diese Grenzziehung entspricht **§ 84 HGB.** Diese Vorschrift
grenzt in ihrem orginären Anwendungsbereich Angestellte und damit Arbeitnehmer eines Kaufmanns (Handlungsgehilfen, §§ 59 ff. HGB) von selbständigen
Hilfspersonen des Kaufmanns, insbesondere Handelsvertretern (§§ 84 ff. HGB),
auf dieselbe Weise ab und wurde bis zur Einführung der Legaldefinition allgemein
als maßgebliche Richtschnur zur Bestimmung des Arbeitnehmerbegriffs herangezogen.[17] Den selbständigen Rechtsanwalt als freien Dienstnehmer zeichnet es
beispielsweise aus, dass er – ungeachtet wirtschaftlicher Notwendigkeiten –
grundsätzlich allein entscheiden kann, welche Mandate er annimmt oder ablehnt, wann er seine Sprechzeiten anbietet und Besprechungstermine vereinbart
und in welcher Reihenfolge er die einzelnen Angelegenheiten bearbeitet. Der in
einer Kanzlei als unselbständiger Arbeitnehmer nur angestellte Rechtsanwalt ist
hingegen in all diesen Punkten an die Vorgaben der Sozietät gebunden. Die
Weisungsfreiheit hinsichtlich der Tätigkeits- und Arbeitszeitgestaltung, die der
Einstufung als Arbeitnehmer entgegensteht, muss freilich **nur im Wesentlichen
bestehen,** was notwendig zu gewissen Unschärfen führt. Auch der selbständige
Rechtsanwalt muss z. B. Besprechungstermine so zeitnah vereinbaren, dass er die
Verjährung von Ansprüchen noch abwenden oder Rechtsmittelfristen einhalten
kann. Trotzdem ist er insoweit freier als der angestellte Anwalt, dem solche Ter-
mine ganz exakt vorgegeben werden können. Übertragen auf unseren Fall 2 ist die

---

17 BAG v. 15. 2. 2012 – 10 AZR 111/11 –, AP Nr. 122 zu § 611 BGB Abhängigkeit = NZA 2012, 733;
Junker, Grundkurs, Rn. 98; *Zöllner/Loritz/Hergenröder*, Arbeitsrecht, § 5 Rn. 24.

Arbeitnehmereigenschaft der Babysitterin, da ihr das Letztentscheidungsrecht in Sachen Arbeitszeitgestaltung und auch hinsichtlich der Tätigkeitsinhalte ein weitreichender Gestaltungsspielraum zusteht, zu verneinen. Sie hat deshalb keinen Anspruch auf Entgeltfortzahlung nach § 3 EFZG.

90   Die tätigkeits- und arbeitszeitbezogene Weisungsabhängigkeit allein reichte schon in der Vergangenheit nicht aus, um Arbeitnehmer von Selbständigen zu unterscheiden. Dies zeigt sich spätestens beim Chefarzt eines nicht von ihm selbst betriebenen Krankenhauses, der als (leitender) Angestellter Arbeitnehmer ist.[18] Aber auch andere Arbeitnehmer sind – vor allem in Dienstleistungsberufen, die das klassische produzierende Gewerbe immer stärker verdrängen – häufig bei der Arbeitsgestaltung freier gestellt als früher (Arbeitsort außerhalb des Betriebes z. B. bei Telearbeit, statt fester Arbeitszeit; Gleitzeit; weitreichende Modelle zur Flexibilisierung der Arbeitszeit[19]), so dass das äußere Bild – wie § 5 Abs. 1 S. 1 2. HS BetrVG belegt – trügen kann. Je qualifizierter die vom Beschäftigten geschuldeten Dienste sind, desto eher gehört es zum jeweiligen Berufsbild, dass die übertragenen Aufgaben eigenständig organisiert werden. Entscheidend ist vor diesem Hintergrund nicht, ob der Vertragspartner des Beschäftigten tatsächlich tätigkeits- oder arbeitszeitbezogene Vorgaben macht, sondern ob er rechtlich berechtigt ist, im Bedarfsfall Weisungen zu erteilen.

91   Die zuvor beschriebenen neuen Formen der Arbeitsorganisation werden oftmals nach Maßgabe der gewählten Vertragsform unzutreffender Weise als selbstständige Tätigkeit behandelt (sog. „Scheinselbstständigkeit"). Um zumindest die Abwanderung aus der Sozialversicherungspflicht zu verhindern, sind mit dem **Gesetz zu Korrekturen in der Sozialversicherung und zur Sicherung der Arbeitnehmerrechte**[20] in § 7 Abs. 1 S. 2 SGB IV mit der „Tätigkeit nach Weisungen" und der „Eingliederung in die Arbeitsorganisation" Kriterien festgelegt geworden, die sich weitgehend mit den bereits genannten Aspekten der Arbeitnehmereigenschaft decken.

c) Persönliche Abhängigkeit und fremdbestimmte Tätigkeit

92 Da die Weisungsabhängigkeit insbesondere hinsichtlich der zeitlichen und inhaltlichen Gestaltung der geschuldeten Dienste zwar ein notwendiges, aber kein hinreichendes Kriterium zur Bestimmung der Arbeitnehmereigenschaft darstellt,

---

18 BAG v. 27.7.1961–2 AZR 255/60 –, AP Nr. 24 zu § 611 BGB Ärzte, Gehaltsansprüche.
19 Vgl. dazu nur *Bieder*, ZfA 2019, 172 ff.
20 Vom 19.12.1998 (BGBl. I S. 3843), dazu *Buchner*, DB 1999, 146 ff.

stellt § 611a Abs. 1 S. 1 BGB im Einklang mit der bisherigen Rechtsprechung[21] und der überwiegenden Meinung im Schrifttum[22] weitere Anforderungen auf.

Das vertragliche Leistungsversprechen des Beschäftigten muss auf die **Leis- 93 tung unselbstständiger**, d. h. **persönlich abhängiger, Arbeit auf vertraglicher Grundlage** gerichtet sein. Inhalt des Arbeitsvertrages ist demgemäß das Versprechen einer derartigen persönlichen Leistung. Zutreffend sieht daher das BAG in dem Recht, die **Dienstleistung durch Dritte** erbringen zu lassen, ein typisches Merkmal selbstständiger Tätigkeit.[23]

Für die Feststellung der persönlichen Abhängigkeit gibt es verschiedene 94 Kriterien, die in ihrer Abstraktheit aber nicht für alle Konstellationen gleichermaßen zutreffen. Man bedient sich deshalb der rechtsstaatlich unbedenklichen **Rechtsfigur des Typus**, die sich dadurch auszeichnet, dass nicht stets sämtliche als idealtypisch erkannten, d. h. den Typus kennzeichnenden Merkmale, vorliegen müssen.[24] Dass auch der **Wissenschaft** keine Definition gelungen ist, die in problematischen Konstellationen eine eindeutige Zuordnung erlaubt,[25] kann angesichts der Vielgestaltigkeit der Lebenssachverhalte nicht verwundern. Im Grenzbereich erleichtert die Akzentuierung einzelner Kriterien die Feststellung der Arbeitnehmereigenschaft.

Ein solches Kriterium ist neben der bereits erwähnten **Fremdbestimmtheit 95 von Zeit und Ort der Arbeitsleistung** die **fachliche Weisungsgebundenheit**. Beide Anhaltspunkte sind zumeist zugleich Ausdruck des in § 611a BGB als „Fremdbestimmtheit" umschriebenen Kriteriums der **Eingliederung in** oder **der Abhängigkeit von einer fremden Arbeitsorganisation**[26], ohne die der Arbeitnehmer seine Dienste regelmäßig gar nicht erbringen könnte. Auch dies il-

---

21 BAG v. 20.9.2000 – 5 AZR 61/99 –, AP Nr. 37 zu § 611 BGB Rundfunk = NZA 2001, 551; v. 22.8. 2001 – 5 AZR 502/99 –, AP Nr. 109 zu § 611 BGB Abhängigkeit = NZA 2003, 662 (Orchesteraushilfe).
22 Vgl. nur *Junker*, Grundkurs Rn. 96 ff.; *Zöllner/Loritz/Hergenröder*, Arbeitsrecht, § 5 Rn. 37 ff.
23 BAG v. 16.7.1997 – 5 AZB 29/96 –, AP Nr. 37 zu § 5 ArbGG 1979 (Franchisenehmer) = NZA 1997, 1126, und – 5 AZR 312/96 –, AP Nr. 4 zu § 611 BGB (Zeitungszuträger) = NZA 1998, 368; v. 27.6. 2001 – 5 AZR 561/99 –, AP Nr. 6 zu § 611 BGB Arbeitnehmerähnlichkeit (Kurierdienst) = NZA 2001, 742; v. 12.12.2001 – 5 AZR 253/00 –, AP Nr. 111 zu § 611 BGB Abhängigkeit = NZA 2002, 787 (Schank- und Pausenbewirtung).
24 Grundlegend BAG v. 23.4.1980 – 5 AZR 426/79 –, AP Nr. 34 zu § 611 BGB Abhängigkeit; dazu *Otto*, Gemeinsame Anm. AP Nr. 36 zu § 611 BGB Abhängigkeit. Den Typusbegriff anerkennend BVerfG v. 20.5.1996 – 1 BvR 21/96 –, AP Nr. 82 zu § 611 BGB Abhängigkeit.
25 Vgl. insbes. *Wank*, Arbeitnehmer und Selbständige, 1988; ferner *Hromadka*, DB 1998, 195 ff.; *Reinecke*, ZIP 1998, 581 ff. S. auch *Zeuner*, Überlegungen zum Begriff des Arbeitnehmers und zum Anwendungsbereich arbeitsrechtlicher Regeln, RdA 1975, 84 ff.
26 Zu diesem Gesichtspunkt BAG v. 26.7.1995 – 5 AZR 22/94 –, AP Nr. 79 zu § 611 BGB Abhängigkeit = NZA 1996, 477.

lustriert der Vergleich zwischen einem selbständigen Rechtsanwalt und einem klassischen Arbeitnehmer, der in der Automobilfertigung beschäftigt ist. Ersterer mietet Kanzleiräume an, stellt Hilfspersonal ein, sorgt für die notwendige Büroausstattung, Fachliteratur und anderes mehr, um seine Mandanten betreuen zu können; letzterer begibt sich auf das Firmengelände seines Arbeitgebers, nimmt seinen Arbeitsplatz am Fließband ein, das ihm die einzelnen Arbeitsschritte quasi und die Zusammenarbeit mit den Arbeitskollegen automatisch vorgibt, nutzt die dort vorhandenen Maschinen und Werkstoffe und erfüllt die ihm übertragenen Aufgaben typischerweise persönlich. Der **Einsatz einer eigenen Betriebsorganisation**, nennenswerten **eigenen Kapitals und eigener Hilfskräfte** spricht demnach typischerweise für das Vorliegen eines freien Dienstvertrags und gegen die Arbeitnehmereigenschaft.

96 Arbeitnehmer ist also in der Quintessenz nicht nur derjenige, dessen Dienstleistung alle Kriterien persönlicher Abhängigkeit erfüllt. Beim Chefarzt dominiert die Abhängigkeit von der auch aus seiner Sicht fremdbestimmten Arbeitsorganisation. Die fachliche Weisungsgebundenheit tritt auf Grund seiner Sachkenntnis und auch mit Rücksicht auf die Standesethik dagegen zurück. Die Situation wird dadurch noch schwerer durchschaubar, dass der Arbeitgeber den Chefärzten in der Regel gestattet, mit Privatpatienten unmittelbar in vertragliche Beziehungen zu treten. Soweit das geschieht, handelt der Arzt auf eigene Rechnung und schließt mit dem jeweiligen Patienten einen freien Dienstvertrag. Der Chefarzt ist also im Verhältnis zum Krankenhausträger Arbeitnehmer, im Verhältnis zu seinem Privatpatienten selbstständiger Dienstverpflichteter.

97 Besonders heftige Auseinandersetzungen um den Arbeitnehmerbegriff hat es in den **Rundfunkanstalten** gegeben. Dort drängten viele Mitarbeiter, die bis dahin auf Grund von freien Dienst- oder gar Werkverträgen beschäftigt worden waren, unter den Schutzschirm des Arbeitsrechts, als aus finanziellen Gründen Personaleinsparungen drohten. Sie befürchteten nicht ohne Grund, dass primär ihre Tätigkeit beendet werden könnte, da der Kündigungsschutz bzw. der Schutz vor sachlich nicht begründeten Befristungen nur Arbeitnehmern zugute kommt. Das BAG hat die Arbeitnehmereigenschaft gerade im Hinblick auf die organisatorische Abhängigkeit der Berufstätigkeit von der Rundfunkanstalt in vielen Entscheidungen bejaht;[27] das BVerfG hat dies eher unwillig hingenommen.[28]

---

27 Man vergleiche etwa die Urteile v. 23.4.1980 – 5 AZR 426/79 – bzw. v. 7.5. 1980 – 5 AZR 293 und 593/78, AP Nr. 34 bis 36 zu § 611 BGB Abhängigkeit mit gemeinsamer Anm. I von *Otto* und II von *Wank* sowie die Leitentscheidung v. 13.1.1983 – 5 AZR 149/82, AP Nr. 42 zu § 611 BGB Abhängigkeit.
28 Vom 13.1.1982 – 1 BvR 848/77 –, BVerfGE 59, 231 = AP Nr. 1 zu Art. 5 Abs. 1 GG Rundfunkfreiheit = EzA Art. 5 GG Nr. 9 mit Anm. *Konzen/Rupp*; hierzu *Otto*, ArbuR 1983, 1 ff., und *Wank*, Arbeitnehmer und Selbständige, 1988, S. 304 ff.

Tendenziell werden freie Mitarbeit bzw. befristete Arbeitsverträge umso eher zugelassen, je mehr mit der Nähe zur Programmgestaltung eine Lockerung der Weisungsgebundenheit einhergeht.[29] Wie die nicht abreißende Kette höchstrichterlicher Entscheidungen – insbesondere zur Zulässigkeit von Befristungen[30] auch bei anderen künstlerischen Tätigkeiten[31] – zeigt, ist die Diskussion keineswegs ausgestanden.[32]

Allein der **zeitliche Umfang der Tätigkeit** ist nicht von ausschlaggebender **98** Bedeutung. Auch kurzfristig oder in sehr geringem Zeitumfang Beschäftigte sind Arbeitnehmer, wenn sie ihre Dienstleistung nicht als Selbstständige, sondern in persönlicher Abhängigkeit erbringen. Deshalb sind Erntehelfer, Haushaltshilfen und Reinigungskräfte, wie schon die Vorgaben des Teilzeit- und Befristungsrechts belegen, regelmäßig Arbeitnehmer.

Eine lediglich **wirtschaftliche Abhängigkeit** ist hingegen nach geltendem **99** Recht nicht ausreichend, um die Arbeitnehmereigenschaft zu begründen. Diese kann auch bei einem selbstständigen Unternehmer gegeben sein, der fast ausnahmslos für einen einzigen oder nur sehr wenige Auftraggeber tätig wird. Die wirtschaftliche Gesamtsituation stellt namentlich *Wank* in den Vordergrund. Als Grund für die Schutzbedürftigkeit des Arbeitnehmers identifiziert er dessen Berufs- und Existenzschutz;[33] demgemäß seien diejenigen vom Anwendungsbereich des Arbeitsrechts auszunehmen, die durch die mit der **freiwilligen Übernahme des Unternehmerrisikos** verbundenen Chancen selbst für ihren Berufs- und Existenzschutz sorgen könnten. Über den Umweg des so gewonnenen Begriffs des Selbstständigen lasse sich demgegenüber als Arbeitnehmer charakterisieren, wer das Unternehmerrisiko nicht oder nicht freiwillig auf sich nehme;[34] die sonstigen Kriterien würden sich hierzu als Unterbegriffe verhalten. In deutlicher Anlehnung an *Wank* hatte der **Arbeitskreis Deutsche Rechtseinheit im Arbeitsrecht** dem Deutschen Juristentag 1992 den Diskussionsentwurf eines „Arbeitsvertragsgeset-

---

29 Krit. *Bezani*, NZA 1998, 856 ff.

30 Vgl. etwa BAG v. 24.10.2018 – 7 AZR 92/17, AP Nr. 172 zu § 14 TzBfG = NZA 2019, 108; BAG 13.12.2017 – 7 AZR 69/16, AP Nr. 14 zu § 14 TzBfG = NJOZ 2018, 1223.

31 Zu den Parallelproblemen bei Maskenbildnern und Serienschauspielern BAG v. 30.8.2017 – 7 AZR 864/15, NZA-RR 2018, 128; BAG v. 13.12.2017 – 7 AZR 369/16 –, AP Nr. 66 zu § 611 BGB Bühnenengagementvertrag = NZA 2018, 656.

32 BVerfG v. 18.2.2000 – 1 BvR 491/93 u.a. –, AP Nr. 9 zu Art. 5 Abs. 1 GG Rundfunkfreiheit; BAG v. 20.9.2000 – 5 AZR 61/99 –, AP Nr. 37 zu § 611 BGB Rundfunk = NZA 2001, 551; BAG v. 26.7.2006 – 7 AZR 495/05 – AP Nr. 25 zu § 14 TzBfG = NZA 2007, 147.

33 *Wank*, Arbeitnehmer und Selbständige, 1988, S. 59 ff., 75 ff.

34 *Wank*, Arbeitnehmer und Selbständige, 1988, insbes. S. 122 ff.; ihm folgend ArbG Nürnberg v. 31.7.1996 – 2 Ca 4546/95 –, EzA § 611 BGB Arbeitnehmerbegriff Nr. 57; LAG Köln v. 30.6.1995 – 4 Sa 63/95 –, LAGE § 611 BGB Arbeitnehmerbegriff Nr. 29.

zes (ArbVG 1992)" vorgelegt, dessen § 1 Abs. 3 den Arbeitnehmerbegriff negativ abzugrenzen suchte:[35] „Personen, die auf Grund unternehmerischer Tätigkeit am Markt auftreten, sind keine Arbeitnehmer." In der Begründung wird betont, dass des arbeitsrechtlichen Schutzes nicht bedürfe, wer freiwillig ein Unternehmerrisiko übernehme, d. h. in der Regel mit einer eigenen Organisation die Möglichkeit zu unternehmerischem Gewinn oder Verlust habe.[36] Richtig bleibt immerhin, dass ein Arbeitnehmer typischerweise nicht selbstständig am Markt auftritt, was ohnehin den Zuordnungsindizien der Rechtsprechung entspricht.[37]

100　　Als ausschlaggebendes und nicht nur mit zu berücksichtigendes Kriterium für die Bejahung des Schutzes des Arbeitsrechts vermag die unfreiwillige Risikoübernahme aber nicht zu überzeugen, zumal dies nicht im Einklang mit den aus § 84 HGB gewonnenen Wertungen steht und die Ausgewogenheit von Chancen und Risiken voraussetzt.[38] Auch das BAG ist dem zu Recht ausdrücklich nicht gefolgt.[39]

101　　Denkbar ist deshalb, dass ein Fall sog. **„Scheinselbstständigkeit"** und damit Arbeitnehmereigenschaft vorliegt, wenn der Vertragspartner dem Dienstleistenden zwar das unternehmerische Risiko aufbürdet, dieser aber nach der Vertragsgestaltung und erst recht seiner faktischen Durchführung in Wahrheit gar keinen eigenen Handlungsspielraum hat.[40] Problematisch in dieser Hinsicht sind regelmäßig „Ein-Mann-Unternehmen" von Personen, die früher ihre Arbeitsleistung im Rahmen eines Arbeitsvertrages erbracht haben.[41]

102　　Ebenso kann im Einzelfall durchaus zweifelhaft sein, inwieweit beispielsweise bei einem **Franchisenehmer** von einer freiwilligen Übernahme des un-

---

35 In: Verhandlungen des 59. Deutschen Juristentages Hannover 1992, Bd. I Gutachten, D 1 ff., 19.

36 In: Verhandlungen des 59. Deutschen Juristentages Hannover 1992, Bd. I Gutachten, D 86.

37 BAG v. 21.1.1966 – 3 AZR 183/65 –, AP Nr. 2 zu § 92 HGB; v. 13.8.1980 – 4 AZR 592/78 –, AP Nr. 37 zu § 611 BGB Abhängigkeit.

38 Keine Berücksichtigung findet in diesem sog. *dualen (Alternativ-)Modell* die vielfach im Gesetz genannte Gruppe der *Arbeitnehmerähnlichen* (dazu sogleich RN 108 ff.). Zur Kritik vgl. näher *Buchner*, NZA 1998, 1144 ff., sowie *Maschmann*, Arbeitsverträge und Verträge mit Selbständigen, 2001, S. 90 ff.

39 BAG v. 30.9.1998 – 5 AZR 563/97 –, AP Nr. 103 zu § 611 BGB Abhängigkeit = NZA 1999, 374. Prononciert auf die beiden Merkmale des § 84 Abs. 1 HGB beziehend BAG v. 20.9.2000 – 5 AZR 271/99 –, AP Nr. 8 zu 2 ArbGG 1979 Zuständigkeitsprüfung = NZA 2001, 210.

40 So für eine *Propagandistin* im Kaufhaus LAG Köln v. 30.6.1995 – 4 Sa 63/95 –, LAGE § 611 BGB Arbeitnehmerbegriff Nr. 29. Weitere Beispiele bei *Gamillscheg*, Arbeitsrecht I, S. 173 ff.

41 Zu *Frachtführern* einerseits BAG v. 19.11.1997 – 5 AZR 653/96 –, AP Nr. 90 zu § 611 BGB Abhängigkeit = NZA 1998, 364, andererseits BAG v. 30.9.1998 – 5 AZR 563/97 –, AP Nr. 103 zu § 611 BGB Abhängigkeit = NZA 1999, 374. Beispiele aus der Rspr. sind z.T. skurril: *Sargträger* (LAG Düsseldorf v. 9.9.1997 – 8 Sa 756/97 –, DB 1998, 207); *Fleischzerleger* (ArbG Passau v. 13.3.1998 – 4 e Ca 906/97 E –, BB 1998, 1266).

ternehmerischen Risikos gesprochen werden darf.[42] Gleichwohl ordnet auch *Wank* diese Gruppe – mit Recht – den Selbstständigen zu. Hier kommt bei einer unangemessenen Vertragsgestaltung der Schutz durch § 307 BGB in Betracht.[43]

Wirtschaftliche Abhängigkeit ist demnach bei einem Arbeitnehmer nur die **103** typische Folge seiner persönlichen Abhängigkeit, ein Indiz, nicht aber eine zusätzliche Voraussetzung der Arbeitnehmereigenschaft. Liegt lediglich wirtschaftliche Abhängigkeit vor, kann es sich jedoch um eine arbeitnehmerähnliche Person handeln.[44] Es gibt also nicht lediglich ein „Entweder **Selbstständiger** oder **Arbeitnehmer**", sondern eine nuancenreiche dritte Gruppe: die **Arbeitnehmerähnlichen**.[45] Man vergleiche das folgende Schema:

---

42 Überblick bei *Horn/Henssler*, ZIP 1998, 589 ff.
43 Laut BGH v. 9.5.1996 – III ZR 209/95 –, BB 1996, 1524 f., ist es z. B. mit § 9 AGBG (jetzt § 307 BGB) nicht vereinbar, wenn der Vergütungsanspruch des als Berater tätigen freien Mitarbeiters von der Zahlung des Kunden abhängig gemacht wird.
44 Dazu näher RN 108 ff.
45 S. auch *Hromadka*, NZA 2007, 569 ff.

Der Schutzbereich des Arbeitsrechts

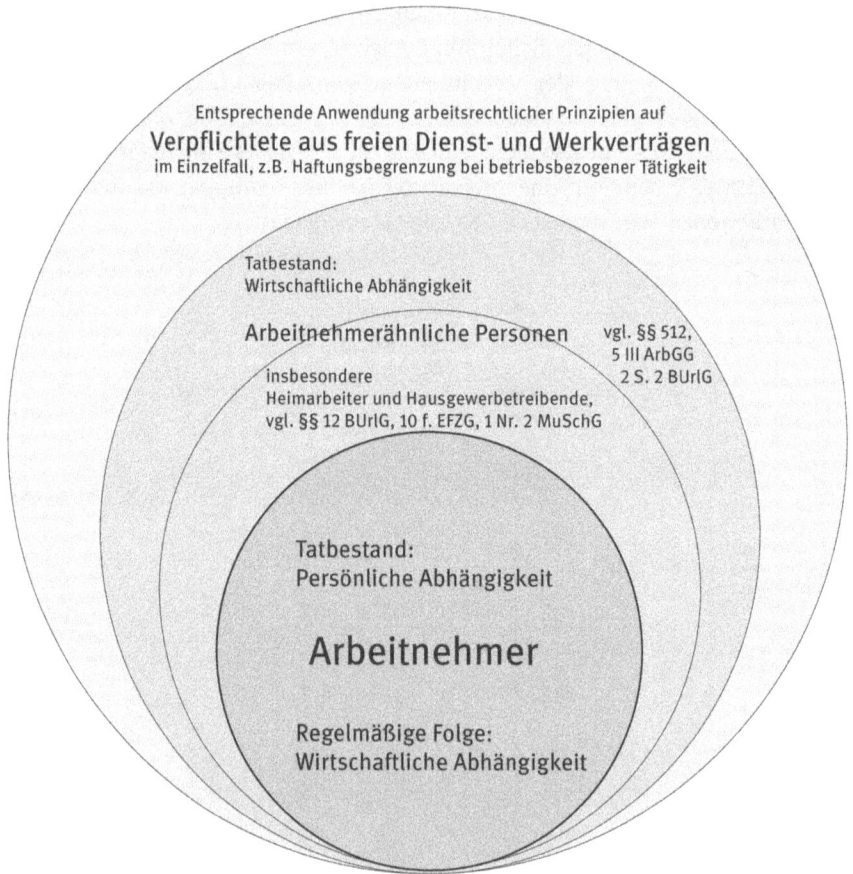

Entsprechende Anwendung arbeitsrechtlicher Prinzipien auf
Verpflichtete aus freien Dienst- und Werkverträgen
im Einzelfall, z.B. Haftungsbegrenzung bei betriebsbezogener Tätigkeit

Tatbestand:
Wirtschaftliche Abhängigkeit

Arbeitnehmerähnliche Personen   vgl. §§ 5 I 2,
                                 5 III ArbGG
insbesondere   2 S. 2 BUrlG
Heimarbeiter und Hausgewerbetreibende,
vgl. §§ 12 BUrlG, 10 f. EFZG, 1 Nr. 2 MuSchG

Tatbestand:
Persönliche Abhängigkeit

Arbeitnehmer

Regelmäßige Folge:
Wirtschaftliche Abhängigkeit

d) Zusätzliche Indizien zur Bestimmung der Arbeitnehmereigenschaft

104 Außer den zuvor genannten Kriterien zur Feststellung der persönlichen Abhängigkeit (Fremdbestimmtheit von Zeit und Ort der Arbeitsleistung, fachliche Weisungsgebundenheit, Eingliederung in oder Abhängigkeit von einer fremden Arbeitsorganisation) können bestimmte Umstände im Zweifelsfall zusätzliche Indizien für das Vorliegen eines Arbeitsverhältnisses oder eines freien Dienstverhältnisses sein; das Gericht muss im Streitfall **alle** erheblichen Tatsachen einschließlich der tatsächlichen Vertragsdurchführung umfassend würdigen. Als Indiz für die Feststellung der Eingliederung in bzw. der Abhängigkeit von einer

fremden Arbeitsorganisation ist die Frage nach einem eigenen **unternehmeri-schen Gewinn und Verlust** zweifelsfrei hilfreich. Gleiches gilt auch für einzelne Vertragskautelen, die dem Beschäftigten **arbeitnehmertypische Rechte**, etwa zur Entgeltfortzahlung im Krankheitsfall oder Urlaubsansprüche, zubilligen oder Verhaltensweisen des Arbeitgebers, z. B. die Anmeldung in der gesetzlichen Sozialversicherung, die sonst nur in Bezug auf Arbeitsverhältnisse zu erwarten sind.

Lediglich als solche Indizien und nicht als eigenständige Beurteilungskrite- **105** rien sind auch die **Verkehrsanschauung** und die **historische Entwicklung** bedeutsam. Freilich ist nicht zu leugnen, dass die zum Schutz des selbstständigen Handelsvertreters nachträglich in das HGB eingefügten Bestimmungen, insbesondere über die Provision (§§ 87–87c HGB) und den Ausgleichsanspruch im Fall der Kündigung (§ 89b HGB), die Bejahung der Arbeitnehmereigenschaft weniger dringlich machen und dass auch der Gesetzgeber durch seine Maßnahmen hinreichend zu erkennen gegeben hat, dass er an der von ihm in § 84 HGB vorgegebenen Abgrenzung festhält.

Auch der **gemeinsame Parteiwille** hat in der Regel nur indizielle Bedeutung **106** für die rechtliche Qualifikation der versprochenen Leistung.[46] Notwendig ist es jedenfalls, sich bei der Prüfung der persönlichen Abhängigkeit nicht durch die formale Vertragsgestaltung beirren zu lassen. Selbst wenn man unterstellt, dass derjenige, der seine Dienstleistung anbietet, wirklich frei zwischen dem Arbeits- und dem Dienstvertrag wählen könnte, bleibt Folgendes bedenklich: Mit der Abwahl des Arbeitsrechts würden nicht nur die zwingenden gesetzlichen Arbeitnehmerschutzbestimmungen ihre Wirkung verlieren, sondern auch die kollektiven Schutzsysteme durch Tarifverträge und Betriebsvereinbarungen. Darüber hinaus wären die Lohnsteuer- und – folgenschwerer – die Sozialversicherungspflicht tangiert. Der gemeinsame Parteiwille kann daher nur in wirklichen Grenzfällen ausschlaggebend sein, in denen die anderen Kriterien versagen. Naheliegenderweise genügt es erst recht nicht, wenn der Dienstberechtigte einseitig von einem freien Dienstvertrag ausgeht und es deshalb unterlässt, Lohnsteuer und Sozialversicherungsbeiträge abzuführen. Für Privatautonomie ist also, was

---

46 Deshalb ist auf Antrag des Arbeitnehmers eine rückwirkende Feststellung des Arbeitnehmerstatus möglich, die allerdings sogar bereicherungsrechtliche Rückforderungsansprüche des Arbeitgebers auslösen kann (BAG v. 14. 3. 2001 – 4 AZR 152/00 –, AP Nr. 35 zu § 1 TVG Tarifverträge: Rundfunk = NZA 2001, 155). Ausnahmsweise soll ein *gemeinsamer Rechtsirrtum* über die rechtliche Zuordnung nur zur Vertragsanpassung oder Kündigung wegen Wegfalls der Geschäftsgrundlage berechtigen (BAG v. 9. 7. 1986 – 5 AZR 44/85 –, AP Nr. 7 zu § 242 BGB Geschäftsgrundlage mit krit. Anm. *Mayer-Maly* = NZA 1987, 16; anders LAG Berlin v. 8. 6. 1993 – 15 Sa 31/92 –, NZA 1994, 512). Nach unserer Auffassung trifft das Beurteilungsrisiko den Arbeitgeber, zumindest ist der zwingende Arbeitnehmerschutz zu wahren.

nunmehr auch § 611a Abs. 1 S. 5 BGB unterstreicht, bei der Abwahl des Arbeits-rechts kaum Raum.[47] Im Beispielsfall 1 steht die Bezeichnung der Vereinbarung als „Werk- und Ausbildervertrag" der Annahme eines Arbeitsverhältnisses also nicht entgegen.

107   Würdigt man abschließend die Beispielsfälle 1 und 3 anhand der zuvor ent-wickelten Kriterien, gelangt man zu gegensätzlichen Ergebnissen. Der pensio-nierte Handwerkersmeister ist Arbeitnehmer des Landes L. Die pauschale und recht hohe stundenweise Vergütung mögen zwar ebenso wie die – zunächst nur theoretische Möglichkeit, für weitere Vertragspartner tätig zu werden – für eine selbständige Tätigkeit streiten; die straffen inhaltlichen und zeitlichen Vorgaben des Lehrplans, der Zwang, in den Räumen der JVA tätig zu werden, die notwen-dige Nutzung der dort vorhandenen Ausrüstung und auch die mangelnden Aus-wahlbefugnisse in Bezug auf die Kursteilnehmer legen allerdings eine unselb-ständige Beschäftigung nahe. Der Systemprogrammierer wird hingegen selbständig tätig: Die für die Erledigung der Aufträge notwendigen Ressourcen (Laptop, Internetverbindung etc.) mögen marginale Bedeutung haben, werden aber von P gestellt. Zudem ist er in der Einteilung seiner Arbeitszeit, solange er nur die Schlussfristen für die Projekte einhält, und auch in der Wahl seines Arbeitsorts völlig frei. Offenkundig ist es ihm auch möglich, parallel oder sukzessive für verschiedene Vertragspartner tätig zu werden.

4. Expansionstendenzen – Einbeziehung wirtschaftlich abhängiger Personen

108 Zweifelsfrei sind dem Arbeitsrecht Expansionstendenzen eigen. Bereits der nur typologisch umschriebene Arbeitnehmerbegriff lässt sich sicherlich enger oder weiter handhaben. Das starre Alles-oder-Nichts-Prinzip bezüglich des Arbeit-nehmerschutzes, der von der Bejahung des Arbeitnehmerstatus abhängt, be-günstigt in Zweifelsfällen die Anerkennung der Arbeitnehmereigenschaft durch die Gerichte, eine unter dem Gesichtspunkt des Sozialstaats positive Entwicklung. Freilich darf man auch nicht übersehen, dass das gesamte „Arbeitsrechtspaket" nicht auf alle Dienstleistungen zugeschnitten ist.[48] Die Geltung des Kündigungs-schutzgesetzes für eine geringfügige Nebentätigkeit eines beamteten Lehrers als Angestellter an einer Abendschule ist zwar Konsequenz des abgeschlossenen Arbeitsvertrages, gleichwohl aber rechtspolitisch alles andere als überzeugend.[49] Dieser Umstand kann bei Bejahung der Arbeitnehmereigenschaft jedoch nur bei

---

47 Kritisch *Adomeit*, Arbeitnehmer oder freier Mitarbeiter, FS Söllner, 2000, S. 79 ff.
48 *Zeuner*, RdA 1975, 84, 87 f.
49 Vgl. BAG v. 13. 3. 1987 – 7 AZR 724/85 –, AP Nr. 37 zu § 1 KSchG 1969 Betriebsbedingte Kündigung = NZA 1987, 629 = EzA § 1 KSchG Betriebsbedingte Kündigung Nr. 44 mit Anm. *Preis*.

der Auslegung des Gesetzes berücksichtigt werden, indem man geringere Anforderungen an den Kündigungsgrund stellt.

Den Versuch einer vermittelnden Lösung hat der Gesetzgeber bei den sog. **109** **arbeitnehmerähnlichen Personen** unternommen. Sie sind nicht persönlich abhängig und somit keine Arbeitnehmer. Wegen ihres gemeinsamen Kennzeichens der wirtschaftlichen Abhängigkeit sind sie aber arbeitnehmerähnlich, was zumindest eine gewisse vergleichbare soziale Schutzbedürftigkeit impliziert. Der Diskussionsentwurf eines ArbVG 2007 zählt in § 3 Abs. 1 die entsprechend anwendbaren Normen auf und definiert die partiell begünstigten Personen in **§ 3 Abs. 2 1. HS** generalisierend folgendermaßen:

> „Arbeitnehmerähnlich sind selbstständig tätige Personen, die auf Dauer im Wesentlichen für nur einen Auftraggeber tätig sind und die geschuldeten Leistungen persönlich und im Wesentlichen ohne Mitarbeit von Arbeitnehmern erbringen, wenn ihnen von dem Auftraggeber im Durchschnitt mehr als die Hälfte des Entgelts zusteht, das sie für ihre Erwerbstätigkeit insgesamt verlangen können."

Zu ihnen sollen nach Abs. 3 „auch die in Heimarbeit Beschäftigten und die ihnen Gleichgestellten" gehören. Ausgenommen von den Arbeitnehmerähnlichen werden Erwerbstätige mit besonders hoher und besonders niedriger Vergütung (Abs. 2 S. 2). Erstere sind nicht schutzbedürftig, letztere werden wie Arbeitnehmer behandelt.[50]

a) Heimarbeiter und Hausgewerbetreibende

Schon verhältnismäßig früh hat sich der Gesetzgeber der **Heimarbeiter** und **110** **Hausgewerbetreibenden** angenommen, deren Schicksal *Gerhart Hauptmann* in seinem Schauspiel „Die Weber" (1892) so eindrucksvoll beschrieben hat. Das erste Hausarbeitsgesetz stammt vom 20.12.1911;[51] heute gilt das Heimarbeitsgesetz vom 14.3.1951.[52] Gemäß **§ 2 Abs. 1 S. 1 HAG** ist Heimarbeiter,

> „wer in selbstgewählter Arbeitsstätte (eigener Wohnung oder selbstgewählter Betriebsstätte) allein oder mit seinen Familienangehörigen ... im Auftrag von Gewerbetreibenden ... erwerbsmäßig arbeitet, jedoch die Verwertung der Arbeitsergebnisse dem unmittelbar oder mittelbar auftraggebenden Gewerbetreibenden überläßt".

---

50 Vgl. den in den Entwurf eingearbeiteten Vorschlag von *Hromadka*, NZA 2007, 838 ff. S. auch *Pottschmidt*, Arbeitnehmerähnliche Personen in Europa, 2006.
51 RGBl. S. 976.
52 BGBl. I S. 191.

Der **Hausgewerbetreibende** kann seinerseits sogar bis zu zwei fremde Hilfskräfte als Arbeitnehmer beschäftigen, wenn er nur selbst wesentlich dieselbe Arbeit verrichtet (§ 2 Abs. 2 HAG). Entscheidend für die Heimarbeit ist nicht allein, dass die Arbeit zu Hause geleistet wird, sondern die Eigenständigkeit der Arbeitsorganisation.[53] Ist die Dienstleistung hingegen in die Arbeitsorganisation des Auftraggebers integriert, so ist der Beschäftigte persönlich abhängig und damit normaler Arbeitnehmer. Bei häuslichen Computerarbeitsplätzen, die voll mit dem Betrieb des Auftraggebers vernetzt und entsprechenden Kontrollmöglichkeiten ausgesetzt sind, liegt letzteres nahe.[54] Man spricht in solchen Fällen von „Außenarbeitnehmern".

111   Das HAG bemüht sich um Arbeits- und Gefahrenschutz und gewährleistet einen gewissen Entgelt- und Kündigungsschutz. Außerdem wird diese Gruppe der arbeitnehmerähnlichen Personen in zahlreichen Vorschriften den Arbeitnehmern gleichgestellt.[55] Besonders hervorgehoben sei die Zuständigkeit der Arbeitsgerichte (§ 5 Abs. 1 S. 2 ArbGG), die betriebsverfassungsrechtliche Zuordnung der in Heimarbeit in der Hauptsache für einen Betrieb Beschäftigten zu diesem Betrieb des Auftraggebers (§ 5 Abs. 1 S. 2 BetrVG) sowie der Anspruch auf Urlaub und Urlaubsentgelt (§ 12 BUrlG). Auch für den Krankheitsfall und die Feiertage (§§ 10, 11 EntgeltfortzahlungsG) sowie den Mutterschutz (§ 1 Nr. 2, 9 Abs. 1 S. 2 u. IV MuSchG) strebt der Gesetzgeber eine Sicherung an, die den Besonderheiten der Heimarbeit Rechnung trägt.

b) Sonstige arbeitnehmerähnliche Personen

112 Neben dieser genau umschriebenen Gruppe von Beschäftigten spricht das geltende Recht auch in einem allgemeineren Sinn von **„wegen ihrer wirtschaftlichen Unselbständigkeit"** arbeitnehmerähnlichen Personen (§ 5 Abs. 1 S. 2 ArbGG, § 2 S. 2 BUrlG). Die Rechtsprechung hat hier sogar einen Rechtsanwalt eingeordnet, der lediglich im Außenverhältnis als wirklicher Sozius agierte.[56] Um mehr Präzision hat sich der Gesetzgeber in dem 1974 in das Tarifvertragsgesetz eingefügten **§ 12a** bemüht, der nunmehr auch für Nichtarbeitnehmer den Abschluss von Tarifverträgen ermöglicht. Dessen **Abs. 1 Nr. 1** lautet:

---

53 Vgl. BAG v. 25.3.1992 – 7 ABR 52/91 –, AP Nr. 48 zu § 5 BetrVG 1972 mit Anm. *Otto* = NZA 1992, 889.

54 Zu den Zuordnungsschwierigkeiten *Haupt/Wollenschläger*, NZA 2001, 289 ff.

55 Vgl. die Aufzählung bei *Schaub/Vogelsang*, Arbeitsrechts-Handbuch, § 10 Rn. 7 ff.

56 Hess. LAG v. 1.6.1995 – 12 TA 447/94 –, NZA-RR 1996, 64 ff.; OLG München v. 24.11.1998 – 29 W 3071/98 –, EzA § 5 ArbGG 1979 Nr. 5.

„Die Vorschriften dieses Gesetzes gelten entsprechend

1. für Personen, die wirtschaftlich abhängig und vergleichbar einem Arbeitnehmer sozial schutzbedürftig sind (arbeitnehmerähnliche Personen), wenn sie auf Grund von Dienst- oder Werkverträgen für andere Personen tätig sind, die geschuldeten Leistungen persönlich und im wesentlichen ohne Mitarbeit von Arbeitnehmern erbringen und

a) überwiegend für eine Person tätig sind oder

b) ihnen von einer Person im Durchschnitt mehr als die Hälfte des Entgelts zusteht, das ihnen für ihre Tätigkeit insgesamt zusteht; ...„

§ 12a Abs. 3 TVG ist vor allem auf den Medienbereich zugeschnitten. Da hier die Tätigkeit für mehrere Auftraggeber, z. B. Rundfunkanstalten, typisch ist, begnügte sich der Gesetzgeber sogar mit einer Quote von einem Drittel des Entgelts aus der gesamten Erwerbstätigkeit. Diese Norm geht insoweit zum Teil ins Leere, als das BAG – wie gesehen – einen großen Teil der sog. freien Mitarbeiter ohnehin als Arbeitnehmer einordnet. Allerdings gibt es durchaus einschlägige Tarifverträge, auch im Pressebereich.[57]   **113**

c) Einfirmen-Handelsvertreter
Sozial schutzbedürftig können auch wirtschaftlich unselbstständige Handels- **114** vertreter sein. Auf sie ist das Bundesurlaubsgesetz anzuwenden, aber ausdrücklich nicht das Tarifvertragsgesetz (§ 12a Abs. 4 TVG). Bei den sog. „Einfirmenvertretern" ermächtigt § 92a HGB zum Erlass einer Rechtsverordnung über Mindestarbeitsbedingungen, die bisher jedoch nicht ergangen ist. Diese Handelsvertreter gelten bei einem Monatseinkommen bis zu 1.000 € als Arbeitnehmer i.S. des Arbeitsgerichtsgesetzes (§ 5 Abs. 3 ArbGG).

d) Einzelne arbeitsrechtliche Regeln
Die Abstufungen innerhalb der arbeitnehmerähnlichen Personen machen deut- **115** lich, dass sich der arbeitsrechtliche Schutz immer stärker abschwächt, je weiter man sich vom typischen Arbeitnehmer entfernt. Dies bedeutet indessen zugleich, dass im Einzelfall ein **Rückgriff** auf einzelne arbeitsrechtliche Regeln **im Wege der Analogie** auch dort geboten sein kann, wo eine gesetzliche Regelung fehlt, aber der zur Dienstleistung auf Grund eines Dienst- oder Werkvertrages Verpflichtete in gleicher Weise schutzwürdig ist wie ein Arbeitnehmer.[58] Ein Beispiel

---

57 Vgl. BAG v. 2.10.1990 – 4 AZR 106/90 –, AP Nr. 1 zu § 12a TVG mit Anm. *Otto* = NZA 1991, 239.
58 Vgl. *Zeuner*, RdA 1975, 84, 85 ff.

bildet die Begrenzung der Haftung ähnlich derjenigen, wie sie sich für die Arbeitnehmer herausgebildet hat.[59]

5. Arbeitnehmergruppen

116 Üblich und – wenn auch mit abnehmender Tendenz – bei der Anwendung arbeitsrechtlicher Regelungen erforderlich ist es, nach beruflicher Stellung (Arbeiter, Angestellte, leitende Angestellte, Auszubildende) bzw. Berufszweigen (z. B. Handel, Bergbau, öffentlicher Dienst) zu unterscheiden.

a) Arbeiter und Angestellte

117 **Angestellte** unterschieden sich herkömmlich von den **Arbeitern** durch ihren sozialen Status und arbeitsrechtlich durch die Art ihrer Tätigkeit. Das entscheidende Kriterium hat man in der Unterscheidung zwischen Kopf- und Handarbeit gesehen.[60] Allerdings begründet schon jede typische Büro- und Verkaufstätigkeit die Angestellteneigenschaft, während der Techniker zumindest eine gehobene Funktion ausfüllen muss, anderenfalls ist er (Fach-)Arbeiter.[61] Auch heute mag es noch bei einzelnen Beschäftigten ein entsprechendes Selbstverständnis geben und mögen sicher noch hier und dort zwischen Arbeitnehmergruppen divergierende Interessen bestehen, obgleich diese mit der Gruppenzugehörigkeit eher zufällig zusammenhängen (Verwaltung/Produktion). Insgesamt hat aber die **Unterscheidung** zwischen beiden Statusgruppen, die auch gemessen am Gleichheitssatz des Art. 3 Abs. 1 GG kein geeignetes Differenzierungskriterium für eine unterschiedliche Festlegung der Arbeitsbedingungen bietet[62], im Arbeits- und Sozialrecht in den letzten Jahrzehnten ihre **Bedeutung fast vollständig verloren.** Im Individualarbeitsrecht hat der Gesetzgeber gravierende Benachteiligungen von Arbeitern im Bereich der Kündigungsfristen[63] und der Entgeltfort-

---

59 Vgl. § 7 RN 576 ff.; BGH v. 20.2.1989 – II ZR 26/88 –, BGHZ 107, 32 ff. = AP Nr. 3 zu § 611 BGB Lotse mit Anm. *Bemme.* Dazu *Otto/Schwarze,* Haftung, Rn. 133.

60 BAG v. 30.9.1954 – 2 AZR 65/53 –, AP Nr. 1 zu § 59 HGB; auch noch BAG v. 1.9.1982 – 4 AZR 951/79 –, AP Nr. 65 zu §§ 22, 23 BAT 1975.

61 Krit. deshalb *Schaub/Vogelsang,* Arbeitsrechts-Handbuch, § 12 Rn. 3.

62 Hinsichtlich der Kündigungsfristen BVerfG v. 30.5.1990 – 1 BvL 2/83 u. a. –, BVerfGE 82, 126 ff.; bezüglich Differenzierung bei Gratifikationen BVerfG v. 1.9.1997 – BvR 1929/95 –, AP Nr. 203 zu § 611 BGB Gratifikation; zur Lohnfortzahlung im Krankheitsfall EuGH v. 13.7.1989 – Rs-171/88 – (Rinner-Kühn), AP Nr. 16 zu Art. 119 EWG-Vertrag; ferner BAG v. 5.8.1987 – 5 AZR 189/86 –, AP Nr. 72 zu § 1 LohnFG.

63 § 622 BGB i. d. F. des Kündigungsfristengesetzes v. 7.10.1993 (BGBl. I S. 1668).

zahlung im Krankheitsfall[64] ausgeräumt. Bei der betrieblichen und unternehmerischen Mitbestimmung werden Arbeiter und Angestellte seit dem Jahr 2001[65] nicht mehr getrennt in den Betriebsrat und Aufsichtsrat gewählt. Dasselbe gilt seit 2005[66] auch für die Personalvertretungen in den Dienststellen, wo neben den Arbeitnehmern jetzt nur noch die **Beamten** eine besondere Gruppe bilden. In wesentlichen Tarifverträgen wird im Grundsatz ebenfalls nicht mehr zwischen Arbeitern und Angestellten unterschieden. Mit Ablauf des 31.12.2004 ist zudem die letzte große Bastion im Sozialrecht gefallen (§ 274c SGB VI); bis dahin mussten die Beitragszahler und Rentner den verschiedenen Rentenversicherungsträgern zugeordnet werden, nämlich vor allem der Bundesversicherungsanstalt für Angestellte bzw. den Landesversicherungsanstalten, die für die Arbeiter zuständig waren. Deshalb versuchte § 133 Abs. 2 SGB VI a.F. wenigstens zu umschreiben, wer Angestellter ist. Durch das Gesetz zur Organisationsreform der gesetzlichen Rentenversicherung (RVOrgG) vom 9.12.2004[67] wurden neue Rechtsträger geschaffen, denen die Versicherten nun ohne Bezug zur Art ihrer Tätigkeit zugeordnet werden (§ 127 SGB VI).

b) Leitende Angestellte

Demgegenüber nehmen leitende Angestellte, die grundsätzlich auch Arbeitnehmer sind, in verschiedener Hinsicht nach wie vor gerade auch arbeitsrechtlich eine **Sonderrolle** ein. Freilich gibt es keine übergreifende Definition des leitenden Angestellten. Ihrer Funktion nach nähern sie sich partiell der Arbeitgeberrolle an. Im Rahmen der Mitbestimmung auf Betriebsebene haben die leitenden Angestellten, die für den Bereich der Betriebsverfassung in § 5 Abs. 3 S. 2 mit Abs. 4 BetrVG definiert sind, z.B. mit dem Sprecherausschuss ein eigenes Organ. Sie genießen keinen Arbeitszeitschutz (§ 18 Abs. 1 Nr. 1 ArbZG) und für einen engeren Kreis von ihnen ist der Kündigungsschutz abgeschwächt (§ 14 Abs. 2 KSchG). **118**

c) Gliederung nach Wirtschafts- und Berufszweigen

Auch die Gliederung nach Wirtschafts- und Berufszweigen verliert immer mehr an Bedeutung, wenn man vorrangig die Normsetzung durch den Gesetzgeber vor **119**

---

64 Entgeltfortzahlungsgesetz v. 26.5.1994 (BGBl. I S. 1014).

65 Gesetz zur Reform des Betriebsverfassungsgesetzes v. 23.7.2001 (BGBl. I S. 1852).

66 Für die Personalvertretungen im Bundesdienst gem. Art. 8 des Gesetzes zur Reorganisation der Bundesanstalt für Post und Telekommunikation Deutsche Bundespost und zur Änderung anderer Gesetze v. 14.9.2005 (BGBl. I S. 2746).

67 BGBl. I S. 3242.

Augen hat und nicht die die Arbeitsverhältnisse konkret prägenden Tarifverträge – für Arbeitnehmer im öffentlichen Dienst insbesondere die Geltung des TVöD (Tarifvertrag öffentlicher Dienst für die Arbeitnehmer im Bundesdienst und in den Kommunen) sowie des TV-L (für die Bundesländer). Noch immer finden sich jedoch gesetzliche Sonderregeln, z. B. für kaufmännische Angestellte (§§ 59 ff. HGB), für Seeleute (Seemannsgesetz, §§ 114 ff. BetrVG), aber auch für die Arbeitnehmer im öffentlichen Dienst. Kurioserweise findet man in der Gewerbeordnung, die an sich nur für auf Gewinnerzielung gerichteten gewerbliche Tätigkeit gilt, in § 6 Abs. 2 in Abkehr von guter Gesetzgebung einen Hinweis auf die Anwendung der §§ 105 ff. GewO auf alle Arbeitnehmer.

d) Auszubildende

120   Die Rechtsstellung der Auszubildenden ist grundlegend im Berufsbildungsgesetz geregelt. Hier finden sich ebenfalls besondere Vorschriften für einzelne Wirtschafts- und Berufszweige (§§ 71 ff. BBiG). Abgesehen von der Dominanz des Ausbildungszweckes sind jedoch weithin die für den Arbeitsvertrag geltenden allgemeinen Rechtsvorschriften und Rechtsgrundsätze anzuwenden (vgl. § 10 Abs. 2 BBiG). Unzweifelhaft sind auch die Auszubildenden Arbeitnehmer.

II. Arbeitgeber

121   Keine besondere Aufmerksamkeit kam bis hierher dem Begriff des Arbeitgebers zu. Seine Definition hängt naturgemäß eng mit der des Arbeitnehmers zusammen: Jeder Arbeitnehmer hat automatisch einen Arbeitgeber. Entsprechend wird formuliert, dass **Arbeitgeber ist, wer zumindest einen Arbeitnehmer beschäftigt.**[68] Als die andere Partei des Arbeitsvertrages ist er es, der die Leistung von Arbeit fordern kann, andererseits ist er Schuldner des Vergütungsanspruchs. Anders als ein Arbeitnehmer kann Arbeitgeber nicht nur eine natürliche, sondern auch eine juristische Person sein – z. B. eine Aktiengesellschaft (AG), eine Gesellschaft mit beschränkter Haftung (GmbH) oder eine Körperschaft des öffentlichen Rechts; ebenso arbeitgeberfähig sind rechtsfähige Zusammenschlüsse von juristischen und von natürlichen Personen, also Personengesellschaften wie die offene Handelsgesellschaft (oHG), die Kommanditgesellschaft (KG) oder die (Außen-) Gesellschaft bürgerlichen Rechts (GbR) gem. §§ 705 ff. BGB, deren

---

68 BAG v. 21.1.1999 – 2 AZR 648/97 –, AP Nr. 9 zu § 1 KSchG 1969 Konzern = NZA 1999, 539. Vgl. auch die darüber hinausgehende Regelung in § 6 Abs. 2 AGG.

Rechtsfähigkeit sich entgegen der Intention des historischen Gesetzgebers durchgesetzt hat.[69] Die Gesellschafter haften daneben persönlich (analog § 128 HGB) und sollen nach Ansicht des BAG[70] „– zumindest auch – Arbeitgeber" sein, was konstruktiv allerdings kaum begründbar ist.

Die **Arbeitgeberstellung** kann andererseits zumindest faktisch auch **ge-** **spalten**, d.h. zwischen mehreren Personen aufgeteilt sein, die ihrerseits durch Vertrag gebunden sind. So ist es bei der **Arbeitnehmerüberlassung** („Leiharbeit"), für die mit dem AÜG[71] ausführliche gesetzliche Regelungen vorliegen. Solche Dreiecksverhältnisse zeichnen sich dadurch aus, dass etwa die Vergütungspflicht und das Kündigungsrecht bei dem einen (Verleiher), die Beschäftigungspflicht und das Weisungsrecht bei dem anderen Arbeitgeber (Entleiher) liegen. Parteien des Arbeitsvertrages sind der Verleiher und Arbeitnehmer. Umstritten ist, ob es der Leiharbeit förderlich ist, wenn sich die wesentlichen Arbeitsbedingungen gleichwohl grundsätzlich nach dem Entleiherbetrieb ausrichten müssen, wie es der Gesetzgeber vorsieht, wenn keine spezifische tarifliche Regelung zustande kommt (§ 9 Nr. 2 AÜG). Besondere Schwierigkeiten erwachsen im Rahmen der betrieblichen Mitbestimmung.[72]

₁₂₂

---

69 Vgl. BGH v. 29.1.2001 – II ZR 331/00 –, BGHZ 146, 341 ff. = NJW 2001, 1056; BGH v. 23.10.2003 – IX ZR 324/01 –, NJW-RR 2004, 275. Siehe auch *Lessner/Klebeck*, ZIP 2002, 1385 f.
70 BAG v. 19.8.2004 – 1 AS 6/03 –, AP Nr. 5 zu § 21 ArbGG 1979 = NZA 2004, 1116, 1118 unter Hinweis auf BAG v. 16.10.1974 – 4 AZR 29/74 –, AP Nr. 1 zu § 705 BGB; v. 6.7.1989 – 6 AZR 771/87 –, AP Nr. 4 zu § 705 BGB mit differenzierender Anm. *Karsten Schmidt* = NZA 1989, 961.
71 Vgl. dazu ErfK/Wank, AÜG. Grundsätzlich *Picker*, Arbeitnehmerüberlassung – Eine moderne Personalwirtschaftsform als Mittel arbeitsrechtlicher Modernisierung –, ZfA 2002, 469 ff.
72 *Wißmann*, NZA 2001, 409 ff.

§ 4 Die Bauelemente des Arbeitsrechts

123 Der Umgang mit dem Arbeitsrecht wird durch die Vielfalt der Rechtsquellen, ihren komplizierten Stufenbau und die schlechte Zugänglichkeit der jeweils einschlägigen rechtlichen Regelung sehr erschwert.

I. Arbeitsrecht ohne umfassende Kodifikation

124 „Das deutsche Arbeitsrecht kann sich sehen lassen, ist aber schwer zu finden", hat *Hanau* anschaulich und zutreffend formuliert.[1] Nicht einmal die gesetzliche Regelung einer Kernmaterie wie der Kündigungsschutz ist in einem Gesetz zusammengefasst, sondern verteilt sich auf Regelungen im BGB, im KSchG, BetrVG, SGB IX, MuSchG und zahlreichen weiteren Spezialgesetzen. Nach *Rüthers* lebt das Arbeitsrecht der Bundesrepublik Deutschland „in einer Art Loseblattexistenz".[2] Selbst die Normen für Einzelprobleme sind zum Teil so verstreut, dass ein Gesetzesindex allein nicht weiterhilft, sondern allenfalls ein detailliertes Sachregister. Der Laie ist damit völlig überfordert; aber auch der Volljurist bedarf spezieller Kenntnisse, für deren Vorliegen bei einem Rechtsanwalt die zusätzliche Bezeichnung als Fachanwalt für Arbeitsrecht einen gewissen Anhalt bietet.[3]

125 Ein abschreckendes Beispiel für diese **Rechtszersplitterung** bildet der *befristete Arbeitsvertrag*. § 620 Abs. 1 BGB lässt nach seinem Wortlaut die Befristung als Beendigungsgrund ohne weiteres zu. Eine Befristung erspart dem Arbeitgeber allerdings die Kündigung, so dass der Arbeitnehmer den Kündigungsschutz verliert. Die Arbeitsgerichtsbarkeit hatte deshalb das Gesetz im Wege richterlicher Rechtsfortbildung seit 1960 dahin korrigiert, dass für die Befristung grundsätzlich ein sachlicher Grund erforderlich ist.[4] Erst im Jahr 2000 hat auch der Gesetzgeber diesen Grundsatz in § 14 Abs. 1 des Teilzeit- und Befristungsgesetzes fixiert,[5] auf das § 620 Abs. 3 BGB jetzt verweist. Er macht aber hiervon zahlreiche Ausnahmen, allgemein in § 14 Abs. 2 und 3 TzBfG, speziell für besondere Beschäftigtengruppen in weiteren Gesetzen, die gemäß § 23 TzBfG „unberührt bleiben".[6]

---

1 Fischer Lexikon Recht, hrsgg. von Badura/Deutsch/Roxin, 2. Aufl. 1971, Stichwort: Arbeitsrecht.
2 *Rüthers*, Arbeitsrecht und politisches System, 1973, S. 40.
3 Vgl. § 43c BRAO.
4 Vgl. BAG v. 12.10.1960 – 3 AZR 65/59 –, AP Nr. 16 zu § 620 BGB Befristeter Arbeitsvertrag.
5 Dazu ausführlich § 6 RN 482ff.
6 Insbes. Gesetz über befristete Arbeitsverträge in der Wissenschaft (Wissenschaftszeitvertragsgesetz – WissZeitVG) v. 12.4.2007 (BGBl. I S. 506) sowie Gesetz über befristete Arbeitsverträge mit Ärzten in der Weiterbildung – ÄArbVtrG v. 15.6.1986 (BGBl. I S. 742), – ferner eine spezifische

Trotz des offenkundigen Handlungsbedarfs besteht nur wenig Hoffnung auf **126**
ein **Arbeitsgesetzbuch.** Erhellend ist insoweit eine regierungsamtliche Äußerung: [7]

> „Die Frage einer umfassenden Arbeitsrechtskodifikation hat aus der Sicht des Arbeitneh-
> mers, der sich ohne besondere Mühe informieren möchte, eine größere Bedeutung als aus
> der Sicht der Arbeitsgerichtsbarkeit. Eine solche Kodifikation wäre aber eine Frage von
> Jahrzehnten, denn es ginge dabei nicht nur um das übersichtliche Zusammenstellen des
> geltenden Arbeitsrechts. Da das Arbeitsrecht wie kaum ein anderes Rechtsgebiet in ständig
> raschem Wandel begriffen ist, könnte die Kodifikation nicht ohne gleichzeitige Anpassung
> an neuere Entwicklungen erfolgen.
>
> Mit welchen erheblichen politischen und rechtlichen Schwierigkeiten eine Kodifikation des
> Arbeitsrechts in einem umfassenden Arbeitsgesetzbuch verbunden wäre, ergibt sich schon
> aus der Geschichte: Bereits 1896 forderte der Deutsche Reichstag in einem Beschluß an-
> läßlich der Verabschiedung des Bürgerlichen Gesetzbuches, daß das Arbeitsrecht ‚für das
> Deutsche Reich bald thunlichst einheitlich geregelt werde'. Die Weimarer Reichsverfassung
> von 1919 enthielt [in Art. 157 Abs. 2] den Verfassungsauftrag für das Parlament, ein allge-
> meines deutsches Arbeitsgesetzbuch zu schaffen. Einen ähnlichen Beschluß faßte der
> Deutsche Bundestag 1959 einstimmig. In der Regierungserklärung vom Oktober 1969 wurde
> ein Arbeitsgesetzbuch angekündigt. Trotz vieler Anläufe wurde das Ziel nie erreicht. ...„

Entwürfe aus der Zeit der Weimarer Republik und des Dritten Reiches wurden nie **127**
Gesetz.[8] Immerhin verfügte die DDR seit 1961 über ein „Gesetzbuch der Arbeit".[9]
Der 1977 veröffentlichte „Entwurf eines Arbeitsgesetzbuchs – Allgemeines Ar-
beitsvertragsrecht –"[10] der 1970 von der Bundesregierung berufenen *Arbeitsge-
setzbuchkommission* aus Praktikern und Wissenschaftlern vermittelt einen guten
Einblick in Gemeinsamkeiten und Kontroversen. Die weitere Ausreifung und
Vollendung des Kodifikationsplanes scheiterte am Widerstand der Verbände.

Wie in Art. 30 Abs. 1 des Einigungsvertrages v. 31.8.1990[11] vorgesehen, hatte **128**
der Beitritt der DDR einen erneuten Anstoß jedenfalls für das Individualarbeitsrecht gegeben. Darin war dem gesamtdeutschen Gesetzgeber u.a. die Aufgabe

---

Regelung für die Vertretung im Falle der Betreuung eines Kindes (§ 21 des Bundeselterngeld- und
Elternzeitgesetzes – BEEG v. 5.12.2006 (BGBl. I S. 2748).
7 Parlamentarischer Staatssekretär *Vogt* in der Fragestunde des Bundestages am 22.5.1986, BT-
Drucksache 10/5541, S. 14 f.
8 Abgedruckt in: *Ramm*, Entwürfe zu einem Deutschen Arbeitsvertragsgesetz, 1992, S. 125 und
243 ff.
9 Gesetz v. 12.4.1961 (GBl. I S. 27), ersetzt durch das „Arbeitsgesetzbuch" v. 16.6.1977 (GBl. I
S. 185).
10 Ebenfalls abgedruckt in *Ramm*, Entwürfe zu einem Deutschen Arbeitsvertragsgesetz, 1992,
S. 401 ff.
11 BGBl. II S. 889.

zugewiesen worden, ein einheitliches Arbeitsgesetzbuch zu kodifizieren. Zwar legte 1992 der *Arbeitskreis Deutsche Rechtseinheit im Arbeitsrecht*, bestehend aus Wissenschaftlern aus West und Ost, dem Deutschen Juristentag in Hannover ein „Arbeitsvertragsgesetz (ArbVG 92) – Ein Diskussionsentwurf –" vor, [12] auf dessen Grundlage der Freistaat Sachsen[13] und das Land Brandenburg[14] jeweils Entwürfe für ein Arbeitsvertragsgesetz einbrachten. Diese Gesetzgebungsverfahren wurden jedoch schon im Bundesrat ausgesetzt. Einige „Allgemeine arbeitsrechtliche Grundsätze" sind 2002 mit der Geltung für alle Arbeitnehmer (§ 6 Abs. 2) in die §§ 105 bis 110 der Gewerbeordnung eingegangen.[15] Auch der 2006 auf Initiative der Bertelsmann-Stiftung von *Henssler/Preis* unterbreitete „Diskussionsentwurf eines Arbeitsvertragsgesetzes (ArbVG)"[16] (im Folgenden DEArbVG 2007)[17] erwies sich letztlich nicht als mehrheitsfähig. Damit bleibt das Arbeitsrecht weiterhin in eine Vielzahl von Einzelgesetzen zersplittert, von denen das BGB gerade nach der Schuldrechtsreform das Bedeutendste ist. Immerhin können die genannten – gesetzestechnisch ausgefeilteren – Entwürfe bei offenen Rechtsfragen als Erkenntnisquellen herangezogen werden.

II. Der Stufenbau arbeitsrechtlicher Rechtsquellen

129 Einen ersten Überblick über die Vielfalt der rechtlichen Gestaltungsfaktoren, die für die Rechte und Pflichten der Arbeitsvertragsparteien maßgeblich werden können, gibt das nachfolgende *Schema*. Aus ihm ist zu ersehen, dass es Rechtsquellen verschiedenen Ranges gibt. Graphisch kann allerdings nur die typische Stufenfolge dargestellt werden, die im Regelfall – der durch das Zusammentreffen mehrerer Rechtsquellen mit gleichem Regelungsgegenstand gekennzeichnet ist – durch die Anwendung von Kollisionsregeln[18] modifiziert und präzisiert werden muss.

---

12 Abgedruckt in: Verhandlungen des 59. Deutschen Juristentages Hannover 1992, Band I Gutachten, 1992, Teil D.

13 BR-Drucks. 293/95 v. 23.5.1995 (EArbVG Sachsen).

14 Entwurf eines Gesetzes zur Bereinigung des Arbeitsrechts (BR-Drucks. 671/96 v. 12.9.1996), dessen Art. 1 enthält das Arbeitsvertragsrecht (EArbVG Brandenburg).

15 Art. 1 des Dritten Gesetzes zur Änderung der Gewerbeordnung und sonstiger gewerberechtlicher Vorschriften v. 24.8.2002 (BGBl. I S. 3412).

16 Stand: August 2006, hrsgg. im Auftrag der Bertelsmann Stiftung. Der Text versteht sich bewusst als Arbeitsfassung. Näheres unter www.ArbVG.de nebst Forum.

17 Abgedruckt in NZA Beilage 1/2007.

18 S. § 4 RN 207 ff.

Der Stufenbau des Arbeitsrechts

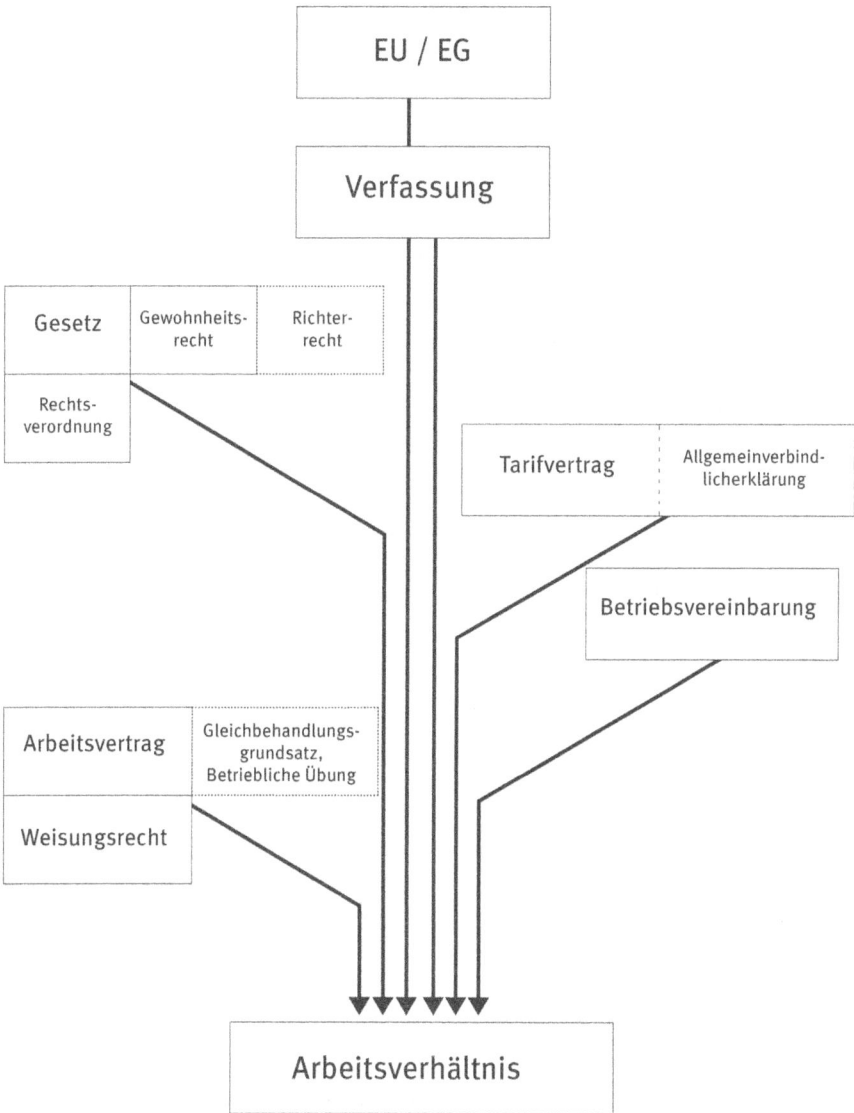

EU / EG

Verfassung

| Gesetz | Gewohnheits-recht | Richter-recht |

| Rechts-verordnung |

| Tarifvertrag | Allgemeinverbind-licherklärung |

Betriebsvereinbarung

| Arbeitsvertrag | Gleichbehandlungs-grundsatz, Betriebliche Übung |

Weisungsrecht

Arbeitsverhältnis

1. Das Recht der Europäischen Union (EU)

Beispielsfälle

Fall 4: S ist als Stewardess bei der Airline A-AG beschäftigt. Für dieses Arbeitsverhältnis gilt[19], da S Mitglied in der zuständigen Gewerkschaft UFO ist, der Firmentarifvertrag A-AG 2017, der Stewardessen in die Entgeltgruppe E9 einstuft, der ein – um Schichtzulagen, Trennungelder und andere Komponenten erhöhtes – Bruttogrundgehalt von 1.600 € vorsieht. Ihr, ebenfalls der Gewerkschaft UFO angehörender Kollege K, als „Reisebegleiter" eingestellt, aber arbeits- wie tarifvertraglich zur Erfüllung identischer Aufgaben wie S verpflichtet, ist der dafür vorgesehenen Entgeltgruppe E 11 (Bruttogrundgehalt 1.780 €) zugeordnet. S verlangt von A für die Jahre 2017 und 2018 Zahlung der Differenz i. H. v. insgesamt 4.320 € brutto. Zu recht?

Fall 5: Die 24 Jahre alte V ist seit Beendigung ihrer Ausbildung vor fünfeinhalb Jahren als Verkäuferin bei der Warenkauf-AG (W) angestellt. Der zunehmende Internethandel macht W schwer zu schaffen. Stellenstreichungen sind deshalb zur Sanierung unumgänglich. W kündigt, neben anderen Mitarbeitern, auch V – formal und materiell im Übrigen ordnungsgemäß – am 12. 7. 2019 mit Wirkung zum 15. 8. 2019. Ist die Kündigung mit dieser Frist wirksam?

Fall 6: Witwe W, mittlerweile 64 Jahre alt und seit Jahrzehnten bei U beschäftigt, erleidet im Herbsturlaub beim Wandern im Harz einen schweren Herzinfarkt, an dessen Folgen sie alsbald verstirbt. Sie hinterlässt als Alleinerben ihren Sohn S, der im Zuge der Auflösung des Haushalts seiner Mutter anhand ihrer Arbeitsunterlagen erkennt, dass W im laufenden Jahr noch 24 Urlaubstage zustanden. Er wendet sich an U und verlangt „Auszahlung" des Urlaubs i. H. v. 2.640 € brutto (24 Tage zu je 110 €). U verweigert dies mit dem zynischen Hinweis, dass der Urlaub nur der Erholung der W gedient habe und dieses Ziel nun wohl kaum noch zu erreichen sei. Zu recht?

---

130   Die Bedeutung des übernationalen Rechts, insbesondere des Rechts der Europäischen Union (EU), nimmt für das Arbeitsrecht ständig zu.[20]

a) Unmittelbare Geltung des Primärrechts

131   **Unmittelbar gelten** die **Art. 45 und Art. 157 des Vertrags über die Arbeitsweise der Europäischen Union** (AEUV), die die Freizügigkeit der Arbeitnehmer[21] und die Entgeltgleichheit für Männer und Frauen anordnen. Entgegenstehene nationale Rechtsakte und auch Kollektivvereinbarungen sind zumindest

---

19 Eingehend zur Tarifbindung unten § 10 RN 717 ff.

20 Vgl. *Fuchs/Marhold*, Europäisches Arbeitsrecht, 5. Aufl. 2017; *Thüsing*, Europäisches Arbeitsrecht, 3. Aufl. 2017; rechtsvergleichend *Henssler/Braun* (Hrsg.), Arbeitsrecht in Europa, 3. Aufl. 2011.

21 Zutreffend und gleichwohl spektakulär EuGH v. 15. 12. 1995 – C-415/93 – (Bosman), AP Nr. 10 zu § 611 BGB Berufssport.

unanwendbar, so dass S im Fall 4 dieselbe Bezahlung wie ihr Kollege K beanspruchen kann. Da Art. 23 Abs. 1 S. 2 GG die Übertragung von Hoheitsrechten auf die Einrichtungen der Europäischen Union gestattet, gelten darüber hinaus die **Verordnungen** der EG/EU als sog. *sekundäres* Gemeinschaftsrecht gemäß Art. 288 Abs. 2 AEUV ohne weiteres im Inland und gehen deutschem Recht grundsätzlich vor.[22] Die Verordnung (EG) Nr. 561/2006[23] harmonisiert z. B. bestimmte arbeitsrechtlich relevante Sozialvorschriften im Straßenverkehr, insbesondere bezüglich Arbeitszeit und Ruhepausen.

Das BVerfG lehnt mittlerweile sogar eine Kontrolle auf einen etwaigen **132 Grundrechtsverstoß** so lange ab, wie der Europäische Gerichtshof (EuGH) im Wesentlichen den gleichen Grundrechtsschutz gewährleistet.[24] Allerdings legt bereits **Art. 6 Abs. 2 des Maastrichter Vertrages über die Europäische Union v. 7. 2. 1992**[25] ausdrücklich fest:

„**Die Union achtet die Grundrechte, wie sie in der … Europäischen Konvention zum Schutz der Menschenrechte und Grundfreiheiten gewährleistet sind und wie sie sich aus den gemeinsamen Verfassungsüberlieferungen als allgemeine Grundsätze des Gemeinschaftsrechts ergeben.**"

Durch die Charta der Grundrechte der Europäischen Union v. 7. 12. 2000[26] ist deren Bedeutung zusätzlich unterstrichen worden.[27] Ihre Aufnahme als Teil II in den Vertrag über eine Verfassung für Europa v. 29. 10. 2004[28] scheiterte zwar zunächst zusammen mit diesem Vertragswerk, wurde aber gemeinsam mit dem Vertrag von Lissabon am 1. 12. 2009 letztlich zu unmittelbar geltendem, mit den Gründungsverträgen der Union gleichrangigem Recht (Art. 6 Abs. 1 EUV). Art. 51 Abs. 1 GRC ordnet allerdings an, dass die Grundrechtecharta ausschließlich für die Organe, Einrichtungen und sonstigen Stellen der Europäischen Union (…) und für die Mitgliedstaaten ausschließlich bei der Durchführung des Unionsrechts gilt. Für das Verhältnis zwischen Privatrechtssubjekten erlangt die Charta – auch wenn die

---

22 Und zwar im Sinne eines Anwendungs-, nicht eines Geltungsvorrangs (vgl. *Veelken*, JuS 1993, 265, 267).
23 Vom 15. 3. 2006 (Abl. EG Nr. L 102 S. 1).
24 BVerfG v. 22. 10. 1986 – 2 BvR 197/83 –, BVerfGE 73, 339, 387 = JZ 1987, 236 ff. m. krit. Anm. *Rupp.* Vgl. aber auch das zurückhaltendere „Maastricht-Urteil" v. 12. 10. 1993 – 2 BvR 2134, 2159/92 –, Leitsatz 7, BVerfGE 89, 155 ff., das von einem „Kooperationsverhältnis" zwischen BVerfG und EuGH spricht.
25 BGBl. 1992 II S. 1253 i. d. F. des Vertrages von Nizza v. 26. 1. 2001 (FN 22).
26 Abl. EG Nr. C 364 v. 18. 12. 2000 S. 1.
27 Dazu *Schröder* JZ 2002, 849 ff.
28 Abl. EU Nr. C 310 v. 16. 12. 2004 S. 1.

Details noch nicht abschließend geklärt sind – keine direkte Bedeutung, kann aber eine bedeutende Auslegungshilfe sein.

b) Transformationsbedürftiges Sekundärrecht

133   Anders als Verordnungen der EU wenden sich **Richtlinien** der EU an die nationalen Gesetzgeber und verlangen an sich erst nach ihrer innerstaatlichen **Umsetzung** (Art. 288 Abs. 3 AEUV) Beachtung. Verbindlich vorgegeben werden den Mitgliedstaaten dabei zwar die Ziele der Richtlinie, grundsätzlich aber nicht die Mittel zu ihrer Transformation. Gerade auf dem Gebiet des Arbeitsrechts, dass insbesondere im kollektiven Bereich durch sehr unterschiedliche Regulierungsansätze der Mitgliedstaaten – etwa mit Blick auf das jeweilige Tarifvertragssystem oder die Unternehmensmitbestimmung – geprägt ist, erlaubt der Erlass von Richtlinien eine Rechtsangleichung unter weitestmöglicher Wahrung der einzelstaatlichen Besonderheiten. Der EuGH misst Richtlinien gleichwohl nach Ablauf der Umsetzungsfrist unmittelbare Geltung zugunsten des einzelnen Bürgers im *vertikalen* Verhältnis zu einer staatlichen Stelle zu, sofern eine Richtlinie für die Gerichte ausnahmsweise schon aus sich heraus subsumtionsfähig in dem Sinne ist, dass sie nach Tatbestand und Rechtsfolge hinreichend bestimmte subjektive Rechte verleiht.[29] Dies gilt auch zugunsten eines Arbeitnehmers, wenn eine „staatliche Stelle" Arbeitgeber ist,[30] nicht aber *horizontal* für Arbeitsverhältnisse in der Privatwirtschaft, was zu einer rechtspolitisch nicht unbedenklichen Spaltung der Rechtsanwendung führt.

134   Darüber hinaus sind die nationalen Gerichte verpflichtet, „das innerstaatliche Recht ... so weit wie möglich im Licht des Wortlauts und des Zwecks der betreffenden Richtlinie auszulegen, um die mit ihr verfolgten Ergebnisse zu erreichen".[31] Diese Verpflichtung zur europarechtskonformen Auslegung ist kaum noch mit der herkömmlichen Gesetzesauslegung zu vergleichen und verlangt dem Rechtsanwender viel weitergehend den Einsatz aller methodisch zur Verfügung stehenden Mittel, etwa teleologischer Restriktionen oder wortlautübersteigender Deutungen ab, um der Richtlinie Wirksamkeit zu verleihen. Ist selbst dann, ins-

---

29 EuGH v. 5.4.1979 – 148/78 –, NJW 1979, 1764, 1765. Bei der Richtlinie 76/207/EWG v. 9.2.1976 (Abl. EG Nr. L 39 S. 40), die die Verwirklichung des Gleichbehandlungsgrundsatzes von Männern und Frauen unter anderem bezüglich des Berufszugangs betrifft, fehlte es beispielsweise an einer eindeutigen Sanktion für die Diskriminierung bei der Einstellung (EuGH v. 10.4.1984 – 14/83 – (Colson/Kamann) Leitsatz 2, AP Nr. 1 zu § 611a BGB).
30 Vgl. EuGH v. 26.2.1986 – 152/84 – (Marshall), NJW 1986, 2178, 2180.
31 EuGH v. 4.7.2006 – C-212/04 – (Adeneler u.a.) LS 4, JZ 2007, 187 ff. m. Anm. *Franzen*. S. auch *Kokott*, Beilage zu RdA 6/2006, 30 ff.

besondere bei einer Verletzung der Wortsinngrenze und der Artikulation eines eindeutig entgegenstehenden Willens des nationalen Gesetzgebers, eine richtlinienkonforme Interpretation nicht möglich, müssen die betreffenden nationalen Vorschriften unangewendet bleiben. Exemplarisch sind hier die Fälle 5 und 6. Für die erste Konstellation geht der EuGH in mittlerweile ständiger Rechtsprechung davon aus, dass der Urlaubsanspruch des Arbeitnehmers nicht nur dessen Gesundheitsschutz dient, sondern auch eine vermögensrechtliche Komponente hat. Er ist deshalb – entgegen der älteren Rechtsprechung des BAG[32] – nicht höchstpersönlicher Natur und unterliegt der erbrechtlichen Universalsukzession nach § 1922 BGB.[33] Entsprechend ist § 7 Abs. 4 BUrlG so auszulegen, dass als zur Abgeltung des Urlaubsanspruchs verpflichtende Beendigung des Arbeitsverhältnisses neben der Kündigung, dem Abschluss eines Aufhebungsvertrags oder dem Renteneintritt auch der Tod des Arbeitnehmers in Betracht kommt.[34]

Selbst bei einer alle methodischen Spielräume ausnutzenden Interpretation 135 des nationalen Rechts kann nicht immer sichergestellt werden, das dieses den Vorgaben der Richtlinien entspricht. So verhält es sich in Fall 5. Für die Kündigung würde die – hier eingehaltene – Grundkündigungsfrist des § 622 Abs. 1 BGB und nicht die längere Frist des § 622 Abs. 2 S. 1 Nr. 2 BGB nur dann gelten, wenn die Vorbeschäftigungszeiten der V nach § 622 Abs. 2 S. 2 BGB unberücksichtigt blieben, weil V das 25. Lebensjahr noch nicht vollendet hat. Die letztgenannte Regelung stellt allerdings, weil die soziale Schutzbedürftigkeit der Betroffenen nicht einmal abstrakt berücksichtigt wird, eine eklatante Altersdiskriminierung dar.[35] Da der Wortlaut der Norm keinerlei Spielraum bietet, sie im Lichte der Antidiskriminierungsrichtlinien der EU auszulegen, muss die Vorschrift unangewendet bleiben. Die Kündigung der V ist deshalb nur mit der längeren Zweimonatsfrist des § 622 Abs. 2 S. 1 Nr. 2 BGB zulässig.

Schon vor Ablauf der Umsetzungsfrist ist es überdies den Mitgliedstaaten und 136 damit auch den Gerichten verwehrt, „die Erreichung des in der Richtlinie vorgeschriebenen Zieles ernstlich zu gefährden".[36]

---

32 BAG v. 12.3.2013 – 9 AZR 532/11 –, AP Nr. 99 zu § 7 BUrlG Abgeltung = NZA 2013, 678; BAG v. 20.9.2011 – 9 AZR 416/10 –, AP Nr. 92 zu § 7 BUrlG Abgeltung = NZA 2012, 326.
33 EuGH v. 6.11.2018 – C-569/16 – (Bauer), AP Nr. 27 zu Richtlinie 2003/88/EG = NZA 2018, 1467; EuGH v. 12.6.2014 – C-118/13 – (Bollacke), AP Nr. 14 zu Richtlinie 2003/88/EG = NZA 2014, 651.
34 So nunmehr auch BAG v. 22.1.2019 – 9 AZR 45/16, NZA 2019, 829 ff.; BAG v. 22.1.2019 – 9 AZR 45/16; BAG v. 22.1.2019 – 9 AZR 328/16, NZA 2019, 835 ff.
35 EUGH v. 19.1.2010 – C-555/07 – (Kücükdeveci), AP Nr. 14 zu Richtlinie 2000/78/EG = NZA 2010, 85; hierzu *Schwarze*, JA 2010, 384.
36 EuGH v. 4.7.2006 – C-212/04 – (Adeneler u.a.), Rn. 121.

137   Lange Zeit war die **europarechtliche Regelungsdichte** auf dem Gebiet des Arbeitsrechts noch vergleichsweise gering.[37] So erging 1975 eine Richtlinie der EG zur Lohngleichheit von Männern und Frauen[38], 1976 eine Richtlinie zur Gleichbehandlung beim Zugang zur Arbeit und bei den anderen Arbeitsbedingungen[39], die 1980 zur Einfügung der §§ 611a, 611b und 612 Abs. 3 in das BGB führten, jetzt aufgegangen im Allgemeinen Gleichbehandlungsgesetz (AGG).[40] Im gleichen Jahr wurde § 613a BGB auf Grund der Richtlinie zur Wahrung von Ansprüchen der Arbeitnehmer beim Übergang von Unternehmen[41] modifiziert. Eine weitere Richtlinie von 1986 diente wiederum der Gleichbehandlung von Männern und Frauen, und zwar bei den betrieblichen Systemen der sozialen Sicherheit[42]. Diese Richtlinien werden nunmehr durch die neugefasste Richtlinie 2006/54/EG v. 5.7. 2006[43] zur Verwirklichung des Grundsatzes der Chancengleichheit und Gleichbehandlung von Männern und Frauen in Arbeits- und Beschäftigungsfragen ersetzt.

138   In den **letzten drei Jahrzehnten** haben die Zahl der Richtlinien der EU und ihre Bedeutung ständig zugenommen. Der gemeinsame Binnenmarkt i.S. des Art. 3 Abs. 3 EUV ist zum 31.12.1992 geschaffen worden.[44] Art. 151 AEUV fordert ohnehin eine Angleichung der Lebens- und Arbeitsbedingungen der Arbeitskräfte, die durch eine „Gemeinschaftscharta der Sozialen Grundrechte der Arbeitnehmer"[45] zusätzlichen Schub erhalten sollte. Das Protokoll und Abkommen über die Sozialpolitik v. 7.2.1992[46] ermöglichte dann ein entschiedeneres Vorgehen der EG-Mitgliedstaaten mit Ausnahme des Vereinigten Königreichs Großbritannien und Nordirland in diesem Bereich. In Amsterdam wurden die Regelungen des Sozialprotokolls noch einmal fortentwickelt und mit Geltung für alle Mit-

---

37 Vgl. die ausführliche Dokumentation in: Oetker/Preis, Europäisches Arbeits- und Sozialrecht (EAS).

38 75/117/EWG v. 10.2.1975 (Abl. EG Nr. L 45 S. 19).

39 76/207/EWG v. 9.2.1976 (Abl. EG Nr. L 39 S. 40); vgl. dazu insbesondere EuGH v. 17.10.1995 – C 450/93 – (Kalanke), AP Nr. 6 zu EWG-Richtlinie 76/207.

40 Dazu § 5 RN 231, 259, 264 ff.

41 77/187/EWG v. 14.2.1977 (Abl. EG Nr. L 61 S. 26). Neu kodifiziert und ergänzt durch die Richtlinie 2001/23/EG v. 12.3.2001 (Abl. EG L 82 S. 16).

42 86/378/EWG v. 24.7.1986 (Abl. EG Nr. L 225 S. 40).

43 Abl. EU Nr. L 204 v. 26.7.2006 S. 23.

44 Vgl. *Zuleeg*, Die Rolle des Arbeitsrechts in der europäischen Integration, RdA 1992, 133 ff.

45 Erklärung der Staats- und Regierungschefs der Mitgliedstaaten der EG v. 9.12.1989 (KOM [89] 471 endg. v. 2.10.19989 Entwurf).

46 BGBl. 1992 II S. 1253.

gliedstaaten in Art. 151 ff. AEUV übernommen.[47] Aus der Zeit seit 1990 sind diejenigen Richtlinien besonders erwähnenswert, die sich mit folgenden Themen befassen:

- Aspekte der Arbeitszeitgestaltung[48], wozu auch der Urlaubsanspruch gehört, umgesetzt durch das Arbeitszeitgesetz (ArbZG) v. 6. 6. 1994,
- Pflicht des Arbeitgebers zur Unterrichtung über den Arbeitsvertrag oder die Arbeitsbedingungen[49], umgesetzt durch das Nachweisgesetz v. 20. 7. 1995[50],
- Arbeits- und Gesundheitsschutz (z. B. Rahmenrichtlinie Gesundheitsschutz[51], Bildschirmarbeit[52]), umgesetzt durch das Arbeitsschutzgesetz v. 7. 8. 1996 bzw. die nun in der Arbeitsstättenverordnung[53] aufgegangene Bildschirmarbeitsverordnung v. 4. 12. 1996[54],
- Ausweitung der Mitbestimmung mit Hilfe des „Europäischen Betriebsrats"[55] über die nationalen Grenzen hinaus, umgesetzt durch das Gesetz über Europäische Betriebsräte (EBRG) v. 28. 10. 1996,
- Teilzeitarbeit[56] und befristete Arbeitsverträge[57], umgesetzt durch das Gesetz über Teilzeitarbeit und befristete Arbeitsverträge v. 21. 12. 2000. Beide Richtlinien sind auf Grund von Rahmenvereinbarungen ergangen, die im Zuge des „Sozialen Dialogs" (Art. 152, 155 AEUV)[58] zwischen den Sozialpartnern auf europäischer Ebene erarbeitet worden sind.

---

47 Vgl. dazu *Oppermann/Classen/Nettesheim*, Europarecht, 8. Aufl. 2018, 3. Aufl. 2005, § 29 Rn. 4 ff.

48 Richtlinie über bestimmte Aspekte der Arbeitszeitgestaltung, ursprünglich 93/104/EG v. 23. 11. 1993 (Abl. EG Nr. L 307 S. 18), nunmehr Richtlinie 2003/88/EG (ABl. EG Nr. L 299 S. 9).

49 Nachweis-Richtlinie, 91/533/EWG v. 14. 10. 1991 (Abl. EG Nr. L 288 S. 32).

50 Dazu *Birk*, NZA 1996, 281 ff.; *Schwarze*, ZfA 1997, 43 ff.

51 Vollständige Bezeichnung: Richtlinie über die Durchführung von Maßnahmen zur Verbesserung der Sicherheit und des Gesundheitsschutzes der Arbeitnehmer bei der Arbeit [Rahmenrichtlinie], 89/391/EWG v. 12. 6. 1989 (Abl. EG Nr. L 183 S. 1).

52 Richtlinie über die Mindestvorschriften bezüglich der Sicherheit und des Gesundheitsschutzes bei der Arbeit an Bildschirmgeräten 90/270/EWG v. 29. 5. 1990 (Abl. EG Nr. L 156 S. 14, berichtigt Nr. L 171 S. 30), Fünfte Einzelrichtlinie im Sinne des Art. 16 Abs. 1 der Richtlinie 89/391/EWG.

53 Verordnung über Arbeitsstätten v. 12. 8. 2004 (BGBl. I S. 2179).

54 BGBl. I S. 1843.

55 Ursprünglich: Richtlinie über die Einsetzung eines Europäischen Betriebsrats oder die Schaffung eines Verfahrens zur Unterrichtung und Anhörung der Arbeitnehmer in gemeinschaftsweit operierenden Unternehmen und Unternehmensgruppen 94/45/EG v. 22. 9. 1994 (Abl. EG Nr. L 254 S. 64), nunmehr Richtlinie 2009/38/EG (ABl. EG Nr. L 122 S. 28).

56 Richtlinie 97/81/EG des Rates v. 15. 12. 1997 zu der von UNICE, CEEP und EGB geschlossenen Rahmenvereinbarung über die Teilzeitarbeit (Abl. EG 1998 L 14 S. 9).

57 Richtlinie 1999/70/EG des Rates v. 28. 6. 1999 zu der EGB-UNICE-CEEP-Rahmenvereinbarung über befristete Arbeitsverträge (Abl. EG Nr. L 175 S. 43).

58 Vgl. dazu allgemein *Schwarze*, Sozialer Dialog im Gemeinschaftsrecht, EAS B 8100 Rn. 6 ff.

Schließlich wurde in Sachen Gleichbehandlung ein neuer Anlauf mit einem Fächer von vier Richtlinien unternommen, der für Deutschland in dem Allgemeinen Gleichbehandlungsgesetz (AGG) v. 14. 8. 2006 kulminiert.[59]

139   Zu der Normsetzung kommt hinzu, dass der im Streitfall, insbesondere im **Vorabentscheidungsverfahren** gemäß Art. 267 AEUV von einem nationalen Gericht angerufene EuGH die europarechtlichen Normen eigenständig, vertragskonform und mit dem Ziel der Effektivität (*„effet utile"*) interpretiert.[60] Die Entscheidung des EuGH ist für das vorlegende Gericht bindend.[61] Freilich scheint er uns hier und dort nicht das landesspezifische Rechtssystem in seiner Bedeutung zu erfassen.[62] Es wird sich zeigen, inwieweit das in Art. 5 Abs. 1 und 3 EUV ausdrücklich verankerte *Subsidiaritätsprinzip,* wonach die Gemeinschaft in nicht ausschließlich in ihre Zuständigkeit fallenden Bereichen nur tätig wird, wenn die Mitgliedstaaten dies nicht selbst wirkungsvoll regeln können, wirklich ein Gegengewicht bilden kann, zumal der gemeinsame Arbeitsmarkt zu den Zielen des Vertrages gehört.[63]

2. Verfassungsrecht

Beispielsfälle

Fall 7: Aufgrund des demographischen Wandels befindet sich die Pflegebranche bundesweit in der Krise. Angesichts schlechter Arbeitsbedingungen (hohe persönliche Belastung, Schichtarbeit, geringe Bezahlung etc.) fällt es immer schwerer, das notwendige Personal zu finden. Niedersachsen führt, um die Arbeitsbedingungen der Branche verbessern und die Probleme landesweit „angehen" und Arbeitsbedingungen zentral mit den Trägern der Pflegeinrichtungen verhandeln zu können, deshalb durch Landesgesetz sogenannte Pflegekammern ein, in denen alle Beschäftigten dieser Branche Mitglied sein und zur Finanzierung durch vom Verdienst abzuziehende Beiträge beitragen müssen. Ist dieses Vorgehen zulässig?

Fall 8: R hat sich als Redakteur beim Verlagshaus V beworben, das u. a. die Tageszeitung „Mannheimer Morgen", für die R tätig werden soll, herausgibt. Chefredakteur C, der im Vorstellungsgespräch erfahren hat, dass R Mitglied der Gewerkschaft G ist, weist diesen im Vorstellungsgespräch auf das Leitbild der Zeitung hin, die sich strikter politischer, religiöser und gesellschaftlicher Neutralität verpflichtet sieht. Er bietet R deshalb den Abschluss eines Ar-

---

59 Wegen der Einzelheiten vgl. die amtl. Anm. zur Umsetzung der Richtlinien (BGBl. I S. 1897).
60 Dies belegt *Alber,* RdA 2001, 23 ff.; *Oppermann/Classen/Nettesheim,* Europarecht, 8. Aufl. 2018, § 12 Rn. 36 f.
61 EuGH v. 3. 2. 1977–52/76 – (Bendesi), EuGHE I 1977, 163.
62 *Otto,* Anm. zu BAG v. 20. 10. 1993 – 7 AZR 581/92 (A) –, SAE 1994, 306, 310 ff. (Schulungsveranstaltung für Teilzeitbeschäftigte).
63 Dazu *Oppermann/Classen/Nettesheim,* Europarecht, 8. Aufl. 2018, § 11 Rn. 23 ff.

beitsvertrags nur unter der Bedingung an, dass R seine Gewerkschaftsmitgliedschaft kündigt. R unterschreibt, denkt aber nicht daran, aus der Gewerkschaft auszuscheiden. C kündigt dem R deshalb – fristgemäß und auch ansonsten ordnungsgemäß – verhaltensbedingt. Ist die Kündigung wirksam?

Fall 9: A ist als Aushilfe im Supermarkt der S-GmbH angestellt, zu der auch ein Getränkemarkt gehört. Nach der arbeitsvertraglichen Tätigkeitsbeschreibung ist A für den Transport der Waren aus dem Lager, die Auffüllung der Regale und vergleichbare Tätigkeiten zuständig und wird tatsächlich auf diese Weise in der Lebensmittelabteilung des Supermarkts eingesetzt. Aufgrund urlaubsbedingter Personalengpässe, die im Sommer im Getränkemarkt drohen, möchte Marktleiter M den A dorthin versetzen. A verweigert dies kategorisch, da ihm seine Religion den Konsum alkoholischer Getränke, die naturgemäß ebenfalls im Getränkemarkt veräußert werden, strikt untersage. Er könne nicht dazu gezwungen werden und es auch nicht verantworten, dass die Kunden durch sein Zutun „Sünden" begingen. M erteilt A deshalb eine Abmahnung wegen Arbeitsverweigerung und droht – sollte sich die Einstellung des A nicht ändern – mit Kündigung. A möchte sich gegen die Abmahnung wehren – mit Erfolg?

Aus dem Blickwinkel des nationalen Rechts nimmt das Grundgesetz den ersten 140 Rang ein, soweit es nicht dem Recht der Europäischen Union den Vortritt lässt (Art. 23 GG)[64] bzw. lassen muss. Wir haben bereits bei der Einordnung des Arbeitsrechts in den verfassungsrechtlich vorgegebenem Rahmen der Wirtschaftsordnung[65] gesehen, dass sich der Gesetzgeber nur in dem von der Verfassung vorgegebenen Rahmen bewegen darf. Gemäß Art. 1 Abs. 3 GG binden die **Grundrechte** „Gesetzgebung, vollziehende Gewalt und Rechtsprechung als unmittelbar geltendes Recht". Der Staat darf die Grundrechte der Bürger nicht verletzen; ihnen steht ein **Abwehrrecht** zu. Ausnahmsweise kann zum Schutz der Bürger sogar ein Verfassungsauftrag zu einem gesetzgeberischen Handeln im Zivilrecht bestehen, es können also positive **grundrechtliche Schutzpflichten** bestehen (Schlagwort: *Untermaßverbot*)[66], die auch der Richter bei der verfassungskonformen Auslegung von Rechtsnormen und insbesondere bei der Hand-

---

64 Vgl. das „Maastricht-Urteil" des BVerfG v. 12.10.1993 – 2 BvR 2134, 2159/92 –, BVerfGE 89, 155 ff.
65 S. § 2 RN 54 ff.
66 BVerfG v. 7.2.1990 – 1 BvR 26/84 –, BVerfGE 81, 242 ff. = AP Nr. 65 zu Art. 12 GG m. zust. Anm. *Canaris*, dessen Leitsatz 1 lautet: „Art. 12 Abs. 1 GG kann gebieten, daß der Gesetzgeber im Zivilrecht Vorkehrungen zum Schutz der Berufsfreiheit gegen vertragliche Beschränkungen schafft, namentlich wenn es an einem annähernden Kräftegleichgewicht der Beteiligten fehlt." Grundlegend für die Schutzpflicht bei der Wahl des Arbeitsplatzes ist BVerfG v. 24.4.1991 – 1 BvR 1341/90 –, BVerfGE 84, 133 ff. (Warteschleifenentscheidung), welcher der Staat aber durch die geltenden Kündigungsschutzvorschriften Rechnung getragen habe.

habung der Generalklauseln des Bürgerlichen Rechts zu berücksichtigen hat.[67] Das BVerfG geht über die Staatszielbestimmung „Sozialstaat" hinaus, indem es mit der Anerkennung solcher Schutzpflichten dem Einzelnen die Möglichkeit eröffnet, es notfalls mit der Verfassungsbeschwerde anzurufen, wenn die Zivilgerichte bei der Konkretisierung und Anwendung der Generalklauseln wie den §§ 138, 242 BGB nicht hinreichend die Grundrechte beachten und so deren Wertgehalt in Fällen gestörter Vertragsparität nicht mit den Mitteln des Zivilrechts Geltung verschaffen. Darauf wird näher einzugehen sein.

141 Nunmehr geht es um die **Geltung der Grundrechte für nichtstaatliches Handeln.** Dabei ist es im Grundsatz unbestritten, dass die Werteordnung, die in der Unantastbarkeit der Menschenwürde (Art. 1 Abs. 1 GG) und in den Grundrechten zum Ausdruck kommt, die gesamte Rechtsordnung prägt. In doppelter Hinsicht ist jedoch nach wie vor umstritten, wie dies geschieht. Zum einen geht es um die mehr konstruktive, rechtsdogmatische Frage, ob die Grundrechte unmittelbar an den privaten Rechtsträger gerichtet sind oder ob sie erst über die sog. Generalklauseln wie Sittenwidrigkeit (§ 138 BGB) sowie Treu und Glauben (§ 242 BGB) Geltung beanspruchen. Damit verbindet sich zum anderen die bedeutsamere inhaltliche Frage, ob die Grundrechte den privaten Rechtsträger genauso einengen sollen wie den Staat.

a) Unmittelbare Geltung

142 Unmittelbare Geltung in der privatrechtlichen „Dritt-Dimension" beansprucht außer **Art. 1 Abs. 1 GG,** der den Schutz der *Menschenwürde* gebietet,[68] ausdrücklich **Art. 9 Abs. 3 S. 2 GG.** Diese Norm schützt die individuelle sowie die kollektive *Koalitionsfreiheit*[69] und bestimmt: „Abreden, die dieses Recht einschränken oder zu behindern suchen, sind nichtig, hierauf gerichtete Maßnahmen sind rechtswidrig." Eine Kündigung wegen der Zugehörigkeit zu einer Gewerkschaft wäre daher wegen des Verstoßes gegen dieses verfassungsrechtliche Diskriminierungsverbot – wie in Fall 8 – nichtig.

---

67 BVerfG v. 19.10.1993 – 1 BvR 567/89 u.a. –, BVerfGE 89, 214ff. (Berücksichtigung *„strukturell ungleicher Verhandlungsstärke"* bei der Handhabung der §§ 138, 242 BGB im Zusammenhang mit der Bürgenhaftung).
68 Dazu BAG v. 13.2.1964 – 2 AZR 286/83 –, AP Nr. 1 zu Art. 1 GG (psychologische Untersuchung); v. 24.2.1982 – 4 AZR 223/80 – Leitsatz 1, AP Nr. 7 zu § 17 BAT (übermäßige Arbeitsbelastung).
69 Vgl. § 1 RN 32; ferner § 9 RN 683ff.

b) Ausstrahlungswirkung der Grundrechte

Ob die Grundrechte darüber hinaus im Zivilrecht und insbesondere im Arbeits- **143** recht unmittelbar oder lediglich mittelbar gelten sollen, wurde zunächst nicht einheitlich beurteilt. Die Lehre von der unmittelbaren Drittwirkung der Grundrechte geht davon aus, dass die Grundrechte auch die Privatpersonen im Verhältnis zueinander unmittelbar verpflichten.[70] Diese Auffassung hatte zunächst auch das BAG geteilt.[71] Später rückte es davon mit Recht ab[72] und schloss sich insoweit der ständigen Rechtsprechung des BVerfG an, das ebenso wie die heute nahezu einhellige Ansicht in der Literatur[73] von einer **mittelbaren Grundrechtswirkung** ausgeht. Danach enthält das Grundgesetz in seinem Grundrechtsabschnitt verfassungsrechtliche Grundentscheidungen für alle Bereiche des Rechts. Der objektive Gehalt der Grundrechte ist bei Anwendung und Auslegung der zivilrechtlichen Generalklauseln und der unbestimmten Rechtsbegriffe zu beachten.[74]

Im Arbeitsrecht sind daher die objektiven Wertentscheidungen der Grund- **144** rechte auf **individualrechtlicher Ebene** insbesondere bei der Überprüfung der Rechtsgeschäfte des Arbeitgebers anhand der **Generalklauseln** wie §§ 138, 242 BGB und des billigen Ermessens bei der Ausübung des Weisungsrechts[75] sowie bei der **Auslegung unbestimmter Rechtsbegriffe** wie des wichtigen Grundes in § 626 BGB[76] zu berücksichtigen. Man denke z.B. an den Arbeitsvertrag einer Aushilfsschaffnerin, der automatisch enden sollte, falls sie auf Grund des § 11 Abs. 5 S. 2 Nr. 5 MuSchG nach Ablauf des dritten Monats einer Schwangerschaft nicht mehr auf Beförderungsmitteln beschäftigt werden dürfte.[77] Die Vertragsklausel verstößt nicht unmittelbar gegen *Art. 6 Abs. 1 GG*, der Ehe und Familie unter den besonderen Schutz der staatlichen Ordnung stellt, oder *Art. 6 Abs. 4 GG*, nach dem jede Mutter Anspruch auf den Schutz und die Fürsorge der Gemeinschaft hat; aber eine solche Vereinbarung ist im Hinblick auf die verfassungs-

---

70 Vgl. insbes. *Gamillscheg*, AcP 164 (1964), 385 ff. Anders *Otto*, Personale Freiheit, S. 140 ff.

71 Vgl. z.B. für das Diskriminierungsverbot des Art. 3 Abs. 3 GG Urteil v. 28.9.1972 – 2 AZR 469/71 –, Leitsatz 2, AP Nr. 2 zu § 134 BGB (Politische Meinungsäußerung und Herabsetzung des Arbeitgebers in der Öffentlichkeit).

72 Vgl. den Beschluss des Großen Senats des BAG v. 27.2.1985 – GS 1/84 – unter C I 2, AP Nr. 14 zu § 611 BGB Beschäftigungspflicht = NZA 1985, 702 = EzA § 611 BGB Beschäftigungspflicht Nr. 9 m. Anm. *Gamillscheg*.

73 ErfK/*Schmidt* Einl. GG Rn. 33 ff. m.w.N.; MünchArbR/*Fischinger* § 7 Rn. 9 ff.

74 BVerfG v. 15.1.1958 – 1 BvR 400/51 –, BVerfGE 7, 198, 205 f.; v. 19.10.1993 – 1 BvR 567, 1044/89 –, BVerfGE 89, 214, 229; v. 27.1.1998 – 1 BvL 14/87 –, BVerfGE 97, 169, 178.

75 Dazu unten RN 204.

76 Dazu § 6 RN 460 ff.

77 Vgl. BAG v. 28.11.1958 – 1 AZR 199/58 –, AP Nr. 3 zu Art. 6 Abs. 1 GG Ehe und Familie.

rechtliche Wertordnung sittenwidrig (§ 138 BGB) oder zumindest nicht mit dem Grundsatz von Treu und Glauben (§ 242 BGB) vereinbar, ganz abgesehen von der unzulässigen Umgehung des Mutterschutzgesetzes.[78]

145   Die Kontrolle auf Grund der mittelbaren Drittwirkung der Grundrechte wird desto strenger ausfallen, je weniger davon die Rede sein kann, dass der Arbeitnehmer bei der Gestaltung der Vertragsbeziehungen seinerseits faktisch von seiner Vertragsfreiheit Gebrauch machen kann. Gerade diese faktische Übermacht des Arbeitgebers hatte dazu geführt, eine Parallele zur staatlichen Übermacht gegenüber dem einzelnen Bürger zu sehen und dementsprechend eine unmittelbare Grundrechtsbindung zu bejahen.[79] Die allgemeinen Arbeitsbedingungen, die der Arbeitgeber in vorformulierten Verträgen einseitig setzt, gleichen den allgemeinen Geschäftsbedingungen im sonstigen Privatrecht; ihre **allgemeine Inhaltskontrolle gemäß § 307 Abs. 1 und 2 BGB** ist nunmehr durch § 310 Abs. 4 S. 2 ausdrücklich eröffnet.[80]

146   Die Kontrolle erfolgt auch bei der **Ausübung von Gestaltungsrechten.** Die bloße *Meinungsäußerung* eines Arbeitnehmers, deren Freiheit *Art. 5 Abs. 1 S. 1 GG* zu gewährleisten sucht, stellt – auch innerhalb des Betriebes – in der Regel keinen Grund für eine ordentliche oder gar fristlose außerordentliche Kündigung dar. Die Meinungsfreiheit ist im Einzelfall gegen die durch *Art. 12 Abs. 1 GG* geschützte Kündigungsfreiheit als Teil der unternehmerischen Freiheit des Arbeitgebers abzuwägen. Selbst wenn die ordentliche Kündigung keines Grundes bedarf, weil das Arbeitsverhältnis noch nicht länger als sechs Monate bestanden hat oder weil in dem Betrieb nicht mehr als zehn Arbeitnehmer beschäftigt werden (vgl. §§ 1 Abs. 1, 23 Abs. 1 S. 2 – 4 KSchG), kann sie gleichwohl wegen des illegitimen Kündigungsmotivs scheitern. So könnte eine Kündigung wegen politischer Betätigung gegen § 75 Abs. 1 BetrVG verstoßen, rechtsmissbräuchlich (§ 242 BGB) oder wegen des Maßregelungsverbotes (§ 612a BGB) unzulässig sein. Darüber hinaus hat das BVerfG aus *Art. 12 Abs. 1 GG* eine **grundrechtliche Schutzpflicht** des Staates derart abgeleitet, dass ein **Mindestmaß des Bestandsschutzes** auch außerhalb des allgemeinen Kündigungsschutzes über die Generalklauseln zu gewährleisten sei.[81]

147   Im Fall 9 könnte A die Entfernung der Abmahnung aus seiner Personalakte analog § 1004 BGB verlangen, wenn die Weisung des M rechtswidrig ist und A

---

78 Näher zu solchen „Zölibatsklauseln" *Otto*, Personale Freiheit, S. 101 ff.

79 Vgl. insbes. *Gamillscheg*, AcP 164, 385 ff.

80 Vgl. dazu § 5 RN 288 ff.

81 BVerfG v. 27.1.1998 – 1 BvL 14/87 –, BVerfGE 97, 169, 178 f. = JZ 1998, 848 ff. m. zust. Anm. *Otto*. Zum Kündigungsschutz außerhalb des Geltungsbereichs des KSchG vgl. im Übrigen näher § 6 RN 391 ff.

deshalb durch deren Nichtbefolgung keine Pflichtverletzung begangen hat. Den konstruktiven Einstieg in den Fall ermöglichen entweder – auch das ist streitig – richtiger Weise § 106 S. 1 GewO, wonach der Arbeitgeber bei der Ausübung seines Weisungsrechts die Grenze billigen Ermessens zu beachten hat, oder § 275 Abs. 3 BGB, der dem Schuldner persönlicher Leistungen ein Leistungsverweigerungs- recht einräumt, wenn die Leistungserbringung unzumutbar ist oder wird.[82] Beide Generalklauseln sind nach dem Vorstehenden im Lichte des hier einschlägigen Art. 4 GG zu interpretieren, so dass sich die durch Art. 12, 14, 2 Abs. 1 GG ge- währleistete Unternehmerfreiheit der S-GmbH nicht per gegenüber der Religi- onsfreiheit des A durchsetzt. Notwendig ist vielmehr eine Abwägung der wider- streitenden Belange, für die es maßgeblich darauf ankommt, ob der konkrete Konflikt für den Beschäftigten vorhersehbar war, ob es sich um einen einmaligen Konflikt handelt oder Wiederholungen drohen und ob betriebliche Erfordernisse eine zumindest kurzfristige Übernahme der Tätigkeit zumutbar erscheinen lassen. Im konkreten Fall dürften diese Gesichtspunkte, weil A im Einzelhandel grund- sätzlich auch mit dem Verkauf alkoholischer Getränke rechnen muss und es nur um eine kurzfristige Urlaubsvertretung ging, für die Rechtmäßigkeit der Weisung des M streiten, so dass A die Abmahnung hinnehmen muss.[83]

c) Relevanz der Grundrechte für die Tarifvertragsparteien und Betriebspartner

Nach der vom BAG und im Schrifttum bis 1998 überwiegend vertretenen Ansicht **148** sind die Tarifvertragsparteien bei der inhaltlichen Ausgestaltung des **normativen Teils der Tarifverträge** (§ 4 Abs. 1 und 2 TVG) unmittelbar an alle Grundrechte gebunden.[84] Inzwischen hat sich ein wesentlich differenzierteres Meinungsbild entwickelt, das allerdings in der Grundtendenz darin übereinstimmt, dass die Tarifvertragsparteien unabhängig vom Geltungsgrund die Wertordnung des Grundgesetzes zu beachten haben. Dabei liegt es nahe, die Tarifvertragsparteien bei einer unmittelbaren Geltung wie den Gesetzgeber selbst zu binden, ande- renfalls der kollektiven Privatautonomie mehr Spielraum zu lassen. Dazu wird bei der Darstellung des Tarifvertragsrechts Stellung zu nehmen sein.[85]

---

82 Hierzu BAG v. 18.10.2017–10 AZR 330/16 –, AP Nr. 36 zu § 106 GewO = NZA 2017, 1452.
83 Fall abgewandelt nach BAG v. 24.2.2011–2 AZR 636/09 –, AP Nr. 9 zu Art. 4 GG m. Anm. *Greiner* = NZA 2011, 1087.
84 Z. B. BAG v. 15.1.1955–1 AZR 305/54 –, AP Nr. 4 zu Art. 3 GG; v. 25.2.1987–8 AZR 430/84 – unter B I 2 a, AP Nr. 3 zu § 52 BAT m. insoweit krit. Anm. *Rüthers* = NZA 1987, 667; *Gamillscheg*, Kol- lektives Arbeitsrecht I, S. 666 ff., 670; a.A. *Canaris*, AcP 184 (1984), 201, 243 f.; ErfK/*Schmidt* Einl. GG Rn. 20; MünchArbR/*Fischinger* § 7 Rn. 23 m.w.N.
85 S. § 10 RN 738 ff.

149   Auch **Betriebsvereinbarungen**, mit denen Arbeitgeber und Betriebsrat bestimmte Sachverhalte gemeinsam regeln, haben für die Arbeitnehmer des Betriebs gemäß § 77 Abs. 4 S. 1 BetrVG normative Wirkung. Inzwischen ist jedoch
anerkannt, dass die Grundrechte hier nur eine mittelbare Geltung beanspruchen
können. „Einfallstor" ist vor allem die Generalklausel des § 75 BetrVG, die selbst
einen durch das AGG erweiterten „betrieblichen Grundrechtskatalog" enthält.[86]
Das BAG[87] hat sich insoweit dem BVerfG[88] angeschlossen.

3. Gesetzes-, Gewohnheits- und Richterrecht

150 Nunmehr sind wir endgültig beim einfachen innerstaatlichen Recht angelangt.

a) Gesetzesrecht im materiellen Sinn

151 Gesetzesrecht im materiellen Sinn sind das **förmliche Gesetz** und die **Rechtsverordnung.** Rechtsverordnungen dienen der Ausfüllung des durch die gesetzliche Ermächtigung nach Inhalt, Zweck und Ausmaß gesetzten Rahmens (Art. 80
GG) durch die Exekutive. Ein gutes Beispiel bildet die auf Grund des § 126 BetrVG
ergangene Wahlordnung, die detaillierte Anforderungen für die Durchführung der
Betriebsratswahlen formuliert.

aa) Gesetzgebungskompetenzen im Arbeitsrecht

152 Das Arbeitsrecht ist primär Gegenstand **konkurrierender Gesetzgebung** von
Bund *und* Ländern (Art. 74 Nr. 12 GG). Solange und soweit der Bund nicht ge-
setzgeberisch tätig wird, können die Länder die Initiative ergreifen (Art. 72 Abs. 1
GG). Da das Arbeitsrecht sich zu einem selbstständigen Rechtsgebiet entwickelt
hat, steht das bürgerlich-rechtliche Kodifikationsprinzip (Art. 74 Nr. 1 GG) einer
landesgesetzlichen Regelung nicht entgegen. Dies hat das BVerfG in seinem Beschluss v. 15.12.1987 für den „Bildungsurlaub" des Arbeitnehmers noch einmal
bekräftigt.[89] Im Übrigen bricht Bundesrecht Landesrecht (Art. 31 GG), und zwar
einfaches Bundesrecht sogar Landesverfassungsrecht mit Ausnahme grundge-
setzkonformer Grundrechte (Art. 142 GG). Allein deshalb – und auch wegen des

---

86 Dazu unten RN 187 und 188 sowie § 12 RN 880 und 881.
87 BAG GS v. 7.11.1989 – GS 3/85 – unter C I 4, AP Nr. 46 zu § 77 BetrVG 1972 = NZA 1990, 816 = EzA
§ 77 BetrVG Nr. 34 m. insoweit zust. Anm. *Otto* unter II 3; ErfK/*Schmidt* Einl. GG Rn. 24.
88 BVerfG v. 23.4.1986 – 2 BvR 487/80 –, BVerfGE 73, 261, 268.
89 – 1 BvR 563/85 u.a. –, BVerfGE 77, 308 ff.

offenkundigen Eingriffs in die negative Koalitionsfreiheit[90] – unterliegt die Einführung sogenannter Pflegekammern in Fall 7, auch wenn die niedersächsische Verwaltungsgerichtsbarkeit insoweit die gegenteilige Position vertritt[91], durchgreifenden Bedenken. Die betroffenen Arbeitnehmer nehmen die Einrichtung jedenfalls offenkundig nicht an.[92]

Der Bund hat die **(ausschließliche) Kompetenz** nach der Förderalismusreform nur noch für die Rechtsverhältnisse der im öffentlichen Dienst des Bundes stehenden Personen (Art. 73 Nr. 8 GG). Er kann daher für die Personalvertretungsgesetze der Länder kein neues verbindliches Rahmenrecht schaffen.[93]   153

bb) Insbesondere: Umsetzung völkerrechtlicher Verträge

Völkerrechtliche Verträge haben zwar ebenfalls arbeitsrechtliche Fragen zum Gegenstand. Hierzu zählen insbesondere die zahlreichen **Übereinkommen der Internationalen Arbeitsorganisation** (IAO), bei denen es sich um multilaterale Verträge handelt.[94] Rechtliche Relevanz für den einzelnen Bürger erhält der Vertragsinhalt erst durch ein Gesetz, das die Regelung in nationales (Gesetzes-)Recht transformiert, oder – in zunehmendem Maße – im Rahmen der Gesetzesauslegung oder Rechtsfortbildung. Das BAG hat beispielsweise geprüft, ob die Abmahnung eines Lehrers wegen seiner aktiven Tätigkeit für die Deutsche Kommunistische Partei mit dem durch Zustimmungsgesetz transformierten Übereinkommen Nr. 11 über die Diskriminierung in Beschäftigung und Beruf v. 25.6.1958 vereinbar ist und dies im Hinblick auf die verfassungsrechtlich in Art. 33 GG verankerte politische Treuepflicht bejaht.[95]   154

Häufiger herangezogen wird vor allem bei der Diskussion um die Tragweite der Koalitionsfreiheit (hier insbesondere des Streikrechts) die **Europäische Sozialcharta** von 1961 (ESC)[96], die 1965 in Kraft getreten ist; ihre unmittelbare Geltung ist zwar umstritten, ihre Bedeutung als Interpretationshilfe aber aner-   155

---

90 Näher § 9 RN 683.
91 VG Hannover v. 7.11.2018 – 7 A 5658/17 –, BeckRS 2018, 33527.
92 Vgl. HAZ v. 17.7.2019, S. 7, Pflegekammer in Not: Die meisten Mitglieder zahlen nicht.
93 Vgl. die §§ 94 ff. Bundespersonalvertretungsgesetz v. 15.3.1974 (BGBl. I S. 693).
94 S. § 2 RN 70.
95 BAG v. 13.10.1988 – 6 AZR 144/85 – unter IV 6, AP Nr. 4 zu § 611 BGB Abmahnung = NZA 1989, 716.
96 Zustimmungsgesetz v. 19.9.1964 (BGBl. II S. 1261) sowie Bekanntmachung über das Inkrafttreten v. 9.8.1965 (BGBl. II S. 1122).

kannt.[97] Zu erwähnen sind in diesem Zusammenhang noch der **Internationale Pakt über bürgerliche und politische Rechte**[98] sowie der **Internationale Pakt über wirtschaftliche, soziale und kulturelle Rechte**[99], beide v. 19.12.1966.

156   Die 1950 in Rom von den Mitgliedern des Europarates unterzeichnete **Menschenrechtskonvention**[100] gilt zwar als einfaches innerstaatliches Recht, birgt aber für das Arbeitsrecht im Vergleich mit dem Grundrechtskatalog des Grundgesetzes und der Charta der Grundrechte der Europäischen Union praktisch keinen Mehrwert. Das schließt nicht aus, dass der Europäische Gerichtshof für Menschenrechte in einzelnen Fällen zu einer anderen Bewertung als ein nationales Gericht oder der EuGH gelangen, wie es z.B. jüngst hinsichtlich der Kündigung kirchlicher Mitarbeiter[101] oder zuvor einer beamteten Lehrerin geschehen ist, die vom Land Niedersachsen wegen der Betätigung für die DKP entlassen worden war; der Gerichtshof hat eine Verletzung von Art. 10 EMRK (Meinungsfreiheit) und Art. 11 EMRK (Vereinigungsfreiheit) mehrheitlich bejaht.[102]

cc) Zwingendes und dispositives Recht

157   Das Gesetz kann *zwingend* oder *dispositiv* sein. Vollständig zwingend ist beispielsweise § 626 Abs. 1 BGB, so dass die Arbeitsvertragsparteien das elementare Recht, sich von einem mit unzumutbaren Belastungen verbundenen Dauerschuldverhältnis kurzfristig lösen zu können, nicht durch eine Festlegung absoluter Kündigungsgründe im Arbeitsvertrag beschränken[103] oder dessen Ausübung auch nur faktisch erschweren[104] dürfen. Zum Nachteil von Arbeitgeber *und* Arbeitnehmer abdingbar – also **zweiseitig dispositiv** – sind (anders als sonst im

97 Vgl. BAG v. 12.9.1984 – 1 AZR 342/83 – unter B II 2 c, AP Nr. 81 zu Art. 9 GG Arbeitskampf = NZA 1984, 393, und im Übrigen *Otto*, Arbeitskampf, § 4 Rn. 54 ff. Weitergehend anscheinend BAG v. 19.6.2007 – 1 AZR 396/06 –, unter Rn. 18, AP Nr. 173 zu Art. 9 GG Arbeitskampf = NZA 2007, 1055.
98 Zustimmungsgesetz v. 15.11.1973 (BGBl. II S. 1533 ff.); zur Frage der Gewährleistung des Streikrechts vergleiche die Entscheidung des UN-Ausschusses für Menschenrechte v. 18.7.1986 – 118/1982 –, NJW 1987, 3065 = JuS 1988, 65 f. m. Anm. *Murswiek*.
99 Zustimmungsgesetz v. 23.11.1973 (BGBl. II S. 1569).
100 Gesetz über die Konvention zum Schutze der Menschenrechte und Grundfreiheiten v. 7.8.1952 (BGBl. II S. 685, berichtigt S. 953).
101 Vgl. einerseits EuGHMR v. 23.9.2010 – 1620/03 – (Schüth/Deutschland), NZA 2011, 279 ff., andererseits EuGH v. 11.9.2018 – C-68/17 – (IR/JQ), AP Nr. 43 zu Richtlinie 2000/78/EG = NZA 2018, 1187 sowie zum Ganzen auch BAG v. 20.2.2019 – 2 AZR 746/14 –, AP Nr. 94 zu § 1 KSchG 1969 = NZA 2019, 901.
102 EuGHMR v. 26.9.1993 – 7/1994/454/535 (Vogt/Deutschland), NJW 1996, 375 ff.
103 ErfK/*Niemann* § 626 BGB Rn. 1.
104 BGH v. 17.3.2008 – II ZR 239/06, NJW-RR 2008, 1488 ff.

Schuldrecht) nur wenige Normen. Das ergibt sich aus dem Schutzcharakter des Arbeitsrechts. Ein Beispiel für ungeschmälerte Vertragsfreiheit bildet § 616 BGB. Das Gesetz erwartet vom Arbeitgeber, dass er den Arbeitnehmer bei kurzfristiger und unverschuldeter Abwesenheit aus persönlichen Gründen weiterbezahlt, z. B. wegen Hochzeit, Trauerfall, Umzug. Eine andere Vereinbarung, die dem Arbeitnehmer noch großzügiger entgegenkommt oder ihm den Anspruch ganz oder teilweise versagt, ist jedoch möglich.

Für das Arbeitsrecht ist typisch, dass eine Norm im Hinblick auf den inten- 158 dierten Arbeitnehmerschutz **einseitig zwingend** ist, also nur eine dem Arbeitnehmer günstigere Vereinbarung getroffen werden kann (vgl. § 13 Abs. 1 S. 3 BUrlG).

Teilweise gestattet der Gesetzgeber allerdings auch nur den Tarifvertrags- 159 parteien Abweichungen zu Lasten der Arbeitnehmer (vgl. § 622 Abs. 4 S. 1 BGB, § 13 Abs. 1 S. 1 BUrlG, § 7 ArbZG, §§ 12 Abs. 6 S. 1, 13 Abs. 4 S. 1, 14 Abs. 2 S. 3 TzBfG). Dieses sog. **tarifdispositive Recht** beruht auf dem Vertrauen des Gesetzgebers in die besondere Sachkunde und das Machtgleichgewicht der Tarifvertragsparteien, das – wie etwa die tarifdispositive Ausgestaltung des „Equal-Pay-Grundsatzes" im Arbeitnehmerüberlassungsrecht zeigt (§ 8 Abs. 1 und 2 AÜG) – nicht immer gerechtfertigt ist. Kürzere Kündigungsfristen, wie sie § 622 Abs. 4 BGB ermöglicht, werden die Gewerkschaften aber nur akzeptieren, wenn sie sich davon in einer bestimmten Branche eine bessere Beschäftigungslage versprechen oder durch dieses Zugeständnis im Gegenzug andere Vorteile tarifvertraglich durchsetzen können. Arbeitsvertragsparteien im Geltungsbereich eines solchen Tarifvertrages, der für sie wegen fehlender Mitgliedschaft nicht automatisch eingreift, dürfen die tarifliche Regelung häufig übernehmen (vgl. § 622 Abs. 4 S. 2 BGB, 13 Abs. 1 S. 2 BUrlG, § 7 Abs. 3 ArbZG, §§ 12 Abs. 6 S. 2, 13 Abs. 4 S. 2, 14 Abs. 2 S. 4, 22 Abs. 2 TzBfG).

b) Gewohnheitsrecht

Die Regelungsdichte im gesetzlichen Arbeitsrecht ist wegen der fehlenden Kodi- 160 fikation nicht so groß, dass für Gewohnheitsrecht kein Raum wäre. Sein Entstehen setzt jedoch nicht nur eine über eine lange Zeit andauernde Rechtspraxis, sondern außerdem eine entsprechende allgemeine Rechtsüberzeugung voraus. Angesichts der Interessengegensätze kann hiervon nur selten die Rede sein, wie z. B. die fortwährende Kontroverse um die Entstehungsvoraussetzungen einer sogenannten Betriebsübung belegt, für die sich eine Einstufung als Gewohnheitsrecht bislang nicht durchsetzen konnte.[105] Immerhin lässt sich etwa für die Arbeitnehmerhaftung festhalten, dass die strenge und umfassende Haftung für jede zu vertretende Pflichtverletzung der allgemeinen Rechtsüberzeugung nicht mehr entspricht.[106] Die Herausbildung von Gewohnheitsrecht ist auch keineswegs stets wünschenswert, weil dies ebenso wie bei Gesetzesrecht zu einem Stillstand der Rechtsentwicklung führen kann.

c) Richterrecht

161　Sehr große **praktische Bedeutung** hat das sog. Richterrecht. *Gamillscheg* hat sogar gesagt: „Der Richter ist der eigentliche Herr des Arbeitsrechts."[107] Gedacht ist dabei nicht nur an die ohnehin nicht zu leugnende Tatsache, dass erst die Rechtsanwendung in einem Streitfall die abstrakten Rechtsnormen mit Leben erfüllt. Vielmehr handelt es sich um die bewusste schöpferische Ausfüllung von Regelungslücken (etwa im Bereich der Arbeitnehmerhaftung[108]) bis hin zur Ausbildung von komplexen Regelungssystemen ohne jede gesetzgeberische Vorgabe (etwa im Bereich des Arbeitskampfrechts[109]).

162　　　Eine überzeugende **rechtstheoretische Einordnung** des Richterrechts ist bisher nicht gelungen. Während das BAG sich früher deutlich zu seiner Rolle als „Ersatzgesetzgeber" bekannte, indem es von „gesetzesvertretendem Richterrecht" sprach,[110] will es inzwischen die rechtsfortbildende Entscheidung nur mehr als Richterspruch für den entschiedenen Einzelfall und nicht als Rechtsquelle für künftige Entscheidungen einordnen.[111] An seiner faktischen Verbindlichkeit besteht indessen kein Zweifel.[112] Vor allem die Instanzgerichte, also die Arbeits- und Landesarbeitsgerichte, werden die vom BAG geäußerten Rechtsansichten über den Einzelfall hinaus ihrer Entscheidungstätigkeit zugrunde legen, sofern sie die jeweilige Begründung des BAG und die hiermit erzielten Ergebnisse überzeugen. Dass sich Instanzgerichte zunehmend selbst bei Entscheidungen des Großen

---

105 Unten RN 178 ff.

106 Dazu § 7 RN 598 ff.

107 AcP 164, 385, 388.

108 Vgl. *Otto*, Gutachten zum 56. Deutschen Juristentag Berlin 1986, E 16 ff., E 83 ff.

109 Vgl. § 11 RN 775 ff.

110 Vgl. den Beschluss des Großen Senats v. 21.4.1971 – GS 1/68 – unter F, AP Nr. 43 zu Art. 9 GG Arbeitskampf. Im Urteil v. 12.9.1984 – 1 AZR 342/83 – (FN 93) ist unter B II 2 b von „Rechtsregeln" die Rede, die die Rspr. entwickelt hat.

111 BAG v. 26.4.1988 – 1 AZR 399/86 – unter B II 2 c ee, AP Nr. 101 zu Art. 9 GG Arbeitskampf = NZA 1988, 775.

112 S. zur Gesamtproblematik *Gamillscheg*, Arbeitsrecht I, S. 143 ff. m.w.N.; ferner *Dieterich*, Zur Pflicht der Gerichte, das Recht fortzubilden, RdA 1993, 67 ff.

Senats auflehnen, obwohl dieser sogar kraft Gesetzes zur Rechtsfortbildung berufen ist (§ 45 Abs. 4 ArbGG), beruht nicht auf rechtstheoretischen Erwägungen, sondern auf der fehlenden Überzeugungskraft einzelner Entscheidungen. Richtig ist allerdings, dass es vornehmste Aufgabe des demokratisch legitimierten Gesetzgebers wäre, Dauerkonflikte zu lösen, zumal die nur zur Entscheidung über konkrete Streitgegenstände berufenen Gerichte – angesichts zeitlich wie inhaltlich passender Streitigkeiten – naturgemäß kaum in der Lage sind, eine Rechtsmaterie bruchlos und geschlossen zu regeln und auf neuere Entwicklungen ebenso flexibel zu reagieren, wie der Gesetzgeber.[113]

Abgesehen vom Arbeitsvertragsrecht erscheint insbesondere eine gesetzliche **163** Regelung des Arbeitskampfrechts dringlich. Ein dahingehender Vorstoß von fünf Professoren[114] fand jedoch keine Resonanz. Demgemäß treffen folgende Worte *Richard von Weizsäckers* auch heute noch den Kern[115]:

> „Gerade im Arbeits- und Sozialrecht, mit seinen schwierigen Gemengelagen von Vertrags- und Gesetzesrecht, von Leistungsansprüche begründenden und sozialgestaltenden Gesetzen, fehlt es dem anzuwendenden Recht häufig an Klarheit, systematischer Geschlossenheit und auch an Beständigkeit. Aufforderungen an die Gerichte, mutig Recht fortzubilden, wechseln deshalb mit Klagen, sie verstünden sich als Ersatzgesetzgeber. Wie solche Feststellungen zu bewerten sind, dies bedarf des sorgfältigen Abwägens jeweils im Einzelfall.
>
> Aber im Grundsatz kann nur gelten, worauf *Montesquieu* bereits hingewiesen hat: Die Bindung der Rechtsprechung an die Gesetze bedeute nicht, daß die Richter nur der Mund seien, der die Gesetzesworte zu verkünden habe. Selbst wo die Gesetze klar und unmißverständlich sind, wandelt sich die Wirklichkeit, für die sie geschaffen sind. Besonders rasch verändern sich die wirtschaftlichen und sozialen Lebensverhältnisse. Rechtsprechung ohne Rechtsfortbildung ist weder möglich noch erwünscht."

Das BAG hat sogar die Rechtsfigur des **tarifdispositiven Richterrechts** entwi- **164** ckelt. Gemeint ist damit eine durch die Gerichte im Wege der Rechtsfortbildung gefundene Norm, die Abweichungen durch die Tarifvertragsparteien, aber nur durch diese, gestattet.[116] Ein Beispiel bildet die Begrenzung der Rückzahlungspflicht von (nicht als Gegenleistung für die geleisteten Dienste versprochenen und

---

113 *Bieder*, Kompensatorische Vertragsgestaltung im Arbeits- und Wirtschaftsrecht, 2015, S. 159 ff.

114 *Birk/Konzen/Löwisch/Raiser/Seiter*, Gesetz zur Regelung kollektiver Arbeitskonflikte – Entwurf und Begründung –, 1988.

115 Ansprache in Kassel am 9. 2. 1988, RdA 1988, 225.

116 BAG v. 12. 11. 1971 – 3 AZR 116/71 –, AP Nr. 28 zu § 74 HGB.

schon allein deshalb nicht rückforderbaren[117]) Gratifikationen[118] durch Richterrecht. Ein Arbeitnehmer mag eine Gratifikation (z. B. „Weihnachtsgeld") erhalten und der Arbeitsvertrag vorsehen, dass er die zusätzliche Leistung zurückzuzahlen habe, wenn er vorzeitig freiwillig oder auf Grund eines ihm zurechenbaren Kündigungsgrundes ausscheidet. Derartige Rückzahlungspflichten sind richterrechtlich begrenzt, wobei gemeinhin, wenn die Leistung ausschließlich die Betriebstreue der Arbeitnehmer honorieren soll, eine Staffelung nach der Höhe der zusätzlichen Leistung und dem Datum des Ausscheidens maßgeblich ist.[119] Ist die Rückzahlungspflicht jedoch tarifvertraglich geregelt, soll diese Begrenzung nicht unverändert gelten.[120] Dies überrascht, da das BAG in der überlangen faktischen Bindung durch die drohende Rückzahlungspflicht ursprünglich sogar einen unmittelbaren Verstoß gegen Art. 12 Abs. 1 GG gesehen hatte.[121]

4. Tarifvertrag und Allgemeinverbindlicherklärung

165 Die größte **praktische Bedeutung** für den Inhalt des Arbeitsverhältnisses haben die Tarifverträge.[122] Sie bestimmen für sehr viele Arbeitnehmer traditionell die Dauer der Arbeitszeit und das Arbeitsentgelt einschließlich der Nebenleistungen (Gratifikationen, Sonderzuwendungen, Zulagen) sowie die Dauer des Urlaubs. Die Tarifvertragsparteien haben sich aber auch völlig neuer Aufgaben angenommen. Genannt seien z. B. erweiterter Kündigungs- und Verdienstschutz insbesondere bei Rationalisierungen, Beschäftigungsförderung bzw. -sicherung[123], Teilzeitarbeit, zusätzliche Altersversorgung[124] und Altersteilzeit[125]. Trotzdem ist der Tarif-

---

117 S. nur BAG v. 13.11.2013 – 10 AZR 848/12, NZA 2014, 368, 370; BAG v. 13.5.2015 – 10 AZR 266/14, NZA 2015, 992, 993; Ulmer/Brandner/Hensen/*Fuchs/Bieder*, AGB-Recht, 12. Aufl. 2016, Anh. § 310 BGB Rn. 115.

118 Dazu RN 161 m.w.N. sowie im Überblick Ulmer/Brandner/Hensen/*Fuchs/Bieder*, AGB-Recht, 12. Aufl. 2016, Anh. § 310 BGB Rn. 114.

119 Einzelheiten unter § 7 RN 530 ff.

120 BAG v. 31.3.1966 – 5 AZR 516/65 –, AP Nr. 54 zu § 611 BGB Gratifikation; vgl. auch BAG v. 6.9.1995 – 5 AZR 174/94 –, AP Nr. 22 zu § 611 BGB Ausbildungsbeihilfe = NZA 1996, 437, zu einer tarifvertraglichen Klausel zur Erstattung von Weiterbildungskosten.

121 BAG v. 29.6.1962 – 1 AZR 343/61 –, AP Nr. 25 zu Art. 12 GG.

122 Allgemein dazu *Bauer*, JuS 1999, 765 ff.

123 Vgl. z. B. den Tarifvertrag zur Beschäftigungsförderung in der Nds. Metallindustrie v. 22.7.1998; dazu *Meine*, ArbuR 1998, 356 ff.; zur Beschäftigungspolitik als Betätigungsfeld der Tarifparteien s. *Zachert*, DB 2001, 1198 ff.

124 Vgl. z. B. den Tarifvertrag über Einmalzahlungen und Altersvorsorge für die [westdeutsche] chemische Industrie v. 18.4.2001 i.d. F. v. 15.8.2005, durch den die sog. Riester-Rente auf Grund des Altersvermögensgesetzes v. 26.6.2001 (BGBl. I S. 1310) umgesetzt wird.

vertrag, insbesondere der für eine Branche geltende Flächentarifvertrag, im letzten Jahrzehnt stark in die Kritik geraten, weil er den einzelnen Unternehmen zu wenig Spielraum lasse, sich den unterschiedlichen und veränderten wirtschaftlichen Verhältnissen anzupassen.[126]

Gemäß § 4 Abs. 1 S. 1 des Tarifvertragsgesetzes (TVG) gelten die Rechtsnormen des Tarifvertrages, die den Inhalt, den Abschluss oder die Beendigung von Arbeitsverhältnissen ordnen, **unmittelbar und zwingend** zwischen den beiderseits Tarifgebundenen, die unter den Geltungsbereich des Tarifvertrages fallen (**normative Wirkung**). Beide Parteien des Arbeitsvertrages müssen also tarifgebunden sein, damit die Tarifnorm unmittelbar, d. h. ohne Rücksicht auf den Inhalt des Arbeitsvertrages, das einzelne Arbeitsverhältnis mit seinen Rechten und Pflichten gestaltet. Tarifgebunden sind nach § 3 Abs. 1 TVG zum einen die Mitglieder der Tarifvertragsparteien beim Verbandstarifvertrag; tarifgebunden ist zum anderen aber auch der Arbeitgeber, der selbst einen Firmentarifvertrag abgeschlossen hat, gleichgültig, ob er einem Arbeitgeberverband angehört oder nicht. 166

Demgemäß gilt z. B. ein Entgelttarifvertrag keineswegs ohne weiteres *kollektivrechtlich* für alle Arbeitnehmer eines Betriebes; faktisch wird der Arbeitgeber allerdings kaum Unterschiede machen. Die nichttarifgebundenen Arbeitnehmer können den Entgeltanspruch jedoch nicht auf den Tarifvertrag, sondern nur auf eine individualrechtliche Rechtsgrundlage, z. B. eine **individualrechtliche Verweisung oder Bezugnahme** auf die einschlägigen Tarifverträge im Arbeitsvertrag[127] stützen, die in der Unternehmenspraxis mittlerweile die Regel darstellt. 167

Die Tarifnormen sind nur einseitig zwingend. § 4 Abs. 3, 2. Alt. TVG lässt abweichende Vereinbarungen zugunsten des Arbeitnehmers ausdrücklich zu (**Günstigkeitsprinzip**). Dies entspricht dem Zweck der Koalitionsfreiheit; anderenfalls könnten nur mit Nicht- oder Andersorganisierten vorteilhaftere Vereinbarungen getroffen werden. Der Günstigkeitsvergleich zwischen einer Regelung auf Grund eines Tarifvertrages und auf Grund einer anderen Rechtsquelle (Arbeitsvertrag, Betriebsvereinbarung[128]) wirft jedoch eine Fülle von Problemen auf. Auf der anderen Seite kann ein Tarifvertrag ausdrücklich Abweichungen zu Lasten der tarifgebundenen Arbeitnehmer gestatten (§ 4 Abs. 3, 1. Alt. TVG: eine sog. **Öffnungsklausel**); eine gesetzliche Öffnungsklausel ist bisher nicht vorgesehen.[129] 168

---

125 Vgl. den Tarifvertrag zur Regelung der Altersteilzeitarbeit des öffentlichen Dienstes (TV-ATZ) v. 1.1.1998 i.d.F. des Änderungstarifvertrages v. 30.6.2000.
126 Dazu *Hanau*, RdA 1998, 65 ff.
127 Dazu unten RN 175 und 176.
128 Dazu § 12 RN 874 ff.
129 Dazu § 10 RN 752.

Wirkungsweise des Tarifvertrags

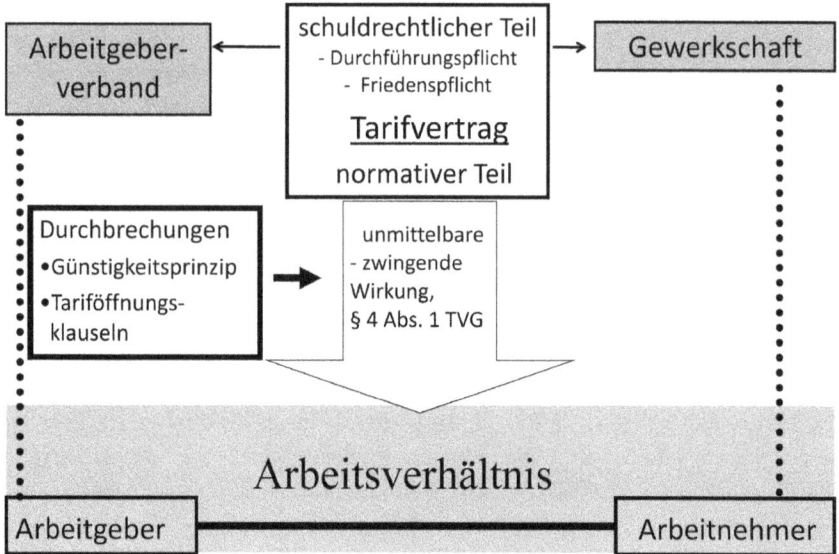

169 Das Bundesministerium für Arbeit und Soziales kann einen Tarifvertrag unter bestimmten Voraussetzungen für *allgemeinverbindlich* erklären (§ 5 TVG). Die **Allgemeinverbindlicherklärung** (AVE) hat die *Wirkung*, dass die Rechtsnormen des Tarifvertrages in seinem Geltungsbereich auch die bisher nicht tarifgebundenen Arbeitgeber und Arbeitnehmer erfassen (§ 5 Abs. 4 TVG). Der Tarifvertrag gilt dann mit dem gleichen Inhalt und der gleichen Wirkung für **sämtliche Arbeitsverhältnisse** innerhalb seines Geltungsbereichs.

5. Betriebsvereinbarung

170 Betriebsvereinbarungen gelten – wie Tarifverträge – grundsätzlich unmittelbar und zwingend (§ 77 Abs. 4 S. 1 BetrVG), haben also **normative Wirkung**; entsprechendes gilt für die *Dienstvereinbarungen* in den öffentlichen Verwaltungen auch ohne ausdrückliche gesetzliche Anordnung (vgl. § 73 BPersVG), regelmäßig aber nicht für die für leitende Angestellte geltenden Vereinbarungen nach dem Sprecherausschussgesetz. Im Unterschied zum Tarifvertrag wenden sich diese Normen an alle vom Betriebsrat (bzw. Personalrat) vertretenen Arbeitnehmer. Die Normsetzung wird hier nicht durch die Mitgliedschaft legitimiert, sondern durch

die Zugehörigkeit zur Belegschaft und das damit verbundene Recht zur Teilnahme an den Betriebsratswahlen. Aussenseiter, wie im Bereich des Tarifvertragsrechts, gibt es in der Betriebsverfassung und im Personalvertretungsrecht demnach nicht.

Auch bei der Geltung von Betriebsvereinbarungen gibt es **Konkurrenzpro-** 171 **bleme,** wenn derselbe Gegenstand im Arbeitsvertrag oder Tarifvertrag geregelt ist. Der Gesetzgeber hat dem **Tarifvertrag** bewusst den *Vorrang gegenüber der Betriebsvereinbarung* eingeräumt (vgl. dazu §§ 77 Abs. 3, 87 Abs. 1 Einl. BetrVG).[130] Für das Verhältnis von Betriebsvereinbarung zum **Arbeitsvertrag** fällt auf, dass § 77 Abs. 4 BetrVG das Günstigkeitsprinzip nicht nennt, obwohl die Norm nach dem Muster des § 4 TVG gestaltet ist. Dennoch ist die Geltung des Günstigkeitsprinzips, dem im Hinblick auf die durch Art. 2 Abs. 1 GG gewährleistete Vertragsfreiheit verfassungsrechtlicher Rang zukommen soll,[131] zumindest grundsätzlich anerkannt.[132]

Wirkungsweise der Betriebsvereinbarung

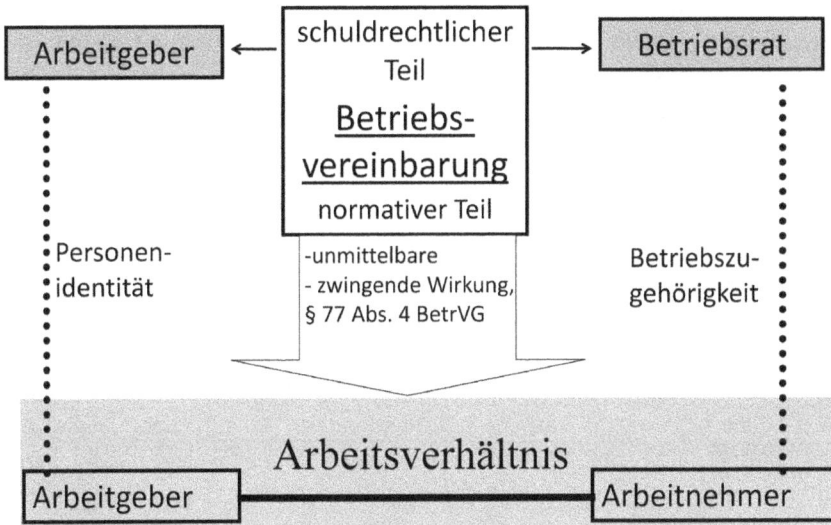

---

130 Näher dazu § 12 RN 874 ff.
131 Vgl. *Belling,* Das Günstigkeitsprinzip im Arbeitsrecht, 1984, S. 70 ff., 107 ff., sowie BAG v. 15.12.1960 – 5 AZR 374/58 – unter II 2 a, AP Nr. 2 zu § 4 TVG Angleichungsrecht.
132 Vgl. § 12 RN 879.

6. Die arbeitsvertragliche Ebene

172 Individualrechtlich begegnet uns – auch im Vergleich mit dem Dienstvertrag – eine Vielfalt von Fallgestaltungen und von spezifisch arbeitsrechtlichen Konstruktionen ohne gesetzlich ausgeformte Tatbestände, die deshalb ausführlicher darzustellen sind.

a) Individueller Arbeitsvertrag

173 Dem Idealtypus der Privatautonomie entspricht an sich der individuelle Arbeitsvertrag, der ganz auf die speziellen Interessen der Vertragsparteien zugeschnitten ist. Einen derartigen Arbeitsvertrag erhalten heute zum Teil aber nicht einmal mehr Führungskräfte. Er ist also durchaus untypisch. Individuell ausgehandelt werden allenfalls einzelne Arbeitsbedingungen, etwa die Dauer oder die Lage der Arbeitszeit bzw. die Höhe der Vergütung.

b) Arbeitsvertragliche Einheitsregelungen bzw. allgemeine Arbeitsbedingungen

174 Häufig sind hingegen arbeitsvertragliche Einheitsregelungen bzw. allgemeine Arbeitsbedingungen. Sie werden vom Arbeitgeber entworfen und erscheinen entweder in einem Vertragsformular oder lediglich äußerlich in einem individuellen Gewand, ohne dass sie in die Verhandlungen ernsthaft einbezogen würden. Insofern ist die Einbeziehung der Arbeitsverträge gemäß § 310 Abs. 4 S. 2 BGB in die Kontrolle Allgemeiner Geschäftsbedingungen verständlich.[133] Diese wird uns später noch beschäftigen.[134]

c) Bezugnahmeklauseln

175 Wohl noch öfter werden in die Arbeitsverträge Bezugnahmeklauseln aufgenommen. Sie machen insbesondere die jeweils für den Betrieb geltenden Tarifverträge durch Verweisung zum Vertragsbestandteil und gewährleisten damit vor allem, dass auf die Arbeitsverhältnisse nichttarifgebundener Arbeitnehmer die gleichen Regeln anwendbar sind wie für ihre tarifgebundenen Kollegen (**Gleichstellungsabrede**).[135] Dementsprechend entfaltet eine lediglich auf Gleichstellung

---

133 Zur Begründung vgl. die Gegenäußerung der Bundesregierung zu Nr. 50, Anl. 3 zu BT-Drucks. 14/6857.

134 Dazu § 5 RN 288 ff.

135 BAG v. 4.9.1996 – 4 AZR 135/95 – unter II a bb, AP Nr. 5 zu § 1 TVG Bezugnahme auf Tarifvertrag = NZA 1997, 271.

abzielende Klausel keine rechtsbegründende Wirkung, wenn die Tarifgebundenheit des Arbeitgebers im Verlauf oder gar vor Abschluss des Arbeitsvertrages
endet.[136] Es bedarf keiner Gleichstellung, wenn schon die Arbeitsverhältnisse
tarifgebundener Arbeitnehmer nicht mehr durch jenen Tarifvertrag bestimmt
werden. Einige Zeit legte das BAG nach ihrem Wortlaut uneingeschränkte Bezugnahmeklauseln im Zweifel als bloße Gleichstellungsabrede aus, hält aber für
nach dem 1.1.2002 abgeschlossene – und damit unter das „modernisierte"
Schuldrecht fallende – Arbeitsverträge nicht mehr daran fest.[137] Im Hinblick auf
die §§ 305c Abs. 2, 307 Abs. 1 S. 2 und 306 BGB muss der Arbeitgeber bei der
Formulierung der Klausel nunmehr klarstellen, dass er die beschriebene Gleichstellung nur für den Zeitraum seiner eigenen Tarifgebundenheit erreichen
möchte. Anderenfalls muss die Klausel als **von der Geltung des Tarifvertrages
unabhängige, „selbstständige" konstitutive Bezugnahme** verstanden werden.
Diese neue Lesart überzeugt, da der Arbeitnehmer häufig nicht weiß, ob der Arbeitgeber tarifgebunden ist, und Auslegungszweifel zu Lasten des Klauselver-
wenders gehen (§ 305c Abs. 2 BGB).

Besonders bedeutsam wird die Bezugnahme, wenn die Klausel nicht **statisch** 176
(bestimmter Tarifvertrag), sondern dynamisch ausgestaltet ist. Eine **kleine dynamische Bezugnahmeklausel** verweist auf einen bestimmten Tarifvertrag in
seiner jeweils gültigen Fassung, eine **große dynamische Bezugnahmeklausel**
hingegen auf den jeweils beim Arbeitgeber anwendbaren Tarifvertrag in seiner
aktuellen Fassung. Außerdem findet man die Bezugnahme auf allgemeine Füh-
rungsgrundsätze, Sicherheitsvorschriften oder auch spezielle Regelungswerke,
wie z.B. über die betriebliche Altersversorgung.

d) Gesamtzusage

Während den bisher genannten drei Formen der inhaltlichen Ausgestaltung we- 177
nigstens der willentliche Vertragsschluss durch beide Vertragsparteien gemeinsam ist, ist die bewusste Einigung bei der sog. Gesamtzusage nur noch mit Mühe
ausfindig zu machen. Unter einer Gesamtzusage versteht man **eine an die Belegschaft oder eine Arbeitnehmergruppe gerichtete Willenserklärung des**

---

136 Ende der Tarifgebundenheit (§ 3 Abs. 1 TVG) auf Arbeitgeberseite z.B. durch einen Betriebsübergang (vgl. § 8 RN 641ff.) oder durch Austritt aus dem Arbeitgeberverband *und* Ablauf
oder Änderung des einschlägigen Tarifvertrages, § 3 Abs. 3 TVG; dazu s. § 10 RN 728.
137 BAG v. 14.12.2005 – 4 AZR 536/04 –, AP Nr. 39 zu § 1 TVG Bezugnahme auf Tarifvertrag = NZA
2006, 607 = AuR 2006, 365 m. Anm. *Stein.* Dazu auch *Hanau,* RdA 2007, 180ff. Bestätigt durch BAG
v. 18.4.2007 – 4 AZR 652/05 –, AP Nr. 53 zu § 1 TVG Bezugnahme auf Tarifvertrag = NZA 2007, 965.
Vgl. ferner *Preis/Greiner,* NZA 2007, 1073ff. und ErfK/*Franzen* § 1 TVG Rn. 94 und § 3 Rn. 37 mwN.

Arbeitgebers, durch die ein Vorteil, insbesondere eine zusätzliche Arbeitge-
berleistung (z. B. Gratifikation, betriebliches Ruhegeld) **versprochen wird.** Das
BGB verlangt allerdings selbst für die Schenkung einen Vertrag (§ 516) und lässt
nur bei der Auslobung (§ 657) den einseitigen Verpflichtungswillen genügen, weil
man dort den Begünstigten noch gar nicht kennt (z. B. Belohnung für entflogenen
Wellensittich). Um diesen strengen Anforderungen zu entgehen und den Besonderheiten der Betriebspraxis (Anschlag am schwarzen Brett, Rundschreiben,
Bekanntgabe im Intranet) Rechnung zu tragen, wollen einige der Gesamtzusage
eine **einseitig verpflichtende Wirkung** unter Verzicht auf den Zugang der Erklärung bei jedem einzelnen Arbeitnehmer und deren Annahme zuerkennen.[138]
Hingegen hat sich beim BAG die **Rückbesinnung auf das BGB** durchgesetzt.[139]
Die Zusage muss demzufolge jedem begünstigten Arbeitnehmer als Vertragsan-
gebot zugehen und von ihm angenommen werden. Gemäß § 151 S. 1 BGB ist es
jedoch nicht erforderlich, dass die Annahmeerklärung dem Arbeitgeber zugeht,
wenn eine derartige Erklärung nach der Verkehrssitte nicht zu erwarten ist oder
der Antragende auf sie verzichtet hat. Ein Arbeitgeber, der z. B. eine Weihnachtsgratifikation durch Anschlag am schwarzen Brett zusagt, erwartet offenkundig keine Antwort, und eine zustimmende Willensbildung des Arbeitnehmers
lässt sich nach allgemeiner Erfahrung spätestens dann, wenn der Beschäftigte
unverändert weiterarbeitet, bejahen. In den meisten Fällen wird man auf diese
Weise – wenn auch recht mühsam – einen Vertragsschluss konstruieren können.
Die **Vertragskonstruktion** hat allerdings den Nachteil, dass sie solchen Arbeitnehmern zu keinem Anspruch verhelfen kann, denen wegen Urlaubs oder
Krankheit die Zusage nicht zugegangen ist. Vor dem Zugang könnte der Arbeitgeber seine Zusage dem einzelnen Arbeitnehmer gegenüber widerrufen (§ 130
Abs. 1 BGB). Doch ist dieser Einwand mehr theoretischer Natur, da der Arbeitgeber
ohnehin, wie wir alsbald sehen werden, zur Gleichbehandlung verpflichtet ist und
deshalb jedenfalls keine beliebigen Ausnahmen machen darf.

---

138 Vgl. *Hilger*, Das betriebliche Ruhegeld, 1959, S. 51 ff.; *Gamillscheg*, Arbeitsrecht I, S. 43. Im
Urteil v. 12. 3. 1963 – 3 AZR 266/62 –, AP Nr. 90 zu § 242 BGB Ruhegehalt, hatte das BAG die Abkehr
vom Vertragsinstitut bereits als Gewohnheitsrecht bezeichnet.
139 BAG v. 13. 3. 1975 – 3 AZR 446/74 –, AP Nr. 167 zu § 242 BGB Ruhegehalt.

e) Betriebliche Übung

Beispielsfälle

Fall 10: Die 1546 in Hannover gegründete Brauerei G gewährt ihren Mitarbeiter seit dem zweiten Weltkrieg ununterbrochen am 1. Werktag während des Schützenfests einen freien, aber bezahlten Tag, da die Belegschaft zu dieser Zeit naturgemäß wenig produktiv ist. Im Jahr 2016 sieht sich G erstmals aufgrund schlechter Betriebsergebnisse gezwungen, mit dieser Tradition zu brechen und den arbeitsfreien Tag zu streichen. Als G dies gegenüber der Belegschaft verkündet, protestieren Braumeister B und der erst im laufenden Geschäftsjahr in die Dienste der G getretene A entschieden und verlangen, weiterhin freigestellt zu werden. Zu recht?

Fall 11: Die G wurde im Jahr 2015 von einem internationalen Konzern übernommen, der die Tradition des arbeitsfreien Tages zum Schützenfest nicht fortführt. Die Belegschaft verzichtet aus Angst um ihre Arbeitsplätze, da das Management düstere Bilanzen vorlegt, ebenfalls darauf, den freien Tag einzufordern. Erst als sich 2019 die Lage konsolidiert und G wieder ordentliche Gewinne eingefahren hat, erinnert sich Mitarbeiter M, seines Zeichens passionierter Schütze und seit Jahrzehnten bei G beschäftigt, der „schönen, alten Tradition" und verbringt den entsprechenden Tag, ohne sich bei seinen Vorgesetzten abgemeldet zu haben, auf dem Schützenplatz. In der folgenden Woche findet er an seinem Arbeitsplatz eine Abmahnung wegen „unentschuldigter Dienstversäumnis" vor. Zu recht?

Noch größere Schwierigkeiten macht die Rechtsfigur der betrieblichen Übung[140], da insoweit der auch in die Zukunft reichende Rechtsbindungswille, anders als bei der Gesamtzusage, vom Arbeitgeber nicht explizit artikuliert wird.

178

aa) Grundsätzliches

Von einer betrieblichen Übung spricht man, wenn der Arbeitgeber den Arbeitnehmern oder einer Gruppe von Arbeitnehmern **wiederholt vorbehaltlos eine nach dem Arbeitsvertrag** oder aufgrund anderer Rechtsgrundlagen **an sich nicht geschuldete Leistung gewährt und damit die Erwartung erweckt, er werde dieses Verhalten auch in der Zukunft fortsetzen.** Prototyp ist die mehrmalige vorbehaltlose Gewährung einer Weihnachtsgratifikation, die einen Anspruch für die Zukunft begründet.[141] Gegenstand einer solchen Übung kann aber grundsätzlich jede Arbeitsbedingung sein, die vertraglich regelbar ist, etwa die Bereitstellung eines Dienstwagens zur privaten Nutzung, die Arbeitsfreistellung an bestimmten Tagen (Fall 10), die Bereitstellung von Transfermöglichkeiten

179

---

140 BAG v. 28.6.2006 – 10 AZR 385/05 – unter Rn. 35 ff., AP Nr. 74 zu § 242 BGB Betriebliche Übung = NZA 2006, 1174; allgemein s. MünchArbR/*Fischinger* § 10.
141 Ständige Rspr. seit BAG v. 6.3.1956 – 3 AZR 175/55 –, AP Nr. 3 zu § 611 BGB Gratifikation.

zum Arbeitsort u. v. m.[142] Die große praktische Bedeutung zeigt sich auch daran, dass die betriebliche Übung in § 1b Abs. 1 S. 4 des „Gesetzes zur Verbesserung der betrieblichen Altersversorgung" (BetrAVG) ausdrücklich als denkbare Rechtsgrundlage für eine Altersversorgung erwähnt wird. Allerdings ist die, freilich schwankende, Rechtsprechung im Einzelfall deutlich restriktiver. So versagte das BAG einen Anspruch auf eine Weihnachtsgratifikation auf Grund betrieblicher Übung, wenn der Arbeitgeber eine solche zwar mehrfach, aber in unterschiedlicher Höhe gewährt hat.[143] Signifikant, aber nicht notwendig überzeugend ist auch die Zurückhaltung im öffentlichen Dienst; das BAG betont insbesondere das Gebot des Normvollzuges durch die Verwaltung[144], deren Bindung an die Grundsätze der Wirtschaftlichkeit und Sparsamkeit sowie das Schriftformerfordernis für Nebenabreden, sofern der öffentliche Arbeitgeber sich nicht ausnahmsweise rechtsmissbräuchlich auf die von ihm missachtete Formvorschrift beruft.[145]

bb) Entstehen der Betriebsübung

180 Hinsichtlich der **Konstruktion der Anspruchsbegründung** stehen sich – ohne dass dies regelmäßig für die Bearbeitung praktischer Fälle bedeutsam wäre – vor allem drei Meinungen gegenüber. Einigkeit besteht unabhängig von konstruktiven Differenzen jedenfalls insoweit, als die Entstehung einer Betriebsübung die Leistungsgewährung während einer bestimmten Zeitspanne erfordert, die in Abhängigkeit zur wirtschaftlichen Bedeutung der Leistung zu bestimmen ist (Zeitmoment). Bei üblichen Gratifikationen, etwa dem Weihnachts- oder Urlaubsgeld, soll schon eine dreimalige, im Bereich der betrieblichen Altersversorgung hingegen erst eine Gewährung über 7 Jahre hinweg ausreichen. Hinzukommen muss allerdings auch noch ein normatives Moment (Umstandsmoment), aufgrund dessen der Beschäftigte mit einer Weitergewährung dieser Leistungen in der Zukunft rechnen darf. Im Fall 10 sind diese beiden Aspekte unproblematisch zu bejahen.

181 Die *erste* Ansicht spricht von einem **betrieblichen Gewohnheitsrecht**.[146] Gegen sie lässt sich mit gutem Grund anführen, dass der Arbeitgeber und die Arbeitnehmer gemeinsam die Überzeugung der Rechtsgeltung haben müssten, während der Arbeitgeber nur ein tatsächliches Verhalten an den Tag legt, ohne

---

142 *Bieder*, RdA 2014, 53, 59.
143 BAG v. 28.2.1996 – 10 AZR 516/95 –, AP Nr. 192 zu § 611 BGB Gratifikation = NJW 1996, 3166.
144 BAG v. 18.8.1988 – 6 AZR 361/86 –, AP Nr. 3 zu §§ 22, 23 BAT Zulagen; krit. *Bieder*, RdA 2013, 274 ff.
145 Vom 7.9.1982 – 3 AZR 5/80 –, AP Nr. 1 zu § 3 TVArb Bundespost.
146 *Gamillscheg*, Arbeitsrecht I, S. 39.

sich in der Regel für die Zukunft binden zu wollen. Derselbe Einwand richtet sich erst recht gegen die *zweite* Konstruktion, die vor allem von der Rechtsprechung verfolgt wird, und einen **stillschweigenden Vertragsschluss** wiederum mit Hilfe des § 151 S. 1 BGB bejahen will. Sie überzeugt außerdem nicht, weil der Zeitpunkt des angeblichen Vertragsangebotes durch den Arbeitgeber völlig diffus ist und weil sich die Geltung der betrieblichen Übung für neu eintretende Arbeitnehmer (im Fall 10 also des A) kaum erklären lässt. Trotzdem bleibt das BAG dieser rein bürgerlichrechtlichen Vertragskonstruktion verhaftet.[147] Mit der Betonung des Verpflichtungswillens erleichtert es sich die geschilderte Zurückhaltung. Für überzeugend halten wir hingegen die *dritte* Begründung, die den Arbeitgeber wegen der ihm zuzurechnenden Erwartung der begünstigten Arbeitnehmer einer besonderen **Vertrauenshaftung** unterwirft.[148] Nur sie kann erklären, weshalb es auf den Verpflichtungswillen des Arbeitgebers nicht ankommt, er bei einem Irrtum über die rechtsgeschäftliche Bedeutung seines Verhaltens nicht einmal zur Anfechtung nach § 119 BGB berechtigt sein soll, warum auch neu eintretende Arbeitnehmer begünstigt werden und weshalb der Arbeitnehmer keine Annahmeerklärung abgeben muss. Wohl aber kann der Arbeitgeber die Übung zum Nachteil neu eintretender Arbeitnehmer abbrechen, indem er sich durch eine entsprechende Bekanntmachung von ihr distanziert und somit der Entstehung eines Vertrauenstatbestandes vorbeugt. In der Konseqenz dieser Sichtweise liegt, dass der Beschäftigte, wenn der Arbeitgeber seine Zusagen nicht einhält, streng genommen keine vertraglichen Erfüllungsansprüche gegen den Arbeitgeber, sondern lediglich Schadensersatzansprüche wegen des enttäuschten Vertrauens besitzt.[149]

bb) Beendigung der Betriebsübung

Die eigentlichen Probleme rund um das Institut der Betriebsübung entspannen sich um die Frage, wie daraus resultierende Ansprüche wieder beseitigt werden können. Einigkeit besteht insoweit, als eine solche Übung durch einen, auch konkludent abgeschlossenen[150] **Änderungsvertrag** beseitigt oder durch eine **182**

---

147 BAG v. 1. 3. 1972 – 4 AZR 200/71 – Leitsatz 1, AP Nr. 11 zu § 242 BGB Betriebliche Übung m. krit. Anm. *Seiter*; BAG v. 14. 8. 1986 – 6 AZR 427/85 – unter II 3 a, AP Nr. 1 zu § 13 TVAng Bundespost = NZA 1987, 529.
148 Grundlegend *Seiter*, Die Betriebsübung, 1967, S. 92 ff.; *Zöllner/Loritz/Hergenröder*, Arbeitsrecht, § 7 II 7, S. 74 f.
149 Vgl. nur *Bieder*, RdA 2014, 53, 60.
150 BAG v. 1. 8. 2001 – 4 AZR 129/00 –, AP Nr. 20 zu § 157 BGB = NZA 2003, 924.

Änderungskündigung[151] beseitigt werden kann. Letzteres ist freilich ein für den Arbeitgeber steiniger Weg, da – sofern das Kündigungschutzgesetz einschlägig ist – eine von strengen Anforderungen abhängige, sachliche Rechtfertigung i.S.d. § 1 KSchG erforderlich ist und gegenüber den Beschäftigten zudem die – typischerweise erheblich divergierenden – Kündigungsfristen des § § 622 BGB einzuhalten sind. Aus Sicht der Rechtsprechung, die die Betriebsübung – wie gezeigt – vertragsrechtlich konzipiert, sind die Änderungsoptionen dadurch erschöpft. Die konkurrierende Vertrauenschutzkonzeption der h. L. ist insoweit flexibler, als ein beliebiges, zur Kenntnis der Beschäftigten gebrachtes Verhalten des Arbeitgebers, also z. B. auch eine **einseitige Einstellungsankündigung**, ausreichen kann, um deren Vertrauen auf die Weitergewährung der Leistung zu zerstören. Auf dieser Basis lässt sich allenfalls darüber streiten, ob der Arbeitgeber den Vertrauenstatbestand sofort beseitigen kann oder – wenn, wie Fall 10, die Übung über lange Zeit bestand – angemessene Vorankündigungs- und Übergangsfristen einzuhalten sind.

183   Eine weitere Lösungsmöglichkeit konstruierte das BAG in der Vergangenheit unter dem Stichwort der **„negativen"** oder **„gegenläufigen" betrieblichen Übung"**.[152] Ebenso wie sich der Arbeitgeber durch eine mehrjährige tatsächliche Gewährung von Leistungen rechtsgeschäftlich binden könne, könne er eine solche Bindung auch durch die schlichte Einstellung der Leistungen für einen vergleichbar langen Zeitraum, sofern die Arbeitnehmer dem nicht widersprechen, wieder beseitigen. Folgte man dem, wäre in Fall 11 die Betriebsübung also beendet worden, so dass M keinen Anspruch auf einen arbeitsfreien Tag hätte und die Abmahnung der G gerechtfertigt wäre. Diese, auf diffuse Symmetrieerwägungen gestützte Rechtsprechung hat das BAG allerdings im Jahr 2009 aufgegeben und im Ergebnis zu Recht darauf hingewiesen, dass Schweigen im Rechtsverkehr grundsätzlich keinen Erklärungswert hat.[153] Im Gegensatz zur Begründung von Ansprüchen zu Gunsten des Arbeitnehmers aus einer Betriebsübung könne aus dessen Weiterarbeit, wenn eine Verkürzung von Ansprüchen in Rede stehe, nicht auf eine konkludente Zustimmung des Beschäftigten zum Abschluss eines Änderungsvertrags geschlossen werden. Überdies sei der mit dem Institut der negativen Betriebsübung verbundene Änderungsmodus nicht mit § 308 Nr. 5 BGB zu vereinbaren. M kann deshalb die Entfernung der – mangels Pflichtverletzung –

---

151 Dazu unten § 6 RN 380 ff.
152 BAG v. 26.3.1997 – 10 AZR 612/96 – unter II 3 b, AP Nr. 50 zu § 242 BGB Betriebliche Übung = NZA 1997, 1007; v. 4.5.1999 – 10 AZR 290/98 – unter II 2 und 3, AP Nr. 55 zu § 242 BGB Betriebliche Übung m. abl. Anm. *Kettler* = NZA 1999, 1162.
153 So, auch zum Folgenden BAG v. 18.3.2009 – 10 AZR 281/08 –, AP Nr. 83 zu § 242 BGB Betriebliche Übung = NZA 2009, 601; krit. hierzu *Bieder*, DB 2009, 1929 ff.

rechtswidrigen Abmahnung der G verlangen. Letztlich begrenzen also lediglich die allgemeinen Institute der Verjährung (§ 195 BGB) bezüglich des einzelnen, aus einer Betriebsübung resultierenden Anspruchs und der Verwirkung, soweit es das Stammrecht der Betriebsübung betrifft, die Leistungsansprüche der Arbeitnehmer.

f) Gleichbehandlung

Beispielsfälle

Fall 12: Im Unternehmen des U wird seit vielen Jahren kraft betrieblicher Übung ein weder arbeits- noch tarifvertraglich vorgesehenes Weihnachtsgeld i.H. eines Bruttomonatsgehalts an alle Beschäftigten gezahlt, die sich zum Jahresende in den Diensten des U befanden. Im August wird A, neben einigen anderen neuen Mitarbeitern, bei U eingestellt. Er verlangt ebenfalls Zahlung des Weihnachtsgelds – zu recht?

Fall 13: F ist beim freien Wohlfahrtsverband (W) als Schuldnerberaterin tätig. Ihr Bruttogehalt beträgt 2.800 €. Aufgrund ausbleibender staatlicher Zuschüsse wird ihr – wirksam –zum 31.7. 2019 betriebsbedingt gekündigt. Im August beschloss die W, die Löhne ihrer Beschäftigten rückwirkend zum 1.5.2019 entsprechend der Tarifentwicklung im öffentlichen Dienst um 3% anzuheben. In den Genuß dieser Lohnerhöhung sollten allerdings nur Beschäftigte kommen, die am 1.8.2019 noch in den Diensten des W stehen. Gleichwohl begehrt F Zahlung des erhöhten Lohns, konkret also einer Diferenz von insgesamt 252 € für die drei Monate von Mai bis Juli. Zu recht?

Die Idee der Gleichheit ist elementarer Bestandteil der Gerechtigkeit. Die Ar- **184** beitsrechtliche Praxis (AP) verzeichnet unter der Überschrift „§ 242 BGB Gleichbehandlung" inzwischen mehrere hundert Entscheidungsnachweise. Bereits das Reichsarbeitsgericht hatte sich im Jahr 1938 auf diesen Gedanken gestützt, um einen Anspruch auf Ruhegeld zu begründen.[154] Arbeitnehmern, die sich in der Regel in einer Gemeinschaft mit anderen befinden, wird eine unterschiedliche Behandlung zumeist schnell bekannt, und sie empfinden das Verhalten des Arbeitgebers als ungerecht, sofern nicht sachliche Gründe erkennbar sind. Nach der inneren Rechtfertigung für Differenzierungen wird umso stärker gefragt, je mehr sich eine Vereinheitlichung der Arbeitsbedingungen durchsetzt.[155]

---

154 RAG v. 19.1.1938 – RAG 153/37 –, RAGE 19, 281, 283 f.
155 Vgl. *Kissel*, Arbeitsrecht im Spannungsfeld zwischen Manchestertum und Gleichmacherei, RdA 1988, 193 ff.; *Wiedemann*, Die Gleichbehandlungsgebote im Arbeitsrecht, 2001.

aa) Rechtsgrundlagen

185 Unzweifelhaft ist der **Gesetzgeber** selbst bei der Ausgestaltung der Privatrechtsordnung an Art. 3 GG gebunden. Er hat also bei arbeitsrechtlichen Gesetzen den *allgemeinen verfassungsrechtlichen Gleichheitssatz* des Art. 3 Abs. 1 GG ebenso zu beachten wie die *speziellen Diskriminierungsverbote* des Art. 3 Abs. 3 GG und darüber hinaus das *Gleichberechtigungsgebot* des Art. 3 Abs. 2 GG, das sich nach Ansicht des BVerfG[156] zukunftsgerichtet auch auf Durchsetzung der Gleichberechtigung in der gesellschaftlichen Wirklichkeit erstreckt. Das BVerfG bejaht aber auch schon bei der Handhabung des allgemeinen Gleichheitssatzes eine abgestufte Kontrolldichte (sog. „Neue Formel"), der eine unterschiedliche Weite des gesetzlichen Gestaltungsspielraums entspricht:

> „Kommt als Maßstab nur das Willkürverbot in Betracht, so kann ein Verstoß gegen Art. 3 Abs. 1 GG nur festgestellt werden, wenn die Unsachlichkeit der Differenzierung evident ist (vgl. BVerfG 55, 72 [90]). Dagegen prüft das Bundesverfassungsgericht bei Regelungen, die Personengruppen verschieden behandeln oder sich auf die Wahrnehmung von Grundrechten nachteilig auswirken, im einzelnen nach, ob für die vorgesehene Differenzierung Gründe von solcher Art und solchem Gewicht bestehen, daß sie die ungleichen Rechtsfolgen rechtfertigen können (vgl. BVerfGE 82, 126 [146]).“[157]

Zu den möglicherweise betroffenen Grundrechten gehört gerade auch Art. 12 Abs. 1 GG, der die Freiheit der beruflichen Tätigkeit schützt.[158]

186 Unter der Überschrift „Arbeitsvertragliche Ebene" interessiert uns nun die **Einschränkung der Vertragsfreiheit des einzelnen Arbeitgebers.** Ein unmittelbar an den Arbeitgeber gerichtetes Verbot sachwidriger Differenzierung bedeutet einen Eingriff in die durch Art. 12 Abs. 1, 2 Abs. 1 GG ebenfalls geschützte Privatautonomie des Arbeitgebers, so dass es einer **Rechtsgrundlage** bedarf, um die Vertragsfreiheit einzuschränken. Je weniger bezüglich der Unsachlichkeit bestimmter Unterscheidungskriterien von einer allgemeinen Rechtsüberzeugung die Rede sein kann, umso eher sind außerdem gezielte Wertungsvorgaben des Gesetzgebers notwendig oder zumindest hilfreich.

187 **§ 75 BetrVG** hat nicht nur kollektivrechtliche Bedeutung, sondern ist auch an den *Arbeitgeber allein* gerichtet, wenn dieser eine personelle Maßnahme trifft.[159] Dies gilt sogar dann, wenn kein Betriebsrat existiert. Die Behandlung nach den „Grundsätzen von Recht und Billigkeit" umfasst den allgemeinen Gleichheitssatz.

---

156 BVerfG v. 28.1.1992 – 1 BvR 1025/82 u. a. –, BVerfGE 85, 191 ff.

157 BVerfG v. 26.1.1993 – 1 BvL 38, 40, 43/92 –, BVerfGE 88, 87, 97; v. 1.9. 1997 – 1 BvR 1929/95 – unter II 2 c, AP Nr. 203 zu § 611 BGB Gratifikation.

158 BVerfG v. 16.11.1982 – 1 BvL 16/75 u. a. –, BVerfGE 62, 256, 274.

159 Vgl. *Otto*, Personale Freiheit, S. 28 f.

Nach unserer Auffassung bedarf es deshalb des Rückgriffs auf den inzwischen gewohnheitsrechtlich anerkannten **„arbeitsrechtlichen Gleichbehandlungsgrundsatz"** nicht mehr, weil § 75 Abs. 1 S. 1 BetrVG unsachliche Differenzierungen verbietet.[160] Es ist aber verständlich, dass das BAG an einem Rechtsinstitut festhält,[161] das von Rechtsprechung und Wissenschaft praeter legem entwickelt worden ist und das in § 1b Abs. 1 S. 4 BetrAVG Eingang in die Gesetzessprache gefunden hat.

Hinzu tritt das schärfere **Diskriminierungsverbot des § 7 Abs. 1 AGG**, das 188 besagt, dass jede sachlich nicht gerechtfertigte unmittelbare oder mittelbare Benachteiligung (§ 3 AGG) von Personen „aus Gründen der *Rasse* oder wegen der *ethnischen Herkunft*, des *Geschlechts*, der *Religion* oder *Weltanschauung*, einer *Behinderung*, des *Alters* oder der *sexuellen Identität*" (§ 1 AGG) unterbleiben muss. Beweist im Streitfall eine Partei Indizien, die eine Benachteiligung wegen eines in § 1 AGG genannten Grundes vermuten lassen, trägt die andere Partei die Beweislast dafür, dass kein Verstoß vorgelegen hat (§ 22 AGG). Erst recht muss der Arbeitgeber die sachliche Rechtfertigung beweisen, wenn der Grund für die Ungleichbehandlung feststeht. § 75 Abs. 1 BetrVG fügt den durch das AGG missbilligten Motiven wie bisher noch die *Abstammung*, die *Nationalität* sowie die *politische* oder *gewerkschaftliche Einstellung oder Betätigung* hinzu.

Gerade wenn man den Gleichbehandlungsgedanken mit Recht hervorhebt, ist 189 jedoch vor dem Missverständnis zu warnen, das Prinzip der Gleichheit führe zu einer totalen Nivellierung. Das Gleichheitsprinzip greift von vornherein bei **echten Individualabreden** nicht ein. Der Arbeitgeber darf also seinen Neffen aus familiären Gründen besser bezahlen, seinen mitarbeitenden Ehepartner schlechter. Trotz kollektiver Situation darf der Arbeitgeber zudem aus **sachlichen Gründen** differenzieren. Hierzu gehören beispielsweise Stichtagsregelungen für soziale Leistungen[162] oder die Fortführung unterschiedlicher Gratifikationsregelungen für Arbeitnehmer von zwei übernommenen und nun vereinigten Betrieben.[163] Die Anforderungen an den sachlichen Grund werden jedoch umso größer, je gewichtiger das geschützte Gut ist. So wiegt das Verbot der ungleichen Be-

---

160 Ebenso § 4 Abs. 1 S. 1 DEArbVG (FN 17).
161 Z. B. BAG v. 25.1.1984 – 5 AZR 89/82 –, AP Nr. 67 zu § 242 BGB Gleichbehandlung = NZA 1984, 326; BAG v. 25.4.1995 – 3 AZR 446/94 –, AP Nr. 25 zu § 1 BetrAVG Gleichbehandlung = NZA 1996, 84; BAG v. 23.8.1995 – 5 AZR 293/94 –, AP Nr. 134 zu § 242 BGB Gleichbehandlung = NZA 1996, 829.
162 BAG v. 11.9.1980 – 3 AZR 606/79 –, AP Nr. 187 zu § 242 BGB Ruhegehalt.
163 BAG v. 25.8.1976 – 5 AZR 788/75 –, AP Nr. 41 zu § 242 BGB Gleichbehandlung.

zahlung wegen des Geschlechts (Art. 157 AEUV, § 7 Abs. 1 AGG) schwerer als das Gebot der Gleichbehandlung von Teilzeitbeschäftigten (§ 4 Abs. 1 TzBfG).[164]

bb) Fallgruppen

190 Zur besseren Veranschaulichung seien nunmehr praktisch besonders bedeutsame Fallgruppen geschildert. Dabei wird überdies zu zeigen sein, dass sich der Gesetzgeber nicht mit den genannten gesetzlichen bzw. gewohnheitsrechtlichen Generalklauseln begnügt, sondern auch **situationsbezogen** für spezifische Sachverhalte gesondert tätig geworden ist. Letzteres gilt z. B. für das Verbot, Funktionsträger der Betriebsverfassung zu benachteiligen oder zu begünstigen (§ 78 S. 2 BetrVG).

(1) Sachlich nicht gerechtfertigte Ausnahme von einer eigenen Regel des Arbeitgebers

191 Es kommt vor, dass der Arbeitgeber selbst eine Regel aufstellt und nach ihr verfährt, hiervon jedoch eine sachlich nicht gerechtfertigte Ausnahme macht (so in Fall 13). *Bötticher* hat dies anschaulich als Vollzug einer selbstgesetzten Norm bezeichnet, der auf seine sachliche Berechtigung kontrolliert werden dürfe.[165] Der Arbeitgeber bewilligt z. B. den Arbeitnehmern freiwillig allgemein eine Gehaltserhöhung, weigert sich indessen gegenüber einem einzelnen Arbeitnehmer, ebenso zu verfahren, weil er dessen Leistung in der Vergangenheit als unbefriedigend bezeichnet, ohne ihm auch nur einen Grundbetrag in Höhe des Kaufkraftverlustes zuzubilligen.[166] Der arbeitsrechtliche Gleichbehandlungsgrundsatz kann mit dem **Maßregelungsverbot des § 612a BGB** zusammentreffen, wenn der Arbeitgeber den Arbeitnehmer gerade deshalb unsachlich benachteiligt, weil dieser seine Rechte wahrgenommen hat, z. B. nicht bereit ist, auf tarifliche Vergütungsansprüche zu verzichten, damit der Arbeitgeber auch ihm Überstunden zuweist.[167]

---

164 BAG v. 23.1.1990 – 3 AZR 58/88 – unter B II 3a, AP Nr. 7 zu § 1 BetrAVG Gleichberechtigung = NZA 1990, 778; BAG v. 26.5.1993 – 5 AZR 184/92 – unter II 5, AP Nr. 42 zu Art. 119 EWG-Vertrag = NZA 1994, 413.

165 Der Anspruch auf Gleichbehandlung im Arbeitsrecht, RdA 1953, 161, 162.

166 BAG v. 9.11.1972 – 5 AZR 224/72 –, AP Nr. 36 zu § 242 BGB Gleichbehandlung.

167 BAG v. 7.11.2002 – 2 AZR 742/00 –, NZA 2003, 1139.

(2) Sachlich nicht gerechtfertigte Gruppenbildung

Häufiger sind Fallgestaltungen, in denen schon die vom Arbeitgeber vorgenom- 192
mene *Gruppenbildung* auf Bedenken stößt. Der Arbeitgeber zahlt an seine Arbeitnehmer rückwirkend höhere Löhne, nimmt jedoch gekündigte oder ausge-
schiedene Arbeitnehmer hiervon aus (Fall 13);[168] erstaunlicherweise gestattet das
BAG den Tarifvertragsparteien – anders als dem einzelnen Arbeitgeber – ein
solches Vorgehen.[169] Die individuelle Besserstellung einzelner Arbeitnehmer – im
konkreten Fall weniger als 5 % der Betroffenen – ist dem Arbeitgeber hingegen
nicht verwehrt.[170] Ferner: Der Arbeitgeber differenziert ohne einen nachvollziehbaren sachlichen Grund z. B. hinsichtlich der Höhe der Weihnachtsgratifikation zwischen Angestellten und Arbeitern,[171] zahlt eine Verheiratetenzulage nur
an Männer, nicht an Frauen[172], einen Familienzuschlag nicht bei Eingetragener
Lebenspartnerschaft[173], eine Witwen-, aber keine Witwerrente[174]. Der EuGH fordert auch die Gleichbehandlung des überlebenden Teils einer gleichgeschlecht-
lichen Partnerschaft, wenn diese nach der nationalen Rechtsordnung der Ehe
(weitgehend) gleichgestellt ist (Verbot der Diskriminierung wegen der sexuellen
Identität).[175] Weniger „verdächtig" ist die Unterscheidung zwischen Innen- und
Außendienstmitarbeitern bei der Altersversorgung, die das BAG aber im Hinblick
auf den Zweck der Leistung ebenfalls nicht akzeptiert hat.[176]

Für die **Gleichbehandlung der in Teilzeit und befristet beschäftigten** 193
Arbeitnehmer, die § 4 Abs. 1 und 2 TzBfG anordnet, sprach und spricht die Lage
auf dem Arbeitsmarkt; die Werbung für solche Arbeitsverhältnisse soll nicht
durch eine soziale Diskriminierung konterkariert werden (vgl. die in § 1 TzBfG
formulierte Zielsetzung). Die Schlechterstellung von *Teilzeitbeschäftigten* gegenüber vollbeschäftigten Arbeitnehmern wurde lange Zeit nicht in gleicher Weise als

---

168 BAG v. 4.2.1976 – 5 AZR 83/75 –, AP Nr. 40 zu § 242 BGB Gleichbehandlung.
169 BAG v. 10.3.1982 – 4 AZR 540/79 –, AP Nr. 47 zu § 242 BGB Gleichbehandlung.
170 BAG v. 13.2.2002 – 5 AZR 713/00 –, AP Nr. 184 zu § 242 BGB Gleichbehandlung = NZA 2003, 215.
171 BAG v. 25.1.1984 – 5 AZR 89/82 – (FN 151); hier hat das BAG dem Arbeitgeber unter Berufung auf den arbeitsrechtlichen Gleichbehandlungsgrundsatz nur eine Anpassungsfrist eingeräumt.
172 BAG v. 13.11.1985 – 4 AZR 234/84 –, AP Nr. 136 zu Art. 3 GG = NZA 1986, 321.
173 BAG v. 29.04.2004 – Az: 6 AZR 101/03 –, AP Nr. 2 zu § 26 BAT § 26 Nr. 2 = NZA 2005, 57; a.A. für den beamtenrechtlichen Ortszuschlag BVerfG v. 20.09.2007 – 2 BvR 855/06 –, NJW 2008, 209 = BeckRS 2007 26914.
174 BAG v. 5.9.1989 – 3 AZR 575/88 –, AP Nr. 8 zu § 1 BetrAVG Hinterbliebenenversorgung = NZA 1990, 271.
175 EuGH v. 1.04.2008 – C-267/06 – (Tadao Maruko) unter Rn. 65 ff., NZA 2008, 459.
176 BAG v. 20.7.1993 – 3 AZR 52/93 –, AP Nr. 11 zu § 1 BetrAVG Gleichbehandlung = NZA 1994, 125; grundsätzlich und krit. dazu *Lieb*, ZfA 1996, 319 ff.

evident sachwidrig angesehen. Zahlte der Arbeitgeber eine Betriebsrente nur an Vollbeschäftigte, wurde dies primär unter dem Gesichtspunkt der mittelbaren Diskriminierung wegen des Geschlechts diskutiert.[177] Diesem Kriterium schiebt zu Recht § 4 Abs. 1 S. 1 TzBfG einen absoluten Riegel vor, indem grundsätzlich die Ungleichbehandlung verboten wird, es sei denn, dem Arbeitgeber gelingt der Beweis eines sachlich gerechtfertigten Differenzierungsgrundes. Einen sachlichen Grund hatte das BAG ursprünglich in der nebenberuflichen Tätigkeit gesehen;[178] später hat es eine – zutreffende – Kehrtwende vollzogen.[179] Jetzt schuldet der Arbeitgeber schon auf Grund von § 4 Abs. 1 S. 2 TzBfG Arbeitsentgelt und andere geldwerte Leistungen mindestens in dem gleichen Umfang, aber selbstverständlich nur anteilig[180] zur Arbeitszeit des Vollbeschäftigten.[181] Nicht durchgesetzt hat sich allerdings die Auffassung, die dem Teilzeitbeschäftigten schon bei jeder zusätzlichen Stunde auch unterhalb der Normalarbeitszeit der Vollzeitbeschäftigten den Überstundenzuschlag zubilligen wollte.[182] Ebenso stellt es keine Diskriminierung dar, wenn der Arbeitgeber bei Wegfall eines Teilzeitarbeitsplatzes und der deshalb notwendigen Kündigung Vollzeitbeschäftigte nicht in die gemäß § 1 Abs. 3 KSchG gebotene Sozialauswahl einbezieht.[183]

---

177 Vgl. BAG v. 5.6.1984 – 3 AZR 66/83 –, AP Nr. 3 zu Art. 119 EWG-Vertrag = NZA 1984, 84, zur Vorlage beim EuGH unter dem Gesichtspunkt der Lohngleichheit des Art. 119 EWG-Vertrag. Dazu ist das Urteil des EuGH v. 13.5.1986 – 170/84 – (Bilka), AP Nr. 10 zu Art. 119 EWG-Vertrag m. Anm. *Pfarr* = NJW 1986, 3020 f., ergangen.
178 BAG v. 22.8.1990 – 5 AZR 543/89 –, AP Nr. 8 zu § 2 BeschFG 1985 = NZA 1991, 107. So auch BVerfG v. 18.2.1993 – 1 BvR 1594/92 –, AP Nr. 25 zu § 2 BeschFG 1985.
179 BAG v. 1.11.1995 – 5 AZR 84/94 –, AP Nr. 45 zu § 2 BeschFG 1985 = NZA 1996, 813 (Professor an der evangelischen Hochschule für Kirchenmusik mit Lehrauftrag an staatlicher Hochschule). Gleiches gilt für Studierende, die neben ihrem Studium „jobben" (BAG v. 12.6.1996 – 5 AZR 960/94 – unter II, AP Nr. 4 zu § 611 BGB Werkstudent = NZA 1996, 191 [Tankwart]).
180 Bei einer Jubiläumszuwendung sieht das BAG, Urteil v. 22.5.1996 – 10 AZR 618/95 –, AP Nr. 1 zu § 39 BAT = NZA 1996, 938, keinen unmittelbaren Bezug zum Umfang der Arbeitsleistung und gewährt den Anspruch deshalb – nicht zweifelsfrei – sogar voll.
181 Zuvor § 2 Abs. 1 Beschäftigungsförderungsgesetz 1985 v. 26.4.1985 (BGBl. I S. 710). Dabei sollte es sich sogar um ein Schutzgesetz i.S. des § 823 Abs. 2 BGB handeln mit möglichen Folgen für die Verjährung (vgl. BAG v. 25.4.2001 – 5 AZR 368/99 –, AP Nr. 80 zu § 2 BeschFG 1985 = NZA 2002, 1211).
182 EuGH v. 15.12.1994 – C-399/92 – (Helmig u.a.), AP Nr. 7 zu § 611 BGB Teilzeit; BAG v. 20.6.1995 – 3 AZR 539/93 –, AP Nr. 1 zu § 1 TVG Tarifverträge: Nährmittelindustrie = NZA 1996, 597.
183 Nach EuGH v. 26.9.2000 – C-322/98 – (Kachelmann), AP Nr. 51 zu § 1 KSchG 1969 Soziale Auswahl, sind die Arbeitsplätze generell nicht vergleichbar; differenzierter BAG v. 3.12.1998 – 2 AZR 341/98 – unter II a, AP Nr. 39 zu § 1 KSchG 1969 Soziale Auswahl m. Anm. *Schüren* = NZA 1999, 431. Zur Sozialauswahl s. § 6 RN 345 ff.

Bezüglich der **Gleichbehandlung von Angestellten und Arbeitern** fehlt es 194
an einem speziellen gesetzlichen Gebot. Im Gegenteil konnte sich der Arbeitgeber
früher durch die historisch gewachsenen gesetzlichen Sonderregelungen für
Angestellte geradezu ermutigt fühlen, trotz der sich immer mehr verwischenden
Unterschiede [184] an diese Gruppenbildung anzuknüpfen. Erst 1990 hatte das
BVerfG die unterschiedlich langen gesetzlichen Kündigungsfristen für Angestellte
und Arbeiter für sachlich ungerechtfertigt erklärt. [185] Eine Bereinigung ist mit der
Neufassung des § 622 BGB im Jahr 1993 erfolgt. Erledigt hat sich 1994 die
(mehrfache) Ungleichbehandlung im Krankheitsfall [186] durch das Entgeltfortzahlungsgesetz. Diese Entwicklung, zu der insbesondere auch gemeinsame Ent-
gelttarifverträge gehören, [187] spricht dafür, dass die Gruppenzugehörigkeit als
solche bald überhaupt nicht mehr als sachlicher Grund für eine materielle Ungleichbehandlung zu akzeptieren ist.

(3) Differenzierung nach Tarifgebundenheit oder Gewerkschaftszugehörigkeit

Besondere Aufmerksamkeit verdient die Differenzierung mit Rücksicht auf die 195
Tarifgebundenheit oder Gewerkschaftszugehörigkeit. Sachlich gerechtfertigt ist
die Besserstellung der Arbeitnehmer durch Tarifvertrag, für die dessen Normen
unmittelbar und zwingend auf Grund ihrer Tarifgebundenheit gelten. [188] Der Arbeitgeber, der seine tarifvertraglichen Pflichten erfüllt, muss also nicht etwa auf
Grund des Gleichbehandlungsgedankens den nicht der tarifschließenden Gewerkschaft angehörenden Arbeitnehmern die gleiche tarifvertragliche Vergütung
zahlen; [189] die Tarifgebundenheit, die auf freiwilligem Beitritt zur Gewerkschaft
beruht, ist ein sachliches Unterscheidungskriterium. Umgekehrt darf der Arbeitgeber organisierte Arbeitnehmer jedoch keineswegs wegen ihrer Gewerkschaftszugehörigkeit schlechter behandeln (z. B. bei übertariflichen Lohnzuschlägen

---

184 Dazu § 3 RN 117.
185 BVerfG v. 30. 5. 1990 – 1 BvL 2/83 u. a. –, BVerfGE 82, 126 ff.
186 Vergleiche insbesondere bezüglich der geringfügig beschäftigten Arbeiter den Vorlagebeschluss des BAG v. 5. 8. 1987 – 5 AZR 189/86 –, AP Nr. 72 zu § 1 LohnFG = NZA 1988, 586.
187 Z. B. der Manteltarifvertrag für die chemische Industrie v. 24. 6. 1992 i. d. F. v. 18. 3. 2007; als ein
Vorreiter gilt der Bundesentgelttarifvertrag für die chemische Industrie v. 18. 7. 1987, NZA 1987,
768 ff.
188 Vgl. BAG v. 27. 4. 1988 – 7 AZR 593/87 – unter I 3 a, AP Nr. 4 zu § 1 BeschFG 1985 = NZA 1988,
771.
189 BAG v. 20. 7. 1960 – 4 AZR 199/59 – Leitsatz 2, AP Nr. 7 zu § 4 TVG; zweifelnd BAG v. 31. 1.
1979 – 5 AZR 454/77 – unter B II 2 b (3), AP Nr. 8 zu § 112 BetrVG 1972.

oder tariflich nicht geregelten Sozialleistungen), denn damit verstieße er gegen die positive Koalitionsfreiheit (Art. 9 Abs. 3 S. 2 GG).[190]

(4) Differenzierung innerhalb des Unternehmens

196 Schließlich ist noch zu überlegen, ob das Gleichbehandlungsgebot auch für die Belegschaften verschiedener Betriebe innerhalb eines Unternehmens gilt oder ob die Differenzierung sachlich gerechtfertigt ist. Das BAG war zunächst der Auffassung, der Gleichbehandlungsgrundsatz sei regelmäßig nur betriebsbezogen anwendbar,[191] hat diese Frage in späteren Entscheidungen allerdings offen gelassen[192] und zuletzt im gegenteiligen Sinne entschieden.[193] Dies entspricht der inzwischen auch im Schrifttum überwiegend vertretenen Ansicht.[194] Weitgehend einig ist man sich aber, dass der Gleichbehandlungsgrundsatz nicht konzernweit anzuwenden ist.[195]

cc) Rechtsfolgen

197 Aus dem unterschiedlich begründeten, aber im Wesen identischen Gleichbehandlungsgedanken ergeben sich verschiedenartige Rechtsfolgen. Aus dem **Gebot der Gleichbehandlung** folgt grundsätzlich ein Anspruch des Arbeitnehmers auf diejenige Leistung, die anderen Arbeitnehmern gewährt, ihm aber vorenthalten wird (Anpassung nach oben).[196] Gemäß § 7 Abs. 1 AGG darf für gleiche oder gleichwertige Arbeit keine geringere Vergütung aus den in § 1 AGG genannten Gründen vereinbart werden.[197] Nur ausnahmsweise und außerhalb der strikten

---

190 Zur Differenzierungsklausel § 10 RN 737.

191 BAG v. 26.4.1966 – 1 AZR 242/65 – unter IV 2, AP Nr. 117 zu § 1 TVG Auslegung.

192 Z. B. BAG v. 26.5.1998 – 1 AZR 704/97 – unter I 2, AP Nr. 98 zu § 87 BetrVG 1972 Lohngestaltung = NZA 1998, 1292.

193 BAG v. 3.12.2008 – 5 AZR 74/08 –, AP Nr. 206 zu § 242 BGB Gleichbehandlung = NZA 2009, 367; ähnl. schon BAG v. 17.11.1998 – 1 AZR 147/98 – unter III 1, AP Nr. 162 zu § 242 BGB Gleichbehandlung = NZA 1999, 606.

194 Z. B. ErfK/*Preis* § 611a BGB Rn. 584; MünchArbR/*Fischinger* § 14 Rn. 12; zurückhaltender *Zöllner/Loritz/Hergenröder*, Arbeitsrecht, § 20 III 1.

195 BAG v. 20.8.1986 – 4 AZR 272/85 –, AP Nr. 6 zu § 1 TVG Tarifverträge: Seniorität; dazu auch BAG v. 17.11.1998 – 1 AZR 147/98 – (FN 183) unter III 1 b; ErfK/*Preis* § 611a BGB Rn. 688. m.w.N.

196 Vgl. BAG v. 10.3.1998 – 1 AZR 509/97 – unter 1 a, AP Nr. 207 zu § 611 BGB Gratifikation = NZA 1998, 1297; v. 17.11.1998 – 1 AZR 147/98 – (FN 183) unter III 1 b bb.

197 Zur Praxis bezüglich der Diskriminierung wegen des Geschlechts vgl. den Bericht der Bundesregierung zur Berufs- und Einkommensituation von Frauen und Männern, BT-Drucks. 14/8952 v. 25.4.2002, S. 209 ff.

Benachteiligungsverbote richtet sich der Blick nicht in erster Linie auf die Benachteiligung, sondern auf die unzulässige Differenzierung als solche; dann dominiert das **Verbot der Ungleichbehandlung** in der Weise, dass dem Arbeitgeber eine Übergangsfrist eingeräumt wird, die er auch zu einer Anpassung seiner Leistungen auf einem niedrigeren Niveau nutzen kann. In jedem Fall ist der Arbeitgeber für die Zukunft nicht gehindert, den Vertragsinhalt für alle ohne sachliche Rechtfertigung Bessergestellten auf ein einheitliches Niveau abzusenken; hierfür gelten jedoch die allgemeinen Regeln, wobei vor allem an eine Änderungskündigung[198] zu denken ist. Das Ziel der Gleichbehandlung rechtfertigt es jedoch nicht, Arbeitnehmern, die eine Vertragsänderung in Form eines Sanierungsbeitrags verweigert haben, eine Sonderzahlung vorzuenthalten, wenn diese über eine Kompensation hinausgeht und auch andere Zwecke verfolgt.[199] Höhere Flexibilität darf aber belohnt werden, wenn sich hinter ihr keine Maßregelung i.S. des § 612a BGB verbirgt.[200] Das Verbot hat weiterhin zur Konsequenz, dass einseitige Maßnahmen des Arbeitgebers, die die Rechtsstellung des Arbeitnehmers verschlechtern, unzulässig sind. Man denke etwa an eine verbotene diskriminierende Versetzung. Ebenso unwirksam sind diskriminierende Bestimmungen in Vereinbarungen (vgl. § 7 Abs. 2 AGG).

Besonders schwierig ist die Situation, wenn der Arbeitgeber eine Maßnahme **198** unterlässt, die die Rechtsstellung des Arbeitnehmers auf Dauer verbessern würde, etwa eine Einstellung oder einen beruflichen Aufstieg. An sich müsste der Arbeitnehmer auch hier so gestellt werden, als hätte der Arbeitgeber den Gleichheitsgedanken beachtet.[201] Das BAG wollte jedoch bei der Einstellung von Anfang an der Vertragsfreiheit des Arbeitgebers grundsätzlich den Vorrang einräumen und hatte demzufolge einen aus dem Verstoß gegen den Gleichbehandlungsgrundsatz resultierenden **Einstellungsanspruch verneint.**[202] Auch nach § 15 Abs. 6 AGG – ebenso zuvor § 611a Abs. 2 2. HS BGB[203] – besteht im Fall der Diskriminierung kein Anspruch auf die Begründung eines Arbeitsverhältnisses, sondern in der Regel lediglich ein verschuldensunabhängiger **Entschädigungs-**

---

198 Vgl. unten § 6 RN 380 ff.
199 BAG v. 26.9.2007 – 10 AZR 569/06 –, AP Nr. 205 zu § 242 BGB Gleichbehandlung = NZA 2007, 1424.
200 BAG v. 18.9.2007 – 3 AZR 639/06 –, AP Nr. 33 zu § 77 BetrVG 1972 Betriebsvereinbarung = NZA 2008, 56.
201 Vgl. *Otto*, Personale Freiheit, S. 28 ff.
202 BAG v. 20.8.1986 – 4 AZR 272/85 –, AP Nr. 6 zu § 1 TVG Tarifverträge: Seniorität.
203 Vom 13.8.1980 (BGBl. I S. 1308), Abs. 2 bis 4 neugefasst, Abs. 5 geändert durch Gesetz v. 29.6.1998 (BGBl. I S. 1694) als Reaktion auf EuGH v. 22.4.1997 – C-180/95 – (Draehmpaehl), AP Nr. 13 zu § 611a BGB.

anspruch in Geld (§ 15 Abs. 2 AGG). Hierin wird man eine abschließende Spezialregelung erblicken müssen, die auch einen im Einzelfall idealkonkurrierenden, auf Naturalresitution gerichteten Anspruch aus Delikt wegen Verletzung des Allgemeinen Persönlichkeitsrechts (§§ 823 Abs. 1, 249 BGB) verdrängt. Hierauf ist bei der Darstellung der Begründung des Arbeitsverhältnisses näher einzugehen.[204]

199 Zudem bezeichnet § 7 Abs. 3 AGG eine verbotene Benachteiligung nach Abs. 1 ausdrücklich als eine Verletzung vertraglicher Pflichten. Damit wird das Tor zu einem **Schadensersatzanspruch** gemäß § 15 Abs. 1 AGG eröffnet, der allerdings entfällt, wenn der Arbeitgeber nachweist, dass er die Pflichtverletzung nicht zu vertreten hat. Ein solcher Schadensersatzanspruch kommt z.B. für solche Bewerber in Betracht, die bei korrektem Vorgehen den Arbeitsplatz erhalten hätten.[205] Wendet er kollektivrechtliche Regeln an, haftet er nur für Vorsatz und grobe Fahrlässigkeit (§ 15 Abs. 3 AGG).[206] Man denke an die Vergütungsordnung eines Verbandstarifvertrages, die dem Alter als solchem entgegen dem Diskriminierungsverbot des § 1 AGG zu viel Bedeutung beimisst.

7. Weisungsrecht des Arbeitgebers

200 In dem eigentlichen Arbeitsvertrag sind die Pflichten des Arbeitnehmers zumeist noch nicht ausreichend konkretisiert. Vielmehr bedarf insbesondere die Arbeitspflicht hinsichtlich der Lage der Arbeitszeit, des Arbeitsplatzes oder sogar des Arbeitsortes und der Art und Weise der Arbeitsleistung der näheren Bestimmung, die in der Regel durch Ausübung des Weisungs- bzw. Direktionsrechts erfolgt.[207] Man denke etwa an einen Arbeitnehmer, der laut Arbeitsvertrag als Bauhandwerker eingestellt worden ist und nun die Erledigung konkreter Aufgaben auf wechselnden Baustellen zugewiesen bekommt.

201 § 106 GewO regelt das Weisungsrecht für alle Arbeitnehmer (§ 6 Abs. 2 GewO) folgendermaßen:

„Der Arbeitgeber kann Inhalt, Ort und Zeit der Arbeitsleistung nach billigem Ermessen näher bestimmen, soweit dieseArbeitsbedingungen nicht durch den Arbeitsvertrag, Be-

---

204 Vgl. unten § 5 RN 263 ff.
205 HK-AGG/*Deinert* 4. Aufl. 2018, § 15 Rn. 41 ff.
206 *Annuß*, BB 2006, 1629, 1635; *Bauer/Evers*, NZA 2006, 893, 397; a.A. HK-AGG/*Deinert* § 15 Rn. 107, der die Privilegierung nur auf die Entschädigung bezieht.
207 Vgl. BAG v. 24.4.1996 – 4 AZR 976/94 –, AP Nr. 49 zu § 611 BGB Direktionsrecht = NZA 1997, 104; v. 10.3.1998 – 1 AZR 658/97 –, AP Nr. 5 zu § 84 ArbGG 1979 = NZA 1998, 1242.

stimmungen einer Betriebsvereinbarung, eines anwendbaren Tarifvertrages oder gesetzliche Vorschriften festgelegt sind. Dies gilt auch hinsichtlich der Ordnung und des Verhaltens im Betrieb. Bei der Ausübung des Ermessens hat der Arbeitgeber auch auf Behinderungen des Arbeitnehmers Rücksicht zu nehmen."

Der Arbeitgeber hat also ein rechtsgeschäftliches Gestaltungsrecht.[208]

Das Weisungsrecht ist zwar – unabhängig von der Wirtschaftsordnung – **202**
unverzichtbar, um die geschuldete Arbeitsleistung effektiv einzusetzen; ihm sind
aber nach geltendem Recht deutliche **Grenzen** gesetzt. Diese ergeben sich zunächst aus dem **Inhalt des Arbeitsvertrages**; hieraus lässt sich jedoch umso
weniger ableiten, je genereller die Arbeitsaufgabe im Arbeitsvertrag formuliert ist.
Das Weisungsrecht als solches berechtigt keinesfalls dazu, den Arbeitsinhalt oder
-umfang zu verändern, und zwar selbst dann nicht, wenn die Vergütung gleich
bleibt.[209] Eine Beschränkung des Weisungsrechts kann bei nur rahmenmäßig
umschriebenen Arbeitspflichten ausnahmsweise sogar aus einer Konkretisierung
des Vertragsinhalts infolge langandauernder Vertragspraxis folgen.[210] Andererseits lässt sich eine vertragsüberschreitende, vorübergehende Änderung der
Vertragspflicht im Notfall auf Grund von Treu und Glauben rechtfertigen.[211]

Die **wesentliche Schranke** des Weisungsrechts ergibt sich, sofern es nicht **203**
nur individuell gegenüber einzelnen Arbeitnehmer ausgeübt wird[212], in der Praxis
in Betrieben mit einem **Betriebsrat** aus dessen Beteiligungsrechten. Gemäß § 87
Abs. 1 Nrn. 1–3 BetrVG hat der Betriebsrat u. a. bei Fragen der Ordnung des Betriebes und des Verhaltens der Arbeitnehmer im Betrieb (z. B. Rauchverbot), bei
der Regelung der Lage der täglichen Arbeitszeit einschließlich der Pausen und der
Verteilung auf die einzelnen Wochentage sowie bei vorübergehender Verkürzung
oder Verlängerung der Arbeitszeit, also der Anordnung von Kurzarbeit und
Überstunden, mitzubestimmen. Bei der Zuweisung eines anderen Arbeitsbereichs
(Arbeitsplatz oder -ort), die einen Monat überschreitet, handelt es sich regelmäßig
um eine Versetzung i.S. des § 95 Abs. 3 BetrVG, über die der Betriebsrat in Unternehmen mit mehr als 20 wahlberechtigten Arbeitnehmern zu unterrichten ist;

---

208 Grundsätzlich dazu *Bötticher*, Gestaltungsrecht und Unterwerfung im Privatrecht, 1964;
ausführlich *Söllner*, Einseitige Leistungsbestimmung im Arbeitsverhältnis, 1966, insbesondere
S. 26 ff., 31.
209 BAG v. 23.6.1993 – 5 AZR 337/92 –, AP Nr. 42 zu § 611 BGB Direktionsrecht = NZA 1993, 1127; v.
30.8.1995 – 1 AZR 47/95 – unter II 2 b, AP Nr. 44 zu § 611 BGB Direktionsrecht = NZA 1996, 440; v.
24.4.1996 – 4 AZR 976/94 – unter II 2.2., AP Nr. 49 zu § 611 BGB Direktionsrecht = NZA 1997, 104.
210 BAG v. 7.12.2000 – 6 AZR 444/99 – unter III 2, AP Nr. 61 zu § 611 BGB Direktionsrecht = NZA
2001, 780.
211 BAG v. 8.10.1962 – 2 AZR 550/61 – unter 2, AP Nr. 18 zu § 611 BGB Direktionsrecht.
212 Zu dieser ungeschriebenen Einschränkung unten § 12 RN 887.

die nur bei begründetem Widerspruch erforderliche Zustimmung kann der Betriebsrat aus im Gesetz näher bezeichneten Gründen verweigern (§ 99 BetrVG).[213]

204   Eine Weisung darf ferner nicht gegen **gesetzliche, tarifliche oder in einer Betriebsvereinbarung enthaltene Normen** verstoßen. Die Rechtsprechung verwehrt es dem Arbeitgeber auch, das Weisungsrecht durch geschickte vertragliche Gestaltung auf den Vertragskern, d. h. auf den vereinbarten Arbeitsumfang und die damit verknüpfte Vergütung, zu erstrecken. So hatte sich eine kommunale Musikschule das Recht vorbehalten, die zunächst festgelegte Dauer der Arbeitszeit später nach Bedarf einseitig zu reduzieren. Das BAG sah darin ursprünglich eine objektive Umgehung von zwingenden Vorschriften des Kündigungs- und Kündigungsschutzrechts und erklärte die Vertragsklausel gemäß § 134 BGB für nichtig.[214] Mittlerweile sind derartige Bestimmungen an § 12 TzBfG zu messen und der AGB-Kontrolle anhand der allgemein für einseitige Leistungsbestimmungsrechte geltenden Wirksamkeitsanforderungen zu unterziehen.[215]

205   Schließlich kommt noch eine Kontrolle der Bestimmung der Leistung gemäß *§ 106 S. 1 GewO* auf **billiges Ermessen** in Betracht, für die zuvor *§ 315 BGB* herangezogen wurde.[216] Danach muss diese Rechtsgestaltung unter Berücksichtigung der beiderseitigen Interessen angemessen sein. Das BAG vertritt zu Recht die Auffassung, dass der Arbeitgeber bei der Zuweisung von Arbeit auch auf die durch Art. 4 Abs. 1 GG gewährleistete Gewissensfreiheit des Arbeitnehmers Rücksicht zu nehmen hat.[217] Z. B. durfte eine Druckerei einen Kriegsdienstverweigerer nicht dem vermeidbaren Gewissenskonflikt aussetzen, Prospektmaterial für kriegsverherrlichende Bücher drucken zu müssen. Nur wenn die Arbeit dem Arbeitnehmer überhaupt zugewiesen werden durfte, stellt sich die Frage eines etwaigen Ausschlusses seiner Leistungspflicht gemäß § 275 Abs. 3 BGB.[218]

---

213 Zur Zustimmungsvoraussetzung bei Betriebsratsmitgliedern vergleiche § 103 Abs. 3 BetrVG.

214 BAG v. 12.12.1984 – 7 AZR 509/83 –, AP Nr. 6 zu § 2 KSchG 1969. S. auch *Otto*, FS Stahlhacke, 1995, S. 395, 401 ff.

215 Einzelheiten § 5 RN 288 ff.

216 BAG v. 19.6.1985 – 5 AZR 57/84 – Leitsatz 2, AP Nr. 11 zu § 4 BAT (Lage der Arbeitszeit); v. 11.10.1995 – 5 AZR 1009/94 –, AP Nr. 45 zu § 611 BGB Direktionsrecht – NZA-RR 1996, 313 (Schultyp); v. 16.9.1998 – 5 AZR 183/97 –, AP Nr. 2 zu § 24 BAT-O = NZA 1999, 384 (verspätete Reaktion auf Verfehlungen).

217 BAG v. 20.12.1984 – 2 AZR 436/83 –, AP Nr. 27 zu § 611 BGB Direktionsrecht m. krit. Anm. *Brox* = NZA 1986, 21. S. ferner BAG v. 24.5.1989 – 2 AZR 285/88 –, AP Nr. 1 zu § 611 BGB Gewissensfreiheit = NZA 1990, 144 (Verweigerung von Forschungsarbeit); BAG v. 10.10.2002 – 2 AZR 472/01 –, AP Nr. 44 zu § 1 KSchG 1969 Verhaltensbedingte Kündigung = NZA 2003, 483, sowie Nichtannahmebeschluss des BVerfG v. 30.7.2003 – 1 BvR 792/03 –, AP Nr. 134 zu Art. 12 GG (Kopftuch). Zur Problematik auch *Otto*, Personale Freiheit, S. 108 ff.

218 A.A. *Henssler*, RdA 2002, 129, 131 f.

Nur durch Rechtsnormen lassen sich unberechtigte Weisungen freilich nicht 206
verhindern; daher interessieren die **Rechtsschutzmöglichkeiten des Arbeitnehmers.** Zunächst ist festzuhalten, dass rechtswidrige Weisungen unwirksam
sind und daher nicht befolgt werden müssen. Dies gilt nach neuester Rechtsprechung auch für den Sonderfall unbilliger Weisungen.[219] Will der Beschäftigte
die Arbeitsverweigerung vermeiden, weil er in dem Betrieb weiterhin mit seinem
Arbeitgeber oder seinem Vorgesetzten zusammenarbeiten muss, kann er von
seinem **Anhörungs- und Beschwerderecht** Gebrauch machen (§§ 82, 84, 85
BetrVG) oder das Arbeitsgericht mit einer Klage zur Feststellung seiner Pflichten
anrufen. Auch die beste Rechtsordnung vermag dem Arbeitnehmer die elementare Sorge um den Arbeitsplatz bei einem Konflikt mit dem Arbeitgeber nicht zu
nehmen. Sie kann den Arbeitnehmer allenfalls ermutigen, sich zu wehren. Deshalb bestimmt **§ 612a BGB** ausdrücklich:

„**Der Arbeitgeber darf einen Arbeitnehmer bei einer Vereinbarung oder Maßnahme nicht
benachteiligen, weil der Arbeitnehmer in zulässiger Weise seine Rechte ausgeübt hat.**"

Eine durch eine berechtigte Arbeitsverweigerung motivierte Kündigung des Ar-
beitgebers wäre also allein schon wegen des Verstoßes gegen das *gesetzliche
Maßregelungsverbot* des § 612a BGB gemäß § 134 BGB nichtig, auch wenn der
Arbeitnehmer noch keinen Kündigungsschutz nach dem Kündigungsschutzgesetz
genießt.[220] Der Arbeitnehmer muss indessen beweisen, dass die zulässige
Rechtsausübung der tragende Beweggrund für seine Benachteiligung war.[221]

8. Kollisionsregeln für das Zusammentreffen mehrerer potentiell einschlägiger Rechtsquellen

Die Fülle der zuvor dargestellten Rechtsquellen des Arbeitsrechts erschwert die 207
Bearbeitung konkreter Übungsfälle, in denen typischerweise mehrere dieser Gestaltungsfaktoren aufeinandertreffen, ganz erheblich. Das schon in der Gliederung zum Ausdruck kommende **Hierarchieprinzip liefert die erste wichtige
Orientierung,** aber keinen vollständigen Lösungsansatz für solche Kollisionsla-

---

219 BAG v. 18.10.2017 – 10 AZR 330/16 –, AP Nr. 38 zu § 106 GewO m. Anm. *Schmitt-Rolfes* = NZA
2017, 1452; ErfK/*Preis* § 106 GewO Rn. 13; a. A. noch BAG v. 22.2.2012 – 5 AZR 249/11, NZA 2012,
858 ff.
220 Vgl. dazu BAG v. 12.8.1999 – 2 AZR 55/99 – unter I 3, AP Nr. 41 zu § 1 KSchG 1969 Verhaltensbedingte Kündigung = NZA 2000, 604 (unzulässige Aufforderung zur regelmäßigen Blutun-
tersuchung).
221 BAG v. 2.4.1987 – 2 AZR 227/86 –, AP Nr. 1 zu § 612a BGB = NZA 1988, 18. Zu den schwierigen
Details *Wilken*, Regelungsgehalt des Maßregelungsverbots gem. § 612a BGB, 2001.

gen So gilt der strikte Gesetzesvorrang vor niederrangigen Rechtsquellen in Reinkultur nur dann, wenn es sich um beiderseitig zwingende Rechtssätze handelt. Wie wir schon gesehen haben, gehen auch die Normen von Tarifverträgen und Betriebsvereinbarungen arbeitsvertraglichen Absprachen nur dann vor, wenn und soweit Letztere nicht für die Beschäftigten günstigere Arbeitsbedingungen vorsehen.

208   Für die Auflösung solcher Rechtsquellenkollisionen lassen sich **insgesamt vier übergeordnete Prinzipien** fruchbar machen. Soweit es das Aufeinandertreffen von Rechtsquellen auf unterschiedlichen Ebenen des Stufenbaus betrifft, ist dies zunächst das **Günstigkeitsprinzip**, das weit über die explizite Regelung des § 4 Abs. 3, 2. Alt. TVG und das Betriebsverfassungsrecht hinaus reicht. Es spiegelt sich z. B. auf der Ebene des Europarechts darin wider, dass die allermeisten Richtlinien auf dem Gebiet des Europäischen Arbeitsrechts nur Mindestschutzkautelen errichten, es dem nationalen Gesetzgeber also gestattet ist, höhere Schutzstandards zu Gunsten der Arbeitnehmer einzuführen. Im nationalen Recht lässt sich bei Lichte betrachtet auch die Figur des einseitig zwingenden Arbeitnehmerschutzrechts auf das Günstigkeitsprinzip zurückführen. Der volle Name des Bundesurlaubsgesetzes lautet denn auch bezeichnenderweise „Mindesturlaubsgesetz für Arbeitnehmer". Die zweite Durchbrechung des Hierarchieprinzips basiert auf dem Gedanken, dass ein Normgeber auf einer höheren Hierarchiestufe seine **Regelungsmacht** regelmäßig ohne Weiteres **auf** die Akteure, die **niederrangigere Rechtsquellen** schaffen, **delegieren** kann. Über die schon erwähnten **Öffnungsklauseln** in Tarifverträgen (§ 4 Abs. 3, 1. Alt. TVG) hinaus, die – wenngleich in der Praxis seltener – auch bei Betriebsvereinbarungen vorstellbar sind, gehört auch das tarif- und vertragsdispositive Gesetzesrecht hierzu.

209   Sowohl das Günstigkeitsprinzips als auch die Öffnungsklauseln helfen allerdings dann nicht weiter, wenn in einem Konfliktfall keine verschiedenen, sondern **mehrere ranggleiche Rechtsquellen existieren.** So verhält es sich etwa, wenn ein Arbeitgeber zugleich Kraft Mitgliedschaft im Arbeitgeberverband normativ an einen Verbandstarifvertrag gebunden ist, mit der zuständigen Gewerkschaft aber auch ein Firmentarifvertrag über dieselben Regelungsgegenstände geschlossen ist. Vorstellbar ist auch, dass ein Arbeitgeber zunächst eine Rahmenbetriebsvereinbarung über Sozialeinrichtungen und sodann eine Einzelvereinbarung über die Errichtung und die Nutzungsbedingungen einer Betriebskantine geschlossen hat oder auf eine 2012 geschlossene Betriebsvereinbarung über einen Betriebskindergarten eine solche mit gleichem Regelungsgegestand aus dem Jahr 2019 folgt. Eine solche Gemengelage ist durch die **Zeitkollisionsregel**, wonach – weil den aktuelleren Regelungswillen der Betroffenen abbildend – die jüngere von mehreren ranggleichen Rechsquellen mit

gleichem Anwendungsbereich die ältere verdrängt[222], sowie das **Spezialitäts-prinzip**, das der sachnäheren Regelung den Vorrang gibt, aufzulösen. Im Beispielfall verdrängte also der Firmen- den Verbandstarifvertrag. Zuletzt ist die Bedeutung des Spezialitätsprinzips durch die Rechtsprechung des BAG freilich gravierend herabgesetzt worden. Es soll, wenn ein Verbandstarif- und ein Firmentarifvertrag nur kraft einer schuldrechtlichen Bezugnahme für ein Arbeitsverhältnis gelten, unanwendbar sein.[223]

Kollisionsregeln im Arbeitsrecht

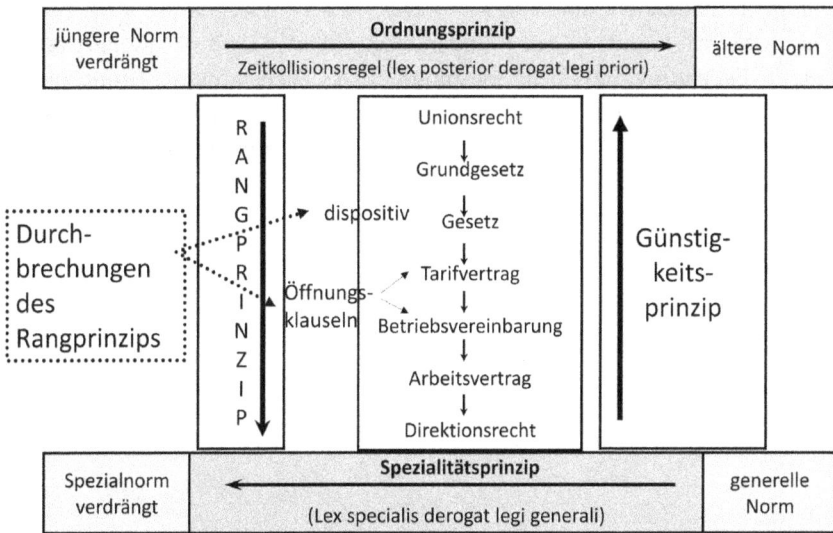

jüngere Norm verdrängt	**Ordnungsprinzip** Zeitkollisionsregel (lex posterior derogat legi priori)	ältere Norm

Durch-brechungen des Rangprinzips

R A N G P R I N Z I P

dispositiv
Öffnungs-klauseln

Unionsrecht
↓
Grundgesetz
↓
Gesetz
↓
Tarifvertrag
↓
Betriebsvereinbarung
↓
Arbeitsvertrag
↓
Direktionsrecht

Günstig-keits-prinzip

Spezialnorm verdrängt	**Spezialitätsprinzip** (Lex specialis derogat legi generali)	generelle Norm

III. Anwendung ausländischen Arbeitsrechts

Von der Geltung internationalen Rechts im Inland ist die ganz andere Frage zu 210 unterscheiden, welches nationale Recht bei **Arbeitsverhältnissen mit Auslandsberührung** anzuwenden ist: Ein deutscher Journalist wird beispielsweise

---

222 BAG v. 19.11.2014 – 4 AZR 761/12 –, AP Nr. 33 zu § 1 TVG Tarifverträge: Luftfahrt = NZA 2015, 950.
223 BAG v. 11.7.2018 – 4 AZR 370/17 –, AP Nr. 149 zu § 1 TVG Bezugnahme auf Tarifvertrag = NZA 2018, 1626; BAG v. 16.5.2018 – 4 AZR 209/15 –, AP Nr. 145 zu § 1 TVG Bezugnahme auf Tarifvertrag = NZA 2018, 1489.

laut Vertrag von seiner deutschen Firma nur in England beschäftigt, ein portugiesischer Bauarbeiter nur bei einem Bauunternehmen in Deutschland tätig. Die Frage nach dem **Arbeitsvertragsstatut** beantwortet das missverständlich so bezeichnete **Internationale Privatrecht.** Einschlägig ist insbesondere die Verordnung EG/593/2008 über das auf vertragliche Schuldverhältnisse anzuwendende Recht v. 17.6.2008 (sog. Rom-I-Verordnung)[224], die den Vertragsparteien grundsätzlich die freie Wahl des anwendbaren Rechts gestattet (Art. 3 Abs. 1) und in Ermangelung einer solchen Rechtswahl das Recht des Staates, in dem der Arbeitnehmer seinen gewöhnlichen Arbeitsort hat, für anwendbar erklärt (Art. 8 Abs. 2). Für den Bereich des Delikts- und Bereicherungsrechts, der GoA, der Haftung wegen Verschuldens bei Vertragsverhandlungen und auch das Arbeitskampfrecht hat zudem die Verordnung EG/864/2007 über das auf außervertragliche Schuldverhältnisse anzuwendende Recht v. 11.7.2007 (Rom-II-Verordnung)[225] Bedeutung, die für die Bestimmung des Sachstatuts im Grundsatz auf den Ort des Schadenseintritts (Art. 4) und bei Arbeitskämpfen auf den Ort abstellt, in dem die Kampfmaßnahme durchgeführt wurde oder ergriffen werden soll (Art. 9).

---

224 Abl. EU Nr. L 177 S. 6.
225 Abl. EU Nr. L 199 S. 40.

2. Teil: Modifikationen des Bürgerlichen Rechts durch das Individualarbeitsrecht

Das Arbeitsrecht erhält nicht nur durch die Vielzahl der rechtlichen Bauelemente 211 ein besonderes Gepräge. Schon diese haben dabei keineswegs allein eine instrumentale Bedeutung, sondern dienen der Verwirklichung des sozialen Rechtsstaats. Noch offenkundiger wird die Sonderstellung des Arbeitsrechts, wenn nunmehr im 2. Teil einzelne Regelungen behandelt werden, die für das Rechtsverhältnis zwischen Arbeitgeber und Arbeitnehmer von dessen Beginn, über seine Durchführung bis zu seinem Ende bedeutsam sind. Besonderes Augenmerk wird darauf zu richten sein, welche Rücksicht das Arbeitsrecht darauf nimmt, dass die berufliche Betätigung und die wirtschaftliche Existenz der meisten Bürger mit einem Arbeitsverhältnis verknüpft sind. Im 3. Teil wird uns dann überblicksweise das kollektive Arbeitsrecht mit dem Koalitionswesen einschließlich des Tarifvertrags- und Arbeitskampfrechts einerseits sowie mit der Mitbestimmung auf Betriebs- und Unternehmensebene andererseits beschäftigen.

https://doi.org/10.1515/9783110285826-003

§ 5 Die Begründung des Arbeitsverhältnisses

212 **§ 105 Gewerbeordnung** bestimmt unter der Überschrift „**Freie Gestaltung des Arbeitsvertrages**" für alle Arbeitnehmer (§ 6 Abs. 2 GewO):

> „Arbeitgeber und Arbeitnehmer können Abschluss, Inhalt und Form des Arbeitsvertrages frei vereinbaren, soweit nicht zwingende gesetzliche Vorschriften, Bestimmungen eines anwendbaren Tarifvertrages oder einer Betriebsvereinbarung entgegenstehen. Soweit die Vertragsbedingungen wesentlich sind, richtet sich ihr Nachweis nach den Bestimmungen des Nachweisgesetzes."

213 Die **Vertragsfreiheit** ist darüber hinaus jedenfalls als Teil der allgemeinen Handlungsfreiheit durch *Art. 2 Abs. 1 GG* **verfassungsrechtlich** gewährleistet. Soweit die berufsbezogene Vertragsgestaltung betroffen ist, wird *Art. 12 Abs. 1 GG* näher liegen.[1] In der Einstellungssituation geht es für den Arbeitnehmer um die *Freiheit der Berufswahl*, während der Arbeitgeber eher in seiner *Berufsausübung* berührt sein könnte. Das *Verbot der Zwangsarbeit (Art. 12 Abs. 2 GG)* schließt die behördliche Begründung eines Arbeitsverhältnisses durch Verwaltungsakt zu Lasten des Arbeitnehmers aus. Art. 12a GG sieht Ausnahmen nur für den Verteidigungsfall vor, soweit der Bedarf auf freiwilliger Grundlage nicht gedeckt werden kann.

I. Grundlage: Allgemeine Regeln des Vertragsrechts

214 Ausgangspunkt sind die allgemeinen Regeln des Bürgerlichen Rechts über den **Vertragsschluss**; denn grundsätzlich kommt ein Arbeitsverhältnis durch den wirksamen *Abschluss eines Arbeitsvertrages* zustande. Hierzu bedarf es einer Einigung zwischen den Parteien (§§ 145 ff. BGB), die wirksame Willenserklärungen beider Seiten voraussetzt. Bei einem Vertragsschluss durch *Minderjährige* sind die Regeln über die Teilgeschäftsfähigkeit zu beachten. Betreibt ein Minderjähriger unter den Vorgaben des § 112 BGB ein Erwerbsgeschäft, ist er grundsätzlich berechtigt, Arbeitnehmer (ohne weitere Genehmigung des Vormundschaftsgerichts, vgl. §§ 1643 Abs. 1, 1822 Nr. 5 BGB) anzustellen. Für den minderjährigen Arbeitnehmer gilt § 113 BGB, der ihm nach ganz überwiegender Auffassung auch den Gewerkschaftsbeitritt ermöglicht, weil der tarifvertragliche Schutz grundsätzlich die Tarifgebundenheit des Arbeitnehmers[2] voraussetzt.

---

1 Vgl. BVerfG v. 9.10.2000 – 1 BvR 1627/95 –, GRUR 2001, 266 ff.

2 Tarifgebundenheit setzt regelmäßig die Gewerkschaftsmitgliedschaft voraus (vgl. § 3 Abs. 1 TVG) und unten § 10 RN 717.

II. Formale Anforderungen

Beispielsfall

Fall 14: Installateur I ist vom Geschäftsführer G der S-Sanitär-GmbH, die kurzfristig einige wichtige Aufträge bedienen musste, aufgrund einer mündlichen Abrede Anfang Januar 2018 eingestellt worden. G und I waren sich dabei einig, dass das Beschäftigungsverhältnis am nächsten Tag beginnen, sein Inhalt sich nach den einschlägigen tariflichen Regelungen bestimmen und I zudem eine Zulage von monatlich 300 € brutto gezahlt werden solle. Im ersten Jahr läuft alles reibungslos bis auf die Tatsache, dass sowohl I als auch G nicht mehr an die vereinbarte Zulage denken. Als I, der sich erinnert, dann aber im Mai des Folgejahres die Gesamtzulage für das Jahr in Höhe von 3.600 € brutto geltend macht, beruft sich S auf eine im Tarifvertrag, der ja mündlich mitvereinbart worden sei, geregelte Ausschlussfrist, nach der Ansprüche aus dem Arbeitsverhältnis erlöschen, wenn sie nicht binnen drei Monate nach deren Fälligkeit geltend gemacht werden. Kann I gleichwohl Zahlung verlangen?

Das Gesetz macht den wirksamen Vertragsschluss als solchen **nicht** von einer **215** **Form** abhängig (§ 105 S. 1 GewO). Dies wäre für die Praxis auch kaum praktikabel. Häufig wären gerade die Arbeitnehmer benachteiligt, weil sie auf die Herstellung des Vertragsformulars kaum Einfluss haben. Der Vertragsschluss ist also auch mündlich oder konkludent möglich. Für eine wirksame **Befristung** oder **auflösende Bedingung** schreibt das Gesetz jedoch die Schriftform vor (§§ 14 Abs. 4, 16 S. 2 TzBfG); ansonsten bleibt es bei einem wirksamen Vertrag auf unbestimmte Zeit.[3]

Allgemeine **Schriftformgebote in Tarifverträgen oder Betriebsvereinba- 216 rungen** haben regelmäßig keine konstitutive Bedeutung. So verlangt § 2 Abs. 1 TVöD zwar den schriftlichen Abschluss des Arbeitsvertrages, macht aber in Abs. 3 ausdrücklich nur die Wirksamkeit von Nebenabreden von der Schriftform abhängig. Hierzu zählen z. B. die Vereinbarung eines Verpflegungszuschusses oder einer Fahrkostenpauschale, nicht aber die Vereinbarung einer übertariflichen Vergütung.[4] Die grundsätzliche Formfreiheit betonen wir auch deswegen, weil es bei einer für die Arbeitnehmer positiven Arbeitsmarktlage immer wieder vorgekommen ist, dass sich diese bei einem günstigeren Angebot eines anderen Arbeitgebers nicht gebunden fühlten: Sie hätten ja nichts unterschrieben.

Allerdings ist die **nachträgliche Aushändigung** des schriftlichen Arbeits- **217** vertrages schon bisher weithin üblich und für den Ausbildungsvertrag in § 11 Berufsbildungsgesetz vor Ausbildungsbeginn vorgeschrieben. Das 1995 auf Grund einer EG-Richtlinie ergangene und in § 105 S. 2 GewO in Bezug genommene

---

3 Zur Schriftform der Befristungsabrede s. unten § 6 RN 486.
4 So zur Vorgängernorm BAG v. 6.9.1972–4 AZR 422/71 –, AP Nr. 2 zu § 4 BAT.

„Nachweisgesetz"[5] bringt den Arbeitgeber in Zugzwang; es verlangt fast ausnahmslos (§ 1) und unabdingbar (§ 5) spätestens einen Monat nach dem vereinbarten Beginn des Arbeitsverhältnisses die Aushändigung einer vom Arbeitgeber formulierten Niederschrift der „wesentlichen Vertragsbedingungen". Die – im Fall 14 auch die S-GmbH treffende – **Nachweispflicht** wird selbstverständlich auch durch Aushändigung eines schriftlichen Arbeitsvertrages erfüllt, sofern dieser die notwendigen Angaben enthält (§ 2 Abs. 4 NachwG). Was über die in § 2 Abs. 1 und 2 NachwG aufgezählten Mindestangaben hinaus als wesentlich anzusehen ist, ist unklar. Als bedeutsames Beispiel sind für das Arbeitsverhältnis einschlägige **Ausschlussfristen** zu nennen,[6] die einen Anspruch erlöschen lassen, wenn der Arbeitnehmer diesen nicht bis zum Ablauf der Frist geltend macht. Gleiches dürfte auch für einseitige Leistungsbestimmungsrechte gelten, die – ihre Wirksamkeit vorausgesetzt – eine Anpassung der Arbeitszeitdauer oder der Vergütung ermöglichen sollen.[7] Gemäß § 2 Abs. 3 NachwG kann für einen Teil der Angaben insbesondere auf Tarifverträge – einschließlich etwaiger Ausschlussfristen[8] –, Betriebsvereinbarungen oder gesetzliche Regelungen verwiesen werden.

218   Der von den Parteien unterschriebene Vertrag hat für beide Seiten den großen Vorteil, dass so eher Streitigkeiten über den Vertragsinhalt vermieden werden. Unklar ist die Sanktion, wenn der Arbeitgeber seine einseitige Niederschrift nachträglich anzweifelt. Eine Verschiebung der **Beweislast** wegen des in der Niederschrift fixierten **Vertragsinhalts** zu Lasten des Arbeitgebers ist im Gesetzgebungsverfahren abgelehnt worden. Gleichwohl wird man annehmen müssen, dass zumindest ein erster Anschein[9] für die Vollständigkeit und Richtigkeit einer Niederschrift besteht, und dass bei völligem Fehlen eines schriftlichen Nachweises Indizien zugunsten des Arbeitnehmervortrages vom Arbeitgeber widerlegt werden müssen, soll das Schutzgesetz nicht leerlaufen. Darüber hinaus werden für den Fall einer **Verletzung der Nachweispflicht** vertragliche Schadensersatzansprüche diskutiert, etwa wenn einem Arbeitnehmer eine Aus-

---

5 Gesetz über den Nachweis der für ein Arbeitsverhältnis geltenden wesentlichen Bedingungen (NachweisG – NachwG). S. dazu *Schwarze*, ZfA 1997, 43 ff.
6 BAG v. 23.1.2002 – 4 AZR 56/01 – unter 4 b, AP Nr. 5 zu § 2 NachwG = NZA 2002, 800.
7 Vgl. ErfK/*Preis* § 2 NachwG Rn. 8.
8 BAG v. 23.1.2002 – 4 AZR 56/01 – unter 4 c; für einen qualifizierten Hinweis ErfK/*Preis* § 2 NachwG Rn. 30 m.w.N.
9 LAG Köln v. 9.1.1998 – 11 Sa 155/97 –, LAGE § 2 Nachweisgesetz Nr. 4. Für den Fall, dass der Arbeitgeber seine Mitteilung nicht mehr wahrhaben möchte, nimmt EuGH v. 4.12.1997 – C-253 bis 258/96 – (Kampelmann u. a.), AP Nr. 3 zu EWG-Richtlinie Nr. 91/533 = EzA § 2 NachwG Nr. 1 m. krit. Anm. *Krause*, praktisch eine Umkehr der Beweislast an.

schlussfrist mangels Nachweises unbekannt geblieben ist und deren Einhaltung deshalb versäumt wurde (Fall 14).[10] Dass im Nachweisgesetz ein solcher Ersatzanspruch nicht explizit normiert wurde, stellt angesicht der Möglichkeit, auf die allgemeinen Tatbestände der §§ 280 ff. BGB zurückzugreifen, keinen Hinderungsgrund dar.

III. Schranken der Abschlussfreiheit

Die Abschlussfreiheit bezieht sich auf die eigentliche Grundentscheidung, **ob** 219 überhaupt **ein Vertrag** geschlossen werden soll, sowie auf die **Auswahl eines bestimmten Vertragspartners.** Vor allem bezüglich des zweiten Aspekts bestehen erhebliche Einschränkungen.

1. (Wieder-)Einstellungsgebote

Bezüglich des „Ob" einer Einstellung sind im Grundsatz keine zahlenmäßig be- 220 deutsamen Vorgaben erkennbar, soweit es um das *Gebot eines Vertragsschlusses* gegen den Willen eines Beteiligten geht. Insbesondere gewährt das Grundgesetz kein *Recht auf Arbeit*[11], welches als Stütze einer Einstellungspflicht vor allem eines öffentlich-rechtlichen Arbeitgebers dienen könnte.

Ausnahmen begründen allerdings **§ 10 Abs. 1 S. 1 AÜG** und **§ 78a Abs. 2 S. 1** 221 **BetrVG,** die unter besonderen Umständen *einen Arbeitsvertrag* zwischen dem Leiharbeitnehmer und – von diesem ungewollt – dem Entleiher bzw. zwischen dem Arbeitgeber und einem nicht in eine Anschlussbeschäftigung übernommenen Mitglied der Jugend- und Auszubildendenvertretung – *fingieren*.[12] Des Weiteren können sich aus bestimmten Sachverhalten, teils in Anknüpfung an ein

---

10 BAG v. 17.4.2002 – 5 AZR 89/01 –, AP Nr. 6 zu § 2 NachwG = NZA 2002, 1096: Anspruch auf Naturalherstellung bei Versäumung einer Ausschlussfrist wegen Verletzung der Nachweispflicht unter dem Gesichtspunkt des Verzugsschadens; LAG Brandenburg v. 10.8.2001 – 4 Sa 265/01 –, LAGE § 2 Nachweisgesetz Nr. 11: positive Vertragsverletzung.
11 S. dazu oben § 2 RN 62 m.w.N.
12 S. zur Arbeitnehmerüberlassung unten RN 281.

Vorverhalten des Arbeitgebers, **Einstellungs- und Wiedereinstellungsansprüche** ergeben. Viel diskutiert sind vier Fallgruppen:

- Nach einer wegen des verständlichen Verdachts einer strafbaren Handlung oder besonders schwerwiegenden Pflichtverletzung gerechtfertigten Kündigung, der sich nachträglich als Irrtum erweist.[13]
- Nach einer betriebsbedingten Kündigung, deren Kündigungsgrund nachträglich wegfällt.
- Ganz selten auf Grund eines vom Arbeitgeber durch die regelmäßige Wiedereinstellung aller Saisonarbeitnehmer geschaffenen Vertrauenstatbestandes.[14]
- Mit zuletzt zunehmender Bedeutung: Die durch Tarifverträge begründete Verpflichtung zur Übernahme von Leiharbeitnehmern in die Stammbelegschaft, wenn z. B. Höchstüberlassungsquoten im Unternehmen überschritten werden oder die betreffenden Zeitarbeitnehmer über eine bestimmte Zeitdauer hinaus beschäftigt werden.

2. Einstellungsverbote

Beispielsfall

Fall 15: Der fünfzehnjährige Schüler S, der recht groß und stark für sein Alter ist, wünscht sich sehnlichst das neue Smartphone S 10. Die Eltern sind darüber sowohl angesichts des Preises für das Smartphone als auch des Alters ihrer eigenen Geräte wenig erbaut. Nach langen Diskussionen lassen sie sich allerdings zum Kauf bewegen, allerdings nur unter der Bedingung, dass sich S um einen Job bemüht, um etwas zum Kaufpreis beizusteuern und – wie der Vater sagt – den Wert des Geldes schätzen zu lernen. S übernimmt deshalb bei der Media-Distribution-GmbH einen Job als Zusteller der örtlichen Sonntagszeitung. Ist das zulässig?

222 Gewissermaßen in die Gegenrichtung gehen Einstellungsverbote, die einen Vertragsschluss mit einer bestimmten Person oder auch vollständig blockieren können, sofern andere Bewerber fehlen. § 5 Jugendarbeitsschutzgesetz (JArbSchG) verbietet grundsätzlich die **Beschäftigung von Kindern,** d. h. von noch nicht Fünfzehnjährigen (§ 2 Abs. 1 JArbSchG), sowie von **Jugendlichen,** die noch der Vollzeitschulpflicht unterliegen (§ 2 Abs. 3 JArbSchG). Auch sonst gelten für Jugendliche eine Reihe von Beschäftigungsverboten, z. B. an Samstagen und Sonntagen, allerdings mit gesetzlichen oder behördlichen Durchbrechungen (§§ 16, 17 JArbSchG). S darf deshalb – auch wenn die Praxis teils anders verfährt

---

13 Näher zu dieser und der nachfolgenden Fallgruppe unten § 6 RN 480 und 481 m.w.N.
14 BAG v. 29.1.1987–2 AZR 109/86 –, AP Nr. 1 zu § 620 BGB Saisonarbeit = NZA 1987, 627 (Anspruch bejaht) m. krit. Anm. *Löwisch/Kaiser*; BAG v. 26.4.2006–7 AZR 190/05 –, AP Nr. 1 zu § 611 BGB Wiedereinstellung (Anspruch verneint).

und selbst wenn die Eltern einverstanden sind (Fall 15) – sonntags keine Zeitung austragen.

Für **Arbeitnehmer aus EU-Mitgliedstaaten** gewährleistet Art. 45 AEUV **223** **Freizügigkeit**; dasselbe gilt kraft der Verordnung EU/492/2011 über die Freizügigkeit der Arbeitnehmer innerhalb der Union v. 5.4.2011[15] weitgehend für deren Angehörige und EU-Wanderarbeitnehmern **gleichgestellten Personen aus den EWR-Staaten**[16]. Freilich begründet der im Zuge der EU-Osterweiterung neugefasste § 284 SGB III für die Beschäftigung von Arbeitnehmern aus dort genannten Staaten übergangsweise eine Genehmigungspflicht. **Andere Ausländer** benötigen nach § 4 Abs. 3 des zum 1.1.2005 in Kraft getretenen AufenthG[17] grundsätzlich einen **Aufenthaltstitel**, der auch die **besondere Erlaubnis zur Beschäftigung** umfassen muss. Primär kommen für ihn ein Visum oder eine Aufenthaltserlaubnis in Frage (§ 18 i.V.m. §§ 5 ff. AufenthG). Einem hochqualifizierten Ausländer kann eine Niederlassungserlaubnis erteilt werden, die stets zur Ausübung einer Erwerbstätigkeit berechtigt (§ 19 i.V.m. § 9 AufenthG). Schließt der Arbeitgeber einen *Arbeitsvertrag ohne* eine solche *Arbeitserlaubnis* des Arbeitnehmers, so ist dieser gleichwohl wirksam, weil nur die Beschäftigung verboten ist. Solange der Arbeitnehmer nicht arbeiten darf, schuldet der Arbeitgeber allerdings keinen Lohn.[18] Der praktische Unterschied zu einem trotz Gesetzesverstoßes i.S. von § 134 BGB durchgeführten, faktischen Arbeitsverhältnis[19] besteht vor allem darin, dass der Arbeitgeber das Arbeitsverhältnis nicht jederzeit beliebig beenden kann, sondern kündigen muss. Eine Kündigung wird aber nicht gerechtfertigt sein, wenn die Erteilung der Arbeitserlaubnis bevorsteht oder der Arbeitgeber um deren Notwendigkeit wusste.

3. Gesetzliche Vorgaben für die Auswahl des Arbeitnehmers

Hat sich der Arbeitgeber zur Einstellung eines Arbeitnehmers entschlossen, so **224** gelten für die Auswahl des Arbeitnehmers die Personalhoheit des Arbeitgebers

---

15 Abl. EU Nr. L 141 S. 1.

16 Innerstaatlich normiert durch das mit dem AufenthG erlassene Gesetz über die allgemeine Freizügigkeit von Unionsbürgern – Freizügigkeitsgesetz/EU, auch für Staatsangehörige der EWR-Staaten (§ 12).

17 Gesetz über den Aufenthalt, die Erwerbstätigkeit und die Integration von Ausländern im Bundesgebiet – Aufenthaltsgesetz. Für türkische Arbeitnehmer gilt ein Assoziierungsabkommen, das die Erlangung der Aufenthaltserlaubnis erleichtert (§ 4 Abs. 5 AufentG). Vgl. dazu Schaub/*Koch*, Arbeitsrechts-Handbuch, § 27.

18 BAG v. 13.1.1977 – 2 AZR 423/75 –, AP Nr. 2 zu § 19 AFG.

19 Dazu näher unten RN 276 ff.

einschränkende Regeln.[20] Am besten lässt sich dies veranschaulichen, indem man die verschiedenen **Stadien einer Personalentscheidung** darstellt.

a) Invitatio ad offerendum: Ausschreibung

Beispielsfall

Fall 16: A betreibt ein prosperierendes Autohaus. Um dem zunehmenden Kundenaufkommen gerecht werden zu können, benötigt er dringend Verkaufspersonal. Er ist der Meinung, dass die meisten Kaufinteressanten lieber von einem männlichen Verkäufer betreut werden und schreibt zwei Stellen in der örtlichen Tageszeitung entsprechend aus. Ist das korrekt?

225 Der Arbeitgeber ist – mit Ausnahme des öffentlichen Dienstes – nicht verpflichtet, offene Stellen auszuschreiben und damit Interessenten zur Abgabe eines Vertragsangebots einzuladen. Ein im Betrieb bestehender **Betriebsrat** kann allerdings gemäß § 93 BetrVG allgemein oder für bestimmte Tätigkeiten die **betriebsinterne Ausschreibung** der Arbeitsplätze vor der Besetzung verlangen.[21] Folgt der Arbeitgeber der Aufforderung nicht, kann der Betriebsrat die erforderliche Zustimmung zur Einstellung eines anderen Bewerbers verweigern (§ 99 Abs. 2 Nr. 5 BetrVG).[22] Auf diese Weise soll Belegschaftsmitgliedern eine Chance eingeräumt werden, mit externen Bewerbern um einen freien besseren Arbeitsplatz zu konkurrieren.

226 Wenn eine Ausschreibung durchgeführt wird, sind – intern wie extern – einige inhaltliche Anforderungen zu beachten. Zunächst stellt § 7 Abs. 1 TzBfG zur Förderung von Teilzeitbeschäftigung (vgl. §§ 1, 6 TzBfG) das Gebot auf, einen zu besetzenden Arbeitsplatz **auch als Teilzeitarbeitsplatz auszuschreiben**, „wenn sich der Arbeitsplatz hierfür eignet". Die Norm nennt selbst keine Sanktion im Falle eines Unterlassens, doch kommt immerhin eine Zustimmungsverweigerung des Betriebsrats nach § 99 Abs. 2 Nr. 1 BetrVG in Betracht.[23]

---

20 Vgl. *Otto*, Personale Freiheit, S. 13 ff.; *Wank*, Das Recht auf Arbeit im Verfassungsrecht und im Arbeitsrecht, 1980, S. 96 ff.

21 Zwischen der Stellenbesetzung und der Ausschreibung müssen mindestens zwei Wochen vergangen sein, BAG v. 6 – 10.2010 – 7 ABR 18/09, AP Nr. 132 zu § 9 BetrVG 1972 = NZA 2011, 360; vgl. zum Normzweck auch BAG v. 30.4.2014 – 7 ABR 51/12 –, AP Nr. 11 zu § 93 BetrVG1972 = NZA 2015, 698.

22 Zu den Beteiligungsrechten des Betriebsrats bei personellen Angelegenheiten s. unten § 12 RN 902 ff.

23 Jede Sanktionsmöglichkeit verneint *Ehler*, BB 2001, 1146 ff.

Für den gesamten Auswahlprozess außerordentlich bedeutsam ist das **All-** 227 **gemeine Gleichbehandlungsgesetz. § 11 AGG** erstreckt den Schutz vor Benachteiligungen wegen der Rasse oder der ethnischen Herkunft, des Geschlechts, der Religion oder Weltanschauung, einer Behinderung, des Alters oder der sexuellen Identität (§ 1 AGG) ausdrücklich auf die Ausschreibung. Ein Ausschluss von Trägern dieser Merkmale in Ausschreibungen kann allerdings **gerechtfertigt** sein, wenn das Merkmal etwa wegen der Art der auszuübenden Tätigkeit eine wesentliche und entscheidende berufliche Anforderung darstellt, sofern der Zweck rechtmäßig und die Anforderung angemessen ist (vgl. § 8 AGG; weitere Rechtfertigungsgründe in §§ 9, 10 und 5 AGG). Ein klassisches Beispiel soll nicht fehlen: Die gezielte Suche nach einer Bewerberin für die Rolle der „Konstanze" in *Mozarts* „Die Entführung aus dem Serail" ist ebenso zulässig wie die Ausschreibung einer Nachtwachentätigkeit ausschließlich für weibliche Bewerber, wenn die Tätigkeit in einem Mädcheninternat zu erbringen ist.[24] Reine Kunden- oder Verkehrserwartungen rechtfertigen, wie in Fall 16, diskriminierende Beschränkungen einer Ausschreibung hingegen nicht.

Hinsichtlich der *Folgen eines Verstoßes* gegen § 11 AGG bedarf es eines Blickes 228 auf die **Beweislastregel** in **§ 22 AGG:** In Anbetracht der nicht zu leugnenden Schwierigkeit, dem Arbeitgeber die verpönte Motivation einer benachteiligenden Maßnahme nachzuweisen, reicht es aus, wenn die benachteiligte Partei Indizien für eine Diskriminierung darlegen und nötigenfalls beweisen kann. Allein statistische Ungleichverteilungen zwischen den Geschlechtern sollen diesen Nachweis allerdins nicht erbringen.[25] Gegebenenfalls treffen den Arbeitgeber uns später interessierende Schadensersatz- bzw. Entschädigungsansprüche, normiert in § 15 AGG.[26] Eine den Vorgaben des AGG widersprechende Ausschreibung wird gemeinhin als solch ein Indiz betrachtet und löst die **Beweislastumkehr** aus.[27]. Arbeitgebern wird deshalb beispielsweise geraten, auf die Bitte nach den „üblichen Bewerbungsunterlagen nebst Lichtbild" zu verzichten, da dies ein Abstellen

---

24 BAG v. 28.5.2009 – 8 AZR 536/08, NZA 2009, 16; dazu *Schmitz-Scholemann/Brune*, RdA 2011, 129, 138 f. Ebenso BAG 18.3.2010 – 8 AZR 77/09, NZA 2010, 872: Beschränkung auf weibliche Bewerber bei der Suche nach einer kommunalen Gleichstellungsbeauftragten.

25 BAG v. 22.7.2010 – 8 AZR 1012/08, NZA 2011, 93; BAG v. 27.1.2011– 8 AZR 483/09, NZA 2011, 689; ErfK/*Schlachter* § 22 AGG Rn. 8.

26 Dazu unten RN 264 ff.

27 *Bauer/Göpfert/Krieger*, AGG, 4. Aufl. 2015, § 11 Rn. 8; *Thüsing*, Arbeitsrechtlicher Diskriminierungsschutz, Rn. 666 ff.; zur Vorgängernorm § 611a Abs. 1 S. 3 BGB a.F. BAG v. 5.2.2004 – 8 AZR 112/03 – unter II 2 a bb (2), AP Nr. 23 zu § 611a BGB = NZA 2004, 540 (überdies Zurechnung einer durch Dritte aufgegebenen Stellenanzeige).

auf Geschlecht, Alter oder etwaige Behinderung nahe lege.[28] „[Am] sichersten sucht man Menschen ohne Eigenschaften".[29]

b) Informationsgewinnung

Beispielsfälle

Fall 17: L hat sich nach dem erfolgreichen Abschluss ihres Lehramtsreferendariats an der Grundschule Wiesenweg in Osnabrück beworben. Grundlage ist eine Ausschreibung, in der – befristet für ein Jahr – eine Vertretung für eine demnächst im Mutterschutz befindliche Kollegin gesucht wird. Im Vorstellungsgespräch fragt die Schulleitung S mit gequältem Lächeln, dass L „hoffentlich nicht auch schwanger sei oder dies demnächst werden wolle." L winkt entrüstet ab und erklärt – ebenso überzeugend wie wahrheitswidrig – dass sie sich eigene Kinder nie im Leben vorstellen können. Tatsächlich ist L aber, wie ihr bekannt ist, bereits im fünften Monat schwanger, was wegen der bewusst gewählten Kleidung der Bewerberin nicht auffällt. Nach Abschluss des Anstellungsvertrags tritt L ihre Stelle zwar kurzzeitig an, wird dann aber – weil sich die Schwangerschaft problematisch entwickelt – dauerhaft krankgeschrieben. Als S von dem Ganzen erfährt, meint sie, sie könne mit einer Lehrerin, die sie derart belogen habe, auch im Interesse der Kinder nicht weiter zusammenarbeiten. Die Anstellung habe sich erledigt. Wie ist die Rechtslage?

Fall 18: A hat sich beim Gebäudedienstleister G, der sich auf die Reinigung hochpreisiger Gewerbeimmobilien spezialisiert hat, beworben und wurde auch zum Vorstellungsgespräch eingeladen. Aufgrund einer Diabetis-Erkrankung ist das Sehvermögen der A auf beiden Augen stark beeinträchtigt, was für einen medizinisch nicht geschulten Laien zwar nicht erkennbar ist, aber notwendig dazu führt, dass A bei Reinigungsarbeiten Staubpartikel und kleinere Verschmutzungen übersieht. Da dem Personalchef der G insoweit im Vorstellungsgespräch nichts auffällt und A auch die Frage verneint, ob sie an gesundheitlichen Beeinträchtigungen leide, die ihre Eignung für die vorgesehene Tätigkeit dauerhaft einschränken, kommt es zum Abschluss eines Arbeitsvertrags. Nachdem A ihren Dienst angetreten hat und es binnen kürzester Zeit zu zahlreichen Kundenbeschwerden wegen unzureichender Reinigungsresultate gekommen ist, kommt der ganze Schwindel heraus. G möchte den Arbeitsvertrag deshalb nicht mehr gelten lassen. Wie ist die Rechtslage?

Fall 19: Berufskraftfahrer B ist rechtskräftig wegen Raubes zu einer mehrjährigen Freiheitsstrafe verurteilt worden. Eine Ladung zum Haftantritt im geschlossenen Vollzug steht allerdings noch aus. Um die Zwischenzeit zu überbrücken, bewirbt sich B bei der Spedition S auf eine unbefristete Stelle. S stellt B nach einem Vorstellungsgespräch, in dem Personalchef P vergessen hatte, wie üblich nach etwaigen Vorstrafen des Bewerbers zu fragen und das Vorleben des B auch sonst

---

28 *Schrader*, DB 2006, 2571; *Bauer/Thüsing/Schunder*, NZA 2006, 774, 776.
29 *Adomeit*, SAE 5/2006, S. III.

nicht zur Sprache kam, ein. Einigen der neuen Arbeitskollegen ist B allerdings hinreichend bekannt. Als sie P auf die Verurteilung hinweisen, erklärt dieser dem B, er könne die Stelle nicht antreten. Die Vereinbarung sei „null und nichtig". Zu recht?

Die nächste Station betrifft die **Beschaffung näherer Informationen über die Bewerber.** Da es grundsätzlich eine privatautonome Entscheidung ist, durch welche Umstände sich eine Vertragspartei zum Vertragsschluss motivieren lässt, muss es dem Arbeitgeber an sich möglich sein, die für ihn maßgebenden Umstände in der Person des Bewerbers zu erfahren. Gleichwohl sind der Informationsgewinnung Grenzen gesetzt. **Neben Art. 33 Abs. 2 GG**, der für den Zugang zu jedem öffentlichen Amt (und damit insbesondere für die Einstellung in den öffentlichen Dienst[30]) nur ein Abstellen auf Eignung, Befähigung und fachliche Leistung erlaubt, und den **Vorgaben des Datenschutzrechts** bestehen **allgemeine**, praktisch sehr bedeutsame **Schranken.** 229

Zunächst ist das **Recht auf informationelle Selbstbestimmung** zu nennen, welches das BVerfG im „Volkszählungsurteil" angesichts des geschärften Bewusstseins der Gefahr des „gläsernen Menschen" als Aspekt des allgemeinen Persönlichkeitsrechts (Art. 2 Abs. 1 i.V.m. Art. 1 Abs. 1 GG) anerkannt hat:[31] „Das Grundrecht gewährleistet insoweit die Befugnis des einzelnen, grundsätzlich selbst über die Preisgabe und Verwendung seiner persönlichen Daten zu bestimmen."[32] Staatliche Eingriffe bedürfen einer besonders strengen Rechtfertigung. Diese grundrechtliche Gewährleistung zeigt auch eine Ausstrahlungswirkung auf die privatrechtliche Beziehung zwischen Arbeitgeber und Arbeitnehmer.[33] Es verdient Anerkennung, dass das Arbeitsrecht schon seit langem auf Eingriffe in den personalen Bereich empfindsam reagiert und nach einem angemessenen Ausgleich zwischen dem berechtigten Informationsinteresse des Arbeitgebers und dem notwendigen Persönlichkeitsschutz des Arbeitnehmers sucht, der gerade dadurch gefährdet ist, dass der Arbeitnehmer für seine soziale Existenz auf einen Arbeitsplatz angewiesen ist. 230

---

30 Zur Reichweite *Brosius-Gersdorf*, in: H. Dreier (Hrsg.), GG, Bd. 2, 3. Aufl. 2015, Art. 33 Rn. 84ff.; näher zu Art. 33 Abs. 2 GG unten RN 272.
31 BVerfG v. 15.12.1983 – 1 BvR 209/83 u. a. –, BVerfGE 65, 1ff.
32 Leitsatz 1 Satz 2, a.a.O.
33 Zur Ausstrahlungswirkung oben § 4 RN 143ff. Das primär an den Staat adressierte Bundesdatenschutzgesetz gilt auch für die automatisierte Verarbeitung und Speicherung personenbezogener Daten durch Private (§ 1 Abs. 1 S. 2 BDSchG). Zur Thematik *Däubler*, Handbuch zum Arbeitnehmerdatenschutz, 5. Aufl. 2010; zur Datenschutzrichtlinie 95/46/EG MünchArbR/*Reichold* § 96.

231   Eine weitere Einschränkung der Informationsgewinnung stellen **Benachteiligungsverbote** dar, wie sie sich etwa aus **Art. 9 Abs. 3 GG** und wiederum aus
dem **Allgemeinen Gleichbehandlungsgesetz** ergeben. Beim AGG besteht die
Benachteiligung wegen der verpönten Diskriminierungsmerkmale zwar noch
nicht darin, dass sich der Arbeitgeber um Kenntnisse gerade hinsichtlich des
Vorliegens dieser Merkmale bei einem Bewerber (gemäß § 6 Abs. 1 S. 2 AGG
ausdrücklich einbezogen) bemüht.[34] Außerdem kann das Verhalten des Arbeitgebers im Hinblick auf die zu besetzende Stelle gerechtfertigt sein. Fehlt es jedoch
an der Rechtfertigung, wird das Bemühen – zumindest ab einem gewissen Umfang – als Indiz der Diskriminierung und damit als Auslöser der Beweislastumkehr des § 22 AGG zu sehen sein, sollte der inspizierte Bewerber abgelehnt werden
und Schadensersatz bzw. Entschädigung anstreben.[35] Da sich der Arbeitgeber bei
der Ausschreibung und bei der Ablehnung eines Bewerbers bedeckt halten kann,
werden die durch das AGG ausgelösten Konflikte die Bewerbungsgespräche,
Fragebögen, Assessment-Center, andere Tests und Untersuchungen zum Inhalt
haben.

aa) Fragerecht des Arbeitgebers

232 Die vorstehenden Ausführungen machen bereits deutlich, dass der Arbeitgeber
kein unbegrenztes Fragerecht haben kann und es demgemäß zulässige und unzulässige Fragen geben muss. Stellt der Arbeitgeber dem Bewerber eine **zulässige
Frage** und wird diese falsch beantwortet, gewähren § 123 Abs. 1 Alt. 1 und § 119
Abs. 2 BGB ein Recht zur Anfechtung des Vertrages wegen **arglistiger Täuschung**[36] bzw. eines Irrtums über möglicherweise als verkehrswesentlich einzu-
stufende Eigenschaften des Bewerbers. Auch freiwillige Angaben des Arbeitnehmers müssen stets der Wahrheit entsprechen.

233   Bei einer **unzulässigen Frage** steht der Bewerber – insofern zu Unrecht –
unter Druck, als er schon bei der bloßen Verweigerung der Antwort nicht mit
einem Vertragsschluss rechnen kann. Der Gesetzgeber hat versucht, einer solchen
Konfliktsituation des Arbeitnehmers von vornherein **vorzubeugen**, indem er
Personalfragebogen und *die Angabe persönlicher Daten in allgemein verwendeten
Arbeitsverträgen* und allgemeine Beurteilungsgrundsätze für die Mitarbeiter, etwa
im Rahmen jährlicher Mitarbeitergespräche[37], von der **Zustimmung des Be-**

---

34 *Wisskirchen/Bissels*, NZA 2007, 169, 170 f.: Sanktionslose Vorbereitung.
35 Zur Beweislastumkehr soeben RN 228, zu den Folgen eines Verstoßes gegen das AGG s. unten
RN 264 ff.
36 Zur Anfechtung s. unten § 6 RN 303 ff.
37 BAG v. 17. 3. 2015 – 1 ABR 48/13, AP Nr. 11 zu § 94 BetrVG 1972 = NZA 2015, 885.

triebsrats abhängig gemacht hat (§ 94 BetrVG), um die Personalpolitik zu versachlichen und das Persönlichkeitsrecht der Beschäftigten zu schützen.[38]

Keineswegs existiert aber in den meisten Betrieben ein Betriebsrat, und **234** dessen Kontrolle insbesondere auf unzulässige Fragen kann auch misslingen. Es bedarf daher einer eigenen Lösung für den Fall, dass der Arbeitnehmer eine gestellte, aber unzulässige Frage falsch beantwortet. Die abstrakte Rechtsfolge lässt sich leicht nennen: Die falsche Antwort auf eine unzulässige Frage ist nicht widerrechtlich. Dies bedeutet zunächst, dass der Arbeitgeber nicht arglistig getäuscht wird, so dass eine Anfechtung nicht in Betracht kommt.[39] Dem um seine Einstellungschancen fürchtenden Bewerber wird damit ein faktisches **„Recht zur Lüge"** eingeräumt.[40] Auch kann der Arbeitgeber nicht wegen eines vermeintlichen Fehlverhaltens kündigen, wenn er nachträglich die Wahrheit erfährt. Eine derartige Kündigung wäre eine unzulässige Maßregelung (§ 612a BGB).

Die eigentliche Schwierigkeit steckt vielmehr in der überzeugenden **Ein-** **235** **grenzung des Fragerechts**, um einen Ausgleich der widerstreitenden Interessen an Gewinnung bzw. Zurückhalten von Informationen zu schaffen. Das Recht auf informationelle Selbstbestimmung spannt als **Richtschnur**, dass es dem Arbeitgeber grundsätzlich nur gestattet ist, solche Fragen zu stellen, **„an deren Beantwortung für die vorgesehene Tätigkeit ein berechtigtes, billigenswertes und schützenswertes Interesse besteht"**[41]. Je bedeutsamer der erfragte Umstand für die erfolgreiche Durchführung des Arbeitsverhältnisses ist, desto eher ist auch eine darauf gerichtete Frage zulässig. Gleichwohl begrenzen die besonderen Benachteiligungsverbote den Spielraum teils erheblich, wie die anschließenden Beispiele zeigen werden. Insbesondere das AGG ermöglicht folglich Falschauskünfte *und* Ersatzansprüche im Falle der Ablehnung der Einstellung.

(1) Frage nach einer Schwangerschaft

Die Frage nach dem Geschlecht erübrigt sich normalerweise, da es nur in den **236** wenigsten Fällen eine unverzichtbare Anforderung für die Besetzung einer Stelle

---

38 BAG v. 21.11.2017–1 ABR 471/!&; AP Nr. 26 zu § 87 BetrVG 1972 Gesundheitsschutz = NZA 2018, 380; *Junker*, Grundkurs, Rn. 759.
39 Z.B. BAG v. 5.10.1995 – 2 AZR 923/94 – unter B II 1, AP Nr. 40 zu § 123 BGB = NZA 1996, 371.
40 *Junker*, Grundkurs Arbeitsrecht, Rn. 153; *Thüsing*, Arbeitsrechtlicher Diskriminierungsschutz, Rn. 673; zum „Recht zur Lüge" insbesondere aus dem AGG *Wisskirchen/Bissels*, NZA 2007, 169, 170.
41 Z.B. BAG v. 20.5.1999 – 2 AZR 320/98 – unter B I 1, AP Nr. 50 zu § 123 BGB = NZA 1999, 975. Zu den Beispielen vgl. die Zusammenstellungen von *Ehrich*, DB 2000, 421 ff., und *Wisskirchen/Bissels*, NZA 2007, 169, 171 ff.

ist.[42] Umso heftiger wurde lange Zeit über die Berechtigung der Frage nach einer Schwangerschaft diskutiert, die vor dem Hintergrund des gesetzlichen **Mutterschutzes** zu sehen ist: Für (werdende) Mütter bestehen Beschäftigungsverbote für einen Zeitraum von sechs Wochen vor und zwischen acht und zwölf Wochen nach der Entbindung (§ 3 Abs. 1 und 2 MuSchG); dies kann auch außerhalb der Spanne gelten (Einzelheiten: §§ 4 ff. MuSchG). Dennoch muss der Arbeitgeber gemäß § 18 MuSchG das Arbeitsentgelt für Ausfallzeiten, die auf Beschäftigungsverboten beruhen, überwiegend[43] weiterzahlen und während der Schutzfristen des § 3 MuSchG die dann gewährten Sozialversicherungsleistungen durch einen Zuschuss aufstocken (§ 20 MuSchG), was eine erhebliche wirtschaftliche Belastung vermuten lässt. Aus *Art. 6 Abs. 4 GG*, der jeder Mutter den Schutz und die Fürsorge der Gemeinschaft zusagt, folgt nicht, dass die Lasten ausschließlich vom Staat getragen werden müssten.[44]

237   Indes wird die soziale Last mittels eines **Umlagesystems** auf breitere Schultern verteilt. Das BVerfG hatte die Belastung der Arbeitgeber allein durch den Zuschuss in Höhe von insgesamt geschätzt ca. 1,65 Milliarden € im Jahr 2005 als mit Art. 3 Abs. 2 GG unvereinbares und deshalb die Berufsfreiheit (Art. 12 Abs. 1 GG) beeinträchtigendes Beschäftigungshindernis für Frauen bewertet.[45] Daraufhin schuf der Gesetzgeber zum 1.1.2006 das Aufwendungsausgleichsgesetz (AAG). Dies erstreckt die Umlage auch auf mittlere und große Unternehmen und gewährt dafür in § 1 Abs. 2 AAG allen Arbeitgebern einen vollumfänglichen Anspruch auf Erstattung der nach §§ 18, 20 MuSchG zu erbringenden Leistungen.

238   Die **Entwicklung der Rechtsprechung** zur Frage nach einer Schwangerschaft ist von einer zunehmend ablehnenden Haltung geprägt. Anfangs hat das BAG die Frage ohne weiteres für zulässig gehalten, sofern sie in angemessener Form gestellt wurde.[46] Nach Inkrafttreten des § 611a BGB a.F., der ab 1980 in Umsetzung der Gleichbehandlungsrichtlinie 76/207/EWG geschlechtsbezogene Benachteiligungen insbesondere bei der Begründung des Arbeitsverhältnisses verhindern sollte, wurde die Frage nur noch dann zugelassen, wenn sich allein Frauen auf eine Stelle bewarben.[47] Dieser Ausnahme trat der EuGH entgegen,[48]

---

42 Zum Sonderfall der Transsexualität s. BAG v. 21.2.1991 – 2 AZR 449/90 –, AP Nr. 35 zu § 123 BGB = NZA 1991, 719.
43 Vgl. § 7 RN 560.
44 BVerfG v. 23.4.1974 – 1 BvL 19/73 –, BVerfGE 37, 121 ff.
45 BVerfG v. 18.11.2003 – 1 BvR 302/96 –, BVerfGE 109, 64 ff. = AP Nr. 23 zu § 14 MuSchG 1968 = NZA 2004, 33.
46 BAG v. 22.9.1961 – 1 AZR 241/60 –, AP Nr. 15 zu § 123 BGB m. zust. Anm. *Larenz.*
47 BAG v. 20.2.1986 – 2 AZR 244/85 –, AP Nr. 31 zu § 123 BGB m. Anm. *Coester,* der jedes Fragerecht verneint.

und veranlasste damit das BAG ebenfalls zu deren Ablehnung.[49] Inzwischen wurde die Frage nach einer Schwangerschaft sogar dann als unzulässig angesehen, wenn der zu schließende Arbeitsvertrag von vornherein und gerade wegen einer Schwangerschaftsvertretung auf wenige Monate befristet ist[50] oder wenn die Frau eine unbefristete Tätigkeit wegen des schon einschlägigen Beschäftigungsverbotes zunächst nicht aufnehmen kann[51]. Im Fall 17 ist eine Anfechtung des mit L geschlossenen Anstellungsvertrags daher ausgeschlossen.

Angesichts dieser Rechtsprechungsphalanx, die auf Seiten des BAG inzwischen „Züge der Resignation"[52] trägt, ist eine gegenteilige Auffassung zumindest in der gerichtlichen Praxis heute nicht mehr vertretbar.[53] Klarstellend tritt **§ 3 Abs. 1 S. 2 AGG** hinzu, der als unmittelbare Benachteiligung wegen des Geschlechts eine ungünstigere Behandlung wegen Schwangerschaft oder Mutterschaft nennt. Immerhin ist mit der Neugestaltung des Umlagesystems die Frage nach der Schwangerschaft ihrer ökonomischen Brisanz für viele Arbeitgeber teilweise enthoben; betriebsorganisatorische und personalwirtschaftliche Probleme bestehen aber fort. Ein Verbot der Frage kann nach wie vor den nachteiligen Effekt haben, dass sich der Arbeitgeber – ohne ausdrückliche stichhaltige Begründung – vorsorglich für einen Mann entscheidet, eine Gefahr, die ohnehin nicht von der Hand zu weisen ist. **239**

(2) Fragen nach dem Gesundheitszustand

Nach einer Entscheidung des BAG aus dem Jahre 1984 muss der Bewerber auf eine Frage des Arbeitgebers nur solche Krankheiten oder Behinderungen nennen, die erfahrungsgemäß einen **spezifischen Bezug zur vorgesehenen Tätigkeit** aufweisen.[54] Das BAG stellte damals einen **Katalog wesentlicher Fragen** auf, von **240**

---

48 EuGH v. 8.11.1990 – C-177/88 – (Dekker), AP Nr. 23 zu Art. 119 EWG-Vertrag = NZA 1991, 171.
49 BAG v. 15.10.1992 – 2 AZR 227/92 –, AP Nr. 8 zu § 611a BGB m. Anm. *Coester* – NZA 1993, 257.
50 EuGH v. 4.10.2001 – C-109/00 – (Tele-Danmark), AP Nr. 27 zu EWG-Richtlinie Nr. 76/207 = SAE 2003, 125 m. sehr krit. Anm. *Herrmann*.
51 BAG v. 6.2.2003 – 2 AZR 621/01 –, AP Nr. 21 zu § 611a BGB = NZA 2003, 848 = SAE 2004, 125 m. krit. Anm. *Löwisch/Fischer*.
52 *Löwisch/Fischer*, Anm. zu BAG v. 6.2.2003 – 2 AZR 621/01 –, SAE 2004, 125 unter I.
53 Aus Platzgründen nur Verweis auf EuGH v. 27.2.2003 – C-320/01 –, NZA 2003, 373 (Busch): Nicht anfechtbares Einverständnis des Arbeitgebers zu vorzeitiger Rückkehr einer Arbeitnehmerin aus Erziehungsurlaub (Bezug von Erziehungsgeld), die am nächsten Tag mitteilt, dass sie im 7. Monat schwanger ist (intendierter Bezug höheren Mutterschaftsgeldes nebst Arbeitgeberzuschusses).
54 BAG v. 7.6.1984 – 2 AZR 270/83 –, AP Nr. 26 zu § 123 BGB = NZA 1985, 57.

dem anzunehmen ist, dass er – im Hinblick auf **Krankheiten**, nicht auf Behinderungen – auch heute noch Gültigkeit besitzt:[55]

> „Liegt eine Krankheit [...] vor, durch die die Eignung für die vorgesehene Tätigkeit auf Dauer oder in periodisch wiederkehrenden Abständen eingeschränkt ist?
>
> Liegen ansteckende Krankheiten vor, die zwar nicht die Leistungsfähigkeit beeinträchtigen, jedoch die zukünftigen Kollegen oder Kunden gefährden?
>
> Ist zum Zeitpunkt des Dienstantritts bzw. in absehbarer Zeit mit einer Arbeitsunfähigkeit zu rechnen, z. B. durch eine geplante Operation, eine bewilligte Kur oder auch durch eine zur Zeit bestehende akute Erkrankung?"

Entsprechend war A im Fall 18 verpflichtet, die Frage nach etwaigen gesundheitlichen Beeinträchtigungen wahrheitsgemäß zu beantworten. Die bewusste Falschbeantwortung macht den Arbeitsvertrag anfechtbar.

241   Die Problematik von Fragen nach dem allgemeinen Gesundheitszustand hat besondere Bedeutung durch die **Krankheit AIDS** erlangt.[56] Ein Arbeitnehmer, der mit dem Immunschwächevirus infiziert, aber noch nicht an AIDS erkrankt ist, darf die Frage nach einer Infektion unrichtig beantworten, wenn er bei der vorgesehenen Tätigkeit voraussichtlich niemanden gefährdet. Diese Gefahr würde bei einem Kraftfahrer zu verneinen sein, während sie bei Ärzten und anderem Pflegepersonal eher zu bejahen sein dürfte.[57] Da nach Ausbruch der Krankheit mit keiner Heilung zu rechnen und der Arbeitsausfall abzusehen ist, soll aber nach der Krankheit selbst gefragt werden dürfen.

242   Hinsichtlich der Frage nach einer **Behinderung** bedarf es erneut eines Blickes auf die gesetzlichen, in den letzten Jahren erweiterten Vorgaben. Neben dem seit 1994 in **Art. 3 Abs. 3 S. 2 GG** enthaltenen Benachteiligungsverbot mit subjektivem Abwehrcharakter[58] trat 2001 das **SGB IX** in Kraft. Dieses sah in § 81 Abs. 2 S. 2 Nr. 1 SGB IX a.F. (§ 164 Abs. 2 SGB IX) ein „einfachrechtliches", spezifisches Verbot der Benachteiligung schwerbehinderter[59] Menschen bei der Begründung eines Arbeitsverhältnisses vor. Ferner werden Arbeitgeber mit mindestens 20

---

55 Vgl. auch *Hromadka/Maschmann*, Arbeitsrecht 1, § 5 Rn. 50.
56 Dazu *Richardi*, NZA 1988, 73 ff.; *Lichtenberg/Schücking*, NZA 1990, 41 ff.
57 *Löwisch*, in: Die Rechtsprobleme von AIDS, hrsgg. von Schünemann/Pfeiffer, 1988, S. 307, 319 f.
58 Auch zu dessen Drittwirkung *Pahlen*, RdA 2001, 143 ff.
59 Schwerbehinderung besteht ab einem Grad der Behinderung von 50 (oder Gleichstellung, § 2 Abs. 2, 3 SGB IX). Dennoch wurde § 81 Abs. 2 SGB IX a. F. (§ 164 Abs. 2 SGB IX) in europarechtskonformer Auslegung auch bei einer Benachteiligung wegen Behinderung einer weder schwerbehinderten noch gleichgestellten Arbeitnehmerin angewandt, BAG v. 3.4.2007 – 9 AZR 823/06 –, AP Nr. 14 zu § 81 SGB IX = NZA 2007, 1098.

Arbeitnehmern durch § 154 Abs. 1 SGB IX verpflichtet, auf 5 % ihrer Arbeitsplätze schwerbehinderte Menschen zu beschäftigen; bei Nichtbeachtung droht eine wohl nicht nachhaltig schmerzende *Ausgleichsabgabe* (§ 160 SGB IX). Die bisher letzte Stufe wurde 2006 mit dem europäisch veranlassten **AGG** genommen, das ein weiteres Benachteiligungsverbot enthält – nunmehr ausdrücklich zugunsten Behinderter. Damit verlangt das Gesetz nicht länger Schwerbehinderteneigenschaft,[60] doch weiterhin im Rahmen des autonom vom EuGH zu interpretierenden Behinderungsbegriffs „mehr" als Krankheit, insbesondere eine längere Gesundheitsbeeinträchtigung.[61]

Schon wegen der anfallenden Zusatzkosten und des organisatorischen Auf- **243** wands möchte der Arbeitgeber Kenntnis von einer Behinderung des Bewerbers erlangen; manchem Arbeitgeber mag es auch darum gehen, die Beschäftigungspflicht nach § 154 SGB IX zu erfüllen. Gleichwohl wird man angesichts der nun weit reichenden Benachteiligungsverbote die Frage nach einer Behinderung nur noch insoweit zulassen können, wie das Nichtbestehen jeder oder besonderer Formen der Behinderung **eine wesentliche und entscheidende Anforderung für die zu verrichtende Tätigkeit** darstellt (vgl. § 8 Abs. 2 AGG). Diese Ausnahme wird nicht allzu selten einschlägig sein; man denke an Berufe mit Verantwortung für Leib und Leben Dritter.[62] Bei unwahrer Beantwortung kann der Arbeitgeber seine auf den Vertragsschluss gerichtete Willenserklärung wegen **arglistiger Täuschung** anfechten, es sei denn, dass wegen Offensichtlichkeit der Behinderung ein Irrtum des Arbeitgebers nicht entstehen konnte.[63] Die vom BAG früher artikulierte Ansicht, derzufolge die Frage nach der Schwerbehinderteneigenschaft selbst bei „tätigkeitsneutraler" Behinderung zulässig war,[64] dürfte damit überholt sein.[65]

---

60 Zu den praktischen Schwierigkeiten *Düwell*, BB 2006, 1741. § 164 Abs. 2 S. 2 SGB IX verweist nun auf das AGG.

61 Zur Abgrenzung und zur maßgeblichen „europäischen" Definition der Behinderung EuGH v. 11.7.2006 – C-13/05 – (Navas) unter Rn. 39 ff., AP Nr. 3 zu EWG-Richtlinie Nr. 2000/78 = NZA 2006, 839.

62 Einschätzung von *Thüsing*, Arbeitsrechtlicher Diskriminierungsschutz, Rn. 357; Beispiele bei *Bauer/Göpfert/Krieger* AGG, 4. Aufl. 2015, § 8 Rn. 33.

63 Vgl. BAG v. 18.10.2000 – 2 AZR 380/99 –, AP Nr. 59 zu § 123 BGB = NZA 2001, 315, indes noch auf umfangreichem Fragerecht bzgl. Behinderung basierend, s. sogleich.

64 Etwa BAG v. 3.12.1998 – 2 AZR 754/97 –, AP Nr. 49 zu § 123 BGB = NZA 1999, 584.

65 *Düwell*, BB 2006, 1741, 1743; *Wisskirchen/Bissels*, NZA 2007, 169, 173; zu § 81 SGB IX bereits *Rolfs/Paschke*, BB 2002, 1260, 1261; *Thüsing/Lambrich*, BB 2002, 1146, 1148 f.

(3) Fragen nach weiteren Umständen

244 Der Katalog weiterer Beispiele soll mit einem Hinweis zur Frage nach dem **Alter** des Bewerbers eröffnet werden. Die vor Erlass des AGG als weitgehend unbedenklich eingestufte Frage unterliegt nunmehr dem Erfordernis der Rechtfertigung, die angesichts des die Anforderungen absenkenden § 10 AGG in den Fällen durchaus gelingen mag, in denen das Alter überhaupt Bedeutung für die angestrebte Tätigkeit hat. Ansonsten wird sich der Personalverantwortliche mit zulässigen Fragen zu Fähigkeiten und etwaigen krankheitsbedingten Einschränkungen begnügen (und sich auf sein Auge und vorliegende Unterlagen verlassen).

245 Fragen nach der **Religionszugehörigkeit** waren dagegen bereits früher in der Regel unzulässig und sind es noch heute. § 9 AGG normiert die überkommene gerechtfertigte Differenzierung, wenn der Arbeitgeber in dieser Eigenschaft eine spezifische Tendenz verfolgt und die religiöse Überzeugung oder Weltanschauung eine gerechtfertigte berufliche Anforderung darstellt. Man denke etwa an die beabsichtigte Einstellung einer Erzieherin oder eines Erziehers in einem Kindergarten der katholischen Kirche; anders liegt es zumeist bei Reinigungskräften und anderen Tätigkeiten im verkündigungsfernen Bereich.

246 Außerhalb des AGG[66] unzulässig sind ebenfalls Fragen nach einer **Partei-** oder **Gewerkschaftszugehörigkeit**,[67] wobei abermals **tendenzbezogene Ausnahmen** möglich sind. Dieses Frageverbot lässt sich rechtlich schon mit dem Hinweis auf die spezifischen Diskriminierungsverbote des **§ 75 Abs. 1 S. 1 BetrVG** begründen.[68] Hinzu kommt der im Persönlichkeitsschutz und der Berufsfreiheit gründende Gesichtspunkt, dass die genannten persönlichen Einstellungen regelmäßig keinen Einfluss auf die dem Arbeitgeber geschuldete Leistung haben. Die Gewerkschaftszugehörigkeit kann zwar für den Arbeitgeber insofern von wirtschaftlichem Interesse sein, als er ohne Allgemeinverbindlicherklärung oder individualvertragliche Gleichstellung nur dem Gewerkschaftsmitglied den Tariflohn schuldet.[69] Gerade dieser Tarifschutz ist aber die gewollte Konsequenz der

---

66 Zu fehlender Analogiefähigkeit des AGG *Thüsing*, Arbeitsrechtlicher Diskriminierungsschutz, Rn. 219 ff.; entgegen *Wisskirchen/Bissels*, NZA 2007, 169, 172, fällt Gewerkschaftszugehörigkeit nicht unter Weltanschauung.

67 Vgl. im Einzelnen *Otto*, Personale Freiheit, S. 37 ff. Gemeint sind verfassungsmäßige Parteien, so dass jedenfalls im öffentlichen Dienst Fragen nach früherer Zugehörigkeit zur SED im Grundsatz unbedenklich sind (BVerfG v. 8.7.1997 – 1 BvR 2111/94 u. a. –, BVerfGE 96, 171 ff.).

68 Zur Bedeutung des § 75 BetrVG bereits § 4 RN 187; *Otto*, Personale Freiheit, S. 28 ff. Das BAG hat § 75 BetrVG als Kontrollinstrument bei einer Einstellung, wenn wir recht sehen, erstmals im Urteil v. 5.4.1984 herangezogen (– 2 AZR 513/82 – unter II, AP Nr. 2 zu § 17 Berufsbildungsgesetz = NZA 1985, 329).

69 Vgl. den Sachverhalt BAG v. 28.3.2000 – 1 ABR 16/99 –, AP Nr. 27 zu § 99 BetrVG 1972 Einstellung = NZA 2000, 1294; zur Tarifgebundenheit unten § 10 RN 717.

durch Art. 9 Abs. 3 GG sogar verfassungsrechtlich geschützten Koalitionsfreiheit des einzelnen Arbeitnehmers.

Die weithin übliche Frage nach **Vorstrafen**[70] beruht auf der Sorge vor künf- 247 tigen Pflichtverletzungen oder dem weit verbreiteten Misstrauen gegenüber Straftätern, so dass ein dahingehendes Interesse persönlich durchaus verständlich ist. Dennoch bestehen **Einschränkungen** in zweierlei Hinsicht. Erstens gebietet das Persönlichkeitsrecht des Bewerbers, dass er nur nach Delikten befragt wird, die **Bedeutung für die zu erbringende Arbeitsleistung** haben.[71] Bei der Einstellung eines Kraftfahrers etwa sind dies Verkehrsdelikte, bei der eines Kassierers Vermögensdelikte und bei Erziehern nach Sexualstraftaten. Zweitens ist mit der eher formalen Regelung des **§ 53 Bundeszentralregistergesetz**[72] dem Resozialisierungsgedanken Rechnung zu tragen. Danach darf sich derjenige – auch der Bewerber gegenüber dem potentiellen Arbeitgeber – als unbestraft bezeichnen, dessen Verurteilung von vornherein nicht in das Führungszeugnis aufzunehmen (z.B. regelmäßig eine Geldstrafe von nicht mehr als 90 Tagessätzen; Einzelheiten: § 32 BZRG) oder nach Fristablauf zu tilgen ist (z.B. regelmäßig fünf Jahre nach Verbüßung der Freiheitsstrafe; Einzelheiten: §§ 33 f. BZRG). Für die Frage nach *laufenden Ermittlungsverfahren* hält das BZRG keine einschlägige Regelung bereit, so dass vor allem das Persönlichkeitsrecht des Bewerbers und andererseits das Arbeitgeberinteresse an dessen Verfügbarkeit bewertet werden müssen.[73]

Als letztes Beispiel sei die Frage nach dem **Arbeitseinkommen beim frü-** 248 **heren Arbeitgeber** genannt. Diese berührt sicher nicht den höchstpersönlichen Bereich. Gleichwohl hat das BAG (im Zusammenhang mit einem Wechsel von der Möbelbranche zu einem Bestattungsunternehmen) die Frage grundsätzlich als unzulässig erachtet, wenn die bisherige Vergütung keine Aussagekraft für die angestrebte Stelle, insbesondere für den objektiven Wert der zu erwartenden Arbeitsleistung hat.[74] Dies ist im Ergebnis schon deshalb zu begrüßen, da der Arbeitgeber den Arbeitnehmer eventuell allzu günstig „einzukaufen" hofft.

---

70 Ausführlich *Otto*, Personale Freiheit, S. 51 ff.
71 Schon BAG v. 5.12.1957–1 AZR 594/56 –, AP Nr. 2 zu § 123 BGB; auch nach Erlass des BZRG BAG v. 20. 5.1999–2 AZR 320/98 –, AP Nr. 50 zu § 123 BGB = NZA 1999, 975; a.A. *Hofmann*, ZfA 1975, 1, 30 ff., der das BZRG als abschließend betrachtet.
72 I.d.F. der Bekanntmachung v. 21.9.1984 (BGBl. I S. 1229, berichtigt BGBl. 1985 I S. 195).
73 Auch zur Unschuldsvermutung *Raab*, RdA 1995, 36 ff.
74 BAG v. 19.5.1983 – 2 AZR 171/81 –, AP Nr. 25 zu § 123 BGB m. Anm. *Mühl*.

bb) Untersuchungen und weitere Informationsquellen

249 Größeres Unbehagen bereiten Informationsquellen, die dem Bewerber mehr als die Antwort auf eine Frage abverlangen, deren Ergebnis weniger gesteuert werden kann und deren Verwiegerung ungleich nachteiliger auf die Entscheidung des Arbeitgebers wirkt. So sind angesichts der drohenden Ausleuchtung der Persönlichkeit bzw. der Intimsphäre des Bewerbers vor allem die neuen, durch das Gendiagnostikgesetz v. 31. 7. 2009[75] aber wietestgehend untersagten Möglichkeiten der **Genomanalyse** zu nennen[76], abgeschwächt auch die Durchführung **psychologischer Tests**[77], die umso bedenklicher sind, je stärker sie darauf abzielen, der Kern der Persönlichkeit des Bewerbers zu explorieren.

250 Die häufige und nicht selten auch tarifvertraglich vorgesehene allgemeine **Einstellungsuntersuchung** bedarf sicher der Einwilligung, die auch – soweit nicht dem Arbeitgeber gesetzlich auferlegt (so § 32 Abs. 1 Jugendarbeitsschutzgesetz) – Art und Umfang der Untersuchung und die Mitteilung des Arztes an den Arbeitgeber umfassen muss. Dennoch hat der Bewerber rein faktisch kaum Einfluss auf die Untersuchung und die ärztliche Mitteilung. In Betracht kommt daher nur ein Hinweis auf die strafgesetzlich abgesicherte ärztliche Schweigepflicht, derzufolge der Arzt seinen Befund gegenüber dem Arbeitgeber nur im Rahmen des oben umschriebenen Fragenkomplexes mitteilen darf.

251 Nicht selten verlangt der Arbeitgeber einen ausführlichen, eigenhändig geschriebenen Lebenslauf, der Grundlage für ein **graphologisches Gutachten** sein kann. Das BAG hatte über einen Fall zu entscheiden, in dem sich eine Bewerberin den angeforderten Lebenslauf durch ihren Rechtsanwalt und Nachbarn schreiben ließ sowie in ihrem Begleitbrief von sich aus auf die Vorzüge angewandter Graphologie hinwies.[78] Das Gericht erkannte eine Anfechtung wegen **arglistiger Täuschung** an; die wegen der Gefährdung des Persönlichkeitsrechts erforderliche Einwilligung zur Begutachtung sei hier erteilt worden. Angesichts der völlig fehlenden wissenschaftlichen Absicherung der Graphologie kann dies nicht überzeugen.

cc) Ausnahme: Offenbarungspflicht des Arbeitnehmers

252 Der Arbeitgeber muss nicht ausschließlich von sich aus tätig werden. Vielmehr darf er sich nach den Grundsätzen von Treu und Glauben darauf verlassen, dass

---

75 Gesetz über genetische Untersuchungen bei Menschen (BGBl. I S. 2529, 3612).
76 Dazu *Wiese*, RdA 1988, 217 ff.; *Hunold*, DB 1993, 224, 229.
77 Dazu *v.Hoyningen-Huene*, BB 1991 Beilage 10.
78 BAG v. 16.9.1982 – 2 AZR 228/80 –, AP Nr. 24 zu § 123 BGB.

der Bewerber unabhängig von einer vorherigen Frage oder Untersuchung von sich aus **Umstände** mitteilt, **die ihm die zu verrichtende Arbeit unmöglich machen oder sonst von schwerwiegender Bedeutung sind.**[79] Es bestehen also **eigenständige Offenbarungspflichten,** deren Verletzung zu einer widerrechtlichen Täuschung führt und auch Schadensersatzansprüche auslösen kann. So verhält es sich etwa in Fall 19, da die Verurteilung und der bevorstehende Strafantritt dem B die Erfüllung seiner Dienstpflichten unmöglich macht. Offenbarungspflichten scheiden aber in jedem Falle aus, wenn bereits eine entsprechende Frage des Arbeitgebers unzulässig wäre (insbesondere die nach der Schwangerschaft). Sie können aber z. B. bestehen, wenn der Bewerber einem andersvertraglichen *Wettbewerbsverbot* unterliegt oder an einer *ansteckenden Krankheit* leidet, die Belegschaftsmitglieder konkret gefährden könnte.[80]

c) Auswahlentscheidung
Entsprechend informiert trifft der Arbeitgeber die Auswahlentscheidung. Auch in **253** diesem Stadium kann er von Rechts wegen nicht allein nach seinem Belieben über die Einstellung befinden. Im besonderen Maße ist der öffentliche Arbeitgeber gebunden. Zuerst beschäftigen uns jedoch die Vorgaben an den in der Privatwirtschaft tätigen Arbeitgeber.

aa) Schranken der freien Auswahl in der Privatwirtschaft
Der privatwirtschaftliche Arbeitgeber muss **vor allem finanzielle Konsequen-** **254** **zen** wegen Verletzung des AGG fürchten. Die an ihn gerichteten Vorgaben sind indes mannigfaltig und veranschaulichen eindrucksvoll das für das Arbeitsrecht signifikante Zusammenspiel verschiedener Rechtsquellen.

(1) Vorgaben für die Auswahlentscheidung
Die Beschränkung der „Auswahlfreiheit" auch des rein privaten Arbeitgebers ist **255** im Grundgesetz angelegt. Sofern nämlich Vorschriften des einfachen Rechts **grundrechtliche Schutzpflichten** erfüllen sollen, ist das maßgebende Grundrecht dann verletzt, wenn ihre Auslegung und Anwendung den vom Grundrecht

---

79 Z. B. BAG v. 21.2.1991–2 AZR 449/90 – unter II 1, AP Nr. 35 zu § 123 BGB = NZA 1991, 719.
80 Weitere Beispiele – auch zu Offenbarungspflichten des Arbeitgebers – bei *Hromadka/ Maschmann*, Arbeitsrecht 1, § 5 Rn. 55f.

vorbezeichneten Schutzzweck grundlegend verfehlt.[81] Eine solche Schutzpflicht leitet das BVerfG hinsichtlich der Benachteiligung wegen des Geschlechts aus *Art. 3 Abs. 2 GG* ab.[82]

256   Obschon im Vergleich von geringerer Intensität kommt auch dem Grundrecht der **Berufsfreiheit aus Art. 12 Abs. 1 GG** bezüglich der Wahl des Arbeitsplatzes Schutzpflichtcharakter[83] zu. Das Grundrecht verbietet allgemein den willkürlichen Entzug des Arbeitsplatzes.[84] Da sich Art. 12 GG allerdings primär auf den Zugang bezieht, müsste der Schutzgedanke den Einstellungsvorgang ebenfalls umfassen und damit eine gewisse Schutzpflicht gegen eine willkürliche Vorenthaltung des Arbeitsplatzes entfalten.[85] Ferner ist das **Sozialstaatsgebot** *des Art. 20 Abs. 1 GG* in den Blick zu nehmen, das dem Arbeitnehmer eine eigenständige wirtschaftliche Existenz zwar nicht garantiert, aber zumindest ermöglichen sollte, bevor subsidiär das „soziale Netz" Hilfe leistet. Art. 12, 20 Abs. 1 GG sprechen damit u. E. für eine Interpretation des einfachen Rechts, nach der auch der private Arbeitgeber den Bewerber jedenfalls dann nicht ohne sachlich gerechtfertigten Grund ablehnen darf, wenn dieser keine ausreichenden und zumutbaren Möglichkeiten hat, auf einen anderen Arbeitgeber auszuweichen.

257   Darüber hinaus geht **Art. 9 Abs. 3 GG**, der zwischen Privatrechtssubjekten unmittelbar zur Anwendung gelangt (S. 2) und keine Diskriminierung wegen der Zugehörigkeit oder Nichtzugehörigkeit zu einer Gewerkschaft zulässt.

258   Das europäische Primärrecht verbietet in **Art. 45 AEUV** im Rahmen der Arbeitnehmerfreizügigkeit eine unterschiedliche Behandlung der Arbeitnehmer der Mitgliedstaaten auf Grund ihrer Staatsangehörigkeit. Der EuGH misst dieser Vorschrift unmittelbare Wirkung auch zwischen Privaten zu;[86] sein Hinweis auf Art. 157 AEUV[87] lässt im Fall der verweigerten Begründung eines Arbeitsverhältnisses ebenfalls an eine Sanktion entsprechend dem noch zu erörternden § 15 AGG denken.

81 BVerfG v. 16.11.1993 – 1 BvR 258/86 –, BVerfGE 89, 276 ff. = AP Nr. 9 zu § 611a BGB m. Anm. *Schlachter*; Hervorhebung der Verf. Vgl. zur Schutzpflicht § 4 RN 140.
82 BVerfG v. 16.11.1993 – 1 BvR 258/86 –, BVerfGE 89, 276, Leitsatz 2, mit Blick auf Auslegung des § 611a BGB a.F.
83 Grundlegend für die Wahl des Arbeitsplatzes BVerfG v. 24.4.1991 – 1 BvR 1341/90 –, BVerfGE 84, 133 ff.; ferner insbesondere BVerfG v. 27.1.1998 – 1 BvL 15/87 –, BVerfGE 97, 169 ff. = JZ 1998, 852 ff. m. Anm. *Otto*.
84 BVerfG v. 27.1.1998 – 1 BvL 15/87 –, BVerfGE 97, 169 ff. unter B I 3 b cc.
85 *Hanau*, in: FS Dieterich, 1999, S. 201, 211 f.; dagegen sehr restriktiv z. B. *Boemke/Gründel*, ZfA 2001, 245, 253 ff.
86 EuGH v. 6.6.2000 – C-281/98 – (Angonese), AP Nr. 3 zu Art. 39 EG = NZA-RR 2001, 20.
87 EuGH v. 6.6.2000 – C-281/98 – (Angonese), AP Nr. 3 zu Art. 39 EG, Rn. 35.

Umfassende einfachrechtliche Vorgaben an die Auswahlentscheidung ent- 259
hält das nun schon mehrfach angesprochene **Allgemeine Gleichbehandlungsgesetz.** Untersagt ist jede Benachteiligung wegen der in § 1 AGG genannten und
als abschließend zu betrachtenden[88] Merkmale, sofern die Benachteiligung nicht
durch einen Sachgrund der §§ 8 – 10 bzw. § 5 AGG gerechtfertigt ist. Als Vorbild für
die Einschränkung der Personalauswahl durch das AGG im Zuge der **Umsetzung
europäischer Vorgaben**[89] dienten vor allem der bisherige § 611a BGB[90] (Benachteiligung wegen des Geschlechts) und § 164 Abs. 2 SGB IX (Benachteiligung
wegen Schwerbehinderung). Die sozialrechtliche Norm verweist jetzt auf das AGG
und steht im Zusammenhang mit der ebenfalls bereits erwähnten Pflichtquote zur
Beschäftigung schwerbehinderter Menschen gemäß § 154 SGB IX, durch die der
Arbeitgeber jedoch nur gegenüber dem Staat verpflichtet ist und deren Nichterfüllung allenfalls die *Ausgleichsabgabe* nach § 169 SGB IX auslöst.

Darüber hinaus hat das BAG lange vor Inkrafttreten der spezialgesetzlichen 260
Regelungen – doch nach wie vor zutreffend – im Hinblick auf die von einem
Auszubildenden geforderte Übernahme in ein Arbeitsverhältnis betont, dass sich
die Entscheidung nicht in einem rechtsfreien Raum abspielt, sondern einer
Überprüfung nach dem **allgemeinen Willkürverbot gemäß § 75 BetrVG** un-
terzogen werden kann.[91] Diese Vorschrift spreche zwar direkt nur den Arbeitgeber
und den Betriebsrat an, sie räume aber auch dem einzelnen Arbeitnehmer – und
damit dem Auszubildenden – das Recht ein, nach diesen Grundsätzen behandelt
zu werden.[92] Das BAG konnte bei der Entscheidung die umstrittene Frage offen
lassen, ob sich § 75 BetrVG auch auf betriebsexterne Bewerber bezieht.[93] Nach
unserer Ansicht kann es auf die Unterscheidung zwischen intern und extern nicht
ankommen, denn mit dem vormals Auszubildenden soll wie mit jedem anderen
Bewerber erstmals ein normaler Arbeitsvertrag geschlossen werden. Die Missbilligung bestimmter Motive durch den Gesetzgeber, insbesondere der Benachteiligung wegen einer politischen Einstellung, ist nicht von der Betriebszugehörigkeit abhängig.[94] Ansonsten hat das Problem der Reichweite des § 75 BetrVG auf

---

88 HK-AGG/*Däubler*, § 1 Rn. 6 ff.; *Thüsing*, Arbeitsrechtlicher Diskriminierungsschutz, Rn. 219 ff.;
vgl. aber ArbG Marburg v. 13.2.1998 – 2 Ca 482/97 –, LAGE § 1004 BGB Nr. 4: „Gedanke des § 611a
BGB" gelte bei Diskriminierung wegen Körpergewichts.
89 Nachweise der vier Richtlinien in der Amtl. Anm. zu dem Gesetz.
90 Zur mühsam geronnenen Regelung des bisherigen § 611a BGB *Otto*, Arbeitsrecht, 3. Aufl. 2003,
§ 6 RN 217.
91 BAG v. 5.4.1984 – 2 AZR 513/82 –, AP Nr. 2 zu § 17 Berufsbildungsgesetz.
92 S. zur individuellen Geltung des § 75 BetrVG (auch unabhängig von der Existenz eines Betriebsrats) oben § 4 RN 187; näher *Otto*, Personale Freiheit, S. 28 f.
93 BAG v. 5.4.1984 – 2 AZR 513/82 –, AP Nr. 2 zu § 17 Berufsbildungsgesetz, unter II 3 a.
94 Näher *Otto*, Personale Freiheit, S. 29 f.

Grund der eindeutigen individualrechtlichen Vorgaben des AGG viel der früheren Brisanz verloren.

261   Schließlich können sich Vorgaben aus **Auswahlrichtlinien** ergeben, die primär der Objektivierung der Auswahlentscheidung dienen und der Zustimmung des Betriebsrats bedürfen (§ 95 Abs. 1 BetrVG). In Betrieben mit mehr als 500 Arbeitnehmern kann der Betriebsrat die Aufstellung solcher Richtlinien und inhaltlich die Festlegung fachlicher und persönlicher Einstellungsvoraussetzungen erzwingen (§ 95 Abs. 2 BetrVG). Die Missachtung einer Richtlinie berechtigt den Betriebsrat, die Zustimmung zur Einstellung eines Bewerbers zu verweigern (§ 99 Abs. 2 Nr. 2 BetrVG). Mittelbar kann das bedeuten, dass sich der Arbeitgeber für einen anderen, vom Betriebsrat unterstützten Bewerber entscheidet, mag auch der Betriebsrat seine Unterstützung missbräuchlich nur gewerkschaftsangehörigen, danach insgeheim befragten Bewerbern gewähren. Über die kollektivrechtliche Kontrolle des Einstellungsverfahrens wird im Übrigen an anderer Stelle informiert.[95]

262   Die vielfältigen Überlegungen zeigen, dass es bei privaten Arbeitgebern primär um die Vorgabe einiger Aspekte geht, die bei der Auswahlentscheidung „negativ" herausfallen und damit nicht berücksichtigt werden sollen. Auf Grund der entsprechenden Diskriminierungsverbote kann insoweit von einer partiellen Bindung bei der Personalauswahl gesprochen werden.[96] Diese Anerkennung einer **sozialen Bindung der Abschlussfreiheit des Arbeitgebers** ist durchaus als Ausdruck einer Arbeitsrechtskultur zu verstehen, die sich weit von einem Klassenstandpunkt entfernt hat. Dabei darf selbstverständlich nicht übersehen werden, dass sich die Umsetzung von Rechtsnormen in eine gelebte Rechtswirklichkeit keineswegs von selbst vollzieht. In Aussicht stehende Ersatzansprüche mögen den Gang zum Gericht nahe legen. Bei einem etwaigen Anspruch auf Einstellung jedoch bedarf es immer erst eines Bewerbers, der den Mut hat, sich klageweise gegen ein Fehlverhalten des Arbeitgebers durchzusetzen. Eine ungünstige Arbeitsmarktlage veranlasst ihn sicher eher dazu.

---

95 Dazu unten § 12 RN 904 ff.
96 Vgl. auch MünchArbR/*Benecke* § 31 Rn. 36 ff.; ganz abl. *Herrmann*, ZfA 1996, 19 ff.

(2) Bedeutsame Folgen eines Fehlverhaltens bei der Personalauswahl

Beispielsfälle

Fall 20: A, 54 Jahre alt, hat sich trotz vorzüglicher Zeugnisse und herausragender Qualifikationen bei der Steuerberatungsgesellschaft S als Steuerfachangestellter erfolglos beworben. In den nach Abschluss des Bewerbungsverfahrens zurückgeschickten Bewerbungsunterlagen findet sich ein gelbes „Post-It" mit dem handschriftlichen Hinweis „Viel zu alt. Auch keine Kerle für diese Stelle !!!". Alle anderen Bewerber, darunter auch die letztlich eingestellte E, waren objektiv deutlich schlechter als A qualifiziert. Er fragt, nachdem ihm diese Umstände bekannt geworden sind, ob er eine Chance hat, die S auf Begründung eines Arbeitsverhältnisses zu verklagen und welche anderen Ansprüche ihm, wenn dieses Begehren nicht durchsetzbar sein sollte, zustehen. Genauso ergeht es dem weiteren Bewerber B, der zu diesem Anlass extra hochwertige Passfotos fertigen lies und für die Bewerbung insgesamt 25 € aufwendete, gleichwohl aber ein gleichlautendes „Post-It" in seinen Unterlagen findet. B ist allerdings deutlich schlechter qualifiziert als A und dessen Mitbewerber. Wie ist die Rechtslage?

Fall 21: Rechtsanwalt R, mittlerweile 53 Jahre alt und Partner einer alteingessenen hannoveraner Anwaltssozietät, bewirbt sich auf die Ausschreibung einer Trainee-Stelle der D-AG, die ausdrücklich an junge, dynamische Hochschulabsolventen mit maximal drei Jahren Berufserfahrung adressiert ist. Erwartungsgemäß erhält er eine Absage und verlangt nunmehr – da er wegen seines Alters diskriminiert worden sei – eine Entschädigung nach § 15 AGG. Zu recht?

Bei der Darstellung der individualrechtlichen Folgen eines Verstoßes gegen die genannten Vorgaben müssen wir uns auf die in der Praxis wichtigste Konsequenz, nämlich die **Haftung des Arbeitgebers** gemäß § 15 Abs. 1 und 2 AGG, sowie auf die weitestgehende Konsequenz, nämlich den ausnahmsweisen **einklagbaren Einstellungsanspruch** beschränken. 263

(a) Haftung des Arbeitgebers aus § 15 Abs. 1 und 2 AGG

§ 15 AGG gewährt einen Anspruch auf **Ersatz eines Vermögensschadens** in Abs. 1 und einen Anspruch auf **Entschädigung** wegen eines Nichtvermögensschadens in Abs. 2. Als **Haftungstatbestand** setzen zunächst beide Ansprüche einen Verstoß gegen das Benachteiligungsverbot des § 7 Abs. 1 AGG und damit voraus, dass sich der Arbeitgeber bei der Einstellungsentscheidung ohne ausreichenden Sachgrund von einer gemäß § 1 AGG verpönten Motivation hat leiten lassen.[97] Angesichts des § 22 AGG reicht bereits, wenn sich der Arbeitgeber z. B. 264

---

[97] Dazu *Adomeit/Mohr*, NZA 2007, 179, 180 ff., die aber Vorsatz voraussetzen. Der EuGH v. 8.11. 1990 – C-177/88 – (Dekker), AP Nr. 23 zu Art. 119 EWG-Vertrag = NZA 1991, 171, verlangt eine verschuldensunabhängige Sanktion.

nach einer rechtswidrigen Ausschreibung, unzulässiger Informationsgewinnung oder dem überraschenden Verzicht auf ein angekündigtes Vorstellungsgespräch[98] nicht entlasten kann.[99] Als weitere Voraussetzung verlangt Abs. 1 nur – den Regelungsgehalt der Antidiskriminierungsrichtlinien unzulässig verkürzend[100] – für den **Schadensersatzanspruch** ein **Vertretenmüssen des Arbeitgebers.** Wieder für beide Ansprüche gilt endlich die – allzu kurze und dem Postulat, aus der Umsetzung von Sekundärrechtsakten resultierende Ansprüche weitgehend vergleichbar mit solchen des nationalen Rechts auszugestalten, kaum genügende[101] – materielle Ausschlussfrist von zwei Monaten (§ 15 Abs. 4 AGG), deren Nichtbeachtung zum Erlöschen der Ansprüche führt.[102]

265   Der bedeutsamste Posten des nach § 15 Abs. 1 AGG zu ersetzenden **Vermögensschadens** ist die **entgangene Vergütung,** die der diskriminierte Bewerber auf der ihm versagten Arbeitsstelle verdient hätte.[103] Um der Sorge zu begegnen, dass der Arbeitgeber über Jahre hinweg Ersatz leisten müsste, berechnen viele die Vergütung bis zu dem Zeitpunkt, zu dem der Arbeitgeber frühestens hätte kündigen können. Nicht zu vergessen ist jedenfalls, dass sich der Ersatzberechtigte auf Grund seiner Schadenminderungspflicht (§ 254 Abs. 2 BGB) um eine anderweitige Beschäftigung bemühen muss. Der Anspruch auf entgangene Vergütung setzt die Hypothese voraus, dass der Bewerber bei benachteiligungsfreier Auswahl eingestellt worden wäre (sog. **„bestqualifizierter Bewerber"** wie A in Fall 20). Freilich kann auch ein weniger qualifizierter Bewerber Schadensersatz aus § 15 Abs. 1 AGG geltend machen, wenn ihm ein kausaler Vermögensschaden entstanden ist.[104]

---

98 BVerfG v. 16.11.1993 – 1 BvR 258/86 –, BVerfGE 89, 279 = AP Nr. 9 zu § 611a BGB.

99 Zur Beweislastumkehr s. bereits RN 228, außerdem RN 231.

100 Der Forderung des EuGH v. 8.11.1990 – C-177/88 – (Dekker), AP Nr. 23 zu Art. 119 EWG-Vertrag nach Verschuldensunabhängigkeit der Sanktion könnte mit § 15 Abs. 2 AGG Genüge getan sein, so *Bauer/Evers,* NZA 2006, 893; a.A., wie hier, HK-AGG/*Deinert,* § 15 Rn. 31 m. w. N.; *Wagner/Potsch,* JZ 2006, 1085, 1091.

101 Die Europäische Kommission beanstandete diese Frist in der Vergangenheit zu recht, weil sie den vom BAG bei der AGB-Kontrolle begründeten Zeitraum von drei Monaten unterschreite (AuR 2008, 145, 147). A. A. EuGH v. 8.7.2010 – Rs. C 246/09 – (Bulicke), NZA 2010, 869, 871; BAG v. 18.5. 2017 – 8 AZR 74/16, NZA 2017, 1530; krit. wie hier *Fischinger,* NZA 2010, 1048, 1049.

102 Für eine Klage ist ferner die prozessuale Dreimonatsfrist des § 61b Abs. 1 ArbGG zu beachten.

103 Auch zur sogleich zu erörternden Anspruchsbegrenzung *Bauer/Evers,* NZA 2006, 893, 894; *Willemsen/Schweibert,* NJW 2006, 2583, 2589; a.A. *Adomeit/Mohr,* NZA 2007, 179, 180: § 15 Abs. 4 AGG stehe einem Anspruch auf das positive Interesse ohnehin entgegen.

104 Dezidiert *Wagner/Potsch,* JZ 2006, 1085, 1094 f., überdies mit Alternativvorschlag zur Schadensberechnung basierend auf verlorenen Chancen (S. 1095 ff.). Bezüglich der „frustrierten" Bewerbungsaufwendungen B in Fall 20 ist gerade die Kausalität zu verneinen.

Allerdings wird für die meisten diskriminierten Bewerber der **Entschädi-** 266
gungsanspruch nach § 15 Abs. 2 AGG relevant sein. Verschiedenste Kriterien
beeinflussen die angemessene Höhe der Entschädigung,[105] die vom Arbeitsgericht
im Einzelfall festgelegt wird. Indes hält § 15 Abs. 2 S. 2 AGG eine Sonderregel
bereit: Die Entschädigung des „nicht bestqualifizierten Bewerbers" („der auch bei
benachteiligungsfreier Auswahl nicht eingestellt worden wäre") darf **drei Mo-**
natsgehälter nicht übersteigen. Diese überkommene, vom EuGH bestätigte[106]
Begrenzung ist zu begrüßen. Dennoch werden diejenigen, die die Stelle ohnehin
nicht erhalten hätten, lediglich für ein **diskriminierendes Einstellungsverfah-**
ren entschädigt. In diesen – weit überwiegenden! – Fällen wird aus dem Schadensersatzanspruch wegen des entgangenen Arbeitsplatzes eine Zivilstrafe für
diskriminierendes Verhalten. Ein solcher Ansatz ist in unserem Recht eigentlich
systemwidrig;[107] der Rechtsanwender muss sich freilich darauf einstellen, dass
der europäische Regelsetzer abweichenden, auch an das Rechtssystem anderer
Mitgliedstaaten angelehnten Regulierungsansätzen folgt.

Immerhin muss der Arbeitgeber nicht haften, wenn ein objektiv ungeeigneter 267
„Bewerber" in Wahrheit nicht die Stelle, sondern die Geltendmachung der Ersatzansprüche anstrebt. Dieses Vorgehen **„professioneller Diskriminierungs-**
kläger" ist zumindest rechtsmissbräuchlich[108]; richtigerweise liegt nicht einmal
tatbestandlich – wie im Fall 21 – überhaupt eine in den Schutzbereich des AGG
fallende Bewerbung vor, so dass Schadens- und Ersatzansprüche nach § 15 AGG
schon aus diesem Grund ausscheiden.[109]

(b) Anspruch des Bewerbers auf Einstellung

Ein Anspruch eines Bewerbers auf Einstellung wird gegen einen in der Privat- 268
wirtschaft tätigen Arbeitgeber nur selten in Betracht kommen.[110] Insbesondere

---

105 Näher HK-AGG/*Deinert*, § 15 Rn. 7 8 ff.; *Thüsing*, Arbeitsrechtlicher Diskriminierungsschutz,
Rn. 524 f.
106 EuGH v. 22.4.1997 – C-180/95 – (Draempaehl), AP Nr. 13 zu § 611a BGB = NZA 1997, 645.
107 Kritisch auch *Herrmann*, ZfA 1996, 19, 35 ff.
108 BAG v. 25.10.2018 – 8 AZR 562/16 –, AP Nr. 26 zu § 15 AGG = NZA 2019, 527; vgl. auch ArbG
Hannover v. 15.11.1990 – 5 Ca 388/90 –, EzA § 611a BGB Nr. 6: Bewerbung eines arbeitslosen
Bürokaufmanns auf die ausgeschriebene Stelle einer Buchhalterin (und auf mindestens sechs
weitere Stellen ohne Erfolgsaussicht).
109 EuGH v. 28.7.2016 – Rs. C-423/15 – (Kratzer), ZIP 2016, 1498.
110 Vgl. MünchArbR/*Benecke* § 31 Rn. 36 sowie im Zusammenhang mit dem AGG § 32 Rn. 69.
Abzugrenzen sind u.a. im Vorverhalten begründete Gebote zur Wiedereinstellung Einzelner, s.
oben RN 221; zu öffentlichen Arbeitgebern s. sogleich.

schließt § 15 Abs. 6 AGG diese Rechtsfolge und damit die Naturalrestitution aus (so dass A in Fall 20 seine Einstellung nicht durchsetzen kann), lässt aber andere Rechtsgründe ausdrücklich unberührt. Als solcher ist eine Verletzung des **Art. 9 Abs. 3 GG** zu nennen: Ein Arbeitnehmer, der nur auf Grund seiner Zugehörigkeit oder Nichtzugehörigkeit zu einer Gewerkschaft aus dem Kreis der Bewerber (auf einen tendenzfreien Arbeitsplatz) ausgeschieden ist, muss wegen der Verletzung eines Schutzgesetzes einen Anspruch auf Einstellung haben (§§ 823 Abs. 2, 249 Abs. 1 BGB).

269   Darüber hinaus schließen die eben erörterten besonderen Vorgaben für die Auswahlentscheidung nach unserer Auffassung nicht etwa die Anwendung des **§ 826 BGB** aus, der *generell* vorsätzliche sittenwidrige Schädigungen verbietet und als allgemeine zivilrechtliche Regelung auch einen **Kontrahierungszwang** zu rechtfertigen vermag.[111] Von Sittenwidrigkeit kann man sprechen, wenn der Arbeitgeber (andere) grundrechtlich verbürgte Positionen des Bewerbers stark beeinträchtigt oder ein Monopol oder eine monopolähnliche Stellung auf dem Arbeitsmarkt missbraucht. Ein gutes Beispiel bildet die erst Mitte der 1980er Jahre überwundene Weigerung der Lufthansa, Pilotinnen auszubilden und zu beschäftigen. Ein solcher Eingriff in die Abschlussfreiheit ist auch nicht etwa systemwidrig. Sogar das AGG selbst sanktioniert einen Verstoß gegen das *zivilrechtliche* Benachteiligungsverbot (§ 19 AGG) mit dem Anspruch auf Beseitigung bzw. Unterlassung der Beeinträchtigung (§ 21 Abs. 1 AGG) und billigt damit auch den erzwingbaren Vertragsschluss.[112] Ferner kennt unsere Rechtsordnung die Beschränkung der Vertragsfreiheit bei Marktmissbrauch auch andernorts (vgl. § 20 des Gesetzes gegen Wettbewerbsbeschränkunge[113]). Gegen eine absolute Ausnahme gerade im Arbeitsrecht spricht schon die eingangs betonte **grundrechtliche Schutzpflicht** zugunsten des Arbeitnehmers aus Art. 12 i.V.m. Art. 20 Abs. 1 GG.[114]

270   Als Überleitung dient bereits hier ein Hinweis auf **Art. 33 Abs. 2 GG**, der eine weitergehende Bindung bei der Auswahlentscheidung für jedes **öffentliche Amt** vorsieht. Nach zutreffender Ansicht müssen dessen Vorgaben auch für den Fall fortbestehen, dass öffentliche Arbeitgeber **Aufgabenbereiche formal auf Rechtsträger im Gewand des Privatrechts** verlagern, wie dies vor allem im

---

111 Vgl. *Otto*, Personale Freiheit, S. 34 ff.; *Bezzenberger*, AcP 196 (1996), 395, 427 ff.; *Löwisch*, Arbeitsrecht, Rn. 565 f.; zurückhaltend *Busche*, Privatautonomie und Kontrahierungszwang, 1999, S. 151 ff.
112 HK-AGG/*Deinert*, § 21 Rn. 28, 83 ff. m.w.N.
113 GWB i.d.F. der Bekanntmachung v. 15.7.2005 (BGBl. I S. 2114).
114 Dazu oben RN 256.

Bereich der Daseinsvorsorge vermehrt geschieht: Einer Kommune, die z. B. ihre Wasserversorgung ausgliedern möchte, stehen die privatrechtlichen Rechtsformen (z. B. die GmbH oder AG), aber nicht vollumfänglich die Privatautonomie zu.[115] Bei der Auswahl des einzustellenden Ingenieurs etwa gilt Art. 33 Abs. 2 GG.

bb) *Zusätzliche Schranken bei der Personalauswahl für öffentliche Arbeitgeber*

Auch die öffentliche Hand schließt Arbeitsverträge (nicht mit Beamten![116]). Ihre **271** über die vorstehenden Beschränkungen des privatwirtschaftlichen Arbeitgebers noch hinausgehende Bindung folgt schon aus der **unmittelbaren Wirkung aller Grundrechte**. Dies zeigt sich in besonderen Regelungen, die deren einfachrechtlicher Umsetzung dienen. Basierend auf Art. 3 Abs. 3 S. 2 GG normiert beispielsweise § 165 SGB IX Pflichten ausschließlich der öffentlichen Arbeitgeber zum Schutz schwerbehinderter Menschen.[117]

Vor allem der eben angesprochene **Art. 33 Abs. 2 GG** verdient Beachtung. Er **272** lautet: „Jeder Deutsche hat nach seiner Eignung, Befähigung und fachlichen Leistung gleichen Zugang zu jedem öffentlichen Amte". Anders als in der Privatwirtschaft bestehen damit für die Einstellungsentscheidungen nahezu im gesamten öffentlichen Bereich[118] positive Kriterien; nur objektive Gesichtspunkte dürfen maßgeblich sein. Auf dieser Grundlage hat das BAG einen beachtlichen Schritt in Richtung auf eine sachbezogene Auswahlentscheidung gemacht und einen Anspruch eines Bewerbers auf Einstellung anerkannt, sofern „sich nach den Verhältnissen im Einzelfall jede andere Entscheidung als die Einstellung dieses Bewerbers als rechtswidrig oder ermessensfehlerhaft und mithin die Einstellung als die einzige rechtmäßige Entscheidung der Behörde über die Bewerbung darstellt".[119] Zur Durchsetzung dienen ein vorläufiges Verbot der Stellenbesetzung durch einstweilige Verfügung und die **„Konkurrentenklage"**.[120]

---

115 So *Brosius-Gersdorf*, in: H. Dreier (Hrsg.), GG, Bd. 2, Art. 33 Rn. 85; abw. *Battis*, in: Sachs, GG, Art. 33 Rn. 25; allg. zum Verwaltungsprivatrecht *Maurer*, Allgemeines Verwaltungsrecht, 16. Aufl. 2006, § 3 Rn. 9.

116 Für Beamte gilt Beamtenrecht, s. oben § 3 RN 78.

117 Dazu BAG v. 12. 9. 2006 – 9 AZR 807/05 – Leitsatz 1, AP Nr. 13 zu § 81 SGB IX = NZA 2007, 507: Verletzung der Pflichten aus § 82 SGB IX a. F. (§ 165 SGB IX) lässt vermuten, der Arbeitgeber benachteilige Bewerber wegen ihrer Schwerbehinderung (beachte Parallele zu § 11 i.V.m. §§ 7, 22, 15 AGG, oben RN 264 ff.).

118 Zur Reichweite *Brosius-Gersdorf*, in: H. Dreier (Hrsg.), GG, Bd. 2, Art. 33 Rn. 84 ff.

119 BAG v. 31. 3. 1976 – 5 AZR 104/74 – Leitsatz 1 a.E., AP Nr. 2 zu Art. 33 Abs. 2 GG; inzwischen ständige Rspr., z. B. BAG v. 2. 12. 1997 – 9 AZR 445/96 – unter I 3 a, AP Nr. 40 zu Art. 33 Abs. 2 GG = NZA 1998, 884.

120 BAG v. 18. 9. 2007 – 9 AZR 672/06 –, ZTR 2008, 339.

273 Als abschließende Besonderheit des öffentlichen Dienstes sollen **Quoten-regelungen** zur aktiven Förderung von Frauen genannt werden, über deren Vereinbarkeit mit europarechtlichen Vorgaben (insbesondere mit der früheren Gleichbehandlungs-Richtlinie 76/207/EWG[121]) sowie mit Art. 3 und 33 GG heftig gestritten worden ist.[122] Mit dem durchaus als brisant einzustufenden Urteil vom 17.10.1995 erklärte der EuGH[123] eine nationale Regelung für unzulässig, nach der Frauen im Fall der Unterrepräsentation – selbst bei gleicher Qualifikation – automatisch bevorzugt würden. Hier soll als Hinweis genügen, dass die Verwirklichung einer „im Ergebnis kollektiven Gleichheit" trotz des Förderungsgebots in Art. 157 AEUV – siehe auch § 5 AGG – nicht stets vorgeht. Vielmehr muss im Einzelfall die objektive Beurteilung gewahrt bleiben und persönliche Umstände berücksichtigt werden. Das Bundesgleichstellungsgesetz[124] enthält deshalb in § 8 keine starre, sondern eine „einzelfallbezogene Quotenregelung", die Entscheidungsspielraum lässt.[125]

IV. Mängel und Lücken des Arbeitsvertrages

274 Das allgemeine Bürgerliche Recht sieht als Konsequenz eines Vertragsmangels, mag dieser den Vertrag insgesamt oder nur einzelne Klauseln betreffen, oft die Unwirksamkeit des Vertrages vor. Dies gilt im Ausgangspunkt auch für den Arbeitsvertrag, wenngleich mit Einschränkungen. Soweit möglich, ist dessen **Aufrechterhaltung** das Motto.

1. Das gesamte Vertragswerk betreffende Mängel

275 Solche Mängel, die das gesamte Vertragswerk betreffen, müssen auch für den Arbeitsvertrag zur **Unwirksamkeit** führen. Der **Zeitpunkt**, ab welchem sich die Unwirksamkeit auswirkt, kann aber verschoben werden; insofern geht es um die zeitweilige Aufrechterhaltung des Vertrages. Wenn es zum Abschluss eines feh-

---

121 Abgelöst durch die Gleichbehandlungs-Richtlinie 2002/73/EG.
122 S. *Laubinger*, Verwaltungsarchiv 1996, 305 ff. und 473 ff. mit umfassenden Nachweisen; *Pfarr*, NZA 1995, 809 ff.
123 – C-450/93 – (Kalanke), AP Nr. 6 zu EWG-Richtlinie 76/207 = JZ 1996, 196 m. zust. Anm. *Starck*, der den Aspekt der Chancengleichheit betont. Zur weiteren Entwicklung der EuGH-Rechtsprechung *Otto*, Arbeitsrecht, 3. Aufl. 2003, § 6 RN 218 m.w.N.
124 Vom 24.4.2015 (BGBl. I S. 642).
125 Dazu *Scheuring*, ZTR 2002, 314 ff., 318 f.

lerhaften Arbeitsvertrages gekommen ist, ist zwischen dem von Anfang an unwirksamen und dem anfechtbaren Arbeitsvertrag zu unterscheiden.

a) Die Rechtsfigur des „faktischen Arbeitsverhältnisses"
Von einem **faktischen Arbeitsverhältnis** spricht man mit vollem Recht bei 276
Vorliegen der folgenden **drei Voraussetzungen:**

- Von Anfang an unwirksamer Arbeitsvertrag,
- Invollzugsetzung durch tatsächliche Arbeitsleistung,
- Mangel nicht allzu schwerwiegend (so aber insbesondere bei Verstoß der Tätigkeit gegen ein Strafgesetz[126] oder bei krasser Sittenwidrigkeit[127]).

Man denke z. B. daran, dass dem Vertreter des Arbeitgebers die Vertretungsmacht gefehlt oder dass ein Minderjähriger sich ohne die Zustimmung der Eltern verpflichtet hat. Gegen ein gesetzliches Verbot (§ 134 BGB) wird beispielsweise verstoßen, wenn ein Kind auf Grund des Jugendarbeitsschutzgesetzes keinesfalls hätte beschäftigt werden dürfen oder wenn die nach dem Arbeitszeitgesetz zulässige Höchstarbeitszeit durch die Eingehung eines „Doppelarbeitsverhältnisses"[128] bewusst überschritten wurde, die Arbeitsleistung jedoch bewirkt worden ist. Ferner hielt das BAG die Verpflichtung, als Stripteasetänzerin aufzutreten, zwar wegen Sittenwidrigkeit (§ 138 BGB) möglicherweise für nichtig, bejahte aber ebenfalls ein faktisches Arbeitsverhältnis.[129]

Die Figur des faktischen Arbeitsverhältnisses soll vor allem **verhindern**, dass 277
es wegen des ansonsten fehlenden Rechtsgrundes zu einer **Rückabwicklung der gegenseitig erbrachten Leistungen** nach Maßgabe des Bereicherungsrechts (§§ 812 Abs. 1, 818 ff. BGB) mit allen Bewertungsproblemen kommt.[130] Liegt ein faktisches Arbeitsverhältnis vor, hat der Arbeitnehmer Anspruch auf volle Vergütung für die Zeit des Vollzugs in der *Vergangenheit*. Auch sonst wird das Arbeitsverhältnis behandelt, als wäre es ohne Mangel zustande gekommen. Damit

---

126 Etwa BAG v. 3.11.2004 – 5 AZR 592/03 –, AP Nr. 25 zu § 134 BGB = NZA 2005, 1409: Jahrlange Anstellung als Arzt ohne erforderliche Approbation.
127 Etwa BAG v. 1.4.1976 – 4 AZR 96/75 –, AP Nr. 34 zu § 138 BGB: Verpflichtung zu Geschlechtsverkehr auf der Bühne. Hieran dürfte das Prostitutionsgesetz v. 20.12.2001 (BGBl. I S. 3983; dazu *Braun*, AuA 2002, 457) nichts ändern.
128 LAG Nürnberg v. 19.9.1995 – 2 Sa 429/94 –, LAGE § 611 BGB Doppelarbeitsverhältnis Nr. 1.
129 BAG v. 7.6.1972 – 5 AZR 512/71 –, AP Nr. 18 zu § 611 BGB Faktisches Arbeitsverhältnis.
130 Gegen die h.M. *Natzel*, SAE 1999, 216, 220, 222 ff. m.w.N. Ein Beispiel der Rückabwicklung bietet BAG v. 3.11.2004 – 5 AZR 592/03 –, AP Nr. 25 zu § 134 BGB unter II.

müssen die Arbeitsvertragsparteien für die Zeit des Vollzugs auch alle weiteren Rechte und Pflichten beachten, was ggfs. Schadensersatzansprüche zur Folge haben kann. Der notwendige Minderjährigenschutz gebietet indes, dass ein faktisches Arbeitsverhältnis dem Minderjährigen nicht zum Nachteil gereicht, was insbesondere dessen vertragsähnliche Haftung für angerichtete Schäden ausschließt.

278   Für die **Zukunft** (das Problem der Rückabwicklung und Bestandsschutz bestehen nicht) kann sich jede Partei jederzeit durch eine einseitige Erklärung von der Rechtsbeziehung lösen. Kündigungsschutzvorschriften sind nicht anwendbar.

b) Anfechtbarer Arbeitsvertrag

279   Anders ist die Ausgangslage bei einem anfechtbaren Arbeitsvertrag. In diesem Fall sind die beiderseitigen Pflichten wirksam begründet worden. Freilich würde der Vertrag nach den allgemeinen Regeln des Bürgerlichen Rechts infolge einer Anfechtung einer der auf den Vertragsschluss gerichteten Willenserklärungen rückwirkend als von Anfang an nichtig angesehen werden (§ 142 Abs. 1 BGB). Dass diese Nichtigkeitsfolge mit der Konsequenz bereicherungsrechtlicher Rückabwicklung in der Regel erst recht nicht „passt", wenn immerhin ein Vertrag zustande gekommen ist, leuchtet sofort ein. Deshalb wird mit Recht angenommen, dass eine **Anfechtung** des Arbeitsvertrages entgegen § 142 Abs. 1 BGB **grundsätzlich nicht zurückwirkt**, sondern das Arbeitsverhältnis erst mit dem Zeitpunkt des Zugangs der Erklärung für die Zukunft – ex nunc – beendet.[131]

280   Diese Ausnahme contra legem ist allerdings im Fall der **arglistigen Täuschung** (§ 123 Abs. 1 Alt. 1 BGB) nicht immer gerechtfertigt. In einem vom BAG zu entscheidenden Fall hatte ein Arbeitnehmer die – damals an geringere Vorgaben geknüpfte[132] – Frage nach der Schwerbehinderteneigenschaft unzutreffend verneint, hatte im Verlauf wegen Arbeitsunfähigkeit nicht gearbeitet und Entgeltfortzahlung verlangt.[133] Das Gericht bejahte eine Rückwirkung jedenfalls auf den Zeitpunkt der Arbeitseinstellung; die Rückabwicklung fiel auch weniger schwer.

---

131 Deshalb wird die Anfechtung sogleich in § 6 (RN 303 ff.) behandelt.
132 S. nur BAG v. 5.10.1995 – 2 AZR 923/94 – unter B II 2, AP Nr. 40 zu § 123 BGB = NZA 1996, 371; zur Situation nach Erlass des AGG oben RN 242 f.
133 BAG v. 3.12.1998 – 2 AZR 754/97 –, AP Nr. 49 zu § 123 BGB = NZA 1999, 584 – unter ausdrücklicher Aufgabe entgegenstehender Rspr.

c) Fingierter Arbeitsvertrag

Eine ganz spezielle Lösung hat der Gesetzgeber für die **unerlaubte Arbeitneh-** 281
merüberlassung vorgesehen. Ein Arbeitgeber (Verleiher), der gewerbsmäßig
seine Arbeitnehmer einem Dritten (Entleiher) zur Arbeitsleistung überlassen will,
bedarf nach § 1 des Arbeitnehmerüberlassungsgesetzes (AÜG) einer Erlaubnis.
Fehlt die Erlaubnis von Anfang an, erlischt sie oder wird sie zurückgenommen,
dann ist bzw. wird der Arbeitsvertrag zwischen dem Verleiher und dem Arbeitnehmer unwirksam. Hier fingiert § 10 AÜG ein Arbeitsverhältnis zwischen dem
Arbeitnehmer und dem Entleiher, der in die vom Verleiher vereinbarten Bedingungen eintritt.

2. Inhaltskontrolle und Lückenfüllung

Beispielsfälle

Fall 22: Mitarbeiter M liegt seit Langem mit seinem Arbeitgeber A, insbesondere weil dieser den
Lohn in der Vergangenheit immer nur schleppend gezahlt hat, „über Kreuz". Beide Parteien
kommen überein, das Arbeitsverhältnis einvernehmlich zu beenden. In der entsprechenden
Vereinbarung wird neben der Beendigung binnen Monatsfrist und der Freistellung unter An-
rechnung auf noch offene Urlaubsansprüche des M während dieser Zeit auch eine Abfindung in
Höhe von zwei Bruttomonatsgehältern vorgesehen. Zudem findet sich – drucktechnisch nicht
besonders hervorgehoben und versteckt unter dem Punkt „Verschiedenes" – die Bestimmung,
dass mit dem Zeitpunkt des Ausscheidens von M sämtliche wechselseitigen Ansprüche aus dem
Arbeitsverhältnis mit Ausnahme des Abfindungsanspruchs erlöschen. Wenige Tage nach seinem
Ausscheiden reut den M der Abschluss dieser Vereinbarung. Die Abfindung erscheint ihm angesichts seiner individuellen Arbeitsmarktperspektiven mittlerweile deutlich zu niedrig. Zudem
hat M bei der Durchsicht seiner letzten Gehaltsabrechnungen und Kontoauszüge herausgefun-
den, dass A ihm mindestens 2.000 € Gehalt zu wenig gezahlt hat. M möchte A auf Zahlung dieser
Summe sowie einer höheren Abfindung in Anspruch nehmen. Mit Erfolg?

Fall 23: R hat gerade das zweite Staatsexamen beim niedersächsischen Landesjustizprüfungsamt
mit Prädikat absolviert. Da er sich frühzeitig im Bank- und Kapitalmarktrecht spezialisiert hat,
macht ihm die D-Bank auf einer Bewerbermesse ein lukratives Angebot für eine Tätigkeit in ihrer
Rechtsabteilung in Frankfurt. R unterschreibt sofort, nachdem er das künftige Gehalt (9.000 €
brutto pro Monat) gesehen hat, den Arbeitsvertrag, in dem sich folgender Passus findet: „Sollte
der Arbeitnehmer seine Tätigkeit zum vereinbarten Termin nicht antreten, ohne wichtigen Grund
und ohne Einhaltung der Kündigungsfrist beenden (Arbeitsvertragsbruch) oder durch schuldhaft
vertragswidriges Verhalten eine Kündigung durch den Arbeitgeber veranlassen, ist eine Vertragsstrafe in Höhe von drei Bruttomonatsgehältern verwirkt." Wenige Tage später wird er vom
Oberlandesgericht Celle, bei dem er sich gleichfalls beworben hatte, zu einem Einstellungsge-
spräch für den Justizdienst eingeladen. Da R schon immer davon geträumt hatte, Richter in seiner
Heimat zu werden, nimmt er am Gespräch teil und wird schließlich – kurz vor dem mit D vereinbarten Eintrittstermin – zum Richter ernannt. Als er D dies mitteilt, macht diese die Vertragsstrafe in Höhe von insgesamt 27.000 € brutto geltend. Zu recht?

Fall 24: W, Inhaber einer Werbeagentur, möchte nach einem erfolgreichen Geschäftsjahr 2017 seinen Mitarbeitern etwas Gutes tun und sagt ihnen ein dreizehntes Monatsgehalt, zahlbar jeweils zum Jahresende, zu. Diese Zuwendung sei aber, wie in den entsprechenden Mitteilungen steht, „frei widerruflich", da W als alter Hase weiß, wie schwankend die Entwicklungen in seiner Branche sind. Nach einem ebenfalls erfolgreichen Geschäftsjahr 2018 verliert W Anfang 2019 einige Großaufträge, was erhebliche Gewinneinbrüche zur Folge hat. Daraufhin widerruft W im Sommer die Zuwendung und verweigert am Jahresende die Zahlung des dreizehnten Monatsgehalts. Zu recht?

282 Die Vertragsfreiheit ist nicht nur hinsichtlich der Abschlussfreiheit, sondern auch bezüglich des Inhalts von Arbeitsverträgen **zugunsten des Arbeitnehmerschutzes** starken Einschränkungen unterworfen,[134] wie wir bereits bei der Betrachtung des arbeitsrechtlichen Stufenbaus gesehen haben. Dem Schutzgedanken wird indes ebenfalls bei der Frage Rechnung getragen, wie mit dem Vertrag umzugehen ist, der eine unzulässige Klausel enthält. Wie zu zeigen sein wird, geht es auch hier um die **Aufrechterhaltung des Arbeitsvertrages.** Ferner ist die **Angemessenheitskontrolle allgemeiner Arbeitsbedingungen** zu besprechen; die Aufrechterhaltung des Vertrages im Falle einer unangemessenen Klausel ist freilich kein arbeitsrechtliches Spezifikum.

a) Teilnichtigkeit mit Rücksicht auf den Vertragsinhalt

283 § 139 BGB stellt an sich den Grundsatz auf, dass im Zweifel das gesamte Rechtsgeschäft nichtig ist, sofern ein Teil nicht wirksam vereinbart wurde. Damit soll die Vertragsfreiheit geschützt und zugleich der mit dem Vertrag beabsichtigte Interessenausgleich gewährleistet werden. Beim Arbeitsverhältnis besteht indessen die Gefahr, dass der beabsichtigte Schutz in das Gegenteil verkehrt wird, zu Lasten des Arbeitnehmers als dem regelmäßig unterlegenen Vertragspartner. Eine unzulässige, in den Vertrag aufgenommene auflösende Bedingung, nach der der Arbeitsvertrag z. B. mit Eintritt der Schwangerschaft enden soll, würde den Schutz der Schwangeren vereiteln, wenn auf Grund der Unwirksamkeit dieser Klausel der ganze Vertrag von Anfang an hinfällig wäre. Die Zusage einer Gratifikation mit einer unzulässigen Rückzahlungsklausel würde den Arbeitgeber nach dem Wortlaut des § 139 BGB dazu berechtigen, die Gratifikationszahlung von vornherein und in jedem Fall zu verweigern. Um diese unerträglichen Ergebnisse zu vermeiden, lässt man den einwandfreien Vertragsteil in **restriktiver Auslegung des § 139 BGB** ohne Rücksicht auf den Willen des Arbeitgebers bestehen. Dann

---

134 Dazu die Rechtsprechungsübersicht bei *Hunold*, NZA-RR 2002, 225 ff.; *Krause*, Inhalt des Arbeitsverhältnisses, AR-Blattei SD 220.2.1 (1997), Rn. 41 ff.; *Preis*, Arbeitsvertrag, I C.

kann eine Lückenfüllung mit Hilfe ergänzender Vertragsauslegung oder aus dem Gleichbehandlungsgedanken notwendig werden.

b) Fehlende, sittenwidrige oder im Nachhinein unzureichende Vergütungsabreden

Was soeben für arbeitsvertragliche Klauseln im Allgemeinen erörtert wurde, ist **284** für die Vergütungsabrede speziell normiert. Eine **vollständig fehlende Abrede** kann – in der Regel essentialia negotii! – durch § 612 Abs. 1 BGB fingiert werden. Ist die **Höhe der Vergütung** nicht in einem anzuwendenden Tarifvertrag oder im Arbeitsvertrag selbst bestimmt, gilt nach § 612 Abs. 2 BGB die übliche Vergütung[135] als vereinbart. Oft maßgeblich ist dann das für die Branche einschlägige Tarifentgelt.

§ 612 Abs. 2 BGB findet auch Anwendung, wenn eine getroffene Vergütungs- **285** abrede **sittenwidrig** (§ 138 Abs. 1 BGB) und damit unwirksam ist. Ein **„wucherähnliches Rechtsgeschäft"** liegt vor, wenn die Vertragsparteien auf Initiative eines verwerflich gesinnten Arbeitgebers ein auffälliges Missverhältnis von Leistung und Gegenleistung vereinbaren.[136] Orientierungshilfen sind das Entgeltniveau im Wirtschaftsgebiet und – wiederum – das einschlägige Tarifentgelt.[137] Sind nur zwei Drittel dessen oder weniger vereinbart, wird die Grenze zur Sittenwidrigkeit gemeinhin als überschritten angesehen.[138] Über den „Umweg" des § 612 Abs. 2 BGB schuldet der Arbeitgeber damit die tarifliche Vergütung. Indes können die aufgezeigten Mechanismen nicht helfen, wenn die Tarifabschlüsse allzu niedrig ausfallen,[139] wie dies etwa im Frisörhandwerk oder im Sicherheitsgewerbe

---

135 Der für das gesamte Dienstvertragsrecht geltende § 612 Abs. 2 BGB nennt primär die „Taxe" und meint u.a. die Gebührenordnung der Rechtsanwälte, die im Verhältnis zu Klienten keine Arbeitnehmer sind (s. oben § 3 RN 82).
136 BAG v. 10.9.1959 – 2 AZR 228/57 – LS 1, AP Nr. 1 zu § 138 BGB; zur Objektivierung des Sittenwidrigkeitsmaßstabs *Preis*, Arbeitsvertrag, I C Rn. 40.
137 BAG v. 24.3.2004 – 5 AZR 303/03 –, AP Nr. 59 zu § 138 BGB = NZA 2004, 971. Vgl. auch § 7 RN 519 ff.
138 Instanzgerichte (Nachweise bei *Löw*, MDR 2004, 734 ff.) und Schrifttum folgen BGH v. 22.4. 1997 – 1 StR 701/96 –, AP Nr. 52 zu § 138 BGB = NZA 1997, 1167, der bei diesem Verhältnis Lohnwucher gemäß § 291 Abs. 1 S. 1 Nr. 3 StGB (n.F.) bejahte; die Abrede ist damit ebenso nach § 134 BGB nichtig.
139 Zur Tarifkontrolle zurückhaltend BAG v. 24.3.2004 v. 24.3.2004 – 5 AZR 303/03 –, AP Nr. 59 zu § 138 BGB unter I 2; krit. *Otto*, in: FS Konzen, 2006, S. 663, 675 ff.; SG Berlin v. 27.2.2006 – S 77 AL 742/05 –, AuR 2007, 54 ff. (Konsequenz: keine Sperrzeit bei Ablehnung eines sittenwidrigen Angebots).

in den neuen Bundesländern der Fall ist. Hier bleibt dann nur das Mindestlohngesetz als Rückfalllinie.

286   Des Weiteren kann § 612 BGB Bedeutung erlangen, wenn bei Vertragsschluss zwar eine wirksame Vergütungsabrede getroffen worden war, die **Vergütungserwartung** dann jedoch **enttäuscht** wurde. Sagt z. B. eine Haushälterin die Arbeitsleistung gegen relativ geringe Bezahlung zu, und stellt ihr der Arbeitgeber zugleich eine Begünstigung durch Testament in Aussicht, dann ist der Arbeitsvertrag einschließlich der Vergütungsabrede wirksam. Unterbleibt die Erbeinsetzung, so ist in Anlehnung an das BAG an eine Vertragsergänzung mit Blick auf § 612 Abs. 2 BGB zu denken.[140] Der Anspruch muss nach oben durch den Wert der entgangenen Vorteile begrenzt sein. Die dreijährige Verjährungsfrist kann frühestens mit dem Erbfall beginnen (§§ 195, 199 Abs. 1 BGB).

287   Hiervon zu unterscheiden sind Sachverhalte, bei denen beide Seiten von vornherein gar **keinen Abschluss eines Arbeitsvertrages** beabsichtigten. So hatte das BAG über einen Fall zu entscheiden, in dem eine Verlobte im Betrieb ihres Schwiegervaters im Hinblick auf die nach der Heirat in Aussicht gestellte Übernahme des Betriebes mitgearbeitet hatte; die Heirat kam nicht zustande. Einschlägig ist hier nach unserer Auffassung allein das Bereicherungsrecht unter dem Gesichtspunkt der **Kondiktion wegen Zweckverfehlung** (§ 812 Abs. 1 S. 2, 2. Alt. BGB),[141] während das BAG auch hier auf das Arbeitsrecht und damit auf § 612 Abs. 1 BGB zurückgegriffen hat.[142]

c) Inhalts- und Angemessenheitskontrolle allgemeiner Arbeitsbedingungen ("AAB")

288 Zum Abschluss des Arbeitsvertrages bedarf es einer Einigung der Vertragsparteien hinsichtlich der Arbeitsleistung und in der Regel des Entgelts. Aller Voraussicht nach werden sich jedoch im Laufe des regelmäßig auf unbestimmte Dauer angelegten Arbeitsverhältnisses die Umstände ändern, die zu dieser Vereinbarung geführt haben. Deshalb gibt es kaum einen de lege artis erstellten Arbeitsvertrag ohne irgendeine den Inhalt „dynamisierende", auf andere Regelungen verweisende **Bezugnahmeklausel**[143] (z. B. auf tarifliche Inhaltsnormen) oder eine Form

---

140 BAG v. 30.9.1971–5 AZR 177/71 –, AP Nr. 27 zu § 612 BGB (auf § 612 Abs. 1 und 2 BGB abstellend) m. krit. Anm. *Beuthien*; für die Kondiktion wegen Zweckverfehlung (§ 812 Abs. 1 S. 2, 2. Alt. BGB) *Medicus*, Bürgerliches Recht, 26. Aufl. 2017, Rn. 691.
141 Vgl. *Medicus*, Bürgerliches Recht, 26. Aufl. 2017, Rn. 691.
142 BAG v. 15. 3.1960 – 5 AZR 409/58 –, AP Nr. 13 zu § 612 BGB.
143 Vgl. § 4 RN 175 und 176.

von **Änderungsvorbehalt**[144]. Gang und gäbe sind auch Vertragsstrafen für den Fall, dass ein Arbeitnehmer die Arbeit nicht zum vereinbarten Termin antritt. Weiterhin liegt beiden Parteien daran, insbesondere bei Ende des Arbeitsverhältnisses schnell Klarheit über ausstehende Ansprüche aus dem Arbeitsverhältnis zu haben. Daher enthalten viele Arbeitsverträge **Ausschlussfristen**, nach denen nicht rechtzeitig geltend gemachte bzw. eingeklagte Ansprüche verfallen.[145] In aller Regel wird es der Arbeitgeber sein, der Aspekte wie die drei exemplarisch genannten in die Verhandlungen einbringt, nicht selten wird er einen schon ausformulierten Vertrag vorlegen. Diese Klauseln – ein Änderungsvorbehalt z. B. lässt nichts weniger als Eingriffe in die essentialia negotii zu – bedürfen der Kontrolle.

Diesbezüglich wurde im Rahmen der **Schuldrechtsmodernisierung** zum 1.1. **289** 2002 eine neue normative Grundlage geschaffen. Die Regelungen über die Kontrolle von Allgemeinen Geschäftsbedingungen wurden als §§ 305 ff. in das BGB integriert; zugleich wurden diese – in **Abkehr von der bisherigen Bereichsausnahme** in § 23 Abs. 1 AGB-Gesetz[146] – erstmals auch auf Arbeitsverträge erstreckt (vgl. § 310 Abs. 4 S. 2 BGB, der noch zu erörternde Modifikationen enthält). Dadurch ist die Bedeutung der „AGB-Kontrolle"[147] für das Arbeitsrecht stark gestiegen, was sich nicht zuletzt in der Fülle der dazu ergangenen Entscheidungen widerspiegelt. Hier kann leider nur das für diese Kontrolle notwendige Rüstzeug vermittelt werden.[148]

aa) Kontrollgegenstand und Kontrollmaßstab

Die nun vorzustellende **Prüfung** behandelt nicht die Wirksamkeit des gesamten **290** Vertragswerkes, das sich aus ausgehandelten und einseitig gestellten Klauseln zusammensetzen mag, sondern die einzelne, **streitbefangene Klausel.** Vor dem Einstieg in deren Angemessenheitskontrolle sind drei Fragen zu beantworten:

---

144 *Hromadka/Schmitt-Rolfes*, NJW 2007, 1777 ff.
145 Zu Ausschlussfristen ausführlich *Krause*, RdA 2004, 36 u. 106.
146 Zur Annäherung der arbeitsrechtlichen Kontrolle an das AGBG s. *Otto*, Arbeitsrecht, 3. Aufl. 2003, RN 231.
147 Im Arbeitsrecht wird von arbeitsvertraglichen Einheitsregelungen oder allgemeinen Arbeitsbedingungen gesprochen („AAB"), s. oben § 4 RN 174.
148 Spezialschrifttum: Clemenz/Kreft/Krause, AGB-Arbeitsrecht, 2. Aufl. 2019; Däubler/Bonin/ Deinert, AGB-Kontrolle im Arbeitsrecht, 4. Aufl. 2014; Ulmer/Brandner/Hensen/*Fuchs/Bieder*, AGB-Recht, 12. Aufl. 2016, Anh. § 310; Wolf/Lindacher/Pfeiffer/*Stoffels*, AGB-Recht, 6. Aufl. 2015, Anhang zu § 310 (Arbeitsrecht).

---

i – Kann die betreffende Klausel überhaupt anhand der §§ 305 ff. BGB kontrolliert werden?
    – Ist diese Klausel in den Vertrag einbezogen?
    – Welcher Kontrollmaßstab ist an diese Klausel anzulegen?

---

291 Von den Anforderungen, die § 305 Abs. 1 BGB an einen tauglichen **Kontrollge-genstand** stellt, interessieren den Arbeitsrechtler zumeist nur zwei: Die betreffende **Klausel** muss **vorformuliert** gewesen sein und wurde **nicht im Einzelnen ausgehandelt**, d. h. tatsächlich zur Disposition gestellt. Ob es sich in den Fällen 22 und 23 so verhält, ist nach den Sachverhaltsangaben unklar. Deshalb ist der Blick auf § 310 Abs. 3 BGB zu richten, der den Zugang zur AGB-Kontrolle für Verträge zwischen einem Unternehmer (dazu § 14 BGB) und einem Verbraucher (§ 13 BGB) weit öffnet. Die damit aufgeworfene Streitfrage, ob der **Arbeitnehmer** – bei Abschluss des Arbeitsvertrages – **Verbraucher** ist, wird vom BAG in mittlerweile ständiger Rechtsprechung bejaht[149] und somit für die Praxis entschieden. Das Gesetz gebrauche den Ausdruck „Verbraucher" als rechtstechnischen Oberbegriff und verlange keinen konsumtiven Zweck des Rechtsgeschäfts. Vielmehr finde § 13 BGB schon auf Grund seiner Stellung auf alle Arten von Rechtsgeschäften Anwendung.[150] Folgt man dieser Rechtsprechung, gelten vorformulierte Vertragsbedingungen als vom Arbeitgeber gestellt (vgl. § 310 Abs. 3 Nr. 1 BGB); ferner ist die Kontrolle weitgehend sogar für Klauseln eröffnet, die nicht in einer „Vielzahl" von Fällen, sondern nur ein einziges Mal verwendet werden sollen (Nr. 2), so dass auch die zwischen M und A geschlossene Beendigungsvereinbarung (Fall 22) in den Anwendungsbereich der §§ 305 ff. BGB fällt.

292   Eine vorformulierte **Klausel** vermag das Arbeitsverhältnis nur zu gestalten, wenn sie **in den Vertrag einbezogen** wurde. Die dazu in § 305 Abs. 2, 3 BGB enthaltenen, standardisierten Vorgaben sind auf Arbeitsverträge allerdings nicht anwendbar (§ 310 Abs. 4 S. 2, 2. Halbs. BGB). Stattdessen hielt der Gesetzgeber die Regelungen des NachweisG für ausreichend[151] – zu Unrecht, schließlich hat der Arbeitgeber gemäß § 2 Abs. 1 S. 1 NachweisG einen Monat nach Beginn des Ar-

---

149 BAG v. 25. 5. 2005 – 5 AZR 572/04 – unter V 1, AP Nr. 1 zu § 310 BGB = NZA 2005, 1111. Weitere Auswirkungen des Verbraucherstatus ergaben sich noch nicht, u. a. ist mangels eines „außerhalb von Geschäftsräumen geschlossenen Geschäfts" (früher: Haustürgeschäft) ein Aufhebungsvertrag nicht widerrufbar (dazu § 6 RN 310); § 288 Abs. 2 BGB ist auf das Arbeitsverhältnis jedenfalls nicht anwendbar (BAG v. 23. 2. 2005 – 10 AZR 602/03 – unter II 5, AP Nr. 9 zu § 55 InsO = NZA 2005, 694).
150 BAG v. 25. 5. 2005 – 5 AZR 572/04 –, AP Nr. 1 zu § 310 BGB unter V 1 b; BAG v. 18. 3. 2008 – 9 AZR 186/07 –, Pressemitteilung Nr. 23/08.
151 S. BT-Drucks. 14/6857, S. 54; zum NachweisG oben RN 217 f.

beitsverhältnisses Zeit, den Nachweis zu erbringen.[152] Die Vertragsparteien müssen vielmehr bei Vertragsabschluss ausdrücklich oder stillschweigend zu einem Konsens hinsichtlich aller Vertragsbedingungen gelangt sein.[153] Weiterhin erklärt § 305c Abs. 1 BGB[154] überraschende, d. h. entweder objektiv mit Blick auf ihren Regelungsinhalt ungewöhnlich oder subjektiv aufgrund der Art ihrer Präsentation im Vertragswerk „überrumpelnde" Klauseln für nicht einbezogen. Bisher betraf dies z. B. eine Ausschlussklausel, die in einem recht detaillierten Vertrag nebulös als eine von mehreren „Schlussbestimmungen" festgehalten war.[155] Ebenso verhält es sich in Fall 22, so dass die formularmäßige „Ausgleichsquittung" schon gar nicht Vertragsbestandteil geworden ist und nicht zum Erlöschen von Entgeltnachforderungsansprüchen des M geführt haben kann.

Bei der **Angemessenheitskontrolle** der insoweit kontrollfähigen Klauseln 293 bestehen unterschiedliche **Maßstäbe.** Stets gilt das **Transparenzgebot** (§ 307 Abs. 1 S. 2 BGB), wonach Bestimmungen klar und verständlich sein müssen. Der vollen **inhaltlichen Prüfung anhand der §§ 307–309 BGB** sind hingegen nur solche Klauseln zu unterziehen, **„durch die von Rechtsvorschriften abweichende oder diese ergänzende Regelungen vereinbart werden"** (§ 307 Abs. 3 S. 1 BGB). Ausgenommen sind damit erstens deklaratorische Klauseln, die nur gesetzliche Regelungen wiedergeben. Soweit sie transparent sind, soll und wird an ihrem Inhalt nichts auszusetzen sein. Bedeutsam ist die zweite Ausnahme: Da das *Verhältnis von Leistung und Gegenleistung* nicht per Rechtsvorschrift normiert ist, können vertragliche Regelungen auch nicht davon abweichen. Damit sind solche Abreden, die unmittelbar Arbeitsleistung und Vergütung festlegen, nur auf hinreichende Transparenz zu prüfen.[156] Desgleichen sind bei Beendigungsvereinbarungen die Beendigung des Arbeitsverhältnisses als solche und die hierfür im Gegenzug gewährte Abfindung (Fall 22) AGB-rechtlich kontrollfrei. Gleiches gilt z. B. auch für die Kontrolle von *Bezugnahmeklauseln*, mag auch die in Bezug genommene Norm selbst der Kontrolle entzogen sein (z. B. die beamtenrechtliche Norm gemäß § 307 Abs. 1 S. 1 BGB, die Inhaltsnorm eines Tarifvertrages gemäß § 310 Abs. 4 S. 3 BGB). Das angemessene Verhältnis von Leistung und Gegen-

---

152 Vgl. die insofern gerechtfertigte Kritik von *Joost*, in FS Ulmer, 2003, S. 1199, 1200 ff.

153 *Junker*, Grundkurs Arbeitsrecht, Rn. 79.

154 § 305c Abs. 1 BGB gilt für Arbeitsverträge (§ 310 Abs. 4 S. 2 BGB), aber nicht für eine Klausel, die nur auf Grund des § 310 Abs. 3 BGB (Verbrauchervertrag) kontrollfähig ist.

155 BAG v. 31. 8. 2005 – 5 AZR 545/04 – unter I 5 b bb, AP Nr. 8 zu § 6 ArbZG = NZA 2006, 324; vgl. BAG v. 29. 11. 1995 – 5 AZR 447/94 –, AP Nr. 1 zu § 3 AGB-Gesetz = NZA 1996, 702 (trotz damaliger Unanwendbarkeit des AGBG!).

156 Dazu BAG v. 31. 8. 2005 – 5 AZR 545/04 –, AP Nr. 8 zu § 6 ArbZG unter II 3 a. Allgemein werden diese Abreden als „Leistungsbeschreibungen" und „Preisabreden" bezeichnet.

leistung regelt der Markt, im Arbeitsrecht unterstützt durch die Tarifautonomie; eine Kontrollmöglichkeit bietet allenfalls § 138 BGB.[157] Voll überprüfbar sind dagegen etwaige Modifikationen der Hauptleistungspflichten,[158] insbesondere die eben und in Fall 24 angesprochenen Änderungsvorbehalte, sowie alle anderen Nebenabreden.

bb) Durchführung der Kontrolle

294 Die volle inhaltliche Prüfung allgemeiner Arbeitsbedingungen erfolgt **vom Speziellen zum Allgemeinen.** Zunächst ist der Katalog des *§ 309 BGB* danach durchzugehen, ob die betreffende Klausel gegen eines der darin enthaltenen Klauselverbote verstößt. Sollte das nicht der Fall sein, ist das Procedere anhand des abstrakteren, Wertungsmöglichkeiten eröffnenden *§ 308 BGB* zu wiederholen. Beide Klauselkataloge sind aber weitgehend auf klassische Güteraustauschverträge zugeschnitten und passen deshalb für den ein Dauerschuldverhältnis begründenden Arbeitsvertrag zumeist nicht. Eine schließlich i.S. des *§ 307 Abs. 1 S. 1 BGB* unangemessene Klausel liegt vor, wenn sie rechtlich anerkannte Interessen des Arbeitnehmers beeinträchtigt, ohne durch begründete und billigenswerte Interessen des Arbeitgebers gerechtfertigt oder durch gleichwertige Vorteile ausgeglichen zu sein.[159] Auf jeder Stufe sind gemäß § 310 Abs. 4 S. 2 BGB **die im Arbeitsrecht geltenden Besonderheiten** in angemessener Weise zu berücksichtigen, wobei noch nicht restlos geklärt ist, wie weit der Kreis dieser Besonderheiten gezogen werden soll.[160] Fest steht aber, dass rechtliche Besonderheiten, die das Arbeitsrecht von anderen Teilen des Privatrechts unterscheiden, beachtet werden müssen.

295   Der Veranschaulichung dient die Prüfung einer **Vertragsstrafenabrede**, derzufolge die Strafe verwirkt sein sollte, wenn der Arbeitnehmer zu Beginn der Vertragslaufzeit nicht die Arbeit antreten würde (Fall 23).[161] Die formularmäßige

---

157 Dazu oben RN 285 sowie § 7 RN 521.

158 Ausführlich dazu *Hromadka/Schmitt-Rolfes*, NJW 2007, 1777 ff.; s. auch *Preis*, NZA, Beilage 3/2006, 115, 117 ff. m.w.N. zur Abgrenzung.

159 Vgl. BAG v. 4.3.2004 – 8 AZR 196/03 – unter B III 2, AP Nr. 3 zu § 309 BGB = NZA 2004, 727. Keine unangemessene Benachteiligung sieht das BAG in dem vereinbarten Ruhen des Arbeitsverhältnisses bei Reinigungskräften in den Schulferien (Urt. v. 10.1.2007 – 5 AZR 84/06 –, AP Nr. 6 zu § 611 BGB Ruhen des Arbeitsverhältnisses = NZA 2007, 384).

160 Dazu *Thüsing*, NZA 2002, 591; *Preis*, Arbeitsvertrag, I C Rn. 89 ff.; Ulmer/Brandner/Hensen/*Fuchs/Bieder*, AGB-Recht, 12. Aufl. 2016, Anh. § 310 Rn. 36 ff., jeweils m.w.N.

161 Sachverhalt, Prüfung und Ergebnis angelehnt an BAG v. 4.3.2004 – 8 AZR 196/03 –, AP Nr. 3 zu § 309 BGB = NZA 2004, 727; a.A. die Vorinstanz LAG Hamm v. 24.1.2003 – 10 Sa 1158/02 –, NZA 2003, 499 m.w.N.

Vereinbarung einer Vertragsstrafe verstößt an sich gegen das Klauselverbot ohne Wertungsmöglichkeit i.S. von § 309 Nr. 6 BGB. Dagegen ist als Besonderheit des Arbeitsrechts die etwas versteckte Norm des § 888 Abs. 3 ZPO zu beachten, die es ausschließt, die Verpflichtung zur Arbeitsleistung zu vollstrecken. Deshalb können Arbeitgeber im Gegensatz zu anderen Gläubigern auf eine Sanktion wie die Vertragsstrafe angewiesen sein. Die danach im Arbeitsrecht gemeinhin zulässige Vertragsstrafenabrede muss dann jedoch die allgemeine Klippe des § 307 Abs. 1 S. 1 BGB passieren, wonach eine Vertragsstrafe auf Grund ihrer Höhe im Einzelfall eine unangemessene Benachteiligung darstellen kann. Dies hat das BAG bei einer Vertragsstrafe in Höhe eines vollen Monatsgehalts bei nur zweiwöchiger Kündigungsfrist sowie generell dann bejaht, wenn deren Höhe den Wert der Vergütung übersteigt, die dem Beschäftigten bis zum ersten regulären Kündigungstermin zu zahlen wäre.[162] Entsprechend ist die mit R in Fall 23 vereinbarte Vertragsstrafe, da insoweit auf die vierwöchige Grundkündigungsfrist des § 622 Abs. 1 BGB abzustellen ist, deutlich übersetzt.

Ein weiteres Beispiel bietet der Widerrufsvorbehalt in Fall 24, der zum Wegfall **296** der Ansprüche der Mitarbeiter des W auf ein dreizehntes Monatsgehalt geführt hat, wenn er wirksam vereinbart und – als Gestaltungsrecht – wirksam ausgeübt wor-den ist. Wirksamkeitsanforderungen[163] ergeben sich zunächst aus § 308 Nr. 4 BGB, nach dem nur für den Vertragspartner zumutbare Änderungen vorbehalten werden dürfen. Hieraus wird im Zusammenspiel mit dem Transparenzgebot des § 307 Abs. 1 S. 1 BGB abgeleitet, dass der Vorbehalt so bestimmt ausgestaltet sein muss, dass der Vertragspartner erkennen kann, wann und unter welchen Voraussetzungen von dem Gestaltungsrecht Gebrauch gemacht werden. Die möglichen Widerrufsgründe müssen dafür zumindest ihrer Richtung nach in den Vertragstext aufgenommen werden (z.B. „aus wirtschaftlichen Gründen, „wegen Pflichtverletzungen des Mitarbeiters" etc.). Ein freies Widerrufsrecht genügt dem nicht, so dass der Vorbehalt dort allein aus diesem Grund unwirksam und W weiterhin zur Zahlung verpflichtet ist. Überdies sind materielle Gestaltungsanforderungen zu beachten: Der Widerruf darf nach gefestigter Rechtsprechung und herrschender Meinung nicht zu einer Vergütung unterhalb des Tarifniveaus führen und maximal 25 % des Arbeitsentgelts erfassen (sofern Aufwendungen betroffen sind: bis zu 30 %).

---

162 BAG v. 25.9.2008 – 8 AZR 717/07, NZA 2009, 370, 375 f.; BAG v. 19.8.2010 – 8 AZR 645/09, NJOZ 2011, 565, 569; Ulmer/Brandner/Hensen/*Fuchs/Bieder*, AGB-Recht, 12. Aufl. 2016, Anh. § 310 Rn. 84.
163 So, auch zum Folgenden, BAG v. 12.1.2005 – 5 AZR 364/04, NZA 2005, 465 ff.; BAG v. 21.3. 2012 – 5 AZR 651/10, NZA 2012, 616, 617; Ulmer/Brandner/Hensen/*Fuchs/Bieder*, AGB-Recht, 12. Aufl. 2016, Anh. § 310 Rn. 71 ff.

cc) Rechtsfolgen von Gestaltungsmängeln

297 Eine unangemessene Klausel ist u. a. nach § 307 Abs. 1 S. 1 BGB unwirksam,[164] abermals in **Abkehr von § 139 BGB** bleibt der Vertrag im Übrigen bestehen (§ 306 Abs. 1 BGB, Ausnahme in Abs. 3). Die Frage, wie mit der sich auftuenden **Vertragslücke** zu verfahren ist, beantwortet § 306 Abs. 2 BGB. Danach „richtet sich der Inhalt des Vertrags nach den gesetzlichen Vorschriften"; gemeint sind die dispositiven, einschlägigen Rechtsvorschriften, von denen die betreffende Klausel abweicht. Eine unangemessene Klausel wird also durch die vom Gesetzgeber vorgesehene Risikoverteilung ersetzt, nicht bloß auf den gerade noch zulässigen Inhalt reduziert (sog. **Verbot der geltungserhaltenden Reduktion**).[165] In Fall 23 ist die Vertragsstrafe also nicht auf ein Bruttomonatsgehalt herabzusetzen, sondern das Strafversprechen insgesamt unwirksam. Andernfalls könnte der Verwender nahezu ungefährdet überzogene Klauseln verwenden, da er im Rahmen des Prozesses – falls es überhaupt dazu kommt – nur die Verkürzung auf eine ihm weiterhin möglichst günstige Regelung befürchten müsste. Deswegen wird z. B. auch eine zu kurze *Ausschlussfrist* nicht verlängert, sondern es kommt statt ihrer das allgemeine Verjährungsrecht zum Tragen.[166]

298 Im Arbeitsrecht kommt es allerdings häufiger vor, dass keine sachbezogene Rechtsvorschrift existiert. In Ausnahmefällen mag auch eine an sich einschlägige Rechtsvorschrift nur eine unangemessene Lösung bieten, die den typischen Interessen der Vertragsparteien nicht gerecht wird.[167] In beiden Situationen ist die Lücke ausnahmsweise mittels **ergänzender Vertragsauslegung** zu schließen; zu den „gesetzlichen Vorschriften" zählen insofern auch die §§ 133, 157 BGB. Im Gegensatz zur einseitigen geltungserhaltenden Reduktion ist bei der ergänzenden Vertragsauslegung zu ermitteln, was die Parteien redlicherweise miteinander vereinbart hätten, wenn ihnen die Unwirksamkeit der Klausel bekannt gewesen wäre. Ergebnis kann auch sein, dass es letztlich bei der Vertragslücke bleibt.[168]

---

164 Zur Teilbarkeit von AGB *Willemsen/Grau*, RdA 2003, 321, 323 f.; krit. *Thüsing*, BB 2006, 661 (mit Korrektur S. 829).
165 Dazu z. B. BAG v. 25.5.2005 – 5 AZR 572/04 –, AP Nr. 1 zu § 310 BGB unter IV 8 a. Früher reduzierte das BAG unangemessene Klauseln bisweilen auf das zulässige Maß, vgl. BAG v. 6.9. 1995 – 5 AZR 241/94 – unter 6, AP Nr. 23 zu § 611 BGB Ausbildungsbeihilfe = NZA 1996, 314. Mit Geltung des § 306 Abs. 2 BGB muss diese Praxis für vorformulierte Bedingungen entfallen.
166 BAG v. 25.5.2005 – 5 AZR 572/04 –, AP Nr. 1 zu § 310 BGB unter IV 8 b.
167 Vgl. BAG v. 12.1.2005 – 5 AZR 364/04 – unter B II 1, AP Nr. 1 zu § 308 BGB = NZA 2005, 465, bei einem Altvertrag, auf den neues Schuldrecht anzuwenden war (Art. 229 § 5 S. 2 EGBGB); s. auch *Preis*, NZA, Beilage 3/2006, 115, 122; *Willemsen/Grau*, RdA 2003, 321, 324 ff.
168 So bei der eben dargestellten Vertragsstrafenentscheidung, BAG v. 4.3.2004 – 8 AZR 196/03 – unter B III 2 c –, AP Nr. 3 zu § 309 BGB = NZA 2004, 727, indes ohne vorherige Vertragsauslegung.

§ 6 Die Beendigung des Arbeitsverhältnisses

Die sich unmittelbar an die Begründung des Arbeitsverhältnisses anschließende 299
Erörterung seiner Beendigungsmöglichkeiten ist wegen des inneren Zusammenhangs begründet. Erstens hingen die ausführlichen Überlegungen zu den Grenzen der Abschlussfreiheit des Arbeitgebers weitgehend in der Luft, wenn dieser bei der Beendigung freie Hand hätte, also uneingeschränkt kündigen könnte. Zweitens können Gründe in der Person des Arbeitnehmers, die nicht einmal für den Erwerb des Arbeitsplatzes nachteilig sein dürfen, erst recht nicht dessen Verlust bewirken. Und vor allem ist drittens die nicht zu leugnende Relativierung der Abschlussfreiheit Ausdruck der existentiellen Bedeutung des Arbeitsplatzes für den abhängig Beschäftigten. Dieser Gesichtspunkt hat zu einem ausgeprägten **Bestandsschutz** des Arbeitsverhältnisses geführt. Hierauf ist alsbald zurückzukommen. Am Beginn muss jedoch ein Überblick über die Beendigungsgründe stehen.

I. Überblick über die Beendigungsgründe

1. Ordentliche und außerordentliche Kündigung

Der häufigste Beendigungsgrund ist die **ordentliche** Kündigung durch den Ar- 300
beitgeber oder Arbeitnehmer (§ 620 Abs. 2 BGB). Sie bedarf nach Bürgerlichem Recht keines Grundes; jedoch ist fast ausnahmslos eine Kündigungsfrist einzuhalten (§ 622 BGB). Hiervon ist die **außerordentliche** Kündigung zu unterscheiden, die zu ihrer Wirksamkeit einen wichtigen Grund voraussetzt und in aller Regel fristlos ausgesprochen wird (§ 626 Abs. 1 BGB). Die Rechtslage ist mit dieser Gegenüberstellung aber nicht vollständig zu erfassen. So ist ausnahmsweise denkbar, dass ein Arbeitgeber aus sozialen Gründen eine außerordentliche Kündigung mit einer gewissen (Auslauf-)Frist ausspricht. Dies kann bei der außerordentlichen Kündigung eines langjährigen Mitarbeiters sogar geboten sein, dem ordentlich nur mit sehr langer Frist oder möglicherweise gar nicht gekündigt werden könnte, weil etwa ein einschlägiger Tarifvertrag die ordentliche Kündigung ausschließt (*„Unkündbarkeit"*).[1]

Vor allem ist zu beachten, dass § 1 KSchG auch für die ordentliche Kündigung 301
des Arbeitgebers eine soziale Rechtfertigung und damit einen **Kündigungsgrund** verlangt. Folglich muss man materiell zwischen der ordentlichen ungebundenen

---

1 BAG v. 31.1.1996 – 2 AZR 158/95 – unter II 3, AP Nr. 13 zu § 626 BGB Druckkündigung, zu § 53 BAT; eine entsprechende Regel findet sich heute auch in § 34 Abs. 2 TVöD.

Kündigung, der ordentlichen gebundenen Kündigung bei Geltung des KSchG sowie der außerordentlichen Kündigung aus wichtigem Grund unterscheiden. Ohne Rücksicht auf ihre Wirksamkeit liegt eine außerordentliche Kündigung formal bereits dann vor, wenn der Kündigende das Arbeitsverhältnis vorzeitig, also ohne Rücksicht auf die vereinbarte Vertragsdauer oder die maßgebliche Kündigungsfrist, beenden will.

2. Richterlicher Gestaltungsakt

302 Eng verbunden mit dem Kündigungsschutz ist die Auflösung des Arbeitsverhältnisses durch gerichtliches **Urteil** gegen Zahlung einer angemessenen *Abfindung* an den Arbeitnehmer, wenn – grob gesprochen – die Fortsetzung des Arbeitsverhältnisses wegen der unberechtigten Kündigung und des Kündigungsschutzprozesses unzumutbar ist (§§ 9, 10 sowie § 13 Abs. 1 S. 3 und Abs. 2 S. 2, ferner – mit geringeren Anforderungen an die Auflösung – für leitende Angestellte § 14 Abs. 2 S. 2 KSchG).

3. Anfechtung

303 Während das Recht zur Lossagung von einem faktischen Arbeitsverhältnis – also bei einem von Anfang an unwirksamen Arbeitsvertrag – unbestritten ist, wird bei einem anfechtbaren Arbeitsvertrag die Frage aufgeworfen, ob die **Anfechtung** überhaupt noch als ein **notwendiges und angemessenes Instrument** neben der Kündigung anerkannt werden kann, wenn sie – wie die Kündigung – bei einem in Vollzug gesetzten Arbeitsverhältnis entgegen § 142 Abs. 1 BGB grundsätzlich nur für die Zukunft Wirkung entfaltet.[2] Die Frage ist vor allem deshalb praktisch bedeutsam, weil die arbeitsrechtlichen Schutzvorkehrungen auf die Rechtsfigur der Kündigung ausgerichtet sind, z.B. die erforderliche Anhörung des Betriebsrats gemäß § 102 BetrVG, das Kündigungsverbot des § 17 MuSchG oder die Kündigungsfristen. Auch eine entsprechende Anwendung solcher Schutzvorschriften dürfte im Regelfall wegen der divergierenden Schutzzwecke der Kündigung einerseits und der Anfechtung andererseits ausscheiden.[3] Im Übrigen halten wir mit der herrschenden Meinung an dem Institut der Anfechtung fest. Mit ihr werden solche *Störungen* der Vertragsbeziehung erfasst, die schon *vor dem Vertragsschluss* und damit vor dem Erwerb des Arbeitsplatzes liegen.

---

2 S. § 5 RN 279 und 280. Vgl. die differenzierende Stellungnahme von *Gamillscheg*, Arbeitsrecht I, Fall 92, S. 240 ff.

3 A.A. die Vorauflage; wie hier *Picker*, ZfA 1981, 1, 40 ff.

Eine Fallgruppe, bei der man sich über das Recht zur Anfechtung vielleicht **304** noch streiten mag, ist der **Irrtum über sog. verkehrswesentliche Eigenschaften** des Arbeitnehmers im Sinne des § 119 Abs. 2 BGB, z. b. die gesundheitliche Tauglichkeit eines eingestellten Steuergehilfen, der an Epilepsie leidet.[4] Auch bei dieser Fallgruppe gibt es aber noch krassere Fallgestaltungen, z. b. die epileptische Erkrankung einer Tanzlehrerin,[5] so dass nach unserer Ansicht mehr für die Zulassung der Anfechtung spricht.

Bei der **arglistigen Täuschung** (§ 123 Abs. 1 1. Alt. BGB) besteht überhaupt **305** kein Bedürfnis, arbeitsrechtliche Schutznormen analog anzuwenden. Wer etwa die Frage nach Krankheiten oder Vorstrafen bewusst unzutreffend beantwortet, soweit diese rechtmäßig gestellt worden ist,[6] darf sich nicht wundern, wenn ihm der Arbeitsplatz wieder genommen wird. Das gilt erst recht, wenn ein Arbeitnehmer für seine Tätigkeit wesentliche Umstände ausnahmsweise auch ohne Nachfrage offenbaren muss, z. B. den Entzug der Fahrerlaubnis bei der Bewerbung als Kraftfahrer oder eine Schwangerschaft bei einer zeitlich befristeten Tätigkeit als Nachtwache, die gemäß § 5 Abs. 1 MuSchG verboten ist.[7]

Die Rechtsprechung stellt an die **Ausübung des Anfechtungsrechts** jedoch **306** strenge Anforderungen. Der Arbeitgeber muss eindeutig zum Ausdruck bringen, dass er den Arbeitsvertrag anfechten und nicht nur kündigen will. Insbesondere kann eine ordentliche Kündigung mit Kündigungsfrist nicht in eine Anfechtung mit sofortiger Wirkung **umgedeutet** werden (§ 140 BGB). Der Arbeitgeber muss bei einem Irrtum über verkehrswesentliche Eigenschaften unverzüglich, d. h. ohne schuldhaftes Zögern (§ 121 BGB), anfechten, wobei die zeitliche Höchstgrenze in Analogie zu § 626 Abs. 2 BGB, der für die fristlose Kündigung gilt, zwei Wochen betragen soll.[8] Bei der arglistigen Täuschung gilt nach § 124 BGB eine Jahresfrist, die erst mit der Entdeckung der Täuschung zu laufen beginnt und die für ein in Vollzug befindliches Arbeitsverhältnis sicher unangemessen lang ist.[9]

---

4 BAG v. 28. 3. 1974 – 2 AZR 92/73 –, AP Nr. 3 zu § 119 BGB.
5 BAG v. 14. 12. 1979 – 7 AZR 38/78 –, AP Nr. 4 zu § 119 BGB. In diesem Fall verneinte das BAG eine arglistige Täuschung (§ 123 BGB) nur deshalb, weil der jungen Frau die Kenntnis von der Schwere ihrer Erkrankung nicht nachgewiesen werden konnte.
6 Vgl. § 5 RN 232 ff.
7 Vgl. LAG Hamm v. 1. 3. 1999 – 19 Sa 2596/98 –, DB 1999, 2114 f. (Schwangerschaftsvertretung). Bei unbefristeter Beschäftigung gestattet der EuGH v. 5. 5. 1994 – C-421/92 – (Habermann-Beltermann), AP Nr. 3 zu EWG-Richtlinie 76/207, keine Anfechtung.
8 BAG v. 14. 12. 1979 – 7 AZR 38/78 –, Leitsatz 2, AP Nr. 4 zu § 119 BGB; abl. *Picker*, ZfA 1981, 1, 103 ff.
9 Das BAG hat in seinem Urteil v. 19. 5. 1983 – 2 AZR 171/81 – unter I 2, AP Nr. 25 zu § 123 BGB, gleichwohl an ihr festgehalten, aber zugleich auf den Gesichtspunkt der Verwirkung wegen treuwidrig verspäteter Geltendmachung bzw. auf den Wegfall des Anfechtungsgrundes hingewiesen.

Gerade in solchen Fällen hilft ein weiterer Gesichtspunkt, nämlich der der unzulässigen, mit Treu und Glauben (§ 242 BGB) unvereinbaren Rechtsausübung durch den Arbeitgeber.[10] Hiervon spricht das BAG dann, wenn der Anlass für die Anfechtung praktisch durch Zeitablauf oder auf andere Weise entfallen ist: Der Arbeitnehmer, der unrichtige Angaben über sein berufliches Vorleben gemacht hatte, hat sich in dreijähriger Betriebszugehörigkeit bewährt,[11] der zu einer Freiheitsstrafe Verurteilte kann seine Arbeit weiterverrichten, weil ihm der offene Strafvollzug bewilligt worden ist,[12] die Schwangere nimmt den Mutterschutz nach einer frühen Fehlgeburt nicht in Anspruch.[13]

307   Anfechtung und Kündigung schließen sich nicht aus. Sofern der Irrtum des Arbeitgebers für den weiteren Vollzug des Arbeitsverhältnisses bedeutsam bleibt, ist auch eine Kündigung denkbar.

4. Auflösungsvertrag

Beispielsfall

Fall 25: Der bei der Spedition S beschäftigte, 55 Jahre alte Kraftfahrer K war in der Vergangenheit häufiger krank und hat seine Fahrten zuletzt fast immer nicht mehr mit der gebotenen Pünktlichkeit durchgeführt. S möchte sich deshalb von K trennen, scheut aber die Risiken eines Kündigungsschutzprozesses. Der Personalchef P des S bittet K deshalb spontan eines Morgens in sein Büro, legt ihm einen Vertrag über die einvernehmliche Auflösung des Arbeitsverhältnisses gegen Zahlung einer Abfindung i. H. v. drei Monatsgehältern vor und erklärt K, dass man auch über eine Kündigung nachdenke, wenn K das Dokument nicht unterschreiben sollte. K glaubt, ohne weiteres eine neue Anstellung finden und deshalb mit der Unterschrift ein gutes Geschäft machen zu können. Nach einigen Tagen und dem ersten, deprimierenden Besuch bei der Arbeitsagentur reut K allerdings seine Entscheidung. Er fragt sich, ob und wie er den Auflösungsvertrag „aus der Welt bekommen" und wieder bei S arbeiten kann. Jedenfalls hält K die ihm gezahlte Abfindung angesichts seiner Betriebszugehörigkeit von mehr als 10 Jahren für deutlich zu niedrig bemessen.

308   Statt der einseitigen Beendigung durch Kündigung wird häufig ein Aufhebungsvertrag abgeschlossen, durch den die Arbeitsvertragsparteien das Arbeitsverhältnis **einvernehmlich**, teilweise gegen Zahlung einer *Abfindung*, lösen. Dies geschieht beispielsweise, wenn eine der Parteien die Kündigungsfrist nicht ein-

---

10 Entschieden abl. *Picker*, ZfA 1981, 1, 65 ff.
11 BAG v. 12.2.1970 – 2 AZR 184/69 –, AP Nr. 17 zu § 123 BGB.
12 BAG v. 18.9.1987 – 7 AZR 507/86 –, AP Nr. 32 zu § 123 BGB = NZA 1988, 731.
13 *Gamillscheg*, Arbeitsrecht I, Fall 93, S. 247.

halten möchte, im Vergleichswege bei einer umstrittenen Kündigung oder auch auf Grund einer vom Arbeitgeber ohnehin in Aussicht gestellten Kündigung.

Einige Hinweise zur Wirksamkeit des Aufhebungsvertrags sollen nicht fehlen. **309** Gemäß § 623 BGB bedarf der (dort so bezeichnete) „Auflösungsvertrag" der **Schriftform** (§ 126 BGB);[14] dies gilt auch dann, wenn er äußerlich als Klageverzichtsvereinbarung gestaltet ist.[15] Da die essentialia negoti solcher Vereinbarungen – die Auflösung als solche sowie die ggfs. vereinbarte Abfindung – der Vertragsinhaltskontrolle nach § 307 Abs. 3 BGB entzogen sind (Fall 25)[16], erlangt die **Anfechtung** der auf den Vertragsschluss gerichteten Willenserklärung besondere Bedeutung. Sie ist z.B. dann zulässig, wenn der Arbeitnehmer zu seiner Erklärung durch Drohung (§ 123 Abs. 1 Alt. 2 BGB, insbesondere durch In-Aussicht-stellen der Kündigung) bestimmt worden ist. Die **Drohung mit einer Kündigung** ist widerrechtlich, wenn sie ein verständiger Arbeitgeber nach Aufklärung des Sachverhalts nicht ernstlich erwogen hätte (anders im Fall 25).[17] An dieser Stelle hat sich daher eine kursorische Prüfung des Kündigungsgrundes aus dem Blickwinkel des Arbeitgebers anzuschließen, bei welcher jedoch ein niedrigerer Maßstab als in einem Kündigungsschutzprozess anzulegen ist; schließlich hat der Arbeitnehmer die Möglichkeit, den Abschluss des Aufhebungsvertrages zu verweigern. Dies gilt auch dann, wenn der Arbeitnehmer gleichsam „überrumpelt" wird, ihm keine Bedenkzeit und kein vertragliches Widerrufsrecht zugebilligt werden; der in dieser Situation abgeschlossene Aufhebungsvertrag ist weder anfechtbar, noch aus anderen Gründen unwirksam.[18]

---

14 BAG v. 16.9.2004 – 2 AZR 659/03 –, AP Nr. 1 zu § 623 BGB = NZA 2005, 162 (mündlich während Streits abgeschlossener Aufhebungsvertrag), zu den Zwecken der Formvorschrift und den entsprechend hohen Anforderungen, unter denen das Berufen auf einen Formmangel ausnahmsweise treuwidrig ist.

15 BAG v. 19.4.2007 – 2 AZR 208/06 –, AP Nr. 9 zu § 623 BGB = NZA 2007, 1227.

16 Anders bei der sog. Klageverzichtsvereinbarung, die wenn sie ohne Gegenleistung des Arbeitgebers erfolgt, regelmäßig unwirksam ist, BAG v. 25.9.2014 – 2 AZR 788/13, AP Nr. 81 zu § 4 KSchG 1969 = NZA 2015, 350.

17 BAG v. 21.3.1996 – 2 AZR 543/95 – unter B I 2 b, AP Nr. 42 zu § 123 BGB = NZA 1996, 1030: Widerrechtliche Drohung mit unverhältnismäßiger Kündigung wegen eines (nicht ausreichend aufgeklärten) Verdachts, die Arbeitnehmerin habe Arbeitsunfähigkeit nur vorgetäuscht. Derselbe Maßstab ist an die Anfechtbarkeit einer ausgelösten *Eigenkündigung* zu stellen, hier einer unter Diebstahlsverdacht stehenden Arbeitnehmerin (BAG v. 16.11.1979 – 2 AZR 1041/77 –, AP Nr. 21 zu § 123 BGB); s. ferner BAG v. 5.12.2002 – 2 AZR 478/01 – unter B I, AP Nr. 63 zu § 123 BGB = NZA 2003, 1055.

18 BAG v. 30.9.1993 – 2 AZR 268/93 –, AP Nr. 37 zu § 123 BGB m. zust. Anm. *Boemke*. Das Bestehen von Zeitdruck für die geforderte Erklärung, hier einer Schwangeren, die den Verlust des Mutterschutzes nicht bedenkt, stellt für sich genommen nicht einmal eine Drohung dar (BAG v. 16.2.1983 – 7 AZR 134/81 –, AP Nr. 22 zu § 123 BGB).

310   Aus §§ 355, 312b BGB und auch aus § 242 BGB[19] ergibt sich außerdem **kein gesetzliches Widerrufsrecht.** Unabhängig von der vom BAG andernorts bejahten Frage, ob der Arbeitnehmer (bei Vornahme eines entsprechenden Rechtsgeschäfts, auch dem Abschluss des Arbeitsvertrags) Verbraucher i.S. des § 13 BGB ist,[20] handelt es sich bei Abschluss des Aufhebungsvertrags nicht um ein *„außerhalb von Geschäftsräumen (früher: Haustürgeschäft)"* zustande gekommenes Rechtsgeschäft: Den §§ 312b ff. BGB geht es speziell um den Schutz vor übereilt abgeschlossenen Verträgen im Rahmen besonderer Vertriebsformen, bei denen dem Verbraucher notwendige Informationen zum Vergleich mit anderen Angeboten typischerweise fehlen. Ein solches Vertriebsgeschäft und eine solche Situation liegen bei Abschluss eines Aufhebungsvertrags nicht vor. Insbesondere werden in einem solchen Vertrag arbeitsrechtliche Fragen geregelt, wozu sowohl der konkrete Arbeitsplatz als auch beispielsweise das Büro des für das Personal Verantwortlichen regelmäßig keine atypischen Überraschungsmomente begründenden Orte darstellen.[21] Dies gilt auch dann, wenn der in das Chefbüro einbestellte Arbeitnehmer regelmäßig zu Hause arbeitet[22], so dass im Beispielsfall 25 K an den Auflösungsvertrag gebunden bleibt.

311   Der Aufhebungsvertrag hat in der Praxis sehr relevante **steuer- und sozialrechtliche Folgen,** die ihn seine Attraktivität teilweise haben einbüßen lassen. So ist eine vereinbarte Abfindung nunmehr vollständig einkommensteuerpflichtig[23] sowie bei vorzeitiger Auflösung unter Umständen auf das Arbeitslosengeld anzurechnen (vgl. § 143a SGB III). Ein Aufhebungsvertrag kann zudem, ebenso wie die Eigenkündigung des Arbeitnehmers, zum Ruhen des Anspruchs auf Arbeitslosengeld (§ 158 SGB III) oder zur Verhängung einer **Sperrzeit für den Bezug des Arbeitslosengeldes** gemäß § 159 Abs. 1 Nr. 1 SGB III führen.[24] Hinzuweisen ist ferner auf die **unverzügliche Meldepflicht** mit dem Ziel frühzeitiger Arbeitssuche bei jeder Kenntnis von einem Ende des Arbeitsverhältnisses (§ 38 Abs. 1 SGB

---

19 BAG 9.6.2011–2 AZR 418/10 –, AP Nr. 71 zu § 123 BGB = NZA-RR 2012, 129.

20 Dazu § 5 RN 291.

21 Ausführlich zur insoweit vergleichbaren Situation bei Abschluss eines „Abwicklungsvertrags" BAG v. 27.11.2003 – 2 AZR 135/03 – unter B II 3 b, AP Nr. 1 zu § 312 BGB = NZA 2004, 597 = EzA § 312 BGB 2002 Nr. 1 m. weitgehend zust. Anm. *Krause.*

22 BAG v. 22.4.2004 – 2 AZR 281/03 –, LS 4, AP Nr. 27 zu § 620 BGB Aufhebungsvertrag = NZA 2004, 1295.

23 § 3 Nr. 9 EStG sah bis 2006 gestaffelte Freibeträge vor; seit deren Wegfall ergibt sich allenfalls aus §§ 24 Nr. 1, 34 EStG („Fünftelungsregelung") eine gewisse Erleichterung der Steuerlast.

24 Vgl. BSG v. 12.7.2006 – B 11a AL 47/05 R –, NJW 2006, 35ff. Dazu mit vielen Details die Durchführungsanweisung der Bundesagentur für Arbeit zu § 159 SGB III, Stand: 2/2019 (Suchbegriff im Internet: Durchführungsanweisungen zum Arbeitslosengeld).

III), um Sanktionen zu vermeiden.[25] Über diese Zusammenhänge muss sich der Arbeitnehmer selbst im Klaren sein; nur ausnahmsweise entstehen Hinweispflichten des Arbeitgebers, insbesondere wenn er berechtigtes Vertrauen in eine ausreichende Aufklärung begründet hat.[26] Rechtsfolge einer Pflichtverletzung kann ein Schadensersatzanspruch aus §§ 280 Abs. 1, 241 Abs. 1, 311 Abs. 2 BGB, bei arglistiger Täuschung ausnahmsweise ein Recht zur Anfechtung des Aufhebungsvertrags nach § 123 Abs. 1 Alt. 1 BGB sein.

Sozialrechtlich auf den ersten Blick anders liegen die Dinge beim sog. „**Ab- wicklungsvertrag**", in welchem sich ein gekündigter Arbeitnehmer verpflichtet, gegen Zahlung einer *Abfindung* auf die Erhebung einer Kündigungsschutzklage zu verzichten. Das Arbeitsverhältnis wird durch die arbeitgeberseitige Kündigung gelöst (Abgrenzung zum Aufhebungsvertrag); der Eintritt einer *Sperrzeit* sollte so vermieden werden. Dieser Praxis trat das BSG allerdings damit entgegen, dass es die aktive Mitwirkung des Arbeitnehmers beim Abschluss des Abwicklungsvertrags nunmehr ebenfalls als „Lösen" i.S. des § 159 Abs. 1 Nr. 1 SGB III einordnet; zu einer Sperrzeit kommt es nur bei Vorliegen eines wichtigen Grundes nicht, insbesondere wenn die Kündigung rechtmäßig gewesen ist.[27] 312

5. Befristung und auflösende Bedingung

Sehr oft wird der Arbeitsvertrag von vornherein befristet oder auflösend bedingt abgeschlossen. Der Gesetzgeber hat die **Befristung** sogar in § 620 Abs. 1 BGB als Regelfall der Beendigung vor die ordentliche Kündigung gestellt. Mit Fristablauf oder Bedingungseintritt endet das Arbeitsverhältnis ohne Kündigung automatisch, so dass die an der Kündigung orientierten Bestandsschutznormen an sich nicht greifen. Jedoch darf der zwingende Kündigungsschutz nicht umgangen werden. Deshalb verweist § 620 Abs. 3 BGB für Arbeitsverträge auf das Teilzeit- und Befristungsgesetz, das Befristungen nur sehr eingeschränkt zulässt.[28] An dieser Stelle soll nur darauf hingewiesen werden, dass die Befristung eines Arbeitsvertrages **schriftlich** vereinbart werden muss (§ 14 Abs. 4 TzBfG) – und zwar 313

---

25 Eingeführt durch das Erste Gesetz für moderne Dienstleistungen am Arbeitsmarkt (s. § 1 RN 39 m. FN 93), bekannt unter „*Hartz I*".
26 Näher BAG v. 22.4.2004 – 2 AZR 281/03 – 2 AZR 281/03 –, AP Nr. 27 zu § 620 BGB Aufhebungsvertrag = NZA 2004, 1295, LS 2 und unter B I 1 c.
27 BSG v. 18.12.2003 – B 11 AL 35/03 R – unter 2, 3, AP Nr. 3 zu § 144 SGB III = NZA 2004, 661; ausführlich *Hümmerich*, NJW 2004, 2921 ff., auch dazu, dass sich die Arbeitsvertragsparteien auf ein solches Vorgehen vor Ausspruch der Kündigung verständigen (mancherorts unzutreffend als „unechter Abwicklungsvertrag" klassifiziert).
28 S. unten RN 482 ff.

bei Abschluss des Arbeitsvertrages, jedenfalls vor Arbeitsaufnahme.[29] Geschieht dies nicht, gilt der Vertrag auf unbestimmte Zeit geschlossen, kann aber bei bloßem Formmangel vor dem vereinbarten Ende ordentlich gekündigt werden (§ 16 TzBfG).

314   Die Vereinbarung einer **Probezeit** ist nicht ohne weiteres mit einem befristeten Arbeitsvertrag gleichzusetzen. Zumeist gelten für die Probezeit nur andere, in der Regel kürzere Kündigungsfristen (vgl. § 622 Abs. 3 BGB), während der Arbeitsvertrag auf unbestimmte Zeit abgeschlossen ist. Die Vertragsparteien können allerdings auch ein echtes, *befristetes Probearbeitsverhältnis* i.S. von § 14 Abs. 1 Nr. 5 TzBfG vereinbaren; hier schließt sich ein normales Arbeitsverhältnis nur an, wenn die Parteien dies während oder nach Ablauf der Probezeit neu vereinbaren.

315   Unter einer *Bedingung* versteht man ein in der Zukunft liegendes, ungewisses Ereignis. Eine **auflösende Bedingung** (§ 158 Abs. 2 BGB) ist beispielsweise die vereinbarte Beendigung des Arbeitsverhältnisses für den Fall der Fluguntauglichkeit eines Piloten[30] oder des Abstiegs eines Sportvereins[31]. Auch für die auflösende Bedingung gilt u. a. das Schriftformerfordernis (vgl. § 21 TzBfG).

6. Tod des Arbeitnehmers

316   Da der **Arbeitnehmer** seine Dienste **höchstpersönlich** schuldet (§ 613 S. 1 BGB), endet das Arbeitsverhältnis auch mit seinem Ableben.

317   Demgegenüber hängt die Arbeitsleistung fast nie von der Person des **Arbeitgebers** ab (vgl. auch § 613a Abs. 1 S. 1 BGB); dieser ist ja ohnehin überwiegend eine juristische Person oder eine rechtsfähige Personengesellschaft. Ansonsten treten die Erben kraft Gesetzes die Nachfolge in der Arbeitgeberstellung an (§ 1922 BGB). Nur ausnahmsweise ist die Dienstleistung an die Person des Leistungsempfängers geknüpft, etwa in einem Pflegefall, und endet daher mit der Erreichung des Zwecks nach einer Auslauffrist von mindestens zwei Wochen (vgl. § 15 Abs. 2 TzBfG).

---

29 Die spätere schriftliche Fixierung einer mündlichen – unwirksamen – Befristungsabrede macht diese nicht rückwirkend wirksam; § 141 BGB ist nicht anwendbar (BAG v. 1.12.2004 – 7 AZR 198/04 – unter B I 4, AP Nr. 15 zu § 14 TzBfG = NZA 2005, 575). Eine nachträgliche Befristung bedarf eines Sachgrundes.
30 BAG v. 11.10.1995 – 7 AZR 119/95 –, AP Nr. 20 zu § 620 BGB Bedingung = NZA 1996, 1212: Wirksam nur bei fehlender freier Stelle im Bodendienst.
31 LAG Düsseldorf v. 26.5.1995 – 10 (15) Sa 1886/94 –, LAGE § 620 BGB Bedingung Nr. 5: Unzulässig.

II. Voraussetzungen und Schranken der ordentlichen Kündigung

Nach diesem Überblick folgt nun die Darstellung der Voraussetzungen und **318** Schranken der ordentlichen Kündigung des Arbeitgebers. Ebenso wie bei der Einstellung werden wir dem typischen **zeitlichen Ablauf des Geschehens** folgen, beginnend mit den notwendigen Vorüberlegungen vor Ausspruch einer Kündigung. Demgegenüber prüft der **Richter im Nachhinein** auf Grund einer Klage des Arbeitnehmers, ob überhaupt eine Kündigung ausgesprochen worden ist und ob dies rechtens war.

1. Spezielle Kündigungshindernisse

Der verständige Arbeitgeber, der die Kündigung eines Arbeitnehmers beabsich- **319** tigt, sollte sich – auch in seinem Eigeninteresse – zunächst die Frage vorlegen, ob er kündigen darf oder ob nicht sogar spezielle Kündigungshindernisse bestehen, bevor er die Kündigung ausspricht.

a) Vereinbarte Unkündbarkeit

Allgemein in Betracht kommt eine vereinbarte, unter Umständen zeitlich be- **320** grenzte Unkündbarkeit des Arbeitsvertrages (§ 15 Abs. 4 TzBfG). Bei befristeten Arbeitsverträgen kennt schon das – dispositive – Gesetz während der Vertragsdauer nur die außerordentliche Kündigung, lässt aber umgekehrt die Vereinbarung des Rechts zur ordentlichen Kündigung zu (§ 15 Abs. 3 TzBfG). Vor allem Tarifverträge sehen vielfach unter bestimmten Voraussetzungen eine Unkündbarkeit vor. § 34 Abs. 2 des Tarifvertrages für den öffentlichen Dienst (TVöD)[32] bzw. für den öffentlichen Dienst der Länder (TV-L)[33] macht sie – allerdings nur für Beschäftigte des Tarifgebiets West – von einem Lebensalter von mindestens 40 Jahren und von 15 Jahren Beschäftigungszeit abhängig. Die außerordentliche (Änderungs-)Kündigung ist davon jedoch nicht betroffen.[34] Aufgrund der potentiell altersdiskriminierenden Wirkung derartiger Regelungen gehen allerdings immer mehr Tarifvertragswerke von starren Unkündbarkeitsbestimmungen zu Regelungen über, die bei der Kündigung langjährig Beschäftigter längere Kündigungsfristen vorsehen. Exemplarisch ist der zum 1.7.2016 in Kraft getretene Manteltarifvertrag zwischen der IG Metall u. a. für den Tarifbezirk Niedersachsen

---

32 Vom 19.9.2005 i.d.F. v. 18.4.2018 für Beschäftigte des Bundes und der Kommunen.
33 Vom 12.10.2006 i.d.F. v. 7.11.2017.
34 Vgl. zur Vorgängerregelung in § 53 des Bundesangestelltentarifvertrages BAG v. 31.1.1996 – 2 AZR 158/95 – unter II 3, AP Nr. 13 zu § 626 BGB Druckkündigung = NZA 1996, 581.

mit dem Landesverband Metall Niedersachen/Bremen u.a., der in § 5 Abs. 2 bei einer Betriebszugehörigkeit von 10 bzw. 20 Jahren „nur" Kündigungen mit einer Frist von 4 bzw. 7 Monaten zum Ende eines Kalendermonats vorsieht.

b) Besonderer Kündigungsschutz

Beispielsfälle

Fall 26: Studentin S ist seit einigen Semestern im Restaurant des R beschäfigt. Als sie R gesteht, schon im fünften Monat schwanger zu sein, ist dieser erschüttert. Aufgrund der schweren körperlichen Belastungen im Service könne er S – schon zum Wohle des ungeborenen Kindes – nicht mehr weiter beschäftigen. Alternative Einsatzmöglichkeiten gebe es nicht, weshalb er S leider fristlos kündigen müsse. Ist die Kündigung wirksam?

Fall 27: A hat Anfang 2019 im Meisterbetrieb des M eine Ausbildung zum Kfz-Mechatroniker begonnen. Nachdem er die Probezeit erfolgreich hinter sich gebracht hat, lässt es A im Sommer etwas „ruhiger angehen" und kommt, nach jeweils ausgiebigem Feiern am vorherigen Abend, zweimal eine Viertelstunde zu spät zur Arbeit. M, der äußersten Wert auf Pünktlichkeit legt, meint, dass A so seine Ausbildung kaum erfolgreich absolvieren werde und kündigt ihm Mitte August fristgerecht. Zu recht?

Fall 28: Die von der D-AG betriebene Drogeriekette Decker ist für ihre schlechten Arbeitsbedingungen bekannt. Selbst für kleinste Fehler beim Einräumen der Regale und sogar Störungen des Betriebsablaufs, die für die Mitarbeiter nicht vermeidbar sind, werden zu Hauf Abmahnungen ausgesprochen. A, B und C wollen dies in ihrer Filiale in Osnabrück nicht mehr hinnehmen und beschließen, einen Betriebsrat zu wählen. Zur notwendigen Wahlversammlung laden sie die übrige Belegschaft ordnungsgemäß ein. Der Vorstand der D schäumt vor Wut und erklärt gegenüber allen drei Beteiligten jeweils wegen Einräumfehlern, die tatsächlich vorgekommen sind, die Kündigung zum nächstmöglichen Termin. A, B und C erheben Kündigungsschutzklage. Mit Erfolg?

---

321 Bestimmte Arbeitnehmergruppen genießen darüber hinaus besonderen **gesetzlichen** Kündigungsschutz. Entscheidendes Merkmal ist dabei die Zugehörigkeit zur schützenswerten Gruppe, nicht Art oder Umfang der Tätigkeit. Anders als beim *allgemeinen* Kündigungsschutz[35] ist die Zahl der Beschäftigten stets irrelevant, ebenso regelmäßig die Dauer der Betriebszugehörigkeit (Ausnahmen: Kündigungsschutz für schwerbehinderte Menschen und Auszubildende).

322 Die einschlägigen Normen erklären eine ihren Tatbestand erfüllende Kündigung zumeist für „unzulässig". Die *Unwirksamkeit* einer solchen Kündigung folgt dann aus § 134 BGB.

---

35 Dazu RN 334 ff.

aa) Kündigungsschutz für Schwangere und Mütter

Besonders streng ist der Mutterschutz. Gemäß § 17 Abs. 1 MuSchG ist „die Kün- 323
digung gegenüber einer Frau während der Schwangerschaft und bis zum Ablauf
von vier Monaten nach der Entbindung unzulässig, wenn dem Arbeitgeber zur Zeit
der Kündigung die Schwangerschaft oder die Entbindung bekannt war oder innerhalb von zwei Wochen nach Zugang der Kündigung mitgeteilt wird (Fall 26);
das Überschreiten dieser Frist ist unschädlich, wenn es auf einem von der Frau
nicht zu vertretenden Grund beruht und die Mitteilung unverzüglich nachgeholt
wird".

Das gesetzliche Verbot schützt die Arbeitnehmerin allerdings nicht in jedem 324
Fall. Gemäß § 17 Abs. 2 S. 1 MuSchG kann die für den Arbeitsschutz zuständige
oberste Landesbehörde oder die von ihr bestimmte Stelle [36] *in besonderen Fällen*,
die nicht mit der Schwangerschaft zusammenhängen, *ausnahmsweise* die Kündigung für zulässig erklären. Man spricht von einem **Verbot mit Erlaubnisvor-
behalt.** Aus der doppelten Einschränkung im Gesetzeswortlaut folgt, dass der
Antrag des Arbeitgebers an die Behörde bei einer beabsichtigten ordentlichen
Kündigung kaum Erfolg haben wird, zumal die Erlaubnis selbst dann nicht ohne
weiteres zu erteilen ist, wenn die Voraussetzungen für eine außerordentliche
Kündigung vorliegen. Die Erlaubnis muss zudem stets vor Ausspruch der Kündigung vorliegen, aber noch nicht bestandskräftig sein.[37]

bb) Kündigungsschutz während der Elternzeit

§ 18 des Gesetzes zum Elterngeld und zur Elternzeit (BEEG) ergänzt diesen Kün- 325
digungsschutz bzw. erweitert ihn zugunsten derjenigen Arbeitnehmer, die wegen
der Betreuung eines Kindes bis zur Dauer von drei Jahren eine sog. *Elternzeit* in
Anspruch nehmen. Dies ist nach wie vor ganz überwiegend die Mutter, obwohl
der Vater auch zu den Berechtigten gehört (vgl. die detaillierte Regelung in § 15
BEEG). Dieses Kündigungsverbot kann von der zuständigen Landesbehörde
ebenfalls in besonderen Fällen ausnahmsweise aufgehoben werden. Im Interesse
einer einheitlichen Behördenpraxis ist hierzu eine Allgemeine Verwaltungsvor-
schrift des Bundesministeriums für Familie, Senioren, Frauen und Jugend er-

---

36 In vielen Bundesländern die örtlichen Gewerbeaufsichtsämter; Übersicht bei *Zmarzlik/Zip-
perer/Viethen/Vieß*, Mutterschutzgesetz – Mutterschaftsleistungen, 9. Aufl. 2006, § 9 MuSchG
Rn. 72.
37 BAG v. 17.6.2003 – 2 AZR 245/02 –, AP Nr. 33 zu § 9 MuSchG 1968 = NZA 2003, 1329: Wirksame
Kündigung nach Zugang des Zustimmungsbescheids, gegen den die Arbeitnehmerin daraufhin
Widerspruch erhob.

gangen.[38] Folgende Kriterien, die weithin an den wichtigen Grund für eine außerordentliche Kündigung (§ 626 BGB) erinnern, sind danach im Wesentlichen bedeutsam: der Wegfall des Arbeitsplatzes, insbesondere wegen der Stilllegung des Betriebes oder einer Betriebsabteilung, besonders schwere Vertragsverletzungen oder vorsätzliche Straftaten und die Gefährdung der Existenz des Betriebes oder des Arbeitgebers. Ausnahmsweise kann auch die unbillige Erschwerung der wirtschaftlichen Existenz des Arbeitgebers die Erlaubnis rechtfertigen, insbesondere wenn in einem Kleinbetrieb eine entsprechend qualifizierte Ersatzkraft nicht nur befristet gewonnen werden kann oder wenn von einer solchen Besetzung andere Arbeitsplätze abhängen.

cc) Kündigungsschutz für schwerbehinderte Menschen

326 Die Kündigung eines schwerbehinderten Menschen bedarf ebenfalls der vorherigen Zustimmung einer Behörde, des **Integrationsamtes** (§ 168 SGB IX). Dies gilt jedoch insbesondere für solche Arbeitnehmer nicht, deren Arbeitsverhältnis im Zeitpunkt der Kündigung noch nicht länger als sechs Monate besteht (§ 173 Abs. 1 Nr. 1 SGB IX). Die **Schwerbehinderteneigenschaft** muss nicht äußerlich erkennbar sein, sondern ist allein von dem Grad der Behinderung, d. h. der Funktionsbeeinträchtigung abhängig. Bei einer Behinderung von wenigstens 50 Grad sind Menschen schwerbehindert; Menschen mit einer Behinderung von weniger als 50, aber wenigstens 30 Grad können schwerbehinderten Menschen gleichgestellt werden (§ 2 Abs. 1–3 SGB IX). Das Vorliegen der Behinderung und den Grad der Behinderung kann der behinderte Mensch von der zuständigen Behörde – dem örtlichen Versorgungsamt – feststellen lassen (§ 152 SGB IX).

327 Der Arbeitgeber ist vielfach in derselben Situation wie bei der Schwangerschaft, da er bisweilen **keine Kenntnis von der Behinderteneigenschaft** hat, vor allem, wenn die Behinderung erst während der Dauer des Arbeitsverhältnisses eintritt. Es ist denkbar, dass der Arbeitnehmer um seines beruflichen Fortkommens willen eine Behinderung ganz verschwiegen hat. Damit entgehen ihm viele Vorteile des Behindertenschutzes, jedoch nicht zwingend der besondere Kündigungsschutz. Die Kündigung eines schwerbehinderten Menschen, die ohne Kenntnis von der Behinderteneigenschaft und schon deshalb ohne behördliche Zustimmung ausgesprochen wird, ist **unwirksam**, sofern die folgenden **zwei Voraussetzungen** vorliegen.[39] **Erstens:** In aller Regel muss die **Schwerbehin-**

---

38 Stand 9/2018, abrufbar unter https://www.elterngeld.net/pdf/Richtlinien.pdf.
39 Die Voraussetzungen wurden ursprünglich vom BAG geschaffen (vgl. BAG v. 23.2.1978 – 2 AZR 462/76 – Leitsatz, AP Nr. 3 zu § 12 SchwbG).

derung zum Zeitpunkt der Kündigung nachgewiesen (§ 173 Abs. 3 SGB IX), also offenkundig, durch Ausweis belegt oder infolge Antrags festgestellt sein. Freilich kann es nicht zum Nachteil des Arbeitnehmers gereichen, wenn dieser den Antrag rechtzeitig, nämlich mindestens drei Wochen vor Ausspruch der Kündigung, gestellt und am Verwaltungsverfahren im erforderlichen Maße mitgewirkt hatte, aber dennoch über den Antrag noch nicht entschieden wurde. Nur dann ist ausnahmsweise kein Nachweis erforderlich.[40] Die Kenntnis des Arbeitgebers, insbesondere das Führen eines Nachweises gerade ihm gegenüber, wird nicht verlangt.[41] **Zweitens:** Der Arbeitnehmer muss seinen Sonderkündigungsschutz gegenüber dem Arbeitgeber binnen einer von der Rechtsprechung entwickelten **„Regelfrist"**, die analog § 4 S. 1 KSchG drei Wochen beträgt, nach Zugang der Kündigung klageweise geltend machen.[42] Über das **Verfahren** informieren die 328 §§ 170 ff. SGB IX. Die Behörde soll über die beantragte Zustimmung zu der ordentlichen Kündigung binnen eines Monats entscheiden; die Kündigung kann anschließend wiederum nur binnen Monatsfrist erfolgen (§ 171 Abs. 1 und 3 SGB IX). Die Ermessensfreiheit der Behörde ist eingeschränkt, wenn der Arbeitgeber insolvent ist, der Arbeitsplatz wegfällt oder dem Arbeitnehmer ein anderer angemessener und zumutbarer Arbeitsplatz gesichert ist (§ 172 Abs. 2 und 3 SGB IX).

dd) Kündigungsschutz für Auszubildende

Während bei den bisher genannten drei Fallgruppen die soziale Schutzbedürf- 329 tigkeit im Vordergrund steht, geht es bei den Auszubildenden um ihre berufliche Zukunft. Mit diesem Ziel ist ein Wechsel des Ausbildungsplatzes kaum vereinbar. Deshalb gestattet § 22 Abs. 2 Berufsbildungsgesetz nach Ablauf der Probezeit dem Arbeitgeber nur noch die fristlose Kündigung aus wichtigem Grund, während der Auszubildende auch mit einer Kündigungsfrist von vier Wochen kündigen kann, wenn er die Berufsausbildung aufgeben oder sich für eine andere Berufstätigkeit ausbilden lassen will. In Fall 27 ist die ordentliche Kündigung des A durch M demnach unwirksam; eine außerordentliche Kündigung dürften die Pflichtverletzungen des A gerade auch in Ansehung des Ausbildungszwecks nicht tragen.

---

40 Dazu BAG v. 1. 3. 2007 – 2 AZR 217/06 –, NZA 2008, 302.
41 So zutreffend *Rehwald/Kossack*, AiB 2004, 604, 606; a.A. *Cramer*, NZA 2004, 698, 704.
42 BAG v. 24. 9. 2015 – 2 AZR 347/14 –, AP Nr. 83 zu § 4 KSchG 1969 = NZA 2016, 351; BAG v. 23. 2. 2010 – 2 AZR 659/08 –, AP Nr. 8 zu § 85 SGB IX = NZA 2011, 411 ErfK/*Rolfs* § 168 SGB IX Rn. 9; krit. *Gelhaar*, NZA 2011, 673 ff.

ee) Kündigungsschutz für Funktionsträger der Mitbestimmung

330 Für den Schutz der Funktionsträger in den Betrieben und Dienststellen ist das Belegschaftsinteresse das leitende Motiv. Niemand kann erwarten, dass sich ein Arbeitnehmer immer wieder zugunsten von Arbeitskollegen auf Konflikte mit seinem Arbeitgeber einlässt, wenn er sich dabei ohne weiteres der Gefahr einer Kündigung aussetzte. **§ 15 KSchG** verbietet deshalb grundsätzlich die ordentliche Kündigung und macht nur für den Fall der Stilllegung des Betriebes oder einer Betriebsabteilung eine Ausnahme (Abs. 4 und 5). Dieser Schutz beginnt für die ersten *drei Initiatoren einer Wahl* mit der Einladung zu einer Versammlung oder der Antragstellung bei Gericht (Abs. 3a), für *Mitglieder des Wahlvorstandes* mit ihrer Bestellung, für *Wahlbewerber* bereits mit der Aufstellung des Wahlvorschlags und wirkt für diese immerhin mindestens sechs Monate nach, für gewählte *Mitglieder des Betriebs- oder Personalrats* sogar ein Jahr über die Amtszeit hinaus. Die Kündigungsschutzklagen von A, B und C in Fall 28 haben daher ungeachtet der Frage, ob derart minimale Pflichtverletzungen überhaupt eine verhaltensbedingte Kündigung rechtfertigen können, Erfolg. Darüber hinaus hat der Gesetzgeber die außerordentliche Kündigung der aktiven Funktionsträger durch ein **vorgeschaltetes Zustimmungsverfahren** sehr erschwert; entweder muss nämlich die Arbeitnehmervertretung zustimmen, oder die Zustimmung muss durch eine rechtskräftige (!) gerichtliche Entscheidung ersetzt sein, bevor der Arbeitgeber kündigen kann (§ 103 BetrVG, §§ 47 Abs. 1, 108 Abs. 1 BPersVG).[43]

ff) Kündigungsschutz während des Dienstes im Interesse der Allgemeinheit

331 Ferner verdient der Dienst im Interesse der Allgemeinheit besonderen Schutz. Beispielhaft zu nennen sind der Schutz der *Bundestagsabgeordneten*[44], der – seit der Aussetzung der Wehrpflicht im Jahr 2011 auf Freiwillige beschränkte – Schutz von *Angehörigen der Streitkräfte*[45] und ehemals der *Zivildienstleistenden*[46] vor ordentlichen Kündigungen.

c) Kündigungsschutz bei Übergang eines Betriebes oder Betriebsteils

332 Bemerkenswert ist das spezielle Verbot des § 613a Abs. 4 S. 1 BGB, *allein aus Anlass* des rechtsgeschäftlichen *Übergangs eines Betriebes oder Betriebsteiles* zu

---

43 § 103 Abs.3 BetrVG ist insoweit lex specialis gegenüber § 99 BetrVG, BAG v. 27.7.2016 – 7 ABR 55/14 –, AP Nr. 60 zu § 103 BetrVG 1972 = NZA 2017, 200.
44 Art. 48 Abs. 2 S. 2 GG, § 2 Abs. 3 des Abgeordnetengesetzes.
45 Wegen der Einzelheiten s. § 2 Arbeitsplatzschutzgesetz.
46 § 78 Abs. 1 Nr. 1 Zivildienstgesetz.

kündigen. Die Norm soll gewährleisten, dass der in § 613a Abs. 1 S. 1 BGB ange-ordnete Eintritt des neuen Betriebsinhabers in die Arbeitsverhältnisse nicht ver-eitelt oder umgangen wird, jedoch nicht mehr. Es ist nicht verwunderlich, dass § 613a BGB in Anwendungsbereich und Rechtsfolgen keineswegs abgeschlossene Kontroversen ausgelöst hat. Diese betreffen verschiedene Teilbereiche des Ar-beitsrechts und sollen daher zusammenhängend an anderer Stelle[47] erörtert werden.

2. Allgemeiner Kündigungsschutz

Wir gelangen nunmehr zum *allgemeinen* Kündigungsschutz gegenüber ordentli-chen Kündigungen, der im **Kündigungsschutzgesetz** geregelt ist. 333

a) Geltungsbereich: Mindestdauer des Arbeitsverhältnisses und Mindestzahl der Beschäftigten

Für die *Geltung* bzw. das Eingreifen des allgemeinen Kündigungsschutzes hat der 334
Gesetzgeber eine positive vertragsbezogene und eine negative betriebsbezogene Voraussetzung aufgestellt. Positiv feststehen muss eine **Mindestdauer des Ar-beitsverhältnisses: länger als sechs Monate** (§ 1 Abs. 1 KSchG). Die Norm knüpft bewusst an einfach festzustellende Gegebenheiten an. Eine Unterbre-chung des Arbeitsverhältnisses löst daher eine neue Wartefrist aus, wenn nicht zwischen beiden Beschäftigungen ein enger sachlicher Zusammenhang besteht.[48] Die geforderte Mindestdauer beruht vor allem auf dem Gedanken der notwendi-gen Erprobung und hat insofern den Charakter einer *gesetzlichen Probezeit*.

Der Kündigungsschutz greift jedoch nicht ein, wenn nicht eine **Mindestzahl** 335
von in der Regel im Betrieb beschäftigten Arbeitnehmern, ausgenommen die Auszubildenden, erreicht wird.[49] Die einschlägige Norm, § 23 Abs. 1 S. 2 – 4 KSchG, ist starker politischer Diskussion und entsprechend häufiger Änderung ausgesetzt.[50] Anstelle der Wiedergabe der schwer verständlichen aktuellen Ver-sion[51] soll folgende Formulierung helfen:

---

47 S. unten § 8.
48 BAG v. 22.5.2003 – 2 AZR 426/02 – unter B I 2, AP Nr. 18 zu § 1 KSchG 1969 Wartezeit = NZA 2004, 399.
49 Zur Mitberücksichtigung von Leiharbeitnehmern BAG v. 24.1.2013 – 2 AZR 140/12 –, AP Nr. 49 zu § 23 KSchG 1969 = NZA 2013, 726.
50 Vgl. § 1 RN 17.
51 Geändert bzw. eingefügt durch Gesetz zu Reformen am Arbeitsmarkt v. 24.12.2003 (BGBl. I S. 3002) mit Wirkung v. 1.1.2004.

i Kündigungsschutz besteht nicht, wenn zum Zeitpunkt der Kündigung in dem Betrieb oder der Verwaltung in der Regel (*rechnerisch*) *zehn oder weniger* Arbeitnehmer beschäftigt sind. Für einen zu kündigenden *Alt-Arbeitnehmer*, der bereits am 31.12.2003 beschäftigt war, gilt Kündigungsschutz hingegen nur dann nicht, wenn zum Zeitpunkt der Kündigung *fünf oder weniger Alt-Arbeitnehmer* beschäftigt sind, deren Arbeitsverhältnis bereits am 31.12.2003 bestanden hatte.

Diese Formulierung verdeutlicht zugleich, dass der vom Gesetzeswortlaut in Satz 2 als Regelfall vorgesehene niedrigere Schwellenwert mit Auslaufen der Altverträge langfristig kaum noch Anwendung finden wird, weil Ersatzeinstellungen bei der Berechnung nicht berücksichtigt werden.[52] Bis dahin sind kündigungsschutzrechtlich gespaltene Belegschaften in Betrieben mit (rechnerisch) höchstens zehn Arbeitnehmern möglich: länger Beschäftigte mit, kürzer Beschäftigte ohne Kündigungsschutz.[53]

336   **Teilzeitbeschäftigte** mit einer regelmäßigen Arbeitszeit von nicht mehr als 20 Stunden werden **rechnerisch** mit 0,5, von nicht mehr als 30 Stunden mit 0,75 berücksichtigt. **Der regelmäßige Schwellenwert für die vollumfängliche Anwendbarkeit des Kündigungsschutzgesetzes liegt somit rechnerisch bei 10,25 Arbeitnehmern.** Die **Beweislast** hinsichtlich der Geltung des allgemeinen Kündigungsschutzes trifft in erster Linie den Arbeitnehmer und dann den Arbeitgeber, wenn der Arbeitnehmer beweisen kann, dass der Arbeitgeber zum Zeitpunkt der Kündigung 11 Personen beschäftigt (bzw. schon vor dem 1.1.2004 einschließlich des Gekündigten sechs Personen).[54]

337   Die **Ausnahme für Kleinbetriebe** wird damit **gerechtfertigt**, dass hier die Erschwerung der Kündigung typischerweise als Kostenfaktor besonders stark ins Gewicht fällt. Hinzu kommt der regelmäßig besonders enge persönliche Kontakt zwischen Arbeitgeber und Arbeitnehmer, der leichter zu Spannungen führt, ohne dass sich diese unbedingt als handfester Kündigungsgrund formulieren ließen. Selbstverständlich haftet jeder Festlegung auf eine Betriebsgröße etwas Willkürliches an, so dass auch gefordert worden ist, auf diese Voraussetzung ganz zu

52 BAG v. 21.9.2006 – 2 AZR 840/05 –, AP Nr. 37 zu § 23 KSchG 1969 = NZA 2007, 438.
53 Lesenswert die instruktiven Beispiele von *Bauer/Krieger*, DB 2004, 651. Beschäftigte ohne Kündigungsschutz werden im Übrigen nicht in eine etwaige Sozialauswahl (dazu unten RN 364 ff.) einbezogen, so mit Recht *Preis*, DB 2004, 70, 78; *Quecke*, RdA 2004, 86, 104.
54 Abgestufte Darlegungs- und Beweislast; ähnlich zum alten Recht ständige Rspr. des BAG, zuletzt 24.2.2005 – 2 AZR 373/03 – unter B I 2, AP Nr. 34 zu § 23 KSchG 1969 = NZA 2005, 764. Nach h.M. der Literatur liegt die Beweislast beim Arbeitgeber auf Grund der gesetzlichen Normierung als Ausnahme, so etwa *Quecke*, RdA 2004, 86, 105.

verzichten.[55] Das BVerfG [56] hat indessen die Verfassungsmäßigkeit des vorherigen Schwellenwertes mit Blick auf Art. 12 Abs. 1 und Art. 3 Abs. 1 GG bestätigt. Dies gilt u. E. auch für die neue höhere Mindestzahl. Nicht zu rechtfertigen ist es jedoch, den Begriff **Betrieb i.S. des KSchG** in Anlehnung an das Betriebsverfassungsrecht allein als *organisatorische Einheit* zu definieren; [57] denn damit würden auch solche Arbeitgeber bzw. Unternehmen von der Einschränkung der Kündigungsfreiheit freigestellt, die als finanziell und organisatorisch belastbare *wirtschaftliche Einheiten* z. B. in einer Vielzahl von Filialen mit einer gewissen organisatorischen Selbstständigkeit jeweils nicht mehr als – rechnerisch – zehn Arbeitnehmer beschäftigen.[58] Außerdem kommt dem vom BVerfG schon für den niedrigeren Schwellenwert eingeforderten Mindestbestandsschutz nach Maßgabe der Generalklauseln des BGB nunmehr gesteigerte Bedeutung zu.[59]

Entgegen weitverbreiteter Vorstellung gilt der Kündigungsschutz auch für **338** **leitende Angestellte.** Nur für die in § 14 Abs. 2 KSchG ausdrücklich bezeichnete Teilgruppe leitender Angestellter ist der Kündigungsschutz insofern eingeschränkt, als der Arbeitgeber bei ihnen die Auflösung des Arbeitsverhältnisses gegen Zahlung einer Abfindung auch dann durchsetzen kann, wenn kein Kündigungsgrund vorliegt. Hier soll das notwendige persönliche Vertrauen des Arbeitgebers Vorrang vor dem Bestandsschutzinteresse des Arbeitnehmers haben.

b) Kündigungsgründe
aa) Grundprinzipien des allgemeinen Kündigungsschutzes

Die Kündigung bedarf der Rechtfertigung, d. h. eines **Kündigungsgrundes.** Ge- **339** mäß § 1 Abs. 1 KSchG ist die ordentliche Kündigung nämlich „rechtsunwirksam, wenn sie sozial ungerechtfertigt ist". Das Gesetz selbst spricht allerdings weder von Kündigungsgrund noch von Nichtigkeit, weil diese anfängliche „Rechtsunwirksamkeit" – wie auch fast alle anderen Mängel – nachträglich heilbar sind,

---

55 So der Vorschlag der von der Bundesregierung 1970 eingesetzten Arbeitsgesetzbuchkommission in § 96 Abs. 1 des Entwurfs eines Arbeitsgesetzbuchs – Allgemeines Arbeitsvertragsrecht –, hrsgg. vom Bundesminister für Arbeit und Sozialordnung, 1977, S. 119.
56 BVerfG v. 27.1.1998 – 1 BvL 15/87 – und – 1 BvL 22/93 –, BVerfGE 97, 169 ff. = JZ 1998, 848 ff. mit Anm. *Otto.*
57 So BAG v. 3.6.2004 – 2 AZR 386/03 – unter B I 2, AP Nr. 33 zu § 23 KSchG 1969 = NZA 2004, 1380; vgl. aber auch unten RN 365 zur Sozialauswahl.
58 Zum alten Recht BVerfG v. 27.1.1998 – 1 BvL 15/87 – unter B II 4 b, BVerfGE 97, 169, 182 f. = JZ 1998, 848 ff. m. Anm. *Otto* S. 852 ff. Ebenso Löwisch/Schlünder/Spinner/Wertheimer/*Löwisch*, KSchG, § 23 Rn. 12.
59 S. zum Kündigungsschutz insbes. im Kleinbetrieb unten RN 386 ff., 391 ff.

wenn sich der Arbeitnehmer nicht binnen drei Wochen mit der Erhebung einer Kündigungsschutzklage wehrt (§§ 4 S. 1, 7 KSchG).[60]

340　Die Kündigung ist sozial ungerechtfertigt, wenn einer der drei Kündigungsgründe, nämlich der **personen-**, **verhaltens-** oder **betriebsbedingte Kündigungsgrund** (§ 1 Abs. 2 S. 1 KSchG), fehlt. Der Gesetzgeber hat sich in § 1 Abs. 1 S. 2 und 3 KSchG um eine weitere Präzisierung vor allem des betriebsbedingten Kündigungsgrundes bemüht. Dabei ist er jedoch gesetzessystematisch insbesondere deshalb gescheitert, weil er den Kündigungsschutz insoweit von einem Widerspruch des Betriebs- oder Personalrats abhängig gemacht hat, ein Erfordernis, das in Wissenschaft und Praxis längst überholt ist.[61] Für die die Kündigung rechtfertigenden Tatsachen ist der **Arbeitgeber** im Streitfall vor Gericht **darlegungs- und beweispflichtig** (§ 1 Abs. 2 S. 4 KSchG).

341　Es ist jedoch nicht damit getan, den Kündigungsgrund „an sich" zu bestimmen und darzulegen; der gesetzliche Kündigungsschutz verlangt eine stärkere Berücksichtigung des Bestandsschutzinteresses des Arbeitnehmers. Dieses wird mit der Anwendung zweier Prinzipien zum Ausdruck gebracht: dem **Prognoseprinzip** und dem **Grundsatz der Verhältnismäßigkeit**.

342　Das **Prognoseprinzip** verlangt vom Arbeitgeber, vom Richter und schließlich von jedem Rechtsanwender die prognostische Antwort auf die Frage, ob eine etwaige Störung der Arbeitsbeziehung andauert bzw. sich auch zukünftig negativ auswirkt.[62] Auf diese Weise konkretisiert das Prognoseprinzip den Kündigungsgrund; dieser muss gerade **der „Weiterbeschäftigung" entgegenstehen**, wie es das Gesetz in § 1 Abs. 2 S. 1 KSchG für die Betriebsbedingtheit ausdrücklich verlangt. Die Kündigung ist daher kein Instrument, um lediglich vorangegangenes Fehlverhalten zu sanktionieren, sondern um einer dadurch bewirkten und fortdauernden Störung des Vertrauensverhältnisses zwischen Arbeitgeber und Arbeitnehmer Rechnung zu tragen bzw. das Risiko weiterer Pflichtverletzungen zu vermeiden.[63] Kurz gesagt: Die Kündigung ist keine Strafe, sondern ein Instrument des Leistungsstörungsrechts. Maßgeblicher **Beurteilungszeitpunkt** der Rechtmäßigkeit der Kündigung ist demzufolge der Zugang der Kündigungserklärung;[64]

60　Dazu unten RN 415 ff.

61　Dazu unten RN 362.

62　*Preis*, Prinzipien, S. 322 ff. Ständige Rspr. seit BAG v. 10.11.1988 – 2 AZR 215/88 –, AP Nr. 3 zu § 1 KSchG 1969 Abmahnung = NZA 1989, 633; v. 21.11.1996 – 2 AZR 357/95 –, AP Nr. 130 zu § 626 BGB = NZA 1997, 487.

63　Z. B. BAG v. 12.1.2006 – 2 AZR 179/05 – unter B III 2 b aa, AP Nr. § 1 KSchG 1969 Verhaltensbedingte Kündigung = NZA 2006, 980.

64　BAG v. 29.4.1999 – 2 AZR 431/98 –, AP Nr. 36 zu § 1 KSchG 1969 Krankheit = NZA 1999, 978; s. aber auch BAG v. 1.2.2007 – 2 AZR 710/05 –, AP Nr. 6 zu § 162 BGB = NZA 2008, 192: es sei denn, der

notwendiges Korrektiv ist ein möglicher Anspruch des Arbeitnehmers auf Wiedereinstellung[65].

Der **Grundsatz der Verhältnismäßigkeit** bringt Struktur in die weitere 343 Prüfung der Sozialwidrigkeit der Kündigung, vor allem dessen Teilelemente der Erforderlichkeit und Angemessenheit (der Aspekt der Geeignetheit zur Problemlösung wird regelmäßig zu bejahen sein). Eine Kündigung ist **erforderlich**, wenn sie nicht dadurch vermeidbar ist, dass der Arbeitgeber etwa eine *Abmahnung* erteilen oder eine *andere mildere Maßnahme* einsetzen kann, die ihm gleichfalls die Wahrung seiner Interessen ermöglicht.[66] Das Gesetz fordert in § 1 Abs. 2 S. 2 Nr. 2a[67] KSchG, die Weiterbeschäftigung in demselben oder einem anderen Betrieb desselben Unternehmens zu erwägen; die Prüfung der Weiterbeschäftigung in einem anderen Konzernunternehmen fordert es regelmäßig nicht.[68] Die Weiterbeschäftigung kann durch eine auf das Weisungsrecht (§ 106 GewO) gestützte Versetzung ermöglicht werden, sofern die neue Tätigkeit vom Arbeitsvertrag erfasst, insbesondere gleichwertig ist. Andernfalls hält das BAG den Arbeitgeber sogar regelmäßig an, als milderes Mittel zur Beendigungskündigung eine **Änderungskündigung**[69] auszusprechen.[70] Bei mehreren Änderungsmöglichkeiten ist die den Beschäftigten am wenigsten belastende anzubieten.[71] Das so ermittelte Angebot soll nur dann unterbleiben können, wenn diese Neubeschäftigung extrem unterwertig wäre oder wenn der Arbeitnehmer ein zuvor ausgesprochenes Angebot vorbehaltlos und unmissverständlich abgelehnt hat.[72]

Arbeitgeber hat vorher eine Weiterbeschäftigungsmöglichkeit treuwidrig vereitelt (Rechtsgedanke des § 162 BGB).

65 Dazu unten RN 355.

66 Das gilt für jede Beendigungskündigung, vgl. BAG v. 30.5.1978 – 2 AZR 630/76, AP Nr. 70 zu § 626 BGB unter III 2 b.

67 § 1 Abs. 2 S. 2 Nr. 3a KSchG enthält das Pendant für den öffentlichen Dienst.

68 Das KSchG ist nicht konzernbezogen, ständige Rspr., etwa BAG v. 14.10.1982 – 2 AZR 568/80 –, AP Nr. 1 zu § 1 KSchG 1969 Konzern; zu den Ausnahmen BAG v. 23.3.2006 – 2 AZR 162/05 –, AP Nr. 13 zu § 1 KSchG 1969 Konzern = DB 2006, 2351, und v. 21.2.2002 2 AZR 749/00 –, EzA § 1 KSchG Wiedereinstellungsanspruch Nr. 7 = NZA 2002, 1416.

69 Dazu unten RN 380 ff.

70 Ständige Rspr. des BAG seit 27.9.1984 – 2 AZR 62/83 –, AP Nr. 8 zu § 2 KSchG 1969 = NZA 1985, 455; teilweise abweichend (ein „klärendes Gespräch" mit einwöchiger Überlegungsfrist vor Ausspruch der Änderungskündigung wird nicht mehr gefordert) Urt. v. 21.4.2005 – 2 AZR 132/04 –, AP Nr. 79 zu § 2 KSchG 1969 m. abl. Anm. *Wank* = NZA 2005, 1289. Den Vorrang der Änderungs- vor der Beendigungskündigung allgemein abl. *Annuß*, NZA 2005, 443.

71 BAG v. 21.4.2005 – 2 AZR 132/04 –, AP Nr. 79 zu § 2 KSchG 1969 m. abl. Anm. *Wank* = NZA 2005, 1289 unter B II 4 b; dies verkennt *Wank*, Blatt 10 Rückseite.

72 BAG v. 21.9.2006 – 2 AZR 607/05 –, unter Rn. 34, AP Nr. 130 zu § 2 KSchG 1969 = NZA 2007, 431.

344　　Die Beendigungskündigung soll also das letzte Mittel (die **„ultima ratio"**) sein. Dabei ist jedoch vor der Gefahr zu warnen, die ordentliche gebundene Kündigung allzu sehr in die Nähe der außerordentlichen Kündigung aus wichtigem Grund zu rücken, wo schon die Fortsetzung des Arbeitsverhältnisses bis zum Ablauf der Kündigungsfrist nach dem Gesetzeswortlaut unzumutbar sein muss.[73]

345　　Schließlich muss die Kündigung noch **angemessen** (verhältnismäßig im engeren Sinne bzw. proportional) sein. Für die verhaltens- und die personenbedingte Kündigung stellt die h.M. hier eine umfassende **Interessenabwägung** im Einzelfall an,[74] die aber nicht als ein sich verselbstständigendes ungeschriebenes Tatbestandsmerkmal verstanden werden darf.[75] Grundsätzlich kein Raum für eine zusätzliche Abwägung verbleibt bei der betriebsbedingten Kündigung; zur Berücksichtigung der widerstreitenden Interessen hat der Gesetzgeber in § 1 Abs. 2 KSchG die notwendigen Wertungen und in § 1 Abs. 3 KSchG die Sozialauswahl vorgesehen.

346　　Die sich aus den vorstehenden Überlegungen ergebende, allgemeine **Reihenfolge für die Prüfung der Sozialwidrigkeit** der Kündigung (Kündigungsgrund, konkretisiert durch das Prognoseprinzip; Erforderlichkeit der Kündigung; Interessenabwägung/Sozialauswahl) wird bei der nun folgenden Erörterung der einzelnen Kündigungsgründe zugrunde gelegt, wobei eventuelle Modifikationen hervorgehoben werden.

bb) Personenbedingte Kündigung

Beispielsfall

Fall 29: R, 56 Jahre alt, ist seit knapp zwei Jahren als Sachbearbeiter bei der V-Versicherung angestellt. Da er sein ganzes Leben lang stark geraucht hat, entwickelt sich bei ihm ein chronisches Lungenleiden (COPD). Deshalb muss er sich, teils auch für stationäre Krankenhausaufenthalte, immer wieder krank melden. In den beiden Beschäftigungsjahren fiel er deshalb im Schnitt jeweils 10 Wochen aus. Aufgrund der Art seines Leidens ist mit einer Besserung nicht zu

---

73　*Otto* unter 3a in Anm. zu BAG v. 25.11.1982 – 2 AZR 140/81 –, EzA § 1 KSchG Krankheit Nr. 10; *Preis*, Prinzipien, zum Prinzip der Zumutbarkeit (S. 138 f., 163 ff.) und zum Verhältnismäßigkeitsprinzip bei der ordentlichen Kündigung (S. 254 ff., 294 ff.).

74　Z. B. BAG v. 20.1.2000 – 2 AZR 378/99 –, AP Nr. 38 zu § 1 KSchG 1969 Krankheit = NZA 2000, 768; *Preis*, Prinzipien, S. 184 ff.

75　ErfK/*Oetker* § 1 KSchG Rn. 83 ff.; Löwisch/Schlünder/Spinner/Wertheimer/*Schlünder*, KSchG, § 1 Rn. 79 f.; *Preis*, Prinzipien, S. 221).

rechnen. Die Fehlzeiten führen zu erheblichen Störungen bei V, da fristgebundene Abrechnungen liegen bleiben und angesichts der häufig überraschenden Ausfälle des R eine Vertretung nur schwer zu organisieren ist. V kündigt R daher fristgerecht. Ist die Kündigung wirksam?

Personenbedingt ist die Kündigung, wenn die zur Kündigung motivierenden 347 Umstände in der Person des Arbeitnehmers liegen, ihm regelmäßig nicht vorwerfbar und im Gegensatz zur verhaltensbedingten Kündigung von ihm auch nicht steuerbar sind, aber einer Weiterbeschäftigung entgegenstehen. Diese Kategorie ist dadurch gekennzeichnet, dass der Arbeitnehmer die **Fähigkeit oder Eignung für die geschuldete Arbeitsleistung ganz oder teilweise nicht besitzt.** Als Beispiele sind fehlende Kenntnisse, nicht vorwerfbare erhebliche Minderleistungen über einen längeren Zeitraum[76], Entzug der Fluglizenz[77], fehlende Arbeitserlaubnis, Alkohol- oder Drogensucht und einschlägige Straftaten außerhalb des Arbeitsverhältnisses zu nennen. Einprägsam ist auch die personenbedingte Kündigung eines ausschließlich Sonntags beschäftigten Arbeitnehmers, dem der von § 11 Abs. 3 ArbZG eingeforderte Ersatzruhetag nicht gewährt werden konnte, da dieser Arbeitnehmer die verbleibenden 6 Wochentage für einen anderen Arbeitgeber arbeitete.[78] Ausdrücklich kein Kündigungsgrund ist der Anspruch auf eine Altersrente (§ 41 S. 1 SGB VI), auch wenn dieser Umstand eine Befristung des Arbeitsverhältnisses rechtfertigen kann. Auch das Scheitern einer Ehe bei einem Arbeitsverhältnis zwischen Ehegatten ist für sich allein kein Kündigungsgrund.[79]

Entsprechend den allgemeinen Ausführungen ist folgende **Prüfungsrei-** 348 **henfolge** geboten:[80] Der als personenbedingt klassifizierte Kündigungsgrund ist darauf zu prüfen, ob er zu Störungen des Arbeitsverhältnisses auch nach dem Zeitpunkt der Kündigung führt (erste Stufe: Negativprognose). Anschließend folgt die Prüfung, ob die Kündigung tatsächlich die „ultima ratio" (zweite Stufe) darstellt oder ob der Arbeitnehmer nicht z. B. an anderer Stelle, etwa auf einem leidensgerechten Arbeitsplatz, weiterbeschäftigt[81] oder ein Krankheitsfall personell

---

76 Zur individuellen Bestimmung der erforderlichen Schwelle BAG v. 11.12.2003 – 2 AZR 667/02 –, AP Nr. 48 zu § 1 KSchG 1969 Verhaltensbedingte (sic) Kündigung unter B III 2 = NZA 2004, 784.

77 BAG v. 31.1.1996 – 2 AZR 68/95 –, AP Nr. 17 zu § 1 KSchG 1969 Personenbedingte Kündigung = NZA 1996, 819.

78 BAG v. 24.2.2005 – 2 AZR 211/04 –, AP Nr. 51 zu § 1 KSchG 1969 Verhaltensbedingte (sic) Kündigung = NZA 2005, 759.

79 BAG v. 9.2.1995 – 2 AZR 389/94 –, EzA § 1 KSchG Personenbedingte Kündigung Nr. 12 = NZA 1996, 249.

80 Instruktiv KR-*Rachor* § 1 KSchG Rn. 280 ff.

81 Vgl. BAG v. 24.10.2005 – 2 AZR 514/04 – unter IV, AP Nr. 43 zu § 1 KSchG 1969 Krankheit = NZA 2006, 665: Dies gelte auch dann, wenn eine in Frage kommende Stelle neu besetzt wurde, obwohl

überbrückt werden könnte[82]. Hieran hat sich endlich eine Interessenabwägung (dritte Stufe) auszuschließen. Dabei ist zugunsten des Arbeitnehmers, dem ja kein rechtswidriges Verhalten vorgeworfen werden kann, insbesondere die Dauer und der bisherige Verlauf des Arbeitsverhältnisses sowie eine etwaige soziale Schutzbedürftigkeit zu berücksichtigen.

349   Einen für die Praxis besonders bedeutsamen Unterfall bildet die **Arbeitsunfähigkeit**, die auf **langandauernden Krankheiten**[83] oder auf wiederholten Kurzerkrankungen beruhen kann. Krankheit soll in rund 30 % der personen- und verhaltensbedingten Kündigungen eine Rolle spielen und wird dementsprechend heftig als Kündigungsgrund diskutiert.[84] Dass der Gesetzgeber eine krankheitsbedingte Kündigung nicht etwa von vornherein als unsozial ansieht, lässt sich § 8 Abs. 1 S. 1 EFZG entnehmen, wonach der Arbeitnehmer die Vergütung für sechs Wochen der Krankheit behält, wenn der Arbeitgeber aus Anlass der Arbeitsunfähigkeit kündigt. Die Rechtsprechung hat sich jedoch zutreffend nicht mit dem Entgeltschutz begnügt, sondern in erster Linie einen recht weitgehenden Bestandsschutz entwickelt, wobei sie bei der schwierigen Gratwanderung manchmal die Störung der Austauschbeziehung durch die Nichterbringung der Arbeitsleistung zu wenig berücksichtigt. Richtig ist sicher, dass nach den Konsequenzen des Arbeitsausfalls für den Betrieb gefragt wird, sofern dadurch nicht aus der personenbedingten Kündigung unter der Hand eine an strengere Voraussetzungen gebundene betriebsbedingte Kündigung wird. Bei häufigen **Kurzerkrankungen**, die „an sich" einen relevanten Kündigungsgrund darstellen können, präzisiert das BAG die oben genannten Prüfungsschritte wie folgt:[85]

ℹ️   –   Erstens sei zu prüfen, ob objektive Tatsachen zu einer *negativen Gesundheitsprognose* berechtigten.

---

das Ende des Arbeitsverhältnisses des zu Kündigenden absehbar war (Rechtsgedanke des § 162 BGB).

82 BAG v. 25.11.1982–2 AZR 140/81 –, AP Nr. 7 zu § 1 KSchG 1969 Krankheit = EzA § 1 KSchG Krankheit Nr. 10 m. krit. Anm. *Otto*.

83 Vgl. BAG v. 29.4.1999–2 AZR 431/98 –, AP Nr. 36 zu § 1 KSchG 1969 Krankheit = NZA 1999, 978; v. 19.4.2007–2 AZR 239/06 –, AP Nr. 45 zu § 1 KSchG 1969 Krankheit = NZA 2007, 1041; Übersicht bei *Hromadka/Maschmann* , Arbeitsrecht 1, § 10 Rn. 172 ff.

84 Vgl. *Gamillscheg*, Arbeitsrecht I, Fall 319 S. 607; KR-*Rachor* § 1 KSchG Rn. 337 ff.

85 BAG v. 16.2.1989–2 AZR 299/88 –, und v. 29.7.1993–2 AZR 155/93 –, AP Nr. 10 und 27 zu § 1 KSchG 1969 Krankheit = NZA 1989, 923 und 1994, 67; instruktives jüngeres Beispiel BAG v. 10.11. 2005–2 AZR 44/05 –, AP Nr. 42 zu § 1 KSchG 1969 Krankheit = NZA 2006, 655.

–   Zweitens sei festzustellen, ob künftige Fehlzeiten zu einer erheblichen Beeinträchtigung der betrieblichen Interessen durch *Betriebsablaufstörungen*, sofern diese nicht durch Überbrückungsmaßnahmen vermeidbar sind und/oder zu *erheblichen wirtschaftlichen Belastungen* führten.
–   Drittens habe eine umfassende, einzelfallbezogene *Interessenabwägung* unter Berücksichtigung der betrieblichen Belange, der Krankheitsursachen und der sozialen Lage des Arbeitnehmers stattzufinden.[86]

Als solche erheblichen wirtschaftlichen Belastungen will das BAG unzumutbar hohe Entgeltfortzahlungskosten allein als tragenden Grund anerkennen. Eine unzumutbare Belastung liege jedoch noch nicht vor, wenn die Aufwendungen für die Entgeltfortzahlung jährlich den Zeitraum von sechs Wochen nicht überschritten. Außerdem verlangt es einen Vergleich mit den Krankheitskosten von Arbeitnehmern, die vergleichbare Arbeit unter ähnlichen Bedingungen verrichteten. In Fall 29 dürfte die krankheitsbedingte Kündigung des R angesichts der weit über den Entgeltfortzahlungszeitraum hinausgehenden Ausfallzeiten, der erheblichen betrieblichen Ablaufstörungen und der geringen Vorbeschäftigungsdauer gerechtfertigt sein.

cc) Verhaltensbedingte Kündigung

Beispielsfall

Fall 30: A ist seit April 2018 bei der Nordmilch-Molkerei AG (N) als Fahrer beschäftigt. Mit seinem Tanklaster muss er Tag ein, Tag aus früh aus den Federn, um die Milch auf den Bauernhöfen einzusammeln, was ihm gerade im Winter 2018/2019 während einer Frostperiode zunehmend schwer fällt. Um auf „Betriebstemperatur" zu kommen, konsumiert er deshalb schon vor Fahrtbeginn reichlich Tee mit Rum, was letztlich nicht nur zu einem Blutalkoholgehalt von 0,9 Promille, sondern auch – weil A sonst abstinent lebt – zu erheblichen Ausfallerscheinungen führt, die seinem Vorgesetzten sofort auffallen.

(1) Verhaltensbedingter Kündigungsgrund an sich
Mit der verhaltensbedingten Kündigung kann der Arbeitgeber – wie schon der **350** Begriff aussagt – auf das Verhalten des Arbeitnehmers reagieren. Dabei kommt als

---

[86] Exemplarisch BAG v. 25.4.2018 – 2 AZR 6/18 –, AP Nr. 18 zu § 626 BGB Krankheit = NZA 2018, 1056.

Kündigungsgrund nur ein **vertragswidriges Verhalten** in Betracht, d. h. ein vom Beschäftigten steuerbares Verhalten (wie das des A in Fall 30, der nicht alkoholkrank ist[87]), das zugleich eine Verletzung der Vertragspflichten darstellt und das Arbeitsverhältnis konkret beeinträchtigt. In der Regel ist Verschulden erforderlich.[88] Das zur Kündigung motivierende Verhalten lässt sich in vier Kategorien einteilen. Zuerst einmal können die Pflichtwidrigkeiten im **Leistungsbereich** angesiedelt sein. Hier kann es um häufige Unpünktlichkeit[89] oder die unberechtigte Weigerung gehen, eine vertragsgemäße, aber besonders unangenehme Arbeit zu verrichten. Auch vorwerfbare, dauerhafte Schlechtleistung – der Arbeitnehmer schöpft seine Leistungsfähigkeit nicht aus – kann eine verhaltensbedingte Kündigung rechtfertigen.[90]

351   Des Weiteren kommen **Störungen im personalen Vertrauensbereich** (z. B. Beleidigung des Arbeitgebers, Annahme von Schmiergeldern, Geheimnisverrat) und **Verstöße gegen die betriebliche Ordnung** (z. B. Trunkenheit im Dienst, Beeinträchtigung des Betriebsfriedens durch Beleidigung von Arbeitskollegen[91], Mobbing, sexuelle Belästigung[92]) in Betracht. Ausnahmsweise kann auch ein den Arbeitgeberinteressen zuwiderlaufendes pflichtwidriges **außerdienstliches Verhalten** eine Kündigung rechtfertigen. Für Arbeitnehmer im öffentlichen Dienst, die auch mit hoheitlichen Aufgaben betraut sind, gilt die besondere Regel des § 41 S. 2 TVöD, wonach sie sich durch ihr gesamtes Verhalten zur freiheitlich demokratischen Grundordnung im Sinne des Grundgesetzes bekennen müssen.[93] Allgemein folgen Rücksichtnahme- und andere Nebenpflichten aus § 241 Abs. 2

---

87 Vgl. BAG v. 20.3.2014 – 2 AZR 565/12, AP Nr. 51 zu § 1 KSchG 1969 Krankheit für den entgegengesetzten Fall der Abhängigkeit.

88 BAG v. 21.1.1999 – 2 AZR 665/98 –, AP Nr. 151 zu § 626 BGB = NZA 1999, 863.

89 Zur ganz seltenen Rechtfertigung einer außerordentlichen Kündigung s. unten RN 463.

90 Zum Nachweis der Vorwerfbarkeit hat das BAG Regeln abgestufter Darlegungslast entwickelt; misslingt der Nachweis, kommt eine personenbedingte Kündigung in Betracht (zu allem BAG v. 11.12.2003 – 2 AZR 667/02 –, AP Nr. 48 zu § 1 KSchG 1969 Verhaltensbedingte Kündigung – NZA 2004, 784).

91 BAG v. 24.6.2004 – 2 AZR 63/03 –, AP Nr. 49 zu § 1 KSchG 1969 Verhaltensbedingte Kündigung = NZA 2005, 158, verneint u. a. mit Hinweis auf Art. 5 Abs. 1 GG – zweifelhaft – eine Nebenpflichtverletzung durch die nicht konkretisierte Bezeichnung von Teilen der Belegschaft als „Brauner Mob" in einem nicht öffentlichen Gewerkschaftsforum.

92 Zum Schutz vor sexueller Belästigung am Arbeitsplatz s. §§ 3 Abs. 4, 12, 14 AGG.

93 Zur Vorgängernorm § 8 Abs. 1 S. 2 BAT (allgemeines Gesetz i.S. des Art. 5 Abs. 2 GG) LAG Schleswig-Holstein v. 6.8.2002 – 2 Sa 150/02 –, NZA-RR 2004, 351: Kündigung wegen billigender Äußerung zum Terroranschlag am 11.09.2001.

BGB; insbesondere gilt dies bei „Tendenzbetrieben" (z. B. Einrichtungen der Parteien, Gewerkschaften oder Kirchen[94]).

Die verhaltensbedingte Kündigung wegen übermäßiger oder ungehöriger **352** **privater Nutzung des Internets** ist je nach Fallgestaltung verschiedenen Kategorien zuzuordnen.[95] Art und Ausmaß der Pflichtverletzung hängen davon ab, inwieweit dem Arbeitnehmer die Nutzung durch kollektive oder individuelle – ausdrücklich, konkludent, betriebliche Übung – Regelung gestattet ist. Pflichtwidrig ist insbesondere die Nutzung ohne Erlaubnis oder gar trotz Verbots, das Überschreiten der örtlichen, quantitativen (System gefährdender Download) und vor allem der zeitlichen Grenzen, welches zumeist die arbeitsvertragliche Leistungspflicht verletzt[96] und unzumutbare Kosten verursachen kann. Darüber hinaus verwehren inhaltliche Schranken strafbare Handlungen und die Nutzung pornografischer Angebote: Jedes Verhalten im Internet hinterlässt rückverfolgbare Spuren, die geeignet sein können, dem Ruf des Arbeitgebers zu schaden.[97]

Einiger Worte bedarf es auch zu der verhaltensbedingten Kündigung eines **353** Arbeitnehmers, der seinen Arbeitgeber oder dessen Repräsentanten bei den Strafverfolgungsbehörden angezeigt hat (sog. **„Whistle-blowing"**), zumal mittlerweile eine, allerdings nur die Meldung von Verstößen gegen das Unionsrecht erfassende Richtlinie vorliegt[98], die u. a. Einzelheiten über die Einrichtung eines Meldesystems (Art. 4 ff.) und ein umfassendes Maßregelungsverbot (Art. 14) enthält. Für das Bestehen des Kündigungsgrundes spricht, dass der Arbeitgeber ein berechtigtes Interesse an der Beschäftigung nur solcher Arbeitnehmer hat, die die Ziele des Unternehmens fördern und es vor Schäden bewahren; dagegen steht, dass der Arbeitnehmer eine erlaubte, sogar geforderte Möglichkeit der Rechtsverfolgung wahrgenommen hat. Das BVerfG hat die Rücksichtnahmepflicht je-

---

94 Die standesamtliche Ehe einer bei einer katholischen Einrichtung angestellten katholischen Lehrerin mit einem geschiedenen katholischen Mann sollte sogar eine außerordentliche Kündigung rechtfertigen können (BAG v. 18.11.1986 – 7 AZR 274/85 –, AP Nr. 35 zu Art. 140 GG); zur zwischenzeitlichen Verschärfung der Beurteilungsmaßstäbe unten Rn. 356.
95 Zu allem beispielreich *Kramer*, NZA 2004, 457 ff.
96 BAG v. 7.7.2005 – 2 AZR 581/04 – unter B II 2 b, AP Nr. 192 zu § 626 BGB = NZA 2006, 98: „Ausschweifende" private Nutzung während der Arbeitszeit rechtfertigte sogar eine außerordentliche Kündigung ohne vorherige Abmahnung. Zurückhaltender BAG v. 31.5.2007 – 2 AZR 200/06 –, AP Nr. 57 zu § 1 KSchG 1969 Verhaltensbedingte Kündigung = NZA 2007, 922.
97 BAG v. 7.7.2005 – 2 AZR 581/04 – unter B III 2, AP Nr. 192 zu § 626 BGB = NZA 2006, 98; v. 27.4.2006 – 2 AZR 386/05 – unter B II 2 e, AP Nr. 202 zu § 626 BGB = NZA 2006, 977; zur Installation einer Anonymisierungssoftware vgl. BAG v. 12.1.2006 – 2 AZR 179/05 –, AP Nr. § 1 KSchG 1969 Verhaltensbedingte Kündigung = NZA 2006, 980.
98 Richtlinie des Europäischen Parlaments und des Rates zum Schutz von Personen, die Verstöße gegen das Unionsrecht melden, 2018/0106 COD; dazu nur *Gerdemann*, RdA 2019, 16.

denfalls durch eine Anzeige verletzt gesehen, die wissentlich oder leichtfertig falsche Angaben enthält.[99] Weitergehend prüft das BAG zutreffend die Berechtigung und die Motivation des anzeigenden Arbeitnehmers, insbesondere die Möglichkeit, die Situation innerbetrieblich zu klären[100] sowie die Verhältnismäßigkeit des „Anschwärzens".[101] Die Notwendigkeit dazu besteht nicht, wenn dem Arbeitnehmer, würde er die Anzeige unterlassen, selbst die Strafverfolgung droht oder wenn eine Abhilfe nicht zu erwarten ist (vor allem, wenn der Arbeitgeber vorsätzlich selbst die Straftat verübt hat).

(2) Negativprognose, Erforderlichkeit, Interessenabwägung

354 Auch bei der verhaltensbedingten Kündigung gilt die eingangs skizzierte Prüfungsreihenfolge. Ist der verhaltensbedingte Kündigungsgrund „an sich" bestimmt, muss eine **negative Prognose** abgegeben werden können, ob sich die vergangene Vertragsverletzung auch in der Zukunft noch belastend auf das Arbeitsverhältnis auswirkt.[102]

355 Unter dem Gesichtspunkt der **Erforderlichkeit** wird dann gefragt, ob der Arbeitgeber für die Zukunft nicht auch mit einem milderen Mittel vorbeugen kann als mit einer Kündigung. Anders als bei der personenbedingten Kündigung handelt es sich bei dem relevanten Fehlverhalten häufig um einmalige Vorfälle. Der Störung mag schon dadurch ausreichend Rechnung getragen sein, dass ihre Wiederholung ausgeschlossen wird, so dass der Arbeitgeber auf einen störungsfreien Fortbestand des Arbeitsverhältnisses vertrauen kann. Daher ist im Regelfall nur eine **Abmahnung** erforderlich (vgl. §§ 314 Abs. 2, 323 Abs. 3 BGB), nicht die Kündigung. Um diesem Zweck gerecht zu werden, muss die Abmahnung[103] das Fehlverhalten konkret rügen (*Hinweis- und Dokumentationsfunktion*) und auf die

---

99 BVerfG v. 2.7.2001–1 BvR 2049/00 –, AP Nr. 170 zu § 626 BGB unter II 1 b cc bbb = NZA 2001, 888.

100 S. – auch zu den Ausnahmen – BAG v. 3.7.2003–2 AZR 235/02 –, AP Nr. 45 zu § 1 KSchG 1969 Verhaltensbedingte Kündigung m. weitgehend zust. Anm. *Otto* = NZA 2004, 427.

101 BAG v. 15.12.2016–2 AZR 42/16, AP Nr. 76 zu § 1 KSchG 1969 Verhaltensbedingte Kündigung = NZA 2017, 703.

102 BAG v. 10.11.1988–2 AZR 215/88 – unter II 2 d bb, AP Nr. 3 zu § 1 KSchG 1969 Abmahnung = NZA 1989, 633; 12.1.2006–2 AZR 179/05–2 AZR 179/05 –, AP Nr. § 1 KSchG 1969 Verhaltensbedingte Kündigung = NZA 2006, 980 unter B III 2; vgl. auch KR-*Rachor* § 1 KSchG Rn. 429.

103 Eine unzulässige Abmahnung verletzt den Arbeitnehmer in seinem Persönlichkeitsrecht. Er hat daher aus § 1004 analog i.V.m. § 823 Abs. 1 BGB und aus der Fürsorgepflicht des Arbeitgebers einen Anspruch auf deren Rücknahme, BAG v. 27.11.1985–5 AZR 101/84 –, AP Nr. 93 zu § 611 BGB Fürsorgepflicht = NZA 1986, 277; s. dazu unten § 7 RN 592.

Gefahr des Arbeitsplatzverlustes hinweisen (*Warnfunktion*);[104] erst ein erneuter Verstoß rechtfertigt dann die Kündigung.[105] Sie beugt ungewollter Spekulation über das zukünftige Verhalten vor, ist damit nicht nur ein milderes Mittel, sondern dient auch der Objektivierung der Negativprognose; wiederholt sich ein abgemahntes Fehlverhalten, kann von weiteren Verletzungen ausgegangen werden.[106] Eine Abmahnung ist allerdings nur sinnvoll, wenn der Arbeitgeber erwarten kann, dass deshalb weiteres Fehlverhalten unterbleibt.[107] Eine Abmahnung ist ferner entbehrlich, wenn sich der Arbeitnehmer zu einem Fehlverhalten hatte hinreißen lassen, dessen Missbilligung er ohne weiteres selbst hätte einordnen können[108] (so z. B. bei einer Tätlichkeit[109], einer anderen Straftat oder, wie im Fall 30, dem Verstoß gegen eine Kardinalpflicht wie der eines Berufskraftfahrers, vor und während der Arbeit keinen Alkohol zu konsumieren), oder wenn die Vertrauensbasis zwischen Arbeitgeber und Arbeitnehmer endgültig zerstört ist (vgl. § 323 Abs. 2 BGB). Auf die früher vorherrschende, bisweilen nur unscharf durchzuführende Unterscheidung, ob die Störung den Leistungsbereich (dann Abmahnung eher notwendig) oder den personalen Vertrauensbereich (dann Abmahnung eher entbehrlich) betraf, kommt es heute allenfalls nachrangig an.

Auch die Prüfung des verhaltensbedingten Kündigungsgrundes schließt mit 356 der **Interessenabwägung.** Da bei der verhaltensbedingten Kündigung der Arbeitnehmer regelmäßig die Ursache der Kündigung verantwortbar selbst gesetzt hat, liegt die Schwelle niedriger als bei der personenbedingten Kündigung. Indessen darf die Bewertung keineswegs allein aus dem Blickwinkel des Arbeitgebers erfolgen. Dies gilt umso mehr, je weniger das beanstandete Verhalten mit der eigentlich geschuldeten Arbeitsleistung im Zusammenhang steht oder diese beeinträchtigt. Gute Beispiele bilden das weisungswidrige Tragen eines *Kopftu-*

---

104 BAG v. 26.1.1995 – 2 AZR 649/94 –, AP Nr. 34 zu § 1 KSchG 1969 Verhaltensbedingte Kündigung = NZA 1995, 517.
105 BAG v. 10.11.1988 – 2 AZR 215/88 –, AP Nr. 3 zu § 1 KSchG 1969 Abmahnung = NZA 1989, 633; v. 4.6.1997 – 2 AZR 526/96 –, AP Nr. 137 zu § 626 BGB m. i.E. zust. Anm. *Felderhoff* = NZA 1997, 1281; s. auch KR-*Fischermeier* § 626 BGB Rn. 267 ff. Fragwürdig BAG v. 15.11.2001 – 2 AZR 609/00 –, AP Nr. 4 zu § 1 KSchG 1969 Abmahnung = NZA 2002, 968: Abschwächung der Warnfunktion bei zahlreichen Abmahnungen ohne Konsequenzen.
106 BAG v. 12.1.2006 – 2 AZR 179/05 – 2 AZR 179/05 –, AP Nr. § 1 KSchG 1969 Verhaltensbedingte Kündigung = NZA 2006, 980 unter B III 2 m.w.N.; ErfK/*Oetker* § 1 KSchG, Rn. 199.
107 BAG v. 4.6.1997 – 2 AZR 526/96 –, AP Nr. 137 zu § 626 BGB = NZA 1997, 1281 unter II 1 d.
108 BAG v. 10.2.1999 – 2 ABR 31/98 –, AP Nr. 42 zu § 15 KSchG 1969 = NZA 1999, 708.
109 BAG v. 6.10.2005 – 2 AZR 280/04 – unter B I 2 d, AP Nr. 25 zu § 1 KSchG 1969 Personenbedingte (sic) Kündigung = NZA 2006, 431.

ches aus religiösen Gründen[110], die *erneute Heirat eines geschiedenen Mitarbeiters* der katholischen Kirche oder die Präsentation einer *Plakette mit einer politischen Aussage*[111] während der Arbeit. Maßgeblich kommt es hier zunächst darauf an, ob der Arbeitsablauf beeinträchtigt wird. Dies kann wegen innerbetrieblicher Diskussionen während der Arbeitszeit der Fall sein, aber auch wegen der Gefährdung von Kundenkontakten. Bejahendenfalls ist zugunsten des Arbeitnehmers der verfassungsrechtliche Rang der ausgeübten Freiheit (*Religionsfreiheit, Art. 4 GG*, bzw. *Meinungsfreiheit, Art. 5 Abs. 1 GG*) in die Waagschale zu legen und jedenfalls größte Zurückhaltung geboten, bevor ein derartiges Verhalten im Betrieb ausnahmsweise als Kündigungsgrund anerkannt wird. In diesem Sinne hat auch der EuGH[112] kürzlich zu den Wiederverheiratungskonstellationen entschieden, dass derartige Verhaltensanforderungen der Kirchen regelmäßig nur „im verkündigungsnahen Bereich" in Betracht kommen, verhältnismäßig sein und einer gerichtlichen Kontrolle unterliegen müssten, so dass z. B. die Kündigung eines Chefarztes aus diesem Grund i. d. R. ausscheidet. Entsprechend kann der Arbeitgeber das Tragen einer Plakette – eine Rolle spielt natürlich auch die Aufmachung und der Text – nach unserer Auffassung in einem Restaurant oder einer Bank jedenfalls dem Bedienungspersonal untersagen. Das Tragen eines Kopftuchs, wozu sich die Verkäuferin aus religiösen Gründen unablässig verpflichtet fühlte, wird hingegen kontrovers beurteilt. Nach Ansicht des BAG[113] war ein Verbot ohne den Nachweis konkreter Nachteile nicht ausreichend. Auch der EuGH hielt es kürzlich immerhin für möglich, dass ein vom Arbeitgeber an alle Mitarbeiter unterschiedslos und pauschal adressiertes Verbot des Tragens religiöser, auf ein Bekenntnis oder eine Weltanschauung hindeutender Symbole oder Kleidungsstücke als unzulässige, mittelbare Diskriminierung einzustufen.[114] Im Übrigen darf die Verneinung der Vertragswidrigkeit nur in Extremfällen dazu führen,

---

110 Aufsehen erregte BAG v. 10.10.2002 – 2 AZR 472/01 –, AP Nr. 44 zu § 1 KSchG 1969 Verhaltensbedingte Kündigung = NZA 2003, 483; die gegen das Urteil erhobene Verfassungsbeschwerde wurde nicht zur Entscheidung angenommen, BVerfG v. 30.7.2003 – 1 BvR 792/03 –, AP Nr. 134 zu Art 12 GG = NZA 2003, 959.

111 Wegen einer Anti-Strauß-Plakette ging es immerhin durch drei Instanzen: ArbG Iserlohn v. 30.1.1980 – 1 Ca 901/79 –, EzA Art. 5 GG Nr. 4 m. krit. Anm. *Otto*, LAG Hamm v. 14.8.1980 – 10 Sa 221/80 –, DB 1981, 106, sowie BAG v. 9.12.1982 – 2 AZR 620/80 –, AP Nr. 73 zu § 626 BGB.

112 EuGH v. 11.9.2018 – C-68/17 („IR/JQ" –), NZA 2018, 1187; EuGH v. 17.4.2018 – C-414/16 (Egenberger) –, NZA 2018, 569, entgegen der bislang durch die deutsche Rechtsprechung praktizierten Plausibilitätskontrolle, dazu BVerfG v. 22.10.2014 – 2 BvR 661/12, NZA 2014, 1387.

113 BAG v. 10.10.2002 – 2 AZR 472/01 – (FN 105); vgl. neuestens das Vorabentscheidungsersuchen BAG v. 30.1.2019 – 10 AZR 299/18 (A) –, AP Nr. 41 zu § 106 GewO = NZA 2019, 693.

114 EuGH v. 14.3.2017 – C-188/15 (Bougnaoui) –, AP Nr. 38 zu Richtlinie 2000/78/EG = NZA 2017, 315; EuGH v. 14.3.2017 – C-157/15 (Achbita) –, AP Nr. 37 zu Richtlinie 2000/78/EG = NZA 2017, 373.

stattdessen einen personen- oder betriebsbedingten Grund (letzteres etwa als sog. *„Druckkündigung"* infolge von Beschwerden seitens der Kollegen oder Kunden[115]) zu bejahen.

dd) Betriebsbedingte Kündigung

Beispielsfall

Fall 31: Die D-Druckerei GmbH & Co KG hat sich auf die Herstellung hochwertiger und großformatiger Kalender spezialisiert. Dort sind u. a. A (52 Jahre alt, seit 16 Jahren im Unternehmen, verheiratet, 2 minderjährige Kinder), B (56 Jahre alt, seit 8 Jahren im Unternehmen, schwerbehindert, 1 minderjähriges Kind) und C (42 Jahre alt, 10 Jahre Unternehmenszugehörigkeit, geschieden, 1 minderjähriges Kind) als Drucker beschäftigt. Sie arbeiten alle je nach Auftragslage in verschiedenen Produktsbereichen. Um die Produktionsgeschwindigkeit zu erhöhen und weiterhin eine ähnlich hohe Produktqualität wie die Konkurrenz bieten zu können, entschließt sich die Unternehmensleitung, neue Druckmaschinen anzuschaffen, die sich wesentlich einfacher bedienen lassen. In der Konsequenz wird der Arbeitsplatz eines Druckers entfallen. D kündigt daraufhin A fristgemäß betriebsbedingt. Ist die Kündigung wirksam?

Bei der betriebsbedingten Kündigung richtet sich der Blick primär auf die **Si-** 357 **tuation des Arbeitgebers.** Das Gesetz gibt in § 1 Abs. 2 und Abs. 3 KSchG die Prüfungsschritte vor, indem es verlangt, dass dringende betriebliche Erfordernisse vorliegen, dass diese Erfordernisse einer Weiterbeschäftigung des Arbeitnehmers im Betrieb entgegenstehen (Prognoseprinzip) und die Kündigung „bedingen" (Erforderlichkeit, „ultima ratio"). Schließlich muss der zu kündigende Arbeitnehmer infolge einer besonderen Interessenabwägung, der Sozialauswahl, ermittelt werden.

(1) Betriebsbedingter Kündigungsgrund an sich und negative Prognose

Ausgelöst durch außer- oder innerbetriebliche Ursachen fällt der Arbeitgeber eine 358 **unternehmerische Entscheidung.** Dabei ist mit der unternehmerischen Entscheidung nicht etwa die Kündigung selbst gemeint, sondern der Plan, der den Kündigungsgrund liefert. Zu denken ist etwa an extern herausgeforderte, nicht nur ganz kurzfristige Einschränkungen der Produktion bis hin zu Betriebsstilllegungen wegen struktur- oder konjunkturbedingter Absatzschwierigkeiten (z.B. im Bergbau, Schiffbau, Wohnungsbau, Stahlindustrie) oder an – auch ohne äußere Zwänge – beabsichtigte Rationalisierungsmaßnahmen in Form neuer Ar-

---

115 Zur *Druckkündigung* s. unten RN 377.

beitsmethoden bzw. mit Hilfe des Einsatzes neuer Maschinen (z. B. Druck- und Automobilindustrie). Auch eine längerfristige Unterbrechung von Arbeiten aus Witterungsgründen (Bauwirtschaft) gehört hierher, sofern kein Gebrauch vom *Saison-Kurzarbeitergeld* gemäß § 101 SGB III gemacht wird[116] und die nachvollziehbare Änderung des Anforderungsprofils für einzelne Arbeitsplätze.[117]

359   Problematisch ist bei diesem Kündigungsgrund zunächst, ob die unternehmerische Entscheidung gerichtlich auf ihre **organisatorische oder betriebswirtschaftliche Zweckmäßigkeit kontrolliert** werden darf. Dann müsste ein vom Arbeitnehmer angerufenes Arbeitsgericht beispielsweise prüfen, ob der Einsatz neuer Druckmaschinen dringend erforderlich ist. Das BAG lehnt eine solche Übernahme der Unternehmerfunktion durch das Gericht mit Recht ab und prüft daher nur, ob die sog. freie Unternehmerentscheidung **willkürlich** oder sonst **missbräuchlich** erfolgt ist (wovon angesichts der von D gegebenen Begründung in Fall 31 nicht ausgegangen werden kann).[118] Das BAG hat dies z. B. verneint, als der Arbeitgeber aus „nachvollziehbaren Erwägungen" den gekündigten Arbeitnehmern, die Werbetafeln anzubringen hatten (sog. *„Moskito-Anschläger"*), Verträge als selbstständige Unternehmer angeboten hatte[119] und zuletzt sogar mit einer Vermutung zu Gunsten des Arbeitgebers operiert.[120] Willkür hat es hingegen angenommen, als der Betreiber eines Krankenhauses die Betriebsteile Reinigung, Küche und Service durch eine noch zu gründende, rechtlich selbstständige, aber wirtschaftlich, finanziell und organisatorisch voll eingegliederte Gesellschaft mit deren neu einzustellenden Arbeitnehmern ausführen lassen wollte und im Zuge dessen allen seinen dort eingesetzten Arbeitnehmern kündigte.[121]

360   Das BAG verlangt jedoch den kontrollierbaren Nachweis, dass infolge der unternehmerischen Maßnahme tatsächlich **Arbeitsplätze wegfallen**, wenn auch keine ganz bestimmten.[122] Es genügt daher z. B. für die Kündigung eines Kon-

---

116 Geändert durch Gesetz zur Förderung ganzjähriger Beschäftigung v. 24.4.2006 (BGBl. I S. 926) mit Wirkung v. 1.4.2006.
117 BAG v. 2.3.2017–2 AZR 546/16 –, AP Nr. 171 zu § 2 KSchG 1969 = NZA 2017, 905.
118 BAG v. 30.4.1987–2 AZR 184/86 –, AP Nr. 42 zu § 1 KSchG 1969 Betriebsbedingte Kündigung = NZA 1987, 776. Bestätigt durch BAG v. 13.3.2008 – 2 AZR 1037/06 –, AP Nr. 176 zu § 1 KSchG 1969 Betriebsbedingte Kündigung = NZA 2008, 878.
119 BAG v. 13.3.2008 – 2 AZR 1037/06 –, AP Nr. 176 zu § 1 KSchG 1969 Betriebsbedingte Kündigung = NZA 2008, 878: Voraus ging ein Interessenausgleich mit dem Betriebsrat.
120 BAG v. 18.6.2015 – 2 AZR 480/14 –, AP Nr. 8 zu § 626 BGB Unkündbarkeit = NZA 2015, 1315.
121 BAG v. 26.9.2002 – 2 AZR 636/01 –, AP Nr. 124 zu § 1 KSchG 1969 Betriebsbedingte Kündigung m. i.E. zust., aber krit. Anm. *Bengelsdorf* = NZA 2003, 549.
122 BAG v. 30.5.1985 – 2 AZR 321/84 –, AP Nr. 24 zu § 1 KSchG 1969 Betriebsbedingte Kündigung = NZA 1986, 155; v. 18.1.1990 – 2 AZR 183/89 –, AP Nr. 27 zu § 2 KSchG 1969 = NZA 1990, 784.

strukteurs in einer Entwicklungsabteilung nicht, wenn der Arbeitgeber allgemein einen Auftragsmangel oder einen Umsatzrückgang geltend machen kann und die Notwendigkeit von Einsparungen behauptet.[123] Der Arbeitgeber muss vielmehr konkrete organisatorische Maßnahmen oder ein Personalkonzept vortragen. Anderenfalls könnte jeder Umsatzrückgang betriebsbedingte Kündigungen legitimieren. Maßgeblich für die Beurteilung der Kündigung ist – mit dem Prognoseprinzip – der Zeitpunkt des Zugangs der Kündigungserklärung.[124]

Noch nicht wirklich geklärt ist die Frage, ob der Arbeitgeber eine betriebs- 361 bedingte Kündigung nicht auch schlicht mit der Absicht der **Steigerung des Betriebsergebnisses** wirksam begründen kann (z. B. ein Café mit weniger Bedienung) oder ob eine organisatorische Maßnahme hinzutreten muss (z. B. kürzere Öffnungszeiten, Verringerung der Tische).[125] Nach unserer Auffassung müsste dem Arbeitgeber auch die schlichte Personalreduzierung erlaubt sein, wenn die Kostenersparnis nicht so geringfügig ist, dass von einem dringenden betrieblichen Interesse nicht mehr gesprochen werden kann.[126] Zumindest insoweit muss aber ein nachvollziehbares Konzept des Arbeitgebers vorliegen. Auch das BAG verlangt für den Tatsachenvortrag des Arbeitgebers umso mehr Einzelheiten, je näher die eigentliche Organisationsentscheidung an den schlichten Kündigungsentschluss rückt.[127] Ansonsten wäre praktisch jede Kontrolle ausgehebelt und damit ein Kündigungsgrund faktisch entbehrlich.

(2) Erforderlichkeit

Da es bei der betriebsbedingten Kündigung vor allem um den Faktor Personal- 362 kosten geht, stellt sich hier besonders nachdrücklich die Frage nach einem **milderen Mittel.** Gibt es ein solches Mittel, „bedingen" die dringlichen betrieblichen

---

123 So BAG v. 7.12.1978 – 2 AZR 155/77 –, AP Nr. 6 zu § 1 KSchG 1969 Betriebsbedingte Kündigung.
124 Dazu BAG v. 12.4.2002 – 2 AZR 256/01 –, AP Nr. 120 zu § 1 KSchG 1969 Betriebsbedingte Kündigung = NZA 2002, 1205 = RdA 2003, 171 m. zutreffend abl. Anm. *Bauer/Baeck:* Unwirksamkeit der fristgerechten Kündigungen der Arbeitnehmer zum Ende eines Reinigungsauftrags, obwohl über den öffentlich ausgeschriebenen Folgeauftrag noch nicht entschieden ist, als angebliche „Vorratskündigungen".
125 Abl. jedenfalls für die Beendigungskündigung BAG v. 26.9.1996 – 2 AZR 200/96 –, AP Nr. 80 zu § 1 KSchG 1969 Betriebsbedingte Kündigung = NZA 1997, 202; nur mit dem Ziel der Sanierung BAG v. 1.7.1999 – 2 AZR 826/98 –, AP Nr. 53 zu § 2 KSchG 1969 = NZA 1999, 1336.
126 Ähnlich wohl BAG v. 20.11.2014 – 2 AZR 512/13 –, AP Nr. 207 zu § 1 KSchG 1969 Betriebsbedingte Kündigung = NZA 2015, 679.
127 BAG v. 27.4.2017 – 2 AZR 67/16 –, AP Nr. 100 zu § 1 KSchG 1969 Soziale Auswahl = NZA 2017, 902; BAG v. 17.6.1999 – 2 AZR 141/99 –, AP Nr. 101 zu § 1 KSchG 1969 Betriebsbedingte Kündigung = NZA 1999, 1098 = EzA § 1 KSchG Betriebsbedingte Kündigung Nr. 102 m. abl. Anm. *Rieble.*

Erfordernisse die Kündigung nicht.[128] Man denke an eine Versetzung nicht nur innerhalb des Betriebes, sondern auch innerhalb des Unternehmens[129] (regelmäßig nicht aber innerhalb eines Konzerns[130]), an eine Umschulung oder an die einverständliche Änderung der Arbeitsbedingungen, die der Arbeitgeber unter Umständen sogar von sich aus anbieten muss[131]. Schließlich ist abermals an den Vorrang der Änderungs- vor der Beendigungskündigung zu erinnern.[132] Der Gesetzgeber hat eine Reihe solcher Gestaltungsmöglichkeiten in § 1 Abs. 2 S. 2 und 3 KSchG ausdrücklich aufgegriffen, dort allerdings zusätzlich von einem Widerspruch der Arbeitnehmervertretung abhängig gemacht.[133] Schon längst hat sich jedoch die Ansicht durchgesetzt, dass sich die Prüfung der dringenden betrieblichen Erfordernisse unabhängig von der Existenz einer Arbeitnehmervertretung oder deren Widerspruch auf derartige Alternativen erstrecken muss.[134]

363   Größere Zurückhaltung ist aber geboten, wenn das mildere Mittel nicht in einer anderen Personalmaßnahme gegenüber einem einzelnen betroffenen Arbeitnehmer besteht, sondern wenn vom Arbeitgeber eine **Änderung seiner Gesamtkonzeption** verlangt wird. Dies wäre z. B. dann der Fall, wenn das Arbeitsgericht dem Arbeitgeber vorschreiben könnte, längerfristig Kurzarbeit – insbesondere das eben erwähnte Saison-Kurzarbeitergeld – in dem Betrieb einzuführen oder auf den Einsatz von Leiharbeitnehmern zu verzichten, anstatt das Personal zu verringern.[135] Man stelle sich die verworrene Lage vor, wenn eine größere Zahl von Betroffenen gegen die Kündigung klagt und die jeweils zuständige Kammer des Arbeitsgerichts den Vorrang der Kurzarbeit vor der Kündigung unterschiedlich beurteilt. Das Beispiel macht deutlich, dass die Planung von Kurzarbeit oder Massenentlassungen primär die Belegschaft insgesamt betrifft. Diesem Umstand hat der Gesetzgeber Rechnung getragen, indem er bei einem beabsichtigten Personalabbau den Betriebsrat gemäß §§ 111 ff. BetrVG einschal-

---

128 Zur Terminologie BAG v. 15.12.1994 – 2 AZR 320/94 – unter B II 1, AP Nr. 66 zu § 1 KSchG 1969 Betriebsbedingte Kündigung = NZA 1995, 413.
129 BAG v. 22.5.1986 – 2 AZR 612/85 –, AP Nr. 4 zu § 1 KSchG 1969 Konzern = NZA 1987, 125.
130 Dazu bereits RN 343.
131 BAG v. 27.9.1984 – 2 AZR 62/83 –, AP Nr. 8 zu § 2 KSchG 1969 m. krit. Anm. v.Hoyningen-Huene = NZA 1985, 455.
132 Auch dazu bereits RN 343.
133 Dazu auch unten RN 398 ff.
134 BAG v. 17.5.1984 – 2 AZR 109/83 –, AP Nr. 21 zu § 1 KSchG 1969 Betriebsbedingte Kündigung = NZA 1985, 489.
135 Abl. noch BAG v. 4.3.1986 – 1 ABR 15/84 – unter II 3 g, AP Nr. 3 zu § 87 BetrVG 1972 Kurzarbeit m. Anm. Wiese = NZA 1986, 432; a. A. BAG v. 23.2.2012 – 2 AZR 548/10 –, AP Nr. 189 zu § 1 KSchG 1969 Betriebsbedingte Kündigung = NZA 2012, 852.

tet.[136] Dieser kann auch die Initiative zur Einführung von Kurzarbeit (§ 87 Abs. 1 Nr. 3 BetrVG) oder zur Beschäftigungssicherung (§ 92a BetrVG) ergreifen.

(3) Besondere Interessenabwägung: Sozialauswahl

Der Arbeitgeber hat bei einem betriebsbedingten Personalabbau häufiger eine 364
Handlungsalternative hinsichtlich der Person des betroffenen Arbeitnehmers. § 1 Abs. 3 KSchG verlangt von ihm eine auf den jeweiligen Betrieb bezogene **Auswahl** zwischen vergleichbaren Arbeitnehmern **unter ausreichender Berücksichtigung bestimmter sozialer Gesichtspunkte,** sofern er nicht aus besonderen Gründen auf die Beschäftigung des sozial stärkeren Arbeitnehmers angewiesen ist. Das Gebot der sozialen Auswahl ist ein weiteres eindrucksvolles Beispiel für den Konflikt zwischen einer dem wirtschaftlichen Erfolg gerade in Krisensituationen verpflichteten Unternehmensführung, die zugleich mittelbar dem Interesse der Belegschaft an der Erhaltung von Arbeitsplätzen dient, und dem Bestandsschutzinteresse des einzelnen Arbeitnehmers.

(a) Einzubeziehender Personenkreis/Vergleichsgruppe

Zuerst ist die **Vergleichsgruppe** zu bilden, aus der die zu kündigenden Arbeit- 365
nehmer ausgewählt werden sollen. War als mögliches milderes Mittel noch nach freien Arbeitsplätzen im Unternehmen zu suchen, so ist die Sozialauswahl auf den **Betrieb** im kündigungsrechtlichen Sinne [137] (nicht nur auf einen Betriebsteil) beschränkt. Das Damoklesschwert unternehmerische Entscheidung hängt nur über den Arbeitsplätzen des betroffenen Betriebes. Eine Verpflichtung, betriebsexterne Arbeitnehmer in die Sozialauswahl einzubeziehen, hätte die unzumutbare Konsequenz, für einen sozial schwächeren Arbeitnehmer den Arbeitsplatz eines sozial stärkeren Arbeitnehmers, bei dem aber kein Kündigungsgrund bestünde, freikündigen zu müssen. Dementsprechend können die Dinge – ganz ausnahmsweise – jedoch anders liegen, wenn eine unternehmerische Entscheidung Arbeitsplätze in mehreren oder allen Betrieben betrifft und die Arbeitnehmer vergleichbar sind. So hatte sich das BAG den Schritt zu einer unternehmensweiten sozialen Auswahl offen gehalten, als mit der Verringerung der

---

136 Näher dazu § 12 RN 913 ff.
137 Trotz grundsätzlicher Anknüpfung an den betriebsverfassungsrechtlichen Begriff der organisatorischen Einheit (so das BAG v. 3.6.2004 – 2 AZR 386/03 – unter B I 2, AP Nr. 33 zu § 23 KSchG 1969 = NZA 2004, 1380) hält BAG immerhin einen „einheitlichen Betrieb im kündigungsrechtlichen Sinne" trotz zwei Betriebsräten für möglich (v. 18.10.2006 – 2 AZR 676/05 – unter Rn. 25, AP Nr. 163 zu § 1 KSchG 1969 Betriebsbedingte Kündigung = NZA 2007, 798).

amerikanischen Truppenstärke in Deutschland auch die Zahl der zivilen Planstellen abstrakt gesenkt und diese auf die einzelnen Dienststellen aufgeteilt wurden und infolgedessen Arbeitnehmer mehrerer Dienststellen um einen freien Arbeitsplätze konkurrierten.[138]

366   Innerhalb des Betriebs sind dann solche Arbeitnehmer vergleichbar, die austauschbar sind. Dies richtet sich nach den Ebenen der Betriebshierarchie (nur sog. **„horizontale Vergleichbarkeit"**), nach ihren bisherigen Tätigkeiten, aber auch nach ihren Qualifikationen und der damit ggfs. möglichen Übernahme neuer – gleichwertiger – Tätigkeiten.[139] In Fall 31 ist diese Vergleichbarkeit angesichts der identischen Ausbildung und des auch in der Vergangenheit flexiblen Einsatzes in verschiedenen Produktionsbereichen zu bejahen. Auch Teilzeitbeschäftigte sind einzubeziehen, wenn es lediglich um die Reduzierung des Arbeitsvolumens geht.[140] Die Grenze zieht das **Weisungsrecht** des Arbeitgebers; je offener der Arbeitsvertrag ausgestaltet ist, desto besser ist also der Schutz vor einer betriebsbedingten Kündigung.[141] Auch bei einer unternehmensweiten Versetzungsklausel bleibt jedoch der Betrieb der maßgebliche Rahmen. Aus diesen Gründen war z.B. die betriebsbedingte Kündigung eines Geschäftsleiters eines Betriebes auch ohne Sozialauswahl sozial gerechtfertigt, da es in seinem Betrieb an vergleichbaren Arbeitnehmern fehlte und andernorts eingesetzte Arbeitnehmer, trotz Versetzungsklausel, nicht zu berücksichtigen waren.[142]

367   **„In die soziale Auswahl ... sind Arbeitnehmer nicht einzubeziehen, deren Weiterbeschäftigung**, insbesondere wegen ihrer Kenntnisse, Fähigkeiten und Leistungen oder zur Sicherung einer ausgewogenen Personalstruktur des Betriebes, **im berechtigten betrieblichen Interesse liegt"**[143] (§ 1 Abs. 3 S. 2 KSchG). Der durch die Weiterbeschäftigung erwartete Vorteil muss von solchem Gewicht sein, dass er es rechtfertigt, die Grundsätze der Sozialauswahl nicht zur Anwendung kommen zu lassen;[144] die Begründung des Gesetzesentwurfs spricht von einem *„Leistungsträger'*, der sich für den Betrieb unentbehrlich gemacht

138 BAG v. 15.12.1994 – 2 AZR 320/94 –, AP Nr. 66 zu § 1 KSchG 1969 Betriebsbedingte Kündigung: Kontrolle (vorerst) an Hand von § 315 BGB = NZA 1995, 413; s. dazu Anm. *Otto*, EWiR 1995, 695f.
139 BAG v. 7.2.1985 – 2 AZR 91/84 – unter IV 1 a, AP Nr. 9 zu § 1 KSchG 1969 Soziale Auswahl = NZA 1986, 260.
140 BAG v. 7.12.2006 – 2 AZR 748/05 –, AP Nr. 88 zu § 1 KSchG Soziale Auswahl = NZA-RR 2007, 460.
141 *Hromadka/Maschmann*, Arbeitsrecht 1, § 10 Rn. 212.
142 BAG v. 15.12.2005 – 6 AZR 199/05 –, AP Nr. 76 zu § 1 KSchG 1969 Soziale Auswahl = NZA 2006, 590.
143 Hervorhebung der Verf.
144 *Bader*, NZA 2004, 65, 73f. m.w.N. der Befürworter geringerer Anforderungen; auch *Willemsen/Annuß*, NJW 2004, 177, 179.

hat".[145] Nicht ausreichend für eine derartige positive Auslese ist das Ziel, eine ausgewogene Personalstruktur erst zu schaffen; dies erlaubt ausdrücklich die Insolvenzordnung, die in §§ 125, 126 einige Lockerungen des Kündigungsschutzes für den Fall des Insolvenzverfahrens vorsieht.

Die Herausnahme einzelner Arbeitnehmer ist zwiespältig, daher ist auch der **368** **Prüfungsstandort** umstritten. Für die hier gewählte Positionierung vor der eigentlichen Sozialauswahl[146] sprechen insbesondere der Gesetzeswortlaut und die Intention des Gesetzgebers, die betrieblichen Interessen zu stärken sowie die Sozialauswahl strukturierter und gerichtliche Entscheidungen damit abschätzbarer zu gestalten.[147] Jedoch ist die Gefahr nicht zu leugnen, dass ein Arbeitgeber die ihm eingeräumte Befugnis durch die unberechtigte Bevorzugung von Arbeitnehmern missbrauchen und so die Sozialauswahl umgehen kann. Dieses erklärt die **Ansicht des BAG**, erst **nach der Sozialauswahl** unter vergleichbaren Arbeitnehmern des Betriebs die Interessen des Arbeitgebers an der Weiterbeschäftigung eines oder mehrerer „sozial stärkerer" Arbeitnehmer mit den Interessen der an ihrer Stelle betroffenen „sozial schwächeren" Arbeitnehmer abzuwägen; nur dann seien betriebliche Interessen „berechtigt".[148] Dem BAG ist zuzugeben, dass im Sachverhalt der zitierten Entscheidung 10 von 13 Arbeitnehmern eines Betriebs als „Leistungsträger" deklariert und so Regel und Ausnahme umgekehrt worden waren.[149] Im Ergebnis wird das betriebliche Interesse an der Weiterbeschäftigung so jedoch zu einem Kriterium der Sozialauswahl. Im Regelfall sollte es daher genügen, einen strengen Maßstab an die berechtigten betrieblichen Interessen anzulegen.

(b) Vornahme der Sozialauswahl und deren Kontrolle
Als zu beachtende Sozialgesichtspunkte – wir nennen sie **„Grundkriterien"** – **369** zählt § 1 Abs. 3 S. 1 KSchG nunmehr ausdrücklich die **Dauer der Betriebszuge-**

---

145 Begründung des Regierungsentwurfs, BT-Drucks. 15/1204, S. 11.

146 Ebenso etwa *Bader*, NZA 2004, 65, 73; KR-*Griebeling* § 1 KSchG Rn. 656; *Hromadka/Maschmann*, Arbeitsrecht 1, § 10 Rn. 214.

147 Vgl. Begründung des Regierungsentwurfs, BT-Drucks. 15/1204, S. 9, 11.

148 Drei-Stufen-Modell, so zu der hier vergleichbaren Rechtslage vom 1.10.1996 bis Ende 1998 BAG v. 12.4.2002 unter B II 4 b bb, AP Nr. 56 zu § 1 KSchG 1969 Soziale Auswahl = NZA 2003, 42; in dem Fall zust. Löwisch/Schlünder/Spinner/Wertheimer/*Schlünder*, KSchG, § 1 Rn. 470; für diesen Aufbau, aber gegen die Abwägung *Willemsen/Annuß*, NJW 2004, 177, 178f.

149 Ähnlich auch Sachverhalt BAG v. 5.12.2002 – 2 AZR 697/01 –, AP Nr. 60 zu § 1 KSchG 1969 Soziale Auswahl = NZA 2003, 849 = EzA § 1 KSchG Soziale Auswahl Nr. 52 m. insoweit weitgehend zust. Anm. *Jacobs/Naumann*: 70 % der Stammbelegschaft wurden „zur Aufrechterhaltung der Produktion" nicht in die Sozialauswahl einbezogen.

hörigkeit (ununterbrochener Bestand des Arbeitsverhältnisses[150]), das **Lebensalter**, die **Unterhaltspflichten** und die **Schwerbehinderung**[151] eines Arbeitnehmers auf.

370 Zweifelhaft ist, inwieweit die einschränkungslose Betonung des **Alters**, die durch die Dauer der Betriebszugehörigkeit häufig noch eine Verstärkung erfährt, mit dem europarechtlichen Diskriminierungsverbot konform ist. Zwar hat der Gesetzgeber in § 2 Abs. 4 AGG für Kündigungen die ausschließliche Geltung der Bestimmungen des allgemeinen und besonderen Kündigungsschutzes bestimmt. Nach hier vertretener Ansicht ist § 2 Abs. 4 AGG jedoch europarechtswidrig und das AGG damit auf Kündigungen einschließlich der Sozialauswahl richtlinienkonform anzuwenden.[152] Zu allem Überfluss hat der Gesetzgeber – um Widersprüche zu vermeiden – kurz nach Erlass des AGG unüberlegt die bezüglich des Alters ursprünglich in § 10 Nr. 6 AGG enthaltenen relativierenden und zugleich rechtfertigenden Maßgaben zur Sozialauswahl gestrichen.[153] Zur Konfliktlösung lassen sich aber ergänzende Kriterien wie die **„Chancen auf dem Arbeitsmarkt"**[154], der Bezug einer Altersrente[155] oder der **„Erhalt einer sachgerechten Altersstruktur"**[156] entwickeln – mit allen Schwierigkeiten in der Umsetzung.[157]

371 Als ein Aspekt der **Unterhaltsverpflichtung**, die sich nach den familienrechtlichen Vorgaben richtet, ist im Hinblick auf die Gleichberechtigung von Frau

---

150 Zur nur ausnahmsweise möglichen Anrechnung früherer Beschäftigungszeiten BAG v. 2.6. 2005 – 2 AZR 480/04 – unter B I 4 b aa, AP Nr. 75 zu § 1 KSchG 1969 Soziale Auswahl = NZA 2006, 207.
151 Vor Ausspruch der Kündigung muss die Zustimmung des Integrationsamtes eingeholt werden.
152 S. ausführlich RN 387 ff. A.A. u. a. *Mohr*, SAE 2007, 353 ff.
153 Art. 8 Abs. 1 des Gesetzes zur Änderung des Betriebsrentengesetzes und anderer Gesetze v. 2.12.2006 (BGBl. I S. 2742).
154 S. EuGH v. 16.10.2007 – C-411/05 – (Palacios), unter Rn. 64 ff., NZA 2007, 1219; *Willemsen/Schweibert*, NJW 2006, 2583, 2586 f.; vgl. auch *Löwisch*, BB 2006, 2582: Richtlinienkonforme Endkontrolle der Sozialauswahl, „praktisch landet man so doch wieder bei der in § 10 S. 3 Nr. 6 AGG [a.F.] vorgesehenen differenzierten Lösung".
155 BAG v. 27.4.2017 – 2 AZR 67/16 –, AP Nr. 100 zu § 1 KSchG 1969 Soziale Auswahl = NZA 2017, 902.
156 BAG v. 6.9.2007 – 2 AZR 387/06 –, NZA 2008, 405 = NJW 2008, 1102; LAG Niedersachsen v. 13.7. 2007 – 16 Sa 269/07 –, LAGE § 2 AGG Nr. 3 = SAE 2007, 361, gegen die Vorinstanz ArbG Osnabrück v. 29.1.2007 – 3 Ca 728/06 –, LAGE § 2 AGG Nr. 1 m. abl. Anm. *Krause*.
157 Umsetzungsvorschläge bei *Annuß*, BB 2006, 325, 326.

und Mann der Gesichtspunkt „Doppelverdienst" umstritten.[158] Die materielle Unterhaltspflicht wird umso stärker gemindert, je mehr der Ehepartner zum Unterhalt beitragen muss. Würde man dies allerdings allein berücksichtigen, müsste angesichts der überwiegend niedrigeren Arbeitseinkommen eher die Frau weichen, was wir für eine mittelbare Benachteiligung i.S. von § 3 Abs. 2 AGG halten; wir befürworten daher auch eine Berücksichtigung der gesetzlichen Unterhaltspflicht als solcher, unabhängig von dem konkreten Arbeitseinkommen der Ehegatten.[159]

Nur noch die grundsätzlich gleich zu gewichtenden [160] **Grundkriterien** werden gerichtlich dahingehend geprüft, ob sie **„ausreichend berücksichtigt"** worden sind.[161] Schon das Gesetz gesteht also dem Arbeitgeber (notwendigerweise) einen gewissen Beurteilungsspielraum zu.[162] Dieser Spielraum eröffnet dem Arbeitgeber auch weiterhin die Möglichkeit, **andere Gesichtspunkte** zu beachten, insbesondere unbillige Härten im Einzelfall.[163] Konkreter können z.B. der Gesundheitszustand, der Familienstand, anderweitiges Einkommen [164] oder die Erkrankung oder Pflegebedürftigkeit eines Familienangehörigen berücksichtigt werden, solange die vier Grundkriterien nicht vernachlässigt werden.[165] Als weitere Aspekte sind die ausgewogene Personalstruktur und die Vermittelbarkeit auf dem Arbeitsmarkt [166] zu nennen. Damit ist den gesetzlichen Vorgaben des § 1 Abs. 3 S. 1 KSchG Genüge getan; eine Konzentration auf solche Aspekte, die im besonderen Zusammenhang mit den Grundkriterien oder mit betrieblichen Ge-

372

---

158 Nach BAG v. 5.12.2002 – 2 AZR 549/01 – unter B III 4 b, AP Nr. 59 zu § 1 KSchG 1969 Soziale Auswahl = NZA 2003, 791, sind „für den Umstand des Doppelverdienstes ... keine abstrakten Vorgaben zu machen".

159 Wie hier *Lunk*, NZA Beil. 1/2005, 41, 43. Die stark vertretene Gegenauffassung unterstützen etwa *Hromadka/Maschmann*, Arbeitsrecht 1, § 10 Rn. 215; wohl auch Löwisch/Schlünder/Spinner/Wertheimer/*Schlünder*, KSchG, § 1 Rn. 456.

160 BAG v. 2.6.2005 – 2 AZR 480/04 – unter B I 4 b bb (3), AP Nr. 75 zu § 1 KSchG 1969 Soziale Auswahl = NZA 2006, 207.

161 *Bader*, NZA 2004, 65, 74; *Quecke*, RdA 2004, 86, 87.

162 BAG v. 29.1.2015 – 2 AZR 164/14 –, AP Nr. 162 zu § 2 KSchG 1969 = NZA 2015, 426. Dieses auch schon in früheren Fassungen; dazu s. BAG v. 17.3.2005 – 2 AZR 4/04 – unter B IV 3 a cc, AP Nr. 71 zu § 1 KSchG 1969 Soziale Auswahl = NZA 2005, 1016.

163 S. Begründung des Regierungsentwurfs, BT-Drucks. 15/1204, S. 11.

164 § 41 S. 1 SGB VI schließt die Berücksichtigung einer Altersrente vor Vollendung des 65. Lebensjahres ausdrücklich aus.

165 Löwisch/Schlünder/Spinner/Wertheimer/*Schlünder*, KSchG, § 1 Rn. 460; *Quecke*, RdA 2004, 86, 88.

166 Zum alten Recht BAG v. 17.3.2005 – 2 AZR 4/04 –, AP Nr. 71 zu § 1 KSchG 1969 Soziale Auswahl = NZA 2005, 1016 unter B IV 3 a cc.

gebenheiten stehen,[167] hat sich im Gesetz nicht niedergeschlagen. Gemessen an diesen Kriterien ist die von D in Fall 31 getroffene Sozialauswahl fehlerhaft. Dass B mit Blick auf seine soziale Schutzbedürftigkeit dem tatsächlich gekündigten A vorgezogen wurde, erscheint wegen dessen längerer Betriebszugehörigkeit und größeren Unterhaltspflichten zwar zweifelhaft, aber angesichts der Schwerbehinderung des B und dessen höheren Alters noch vertretbar. C ist hingegen, da deutlich jünger, kürzer im Betrieb beschäftigt und nur einem Kind unterhaltspflichtig, deutlich weniger schutzbedürftig, so dass die Sozialauswahl auf ihn hätte entfallen müssen.

373   Schwierigkeiten bereitet die **Kontrolle** der getroffenen Sozialauswahl. Diese ist einerseits geboten, weil die Gefahr nicht auszuschließen ist, dass ein an sich durchaus berechtigter Personalabbau dazu genutzt wird, sich der besonders schutzbedürftigen oder teureren Arbeitskräfte zu entledigen. Andererseits ist die Situation des Arbeitgebers unerfreulich, weil er sehr häufig selbst bei bestem Bemühen nicht abschätzen kann, wie ein Kündigungsschutzprozess ausginge. Der Gesetzgeber legt zwar dem Arbeitnehmer die **Darlegungs- und Beweislast** für den menschlich belastenden Einwand auf, „der Arbeitskollege X oder Y sei eher dran" (§ 1 Abs. 3 S. 2 KSchG). Da jedoch der Arbeitnehmer über die soziale Lage seiner Arbeitskollegen nur zufällig unterrichtet sein dürfte, muss der Arbeitgeber seine Auswahl auf Aufforderung begründen (§ 1 Abs. 3 S. 1 2. HS KSchG). Bei einer unvollständigen Auskunft genügt der Arbeitnehmer seiner Darlegungspflicht bereits, wenn er die soziale Auswahl pauschal beanstandet.[168]

374   Die Schwierigkeiten des Arbeitgebers wachsen mit der Betriebsgröße und sind auch mit der Neuregelung bei Weitem nicht ausgeräumt.[169] Immerhin kann eine Entwicklung in Gesetzgebung und Rechtsprechung aufgezeigt werden, die Sozialauswahl praktikabler und „gerichtsfester" zu gestalten. Neben der Normierung der vier notwendig zu berücksichtigenden Grundkriterien tritt das Zugeständnis des BAG, dass der Arbeitgeber die Kriterien etwa mittels eines **Punkteschemas** – wegen der zu ermöglichenden Einzelfallbetrachtung zwar nicht als ausschließliche Entscheidungsgrundlage,[170] aber als Basis einer Vor-

167 S. Begründung des Regierungsentwurfs, BT-Drucks. 15/1204, S. 11; dem folgend *Willemsen/Annuß*, NJW 2004, 177, 178.
168 BAG v. 21.7.1988 – 2 AZR 75/88 –, AP Nr. 17 zu § 1 KSchG 1969 Soziale Auswahl = NZA 1989, 264.
169 S. etwa – aus Arbeitgebersicht – *Neef/Neef*, Von der Unmöglichkeit der betriebsbedingten Kündigung, NZA 2006, 1241.
170 BAG v. 24.3.1983 – 2 AZR 21/82 –, AP Nr. 12 zu § 1 KSchG 1969 Betriebsbedingte Kündigung.

auswahl[171] – gewichten kann. Andererseits ist eine Kündigung nicht schon deshalb unwirksam, weil dem Arbeitgeber eine Fehlbeurteilung der sozialen Gesichtspunkte unterlaufen ist, wenn die Sozialauswahl im Ergebnis zutrifft.[172] Den richtigen Weg geht das Gericht auch insoweit, als sich bei einer Massenkündigung nicht mehrere oder alle gekündigten Arbeitnehmer darauf berufen dürfen, dass ein einziger, nicht gekündigter Arbeitnehmer weniger schutzwürdig gewesen sei,[173] sondern nur noch derjenige, für dessen Kündigung dieser **Auswahlfehler ursächlich** geworden ist, dem bei ordnungsgemäßer Sozialauswahl also nicht gekündigt worden wäre.[174]

Verfahrensmäßige Erleichterungen und weitergehende **Reduzierungen der** 375 **arbeitsgerichtlichen Kontrolle** ermöglichen insbesondere die beiden letzten Absätze des § 1 KSchG. Wenn in Tarifverträgen, Betriebsvereinbarungen nach dem BetrVG oder Dienstvereinbarungen etwa nach dem Bundespersonalvertretungsgesetz festgelegt wurde, in welchem Verhältnis die vier sozialen Kriterien des § 1 Abs. 3 KSchG zueinander zu bewerten sind (eben anhand eines Punkteschemas), so soll diese Bewertung gem. Abs. 4 nur auf **grobe Fehlerhaftigkeit** überprüft werden können.[175]

Noch einige Schritte weiter geht § 1 Abs. 5 KSchG, die sog. „**Schwarze Liste**". 376 Plant der Arbeitgeber eine Betriebsänderung (§ 111 BetrVG, z. B. eine Betriebs- oder Betriebsteilstilllegung oder auch ein bloßer Personalabbau von gewissem Umfang[176]), können Arbeitgeber und Betriebsrat u. a. einen Interessenausgleich (§ 112 BetrVG) schließen und darin die Arbeitnehmer namentlich bezeichnen, denen im Zuge der Betriebsänderung gekündigt werden soll.[177] In diesem Fall wird **vermutet, dass dringende betriebliche Erfordernisse die Kündigung bedingen** (Umkehr der Beweislastregel von § 1 Abs. 2 S. 4 KSchG), und die **soziale Auswahl** kann nur noch auf **grobe Fehlerhaftigkeit** überprüft werden. Wird einem Arbeitnehmer in Anwendung dieser Norm gekündigt, kann er sich kaum noch Hoffnungen auf eine erfolgreiche Kündigungsschutzklage machen. Deshalb

---

171 BAG v. 18.1.1990 – 2 AZR 357/89 –, AP Nr. 19 zu § 1 KSchG 1969 Soziale Auswahl = NZA 1990, 729.
172 BAG v. 18.10.2006 – 2 AZR 473/05 –, AP Nr. 86 zu § 1 KSchG 1969 Soziale Auswahl = NZA 2007, 504.
173 BAG v. 18.10.1984 – 2 AZR 543/83 – Leitsatz 2, AP Nr. 6 zu § 1 KSchG 1969 Soziale Auswahl m. Anm. *Löwisch* = NZA 1985, 423.
174 BAG v. 9.11.2006 – 2 AZR 812/05 –, AP Nr. 87 zu § 1 KSchG Soziale Auswahl = NZA 2007, 549.
175 Beispiele: BAG v. 24.10.2013 – 6 AZR 854/11 –, AP Nr. 12 zu § 125 InsO = NZA 2014, 46; BAG v. 18.10.2006 – 2 AZR473/05 –, AP Nr. 86 zu § 1 KSchG 1969 Soziale Auswahl = NZA 2007, 504.
176 Dazu § 12 RN 914 ff.
177 Die Möglichkeit einer Namensliste mit ähnlich eingeschränktem Kontrollmaßstab findet sich bereits seit 1995 in § 323 Abs. 2 des Umwandlungsgesetzes.

werden nicht ganz zu Unrecht Bedenken gegen diese weitreichenden Kompetenzen von Arbeitgeber und Betriebsrat erhoben, die individualrechtliche Position des Arbeitnehmers zu schwächen und die Entscheidung des Arbeitsgerichts zu präjudizieren.[178] Bei Massenkündigungen ist jedoch eine gerechtere und zugleich praktikable Lösung nicht in Sicht. Im Fall der Insolvenz kommt noch der Zeitdruck hinzu.

ee) Sonderfälle: Druckkündigung, Verdachtskündigung

Beispielsfälle

Fall 32: Ü ist als hauptamtlicher Übungsleiter beim Niedersächsischen Sportbund e. V. (N) angestellt. Als im Kollegenkreis bekannt wird, dass Ü auf seinem Dienstrechner mehrfach kinderpornographische Fotos angesehen hat, wenden sich mehrere Mitarbeiter an N, weisen auf die Unzumutbarkeit der weiteren Zusammenarbeit hin und drohen für den Fall, dass sich N nicht von Ü trenne, selbst mit Weggang. Darf N dem Ü deshalb kündigen?

Fall 33: B ist bei der Hamburger-Bank AG (H) in der Filiale im Schanzenviertel beschäftigt. Da ihn seine Tätigkeit im Schalterdienst nicht auslastet und seine Weltanschauung entsprechend ist, engagiert er sich in der lokalen Pegida-Bewegung. Dort avanciert er schnell zu einem der führenden Köpfe, tritt mit Reden auf Veranstaltungen auf und gibt Interviews. Die übliche Kundschaft der Filiale der H gehört naturgemäß dem anderen Ende des politischen Spektrums an und findet das Gebahren des B unerträglich. Zahlreiche Konteninhaber drohen H mit einem Wechsel der Bankverbindung und rufen zum Boykott des Geldinstituts auf. Es kam sogar vor der Filiale zur Bildung von Mahnwachen und spontanen Demonstrationen, über die – zum Leidwesen der H – auch in den lokalen Medien berichtet wurde. H kündigt daraufhin B. Wirksam?

Fall 34: K ist als Kassiererin bei der Genossenschaftsbank (G) beschäftigt. Größere Bargeldanforderungen sind bei der Zentrale am Vortag anzumelden. Die entsprechenden Beträge werden dann noch am selben Abend mittels Geldtransporter in verplombten Sicherheitskoffern in die Filialen geliefert. Es besteht die Dienstanweisung, dass diese Koffer immer von zwei Mitarbeitern entgegen genommen, der Inhalt auf Vollständigkeit kontrolliert und sodann der Empfang quittiert wird. Demgemäß fordert K am 12. 6. 2019 110.000 € bei der Zentrale an. Als der Geldtransporter eintritt, nimmt sie den Koffer allein in Empfang, unterschreibt die Empfangsquittung und geht in ihr Büro, welches sie von Innen abschließt. Nach wenigen Minuten ruft sie ihren Teamleiter T herbei und zeigt ihm den Koffer, in dem sich statt des Geldes nur einige Beutel mit Babymilchpulver befinden. In der Folge bleibt das Geld trotz intensiver Suche verschwunden. Untersuchungen der eingeschalteten Polizei kommen zu dem Schluss, dass die Verplombung des Geldkoffers bei der Übergabe wohl noch intakt war und eine Entwendung des Geldes durch die Fahrer des Geldtransporters oder Dritte mit hoher Wahrscheinlichkeit ausgeschlossen werden kann. Die Verantwortlichen der G sehen unabhängig davon, ob K das Geld wirklich an sich ge-

---

178 *Quecke*, RdA 2004, 86, 90 m.w.N.

nommen hat, das Vertrauensverhältnis für eine weitere Zusammenarbeit als endgültig zerstört an und kündigen ihr, ohne noch einmal über den Vorfall gesprochen zu haben, deshalb fristlos. Ist die Kündigung wirksam?

Weder ausschließlich einem der drei vorgenannten Kündigungsgründe noch einer   **377** bestimmten Art der Kündigung zuordnen lassen sich Fallgestaltungen, die unter dem Stichwort **„Druckkündigung"** zusammengefasst werden: [179] Kunden beschweren sich über einen Arbeitnehmer und drohen den Abbruch der Geschäftsbeziehung an, Mitarbeiter verweigern die weitere Zusammenarbeit mit einem Vorgesetzten, dem es an der Fähigkeit der Menschenführung mangelt, oder mit einem Kollegen wegen dessen Erkrankung oder Vertragsverletzung [180]. Sind die Vorhaltungen berechtigt, kommt die Prüfung einer personen- oder verhaltensbedingten Kündigung – wie in Fall 32 – in Frage (*„unechte Druckkündigung"*). Besteht jedoch kein ausreichender personen- oder verhaltensbedingter Kündigungsgrund, kann u. E. auch eine betriebsbedingte Kündigung in Erwägung zu ziehen sein (*„echte Druckkündigung"*, Fall 33), an deren Rechtfertigung zum Schutz des betroffenen Arbeitnehmers aber strenge Anforderungen zu stellen sind.[181] Die Kündigung ist nur erforderlich, wenn sich der Arbeitgeber schützend vor seinen Arbeitnehmer gestellt, dem Druck zu widerstehen versucht und alle zumutbaren anderen Mittel (insbesondere eine Versetzung) eingesetzt hat, um die Druck Ausübenden von ihren Drohungen abzubringen. Im Beispielsfall wäre z. B. die Möglichkeit einer Versetzung des B in eine andere Filiale oder der Umsetzung in den „Innendienst" ohne Kundenkontakte zu prüfen. Werden dennoch weiterhin schwere wirtschaftliche Schäden etwa durch Boykott oder Streik in Aussicht gestellt, wovon angesichts der schon fortgeschrittenen Eskalation in der konkreten Situation der H wohl auszugehen ist, kann die betriebsbedingte Kündigung das allerletzte Mittel sein.[182]

Schließlich ist noch die **„Verdachtskündigung"** gesondert zu nennen: Dem   **378** Arbeitnehmer wird eine Vertragsverletzung vorgeworfen, die aber nicht bewiesen werden kann. Daher handelt es sich genau genommen nicht um eine verhal-

---

179 *Deinert*, RdA 2007, 275 ff.; BAG v. 31.1.1996 – 2 AZR 158/95 –, AP Nr. 13 zu § 626 BGB Druckkündigung = NZA 1996, 581: außerordentliche Änderungskündigung.
180 Drei Arbeitnehmerinnen stellten wegen sexueller Belästigung einer der drei ihre fristlosen Kündigungen in Aussicht, s. ArbG Hamburg v. 23.2.2005 – 18 Ca 131/04 –, NZA-RR 2005, 306.
181 Dazu BAG v. 15.12.2016 – 2 AZR 431/15 –, AP Nr. 16 zu § 626 BGB Druckkündigung = NZA 2017, 500; BAG v. 19.7.2016 – 2 AZR 637/15 –, AP Nr. 15 zu § 626 BGB Druckkündigung = NZA 2017, 116.
182 Zu allem BAG v. 19.6.1986 – 2 AZR 563/85 – unter B II 2 a, AP Nr. 33 zu § 1 KSchG 1969 Betriebsbedingte Kündigung = NZA 1987, 21; Löwisch/Schlünder/Spinner/Wertheimer/*Schlünder*, KSchG, § 1 Rn. 406.

tensbedingte, sondern um eine personenbedingte Kündigung[183] auf Grund der Tatsache, dass das Vertrauensverhältnis zum Arbeitgeber zerstört ist. Diese Kündigung kann gerechtfertigt sein, wenn sich der Verdacht auf eine strafbare Handlung oder eine ähnlich schwerwiegende Verfehlung bezieht, sich auf konkrete Tatsachen stützt und mit großer Wahrscheinlichkeit zutrifft; dazu muss der Arbeitgeber den Arbeitnehmer angehört und alle anderen zumutbaren Maßnahmen zur Aufklärung getroffen haben.[184] Die Anhörung ist ein Wirksamkeitserfordernis; da sie in Fall 34 fehlt, wurde das Arbeitsverhältnis der K nicht beendet, obwohl alle übrigen Anforderungen der Verdachtskündigung vorliegen (und überdies wegen des weisungswidrigen Verhaltens sogar eine – von G aber nicht erklärte – verhaltensbedingte Kündigung vorstellbar ist). Schließlich muss die Interessenabwägung zu Ungunsten des Arbeitnehmers ausgehen.[185]

379 Der Arbeitnehmer kann die den dringenden Verdacht objektiv begründenden Umstände jedoch noch im Kündigungsschutzprozess widerlegen,[186] so dass die Kündigung (entgegen dem Prognoseprinzip) rechtswidrig war und die Kündigungsschutzklage damit begründet ist. Sollte der Verdacht dagegen erst nach Prozessende ausgeräumt werden, ist dringend über einen **Anspruch auf Wiedereinstellung** nachzudenken,[187] der wichtiger Bestandteil des sozialverträglichen Gesamtkonzepts ist.

---

183 Löwisch/Schlünder/Spinner/Wertheimer/*Schlünder*, KSchG, § 1 Rn. 115; *Junker*, Grundkurs, Rn. 411. Die Begründung der a.A. (etwa noch KR-*Etzel*, 7. Aufl. 2004, § 1 KSchG Rn. 505: Kündigung sei gestützt auf dem Arbeitnehmer zurechenbare Verhaltensweisen) muss nicht in jedem Fall zutreffen.
184 Vgl. auch BAG v. 2.3.2017 – 2 AZR 698/15 –, AP Nr. 55 zu § 626 BGB Verdacht strafbarer Handlung = NZA 2017, 1051; BAG v. 21.11.2013 – 2 AZR 797/11 –, AP Nr. 53 zu § 626 BGB Verdacht strafbarer Handlung = NZA 2014, 243.
185 Zu allem BAG v. 10.2.2005 – 2 AZR 189/04 – unter B II 2, AP Nr. 79 zu § 1 KSchG 1969 = NZA 2005, 1056; v. 3.7.2003 – 2 AZR 437/02 – unter II 2, AP Nr. 38 zu § 626 BGB Verdacht strafbarer Handlung = NZA 2004, 307.
186 Vgl. BAG v. 14.9.1994 – 2 AZR 164/94 – unter II 3 d, AP Nr. 24 zu § 626 BGB Verdacht strafbarer Handlung = NZA 1995, 269.
187 Dazu unten RN 461 f. und BAG v. 20.8.1997 – 2 AZR 620/96 –, AP Nr. 27 zu § 626 BGB Verdacht strafbarer Handlung = NZA 1997, 1340.

c) Änderungskündigung

Beispielsfall

Fall 35: M, Monteur in den Diensten der vor allem mit der Wartung von Landmaschinen befassten L-GmbH, wird in der Filiale Osnabrück eingesetzt. Da er dort geboren wurde und glühender Fan des Vfl Osnabrück ist, trifft es ihn schwer, als die Leitung der G die Schließung des Standorts in Osnabrück und die Zusammenlegung mit dem Hauptsitz in Münster beschließt. In der Stadt des Erzrivalen Preußen Münster zu arbeiten oder gar zu wohnen, ist für ihn unvorstellbar, weshalb er die Weisung der G, mit Wirkung zum 2.5.2019 nach Münster „zu wechseln", nicht befolgt. G erklärt M daraufhin die Kündigung für den Fall, dass M einer Änderung des im Arbeitsvertrag genannten Arbeitsorts Osnabrück nicht zustimmt. Was kann M nun tun?

Der geschilderte Kündigungsschutz gilt grundsätzlich auch für Änderungskün- **380** digungen (§ 2 KSchG). Hierunter versteht man eine **bedingte Kündigung** des Arbeitgebers, die mit dem **Angebot** an den Arbeitnehmer verbunden ist, nach Ablauf der Kündigungsfrist **zu geänderten Arbeitsbedingungen weiterzuarbeiten.**[188] Der Arbeitnehmer wird, wie M in Fall 35, hier nicht mehr in die Zwangslage versetzt, sich entweder gegen die Kündigung zu wehren oder das Angebot der Vertragsänderung annehmen zu müssen. Vielmehr kann er – abweichend von § 150 Abs. 2 BGB – ohne Arbeitsplatzrisiko in die **Änderung unter Vorbehalt** einwilligen und gleichwohl um deren soziale Rechtfertigung streiten, wenn er den Vorbehalt innerhalb der Kündigungsfrist, spätestens aber innerhalb von drei Wochen erklärt (§ 2 S. 2 KSchG).[189] Hat er mit der Klage Erfolg, so gelten für ihn rückwirkend wieder die früheren Arbeitsbedingungen (§ 8 KSchG). Hier wird besonders deutlich, dass Kündigungsschutz nicht nur Bestandsschutz des Arbeitsverhältnisses bedeutet, sondern zugleich **Vertragsinhaltsschutz.**[190] § 4 S. 2 KSchG schwächt den Schutz jedoch insofern ab, als die Klage auf die Feststellung zu erheben ist, „daß die Änderung der Arbeitsbedingungen sozial ungerechtfertigt ist". Damit wird das Veränderungsinteresse des Arbeitgebers nicht zu dem völligen Verlust des Arbeitsplatzes ins Verhältnis gesetzt, sondern nur zu

---

188 Vgl. BAG v. 21.9.2006 – 2 AZR 120/06 –, AP Nr. 86 zu § 2 KSchG 1969 = NZA 2007, 435.
189 Für die *vorbehaltslose* Annahme des Änderungsangebots setzt § 2 S. 2 KSchG zwar eine Mindestfrist, aber keine Höchstfrist; maßgeblich ist insoweit germäß §§ 146 ff. BGB das Angebot des Arbeitgebers (BAG v. 1.2.2007 – 2 AZR 44/06 –, AP Nr. 132 zu § 2 KSchG 1969 = NZA 2007, 925).
190 Grundlegend *Bötticher*, Bestandsschutz und Vertragsinhaltsschutz im Lichte der Änderungskündigung, in: FS für Erich Molitor, 1962, S. 123 ff., der den erst 1969 in das Kündigungsschutzgesetz aufgenommenen § 2 gedanklich vorweggenommen hat.

dem Erhaltungsinteresse des Arbeitnehmers an den bisherigen Arbeitsbedingungen.[191]

381   Nicht zuletzt wegen des vom BAG konstatierten Vorrangs der Änderungs- vor der Beendigungskündigung[192] soll auf die soziale Rechtfertigung einer Änderungskündigung nun genauer eingegangen werden. In ständiger Rechtsprechung führt das BAG eine **zweistufige Prüfung** durch;[193] es kontrolliert erst den Anlass der Änderungskündigung (das „Ob") und anschließend deren Art und Ausmaß (das „Wie").[194]

382   Im ersten Schritt wird auf Grund des Verweises von § 2 S. 1 KSchG auf § 1 Abs. 2 S. 1–3 KSchG gefragt, **ob Person, Verhalten oder dringende betriebliche Erfordernisse die Änderungskündigung bedingen.** Hier bestehen bei Lichte betrachtet noch kaum Unterschiede zur Kontrolle der Beendigungskündigung. Ebenfalls ist der Kündigungsgrund „an sich" zu bestimmen, mit dem Prognoseprinzip zu fragen, ob die Störung der Vertragsverhältnisses auch zukünftig zu besorgen ist und ob die Änderungskündigung insgesamt nicht durch den Einsatz milderer Mittel vermieden werden könnte („bedingen").

383   Wird eine betriebsbedingte **Änderungskündigung zur bloßen Entgeltreduzierung** ausgesprochen, sind auf Grund des darin liegenden Eingriffs in das früher vereinbarte Verhältnis von Leistung und Gegenleistung besonders strenge Anforderungen an den Kündigungsgrund zu stellen. Das BAG verlangt sogar, dass ohne die Änderungskündigung betrieblich nicht mehr auffangbare Verluste entstehen, die absehbar zu einer Reduzierung der Belegschaft oder sogar zur Betriebsschließung führen würden.[195] Die in § 9 Nr. 2 AÜG vorgesehene Möglichkeit, in Tarifverträgen ein niedrigeres Arbeitsentgelt der Leiharbeitnehmer im Vergleich zur Stammbelegschaft festzulegen (Abweichung vom sonst bei der Arbeitnehmerüberlassung geltenden „equal pay-Grundsatz"), rechtfertigt eine dahingehende – nachträgliche – Anpassung nicht.[196]

384   Der **Verhältnismäßigkeitsgrundsatz** hat bei der Änderungskündigung aber noch eine notwendige zweite Ausformung. Während die angestrebte Konsequenz der Beendigungskündigung die Auflösung des Arbeitsverhältnisses ist, bestehen

---

191 Vgl. BAG v. 15. 3. 1991 – 2 AZR 582/90 – unter B I, AP Nr. 28 zu § 2 KSchG 1969.
192 S. oben RN 343.
193 Vgl. etwa BAG v. 15. 3. 1991 – 2 AZR 582/90 – unter B I, AP Nr. 28 zu § 2 KSchG 1969 = NZA 1992, 120, und nachfolgend zitierte Urteile; Löwisch/Schlünder/Spinner/Wertheimer/*Wertheimer*, KSchG, § 2 Rn. 47 ff. m.w.N.
194 Zur Prüfungsfolge s. *Hromadka/Maschmann*, Arbeitsrecht 1, § 10 Rn. 376, 382.
195 BAG v. 16. 5. 2002 – 2 AZR 292/01 – unter B II 3, AP Nr. 69 zu § 2 KSchG 1969 = NZA 2003, 147.
196 BAG v. 12. 1. 2006 – 2 AZR 126/05 – unter II 4, AP Nr. 82 zu § 2 KSchG 1969 = NZA 2006, 587 = SAE 2006, 219 m. abl. Anm. *Junker*.

bei einem Anlass zur Änderungskündigung zumeist mehrere Möglichkeiten, dem Anlass gerecht zu werden (Modifizierung der Arbeitsleistungspflicht, Entgeltreduzierung um 5 % oder 10 %, Abbau einer Zulage mit oder ohne eine entsprechende Reduzierung der zu erbringenden Arbeitsleistung, Versetzung in Filiale A, B oder C). Das BAG prüft daher in einem zweiten Schritt, **ob der Arbeitgeber nur solche Änderungen vorgeschlagen hat, die der Arbeitnehmer billigerweise hinnehmen muss.** Dieser eingeschränkte Maßstab folgt aus § 4 S. 2 KSchG, wonach die Klage auf die Feststellung zu erheben ist, „daß die Änderung der Arbeitsbedingungen sozial ungerechtfertigt ist". Damit wird das Veränderungsinteresse des Arbeitgebers nicht zu dem völligen Verlust des Arbeitsplatzes ins Verhältnis gesetzt, sondern nur zu dem Erhaltungsinteresse des Arbeitnehmers an den bisherigen Arbeitsbedingungen. Anders gewendet ist also zu prüfen, ob auch Art und Ausmaß der angebotenen Änderung geeignet und erforderlich sind.[197] Der Arbeitnehmer muss eine Änderung nicht hinnehmen, wenn z. B. deren Umfang durch die zugrundeliegende unternehmerische Entscheidung gar nicht geboten ist oder wenn deren Inhalt den arbeitsrechtlichen Gleichbehandlungsgrundsatz verletzt: Ohne Sachgrund differenzierende Angebote an Arbeitnehmer in vergleichbarer Situation sind nach Ansicht des BAG unverhältnismäßig.[198] Im Fall 35 entspricht die angebotene neue Beschäftigung angesichts der relativ geringen Entfernung und guten Erreichbarkeit des neuen Arbeitsorts bei ansonsten gleichbleibenden Arbeitsbedingungen der Billigkeit, so dass eine Änderungskündigungsschutzklage des M keinen Erfolg haben wird.

Letzte Instanz auch bei der Änderungskündigung muss eine **Interessenab-**   385 **wägung** sein. Im Falle der betriebsbedingten Änderungskündigung hat stattdessen eine **Sozialauswahl** stattzufinden (§ 2 Abs. 1 KSchG i.V.m. § 1 Abs. 3 S. 1–2 KSchG[199]), sofern Auswahlmöglichkeiten bestehen. Die zur Aufstellung des einzubeziehenden Personenkreises maßgebliche Vergleichbarkeit[200] bestimmt sich allerdings nicht nur nach den Betriebsebenen und der bisherigen Tätigkeit, sondern vor allem nach der Fähigkeit, die mit der Änderungskündigung angebotene Tätigkeit ausführen zu können.[201]

---

197 BAG v. 3.7.2003 – 2 AZR 617/02 – unter II 3 a, AP Nr. 73 zu § 2 KSchG 1969; v. 23.6.2005 – 2 AZR 642/04 – Leitsatz 3, AP Nr. 81 zu § 2 KSchG 1969 = NZA 2006, 92; vgl. KR-*Kreft* § 2 KSchG Rn. 60.

198 BAG v. 3.7.2003 – 2 AZR 617/02 –, AP Nr. 73 zu § 2 KSchG 1969 unter II 3 d.

199 Der fehlende Verweis auf 1 Abs. 4 und 5 KSchG stellt ein Redaktionsversehen dar (vgl. BAG v. 19.6.2007 – 2 AZR 304/06 –, NZA 2008, 103.

200 Dazu oben RN 364 ff.

201 BAG v. 13.6.1986 – 7 AZR 623/84 – Leitsatz 2, AP Nr. 13 zu § 1 KSchG 1969 Soziale Auswahl = NZA 1987, 155.

3. Verstoß gegen allgemeingültige Normen

Beispielsfälle

Fall 36: I, Inhaber einer Versicherungsagentur, ist ganz vernarrt in seine Sekretärin S. Da S glücklich verheiratet ist, gibt sie den Avancen des immer zudringlicher werdenden I nicht nach. Als sie sogar ein „unmoralisches Angebot", gegen eine üppige Gehaltserhöhung wenigstens eine einzige Nacht mit I zu verbringen, mit deutlichen Worten ablehnt, kündigt dieser ihr zum nächstmöglichen Termin. Wirksam?

Fall 37: In der Kfz-Werkstatt, die K mit zehn Mitarbeitern betreibt, liegt vieles im Argen. Die Lohnzahlung erfolgt schleppend. Beständig ordnet K, dessen Umgangston mit den Mitarbeitern überdies mehr als unfreundlich ist, Überstunden und Samstagsarbeit an. Als K schließlich noch das alljährliche Sommerfest streicht, ist aus Sicht der Mitarbeiter A, B, C und D das Maß voll. Mit dem Hinweis, sie seien Arbeitnehmer und keine Sklaven, erscheinen sie, um K einen „Warnschuss vor den Bug" zu setzen, an einem Mittwoch nicht zum Dienst. K schäumt und erklärt C, der sich vor Kurzem als homosexuell geoutet hat und den er deshalb nicht mehr schätzt, die Kündigung wegen Arbeitsverweigerung. A, B und D werden, weil K meint, so etwas könne bei richtigen Männern schon eher einmal vorkommen, nicht sanktioniert. Wirksamkeit der Kündigung?

386   Der Arbeitgeber muss darüber hinaus aufpassen, dass er nicht gegen allgemein gültige Normen verstößt, die bei jeder Kündigung zu beachten sind. So ist eine **sittenwidrige Kündigung**, z. B. wegen der Ablehnung sexueller Kontakte durch eine Arbeitnehmerin (Fall 36), nichtig (§ 138 BGB). Das gleiche gilt für eine gegen ein **gesetzliches Verbot** verstoßende Kündigung (§ 134 BGB), z. B. eine Kündigung mit dem Ziel einer *Maßregelung* für die berechtigte Wahrnehmung von Interessen (§ 612a BGB).[202]

a) Gesetzlich verbotene diskriminierende Kündigungen
387   Soweit diskriminierende Kündigungen gesetzlich verboten sind, z. B. eine Kündigung wegen der **Gewerkschaftszugehörigkeit** (Art. 9 Abs. 3 S. 2 GG[203]), sind diese gemäß § 134 BGB nichtig. Schutz vor diskriminierender Behandlung wegen der dort in § 1 missbilligten Motive gewährt umfassend das **Allgemeine Gleichbehandlungsgesetz**[204]. Es schützt in seinem Anwendungsbereich *auch* vor dis-

202 BAG v. 9.2.1995 – 2 AZR 389/94 –, EzA § 1 KSchG Personenbedingte Kündigung Nr. 12 = NZA 1996, 249 unter II 6 a (Kündigung wegen der Forderung von Entgeltfortzahlung im Krankheitsfall).
203 Art. 9 Abs. 3 S. 2 GG erklärt eine entsprechende „Maßnahme" für rechtswidrig; auch dies allein führte zur Nichtigkeit.
204 Art. 1 des Gesetzes zur Umsetzung europäischer Richtlinien zur Verwirklichung des Grundsatzes der Gleichbehandlung v. 14.8.2006 (BGBl. I S. 1897) mit Wirkung v. 18.8.2006. Vgl. dazu bereits § 4 RN 188 und 197 ff.

kriminierenden Kündigungen (§ 7 Abs. 1 AGG). Diese These mag angesichts der eindeutig erscheinenden Aussage des § 2 Abs. 4 AGG überraschen, wonach für Kündigungen ausschließlich die Bestimmungen zum allgemeinen und besonderen Kündigungsschutz gelten sollen. Damit wollte der Gesetzgeber bei der Kontrolle von Kündigungen die alleinige Geltung der bereits erörterten Regelungen des KSchG, des MuSchG usw., aber auch der Generalklauseln wie §§ 138, 242 BGB erreichen.[205] Die umzusetzenden Gleichbehandlungsrichtlinien, soweit sie die Erwerbstätigkeit betreffen, verlangen indes den Schutz vor Diskriminierungen in Bezug auf „Entlassungsbedingungen"[206] und damit bei Kündigungen.[207] § 2 Abs. 4 AGG ist daher europarechtswidrig, wenn und soweit die vom Gesetzgeber vorgeschobenen Kündigungsschutzvorschriften keinen richtlinienkonformen Diskriminierungsschutz gewährleisten.

Im Schrifttum wird die Ansicht vertreten, dass die Kündigungsschutzbe- 388 stimmungen außerhalb des AGG ausreichend vor Diskriminierung schützen.[208] Zutreffend ist daran, dass eine ausschließlich durch eine der Merkmale des § 1 AGG motivierte Kündigung regelmäßig nicht i.S. des KSchG personen-, verhaltens- oder betriebsbedingt und daher ohnehin sozialwidrig sein wird. Ist so eine Kündigung aber ausnahmsweise sozial gerechtfertigt, wird auch eine den Gleichbehandlungsrichtlinien genügende Rechtfertigung[209] vorliegen.[210] Probleme bereiten allerdings solche Kündigungen, für die das KSchG nicht gilt oder die zwar den Anforderungen des „normalen" Kündigungsschutzes genügen, denen des Diskriminierungsschutzes aber nicht. Paradebeispiel ist die **„Exempelkündigung"**[211] eines z. B. homosexuellen Arbeitnehmers gerade wegen seiner sexuellen Identität aus einer Gruppe von Arbeitnehmern, die alle Anlass zu verhaltensbedingten Kündigungen gegeben hatten (Fall 37). Hier zeigen sich die unterschiedlichen Intentionen und Kriterien von Kündigungs- und Diskriminierungsschutz: Das KSchG verlangt einen *objektiven Kündigungsgrund* und betrachtet,

---

205 Vgl. Beschlussempfehlung des Rechtsausschusses in BT-Drucks. 16/2022, S. 12; zum besonderen Kündigungsschutz s. oben RN 302 ff., zum allgemeinen aus dem KSchG RN 314 ff., zu dem aus § 242 BGB s. sogleich RN 391 ff.
206 Vgl. z. B. Art. 3 Abs. 1 c der Richtlinie 2000/78/EG.
207 EuGH v. 11.7.2006 – C-13/05 – (Navas) unter Rn. 37, AP Nr. 3 zu EWG-Richtlinie 2000/78 = NZA 2006, 839.
208 *Willemsen/Schweibert*, NJW 2006, 2583, 2584; i.E. auch *Löwisch*, BB 2006, 2189, 2189 f.
209 Vgl. z. B. Art. 4, 6 der Richtlinie 2000/78/EG, umgesetzt in §§ 8 – 10 AGG.
210 Vgl. EuGH v. 11.7.2006 – C-13/05 – (Navas) –, AP Nr. 3 zu EWG-Richtlinie 2000/78 = NZA 2006, 839 unter Rn. 49, 51: (Personenbedingte) Kündigung eines Menschen mit Behinderung, der für Erfüllung der wesentlichen Funktionen des Arbeitsplatzes nicht kompetent oder fähig ist, ist keine Diskriminierung wegen Behinderung nach Richtlinie 2000/78/EG.
211 *Löwisch*, BB 2006, 2189, 2189.

abgesehen von der Sozialauswahl, den Einzelfall. Die Gleichbehandlungsrichtlinien missbilligen hingegen schon manche *subjektive Motivation* und benötigen jedenfalls zur Feststellung einer (unmittelbaren oder mittelbaren) Benachteiligung einen Vergleich.[212] Dem kann nicht mit der ausnahmsweise fehlenden Wirksamkeit des an sich bestehenden objektiven Kündigungsgrundes[213] Rechnung getragen werden. Denkbar wäre allerdings der Vorwurf des Rechtsmissbrauchs (§ 242 BGB). Jedoch würde ein solcher Diskriminierungsschutz „durch die Hintertür" nicht das bei der Umsetzung von Richtlinien vom Gesetzgeber zu beachtende Transparenz- und Zitiergebot wahren.[214] Vielmehr bedarf es des gemeinschaftsrechtlich vorgesehenen Diskriminierungsschutzes des AGG **contra legem** auch bei der Kontrolle von Kündigungen.[215]

389   Rückhalt findet dieses Vorgehen in der Rechtsprechung zu § 14 Abs. 3 S. 4 TzBfG a.F.[216] Der EuGH hatte die Norm, nach der die Befristung eines Arbeitsvertrags mit einem mindestens 52jährigen Arbeitnehmer keines sachlichen Grundes bedurfte, wegen Diskriminierung auf Grund des Alters für europarechtswidrig erklärt;[217] seitdem wendete das BAG in dessen Gefolgschaft die Norm nicht mehr an.[218] Entsprechende höchstrichterliche Entscheidungen wären zur Unterstützung des **„effet utile"**[219] auch zu § 2 Abs. 4 AGG wünschenswert.[220] Das hektische Gesetzgebungsverfahren (kurz vor dessen Abschluss erhielt § 2 Abs. 4 AGG seine heutige Fassung, zuvor sollten die Kündigungsschutzbestimmungen nur „vorrangig" gelten[221]), die weiterhin[222] bestehenden Widersprüche innerhalb

---

212 *Diller/Krieger/Arnold*, NZA 2006, 887, 889; *Sagan*, NZA 2006, 1257, 1257 f.

213 So *Löwisch*, BB 2006, 2189, 2190.

214 *Domröse*, NZA 2006, 1320, 1323.

215 So auch *Domröse*, NZA 2006, 1320, 1323; *Kamanabrou*, RdA 2007, 199, 200; *Sagan*, NZA 2006, 1257, 1257 f. (lesenswert); *Wisskirchen*, DB 2006, 1491, 1495; abw. *Diller/Krieger/Arnold*, NZA 2006, 887, 890: Richtlinienkonforme Auslegung des § 2 Abs. 4 AGG. Die Europäische Kommission rügt Umsetzungsdefizite (AuR 2008, 145, 145 f.).

216 Eingefügt durch Art. 7 Erstes Gesetz für moderne Dienstleistungen am Arbeitsmarkt („Hartz I") v. 23.12.2002 (BGBl. I S. 4607), inzwischen modifiziert durch § 14 Abs. 3 TzBfG n.F. (Art. 1 Gesetz v. 19.4.2007 [BGBl. I S. 538]).

217 EuGH v. 22.11.2005 – C-144/04 – (Mangold) unter Rn. 65, AP Nr. 1 zu Richtlinie 2000/78/EG = NZA 2005, 1345.

218 BAG v. 26.4.2006 – 7 AZR 500/04 – unter C II, AP Nr. 23 zu § 14 TzBfG = NZA 2006, 1162, 1164 ff.

219 § 4 RN 139.

220 Bei der betrieblichen Altersversorgung hat das BAG die scheinbare Bereichsausnahme in § 2 S. 2 AGG bereits „gekippt" (Urt. v. 11.12.2007 – 3 AZR 249/06 –, NZA 2008, 532). Im Kündigungskontext gilt dies nur für vom KSchG nicht erfasste Kündigungen, s. nur BAG v. 23.7.2015 – 6 AZR 457/14–, AP Nr. 7 zu § 7 AGG = NZA 2015, 1380; ErfK/*Schlachter* § 2 AGG Rn. 17.

221 Vgl. Regierungsentwurf des AGG, BT-Drucks. 16/1780, S. 7.

des AGG (§ 2 Abs. 1 Nr. 2 AGG schließt „Entlassungsbedingungen" in den Anwendungsbereich des AGG ein!) und die entbrannte Diskussion verbieten jeden Vertrauensschutz des Arbeitgebers.[223]

Schließlich sind die **Rechtsfolgen** einer gegen § 7 Abs. 1 AGG verstoßenden, nicht nach §§ 8–10 AGG gerechtfertigten Kündigung[224] zu erörtern. **§ 7 Abs. 1 AGG ist ein Verbotsgesetz** i.S. des § 134 BGB, dem zuwiderlaufende Kündigungen sind folglich nichtig.[225] Schließlich entspricht diese Sanktion auch der Rechtslage vor Einführung des AGG, damals gestützt auf § 242 BGB.[226] § 15 AGG hält außerdem die Möglichkeit eines **Schadensersatz-** (Abs. 1) und eines **Entschädigungsanspruchs** (Abs. 2) bereit.[227] Als Schadensposten käme zwar wegen § 615 BGB kein Lohnausfall, aber z. B. die Kosten eines erfolgreichen Kündigungsschutzprozesses (beachte § 12a ArbGG) in Frage. Da jedoch die Gleichbehandlungsrichtlinien dem umsetzenden nationalen Gesetzgeber hier einigen Spielraum lassen, solange die Sanktionen nur „wirksam, verhältnismäßig und abschreckend" sind und deren Durchführung gewährleistet ist,[228] bedarf es gemeinschaftsrechtlich dieser weiteren Rechtsfolgen neben der drohenden, hinreichend abschreckenden Unwirksamkeit nicht. Aus diesem Grund kann immerhin hinsichtlich der Rechtsfolgen dem aus § 2 Abs. 4 AGG deutlich werdenden Willen des Gesetzgebers gefolgt und mit der Nichtigkeit einer diskriminierenden Kündigung ausschließlich die aus dem Kündigungsschutzrecht bekannte Sanktion herangezogen werden.[229]

390

---

222 Kurz nach Inkrafttreten des AGG wurden § 10 S. 3 Nrn. 6, 7 AGG a.F., die Sonderregelungen für Kündigungen enthielten, durch Gesetz v. 2.12.2006 (BGBl. I S. 2742) mit Wirkung v. 12.12.2006 aufgehoben.

223 Vgl. BAG v. 26.4.2006 – 7 AZR 500/04 –, AP Nr. 23 zu § 14 TzBfG = NZA 2006, 1162, 1164 unter C IV 2 zu § 14 Abs. 3 S. 4 TzBfG.

224 Zum AGG umfassend *Annuß*, BB 2006, 1629 ff.; zur diskriminierenden Kündigung *Däubler*, AiB 2007, 22 ff.; zum Einfluss des AGG auf die Sozialauswahl s. oben RN 351, auf Sozialpläne unten § 12 RN 880 und 881.

225 So Begründung zum Regierungsentwurf des AGG, BT-Drucks. 16/1780, S. 47. Ebenso *Annuß*, BB 2006, 1629, 1634; *Sagan*, NZA 2006, 1257, 1259. Vgl. auch BAG v. 26.4.2006 – 7 AZR 500/04 – (oben FN 207): Dort wurde die auf eine europarechtswidrige Norm gestützte Befristungsabrede für unwirksam erklärt.

226 Dazu sogleich RN 391 ff.

227 Vgl. § 5 RN 264 ff.

228 Vgl. z. B. Art. 17 der Richtlinie 2000/78/EG.

229 *Löwisch*, BB 2006, 2189, 2190; *Sagan*, NZA 2006, 1257, 1260; *Willemsen/Schweibert*, NJW 2006, 2583, 2585; a.A. *Diller/Krieger/Arnold*, NZA 2006, 887, 890 ff.: richtlinienkonforme Auslegung des § 2 Abs. 4 AGG erlaube nur Entschädigung nach § 15 Abs. 2 AGG als Rechtsfolge diskriminierender Kündigung; a.A. auch *Domröse*, NZA 2006, 1320, 1323 f., sofern die Unwirksamkeit einer diskriminierenden Kündigung schon aus anderem Mangel folgt.

b) Treuwidrige Kündigungen, insbesondere im Kleinbetrieb

391 Auch eine mit Treu und Glauben (§ 242 BGB) unvereinbare und deshalb rechtsmissbräuchliche Kündigung ist unwirksam. Allerdings ist diese Norm in erster Linie bei der Kontrolle der **Art und Weise der Kündigung** heranzuziehen, insbesondere bei einer Kündigung zur Unzeit[230], etwa an Heiligabend[231]. Nicht ausreichend ist dagegen allein die Tatsache, dass sich der Arbeitnehmer stationär im Krankenhaus aufhält[232] oder dass die Kündigung kurz vor Ablauf der Probezeit ausgesprochen wird.[233] Vor Einführung des AGG wurde § 242 BGB ferner zur Sanktionierung einer **diskriminierenden Kündigung** herangezogen.[234] Dies kommt jetzt nur noch dort in Betracht, wo das diskriminierende Motiv nicht ohnehin gesetzlich verboten ist; man denke an eine rechtsmissbräuchliche Kündigung nur wegen der politischen Einstellung oder Nationalität (unabhängig von Rasse und ethnischer Herkunft).

392 Besondere Bedeutung erlangt § 242 BGB darüber hinaus zur Begründung eines durchaus existenten **Mindestkündigungsschutzes im Kleinbetrieb** (§ 23 Abs. 1 S. 2–4 KSchG), dessen Erörterung wegen des nunmehr angehobenen Schwellenwertes erst recht geboten ist. § 242 BGB kann zwar nicht dazu benutzt werden, um den Geltungsbereich und die Wertungen des allgemeinen Kündigungsschutzes generell auf Kleinbetriebe auszudehnen. Das BVerfG[235] hat sich aber unter Betonung der Schutzpflicht aus Art. 12 Abs. 1 GG dazu veranlasst gesehen, einen Mindestbestandsschutz des Arbeitsverhältnisses unter Hinweis auf die Generalklauseln des BGB auch in Fällen einzufordern, in denen eine Kontrolle der Kündigung bisher an den Anwendungsvoraussetzungen des KSchG scheiterte. Bei einer Kündigung eines Arbeitnehmers im **Kleinbetrieb** folgt aus § 242 BGB ein

---

230 BAG v. 5.4.2001–2 AZR 185/00 –, AP Nr. 13 zu § 242 BGB Kündigung = NZA 2001, 890 (verneinend bei Kündigung eine Woche nach Tod des Lebensgefährten); s. auch BAG v. 12.12.2013–8 AZR 838/12 –, AP Nr. 17 zu § 15 AGG = NZA 2014, 722.
231 Das BAG macht die Unwirksamkeit jedenfalls bei einer fristgebundenen außerordentlichen Kündigung von dem Vorliegen weiterer belastender Begleitumstände abhängig (v. 14.11.1984–7 AZR 174/83 –, AP Nr. 88 zu § 626 BGB = NZA 1986, 97).
232 LAG Köln v. 13.2.2006–14 (3) Sa 1363/05 – unter II 2, LAGE § 242 BGB 2002 Kündigung Nr. 1.
233 BAG v. 16.9.2004–2 AZR 447/03 – unter B I 4 c, AP Nr. 44 zu § 611 BGB Kirchendienst = NZA 2005, 1263.
234 BAG v. 23.6.1994–2 AZR 617/93 –, AP Nr. 9 zu § 242 BGB Kündigung = NZA 1994, 1080 (wegen Homosexualität, diskriminierend); v. 22.5.2003–2 AZR 426/02 – unter B II, AP Nr. 18 zu § 1 KSchG 1969 Wartezeit = NZA 2004, 399 (wegen herkunftsbedingter kultureller Überzeugungen); v. 16.9. 2004 (FN zuvor) (durch katholische Kirchengemeinde wegen Wiederverheiratung eines Kirchenmusikers), alle Kündigungen vor Ablauf der Wartezeit.
235 BVerfG v. 27.1.1998–1 BvL 15/87 –, BVerfGE 97, 169 ff. = JZ 1998, 848 ff. m. zust. Anm. *Otto*; ferner *Otto*, FS Wiese, 1998, S. 353, 365 ff. Vgl. zur Schutzpflicht im Allgemeinen auch § 4 RN 140.

– zurückhaltender – **Schutz vor evident sozialwidrigen Kündigungen** in Gestalt einer **objektivierten Willkürkontrolle.** Man denke an eine ordentliche verhaltensbedingte Kündigung durch den Arbeitgeber, die durch außerdienstliches privates Verhalten des Arbeitnehmers motiviert ist oder die z. b. nach langer Betriebszugehörigkeit allein wegen einer momentanen Verärgerung über eine Pflichtverletzung ohne die sonst erforderliche *Abmahnung* erfolgt.[236] Darüber hinaus hat das BAG bei der **sozialen Auswahl im Kleinbetrieb** eine Kündigung als treuwidrig angesehen, bei der der Arbeitgeber das erforderliche Mindestmaß an sozialer Rücksichtnahme außer Acht gelassen hatte.[237] Anders als bei § 1 Abs. 3 KSchG muss sich die Vergleichbarkeit jedoch „auf den ersten Blick" ergeben, der Auswahlfehler evident sein.[238] Deshalb fehlt es an der Evidenz schon dann, wenn die Kündigung aus der Sicht eines verständigen Arbeitgebers nachvollziehbar ist. Einer Rechtfertigung durch einen sachlichen Grund bedarf die ordentliche Kündigung ja gerade nicht.

Für die **sechsmonatige Wartezeit** lehnt das BAG diesen Schritt hingegen ab: 393 Mit dem KSchG seien die Grundsätze von Treu und Glauben konkretisiert worden; auf Umstände, die anhand von § 1 KSchG zu prüfen wären, könne die Treuwidrigkeit einer Kündigung nach § 242 BGB jedenfalls nicht für solche Arbeitsverhältnisse gestützt werden, die noch nicht mehr als sechs Monate (§ 1 Abs. 1 KSchG) andauerten. Sonst würde über Gebühr die Möglichkeit des Arbeitgebers eingeschränkt, die Eignung des Arbeitnehmers für die geschuldete Tätigkeit in seinem Betrieb während der gesetzlichen Probezeit zu überprüfen.[239] Bei einer Kündigung während der Wartezeit ist ein Rechtsmissbrauch damit nur in den eingangs genannten typischen Tatbeständen (Kontrolle der Art und Weise der Kündigung, Diskriminierungsschutz außerhalb des AGG) denkbar.

4. Beteiligung der Arbeitnehmervertretung
Entschließt sich der Arbeitgeber nach Prüfung der genannten Kündigungsvor- 394 aussetzungen und -hindernisse zur Kündigung, hat er mit der erforderlichen Be-

---

236 Hinsichtlich der Abmahnung zurückhaltender zu Unrecht BAG v. 21.2.2001 – 2 AZR 579/99 –, AP Nr. 26 zu § 611 BGB Abmahnung = NZA 2001, 951.

237 BAG v. 21.2.2001 – 2 AZR 15/00 – unter B II 4 b, AP Nr. 12 zu § 242 BGB Kündigung = NZA 2001, 833 = RdA 2002, 99 m. zust. Anm. *Otto.*

238 BAG v. 6.2.2003 – 2 AZR 672/01 –, AP Nr. 30 zu § 23 KSchG 1969 = NZA 2003, 717.

239 BAG v. 21.2.2001 – 2 AZR 15/00 –, AP Nr. 12 zu § 242 BGB Kündigung = NZA 2001, 833 unter B II 4 a.

teilung einer Arbeitnehmervertretung – so vorhanden[240] – noch eine weitere Hürde zu überwinden.

a) Anhörung des Betriebsrats bzw. des Sprecherausschusses

395 Im Bereich der Privatwirtschaft, auf die wir uns hier beschränken,[241] ist der Betriebsrat anzuhören (§ 102 Abs. 1 BetrVG), bei *leitenden Angestellten* i.S. von § 5 Abs. 3 BetrVG der Sprecherausschuss (§ 31 Abs. 2 SprAuG). Die Anhörung muss **vor Ausspruch jeder**[242] **Kündigung** erfolgen; anderenfalls ist die Kündigung unwirksam. Dies gilt auch für Kündigungen, bei denen das KSchG (noch) nicht greift.[243] Die Beteiligung der Arbeitnehmervertretung bezweckt in erster Linie, den Ausspruch einer ungerechtfertigten oder vermeidbaren Kündigung von vornherein zu verhindern, weil sich die Fronten sonst unweigerlich verhärten und die Vertrauensbasis für die weitere Tätigkeit zumeist beeinträchtigt wird.[244] Die Anhörung ist aber nach zutreffender Ansicht auch dann erforderlich, wenn im Zuge des Abschlusses eines Abwicklungsvertrages die Kündigung durch den Arbeitgeber abgesprochen war.[245]

396 **Anhörung** bedeutet zum einen eine **umfassende Unterrichtung** des Betriebsrats über die Art der geplanten Kündigung, ihren Anlass und ihre tragenden Gründe aus der Sicht des Arbeitgebers (daher sog. *„subjektive Determination")*[246] sowie über eine etwaige Kündigungsfrist. Zum anderen hat der Arbeitgeber etwaige Bedenken des Betriebsrats entgegenzunehmen (§ 102 Abs. 2 S. 1 BetrVG). Auch für den Arbeitnehmer streitende Umstände darf der Arbeitgeber dabei nicht verschweigen.[247] Das Betriebsverfassungsgesetz verlangt zwar in § 102 nicht

240 BAG v. 3.6.2004–2 AZR 577/03 – unter B, AP Nr. 141 zu § 102 BetrVG 1972 = NZA 2005, 175: Unzuständigkeit des Betriebsrats des Hauptbetriebs für einen unselbständigen Betriebsteil, dessen Arbeitnehmer nicht gem. § 4 Abs. 1 S. 2 BetrVG an der Betriebsratswahl teilgenommen hatten (dennoch betriebsweite Sozialauswahl!).
241 Im öffentlichen Dienst sind das Bundespersonalvertretungsgesetz und die Personalvertretungsgesetze der Länder zu beachten, deren Regelungen sich unterscheiden.
242 Zur erneuten Anhörung bei wiederholter Kündigung BAG v. 10.11.2005–2 AZR 623/04 – unter B I 2, AP Nr. 196 zu § 626 BGB = NZA 2006, 491.
243 BAG v. 3.12.1998–2 AZR 234/98 –, AP Nr. 99 zu § 102 BetrVG 1972 = NZA 1999, 477.
244 Vgl. auch BAG v. 16.7.2015–2 AZR 15/15, AP Nr. 169 zu § 102 BetrVG 1972 = NZA 2016, 99.
245 BAG v. 28.6.2005–1 ABR 25/04 –, AP Nr. 146 zu § 102 BetrVG 1972 = NZA 2006, 48; zum Abwicklungsvertrag s. oben RN 293.
246 BAG v. 8.9.1988–2 AZR 103/88 –, AP Nr. 49 zu § 102 BetrVG 1972 = NZA 1989, 852. Keine ordnungsgemäße Anhörung z. B. auch dann, wenn der Arbeitgeber Tatsachen mitteilt, die schon nach seiner eigenen Einschätzung möglicherweise unrichtig sind, BAG v. 16.7.2015–2 AZR 15/15, AP Nr. 169 zu § 102 BetrVG 1972 = NZA 2016, 99.
247 BAG v. 23.10.2014–2 AZR 736/13, AP Nr. 168 zu § 102 BetrVG; *Junker*, Grundkurs, Rn. 770.

ausdrücklich eine Beratung mit dem Betriebsrat, aber das Gesetz ist insgesamt auf vertrauensvolle Zusammenarbeit angelegt (§ 2 Abs. 1 BetrVG). Nicht nur bei gänzlich unterbliebener, sondern auch bei einer den genannten Anforderungen nicht genügenden Anhörung[248] ist die Kündigung – sofern der Fehler in die Sphäre des Arbeitgebers fällt – unwirksam.[249] Im Übrigen kann der Arbeitnehmer bei einer aus seiner Sicht sozial ungerechtfertigten Kündigung *beim Betriebsrat Einspruch* einlegen (§ 3 KSchG). Eine dem Arbeitnehmer günstige Stellungnahme des Betriebsrats wird die Position des Arbeitgebers vor dem Arbeitsgericht zusätzlich erschweren.

Der Betriebsrat hat bei der ordentlichen Kündigung für seine abschließende **Stellungnahme eine Woche** Zeit (§ 102 Abs. 2 S. 1 BetrVG). Erst nach deren Eingang, spätestens aber nach einer Woche kann der Arbeitgeber die Erklärung wirksam abgeben.[250] Für die Rechtmäßigkeit der Kündigung gemäß § 102 Abs. 1 BetrVG ist es dabei unerheblich, ob der Betriebsrat Bedenken mitteilt, zustimmt oder ob – wie es das Gesetz unnötigerweise formuliert – die Zustimmung als erteilt gilt, falls sich der Betriebsrat innerhalb der Frist nicht äußert. **397**

b) Widerspruch des Betriebsrats

Rechtlich völlig bedeutungslos ist die Reaktion des Betriebsrats indessen nicht. Er kann der Kündigung über die Mitteilung von Bedenken hinaus auch innerhalb der Frist **begründet schriftlich widersprechen** (§ 102 Abs. 3 BetrVG). Der Widerspruch ist allerdings auf Gegenvorschläge zur Kündigung beschränkt, erlaubt dem Betriebsrat also nicht den Angriff auf den eigentlichen Kündigungsgrund. **398**

Voraussetzungen sind entweder die Kündigung des „falschen" Arbeitnehmers, und zwar **399**

– nach fehlerhafter sozialer Auswahl im Allgemeinen (Nr. 1) bzw.   **i**

---

248 Gleiches gilt, wenn der Arbeitgeber einen schon aus seiner Sicht unrichtigen oder unvollständigen Sachverhalt mitteilt, BAG v. 21.11.2013 – 2 AZR 797/11 –, AP Nr. 52 zu § 626 BGB Verdacht strafbarer Handlung = NZA 2014, 243.

249 Ständige Rspr. seit BAG v. 28.2.1974 – 2 AZR 455/73 –, AP Nr. 2 zu § 102 BetrVG 1972; zu Mängeln aus dem Verantwortungsbereich des Betriebsrats z. B. BAG v. 24.6.2004 – 2 AZR 461/03 – unter B II 2 b, AP Nr. 22 zu § 620 BGB Kündigungserklärung = NZA 2004, 1330 (ungenügende Einladung zur ausschlaggebenden Betriebsratssitzung).

250 Maßgeblich ist also nicht der Zeitpunkt des Zugangs der Erklärung. Das BAG kommt dem Arbeitgeber aber insofern entgegen, als es die Abgabe zur Post vor Ablauf der Woche für unbedenklich erklärt, wenn mit einer Stellungnahme des Betriebsrats nach Dienstschluss nicht mehr zu rechnen war und wenn der Arbeitgeber den Zugang der Kündigung noch verhindern kann (BAG v. 8.4.2003 – 2 AZR 515/02 –, AP Nr. 133 zu § 102 BetrVG = NZA 2003, 961).

- unter Verstoß gegen eine mit der Arbeitnehmervertretung ausgehandelte Richtlinie[251] über die personelle Auswahl bei Kündigungen gemäß § 95 BetrVG im Besonderen (Nr. 2),

oder das Bestehen eines die Kündigung verdrängenden milderen Mittels, nämlich

i
- die Versetzung im Betrieb oder Unternehmen (Nr. 3);
- die Weiterbeschäftigung nach dem Arbeitgeber zumutbaren Umschulungs- oder Fortbildungsmaßnahmen (Nr. 4), sowie
- die Weiterbeschäftigung unter geänderten Arbeitsbedingungen mit Einverständnis des Arbeitnehmers (Nr. 5).

400 Will der Arbeitgeber gleichwohl kündigen, so muss er dem Arbeitnehmer den Widerspruch in Abschrift zuleiten (§ 102 Abs. 4 BetrVG), ihn also gewissermaßen zur Klage ermuntern. Zusätzlich stellt § 1 Abs. 2 S. 2 und 3 KSchG dem Arbeitnehmer mit dem Widerspruch des Betriebs- oder Personalrats verknüpfte, **spezifische Einwendungen** zur Verfügung, die den Fallgruppen des § 102 Abs. 3 Nr. 2–5 BetrVG entsprechen. Die Verknüpfung mit dem Widerspruch bedeutet allerdings nicht, dass das Gericht die genannten Gesichtspunkte nicht auch sonst bei der Überlegung berücksichtigen muss, ob eine Kündigung gemäß § 1 Abs. 2 S. 1 KSchG wirklich erforderlich ist.[252] Das Vorliegen der genannten Umstände erleichtert jedoch die Prozessführung des Arbeitnehmers.

401 Mit dieser Verbesserung der Rechtsposition im Kündigungsschutzprozess ist es aber nicht etwa getan. Noch wichtiger ist die **aufschiebende Wirkung** eines ordnungsgemäßen Widerspruchs. Der Widerspruch nimmt selbst einer an sich wirksamen ordentlichen Kündigung zunächst im Wesentlichen ihre mit dem Ablauf der Kündigungsfrist eintretende Wirkung, wenn der Arbeitnehmer gemäß dem KSchG binnen drei Wochen Klage erhebt. Der Arbeitgeber muss dann den Arbeitnehmer auf dessen Verlangen grundsätzlich bis zum rechtskräftigen Abschluss des Kündigungsschutzprozesses **zu unveränderten Arbeitsbedingungen weiterbeschäftigen** (§ 102 Abs. 5 S. 1 BetrVG). Damit entsteht unabhängig von der Wirksamkeit der Kündigung für die Dauer des Prozesses kraft Gesetzes ein (zweiter) Rechtsgrund für die beiderseitigen Rechte und Pflichten.[253] Nur ausnahmsweise kann sich der Arbeitgeber von dieser Verpflichtung durch eine

---

251 Vgl. zur Erweiterung des Beurteilungsspielraums durch § 1 Abs. 4 KSchG oben RN 375.
252 Zur dort fehlenden Notwendigkeit des Widerspruchs s. bereits RN 363.
253 Zum Inhalt des Beschäftigungsanspruchs *Krause*, NZA Beil. 1/2005, 51, 56 f.

einstweilige Verfügung des Arbeitsgerichts entbinden lassen (§ 102 Abs. 5 S. 2 BetrVG).[254]

c) Exkurs: Allgemeiner Weiterbeschäftigungsanspruch

An dieser Stelle sei wegen des inneren Zusammenhangs ein Exkurs zum sog. **402** allgemeinen Weiterbeschäftigungsanspruch erlaubt. Das BetrVG knüpft die Weiterbeschäftigung während des Kündigungsprozesses an den Widerspruch des Betriebsrats. Dieser ist nicht nur an sehr enge Gründe gebunden, sondern selbstverständlich von der Existenz eines Betriebsrats und der Ausübung dieses Rechtes abhängig.[255] Wir haben jedoch gesehen, dass eine Kündigung aus ganz anderen, auch recht offensichtlichen Gründen unwirksam sein kann. Man denke nur daran, dass der Arbeitgeber vor der Kündigung eines Schwerbehinderten das Integrationsamt nicht eingeschaltet hat, dass der Betriebsrat nicht angehört worden ist oder dass dem Arbeitnehmer bei einer verhaltensbedingten Kündigung gar kein relevanter Vorwurf gemacht werden kann. In all diesen Fällen hat ein Arbeitnehmer nach den Erfahrungen kaum eine Chance zur Rückkehr an seinen Arbeitsplatz, wenn er erst einmal den Betrieb wegen der Kündigung hat verlassen müssen.[256] Gestützt auf einen großen Teil des Schrifttums hat der Große Senat des BAG im Wege richterlicher Rechtsfortbildung zum Teil Abhilfe geschaffen: Der Senat wägt die Interessen der Arbeitsparteien gegeneinander ab und gewährt den Weiterbeschäftigungsanspruch in der Regel dann, wenn die **Kündigung offensichtlich unwirksam** ist oder wenn der **Arbeitnehmer** in erster oder zweiter Instanz **bereits obsiegt** hat.[257] Fügt sich der Arbeitgeber dieser erzwungenen Weiterbeschäftigung, soll allerdings kein faktisches Arbeitsverhältnis[258] entstehen.[259] Daher hat eine *Rückabwicklung nach Bereicherungsrecht* (mit den damit verbundenen Problemen) zu erfolgen, sofern der Arbeitgeber im Nachhinein den Kündigungsschutzprozess gewinnt. Bedauerlicherweise hat der Senat seine

---

254 Die Entscheidung über die Entbindung von der Weiterbeschäftigung lässt jedoch bis dahin entstandene Ansprüche unberührt (BAG v. 7. 3. 1996 – 2 AZR 432/95 –, AP Nr. 9 zu § 102 BetrVG 1972 Weiterbeschäftigung = NZA 1996, 930).
255 Vgl. *Otto*, RdA 1975, 68, 70.
256 *Falke/Höland/Rhode/Zimmermann*, Kündigungsschutz und Kündigungspraxis in der Bundesrepublik Deutschland, hrsg. vom Bundesminister für Arbeit und Sozialordnung, Bonn (o. J.), Bd. I S. 128 ff., 441 ff., Bd. II S. 848 ff., 972 ff.; Zusammenfassung RdA 1981, 300 ff.
257 BAG v. 27. 2. 1985 – GS 1/84 – AP Nr. 14 zu § 611 BGB Beschäftigungspflicht = NZA 1985, 702 = EzA § 611 BGB Beschäftigungspflicht Nr. 9 m. krit. Anm. *Gamillscheg*.
258 S. dazu § 5 RN 276 ff.
259 BAG v. 12. 2. 1992 – 5 AZR 297/90 –, AP Nr. 9 zu § 611 BGB Weiterbeschäftigungspflicht = NZA 1993, 177.

Rechtsfortbildung nicht offen eingeräumt und damit denjenigen Kritikern Recht gegeben, die eine Rechtsfortbildung für unzulässig halten, weil der Gesetzgeber in § 102 Abs. 5 BetrVG eine abschließende Regelung getroffen habe.[260] Nach unserer Auffassung ist die Regelung des BetrVG zum einen zu punktuell, als dass sie abschließend sein könnte. Zum anderen gehört zu einem effektiven Rechtsschutz, auf den das arbeitsgerichtliche Verfahren in vielerlei Hinsicht besonders angelegt ist, auch eine gerichtliche Verhinderung des tatsächlichen Arbeitsplatzverlustes.

5. Anzeigepflicht bei Massenentlassungen (bzw. „Massenkündigungen")

403 Des Weiteren muss der Arbeitgeber die örtliche Agentur für Arbeit einschalten und bevorstehende „Entlassungen" anzeigen, selbst wenn sie auf Aufhebungsverträgen beruhen, sofern deren Umfang die Zahlenstaffel des § 17 Abs. 1 S. 1 KSchG überschreitet. Uns sollen weniger die Voraussetzungen (u. a. weitergehende Unterrichtung des Betriebsrats und Beratung gem. § 17 Abs. 2 KSchG) als der **Zeitpunkt** interessieren, zu welchem der Arbeitgeber diese „Massenentlassungsanzeige" vornehmen muss. Nach langjähriger, gefestigter Rechtsprechung war zwischen der „Kündigung" i.S. der §§ 1–16 KSchG und der „Entlassung" i.S. der §§ 17–22 KSchG zu unterscheiden; „Entlassung" stand dabei für die tatsächliche Beendigung des Arbeitsverhältnisses,[261] regelmäßig mit Ablauf der Kündigungsfrist. Dem schob der EuGH – auch der Schutz bei Massenentlassungen geht auf gemeinschaftsrechtliche Vorgaben zurück[262] – in der **„Junk"-Entscheidung** einen Riegel vor: Mit Blick auf andere Sprachfassungen der Richtlinie und im Interesse einer früheren Einschaltung des Betriebsrats zu einem Zeitpunkt, in dem die Arbeitgeberentscheidung noch nicht feststeht, setzte der Gerichtshof „Entlassung" mit „Ausspruch der Kündigung" gleich.[263] Die daraus resultierende Unsicherheit (auch hinsichtlich des Standorts der Erörterung dieser Vorschrift im vorliegenden Lehrbuch) beendete das BAG, indem es entgegen seiner früheren Ablehnung § 17 Abs. 1 KSchG von da an richtlinienkonform auslegte.[264] Eine

---

260 Vgl. z. B. *Gamillscheg* Anm. zu BAG EzA § 611 BGB Beschäftigungspflicht Nr. 9 unter II 4.
261 Höchstrichterlich letztmalig BAG v. 24. 2. 2005 – 2 AZR 207/04 – unter B II 1 a m.w.N., AP Nr. 20 zu § 17 KSchG 1969 = NZA 2005, 1330.
262 Richtlinie 75/129/EWG, neugefasst als Richtlinie 98/59/EG.
263 EuGH v. 27.1.2005 – C-188/03 – („Junk") unter Rn. 33 ff., 39, AP Nr. 18 zu § 17 KSchG 1969 = NZA 2005, 213.
264 BAG v. 23. 3. 2006 – 2 AZR 343/05 – unter B II 2 a, AP Nr. 21 zu § 17 KSchG 1969 = NZA 2006, 971; v. 13. 7. 2006 – 6 AZR 198/06 – unter I 1, AP Nr. 22 zu § 17 KSchG 1969 = NZA 2007, 25.

„Massenentlassung" ist der Agentur für Arbeit damit schon vor Erklärung der Kündigungen anzuzeigen.[265]

Auch hinsichtlich der **Rechtsfolgen einer unterbliebenen Anzeige** soll kurz auf die nationale Rechtsprechung *vor der Junk-Entscheidung* des EuGH zurückgeblickt werden, der noch das Verständnis von „Entlassung" als tatsächlicher Beendigung zugrunde lag. Zunächst einmal führte eine ordnungsgemäße Anzeige gem. § 18 Abs. 1 KSchG dazu, dass die Entlassung erst im Anschluss an die in der Regel einmonatige Sperrfrist wirksam durchgeführt werden konnte, mochte die individuelle Kündigungsfrist auch zwischenzeitlich abgelaufen sein. Fehlte die Anzeige, sollte dies nach Ansicht des BAG keine Auswirkungen auf die Wirksamkeit der Kündigung als Rechtsgeschäft haben.[266] Allerdings begann die Sperrfrist nicht zu laufen, und eine dennoch durchgeführte Entlassung war und blieb – sofern sich ein betroffener Arbeitnehmer auf den Anzeigefehler berief – ohne Wirkung.[267] Der Arbeitgeber musste dann erneut kündigen.[268]

Rechtsfolge einer unterbliebenen Anzeige ist die Unwirksamkeit der Kündigung.[269] Zudem sollte § 18 KSchG im Einklang mit der Rechtsprechung des EuGH nunmehr wie folgt verstanden werden:

Nach § 17 KSchG anzuzeigende Kündigungen, die vor Ablauf eines Monats (vorbehaltlich einer längstens einmonatigen Verlängerung im Einzelfall) nach Eingang der Anzeige bei der Agentur für Arbeit ausgesprochen werden, sind nur mit deren (ggfs. rückwirkender) Zustimmung wirksam. Soweit die Kündigungen nicht innerhalb von 90 Tagen ab dem Zeitpunkt, zu dem sie nach S. 1 wirksam wären, ausgesprochen wurden, bedarf es einer erneuten Anzeige.

Nur mit dieser vollumfänglichen Übertragung der Weisung des EuGH auf § 18 KSchG wahrt die Norm einen einheitlichen Sinn[270] und einen ausreichenden

---

265 Mit *Nicolai*, NZA 2005, 206, 207, ist eine vorsorgliche Anzeige zu empfehlen, sollte der Arbeitgeber ein baldiges Erreichen des Schwellenwerts erwarten.
266 S. nur BAG v. 13.4.2000 – 2 AZR 215/99 – unter B III 2, AP Nr. 13 zu § 17 KSchG 1969 = NZA 2001, 144.
267 BAG v. 13.4.2000 – 2 AZR 215/99 –, AP Nr. 13 zu § 17 KSchG 1969 = NZA 2001, 144 unter B III 2.
268 KR-*Weigand*, 7. Aufl. 2004, § 18 KSchG Rn. 52. Es machte in der Praxis also wenig Unterschied, ob die Kündigung oder die Entlassung unwirksam war.
269 BAG v. 21.3.2013 – 2 AZR 60/12 –, AP Nr. 45 zu § 17 KSchG 1969 = NZA 2013, 966, 967 f.; ebenso, auch zum Folgenden, *Hromadka/Maschmann*, Arbeitsrecht 1, § 10 Rn. 281 f.
270 Nach *Bauer/Krieger/Powietzka*, BB 2006, 2023, 2026, soll § 18 Abs. 1, 2 KSchG i.E. weiterhin das tatsächliche Ende des Arbeitsverhältnisses betreffen, Abs. 4 dagegen (wie hier) den Ausspruch der Kündigung.

Anwendungsbereich.[271] Außerdem ergibt sich – bei dieser Formulierung: ohne Anwendung des § 134 BGB – die Unwirksamkeit einer zuvor nicht angezeigten Kündigung.[272] Die nicht zu leugnenden Schwierigkeiten, die hier vorgeschlagene Lesart im bestehenden Wortlaut des § 18 KSchG wieder zu finden, lassen auch diese Erörterungen mit einem dringenden Aufruf an den Gesetzgeber enden.

6. Kündigungsfristen

406 Bei der ordentlichen Kündigung sind vom Arbeitgeber mit besonderen Terminen verbundene Fristen einzuhalten, vgl. § 622 BGB. Soll das Arbeitsverhältnis zu einem vertraglich oder gesetzlich erlaubten Zeitpunkt (**Kündigungstermin**) tatsächlich beendet werden, ist die Kündigung eine gewisse Zeitspanne im Voraus (**Kündigungsfrist**) zu erklären; erklärt ist die Kündigung als empfangsbedürftige Willenserklärung erst mit ihrem Zugang.[273] Die **fehlerhafte Angabe des Kündigungstermins** macht die Kündigung jedoch in aller Regel nicht unwirksam. Sofern der Erklärende nicht deutlich gemacht hat, dass er nur den genannten Kündigungstermin gelten lassen will, legt das BAG dahingehend aus, dass im Zweifel der nächstzulässige Termin gemeint, das „nach den Maßstäben der Rechtsordnung" Vernünftige gewollt ist.[274] Methodisch denkbar und – trotz des generellen primats der Auslegung – vorzugswürdig ist hingegen eine Umdeutung der Erklärung (§ 140 BGB)[275], da für eine Auslegung jedenfalls in den typischen Fällen, in denen der Kündigungstermin kalendermäßig angegeben ist, kein Raum bleibt.

407　Im Jahr 1993 hat der Gesetzgeber unter dem Druck des BVerfG[276] die sehr unterschiedlichen gesetzlichen Kündigungsfristen für Arbeiter und Angestellte vor allem zum Nachteil der Angestellten vereinheitlicht.[277] Über die **Kündigungsfristen** lassen sich keine generalisierenden Angaben machen, zumal ein großer Gestaltungsspielraum der Arbeitsvertragsparteien (§ 622 Abs. 5 BGB) und erst recht der Tarifvertragsparteien (§ 622 Abs. 4 BGB) besteht. Wir beschränken

---

271 Anders der nicht begründete Hinweis des BAG v. 23.3.2006 – 6 AZR 198/06 –, AP Nr. 22 zu § 17 KSchG 1969 = NZA 2007, 25 unter B II 2 a cc (3), wonach § 18 Abs. 1, 2 KSchG nur einen Anwendungsbereich bei – kurzen – Kündigungsfristen behielte.
272 So zu Recht *Riesenhuber/Domröse*, NZA 2005, 568, 569; i.E. auch *Dornbusch/Wolff*, BB 2005, 885, 887 f.; *Nicolai*, NZA 2005, 206, 206.
273 S. dazu unten RN 414.
274 BAG v. 15.12.2005 – 2 AZR 148/05 – unter Rn. 22 ff., NZA 2006, 791, 792 ff.
275 Vgl. auch BAG v. 15.5.2013 – 5 AZR 130/12, AP Nr. 131 zu § 615 BGB = NZA 2013, 1076.
276 BVerfG v. 30.5.1990 – 1 BvL 2/83 u.a. –, BVerfGE 82, 126 ff.
277 Kündigungsfristengesetz v. 7.10.1993 (BGBl. I S. 1668).

uns daher auf den Hinweis, dass Arbeitnehmern grundsätzlich mit einer Frist von vier Wochen zum Fünfzehnten oder zum Monatsende gekündigt werden kann (§ 622 Abs. 1 BGB). Bei der Kündigung des Arbeitgebers verlängert sich die Mindestfrist entsprechend der Betriebszugehörigkeit – und wegen der Europarechtswidrigkeit des § 622 Abs. 2 S. 2 BGB nicht erst nach Vollendung des 25. Lebensjahres[278] – Schritt um Schritt, erst auf einen Monat zum Monatsende nach zwei Jahren, schließlich auf sieben Monate zum Monatsende nach zwanzig Jahren (Einzelheiten: § 622 Abs. 2 BGB).

7. Ausspruch der Kündigung

Beispielsfälle

Fall 38: Der auf Messebauten spezialisierten M-KG aus Hannover geht es schlecht, da ihr der lokale Messeveranstalter V angesichts des Wegfalls zahlreicher großer Messen, etwa der Cebit, immer weniger Aufträge erteilt. Schweren Herzens kündigt die Geschäftsführung der M den langjährigen Beschäftigten A und B betriebsbedingt Anfang 2019. In die Kündigungsschreiben wird aber übereinstimmend der Zusatz aufgenommen, dass die Kündigung gegenstandslos werden soll, wenn V, mit dem intensive Verhandlungen über einen neuen Großauftrag geführt werden, der M diesen Auftrag erteilen sollte. Wirksamkeit der Kündigung?

Fall 39: R, kurz vor der Rente und seit mehr als zwanzig Jahren beim Bauunternehmen B e. K. beschäftigt, soll wegen der schlechten Auftragslage betriebsbedingt gekündigt werden. Zu diesem Zweck wird er von P, mit einem druckfrischen Masterabschluss im Personalwesen versehen oder seit wenigen Wochen neuer Personalchef bei B, in dessen Büro gebeten. Als P dem R die Situation erläutert und das Kündigungsschreiben übergeben hat, entgegnet R, dass er nicht glauben könne, dass ein „studierter Jungspunt" wirklich zur Kündigung berechtigt sei. Solange er das nicht von B „schriftlich habe", akzeptiere er die Kündigung jedenfalls nicht. Wirksamkeit der Kündigung?

Nach der Beteiligung der Arbeitnehmervertretung und der Agentur für Arbeit steht **408** einem Ausspruch der Kündigung durch den Arbeitgeber unter Beachtung der Kündigungsfrist nichts mehr im Wege. Für die Kündigung als **einseitig gestaltende und empfangsbedürftige Willenserklärung** gelten im Wesentlichen die allgemeinen Regeln des BGB. Wir müssen uns auf wenige Beispiele für **Fehlerquellen** beschränken.

---

278 S. oben § 4 RN 135.

a) Inhaltliche Anforderungen

409   Die Kündigungserklärung muss für den Empfänger **eindeutig** sein. Zunächst muss für ihn klar sein, dass das Arbeitsverhältnis enden soll, wenngleich das Wort „Kündigung" fehlen darf (vgl. §§ 133, 157 BGB).[279] Des Weiteren muss deutlich werden, ob eine ordentliche oder eine außerordentliche Kündigung gemeint ist.[280] Schließlich muss der Arbeitnehmer im Falle einer ordentlichen Kündigung wissen, wann das Arbeitsverhältnis endet. Wie soeben erörtert, ist die Erklärung bei Angabe eines zu frühen Termins allerdings regelmäßig so umzudeuten bzw. auszulegen, dass die Kündigung zum nächstzulässigen Kündigungstermin erfolgen soll.[281] Nennt der Arbeitgeber irrtümlich einen späteren Termin, so gilt dieser.

410   Die Kündigung muss zu ihrer Wirksamkeit nach allgemeiner Meinung **nicht** mit einer **Begründung** versehen werden,[282] sieht man einmal von den gesetzlichen Sonderregelungen für das Berufsausbildungsverhältnis (§ 22 Abs. 3 BBiG) und im Interesse des Mutterschutzes (§ 17 Abs. 2 S. 2 MuSchG) sowie von kollektiv- oder individualvertraglichen Vereinbarungen ab. Manche legen dem Arbeitgeber eine mit Schadensersatz bewehrte Pflicht zur nachträglichen Begründung auf, sofern das KSchG für den zu kündigenden Arbeitnehmer gilt und dieser nach der Begründung verlangt.[283] Zu erinnern ist jedenfalls daran, dass der Arbeitgeber seiner Erklärung die Stellungnahme des Betriebsrats beifügen muss, sollte dieser der Kündigung widersprechen (§ 102 Abs. 4 BetrVG).

411   Wegen ihrer einseitig rechtsgestaltenden Wirkung ist die Kündigung grundsätzlich **bedingungsfeindlich,** damit kein unklarer Schwebezustand entsteht. So war die Kündigung eines Arbeitnehmers, die im Falle der „Neubeauftragung unserer Firma gegenstandslos" sein sollte, unwirksam (so auch in Fall 38).[284] Jedoch kann eine Kündigung unter einer in das Belieben des Arbeitnehmers gestellten Bedingung zulässig sein. Ein gutes Beispiel bildet die Änderungskündigung (§ 2 KSchG). Hier wird das Arbeitsverhältnis nicht beendet, wenn der Arbeitnehmer in die Änderung der Arbeitsbedingungen einwilligt. Auch die hilfsweise für den Fall, dass eine sonstige Beendigung des Arbeitsverhältnisses

---

279 BAG v. 19.1.1956 – 2 AZR 80/54 –, AP Nr. 1 zu § 620 BGB Kündigungserklärung, Leitsatz 1 S. 1; hingegen trifft S. 2 seit Einführung des Schriftformgebots in § 623 BGB nicht mehr zu.

280 BAG v. 13.1.1982 – 7 AZR 757/79 –, AP Nr. 2 zu § 620 BGB Kündigungserklärung. Die Angabe eines Beendigungstermins ist nicht bereits ausreichend, schließlich kann eine außerordentliche Kündigung mit Auslauffrist gewollt sein.

281 BAG v. 15.12.2005 – 2 AZR 148/05 –, AP Nr. 55 zu § 4 KSchG 1969 = NZA 2006, 791.

282 BAG v. 16.9.2004 – 2 AZR 447/03 – unter B I 2 b, AP Nr. 44 zu § 611 BGB Kirchendienst = NZA 2005, 1263.

283 Vgl. auch *Junker*, Grundkurs Arbeitsrecht, Rn. 326.

284 BAG v. 15.3.2001 – 2 AZR 705/99 –, AP Nr. 26 zu § 620 BGB Bedingung = NZA 2001, 1070.

unwirksam war, erklärte (weitere) Kündigung verstößt nicht gegen das Bedingungsverbot.[285]

b) Weitere Wirksamkeitsvoraussetzungen

Der Arbeitgeber muss die Kündigung nicht selbst erklären, sondern kann sich 412 **vertreten** lassen; für juristische Personen ist dies ohnehin obligatorisch. Nach der allgemeinen Regel des § 164 Abs. 1 BGB muss der Vertreter insbesondere offenkundig im Namen des Arbeitgebers auftreten und sich im Rahmen der ihm gesetzlich oder rechtsgeschäftlich verliehenen **Vertretungsmacht** bewegen. Bedeutsame Grenze ist die in vielen Unternehmen angeordnete Gesamtvertretung, wonach mehrere Vertreter gemeinsam handeln müssen (für die Kündigung zuständig sind zumeist der Fachvorgesetzte und der Personalleiter[286]). Besteht eine Vollmacht, weist aber ein darüber nicht informierter Arbeitnehmer seine Kündigung unverzüglich zurück, weil ihm der oder die Vertreter nicht die Vollmachtsurkunde vorlegen, ist die Kündigung unwirksam (§ 174 BGB).[287] Dies gilt gleichsam erst recht, wenn keine Vertretungsmacht besteht (§ 180 BGB). Nach § 174 S. 2 BGB ist eine Zurückweisung allerdings ausgeschlossen, wenn der Arbeitgeber den Beschäftigten von der Bevollmächtigung in Kenntnis gesetzt hat. Dies kann auch konkludent geschehen und ist regelmäßig schon dann zu bejahen, wenn dem Kündigenden in im Betrieb bekannter Weise eine Position zugewiesen wurde, die üblicherweise mit Personal- und Kündigungsbefugnissen verbunden ist. R kann die Kündigung in Fall 39 deshalb nicht zurückweisen.

Neben den eben genannten Spezialnormen für die Kündigung des Berufs- 413 ausbildungsverhältnisses und während des Mutterschutzes verlangt § 623 BGB allgemein die Einhaltung der **Schriftform** (§ 126 BGB) für die Kündigung des Arbeitsverhältnisses; dasselbe gilt für den Aufhebungsvertrag. Nur ganz ausnahmsweise kann ein Formmangel nach § 242 BGB als unbeachtlich angesehen werden.[288]

Endlich wird die Kündigung als empfangsbedürftige Willenserklärung erst 414 mit ihrem **Zugang** – oder dessen Fiktion im Falle einer unberechtigten Zu-

---

285 BAG v. 10. 4. 2014 – 2 AZR 647/13 –, AP Nr. 69 zu § 622 BGB = NZA 2015, 162.

286 *Hromadka/Maschmann*, Arbeitsrecht 1, § 10 Rn. 63.

287 Zu Gesamtvertretung und § 174 BGB LAG Berlin v. 28. 6. 2006 – 15 Sa 632/06 – unter II 1, NZA-RR 2007, 15.

288 Vgl. zu den Anforderungen BAG v. 16. 9. 2004 – 2 AZR 447/03 –, AP Nr. 44 zu § 611 BGB Kirchendienst = NZA 2005, 1263; ein im Streit mündlich abgeschlossener Aufhebungsvertrag genügte dort nicht.

gangsverhinderung[289] – beim Arbeitnehmer wirksam (§ 130 BGB normiert dieses immerhin für die Willenserklärung unter Abwesenden). Dies ist der Fall, „sobald sie in verkehrsüblicher Weise in die tatsächliche Verfügungsgewalt des Empfängers bzw. eines empfangsberechtigten Dritten gelangt ist und für den Empfänger unter gewöhnlichen Verhältnissen die Möglichkeit besteht, von dem Inhalt des Schreibens Kenntnis zu nehmen"[290]. Wird die Kündigung z. B. zu einer Zeit beim Empfänger eingeworfen, zu der dieser nicht mehr mit Posteinwurf rechnen muss, geht die Kündigung regelmäßig erst am nächsten Tag zu.[291] Zugang ist selbst dann möglich, wenn sich der Mitarbeiter in einer freiheitsentziehenden Maßnahme befindet[292] oder wenn dem Arbeitgeber bekannt ist, dass der betroffene Arbeitnehmer während seines Urlaubs verreist ist.[293] Trifft der Beschäftigte während längerer Abwesenheit keine geeigneten Vorkehrungen, um seine postalische und sonstige Erreichbarkeit sicher zu stellen, kommt regelmäßig nicht einmal eine **nachträgliche Zulassung der verspätet erhobenen Kündigungsschutzklage** (§ 5 KSchG) in Betracht.[294]

8. Kündigungsschutzklage des Arbeitnehmers

415 Nunmehr ist es Sache des Arbeitnehmers zu entscheiden, ob er die Kündigung hinnimmt oder – eventuell nach vorherigem Einspruch beim Arbeitgeber oder Betriebsrat (§ 3 KSchG) – gegen die Kündigung klagt. In den Anfangsjahren dieses Jahrhunderts reichten pro Jahr etwa 300.000 Arbeitnehmer Kündigungsschutzklage ein.[295] Das entsprach einem Anteil von 15 % aller gekündigten Arbeitnehmer;[296] die Klagequote stieg insbesondere mit der Betriebsgröße und wurde auch

---

289 BAG v. 26.3.2015 – 2 AZR 483/14 –, AP Nr. 27 zu § 130 BGB = NZA 2015, 1183.

290 BAG v. 4.6.2004 – 2 AZR 461/03 – unter B I 2, AP Nr. 22 zu § 620 BGB Kündigungserklärung = NZA 2004, 1330.

291 Ausnahme bspw., wenn der Arbeitnehmer die Kündigung alsbald erwarten muss, vgl. LAG Berlin v. 11.12.2003 – 16 Sa 1926/03 – unter 1.1, NZA-RR 2004, 528.

292 BAG v. 24.5.2018 – 2 AZR 72/18 –, AP Nr. 28 zu § 130 BGB = NZA 2018, 1335: JVA-Mitarbeiter als Empfangsboten des Kündigungsadressaten.

293 BAG v. 28.2.1974 – 2 AZR 455/73 –, AP Nr. 2 zu § 102 BetrVG unter B I 2; v. 16.3.1988 – 7 AZR 587/87 – Leitsatz, AP Nr. 16 zu § 130 BGB = NZA 1988, 875, in Abweichung von BAG v. 16.12.1980 – 7 AZR 1148/78 –, AP Nr. 11 zu § 130 BGB. Zur besonderen Situation beim nicht abgeholten *Einschreiben* s. BAG v. 25.4.1996 – 2 AZR 13/95 –, AP Nr. 35 zu § 4 KSchG 1969 = NZA 1996, 1227.

294 BAG v. 25.4.2018 – 2 AZR 493/17 – AP Nr. 20 zu § 5 KSchG = NZA 2018, 1157.

295 Die Statistiken der Arbeitsgerichtsbarkeit der vergangenen Jahre finden sich unter www.bmas.bund.de (Suchbegriff „Arbeitsgerichtsbarkeit").

296 *Pfarr/Bothfeld/Kaiser/Kimmich/Peuker/Ullmann*, REGAM-Studie: Die Kündigungs-, Klage- und Abfindungspraxis in den Betrieben, BB 2004, 106 ff.; ähnlich (16 %) das Ergebnis des For-

positiv durch die Existenz eines Betriebsrats beeinflusst. In diese Schlange wird sich ein betroffener Arbeitnehmer nur einreihen, wenn er seiner Klage Aussicht auf Erfolg beimisst. Dazu sollte er sich Gedanken über deren Zulässigkeit und Begründetheit machen.

a) Zulässigkeit der Kündigungsschutzklage (Exkurs: Zulässigkeit der arbeitsgerichtlichen Klage)

Beispielsfälle

Fall 50: Erinnert sei an die unglückliche Babysitterin S in Fall 2. Als ihr die Eheleute E die Entgeltfortzahlung während ihrer durch den Sportunfall bedingten Arbeitsunfähigkeit verweigern, erhebt sie Zahlungsklage zum örtlich zuständigen Arbeitsgericht. Die E beantragen Klageabweisung und wenden überdies ein, dass S doch gar keine Arbeitnehmerin und das Arbeitsgericht gar nicht zur Entscheidung über deren Klage „berufen" sei. Wie wird das Gericht entscheiden?

Fall 51: Die A, 42 Jahre alt, alleinerziehende Mutter zwei kleiner Mädchen und wegen eines Augenleidens schwerbehindert, ist seit einem Jahrzehnt im Call-Center (C), das Kunden-Hotlines für mehrere Großunternehmen anbietet, angestellt. Als gleich mehrere dieser Unternehmen die Verträge mit C kündigen, entschließt sich diese zur Kündigung zahlreicher Mitarbeiter. Hierzu zählt auch A, der die betriebsbedingte Kündigung Anfang April 2019 zugeht. Diese Auswahlentscheidung überrascht A sehr, da C überwiegend Studierende im Rahmen von Nebentätigkeiten beschäftigt, die deutlich jünger als A sind und ganz überwiegend auch noch keine Kinder haben. Überdies wurde auch der Betriebsrat zu den beabsichtigten Kündigungen nicht gehört. A, die wegen ihres schmalen Budgets keinen Anwalt mandatieren möchte, erhebt selbst fristgerecht gegen die Kündigung Klage beim zuständigen Arbeitsgericht und rügt insbesondere die fehlende Betriebsratsbeteiligung. C bessert daraufhin insoweit nach, als er den Betriebsrat doch noch – im übrigen ordnungsgemäß – beteiligt und zur Sicherheit der A und den übrigen Betroffenen nochmals fristgerecht am 3. Juni 2019 kündigt. Am 18. Juli 2019 kommt es zur Verhandlung vor dem Arbeitsgericht. A hat seitdem nichts mehr unternommen. Wie ist die Rechtslage?

aa) Zuständigkeit

Die weitgehende Eigenständigkeit der **Arbeitsgerichtsbarkeit**[297] zeigt sich darin, dass zur ordentlichen Gerichtsbarkeit und ihren Amts- und Landgerichten nicht bloß unter der Prämisse der sachlichen Zuständigkeit abzugrenzen ist, sondern

416

---

schungsprojekts „Kündigungspraxis und Kündigungsschutz aus der Sicht des arbeitsgerichtlichen Verfahrens" (KüPRAX) der Universität Halle – Wittenberg, AuR 2005, 263; ausführlich *Höland/Kahl/Zeibig*; WSI-Mitt. 2005, 561 ff.
297 Dazu bereits oben § 1 RN 51 und 52; allgemein zur Arbeitsgerichtsbarkeit lesenswert *Kerwer*, JuS 1999, 250 ff.

vielmehr die Eröffnung des Rechtswegs zu den Gerichten für Arbeitssachen als sog. **„Rechtswegzuständigkeit"** zu prüfen ist.[298] Der Rechtsweg ist eröffnet, wenn der Kläger (bzw. im Beschlussverfahren der „Antragsteller") seinen **Streitgegenstand** in den abschließenden Katalogen der §§ 2, 2a ArbGG wiederfindet. Bei Streitigkeiten über Gegenstände des § 2 ArbGG findet das **Urteilsverfahren** statt (§§ 2 Abs. 5, 46 ff. ArbGG), bei denen des § 2a ArbGG das **Beschlussverfahren** (§§ 2a Abs. 2, 80 ff. ArbGG). Besonders oft einschlägig ist die Zuständigkeit der Gerichte für Arbeitssachen nach § 2 Abs. 1 Nr. 3 ArbGG, so deren Buchstabe b für die hier interessierende Feststellungsklage hinsichtlich des Bestehens oder Nichtbestehens des Arbeitsverhältnisses oder deren Buchstabe a, z. B. für Rechtsstreitigkeiten die Vergütung betreffend.

417 Hat sich der Kläger an die Arbeitsgerichtsbarkeit gewandt und ist aus Sicht des angerufenen Gerichts nach Anhörung der Parteien und ggfs. weiterer Beweiserhebung die eigene Zuständigkeit nicht erwiesen, **verweist** es das Verfahren mit grundsätzlich bindender Wirkung an das zuständige Gericht des zulässigen Rechtswegs, §§ 48 Abs. 1 ArbGG, 17a Abs. 2 GVG.

418 Für Diskussionsstoff sorgt diese Regelung vor allem bei den sog. **„sic-non-Fällen"**; gemeint sind Fälle, in denen das Begehren ausschließlich auf arbeitsrechtliche Normen gestützt werden kann, der Kläger also Arbeitnehmer (oder arbeitnehmerähnliche Person) sein muss.[299] Verlangt ein Kläger beispielsweise die Feststellung der Unwirksamkeit seiner Kündigung und verweist dazu ausschließlich auf deren Sozialwidrigkeit nach § 1 Abs. 1–3 KSchG, betrachtet der Beklagte das gekündigte Rechtsverhältnis dagegen als freies Dienstverhältnis, so hängen Rechtswegzuständigkeit und Begründetheit der Klage entscheidend an der Arbeitnehmereigenschaft des Klägers.[300] Ein weiteres Beispiel ist die Klage des vermeintlichen Arbeitnehmers auf Entgeltfortzahlung im Krankheitsfall nach § 3 Abs. 1 EFZG. Die Arbeitnehmereigenschaft stellt in beiden Fällen eine sog. **„doppelrelevante" Tatsache** dar, weil sie ausschlaggebend sowohl für die Rechtswegzuständigkeit als auch für die Begründetheit der Klage ist.

419 Die Probleme entstehen, wenn die **doppelrelevante Tatsache streitig** ist. Müsste das Gericht zur Prüfung einer eventuellen Verweisung erst Beweis über die

298 BAG v. 2.3.1992 – 2 AZR 443/91 – unter II 1 a bb, AP Nr. 7 zu § 48 ArbGG 1979 = NZA 1992, 954.
299 Frei und extensiv übersetzt bedeutet „sic-non" demnach „wenn so nicht, dann gar nicht". In diesem Zusammenhang werden weitere Fallgruppen („et-et": sowohl eine arbeitsrechtliche, als auch eine nichtarbeitsrechtliche Anspruchsgrundlage kommen in Betracht; „aut-aut": entweder eine arbeitsrechtliche oder eine nichtarbeitsrechtliche Anspruchsgrundlage) erörtert, s. *Junker*, Grundkurs Arbeitsrecht, Rn. 853 ff.
300 Beispiel angelehnt an BAG v. 24.4.1996 – 5 AZB 25/95, AP Nr. 1 zu § 2 ArbGG 1979 Zuständigkeitsprüfung = NZA 1996, 1005.

doppelrelevante Tatsache erheben, zöge es die Begründetheitsprüfung in die Zulässigkeitsprüfung hinein und legte nicht selten bereits das Ergebnis fest. Dieses möchte das BAG bei den **sic-non-Fällen** vermeiden und lässt für die Eröffnung des arbeitsgerichtlichen Rechtswegs bereits genügen, wenn der Kläger das Vorliegen der doppelrelevanten Tatsache **behauptet** hat.[301] Danach müssen diese Umstände also nicht unstreitig oder bewiesen, nicht einmal schlüssig vorgetragen sein; eine Verweisung findet nicht statt. Ergibt sich dann im Laufe der Verhandlung die Nichterweislichkeit des Klägervortrags, wird die Klage als *unbegründet* abgewiesen (so im Fall 50, da S keine Arbeitnehmerin ist). Diese Rechtsprechung hat viel Kritik erfahren, schließlich kann der Kläger durch seinen Vortrag den Rechtsweg de facto selbst bestimmen.[302] Andererseits wird er nicht noch zu einem anderen Gericht geschickt, wenn das Ergebnis bereits feststeht.

Nur weniger Worte bedarf es zur **örtlichen Zuständigkeit**. Im Kern begnügt 420 sich das ArbGG – wie grds. hinsichtlich der Regelungen zum Erkenntnisverfahren – mit einem Verweis auf die ZPO; gem. § 46 Abs. 2 ArbGG i.V.m. § 495 ZPO gelten die allgemeinen Regeln zur örtlichen Zuständigkeit, normiert in §§ 12 ff. ZPO. Praktisch relevant dürfte neben dem allgemeinen Gerichtsstand (insbesondere § 13 ZPO bzw. § 17 ZPO) vor allem der besondere Gerichtsstand des Erfüllungsortes (§ 29 ZPO) sein. Hinzugekommen ist im Jahr 2008 der Gerichtsstand des „gewöhnlichen Arbeitsortes" (§ 48 Abs. 1a ArbGG).[303] Schon länger haben die Tarifvertragsparteien einen gewissen Gestaltungsspielraum (§ 48 Abs. 2 ArbGG).

bb) Parteibezogene Voraussetzungen

Kläger und Beklagter müssen **parteifähig** sein, d. h. im eigenen Namen einen 421 Prozess zur Rechtsverfolgung oder -verteidigung betreiben können. Diese Fähigkeit besitzt gem. §§ 46 Abs. 2 ArbGG, 50 ZPO, wer nach materiellem Recht rechtsfähig ist. Hinzukommen nach der Sonderregel des § 10 Halbs. 1 ArbGG Gewerkschaften und Arbeitgeberverbände sowie jeweils deren Spitzenorganisationen, sollten sie nicht ohnehin als rechtsfähige Vereine organisiert sein.

Ferner müssen die Parteien **prozessfähig**, also in der Lage sein, innerhalb 422 eines Verfahrens Prozesshandlungen selbst oder durch einen selbst gewählten

---

301 BAG v. 24.4.1996 – 5 AZB 25/95 –, AP Nr. 1 zu § 2 ArbGG 1979 Zuständigkeitsprüfung = NZA 1996, 1005 unter B II 4; BAG v. 15.3.2000 – 5 AZB 70/99 – unter II 2, AP Nr. 71 zu § 2 ArbGG 1979 = NZA 2000, 671 (streitige Rechtsnachfolge als doppelrelevante Tatsache, für die Relevanz bei der Zuständigkeit s. § 3 ArbGG).
302 *Kerwer*, JuS 1999, 250, 251 f. m.w.N.; *Lüke*, JuS 1997, 215, 217.
303 Eingefügt durch Gesetz zur Änderung des Sozialgerichtsgesetzes und des Arbeitsgerichtsgesetzes v. 26.3.2008 (BGBl. I S. 444) mit Wirkung v. 1.4.2008.

Vertreter vornehmen zu können. Der gem. § 46 Abs. 2 ArbGG anwendbare § 52 ZPO erklärt Personen für prozessfähig, soweit sie sich durch Verträge verpflichten können. Maßgeblich ist folglich die Geschäftsfähigkeit (§§ 104 ff. BGB); dementsprechend können auch minderjährige Arbeitgeber oder Arbeitnehmer klagen oder verklagt werden, wenn die Voraussetzungen der §§ 112, 113 BGB vorliegen. Juristische Personen bedürfen ihrer organschaftlichen Vertreter, Personengesellschaften der geschäftsführenden Gesellschafter.

423   Zum Ausschluss von Popularklagen [304] ist **Prozessführungsbefugnis** erforderlich: Einen Prozess soll nur führen, wer ein eigenes Recht (oder ein fremdes Recht in eigenem Namen, sog. Prozessstandschaft) geltend macht. Wenn wie regelmäßig die Prozessführungsbefugnis vorliegt, ist besonders in Prüfungsarbeiten jedes weitere Wort zuviel.

424   Schließlich bedarf es der **Postulationsfähigkeit**, der Fähigkeit, seinem prozessualen Handeln die rechtserhebliche Erscheinungsform zu geben. Diese letzte parteibezogene Hürde liegt bei den Verfahren vor den Gerichten für Arbeitssachen vergleichsweise niedrig. Über die Einzelheiten informiert § 11 ArbGG. Insbesondere kann der Arbeitnehmer in erster Instanz seine Interessen (wie A in Fall 51, auch wenn sich dies rächen kann) ohne Anwalt oder gewerkschaftliche Unterstützung wahrnehmen.

cc) Statthafte Klageart und deren Voraussetzungen

425 Wie für den Zivilprozess, so hält das Gesetz auch für arbeitsrechtliche Streitigkeiten drei Klagearten bereit, aus denen der Kläger die für sein Begehren statthafte Klageart auswählen muss. Möchte er eine unmittelbare Änderung der Rechtslage erreichen, wird er sich für eine **Gestaltungsklage** entscheiden. Ihr kommt in arbeitsgerichtlichen Verfahren weniger Relevanz zu, sieht man vom Antrag auf gerichtliche Auflösung des Arbeitsverhältnisses nach §§ 9, 10 KSchG ab.[305] Zahlenmäßig weitaus bedeutsamer ist die **Leistungsklage**, mit der der Kläger eine Verurteilung des Beklagten zu einer Leistung (insbesondere zur Entgeltzahlung, eingeklagt werden kann der Netto- oder der Bruttobetrag [306]), Duldung oder Unterlassung erreichen kann.

426   In unserem Zusammenhang interessiert die **Feststellungsklage** und in erster Linie deren besondere Ausprägung als **Kündigungsschutzklage** nach § 4 KSchG.

---

304 *Kerwer*, JuS 1999, 250, 253.
305 Dazu oben RN 302 und unten RN 439.
306 Vgl. BAG GS v. 7.3.2001 – GS 1/00 – unter III 1, AP Nr. 4 zu § 288 BGB = NZA 2001, 1195, zur verallgemeinerungsfähigen Frage, ob Verzugszinsen auf Grundlage des Netto- oder des Bruttolohns berechnet werden.

Diese Norm (lesen!) birgt zwei größere Klippen, deren sich der gekündigte Arbeitnehmer gewahr werden sollte. Erstens normiert § 4 S. 1 KSchG eine Frist von drei Wochen nach Zugang der schriftlichen Kündigung, innerhalb derer die Klage zu erheben ist. Bei verspäteter Klage gelten fast alle möglicherweise bestehenden Wirksamkeitsmängel gem. § 7 KSchG als geheilt.[307] Folglich hat ein Versäumnis der Frist materiell-rechtliche Folgen und ist daher im Rahmen der Begründetheit zu prüfen![308] Bedeutung für die Zulässigkeit hat die Frist nur hinsichtlich des zur Erhebung jeder Feststellungsklage notwendigen **Feststellungsinteresses** (§ 256 Abs. 1 ZPO). Will der gekündigte Arbeitnehmer nämlich die Folgen des § 7 KSchG verhindern, muss er Kündigungsschutzklage erheben; deshalb besteht in aller Regel Feststellungsinteresse.[309]

Zweitens ist für den Arbeitnehmer Vorsicht hinsichtlich des **Streitgegen-** 427 **standes** der Klage geboten. Die in § 4 KSchG vorgesehene Klage richtet sich punktuell nur gegen die im Antrag genau bezeichnete Kündigung zu dem vorgesehenen Termin (sog. **„punktueller Streitgegenstand"**).[310] Dieses ist misslich, wenn der Arbeitgeber – wie häufig der Fall – während des laufenden Prozesses erneut kündigt, etwa um einen nachträglich erkannten Mangel wettzumachen. Man denke daran, dass er dann zwar eine zuvor unterlassene Anhörung des Betriebsrats nachgeholt haben kann, doch auch die zweite Kündigung sozial ungerechtfertigt sein mag, wie die erkennbar § 1 Abs. 3 KSchG widersprechende Sozialauswahl im Fall 51. Eine weitere Klage der A gegen die von C ausgesprochene Kündigung hätte deshalb gleichfalls Erfolg gehabt, ist nun aber wegen Versäumung der Klagefrist (§§ 4, 7 KSchG), die offenkundig verstrichen ist, präkludiert.[311] Das ganze Ausmaß des Dilemmas offenbart die gelegentlich praktizierte, in den letzten Seiten eines längeren Arbeitgeberschreibens gewissermaßen versteckte *„Schriftsatzkündigung"*.[312]

Daher ist zusätzlich zur Kündigungsschutzklage eine **allgemeine Feststel-** 428 **lungsklage** (§ 256 ZPO) zweckmäßig, um die rechtzeitige Klage gegen eine erneute

---

307 Vgl. *Fornasier/Werner*, NJW 2007, 2729 ff.
308 Die weitere Erörterung der Ausschlussfrist findet sich daher in RN 432 ff.
309 BAG v. 11. 2. 1981 – 7 AZR 12/79 – unter B II 2, AP Nr. 8 zu § 4 KSchG 1969; Löwisch/Schlünder/ Spinner/Wertheimer/*Spinner*, KSchG, § 4 Rn. 48.
310 Löwisch/Schlünder/Spinner/Wertheimer/*Spinner*, KSchG, § 4 Rn. 15 ff. m.w.N. Allerdings präjudiziert die rechtskräftige Verneinung eines Kündigungsgrundes die Entscheidung über eine mit denselben Tatsachen begründete sog. „Trotzkündigung" des Arbeitgebers, BAG v. 7. 3. 1996 – 2 AZR 180/95 –, AP Nr. 76 zu § 1 KSchG 1969 Betriebsbedingte Kündigung = NZA 1996, 931.
311 Dazu sogleich RN 432 ff.
312 *Stück*, JuS 1999, 275, 276.

Kündigung nicht zu versäumen.[313] Für den hinreichend bestimmt zu formulierenden Antrag (§ 253 Abs. 2 Nr. 2 ZPO) sei folgender Wortlaut mit beiden Elementen vorgeschlagen:[314]

> Es wird beantragt, festzustellen, dass das Arbeitsverhältnis über den ... hinaus fortbesteht und nicht durch die Kündigung vom ... aufgelöst worden ist.

Bedauerlicherweise will das BAG diesen **globalen Antrag** nur bei besonders begründetem Feststellungsinteresse zulassen und verlangt, dass der Arbeitnehmer wenigstens die Möglichkeit weiterer Kündigungen glaubhaft macht.[315] Der globale Antrag solle des Weiteren nicht als unselbstständiges Anhängsel erscheinen, der deklaratorisch nur die Rechtsfolge einer unwirksamen Kündigung beschreibt.[316]

429 Praktisch bedeutsam ist schließlich auch, dass die Klage auf Feststellung des **Fortbestands des Arbeitsverhältnisses** und die Klage auf Weiterzahlung der **Vergütung** nicht den gleichen Streitgegenstand betreffen. Insbesondere wahrt der Arbeitnehmer, der nur eine Leistungsklage zur Vergütungszahlung erhebt, nicht seine Rechte hinsichtlich des Fortbestands des Arbeitsverhältnisses; auch dann könnte die Kündigung nach Ablauf von drei Wochen gemäß § 7 KSchG wirksam werden. Ähnliche Probleme bestehen, wenn durch die Erhebung einer Kündigungsschutzklage eine (vereinbarte) Ausschlussfrist mit Blick auf noch offene Zahlungsansprüche gewahrt werden soll.[317]

dd) Übersicht zur Zulässigkeit einer Klage

430 Zur besseren Übersicht seien die vorstehenden Überlegungen zur Zulässigkeit einer Klage vor dem Arbeitsgericht in folgendem **Schema** zusammengefasst:

1. Rechtswegzuständigkeit, insbesondere § 2 ArbGG
2. Örtliche Zuständigkeit, §§ 46 Abs. 2 ArbGG, 12 ff. ZPO, 48 Abs. 1a u. 2 ArbGG
3. Parteifähigkeit, §§ 10, 46 Abs. 2 ArbGG, 50 ZPO

---

313 BAG v. 21.1.1988 – 2 AZR 581/86 –, AP Nr. 19 zu § 4 KSchG 1969 = NZA 1988, 651 = EzA § 4 KSchG n.F. Nr. 33 m. im Ergebnis zust. Anm. *Vollkommer/Weiland*. Einzelheiten bei KR-*Klose* § 4 KSchG Rn. 295 ff., 302 ff.; einschränkend *Jaroschek/Lüken*, JuS 2001, 64, 68 ff.
314 Vgl. BAG v. 7.12.1995 – 2 AZR 772/94 –, AP Nr. 33 zu § 4 KSchG 1969 = NZA 1996, 334.
315 BAG v. 27.1.1994 – 2 AZR 484/93 – unter B II 2 b (1), AP Nr. 28 zu § 4 KSchG 1969 = NZA 1994, 812.
316 BAG v. 27.1.1994 – 2 AZR 484/93 –, AP Nr. 28 zu § 4 KSchG 1969 = NZA 1994, 812; dazu eingehend *Stück*, JuS 1999, 275 ff.
317 S. nur ErfK/*Oetker* § 4 KSchG Rn. 41.

4. Prozessfähigkeit, §§ 46 Abs. 2 ArbGG, 51 ZPO
5. Wenn problematisch: Prozessführungsbefugnis
6. Wenn problematisch: Postulationsfähigkeit, § 11 ArbGG
7. Statthafte Klageart (ggfs. Feststellungsinteresse), Antrag

b) Begründetheit der Kündigungsschutzklage (insbesondere Heilung eines Kündigungsmangels)

Die Klage ist begründet, wenn die *bestimmte Kündigung rechtsunwirksam* gewesen **431** ist (so bei der „punktuellen" Kündigungsschutzklage) bzw. *wenn das Arbeitsverhältnis fortbesteht* (weil es nämlich nicht durch irgendeinen wirksamen *Beendigungstatbestand* aufgelöst worden ist; allgemeine Feststellungsklage). Die Erwägungen, die im Rahmen der Begründetheit anzustellen sind, ergeben sich damit weitgehend aus den vorstehenden Erörterungen zur Wirksamkeit einer Kündigung, eines Aufhebungsvertrags, einer Anfechtung etc. Wurden dementsprechend beim zu prüfenden Beendigungstatbestand Wirksamkeitsmängel festgestellt, so schlagen diese auf die Begründetheit der Klage nur durch, wenn der Arbeitnehmer bis zur Erhebung der Klage nicht zuviel Zeit verstreichen ließ. Ausschließlich für Kündigungen gilt die Ausschlussfrist der §§ 4, 7 KSchG, hinsichtlich sämtlicher Beendigungstatbestände einschließlich der Kündigung besteht die Grenze der Verwirkung.

aa) Ausschlussfrist gem. §§ 4, 7 KSchG

Wie bereits erwähnt, obliegt es einem gekündigten Arbeitnehmer gem. § 4 KSchG, **432** sich innerhalb einer Frist von drei Wochen zu wehren, weil andernfalls die Kündigung nach § 7 KSchG als von Anfang an rechtswirksam gilt. Etwaige Wirksamkeitsmängel würden also – fast ausnahmslos – „geheilt" und die Klage als unbegründet abgewiesen. Diese materiell-rechtliche Ausschlussfrist gilt für **jede arbeitgeberseitige Kündigung des Arbeitsverhältnisses**[318]: für ordentliche Beendigungskündigungen (§ 4 S. 1 KSchG), für ordentliche Änderungskündigungen (§ 4 S. 2 KSchG), seit der Einbeziehung nahezu aller Wirksamkeitsmängel[319] auch für Kündigungen im Kleinbetrieb (§ 23 Abs. 1 S. 2, 3 KSchG) und

---

318 Im Berufsausbildungsverhältnis ist vorrangig § 111 Abs. 2 ArbGG (Entscheidung eines Ausschusses, sofern vorhanden) zu beachten.
319 §§ 4, 7 KSchG a.F., geändert durch Gesetz v. 24.12.2003 (BGBl. I S. 3002) mit Wirkung v. 1.1. 2004, normierten die Ausschlussfrist nur für die Sozialwidrigkeit, die bekanntlich einen ausreichend großen Betrieb und eine erfüllte Wartezeit voraussetzt.

während der Wartezeit (§ 1 Abs. 1 KSchG) sowie schließlich für außerordentliche Kündigungen (§ 13 Abs. 1 S. 2 KSchG) [320].

433   Die Ausschlussfrist **beginnt mit Zugang** der Kündigungserklärung [321] – jedoch entsprechend dem ausdrücklichen Wortlaut des § 4 S. 1 KSchG nur, sofern die **Schriftform** des § 623 BGB gewahrt ist. Abweichend davon normiert § 4 S. 4 KSchG, dass die Frist erst – gemeint ist: frühestens – ab **Bekanntgabe der Entscheidung der Behörde an den Arbeitnehmer** zu laufen beginnt, sollte die Kündigung von einer behördlichen Zustimmung abhängen und bereits vom Arbeitgeber erklärt worden sein. Angesprochen sind damit die Kündigung einer Arbeitnehmerin während des Mutterschutzes (§ 17 Abs. 2 MuSchG), eines Elternteils während der Elternzeit (§ 18 Abs. 1 BEEG) sowie eines schwerbehinderten Menschen (§§ 168, 170 ff. SGB IX) [322]. Damit wird nicht nur der Fristbeginn verzögert, sondern das Fristerfordernis gewissermaßen gänzlich aufgehoben, wenn der Arbeitgeber eine notwendige Zustimmung nicht einholt.[323] Damit der Arbeitnehmer auf diesen unbestimmt verspäteten Fristbeginn vertrauen kann, muss er davon ausgehen können, dass der Arbeitgeber seinerseits Kenntnis von der Schwangerschaft oder der Schwerbehinderung hat (von der Kenntnis der Elternzeit wird regelmäßig auszugehen sein); andernfalls beginnt die Frist nach § 4 S. 1 KSchG mit dem Zugang der schriftlichen Kündigung.[324]

434   Die einmal in Gang gesetzte Ausschlussfrist **endet nach drei Wochen**, § 4 S. 1 KSchG. Auch diese Regel bleibt nicht ohne Ausnahmen. Nach § 5 KSchG kann der Arbeitnehmer bei unverschuldeter Säumnis innerhalb von sechs Monaten eine nachträgliche „Zulassung" der Klage erreichen. Ein solcher Fall liegt nicht schon bei Unkenntnis des Gesetzes vor, kann aber etwa bei Urlaubsabwesenheit [325] gegeben sein. Insbesondere zu beachten ist die Regelung des § 5 Abs. 1 S. 2 KSchG,

---

320 Zur Geltung des § 4 KSchG für außerordentliche Kündigungen s. RN 478 f.

321 Oben RN 414 informiert darüber, wann Zugang eingetreten ist.

322 Zu den Zustimmungserfordernissen oben RN 321 ff. Wird die Zustimmung des Integrationsamts gemäß §§ 171, 174 SGB IX fingiert, findet gar keine Bekanntgabe statt; maßgeblich für den Start der Dreiwochenfrist ist dann § 4 S. 1 KSchG; so auch Löwisch/Schlünder/Spinner/Wertheimer, KSchG, § 4 Rn. 66.

323 So BAG v. 3.7.2003 – 2 AZR 487/02 –, AP Nr. 7 zu § 18 BErzGG (Vorgängernorm zu § 18 BEEG) = NZA 2003, 1336; das Urteil erging zu § 113 Abs. 2 InsO a.F., der dem heute allgemeingültigen § 4 KSchG entsprach.

324 LAG Niedersachsen v. 22.1.2007 – 5 Sa 526/06 – unter Rn. 62, LAGE § 4 KSchG Nr. 53; *Preis*, DB 2004, 70, 77; ausf. *Schmidt*, NZA 2004, 79 ff. Für die nachträgliche Mitteilung einer Schwerbehinderung gilt die vom BAG erfundene, drei Wochen umfassende „Regelfrist", dazu oben RN 327.

325 S. aber oben RN 414.

wonach bei fehlender Kenntnis von der Schwangerschaft (§ 4 S. 4 KSchG gilt dann nicht, s.o.) eine verspätete Klage „zuzulassen" ist. Hat der Arbeitnehmer rechtzeitig geklagt, kann er weitere Gründe bis zum Schluss der mündlichen Verhandlung nachschieben (§ 6 KSchG).

Erhebt der gekündigte Arbeitnehmer innerhalb der Frist **keine Kündi-** 435 **gungsschutzklage**, so ist die **Kündigung** gem. § 7 KSchG trotz einer etwaigen Sozialwidrigkeit nach § 1 Abs. 1–3 KSchG und trotz (fast) aller möglicherweise bestehenden sonstigen Mängel **rechtswirksam.**[326] Diese **Rechtsfolge** kann **nicht** in den erörterten Fällen eintreten, in denen eine mangelhafte Kündigung schon die Frist nicht auslöst (fehlende Schriftform, fehlende behördliche Zustimmung trotz Kenntnis des Arbeitgebers von den das Zustimmungserfordernis auslösenden Tatsachen). Darüber hinaus „heilen" die §§ 4, 7 KSchG nach zutreffender Ansicht des BAG auch eine *Missachtung von Kündigungsfristen* nicht: Verlangt der Kläger lediglich die Einhaltung der Kündigungsfrist, so will er gerade nicht die Unwirksamkeit der Kündigung festgestellt wissen.[327]

bb) Verwirkung durch den Arbeitnehmer

Aus den vorstehenden Erörterungen ergibt sich, dass die Ausschlussfrist der §§ 4, 436 7 KSchG nicht für formnichtige, ein Zustimmungserfordernis oder die Kündigungsfrist missachtende Kündigungen und generell nicht für andere Beendigungstatbestände gilt. In den verbleibenden Fällen kann der Arbeitnehmer sein Abwehrrecht nach Treu und Glauben **verwirken**, wenn er längere Zeit wartet (Zeitmoment) und damit bei dem Arbeitgeber den Eindruck erweckt (Umstandsmoment), die Beendigung des Arbeitsverhältnisses sei akzeptiert.[328] Das BAG hat sich hier gegen Regelfristen ausgesprochen;[329] im Allgemeinen dürfte die Grenze daher mindestens bei zwei bis drei Monaten liegen.

cc) Übersicht zur Begründetheit der Kündigungsschutzklage

Auch die im Rahmen der Begründetheit zu erwartenden Ausführungen sollen in 437 einem Schema zusammengefasst angeboten werden, nun allerdings aus der Sicht

---

326 Z. B. LAG Niedersachsen v. 22.1.2007–5 Sa 526/06 –, LAGE § 4 KSchG Nr. 53 zur Wirksamkeit einer nicht fristgerecht angegriffenen Kündigung, die infolge rechtzeitig nachgeholter Mitteilung der Schwangerschaft gegen § 9 Abs. 1 S. 1 MuSchG a. F. verstieß.
327 BAG v. 15.12.2005–2 AZR 148/05 – unter Rn. 16, NZA 2006, 791, 792.
328 *Schomburg*, Zeitliche Grenzen für Ausspruch und Abwehr der Arbeitgeberkündigung, 1989, S. 142ff., 157f.
329 BAG v. 20.5.1988–2 AZR 711/87 –, AP Nr. 5 zu § 242 BGB Prozeßverwirkung = NZA 1989, 16.

des prüfenden Richters und beschränkt auf die Kündigungsschutzklage. Das Schema soll vor allem als **Checkliste** dienen und nicht als genereller Prüfauftrag missverstanden werden. (Nicht in allen Betrieben gibt es einen Betriebsrat, und nicht immer handelt es sich um eine Massenentlassung. Es ist auch allgemein bekannt, dass das MuSchG auf Männer keine Anwendung findet.) Insbesondere hängt es von der Fall- und Aufgabengestaltung ab, ob man zuerst den Ausschluss des Tatsachenvortrags der Sozialwidrigkeit oder eines anderen Mangels wegen Fristversäumnis oder Verwirkung untersucht oder ob man mit der Wirksamkeit der Kündigung beginnt und danach eine etwaige „Heilung" eines Mangels prüft. Für den Richter sind beide Argumente gleichgewichtig: Entweder ist die Kündigung ohnehin wirksam, oder der Arbeitnehmer hat die Unwirksamkeit zu spät geltend gemacht. Bei allem unterscheiden sich eine gutachtliche Würdigung und ein Urteil grundsätzlich: Der Richter wird lediglich die Gesichtspunkte verwenden, die das Urteil auf eine unangreifbare Grundlage stellen und dabei vielleicht auch solche Aspekte behandeln, die anderenfalls zu einer Berufung Anlass geben könnten. Der Gutachter muss den konkreten Sachverhalt – aber auch nur diesen – umfassend würdigen.

Checkliste
1. **Wirksamkeit der Kündigung**
   a) Erklärung der Kündigung bei Beachtung inhaltlicher Anforderungen (§§ 133, 157 BGB)
   b) Allgemeine Wirksamkeitsvoraussetzungen der Erklärung, z. B. Vertretungsmacht (§ 180 BGB), Zugang (§ 130 BGB), Schriftform (§§ 623, 125 BGB)
   c) Beteiligung der Arbeitnehmervertretung, z. B. des Betriebsrats (§ 102 BetrVG)
   d) Anzeige einer „Massenkündigung" (§§ 17 ff. KSchG)
   e) Keine vereinbarte Unkündbarkeit
   f) Beachtung des besonderen Kündigungsschutzes
   g) Beachtung des allgemeinen Kündigungsschutzes
      aa) Geltungsbereich (§§ 1 Abs. 1, 23 KSchG)
      bb) Kündigungsgrund: Person, Verhalten, Betrieb
      cc) Prognose: Zukünftige Auswirkung der Störung
      dd) Erforderlichkeit: Kein milderes Mittel ersichtlich
      ee) Angemessenheit: Interessenabwägung/Sozialauswahl
   h) Kein Verstoß gegen allgemeingültige Normen, z. B. § 242 BGB, § 134 BGB (etwa i.V.m. Art. 9 Abs. 3 S. 2 GG oder § 7 Abs. 1 AGG!), § 613a Abs. 4 S. 1 BGB
   i) Einhalten der Kündigungsfrist
2. **Fristgerechtes Anrufen des Arbeitsgerichts, §§ 4, 7 KSchG (Keine Heilung von Kündigungsmängeln)**
3. **Keine Verwirkung durch den Arbeitnehmer (§ 242 BGB)**

---

9. Beendigung des Kündigungsschutzprozesses und Folgen
a) Prozessvergleich

Da beim arbeitsgerichtlichen Verfahren im Allgemeinen und auch beim Kündi-   **438**
gungsschutzverfahren im Besonderen die Möglichkeit besteht, dass die Parteien
nach dem Prozess weiter bzw. wieder zusammenarbeiten, ist das Verfahren auf
eine **gütliche Einigung** ausgerichtet. Augenfällig wird dies an dem zwingend
vorgeschriebenen, jede mündliche Verhandlung einleitenden **Güteverfahren**
(§ 54 ArbGG) und dem Gebot, auch während des streitigen Verfahrens die gütliche
Erledigung anzustreben (§ 57 Abs. 2 ArbGG) – beim Kündigungsschutz allerdings
mit nur vordergründigem Erfolg: Zwar enden 65 % der erstinstanzlichen Kündigungsschutzverfahren in einem Prozessvergleich, also materiell-rechtlich betrachtet in einem vor Gericht geschlossenen Vertrag (§ 779 BGB), doch nur 4 %
dieser Verträge beinhalten die Fortsetzung des Arbeitsverhältnisses.[330]

Regelmäßiger Inhalt ist die einvernehmliche **Aufhebung** bzw. **Abwicklung**   **439**
des Arbeitsverhältnisses[331] gegen **Abfindung**; verhandelt wird vor allem über den
Zeitpunkt der tatsächlichen Beendigung und die Abfindungshöhe. Als Faustformel gilt, dass die Jahre der Betriebszugehörigkeit mit einem halben Bruttomonatsgehalt multipliziert werden.[332] Die realistische Spanne reicht indes von 0,3 bis
1,0 Gehältern, im Einzelfall sind die soziale Schutzbedürftigkeit des Arbeitnehmers, die wirtschaftliche Situation des Arbeitgebers und die jeweiligen Prozess-
chancen maßgebend. Zu beachten ist auch die *Einkommensteuerpflichtigkeit* der
Abfindung[333] und das Risiko der Verhängung einer Sperrzeit nach § 159 Abs. 1 Nr. 1
SGB III.[334]

b) Feststellung über die Auflösung des Arbeitsverhältnisses

Ist die Klage zulässig (bei Unzulässigkeit ergeht ein „Prozessurteil"), wurde sie   **440**
nicht inzwischen zurückgenommen und endete das Verfahren nicht z. B. durch
Prozessvergleich, übereinstimmende Erledigungserklärung oder Versäumnisur-

---

330 Dieses und folgendes Zahlenmaterial sind Ergebnis des Forschungsprojekts „Kündigungspraxis und Kündigungsschutz aus Sicht des arbeitsgerichtlichen Verfahrens" (KüPRAX), *Höland/*
Kahl/Zeibig, WSI-Mitt. 2005, 561 ff.
331 Je nachdem, ob die (dann im Verfahren nicht weiter untersuchte) Kündigung wirksam war
oder nicht, handelt es sich um einen Abwicklungs- oder Auflösungsvertrag; zu den Begriffen oben
RN 312, 308 ff.
332 Auch enthalten in § 1a Abs. 2 S. 1 KSchG, dazu unten RN 452 ff.
333 Vgl. zur Aufhebung des § 3 Nr. 9 EStG oben RN 311.
334 S. oben RN. 311 f.

teil,[335] so kommt es zu einem **„streitigen Sachurteil".** Das ist bei 11 % der erstinstanzlichen Kündigungsschutzverfahren der Fall.[336] Ist das Verfahren so weit gediehen, sind jedenfalls nach der Statistik die Chancen der Parteien nahezu ausgeglichen, bei leichten Vorteilen für die Arbeitgeberseite.

441   Ist die angegriffene Kündigung wirksam, so stellt das Gericht fest, dass das Arbeitsverhältnis dadurch aufgelöst worden ist. Die **Kündigungsschutzklage wird abgewiesen.** Sofern der Arbeitnehmer nicht binnen einen Monats Berufung einlegt (§§ 64 ff. ArbGG), wird das Urteil formell rechtskräftig. Damit endet – wahrscheinlicher: endete – das Arbeitsverhältnis zum Kündigungstermin. Auch eine etwaige Weiterbeschäftigung auf Grund des betriebsverfassungsrechtlichen Weiterbeschäftigungsanspruchs (§ 102 Abs. 5 S. 1 BetrVG) [337], des sog. allgemeinen Weiterbeschäftigungsanspruchs[338] oder auf Grund einer gesonderten Vereinbarung[339] wird nun eingestellt.

442   Ist die angegriffene Kündigung nicht wirksam, so ist das Arbeitsverhältnis nicht aufgelöst, und das Gericht wird der **Kündigungsschutzklage stattgeben.** Die materielle Rechtskraft des Urteils umfasst auch die Feststellung, dass zumindest im Zeitpunkt des Zugangs der Kündigung ein Arbeitsverhältnis zwischen den Prozessparteien bestand.[340] Nun ist es Sache des Arbeitgebers, das Eintreten der Rechtskraft durch Einlegen der Berufung zu verhindern. Immerhin steht dem Arbeitnehmer – bekanntlich nach Obsiegen in erster Instanz – nun spätestens der *allgemeine Weiterbeschäftigungsanspruch* zu.[341]

---

335 Anschaulich z.B. *Opolony*, Der Arbeitsgerichtsprozess, 2005.

336 Dieses und nachfolgendes Zahlenmaterial abermals von *Höland/Kahl/Zeibig*, WSI-Mitt. 2005, 561, 563.

337 Zum Weiterbeschäftigungsanspruch gem. § 102 Abs. 5 BetrVG oben RN 401.

338 Oben RN 402.

339 Zum Vorliegen einer vereinbarten *freiwilligen* Prozessbeschäftigung und dem Schriftformerfordernis einer wirksamen Befristung dieser Abrede BAG v. 22.10.2003 – 7 AZR 113/03 –, AP Nr. 6 zu § 14 TzBfG m. abl. Anm. *Löwisch* (dessen Lösung: kein Rechtsbindungswille) = NZA 2004, 1275 = SAE 2005, 50 m. abl. Anm. *Bengelsdorf* (wirksame Vereinbarung, aber teleologische Reduktion des § 14 Abs. 4 TzBfG); zur Befristung allgemein unten RN 463 ff.

340 Ständige Rspr., jüngst BAG v. 25.3.2004 – 2 AZR 399/03 – unter B II 1, AP Nr. 5 zu § 54 BMT-G II = NZA 2004, 1216.

341 Zum allgemeinen Weiterbeschäftigungsanspruch oben RN 402.

c) Folgeprobleme einer erfolgreichen Kündigungsschutzklage
aa) Anspruch auf zwischenzeitliche Vergütung infolge Annahmeverzugs

Häufig stellt sich die Frage nach der Vergütung für die Zeit nach Ablauf der ver- **443** meintlichen Kündigungsfrist,[342] vor allem, wenn der im Kündigungsschutzprozess obsiegende Arbeitnehmer währenddessen nicht beschäftigt wurde. Auch ohne eigene Arbeitsleistung behält er gem. § 615 S. 1 BGB seinen Vergütungsanspruch und ist nicht einmal zur Nachleistung verpflichtet, sofern sich der Arbeitgeber in **Annahmeverzug** (§§ 293 ff. BGB) befunden hat.[343] Dieser „Annahmeverzugslohn" kann für den Arbeitgeber, gegen den mehrere langjährige Verfahren anhängig sein mögen, finanziell gravierende Ausmaße annehmen.

Von den **Voraussetzungen des Annahmeverzugs** (in Kurzform: Nichtan- **444** nahme der möglichen, erfüllbaren Leistung trotz deren Angebot durch leistungsfähigen Schuldner) soll uns zweierlei interessieren. Erstens weicht das BAG für den Zeitraum nach Ablauf der Kündigungsfrist von der Regel des § 294 BGB ab, nach der der Arbeitnehmer die Arbeitsleistung persönlich am Arbeitsplatz anbieten müsste, und verweist auf § 296 BGB.[344] Weil der Arbeitgeber nach dem vermeintlichen Beschäftigungsende die ihm obliegende Mitwirkungshandlung unterlasse, den Arbeitsplatz bereitzustellen, sei regelmäßig das **Angebot des Arbeitnehmers entbehrlich.**[345]

Das gilt – zweitens – jedoch nur, wenn der Arbeitnehmer für den Arbeitgeber **445** erkennbar **leistungsbereit** und **leistungsfähig** ist (vgl. § 297 BGB). Problematisch kann dies beispielsweise nach dem Ende einer Erkrankung des Arbeitnehmers sein, es sei denn, der Arbeitgeber hat eindeutig erklärt, dass er den Arbeitnehmer nicht mehr beschäftigen werde.[346] Inzwischen verlangt das BAG die Anzeige der wiedergewonnenen Arbeitsfähigkeit praktisch nicht mehr.[347] Wer seinen Ent-

---

342 Zur hinsichtlich des Bestehens des Arbeitsverhältnisses unzweifelhaften Situation *vor* Ablauf der Kündigungsfrist, bei der regelmäßig Anspruch auf Vergütung besteht, *Krause*, NZA, Beil. 1/2005, 51, 55 f.; dort auch zu Freistellungsvereinbarungen (S. 61 ff.). Zur Freistellung vgl. ferner § 7 RN 540.

343 Allgemein zum Annahmeverzug unten § 7 RN 539; zu Annahmeverzug und Kündigungsschutzverfahren *Krause*, NZA, Beil. 1/2005, 51, 58 ff.

344 BAG v. 18.11.2015 – 5 AZR 814/14 –, AP Nr. 73 zu § 138 BGB = NZA 2016, 494.

345 Für die ordentliche Kündigung BAG v. 21.3.1985 – 2 AZR 201/84 – unter B I, AP Nr. 35 zu § 615 BGB m. Anm. *Konzen* = NZA 1985, 778; so auch für die fristlose Kündigung ab Zugang der Kündigungserklärung BAG v. 9.8.1984 – 2 AZR 374/83 – AP Nr. 34 zu § 615 BGB m. Anm. *Konzen* = NZA 1985, 119 = EzA § 615 BGB Nr. 43 m. abl. Anm. *Kraft*.

346 BAG v. 11.7.1985 – 2 AZR 106/84 –, AP Nr. 35a zu § 615 BGB = NZA 1987, 57.

347 BAG v. 24.11.1994 – 2 AZR 179/94 –, AP Nr. 60 zu § 615 BGB = NZA 1995, 263 = EzA § 615 BGB Nr. 83 m. krit. Anm. *Schwarze*.

geltanspruch wahren will, sollte seine Arbeitsleistung in dem Fall trotzdem vorsorglich unverzüglich anbieten.

446   Damit steht der Arbeitgeber häufig vor folgendem Dilemma: Einerseits will er den Arbeitnehmer nach Ablauf der Kündigungsfrist gerade nicht mehr beschäftigen, um die Glaubhaftigkeit seines Kündigungsgrundes nicht zu gefährden; andererseits ist der Prozessausgang schwer einzuschätzen. Der Prozess kann zudem mehrere Instanzen durchlaufen. Verliert der Arbeitgeber am Ende den Prozess, muss er die Vergütung zahlen. Der Annahmeverzug endet nicht etwa dadurch, dass der Arbeitgeber – unter Aufrechterhaltung der Kündigung – vorsorglich einen für die Dauer des Kündigungsrechtsstreits befristeten neuen Arbeitsvertrag zu den bisherigen Bedingungen oder eine durch die rechtskräftige Feststellung der Wirksamkeit der Kündigung auflösend bedingte Fortsetzung des Vertrags anbietet.[348] Von Interesse kann daher sein, ob der kündigende Arbeitgeber eine „anderweitige Tätigkeit", eventuell sogar auf dem alten Arbeitsplatz, anbieten kann, ohne mit seiner Kündigung in Widerspruch zu geraten. Das BAG lässt eine solche **„Prozessbeschäftigung"**[349] befristet bis zum rechtskräftigen Urteil zu, verlangt jedoch die Einhaltung der Schriftform gemäß § 14 Abs. 4 TzBfG, weil es die Beschäftigung wie ein zweites selbstständiges Arbeitsverhältnis behandelt.[350]

447   Selbst wenn der Arbeitnehmer einen Anspruch auf „Annahmeverzugslohn" hat, muss er sich gemäß § 11 KSchG[351] einen **Zwischenverdienst anrechnen** lassen. Nach § 11 Nr. 1 KSchG gilt dies zunächst für tatsächlich erzielte Einkünfte durch anderweitige Arbeit bei einem anderen Arbeitgeber – aber auch für solche durch Beschäftigung beim **eigenen Arbeitgeber.** Diese Aussage mag überraschen, schließlich sind die Annahmeverzugsregeln vor allem bei Nichtbeschäftigung bedeutsam. Beschäftigt der Arbeitgeber den gekündigten Arbeitnehmer auf Grund eines Weiterbeschäftigungsanspruchs, einer gesonderten Vereinbarung oder gar nur faktisch weiter, so nimmt er dessen geleistete Dienste regelmäßig nicht als Erfüllung des bisherigen (nach wie vor gekündigten) Arbeitsverhältnisses entgegen.[352] Selbst eine Beschäftigung durch den eigenen Arbeitgeber beendet den Annahmeverzug folglich nicht, führt aber immerhin zur Anrechnung.

---

348 BAG v. 7.11.2002 – 2 AZR 650/00 – unter B I 1 b, AP Nr. 98 zu § 615 BGB.
349 Vgl. dazu *Junker*, Grundkurs Arbeitsrecht, Rn. 274.
350 BAG v. 22.10.2003 – 7 AZR 113/03 –, AP Nr. 6 zu § 14 TzBfG m. abl. Anm. *Löwisch* m.w.N.
351 Bei Nichtgeltung des KSchG folgt die Anrechnung aus § 615 S. 2 BGB, der sonst als lex generalis verdrängt wird.
352 Ständige Rspr., etwa BAG v. 24.9.2003 – 5 AZR 500/02 – unter I, AP Nr. 9 zu § 615 BGB Böswilligkeit = NZA 2004, 90; vgl. auch zur faktischen Weiterbeschäftigung „zur Vermeidung von

Verweigert der Arbeitnehmer eine ihm insbesondere durch seinen Arbeitge- **448** ber angebotene Weiterbeschäftigung ohne ausreichenden Grund, kann es zur Anrechnung eines hypothetischen Verdienstes nach § 11 Nr. 2 KSchG kommen, wenn ihm diese **Arbeit zumutbar** gewesen ist. Regelmäßig zumutbar ist dem Arbeitnehmer eine Weiterbeschäftigung zu denselben Bedingungen, sofern die Begleitumstände des Prozesses das Verhältnis der Parteien nicht zu sehr belastet haben und sofern der Arbeitnehmer nicht verhaltensbedingt gekündigt und damit möglicherweise in seinem Ansehen beeinträchtigt wurde.[353] Selbst wenn der Arbeitgeber nur eine geringere Vergütung[354] oder vertragswidrige Arbeit (!) [355] anbietet, kommt es auf die konkreten Umstände an.

bb) Gerichtliche Auflösung des Arbeitsverhältnisses

Vollends aus dem Thema Bestandsschutz hinaus führt die durch § 9 KSchG er- **449** möglichte **Auflösung des Arbeitsverhältnisses durch Gestaltungsurteil**, sofern das Gericht zuvor die Sozialwidrigkeit der Kündigung oder deren Verstoß gegen die guten Sitten (lies § 13 Abs. 2, 3 KSchG) und damit an sich den Fortbestand des Arbeitsverhältnisses festgestellt hat. Zur Auflösung notwendig ist ein „Eventualantrag" des Arbeitnehmers oder des Arbeitgebers innerhalb des Kündigungsschutzverfahrens für den Fall, dass jenes Verfahren gewonnen (so der Arbeitnehmer) bzw. verloren wird (so der Arbeitgeber).[356]

Der Antrag des Arbeitnehmers hat Erfolg, wenn ihm die Fortsetzung des Ar- **450** beitsverhältnisses nicht mehr zugemutet werden kann.[357] Der Arbeitgeber muss hingegen Gründe dartun, die eine den Betriebszwecken dienliche **weitere Zusammenarbeit nicht mehr erwarten lassen.** Entsprechend der maßgeblichen Funktion des Antrags, auf während des Kündigungsschutzprozesses neu entste-

---

Verzugslohn" BAG v. 21.5.1981–2 AZR 95/79 – LS 1, AP Nr. 32 zu § 615 BGB; Auflistung und Nachweise (auch der wenigen Ausnahmen) bei *Krause*, NZA, Beil. 1/2005, 51, 59.
353 Bei verhaltensbedingter Kündigung ist eine Beschäftigung zumutbar, wenn der Arbeitnehmer zuvor Weiterbeschäftigung verlangte, BAG v. 24.9.2003–5 AZR 500/02 –, AP Nr. 9 zu § 615 BGB Böswilligkeit = NZA 2004, 90.
354 BAG v. 16.6.2004–5 AZR 508/03 – unter II 3 c, AP Nr. 11 zu § 615 BGB Böswilligkeit = NZA 2004, 1155: Die Rücksichtnahmepflicht gegenüber dem (bisherigen) Arbeitgeber gebietet dem Arbeitnehmer, diese Einsparmöglichkeit zu nutzen. – Ein Grenzwert steht noch nicht fest.
355 BAG v. 7.2.2007–5 AZR 422/06 –, AP Nr. 12 zu § 615 BGB Böswilligkeit = NZA 2007, 561 (Änderung der Rspr.).
356 Dazu *Opolony*, Der Arbeitsgerichtsprozess, 2005, Rn. 294 ff.
357 Fehlende Zumutbarkeit ist ein „Wichtiger Grund" des Arbeitnehmers, um sich vom Beschäftigungsverhältnis zu lösen; eine Sperrzeit droht ihm dann nicht; *Maties*, NZS 2006, 73, 78 f. m.w.N. auch anderer Lösungen.

hende, vor allem persönliche Differenzen der Parteien reagieren zu können,[358] kann die gerichtliche Auseinandersetzung allein als Grund nicht genügen, möglicherweise aber Begleitumstände wie schwerere Beleidigungen.[359] Mit dieser Funktion schwer zu vereinbaren ist die bloß erneute Nennung zuvor nicht ausreichender Kündigungsgründe als Auflösungsgrund. Sollte das Gericht die Wiederholung genügen lassen, sieht das BVerfG darin sogar eine Verletzung des Art. 12 Abs. 1 GG[360] – allerdings in nicht überzeugender Manier.[361] Das BAG hat sich daraufhin bis zuletzt wenig bewegt und verlangt weiterhin nur den besonderen Vortrag, warum die nicht ausreichenden Kündigungsgründe der weiteren Zusammenarbeit entgegenstehen sollen.[362] Gar keiner Begründung indes bedarf der Antrag des Arbeitgebers bei *bestimmten leitenden Angestellten* (§ 14 Abs. 2 KSchG).

451 Löst das Gericht das Arbeitsverhältnis auf, muss es den Arbeitgeber zur Zahlung einer angemessenen **Abfindung** verurteilen.[363] Über deren Obergrenze unterrichtet § 10 KSchG: Der Betrag kann je nach Betriebszugehörigkeit und Alter bis zu 18 Monatsverdienste erreichen. Darunter halten sich die Gerichte oftmals an die eben genannte Faustformel.[364]

10. Nichterhebung der Klage und Abfindung gem. § 1a KSchG

Beispielsfall

Fall 52: In Fall 51 verbindet C die betriebsbedingte Kündigung der A mit dem Hinweis, ihr eine Abfindung zu zahlen, wenn sie sich mit der Auflösung einverstanden erklärt und binnen der Frist der §§ 4, 7 KSchG keine Kündigungsschutzklage erhebt. Wie ist die Rechtslage, wenn C der A dabei

a) eine Abfindung in Höhe von zehn Monatsgehältern anbietet,

358 So bereits *Herschel*, Anm. zu BAG v. 30.9.1976 – 2 AZR 402/75 –, EzA § 9 KSchG n.F. Nr. 3, unter II 2; s. auch BAG v. 7.3.2002 – 2 AZR 158/01 – unter B II 2 a, AP Nr. 42 zu § 9 KSchG 1969 = NZA 2003, 261.
359 Übersicht und Nachweise bei *Gravenhorst*, NZA-RR 2007, 57, 58 f.
360 2. Kammer des Ersten Senats des BVerfG v. 22.10.2004 – 1 BvR 1944/01 –, AP Nr. 49 zu § 9 KSchG 1969 = NZA 2005, 41.
361 Art. 12 Abs. 1 GG verlangt einen Mindestbestandsschutz (s. RN 392), dem eine Interessenabwägung genügen kann, daher war die Schwelle des Art. 12 GG noch nicht erreicht (so auch *Dieterich*, Anm. zu BVerfG [FN zuvor], AR-Blattei ES 830, Grundgesetz Nr. 33).
362 BAG v. 24.5.2005 – 8 AZR 246/04 – unter II 4 b, AP Nr. 282 zu § 613a BGB = NZA 2005, 1178; BAG v. 24.5.2018 – 2 AZR 73/18, AP Nr. 72 zu § 9 KSchG 1969 = NZA 2018, 1131.
363 Abermals: Abfindungen unterliegen der Einkommensteuer, s. RN 311.
364 S. oben RN 439.

b) C eine Abfindung von fünf Monatsgehältern anbietet, A aber wegen eines längeren aus-
wärtigen Kuraufenthalts das bereits vor sechs Wochen postalisch zugestellte Kündigungsschreiben erst nach ihrer Rückkehr (und dem Ablauf der in §§ 4, 7 KSchG bezeichneten Fristen)
zur Kenntnis nehmen kann,

c) A die angebotene Abfindung von fünf Monatsgehältern zunächst sehr lukrativ findet, nach
nochmaligem Nachdenken über die unausgewogene Sozialauswahl und die fehlende Betriebs-
ratsanhörung aber meint, vor Gericht eine höhere Abfindung erstreiten zu können und deshalb
wegen ihrer kurbedingten Abwesenheit einen Antrag auf nachträgliche Zulassung der Kündigungsschutzklage (§ 5 KSchG) stellt?

Mit der Intention, eine einfach zu handhabende und außergerichtliche Alternative 452
zum Kündigungsschutzprozess zu schaffen,[365] trat zum 1.1.2004 § 1a KSchG in
Kraft.[366] Unter engen Voraussetzungen erhält ein gekündigter Arbeitnehmer einen
gesetzlichen Anspruch auf Abfindung, ohne dass eine Sperrzeit eintritt und
ohne dass regelmäßig eine Verrechnung mit anderen Abfindungsansprüchen aus
einem Sozialplan stattfindet[367], sofern er sich nicht gegen die Kündigung wehrt.
§ 1a KSchG erweitert somit das insbesondere aus Aufhebungsvertrag, Abwicklungsvertrag, anderer Klageverzichtsvereinbarung[368], Prozessvergleich und ge-
richtlicher Auflösung bestehende Mosaik der Überwindung des Bestandsschutzes
um einen weiteren, jedoch nicht allzu großen Stein.

Anspruchsberechtigt kann zunächst nur ein Arbeitnehmer sein, der allge- 453
meinen Kündigungsschutz genießt (§§ 1 Abs. 1, 23 KSchG) und dem **betriebsbedingt ordentlich gekündigt** worden ist. Da es widersinnig wäre, nur demjenigen
Arbeitnehmer eine Abfindung zuzusprechen, dem der Arbeitgeber ohnehin
rechtmäßig (und damit ohne Abfindung) kündigen kann, kommt es auf die
Rechtmäßigkeit der Kündigung nicht an.[369] Zur Abgrenzung von einer verhaltens-
oder personenbedingten Kündigung ist allerdings notwendig, dass die Ursache
der Kündigung in der Sphäre des Arbeitgebers,[370] also in einer unternehmerischen
Entscheidung liegt.

Ob es zum Abfindungsanspruch kommt, haben dann sowohl der Arbeitgeber 454
als auch der Arbeitnehmer in der Hand. Der Arbeitgeber muss „in" die Kündi-

---

365 Begründung des Gesetzesentwurfs, BT-Drucks. 15/1204, S. 12.
366 Eingefügt durch Art. 1 Nr. 2 des Gesetzes zu Reformen am Arbeitsmarkt vom 24.12.2003
(BGBl. I S. 3002).
367 BAG v. 19.7.2016 – 2 AZR 536/15 –, AP Nr. 11 zu § 1a KSchG 1969 = NZA 2017, 121.
368 Ein formularmäßiger Kündigungsverzicht trotz fehlender hinreichender Kündigungsgründe
ohne Gegenleistung soll an § 307 Abs. 1 S. 1 BGB scheitern (BAG v. 6.9.2007 – 2 AZR 722/06 –, NZA
2008, 219).
369 *Rolfs*, ZIP 2004, 333, 334.
370 Vgl. Begründung des Entwurfs, BT-Drucks. 15/1204, S. 12.

gungserklärung (also hinreichend verbunden und ebenfalls schriftlich, §§ 623, 126 BGB) den von § 1a Abs. 1 S. 2 KSchG verlangten **Hinweis auf die Abfindung** aufnehmen. Bleibt der Hinweis hinter den inhaltlichen Anforderungen zurück, indem er z. B. eine Abfindung in Aussicht stellt, deren Höhe die in Abs. 2 enthaltene Regel unterschreitet, sind die Voraussetzungen des gesetzlichen Abfindungsanspruchs nicht erfüllt.[371] Das gilt u. E. ebenso, wenn der Arbeitgeber auf eine großzügigere Abfindung hinweist (so Fall 52, Variante a)), da der Gesetzgeber Klarheit auch hinsichtlich der Abfindungshöhe ermöglichen wollte.[372] In einem unter- oder überschreitenden Hinweis mag das Angebot zu einer Abfindungsvereinbarung zu sehen sein, dessen feststellbarer Annahme es dann allerdings bedarf.

455   Auf die Sphäre des Arbeitnehmers zielt die finale Voraussetzung des (mit Ablauf der Kündigungsfrist entstehenden) Abfindungsanspruchs, dass nämlich der Arbeitnehmer **innerhalb der Klagefrist des § 4 S. 1 KSchG keine Kündigungsschutzklage erhebt.** Dieses eingängige Erfordernis schafft mehr Probleme, als es zu lösen vermag. Zuerst stellt sich die Frage, ob auch anspruchsberechtigt ist, wer diese Voraussetzung ohne bewusste Entscheidung erfüllt. Nicht das einzige, aber das Paradebeispiel ist der längere Zeit urlaubsabwesende Arbeitnehmer, dem die Kündigung – und damit womöglich der Hinweis auf die Abfindung – durchaus zugehen kann.[373] Sieht man, wie hier bisher nur konstatiert, in § 1a KSchG einen **gesetzlichen Anspruch**, besteht der Anspruch auch bei unbewusster Herbeiführung der gesetzlichen Anspruchsvoraussetzungen (z. B. durch den urlaubsabwesenden Arbeitnehmer).[374]

456   Demgegenüber sehen Vertreter einer **vertraglichen Konstruktion** im Hinweis des Arbeitgebers das Angebot zu einer vertraglichen Abfindungsvereinbarung und im Verstreichenlassen der Klagefrist die Annahme seitens des Arbeitnehmers.[375] Mangels eines Erklärungstatbestandes[376] müsste dies als

---

371 *Willemsen/Annuß*, NJW 2004, 177, 183. Dies muss für den Arbeitnehmer allerdings hinreichend deutlich erkennbar sein, sonst bleibt es bei dem gesetzlichen Anspruch (BAG v. 19.6. 2007 – 1 AZR 340/06 –, NZA 2007, 1357; v. 13.12.2007 – 2 AZR 807/06 –, Pressemitteilung Nr. 95/07 = ArbuR 2008, 52 [Kurzwiedergabe]).

372 Vgl. BT-Drucks. 15/1204, S. 12: „die gesetzlich festgesetzte Abfindungshöhe [soll] es den Arbeitsvertragsparteien erleichtern, die außergerichtliche Option wahrzunehmen"; a.A. bei höheren Abfindungen *Thüsing/Wege*, JuS 2006, 97, 102 f., die in § 1a Abs. 2 KSchG ein „mindestens" hineinlesen.

373 S. oben RN 414.

374 So auch *Bader*, NZA 2004, 65, 70; *Thüsing/Wege*, JuS 2006, 97, 98 f. m.w.N. auch der Gegenansicht; *Willemsen/Annuß*, NJW 2004, 177, 182.

375 *Preis*, DB 2004, 70, 71 f.; *Rolfs*, ZIP 2004, 333, 336 f.

ausnahmsweise relevantes Schweigen aufzufassen sein. Zwar existieren Normen wie §§ 108 Abs. 2 S. 2, 516 Abs. 2 S. 2, 612 Abs. 1 BGB, die Schweigen als Willenserklärung fingieren.[377] Jene Fiktionen entsprechen aber eher den regelmäßigen Interessen aller Beteiligten, als das bei § 1a KSchG der Fall wäre. Die Einschätzung aus Sicht des Anbietenden, der schweigende Arbeitnehmer werde das Abfindungsangebot annehmen (und damit auf Bestandsschutz oder nur auf eine höhere Abfindung verzichten), ist jedenfalls nicht zwingend.[378] Unzutreffend ist überdies, den Hinweis des Arbeitgebers als lediglich vorteilhaftes Angebot zu bezeichnen.[379] Die Heilung etwaiger Kündigungsmängel mag zwar die gesetzliche Folge des § 7 KSchG sein, die Möglichkeit zur Heilung wird aber erst durch das – bewusste oder unbewusste – Ausbleiben der Klage geschaffen. Gibt der Arbeitgeber den Hinweis auf die Abfindung, handelt er schließlich nicht aus altruistischer Motivation heraus. Nach alldem kann dem bloßen Nichterheben der Klage kein Erklärungswert beigemessen werden; in seinem engen Anwendungsbereich begründet § 1a KSchG daher einen gesetzlichen Anspruch. In Fall 52, Variante b) kann A deshalb die Zahlung der Abfindung verlangen, obwohl die Nichterhebung der Kündigungsschutzklage auf keiner bewussten Willensentscheidung beruhte.

Daran schließt sich die Frage nach dem Schicksal des Anspruchs an, wenn **457** sich der Arbeitnehmer nachträglich, insbesondere per **Antrag nach § 5 KSchG** gegen die Kündigung wehrt. Ein Ausschluss dieses Rechtsbehelfs ist mit der Intention des Gesetzgebers, eine *außer*gerichtliche Option zu schaffen,[380] nicht vereinbar, so dass § 1a KSchG teleologisch zu reduzieren ist: Der Abfindungsanspruch entfällt rückwirkend, wie in Fall 52, Variante c). Maßgebliches Ereignis ist bereits das Stellen des Antrags, nicht erst dessen Erfolg.[381] Es besteht kein Bedürfnis, dem Arbeitnehmer erst noch Gewissheit zu verschaffen, ob er nachträglich klagen kann. Wer den Antrag nach § 5 KSchG stellt, möchte sich auch gegen die Kündigung wehren; nicht ohne Grund muss der Antrag mit der Klageerhebung verbunden werden, § 5 Abs. 2 S. 1 KSchG.

Die Kontroverse über den Charakter des Anspruchs und der Erläuterungs- **458** bedarf lassen die **Kritik** an § 1a KSchG ermessen. Die gesetzliche Alternative zum Kündigungsschutzprozess hat keine allzu große **praktische Relevanz** erfahren.

---

376 Damit erübrigt sich ein Eingehen auf § 151 BGB, mit dem allenfalls auf den Zugang der – ansonsten existenten – Erklärung verzichtet werden mag.

377 Darauf verweist vornehmlich *Rolfs*, ZIP 2004, 333, 337.

378 In die Richtung aber *Preis*, DB 2004, 70, 71 f.

379 So aber *Preis*, DB 2004, 70, 72.

380 Begründung des Entwurfs, BT-Drucks. 15/1204, S. 12.

381 Wie hier *Willemsen/Annuß*, NJW 2004, 177, 182 m.w.N.; Zulassung der verspäteten Klage verlangen *Quecke*, RdA 2004, 86, 97, und *Bader*, NZA 2004, 65, 71: „Schwebezustand".

Sollte der Arbeitgeber von der Rechtmäßigkeit der beabsichtigten Kündigung ausgehen, wird er den Hinweis auf § 1a KSchG unterlassen, um sich nicht dem dann unnötigen gesetzlichen Abfindungsanspruch auszusetzen. Gibt der Arbeitgeber hingegen den erforderlichen Hinweis, deutet er Zweifel an der Rechtmäßigkeit der Kündigung an und mag dadurch den Arbeitnehmer zumindest im Interesse einer höheren Abfindung zur Klage ermuntern.[382]

III. Außerordentliche Kündigung

459   Im Anschluss an die ordentliche Kündigung ist nun auf die **außerordentliche Kündigung** einzugehen. Da sie in der Praxis eine zahlenmäßig viel geringere Bedeutung hat, beschränkt sich die folgende Darstellung auf die besonders bemerkenswerten Aspekte. Im Hinblick auf den Schutz des Arbeitnehmers interessiert die Kündigung durch den Arbeitgeber am meisten, wenngleich selbstverständlich die außerordentliche Kündigung auch durch den Arbeitnehmer möglich ist. Man denke vor allem an den Verzug des Arbeitgebers hinsichtlich nicht unerheblicher Vergütungsforderungen,[383] aber auch an eine schwerwiegende Verletzung der Fürsorgepflicht, etwa in Gestalt der sexuellen Belästigung (vgl. § 3 Abs. 4 AGG). Versetzen wir uns jedoch wieder in die Situation des Arbeitgebers.

1. Wichtiger Kündigungsgrund

460   Die außerordentliche Kündigung bedarf schon nach Bürgerlichem Recht eines **wichtigen Grundes** (§ 626 BGB). Die Norm, die in gleicher Weise für den Dienstvertrag des Selbstständigen gilt, ist allerdings 1969[384] präzisiert und durch einen zweiten Absatz um eine Ausschlussfrist zum Nachteil des Kündigenden und um eine Begründungspflicht auf Verlangen des Gekündigten ergänzt worden.[385]

---

382 *Bader*, NZA 2004, 65, 71.
383 Vgl. BAG v. 17.1.2002–2 AZR 494/00 –, unter A I 3 b, c, EzA § 628 BGB Nr. 20.
384 Gesetz zur Änderung des Kündigungsrechts und anderer arbeitsrechtlicher Vorschriften (Erstes Arbeitsrechtsbereinigungsgesetz) v. 14.8.1969 (BGBl. I S. 1106).
385 Mit der Kündigung von Dauerschuldverhältnissen befasst sich auch der durch das Schuldrechtsmodernisierungsgesetz vom 26.11.2001 (BGBl. I S. 3138) mit Wirkung v. 1.1.2002 neugefasste § 314 BGB, der vorbehaltlich des Abs. 2 von der lex specialis § 626 BGB verdrängt wird.

a) Entstehen des Kündigungsrechts

Gemäß § 626 Abs. 1 BGB entsteht ein Kündigungsrecht aus wichtigem Grund unter **461** **zwei Voraussetzungen.**[386] Die erste Stufe der Prüfung ist die Frage nach solch **gravierenden Tatsachen**, die „**an sich**" die sofortige Beendigung des Arbeitsverhältnisses rechtfertigen. Nach der von der ordentlichen Kündigung bekannten Dreiteilung können die Tatsachen der Sphäre des Arbeitgebers bzw. der Person oder dem Verhalten des Arbeitnehmers zugeordnet werden. In der Praxis führen zumeist grobe Pflichtverletzungen des Arbeitnehmers[387] zur – somit „verhaltensbedingten" – außerordentlichen Kündigung. Tatsachen aus anderen Kategorien rechtfertigen eine außerordentliche Kündigung nur ausnahmsweise, so z. B. die Unmöglichkeit, wegen einer längeren Strafhaft die Arbeitsleistung zu erbringen.[388] Bedeutsam sind sie indes bei der außerordentlichen Kündigung von Arbeitnehmern, deren ordentliche Kündigung ausgeschlossen ist.[389]

Auf der zweiten Stufe der Prüfung verlangt § 626 Abs. 1 BGB eine **umfassende** **462** **Interessenabwägung**, die unter Berücksichtigung aller Umstände des Einzelfalls die Unzumutbarkeit der Fortsetzung des Arbeitsverhältnisses bis zum Ablauf der ansonsten maßgeblichen Kündigungsfrist oder zum ohnehin vorgesehenen Vertragsende offenbart. Bedeutende Aspekte dieser Abwägung sind erneut die **Prognose**, dass die Störung das Arbeitsverhältnis auch zukünftig belasten wird, sowie der **Ausschluss sämtlicher milderer Mittel**,[390] vor allem der ordentlichen Kündigung (außerordentliche Kündigung als wirkliche „**ultima ratio**"). Die weiteren Kriterien können kaum allgemeingültig aufgezählt werden – abermals: Nach der gesetzlichen Vorgabe müssen es **alle Umstände des Einzelfalls** sein, also auch die entlastenden.[391] In die Interessenabwägung einfließen müssen schließlich noch die besonderen Anforderungen für die Fälle, in denen die Kündigung von Dritten gefordert wird (*Druckkündigung*) oder auf Grund eines nicht erwiesenen *Verdachts* ausgesprochen werden soll.[392]

---

386 Die nachfolgend zu erläuternden zwei Stufen entsprechen ständiger Rspr., s. etwa BAG v. 12. 8. 1999 – 2 AZR 923/98 –, AP Nr. 28 zu § 626 BGB Verdacht strafbarer Handlung = NZA 2000, 421.

387 Vgl. die Übersicht bei KR-*Fischermeier* § 626 BGB Rn. 421 ff.

388 BAG v. 23. 5. 2013 – 2 AZR 120/12, AP Nr. 36 zu § 1 KSchG Personalbedingte Kündigung = NZA 2013, 1211; BAG v. 9. 3. 1995 – 2 AZR 497/94 –, AP Nr. 123 zu § 626 BGB = NZA 1995, 777: eventuell Rücksichtnahme auf den Freigängerstatus.

389 Zum Ausschluss der ordentlichen Kündigung oben RN 320; zu deren außerordentlicher Kündigung unten RN 468 f.

390 S. zu diesen Grundsätzen bereits bei der ordentlichen Kündigung RN 341 ff.

391 Beispiel einer für den Arbeitnehmer positiven Interessenabwägung bei BAG v. 27. 4. 2006 – 2 AZR 415/05 – unter B I 2 a, AP Nr. 203 zu § 626 BGB = NZA 2006, 1033; konkretisierend sogleich die Erläuterungen zur „verhaltensbedingten" außerordentlichen Kündigung.

392 Dazu s. oben RN 377.

aa) „Verhaltensbedingte" außerordentliche Kündigung

463 Besonders gravierende Verhaltensweisen des Arbeitnehmers, die **„an sich"** einen wichtigen Grund darstellen (1. Stufe), können erneut alle Haupt- und Nebenpflichten des Arbeitnehmers betreffen. Solche Ursachen einer „verhaltensbedingten" außerordentlichen Kündigung würden erst recht den Ausspruch einer ordentlichen Kündigung sozial rechtfertigen. Daher ist jedenfalls hinsichtlich der typischen Pflichtverletzungen auf die Ausführungen zur ordentlichen Kündigung zur verweisen.[393] Für die außerordentliche Kündigung braucht es dann eine zusätzliche Intensität, so für Störungen im Leistungsbereich wie eine „beharrliche" Arbeitsverweigerung (schon kleine, ständig wiederkehrende Unpünktlichkeiten können allerdings genügen, wenn sie Grad und Umfang der beharrlichen Arbeitsverweigerung erreichen[394]), oder die „ausschweifende" private Nutzung des Internets[395] oder des Diensttelefonanschlusses, insbesondere eines Kollegen[396]. Der Bogen besonders gravierender Nebenpflichtverletzungen spannt sich von fortwirkenden falschen Angaben bei der Einstellung über Straftaten im Zusammenhang mit dem Arbeitsverhältnis, „grobe" Beleidigung oder Bedrohung des Arbeitgebers[397], nicht unerhebliche sexuelle Belästigung von Kollegen[398] bis hin zu der mangelnden Rücksichtnahme eines arbeitsunfähig erkrankten Arbeitnehmers, der in den Skiurlaub fährt[399].

464 Hinzu kommen muss die **umfassende Interessenabwägung** (2. Stufe), aus der sich die Unzumutbarkeit ergibt, eine normale Vertragsbeendigung durch eine ordentliche Kündigung herbeizuführen oder den Ablauf eines befristeten Vertrages abzuwarten. In die Waagschale sind nicht nur das Bestandsinteresse des Arbeitnehmers, sondern auch seine Zukunftsaussichten zu werfen, die nicht zuletzt auf Grund des ungewöhnlichen Austrittsdatums getrübt sind. Besonders einem gut situierten Arbeitgeber kann eventuell der Verzicht auf die außerordentliche Kündigung zuzumuten sein, wenn der Arbeitnehmer dem Betrieb schon Jahrzehnte angehört, das Vertragsverhältnis nur wenigen Störungen ausgesetzt war oder wenn die Kündigung den Arbeitnehmer wegen seiner Unterhaltsverpflichtungen besonders hart trifft. Außerdem sind die Einzelheiten des Fehlver-

---

393 S. oben RN 350 ff.

394 BAG v. 17.3.1988 – 2 AZR 576/87 –, AP Nr. 99 zu § 626 BGB = NZA 1989, 261.

395 BAG v. 7.7.2005 – 2 AZR 581/04 – unter B II 2 b, AP Nr. 192 zu § 626 BGB = NZA 2006, 98.

396 BAG v. 4.3.2004 – 2 AZR 147/03 –, AP Nr. 50 zu § 103 BetrVG 1972 = NZA 2004, 717.

397 BAG v. 29.6.2017 – 2 AZR 47/16 –, AP Nr. 265 zu § 626 BGB = NZA 2017, 1605; BAG v. 10.10. 2002 – 2 AZR 418/01 – unter B I 3 a, DB 2003, 1797.

398 BAG v. 29.6.2017 – 2 AZR 302/16 –, AP Nr. 261 zu § 626 BGB = NZA 2017, 1121; zum Schutz vor sexueller Belästigung am Arbeitsplatz s. §§ 3 Abs. 4, 12, 14 AGG.

399 BAG v. 2.3.2006 – 2 AZR 53/05 – AP Nr. 14 zu § 626 BGB Krankheit = NZA-RR 2006, 636.

haltens zu beachten, insbesondere Gewicht und Ausmaß der Vertragsverletzung sowie der Grad des Verschuldens.[400]

Bedeutsam ist schließlich der Aspekt der **Wiederholungsgefahr.** Mögli- 465 cherweise ist das Verhalten des Arbeitnehmers aus einer besonderen Situation heraus zu erklären und deshalb wahrscheinlich ein einmaliger Ausrutscher. Zum Ausschluss weiterer Ausrutscher wird daher – wie schon bei der verhaltensbedingten ordentlichen Kündigung – in vielen Fällen zunächst eine **Abmahnung** ausreichend und damit erforderlich sein (vgl. §§ 314 Abs. 2, 323 Abs. 3 BGB), nicht aber die „ultima ratio" außerordentliche Kündigung. Mit der Abmahnung kann das Vertrauen des Arbeitgebers in einen nun störungsfreien Fortgang des Arbeitsverhältnisses wiederhergestellt sein. Dementsprechend bedarf es **keiner Abmahnung**, wenn nicht von der Möglichkeit zukünftigen vertragsgerechten Verhaltens auszugehen ist.[401] Wenn man sich eine Wiederherstellung der Vertrauensbasis (z. B. bei Straftaten gegen den Arbeitgeber, deren Missbilligung von vornherein feststand, oder bei den Fällen des § 323 Abs. 2 BGB) nicht vorstellen kann, mag sogar ein einmaliger Vorfall ohne Wiederholungsgefahr die außerordentliche Kündigung rechtfertigen.[402]

Die Schwierigkeit der Bewertung mag folgendes Beispiel zeigen. In einem 466 Betrieb hat der Arbeitgeber bekanntgemacht, dass er auf jeden **Diebstahl** unnachsichtig mit einer außerordentlichen Kündigung reagieren werde. Ein Arbeitnehmer bedient sich gleichwohl selbst, z. B. in einer Fleischerei mit einem Stück Wurst oder in einer Konditorei mit einem Stück Kuchen, Wert jeweils unter 5 €.[403] Angesichts des **geringen Wertes** könnte man vielleicht bei der Würdigung der Umstände des Einzelfalls von einem leichten Fall sprechen. Diese Argumentation würde jedoch praktisch bedeuten, dass ein Arbeitgeber wegen eines Diebstahls bis zu einer – eventuell der Geldentwertung anzupassenden – Grenze nicht mehr fristlos kündigen dürfte. Die Konsequenz wäre eine fatale Wirkung auf die ehrlichen Arbeitnehmer.

---

400 BAG v. 10.11.2005 – 2 AZR 623/04 – unter B I 1 b bb (2), AP Nr. 196 zu § 626 BGB = NZA 2006, 491.

401 BAG v. 4.6.1997 – 2 AZR 526/96 – Leitsatz 2, AP Nr. 137 zu § 626 BGB = NZA 1997, 1281; BAG v. 27.4.2006 – 2 AZR 415/05 – unter B I 2 a bb (4), AP Nr. 203 zu § 626 BGB = NZA 2006, 1033.

402 Exemplarisch BAG v. 20.11.2014 – 2 AZR 651/13 –, AP Nr. 249 zu § 626 BGB = NZA 2015, 294; BAG v. 25.10.2012 – 2 AZR 495/11 –, AP Nr. 239 zu § 626 BGB = NZA 2013, 319.

403 Ähnlich der Sachverhalt des „Bienenstichfalls", BAG v. 20.9.1984 – 2 AZR 633/82 –, AP Nr. 80 zu § 626 BGB = NZA 1985, 286; s. auch BAG v. 12.8.1999 – 2 AZR 923/98 –, AP Nr. 28 zu § 626 BGB Verdacht strafbarer Handlung = NZA 2000, 421 (Wert ca. 20 DM) m.w.N. auch für die Gegenansicht, und BAG v. 11.12.2003 – 2 AZR 36/03 –, AP Nr. 179 zu § 626 BGB = NZA 2004, 486.

467   Schwerer wiegt der durch den Fehlgriff offenbarte **Mangel an Zuverlässigkeit** und die fehlende Wertschätzung der womöglich besonders anvertrauten Rechtsgüter des Arbeitgebers.[404] Dass Diebstahl bzw. Unterschlagung seitens des Arbeitgebers missbilligt würden, muss jedem Arbeitnehmer – sogar ohne die besondere Bekanntmachung des Arbeitgebers in unserem Beispielsfall – einleuchten, so dass es keiner Abmahnung bedarf.[405] Anderes gilt, wenn der Verbrauch betrieblicher Mittel zu privaten Zwecken bisher geduldet worden ist.[406] Dem Arbeitgeber kann auch nicht zugemutet werden, lediglich eine ordentliche Kündigung auszusprechen, weil der Arbeitnehmer sich voraussichtlich während der Kündigungsfrist vertragstreu verhalten werde. Dann notwendige zusätzliche Kontrollen sind geld- und zeitaufwendig und können auch keine letzte Sicherheit geben. Denkbar ist allenfalls, dass besondere Umstände das Verhalten in einem milderen Licht erscheinen lassen oder dass eine ungewöhnliche Schutzbedürftigkeit anzuerkennen ist.[407]

bb) Kündigung ordentlich „unkündbarer" Arbeitnehmer

468 Die Rechtsprechung **schwächt die Anforderungen** an die Rechtmäßigkeit der außerordentlichen Kündigung bei der Kündigung ordentlich „unkündbarer" Arbeitnehmer **ab**; gemeint sind Arbeitnehmer, deren ordentliche Kündigung abhängig von Alter und Beschäftigungszeit vor allem in Tarifverträgen ausgeschlossen worden ist.[408] Dem Arbeitgeber kann nicht zugemutet werden, ein sinnentleertes oder schwer gestörtes Arbeitsverhältnis zeitlich unbegrenzt fortzusetzen.[409] So kann der Arbeitsplatz eines „unkündbaren" Arbeitnehmers wegfallen,[410] oder dem Arbeitnehmer die geschuldete Arbeitsleistung krankheitsbe-

---

404 *Schlachter*, NZA 2005, 433, 434.

405 BAG v. 12.8.1999 – 2 AZR 923/98 –, AP Nr. 28 zu § 626 BGB Verdacht strafbarer Handlung = NZA 2000, 421 unter II 2 d aa.

406 LAG Köln v. 30.9.1999 – 5 Sa 872/99 – unter 2, NZA-RR 2001, 83: Bisher nicht beanstandete Verwendung von betrieblichen Briefumschlägen.

407 LAG Köln v. 24.8.1995 – 5 Sa 504/95 –, NZA-RR 1996, 86: *Ordentliche* Kündigung einer alleinerziehenden Mutter, Küchenhilfe in einer Kantine, die zwei übrig gebliebene Stück gebratenen Fisch entwendet hatte.

408 S. oben RN 320.

409 BAG v. 26.3.2015 – 2 AZR 783/13 –, AP Nr. 7 zu § 626 BGB Unkündbarkeit = NZA 2015, 866; BAG v. 18.6.2015 – 2 AZR 480/14 –, AP Nr. 8 zu § 626 BGB Unkündbarkeit = NZA 2015, 1315.

410 BAG v. 5.2.1998 – 2 AZR 227/97 – Leitsatz 1, AP Nr. 143 zu § 626 BGB = NZA 1998, 771; zur außerordentlichen betriebsbedingten Änderungskündigung BAG v. 2.3.2006 – 2 AZR 64/05 –, AP Nr. 84 zu § 2 KSchG 1969 = NZA 2006, 985.

dingt nicht mehr möglich sein[411], ohne dass eine Weiterbeschäftigungsmöglichkeit besteht. Solche Situationen können ganz ausnahmsweise eine außerordentliche Kündigung rechtfertigen.

Konsequenz des Schutzes vor der ordentlichen Kündigung wäre, dass der **469** außerordentlich fristlos gekündigte Arbeitnehmer schlechter stünde als ein aus dem gleichen Grund ordentlich – mit Kündigungsfrist – zu kündigender Arbeitnehmer. Um diesen Wertungswiderspruch zu vermeiden, ist eine infolge des vereinbarten Kündigungsschutzes erforderliche außerordentliche Kündigung nur mit einer **Auslauffrist** zulässig, bis zu deren Ablauf das Arbeitsverhältnis Bestand hat. Mit derselben Begründung ist bei der betriebsbedingten außerordentlichen Kündigung mit Auslauffrist ggfs. eine **Sozialauswahl** (§ 1 Abs. 3 KSchG) notwendig. Auch stehen der vor der Kündigung zu beteiligenden Arbeitnehmervertretung die Mitwirkungsrechte wie bei einer ordentlichen Kündigung zu;[412] damit beträgt z. B. der Reaktionszeitraum des Betriebsrats eine Woche, nicht wie bei der fristlosen außerordentlichen Kündigung maximal drei Tage (§ 102 Abs. 2 S. 3 BetrVG). Fazit der Rechtsprechung: Die außerordentliche Kündigung mit Auslauffrist ersetzt in extremen Ausnahmefällen die ausgeschlossene ordentliche Kündigung.[413]

b) Untergang des Kündigungsrechts

Der Kündigungsberechtigte verliert sein Kündigungsrecht, wenn er es nicht bin- **470** nen einer **Ausschlussfrist von zwei Wochen** nach dem Zeitpunkt ausübt, in dem er von den maßgeblichen Tatsachen Kenntnis erlangt hat (§ 626 Abs. 2 S. 1, 2 BGB, sog. *Kündigungserklärungsfrist*). Der Gesetzgeber ging davon aus, dass ein Kündigungsberechtigter, der länger abwartet, die Fortsetzung des Arbeitsverhältnisses offenbar nicht als unzumutbar empfindet. Außerdem wollte er mit dieser Regelung verhindern, dass der Arbeitgeber sich das Kündigungsrecht gleichsam als Druckmittel aufsparen kann. Inzwischen hat sich herausgestellt, dass die allzu kurze Frist den Arbeitgeber nicht selten zum Nachteil des Arbeitnehmers zur Eile drängt oder dass sie für die Kündigung zum Stolperstein wird. Eine gewisse Ab-

---

411 BAG v. 27.11.2003 – 2 AZR 601/02 – unter B I 5 b, AP Nr. 11 zu § 626 BGB Krankheit = NZA 2004, 1118.

412 BAG v. 5.2.1998 – 2 AZR 227/97 – unter II 3 e und II 5, AP Nr. 143 zu § 626 BGB = NZA 1998, 771; zu den Beteiligungsrechten bei der ordentlichen Kündigung oben RN 395 ff., bei der außerordentlichen Kündigung unten RN 473.

413 Im Hinblick auf diese Korrekturen ist es erwägenswert, Kündigungsausschlussklauseln teleologisch zu reduzieren und in Extremfällen die ordentliche Kündigung zuzulassen, so *Bröhl*, FS Schaub, 1998, S. 55, 65 ff.; ihm zust. *Hromadka/Maschmann*, Arbeitsrecht 1, § 10 Rn. 113.

milderung hat die Rechtsprechung dadurch erreicht, dass sie die Frist erst in Lauf setzt, wenn der Arbeitgeber den Vorgang in angemessener Weise aufgeklärt hat, was auch die Ermittlung entlastender Umstände umfasst. Zur Aufklärung gehört insbesondere ein Gespräch mit dem Arbeitnehmer, zu dem der Arbeitgeber jedoch nur bei der Kündigung wegen des Verdachts einer Straftat oder einer ähnlich schwerwiegenden Verfehlung verpflichtet ist.[414] Bei fortwirkenden Störungen (z. B. einer Serie vieler kleiner Unpünktlichkeiten, einer langanhaltenden Krankheit, einem dauerhaften Wegfall von Arbeitsplätzen) reicht es zur Wahrung der Frist aus, wenn die Beeinträchtigung innerhalb der letzten vierzehn Tage angedauert hat.[415] Weder der Verdacht einer strafbaren Handlung noch eine begangene Straftat stellen jedoch einen solchen Dauerzustand dar.[416]

2. Besonderer Kündigungsschutz

471 Auch bei der außerordentlichen Kündigung[417] kann Sonderkündigungsschutz zumindest kündigungserschwerend eingreifen. **§ 17 MuSchG** und **§ 18 BEEG** setzen die behördliche Zustimmung voraus. Die Kündigung von **Funktionsträgern** der Betriebsverfassung oder der Personalvertretung bedarf der Zustimmung der zuständigen Arbeitnehmervertretung oder einer Ersetzung durch rechtskräftigen gerichtlichen Beschluss (§ 103 BetrVG; §§ 47 Abs. 1, 108 Abs. 1 BPersVG). Bei der fristlosen Kündigung von **Auszubildenden** (§ 22 Abs. 2 Nr. 1 BBiG) kann gemäß § 111 Abs. 2 ArbGG ein obligatorisches Schlichtungsverfahren vorgeschaltet sein.[418] Kein spezifischer Schutz vor fristloser Kündigung existiert für Bundestagsabgeordnete, Wehr- oder Zivildienstleistende.

472 Die außerordentliche Kündigung **schwerbehinderter Menschen** (dazu § 168 SGB IX) ist im Vergleich mit der ordentlichen Kündigung insofern erleichtert, als das Integrationsamt zustimmen soll, wenn der Kündigungsgrund nicht mit der Behinderung zusammenhängt. Außerdem wird die Zustimmung des Integrationsamtes bereits unterstellt, wenn dieses binnen zwei Wochen keine Entscheidung trifft (§ 174 Abs. 3 SGB IX). Dazu erforderlich ist zunächst ein Antrag[419] innerhalb von zwei Wochen ab Kenntnis der für die Kündigung maßgebenden

---

414 Zur Verdachtskündigung oben RN 378 f.
415 BAG v. 21.3.1996 – 2 AZR 455/95 –, AP Nr. 8 zu § 626 BGB Krankheit = NZA 1996, 871.
416 BAG v. 29.7.1993 – 2 AZR 90/93 –, AP Nr. 31 zu § 626 BGB Ausschlußfrist = NZA 1994, 171.
417 Nachfolgend werden nur die Unterschiede zu den Voraussetzungen und Schranken der ordentlichen Kündigung dargestellt und ansonsten auf die einschlägigen Erläuterungen bei der ordentlichen Kündigung verwiesen.
418 Wegen der Einzelheiten KR-*Weigand* §§ 21–23 BBiG Rn. 110 ff.
419 Zur Unkenntnis des Arbeitgebers von der Behinderung s. oben RN 327.

Tatsachen (§ 174 Abs. 2 SGB IX). Der Arbeitgeber kann ohne Zustimmung (bzw. deren Fiktion) nicht kündigen, muss allerdings die Kündigung gem. § 626 Abs. 2 S. 1 BGB, wie gesehen, ebenfalls innerhalb von zwei Wochen erklären. Daher erlaubt § 174 Abs. 5 SGB IX, die Kündigungserklärungsfrist zu überziehen, sofern die Kündigung unverzüglich nach Erteilung der Zustimmung (bzw. deren Fiktion) erklärt wird.[420] Dies gilt jedoch nur, wenn der Antrag tatsächlich innerhalb der zwei Wochen gestellt wurde. § 174 Abs. 5 SGB IX dehnt die Frist des § 626 Abs. 2 S. 1 BGB nur aus, heilt aber nicht deren Überschreitung.[421]

3. Anhörung des Betriebsrates

Im Übrigen ist ein bestehender Betriebsrat jedenfalls anzuhören (§ 102 Abs.1 **473** BetrVG). Geschieht dies nicht, ist auch die außerordentliche Kündigung unwirksam. Sofern es sich nicht um die außerordentliche Kündigung eines ordentlich „unkündbaren" Arbeitnehmers mit Auslauffrist handelt,[422] hat die etwaige Stellungnahme unverzüglich, spätestens innerhalb von **drei Tagen** zu erfolgen (§ 102 Abs. 2 S. 3 BetrVG).

4. Ausspruch der Kündigung

Der Ausspruch der Kündigung muss – wie stets – **schriftlich** erfolgen (§ 623 BGB) **474** und für den Arbeitnehmer **eindeutig** erkennen lassen, dass es sich um eine Entlassung aus wichtigem Grund handelt. Anderenfalls kann lediglich eine ordentliche Kündigung erklärt sein. Überdies kann der Gekündigte – nachträglich – eine schriftliche *Mitteilung des Kündigungsgrundes* verlangen (§ 626 Abs. 2 S. 3 BGB).

Bei einer außerordentlichen Kündigung, für die es an einem wichtigen Grund **475** von Anfang an fehlt oder die verspätet erklärt wird, kommt eine **Umdeutung** (§ 140 BGB) in eine ordentliche Kündigung in Betracht, sofern sich aus den Umständen ergibt, dass der Arbeitgeber den Arbeitnehmer auf jeden Fall entlassen

---

420 Dazu BAG v. 13.5.2004 – 2 AZR 36/04 – unter II 2, AP Nr. 12 zu § 626 BGB Krankheit = NZA 2004, 1271.
421 BAG v. 2.3.2006 – 2 AZR 46/05 –, AP Nr. 6 zu § 91 SGB IX = NZA 2006, 1211. Auch wenn das Integrationsamt über einen verfristeten Antrag in der Sache (damit Heilung) entscheidet, bleibt der Verstoß gegen § 626 Abs. 2 BGB bestehen; die bürgerlich-rechtliche und die sozialrechtliche Norm verdrängen einander nicht.
422 S. oben RN 468 f.

will.[423] Selbstverständlich hängt die Wirksamkeit der ordentlichen Kündigung davon ab, dass deren Voraussetzungen vorliegen, insbesondere die Anhörung des Betriebsrats: Soll die Umdeutung Erfolg haben, muss der Arbeitgeber grundsätzlich den Betriebsrat deutlich darauf hingewiesen haben, dass die beabsichtigte außerordentliche Kündigung hilfsweise als ordentliche gelten soll.[424]

5. Kündigungsschutzklage des Arbeitnehmers

476 Nun hat der Arbeitnehmer zu entscheiden, ob er vor dem Arbeitsgericht (zuständig gem. § 2 Abs. 1 Nr. 3b ArbGG) gegen die außerordentliche Kündigung vorgeht. Dazu muss er einen Antrag auf Feststellung erheben, dass das Arbeitsverhältnis durch die – genau zu bezeichnende – Kündigung nicht aufgelöst worden ist. Die Voraussetzungen einer **zulässigen Klage** und die sich aus dem punktuellen Streitgegenstand ergebenden Risiken sind andernorts eingehend beschrieben worden.[425]

477 Soll die Kündigungsschutzklage nicht als *unbegründet* abgewiesen werden, muss der Arbeitnehmer insbesondere die **Dreiwochenfrist** des § 4 S. 1 KSchG einhalten. Dies empfiehlt sich nicht nur wegen der möglichen Umdeutung, sondern wird auch von § 13 Abs. 1 S. 2 KSchG vorgeschrieben, wenn der Arbeitnehmer „die Rechtsunwirksamkeit einer außerordentlichen Kündigung" geltend machen will. Das Fristerfordernis besteht für jede arbeitgeberseitige außerordentliche Kündigung; irrelevant ist, ob für den Arbeitnehmer der allgemeine Kündigungsschutz gilt oder nicht[426] und ob es sich um eine Beendigungs- oder Änderungskündigung[427] handelt.

478 Hat der Arbeitnehmer die Ausschlussfrist versäumt, werden etwaige **Mängel der Kündigung** entsprechend § 7 KSchG fast ausnahmslos **geheilt**. Betroffen ist seit dem 1.1.2004[428] nicht mehr nur das Fehlen des wichtigen Grundes von Anfang an (§ 626 Abs. 1 BGB) oder infolge des Ablaufs der Kündigungserklärungsfrist

---

423 BAG v. 15.11.2001–2 AZR 310/00 –, AP Nr. 13 zu § 140 BGB m.w.N. = RdA 2003, 179 m. Anm. *Vossen.*
424 BAG v. 20.9.1984–2 AZR 633/82 – unter II 2, AP Nr. 80 zu § 626 BGB = NZA 1985, 286; Ausnahme: Bereits ausdrückliche und vorbehaltlose Zustimmung zur außerordentlichen Kündigung.
425 S. oben RN 416 ff.
426 Vgl. BAG v. 28.6.2007–6 AZR 873/06 –, AP Nr. 61 zu § 4 KSchG 1969 = NZA 2007, 972, zur Wartezeit in § 1 Abs. 1 KSchG.
427 U.E. kann es nur um eine ungewollte Regelungslücke handeln, wenn § 13 Abs. 1 S. 2 KSchG nur auf § 4 S. 1 KSchG verweist, nicht auf dessen S. 2 zur Änderungskündigung.
428 §§ 4, 7 KSchG u. a. geändert durch das Gesetz zu Reformen am Arbeitsmarkt v. 24.12.2003 (BGBl. I S. 3002).

(§ 626 Abs. 2 BGB). Jetzt werden auch nahezu alle anderen Unwirksamkeitsgründe geheilt, z. B. Nichtanhörung des Betriebsrats oder Missachtung des besonderen Kündigungsschutzes. Ausgenommen sind die Nichteinhaltung der Schriftform (§ 623 BGB) und der Fall, dass eine notwendige behördliche Zustimmung (§§ 17 MuSchG, 18 Abs. 1 BEEG, 168 ff. SGB IX[429]) nicht dem betroffenen Arbeitnehmer bekannt gemacht wurde, da in diesen Fällen gem. § 4 S. 1, 4 KSchG schon die Ausschlussfrist nicht zu laufen beginnt.

6. Beendigung des Kündigungsschutzprozesses

Auch hinsichtlich der Möglichkeiten der Beendigung des Kündigungsschutzpro- 479 zesses (insbesondere durch Prozessvergleich oder durch Entscheidung hinsichtlich des Feststellungsantrags) kann weitgehend auf vorangegangene Erörterungen verwiesen werden.[430] Wenn der Arbeitgeber ohne wichtigen Grund außerordentlich kündigt, kann allerdings nur der Arbeitnehmer ein **Auflösungsurteil** und die Zahlung einer angemessenen Abfindung beantragen, sofern ihm die Fortsetzung des Arbeitsverhältnisses unzumutbar ist (§ 13 Abs. 1 S. 3 KSchG). In der Tat können gerade unbegründete schwere Vorwürfe des Arbeitgebers das Vertrauensverhältnis endgültig zerrütten.

IV. Anspruch auf Wiedereinstellung

Nach einer wirksamen Kündigung kann sich die Frage stellen, ob und unter 480 welchen Voraussetzungen der Arbeitnehmer einen Anspruch auf Wiedereinstellung hat. Ein solcher Anspruch muss selbstständig eingeklagt werden. Ein Wiedereinstellungsanspruch kann zunächst ausdrücklich **vereinbart** werden,[431] z. B. in einem vor Gericht geschlossenen Vergleich. Daneben wird in jüngerer Zeit intensiv ein **„allgemeiner"** – d. h. im Wege der Rechtsfortbildung entwickelter – **Wiedereinstellungsanspruch** nach wirksamer Kündigung[432] diskutiert.[433] Zu

---

429 Wird die Zustimmung des Integrationsamts gem. §§ 171, 174 SGB IX fingiert, findet gar keine Bekanntgabe statt; maßgeblich für den Start der Dreiwochenfrist ist dann § 4 S. 1 KSchG; so auch Löwisch/Schlünder/Spinner/Wertheimer/*Spinner*, KSchG, § 4 Rn. 66.
430 Oben RN 438 ff.
431 Zu dem Sonderfall eines Vertrauenstatbestandes s. BAG v. 29.1.1987 – 2 AZR 109/86 –, AP Nr. 1 zu § 620 BGB Saisonarbeit = NZA 1987, 627.
432 Seltener Fall des „allgemeinen" Wiedereinstellungsanspruchs nach Aufhebungsvertrag: BAG v. 21.2.2002 – 2 AZR 749/00 –, NZA 2002, 1416; grundsätzlich kein solcher Anspruch nach

denken ist insbesondere an folgende **Fallgestaltungen:** Nach einer Verdachtskündigung stellt sich die Unschuld des Arbeitnehmers heraus.[434] Nach einer betriebsbedingten Kündigung erfolgt nicht die beabsichtigte Betriebsstilllegung,
sondern z. B. ein Betriebsübergang.[435] Ein wegen Krankheit personenbedingt gekündigter Arbeitnehmer wird überraschend wieder gesund.[436] Diese Fälle haben
gemeinsam, dass sich eine Prognose als falsch herausstellt, die zum Zeitpunkt des
Zugangs der Kündigung gerechtfertigt war. Die Kündigung selbst erfolgte somit
rechtmäßig, der **Kündigungsgrund** ist jedoch **nachträglich weggefallen.** Bei
ordentlichen – und außerordentlichen – Kündigungen wegen des bloßen *Verdachts einer Straftat* ist ein solches Korrektiv unbedingt notwendig. Ansonsten
handelt es sich der Sache nach um einen Ausbau des gesetzlichen Bestandsschutzes, weil nur im Geltungsbereich des KSchG überhaupt ein Kündigungsgrund erforderlich ist.

481   Als **Anspruchsgrundlage** für einen gesetzlichen Wiedereinstellungsanspruch sieht das BAG unter Berufung auf Art. 12 Abs. 1 GG eine aus § 242 BGB
folgende arbeitsvertragliche Nebenpflicht.[437] Diese Nebenpflicht bestehe allerdings nur so lange, wie das Arbeitsverhältnis noch nicht beendet sei. Somit
komme – abgesehen vom Fall der *Verdachtskündigung* – ein Wiedereinstellungsanspruch grundsätzlich nur dann in Betracht, wenn sich die Unrichtigkeit
der Prognose noch vor **Ablauf der Kündigungsfrist** zeige.[438] Bei einer betriebsbedingten Kündigung seien auch Beschäftigungsmöglichkeiten auf einem anderen, unvorhergesehen freigewordenen Arbeitsplatz zu berücksichtigen. Eine anderweitige Wiederbesetzung der Stelle stünde der Einstellung allerdings
entgegen, sofern der Arbeitgeber nicht treuwidrig gehandelt habe. Nach einer
krankheitsbedingten Kündigung ist nach Auffassung des BAG insbesondere zu

---

Ablauf eines befristeten Arbeitsvertrags: BAG v. 20. 2. 2002 – 7 AZR 600/00 –, AP Nr. 11 zu § 1 KSchG
1969 Wiedereinstellung = NZA 2002, 896.
433 *Otto*, in: FS Kraft, 1998, S. 451 ff.; *Raab*, RdA 2000, 147 ff., jeweils m.w.N.
434 BAG v. 4. 6. 1964 – 2 AZR 310/63 –, AP Nr. 13 zu § 626 BGB Verdacht strafbarer Handlung, und v.
20. 8. 1997 – 2 AZR 620/96 –, AP Nr. 27 zu § 626 BGB Verdacht strafbarer Handlung = NZA 1997, 1340.
435 BAG v. 27. 2. 1997 – 2 AZR 160/96 – und v. 4. 12. 1997 – 2 AZR 140/97 , AP Nr. 1 und 4 zu § 1 KSchG
1969 Wiedereinstellung = NZA 1997, 757 und 1998, 701. BAG v. 12. 11. 1998 – 8 AZR 265/97 –, AP Nr. 5
zu § 1 KSchG 1969 Wiedereinstellung = NZA 1999, 311: Geltendmachung gegenüber dem Erwerber.
436 BAG v. 17. 6. 1999 – 2 AZR 639/98 –, AP Nr. 37 zu § 1 KSchG 1969 Krankheit = NZA 1999, 1328; v.
27. 6. 2001 – 7 AZR 662/99 –, AP Nr. 10 zu § 1 KSchG 1969 Wiedereinstellung = NZA 2001, 1135.
437 BAG v. 28. 6. 2000 – 7 AZR 904/98 – unter II B 2, AP Nr. 6 zu § 1 KSchG 1969 Wiedereinstellung
m. krit. Anm. *Otto* = NZA 2000, 1097; BAG v. 9. 11. 2006 – 2 AZR 509/05 –, AP Nr. 1 zu § 311a BGB,
auch mit Rückwirkung.
438 BAG v. 28. 6. 2000 – 7 AZR 904/98 –, AP Nr. 6 zu § 1 KSchG 1969 Wiedereinstellung = NZA
2000, 1097 Leitsatz 2, m. insoweit abl. Anm. *Otto*; *ders.* in: FS Kraft, 1998, S. 451, 458.

beachten, dass die negative Gesundheitsprognose nicht nur erschüttert, sondern positiv widerlegt werden müsse[439]. Auf die grundlegenden Bedenken gegen die Rechtsfortbildung (abgesehen vom Sonderfall der Verdachtskündigung) bzw. ihre Ausformung, nämlich ihre rechtliche Herleitung aus einer vertraglichen Nebenpflicht und die daraus abgeleitete zeitliche Begrenzung, kann hier nicht eingegangen werden.

V. Bestandsschutz beim befristeten und auflösend bedingten Arbeitsvertrag

1. Befristeter Arbeitsvertrag

Die Beliebtheit des befristeten Arbeitsvertrages bei Arbeitgebern ist nach den Ausführungen zur ordentlichen Kündigung durchaus verständlich.[440] Denn der wirksam befristete Arbeitsvertrag endet mit Fristablauf automatisch ohne Kündigung, so dass sämtliche geschilderten Hürden entfallen: angefangen vom Sonderschutz für Mütter und schwerbehinderte Menschen über den allgemeinen Kündigungsschutz bis zur Beteiligung der Arbeitnehmervertretung. Immerhin ist der Arbeitnehmer während der Laufzeit des befristeten Arbeitsvertrages vor der ordentlichen Kündigung geschützt, wenn nicht einzelvertraglich oder im anwendbaren Tarifvertrag für beide Seiten – Rechtsgedanke des § 622 Abs. 6 BGB[441] – das Recht vorbehalten ist, den Arbeitsvertrag auch vor Ablauf der Frist ordentlich zu kündigen (§ 15 Abs. 3 TzBfG). **482**

Die Gratwanderung zwischen allseits ungewollter Aushöhlung des allgemeinen Kündigungsschutzes und von manchen erhoffter Verbesserung der Arbeitsmarktsituation durch erleichterte Befristung versucht primär § 14 TzBfG. Dieser erklärt zu Beginn in bewusster Abkehr von § 620 Abs. 1 BGB (und in Anlehnung an jahrzehntelange rechtsfortbildende Rechtsprechung[442]) eine Befristung grundsätzlich nur für zulässig, „wenn sie durch einen **sachlichen Grund** gerechtfertigt ist". Daran schließt eine nicht abschließende Aufzählung typischer Befristungsgründe an. Z. B. erlaubt Nr. 1 die Befristung, wenn der Bedarf an der Arbeitsleistung nur vorübergehend besteht. Im Interesse des Bestandsschutzes kann dazu die bloße Unsicherheit hinsichtlich der künftigen Entwicklung nicht genügen; vielmehr ist ein zusätzlicher, absehbar nur zeitweilig anfallender Bedarf **483**

---

439 BAG v. 17.6.1999 – 2 AZR 639/98 –, AP Nr. 37 zu § 1 KSchG 1969 Krankheit = NZA 1999, 1328.
440 In Deutschland standen 2018 4.716.000 Arbeitnehmer in einem befristeten Arbeitsverhältnis, https://www-genesis.destatis.de/genesis/online/link/tabelleErgebnis/12211-0010.
441 Vgl. auch KR-*Lipke* § 15 TzBfG Rn. 35.
442 Grundlegend Großer Senat des BAG v. 12.10.1960 – GS 1/59 –, AP Nr. 16 zu § 620 BGB Befristeter Arbeitsvertrag = SAE 1961, 125 ff. m. Anm. *Bötticher*.

erforderlich.[443] Das Gesetz verlangt nicht, dass auch die **Dauer der Befristung** durch einen Sachgrund gerechtfertigt ist; jedoch kann eine deutliche Überschreitung der beim Vertragsschluss vorhersehbaren Dauer Zweifel an dem vom Arbeitgeber genannten Grund wecken.[444]

484   Bedeutsam ist auch § 14 Abs. 1 S. 2 Nr. 6 TzBfG, wonach in der Person des Arbeitnehmers liegende Gründe die Befristung rechtfertigen können. Erlaubt sind damit eine Befristung auf Wunsch des Arbeitnehmers[445] und die Festlegung einer **Altersgrenze**[446], die sich am staatlichen Altersversorgungssystem orientiert (Vollendung des 67. Lebensjahres). Der EuGH verneint insoweit eine europarechtswidrige Altersdiskriminierung.[447] Das BAG toleriert jedenfalls bei ausreichender Alterssicherung – rechtlich problematischer – auch eine vorgelagerte Altersgrenze.[448] Dabei ist freilich § 41 S. 2 SGB VI zu beachten.

485   Demgegenüber enthalten die folgenden Absätze des § 14 TzBfG einige, in den letzten Jahren erweiterte **Ausnahmen vom Erfordernis des Sachgrundes**, die den **Kettenarbeitsvertrag** hoffähig gemacht haben. Bei Neueinstellungen[449] nämlich erlaubt § 14 Abs. 2 TzBfG bis zu einer Dauer von zwei Jahren den Verzicht auf einen sachlichen Grund. Innerhalb dieses Zeitraums ist auch eine dreimalige Verlängerung der Befristung gestattet, die während der Laufzeit des zu verlängernden Vertrages vereinbart werden muss, da es sich andernfalls um einen Neuabschluss mit demselben Arbeitgeber (dann Sachgrund erforderlich!) han-

---

443 BAG v. 11.2.2004 – 7 AZR 362/03 – unter I 2 a, AP Nr. 256 zu § 620 BGB Befristeter Arbeitsvertrag = NZA 2004, 978. Die geplante spätere Besetzung des Arbeitsplatzes ist kein solcher Sachgrund (BAG v. 17.1.2007 – 7 AZR 20/06 –, AP Nr. 30 zu § 14 TzBfG = NZA 2007, 566).
444 Eingehend KR-*Lipke* § 14 TzBfG Rn. 120 ff.
445 Der Arbeitnehmer muss gerade ein Interesse an der *Befristung* der Beschäftigung haben, BAG v. 26.4.1985 – 7 AZR 316/84 – Leitsatz 1 und unter III 3 b, AP Nr. 91 zu § 620 BGB Befristeter Arbeitsvertrag.
446 Zur Abgrenzung der Altersgrenze von einer auflösenden Bedingung s. *Maschmann* in: Annuß/Thüsing, Teilzeit- und Befristungsgesetz, § 14 Rn. 62 m.w.N.
447 EuGH v. 16.10.2007 – C-411/05 – (Palacios), NZA 2007, 1219; zur Europarechtskonformität des § 41 S. 3 SGB VI jüngst EuGH v. 28.2.2018 – C-46/17 – (John) –, NZA 2018, 355.
448 BAG v. 12.2.1992 – 7 AZR 100/91 –, AP Nr. 5 zu § 620 BGB Altersgrenze = NZA 1993, 998 (Cockpitpersonal); s. auch die Billigung von Altersgrenzen bei Piloten durch Tarifvertrag (60 Jahre) bzw. durch Verordnung (65 Jahre) durch das BVerfG v. 25.11.2004 – 1 BvR 2459/04 –, AP Nr. 25 zu § 620 BGB Altersgrenze, und v. 26.1.2007 – 2 BvR 2408/06 –, EuGRZ 2007, 231.
449 Zu diesem Vorbeschäftigungsverbot beim selben Arbeitgeber BAG v. 21.9.2011 – 7 AZR 375/10 –, AP Nr. 86 zu § 14 TzBfG = NZA 2012, 255: Geltung nur für eine Dauer von drei Jahren; hiergegen BVerfG v. 6.6.2018 – 1 BvL –, NZA 2018, 774: unzulässige Rechtsfortbildung; krit. auch *Höpfner*, NZA 2011, 893.

delt.[450] Seit 2004 gelten diese Erleichterungen gemäß § 14 Abs. 2a TzBfG sogar für eine Gesamtdauer von vier Jahren, sofern die Gründung des anstellenden Unternehmens nicht mehr als vier Jahre zurückliegt.[451] Noch niedrigere Schranken sieht § 14 Abs. 3 TzBfG bei Arbeitnehmern vor, die das 52. Lebensjahr vollendet haben und unmittelbar zuvor vier Monate beschäftigungslos gewesen sind: Bis zu einer Gesamtdauer von fünf Jahren ist für eine Befristung ihrer Arbeitsverhältnisse kein sachlicher Grund erforderlich.[452]

In jedem Fall bedarf die Befristung zu ihrer Wirksamkeit der **Schriftform** 486 (§§ 14 Abs. 4 TzBfG, 126 BGB).[453] Fehlt es daran, ist der Arbeitsvertrag nicht etwa insgesamt nichtig, sondern gilt im Interesse des Arbeitnehmers als auf unbestimmte Zeit geschlossen (§ 16 TzBfG). Daran vermag der Arbeitgeber auch nichts zu ändern, indem die Arbeitsvertragsparteien nach Aufnahme der Arbeit durch den Arbeitnehmer die Befristungsabrede schriftlich fixieren („**Schriftformfalle**").[454] Immerhin kann das dann unbefristete Arbeitsverhältnis – sofern die üblichen Voraussetzungen vorliegen – ordentlich gekündigt werden. Ist die Befristung aus anderen Gründen als dem Schriftformmangel unwirksam, gilt § 16 TzBfG ebenfalls; die ordentliche Kündigung ist dann jedoch erst zum ursprünglich vereinbarten Vertragsende möglich.

Anstatt anderweitige Regeln über die Befristung von Arbeitsverhältnissen in 487 das vorhandene TzBfG zu integrieren, erhält der Gesetzgeber die bereits beklagte **Vielzahl speziellerer Normen** aufrecht.[455] Von erheblicher praktischer Bedeutung sind das Gesetz über **befristete Arbeitsverträge mit Ärzten in der Weiterbildung** und das Gesetz über **befristete Arbeitsverträge in der Wissen-**

---

450 BAG v. 16.3.2005 – 7 AZR 289/04 – unter II 1, AP Nr. 16 zu § 14 TzBfG = NZA 2005, 923 (wegen vieler Einzelprobleme sehr lesenswert). Neuabschluss auch bei einer Änderung des Vertragsinhalts ohne einen entsprechenden Anspruch des Arbeitnehmers (BAG v. 23.8.2006 – 7 AZR 12/06 –, AP Nr. 1 zu § 14 TzBfG Verlängerung = NZA 2007, 204; BAG v. 16.1.2008 – 7 AZR 603/06 –, Pressemitteilung Nr. 2/08 = DB 2008, 1323.

451 Unternehmen können somit knapp *acht* Jahre ab ihrer Gründung von der Vorschrift des § 14 Abs. 2a TzBfG profitieren, *Preis*, DB 2004, 70, 78 f.

452 § 14 Abs. 3 TzBfG wurde im Rahmen der „Initiative 50plus" durch Art. 1 des Gesetzes v. 19.4. 2007 (BGBl. I S. 538) geändert.

453 BAG v. 26.7.2006 – 7 AZR 514/05 – unter I 1, AP Nr. 24 zu § 14 TzBfG = NZA 2006, 1402: Unterschrift auf demselben, der einen Partei von der anderen unterschrieben zugesandten Schriftstück genügt.

454 BAG v. 1.12.2004 – 7 AZR 198/04 – unter B I 4, AP Nr. 15 zu § 14 TzBfG = NZA 2005, 575: § 141 Abs. 2 BGB sei nicht anwendbar. Anders BAG v. 13.6.2007 – 7 AZR 700/06 –, AP Nr. 39 zu § 14 TzBfG = NZA 2008, 108, beim vorherigen Fehlen einer mündlichen oder konkludenten Befristungsabrede.

455 Vgl. § 4 RN 135.

schaft.[456] Hinzu treten eine spezifische Regelung für die Vertretung im Falle der Betreuung eines Kindes gemäß § 21 BEEG und die Befristung des Berufsausbildungsverhältnisses nach § 21 Abs. 1 BBiG. Das bunte Bild von Gesetzesrecht und Richterspruch wird noch durch **tarifvertragliche Regelungen** ergänzt.[457] Diese haben grundsätzlich Vorrang, soweit sie für den Arbeitnehmer (auf Gund einer stärkeren Begrenzung der Befristung) günstiger sind; § 22 TzBfG erlaubt sogar den Vorrang manch ungünstigerer Regelung.

488   Will der Arbeitnehmer die Unwirksamkeit einer Befristung – z. B. anlässlich der tatsächlichen Beendigung seiner Beschäftigung mit dem vereinbarten Ablauf des Vertrages – geltend machen, sieht § 17 TzBfG dafür die sog. **Befristungskontrollklage** vor. Durchaus sinnvoll ist, dass der Arbeitnehmer die angeblich unwirksame Befristung spätestens drei Wochen nach dem vereinbarten Ende in Parallele zu § 4 S. 1 KSchG geltend machen muss, damit für beide Vertragsparteien möglichst bald Klarheit geschaffen wird.

489   Ein kurzes **Fazit** zur Gesamtproblematik des befristeten Arbeitsvertrages soll nicht fehlen. Im Hinblick auf die Schutzpflicht bezüglich der Wahl des Arbeitsplatzes (Art. 12 Abs. 1 GG) und das Sozialstaatsprinzip ist die Rückkehr zum Regelungsgehalt des § 620 Abs.1 BGB vor allem beim mehrjährigen Kettenarbeitsvertrag sowie dort bedenklich, wo mit der Befristung weitgehend auch der Sonderschutz ausgehebelt wird. Demgegenüber sind die erwarteten positiven Folgen für den Arbeitsmarkt keineswegs selbstverständlich, während mit „Mitnahmeeffekten" seitens der Arbeitgeber zu rechnen ist.[458]

2. Auflösend bedingter Arbeitsvertrag

490   Soll der Bestand des Arbeitsverhältnisses an ein Ereignis geknüpft werden, dessen Eintritt ungewiss ist („ob"), wird es mit einer **auflösenden Bedingung** (§ 158 Abs. 2 BGB) versehen. Steht die Tatsache des Eintritts fest und ist nur dessen Zeitpunkt unsicher („wann"), handelt es sich dagegen um eine **Zweckbefristung**

---

456 Wissenschaftszeitvertragsgesetz (WissZeitVG) vom 12.4.2006 (BGBl. I S. 506) mit Wirkung v. 18.4.2007; zu den entsprechenden Entwürfen *Kortstock*, ZTR 2007, 2.

457 Z. B. § 30 Abs. 2–4 des Tarifvertrages für den öffentlichen Dienst (TVöD) vom 19.9.2005 i. d. F. v. 18.4.2018.

458 Zwischen 1996 und 2004 ist der Anteil der befristet Beschäftigten bei den 20- bis 24-Jährigen von 22 % auf 29 % gestiegen, bei den 25- bis 29-Jährigen von 10 % auf 16 % (Anteil befristet Beschäftigter unter allen Erwerbstätigen: 8 %), Pressemitteilung des Statistischen Bundesamtes Nr. 193 v. 26.4.2005 (http://www.destatis.de, Menüpunkt: Arbeitsmarkt, Suchbegriff: Befristete Arbeitsverträge). Diese Tendenz hält an. Vgl. nur die umfassenden statistischen Angaben unter https://www.boeckler.de/53500.htm.

(§ 3 Abs. 1 S. 2 Alt. 2 TzBfG). Die Grenzen sind fließend, die Einteilung bleibt im hier interessierenden Zusammenhang ohne Folgen: Da der Fortbestand eines auflösend bedingten Arbeitsvertrages für den Arbeitnehmer noch weniger kalkulierbar ist, muss der Bestandsschutz insofern erst recht gelten; § 21 TzBfG erklärt daher die maßgeblichen, eben dargestellten Regeln für anwendbar. So bedarf z. B. die Vereinbarung, dass das Arbeitsverhältnis einer in einer Fernsehseifenoper mitwirkenden Schauspielerin enden soll, wenn ihre Rolle in der Serie nicht mehr enthalten ist, eines Sachgrunds.[459] Dieser besteht im Zuschnitt des Arbeitsverhältnisses auf die Produktion der konkreten Serie und in der künstlerischen Gestaltungsfreiheit des Arbeitgebers (Art. 5 Abs. 3 GG), welche das Interesse der Arbeitnehmerin am Fortbestand ihres Arbeitsverhältnisses (Art. 12 Abs. 1 GG) überwiegen.

VI. Gesamtbewertung des gegenwärtigen Kündigungsschutzes

Dem außenstehenden Beobachter, der sich um ein neutrales Urteil bemüht, fällt **491** eine zuverlässige Gesamtbewertung des gegenwärtigen Bestandsschutzes sehr schwer.[460] Einerseits macht das Schlagwort vom „Arbeitsplatzbesitzer"[461] die Runde; jeder Schutz seiner Rechtsposition gehe zu Lasten der Arbeitssuchenden. Außerdem hört man aus dem Arbeitgeberlager immer wieder, dass eine Kündigung jedenfalls in erster Instanz kaum durchzusetzen sei; dies habe zur Konsequenz, dass man stets versuchen müsse, eine einverständliche Aufhebung des Arbeitsvertrages gegen Zahlung einer Abfindungssumme zu erreichen. Andererseits wird das KSchG im Gewerkschaftslager als reines Abfindungsgesetz charakterisiert.

Vermutlich haben beide Seiten bis zu einem gewissen Grade Recht.[462] Zum **492** einen ist unverkennbar, dass die Arbeitnehmerseite, insgesamt gesehen, die Rückkehr in den Betrieb gegen den Willen des Arbeitgebers kaum durchsetzen

---

459 BAG v. 2.7.2003 – 7 AZR 612/02 –, AP Nr. 29 zu § 620 BGB Bedingung = NZA 2004, 311.
460 Vgl. *Walwei*, Kündigungsschutz: Gibt es Deregulierungsbedarf?, Arbeit und Sozialpolitik 1–2/2002, 8 ff.
461 Vgl. *Gerhard Müller*, in: Auflösung des Normalarbeitsverhältnisses?, hrsgg. von Besters, 1988, S. 64 ff., 71: „Wie eine eiserne Klammer wirkt das sog. Netz sozialer Sicherung, in das sich ein inflexibler Arbeitsmarkt bettet – eine Hängematte, in der sich die Arbeitsplatzbesitzer wohlfühlen mögen, die aber einengt und Anpassungsfähigkeit verhindert."
462 Umfangreiches Datenmaterial lieferte die REGAM-Studie, veröffentlicht von *Pfarr/Bothfeld/Kaiser/Kimmich/Peuker/Ullmann*, BB 2003, 2061, 2286 u. 2622; BB 2004, 106, 325 u. 602.

kann.[463] Zum anderen lässt sich nicht leugnen, dass der Kündigung durch den Arbeitgeber eine Fülle von verfahrensmäßigen und materiellen Hindernissen im Wege stehen und dass sich die Arbeitnehmer bei einer schlechten Arbeitsmarktlage viel energischer gegen eine Kündigung wehren als zu Zeiten der Vollbeschäftigung.[464] Damit bewirkt das Instrumentarium des Bestandsschutzes einen durch wissenschaftliche Erhebungen kaum erfassbaren **generalpräventiven Effekt** gegenüber Kündigungen. Nachteilige Nebenwirkungen zu Lasten der Arbeitnehmerseite sind dabei nicht auszuschließen. Die nicht unbegründete Sorge vor gerichtlichen Auseinandersetzungen fördert die „Leiharbeit" (Arbeitnehmerüberlassung), den Abschluss befristeter Arbeitsverträge sowie „freier" Dienst- und Werkverträge und begünstigt langfristige Planungen mit dem Ziel, Personal durch Maschinen zu ersetzen oder sogar den Betrieb ins Ausland zu verlegen.

493   Die häufig zu vernehmende Einschätzung, ein allzu weitreichender Kündigungsschutz hätte Einfluss auf die grundlegende **Entscheidung zur Einstellung**, ließ sich dagegen bis heute nicht verifizieren. Das gilt auch für die Überlegung, eine Anhebung des über die Geltung des KSchG entscheidenden Schwellenwerts (§ 23 Abs. 1 S. 2 – 4 KSchG) brächte Arbeitsplätze; der Sorge des allgemeinen Kündigungsschutzes entledigt, würden sich Kleinunternehmen zur Einstellung von Arbeitnehmern entschließen. Eine Studie[465] förderte 2003 die denkwürdige Zahl zutage, dass ohnehin 64 % der Kleinunternehmen fälschlich von der Geltung des KSchG ausgingen. Die Veränderung einer in den maßgeblichen Kreisen weithin unbekannten Norm kann schwerlich beschäftigungswirksame Effekte erzeugen. Maßgeblicher Faktor für die Zahl der Arbeitsplätze ist die wirtschaftliche Situation im Kleinen und im Großen.

494   Nach unserer Auffassung sollten Gesetzgeber und Rechtsprechung **auf tiefgreifende Eingriffe verzichten.** Hierzu zählen wir den immer wieder geforderten „Rückbau" des geltenden Kündigungsschutzes (Kündigungsschutz erst nach zweijährigem Bestand des Arbeitsverhältnisses und nur in Betrieben mit mehr als 20 Arbeitnehmern; Abfindung statt Bestandsschutz[466]; optionale Erleichterung

---

463 Vgl. RN 402.

464 Anfang der 1980er Jahre erhoben ca. 8 % der gekündigten Arbeitnehmer Kündigungsschutzklage, heute sind es etwa 15 % (*Pfarr/Bothfeld/Kaiser/Kimmich/Peuker/Ullmann*, BB 2004, 106, 106 f.).

465 Gemeint ist abermals die REGAM-Studie, *Pfarr/Bothfeld/Kaiser/Kimmich/Peuker/Ullmann*, BB 2003, 2061 und 2286.

466 *Hundt*, Der Arbeitgeber, 2002 Nr. 6 S.10; ähnlich, allerdings unternehmensbezogen, *Junker*, Verhandlungen des 65. DJT, 2004, Bd. I, Gutachten, Thesen 15, 22, 24, B 112, 114; ferner *Hromadka*, ZfA 2002, 383 ff. mit Gesetzgebungsvorschlag; *Kamanabrou*, in: Transparenz und Reform im Arbeitsrecht, 2006, hrsgg. von Rieble, S. 77 ff. Rechtsvergleichend und zurückhaltend *Rebhahn*, RdA 2002, 272 ff.; krit. *Däubler*, AiB 2002, 457 ff.; *Pfarr/Zeibig*, WSI-Mitt. 2006, 419 ff. Vgl. schließlich den

des Kündigungsschutzes [467]) ebenso wie einen weiteren richterlichen Ausbau des Bestandsschutzes z. B. bei dem Anspruch auf Wiedereinstellung. Der Bestandsschutz hat für beide Vertragsparteien nicht nur einen wirtschaftlichen, sondern insbesondere für den Arbeitnehmer einen personalen Aspekt. Dieser besteht darin, dass über sein Schicksal nicht in gleicher Weise disponiert werden kann wie über den Einsatz einer Maschine. Eine rein ökonomisch orientierte Betrachtungsweise kann die sozialen Folgekosten einer Entwurzelung nicht erfassen. Eine konjunkturabhängige Ausgestaltung des Bestandsschutzes wäre daher verfehlt.

Nicht in Betracht kommt andererseits eine **faktische Blockade der ordent-** **lichen Kündigung,** die weder internationalem Standard[468] noch marktwirtschaftlichen Gegebenheiten entspräche. Sie wäre zu befürchten, wenn die Kündigung generell von der Zustimmung des Betriebsrats abhängig gemacht würde, wie es gemäß § 102 Abs. 6 BetrVG vereinbart werden kann, oder wenn der Arbeitgeber bei einem Widerspruch des Betriebsrats den Arbeitnehmer sogar mit einer Aufhebungsklage aus dem Betrieb herausklagen müsste.[469] **495**

---

umfassenden Gesetzentwurf von *Preis*, NZA 2003, 252, ferner die §§ 108 ff. des von *Preis/Henssler* vorgelegten DEArbVG, Stand: November 2007, NZA Beil. 1/2007.

467 Oben RN 491.

468 Vgl. *Tödtmann/Schauer*, NZA 2003, 1187 ff.; *Zachert*, WSI-Mitt. 2004, 132 ff., insbes. Übersicht S. 134; das Kündigungsschutzrecht der Schweiz kennt überhaupt nur eine Schadensersatzpflicht bei missbräuchlicher Kündigung (vgl. *Rehbinder*, ZIAS 1988, 319 ff., 322 ff.).

469 DGB und DAG haben zur Reform des Betriebsverfassungsgesetzes vorgeschlagen, dem Betriebsrat bei jeder Kündigung ein umfassendes Widerspruchsrecht einzuräumen. Hat der Betriebsrat widersprochen, so soll das Arbeitsverhältnis nur dann enden, wenn der Arbeitgeber eine Auflösungsklage erhebt und das Arbeitsgericht dieser Klage stattgibt (vgl. *Fischer*, NZA 2000, 167, 172).

§ 7 Das Arbeitsverhältnis im Vollzug

496 Der Charakter dieses Lehrbuches erlaubt vor allem eine tiefergehende Betrachtung der Hauptleistungspflichten von Arbeitgeber und Arbeitnehmer. Im Übrigen ist im folgenden Abschnitt eine noch größere Selbstbeschränkung auf für das Arbeitsverhältnis typische Interessenkonflikte unvermeidlich.

I. Der Leistungsaustausch als Vertragszweck

497 Der eigentliche Zweck des typischen Arbeitsverhältnisses liegt – nicht anders als beim Dienstvertrag des Selbstständigen – in dem **Austausch der Arbeitsleistung gegen die Arbeitsvergütung** (§§ 611 Abs. 1, 611a BGB); die gemäß § 613 S. 1 BGB persönlich zu erfüllende Arbeitspflicht und die Vergütungspflicht sind im Rahmen eines (Dauer-)Schuldverhältnisses in Gestalt eines **gegenseitigen Vertrages** (§§ 320 ff. BGB) miteinander verknüpft.

498   Das gemeinsame Interesse an einem funktionsfähigen Unternehmen – in neuerer Zeit vielfach manifestiert durch Mitarbeiterbeteiligungen etwa in Form von Aktien oder Aktienoptionen –, die notwendige Kooperation im Rahmen der Mitbestimmung und die Pflichten zur wechselseitigen Rücksichtnahme rechtfertigen noch **nicht** die Bejahung der Verfolgung eines **gemeinsamen Zwecks** (§ 705 BGB), wie es für eine Gesellschaft mit ihren gleichberechtigten Gesellschaftern charakteristisch ist. Die anregenden Überlegungen von *Adomeit* unter dem Titel „Gesellschaftsrechtliche Elemente im Arbeitsrecht" (1986) haben jedoch den richtigen Kern, dass die Vorstellung eines für bloße Austauschverhältnisse charakteristischen Interessengegensatzes der gegenwärtigen Ausgestaltung vieler Arbeitsbeziehungen nicht mehr gerecht wird. Unter der Flagge der „Teilhabe" des Arbeitnehmers darf aber weder die unternehmerische Freiheit über die gesetzlichen Regelungen hinaus beschränkt noch der gesetzlich vorgesehene Arbeitnehmerschutz unterlaufen werden.[1] Konstruktiv bleibt das Arbeitsverhältnis ein schuldrechtliches Austauschverhältnis. Wegen des auf einen längeren Zeitraum angelegten Austauschs wird es zutreffend als **Dauerschuldverhältnis** (vgl. § 314 BGB) eingeordnet.

---

1 Vgl. *Beuthien*, FS Ernst Wolf, 1985, S. 17 ff.; *Ehmann*, RdA 1990, 77 ff.

II. Die Hauptleistungspflichten der Arbeitsvertragsparteien

Sowohl mit der Arbeitspflicht als auch mit der Vergütungspflicht verbindet sich **499** eine Vielzahl von Aspekten. Jeder Einzelne kann maßgebliche Bedeutung für die Bewertung des Arbeitsverhältnisses erlangen und sich erheblich auf die Lebenssituation des Arbeitnehmers und den Gestaltungsspielraum des Arbeitgebers auswirken (man denke an Umfang und Lage der Arbeitszeit, eine bundesweite Versetzung, die Ausgestaltung der Vergütung oder die betriebliche Altersversorgung).

Beispielsfälle

Fall 53: Der beim Logistikunternehmen L angestellte Kurierfahrer K ist arbeitsvertraglich verpflichtet, montags bis samstags jeden Morgen um 6 Uhr im Logistikzentrum die Lieferaufträge für den jeweiligen Tag entgegen zu nehmen, die zugehörigen Pakete abzuholen und bis spätestens 14 Uhr bei den Adressaten abzuliefern. Von 14 bis 18 Uhr soll K sich überdies für die Übernahme neuer Aufträge in der Weise bereithalten, dass er die Sendungen binnen zehn Minuten bei L in Empfang nehmen kann. Tatsächlich geschieht dies nahezu täglich mehrfach. Gegen L wird ein Bußgeldbescheid wegen Überschreitung der Höchstarbeitszeiten erlassen (§ 22 Abs. 1 Nr. 1 ArbZG). Zu recht?

Fall 54: Der bei A angestellte Systemadministrator S wird von seinem Vorgesetzten V auch nach Dienstschluss ständig mit E-Mails und Anrufen auf sein privates Smartphone „bombardiert", die ihn auf aktuelle EDV-Probleme in den Betrieben der A aufmerksam machen. S, der viele dieser Systemkonflikte auch von zu Hause aus bereinigen kann, nimmt sich – wie auch die meisten seiner Kollegen – dieser Probleme in der Regel sofort, d. h. noch in den Abendstunden oder am Wochenende an. Er fragt sich allerdings, ob er – da die tarifvertraglich vorgesehene Arbeitszeit von 38,5 Stunden bereits durch seine Tätigkeit vor Ort ausgeschöpft wird – für diese Mehrarbeit eine zusätzliche Vergütung verlangen kann.

Fall 55: Maschinenbauer M, der fast 300 Arbeitnehmer beschäftigt und in dessen Betrieb ein Betriebsrat gewählt wurde, hat wirtschaftliche Sorgen. Ein fest eingeplanter Großauftrag ist ihm gerade entgangen. Auch im Übrigen laufen die Geschäfte schlecht. Um die immer drückender werdenden Lohnkosten auf ein vertretbares Maß zu senken, ordnet er deshalb Kurzarbeit im Umfang von 50 % der bislang üblichen Arbeitszeit bei entsprechender Lohnabsenkung an. Arbeitnehmer A meint, dass ihn die Probleme des M nichts angingen und verlangt, weiterhin in Vollzeit beschäftigt und entsprechend vergütet zu werden. Zu recht?

---

1. Die Arbeitspflicht

a) Persönliche Verpflichtung des Arbeitnehmers

Während § 613 S. 1 BGB für den Dienstvertrag generell nur bestimmt, dass der zur **500** Dienstleistung Verpflichtete seine **Leistung** *im Zweifel* **in Person** zu erbringen hat, gilt dies für den Arbeitnehmer nahezu ausnahmslos. Damit korrespondiert die grundsätzliche Unübertragkeit des Anspruchs auf einen anderen Arbeitgeber, wiederum über das „im Zweifel" des § 613 S. 2 BGB hinaus. Im Zusammenhang mit dem Betriebsübergang des § 613a BGB kommt dieser Schutz der Persönlichkeit in dem dort in den Absätzen 5 und 6 geregelten Widerspruchsrecht zum Ausdruck.[2] Konsequent ist es deshalb, jede Form der Zwangsvollstreckung zur Durchsetzung der Arbeitsleistung unter Berufung auf § 888 Abs. 3 a.E. ZPO abzulehnen, aber auch den Erlass einer einstweiligen Verfügung mit dem gerichtlichen Gebot der Arbeitsleistung.[3]

b) Inhalt der Arbeitspflicht

501 Die **Art der Arbeitsleistung** wird im Arbeitsvertrag festgelegt und durch das Weisungsrecht des Arbeitgebers (§ 106 S. 1 GewO) näher ausgefüllt.[4] Eine pauschale Ausweitung ist jedoch unangemessen i.S. von § 307 Abs. 1 S. 1 BGB und deshalb unwirksam.[5]

502 Was die **Qualität und Quantität der Arbeit** anlangt, gibt es keine „Norm", sofern nicht etwa ein Leistungslohn (z. B. Akkordlohn) vereinbart ist. Geschuldet ist nicht eine mittlere Art und Güte der Leistung eines fiktiven Normalarbeitnehmers wie bei einer Gattungsschuld (§ 243 Abs. 1 BGB), sondern das dem einzelnen Arbeitnehmer zumutbare Maß an Arbeitstempo und -intensität (**subjektiver Leistungsbegriff**). Nur wenn er seine Leistungsfähigkeit für einen längeren Zeitraum nicht ausschöpft, begeht er eine Pflichtverletzung, die eine Schadensersatzforderung bzw. verhaltensbedingte Kündigung[6] rechtfertigen kann.[7] Eine Minderung bei Leistungsmängeln scheidet aus (vgl. § 326 Abs. 1 S. 2 BGB).[8] Fehlt es an der Leistungsfähigkeit, kommt allerdings auch eine personenbedingte Kündigung[9] in Betracht; dazu muss die Arbeitsleistung die berechtigte Erwartung des Arbeitgebers, eine der Vergütung gleichwertige Gegenleistung zu erhalten, in

---

2 § 8 RN 653 ff.

3 Im Ergebnis *Schleusener* in: Germelmann u. a., ArbGG, § 62 Rn. 107; MünchZPO/*Drescher*, 5. Aufl. 2016, § 935 Rn. 101; LAG Hamburg v. 18. 7. 2002 – 3 Ta 18/02 – DB 2002, 2003, 2004. A.A. bei unvertretbaren Arbeitsleistungen *Baur/Stürner/Bruns*, Zwangsvollstreckungsrecht, 13. Aufl. 2006, Rn. 53.27., bei vertretbaren sei ohnehin § 887 BGB einschlägig.

4 BAG v. 13. 6. 2007 – 5 AZR 564/06 –, AP Nr. 11 zu § 611 BGB Film = NZA 2007, 974 (Änderung einer Filmrolle).

5 BAG v. 9. 5. 2006 – 9 AZR 424/05 –, AP Nr. 21 zu § 307 BGB = NZA 2007, 145.

6 Dazu § 6 RN 350.

7 Vgl. BAG v. 11. 12. 2003 – 2 AZR 667/02 – unter B I 2, AP Nr. 48 zu § 1 KSchG 1969 Verhaltensbedingte Kündigung = NZA 2004, 784. Dazu *Maschmann*, NZA-Beilage 1/2006, 13 ff.

8 Vgl. BAG v. 18. 07. 2007 – 5 AZN 610/07 –, AP Nr. 1 zu § 611 BGB Minderleistung = NZA 2007, 1015.

9 Dazu § 6 RN 347.

einem Maße unterschreiten, dass ihm ein Festhalten an dem (unveränderten) Arbeitsvertrag unzumutbar wird.[10]

Zentral für das arbeitsrechtliche Synallagma ist die **Dauer der Arbeitszeit,** 503 die einmal für die Vergütungsfrage, dann aber auch für die Berechnung der zulässigen Arbeitshöchstzeit relevant ist. Die Arbeitszeitdauer wird fast ausnahmslos im Arbeits- oder Tarifvertrag festgelegt. Zu der vom Arbeitnehmer geschuldeten Arbeitsleistung gehören grundsätzlich nicht *Umkleidezeiten*[11], in der Regel ebenfalls nicht die *Reisezeiten*[12], wenn der Arbeitgeber lediglich die Benutzung öffentlicher Verkehrsmittel vorgibt und der Arbeitnehmer die Zeit nach seinem Belieben nutzen kann.

Komplizierter wird eine Feststellung dort, wo die Grenzen zwischen Arbeits- 504 zeit und Freizeit verschwimmen.[13] Bei der **Arbeitsbereitschaft** „vor Ort" wird gegenüber der Arbeitszeit eine Leistung minderer Intensität erbracht, doch ist sie wegen der jederzeit möglichen vollen Beanspruchung und der damit verbundenen Einschränkung der Bewegungsfreiheit (Verkaufspersonal wartet auf Kundschaft) der vollen Arbeitszeit gleichgestellt (Fall 53). Eine gelockerte Bindung besteht beim **Bereitschaftsdienst,** in dem der Arbeitnehmer sich arbeitsfähig halten und auf Abruf tätig werden muss. Seine kurzfristige Arbeitsbereitschaft zu gewährleisten hat der Arbeitnehmer auch bei der **Rufbereitschaft,** bei der er beispielsweise per „Pieper" oder durch Mitführen eines Mobiltelefons[14] erreichbar ist. Arbeitszeitrechtlich gilt letzteres als Ruhezeit i.S. des § 5 ArbZG, während der Bereitschaftsdienst z.B. als Krankenhausarzt auch während der eigentlichen Nichttätigkeit als Arbeitszeit zu werten sein kann[15], und zwar selbst dann, wenn sich der Betroffene dabei in der eigenen Wohnung aufhält.[16]

---

10 BAG v. 11.12.2003 – 2 AZR 667/02 –, AP Nr. 48 zu § 1 KSchG 1969 Verhaltensbedingte Kündigung unter B III 2.

11 BAG v. 22.3.1995 – 5 AZR 496/94 –, AP Nr. 8 zu § 611 BGB Arbeitszeit = SAE 1996, 369 ff. m. Anm. *Wiese.*

12 BAG v. 11.7.2006 – 9 AZR 519/05 –, AP Nr. 10 zu § 611 BGB Dienstreise = NZA 2007, 155; anders aber dann, wenn sich der Arbeitnehmer weisungs- oder vertragsgemäß direkt zum Kunden begeben soll, um seine Leistungen zu erbringen, EuGH v. 14.5.2019 – C-55/18 – (CC.OO) –, NZA 2019, 683; BAG v. 22.4.2009 – 5 AZR 292/08 –, NZA-RR 2010, 231.

13 Näher *Buschmann,* FS Hanau, 1999, S. 197 ff; *Gamillscheg,* Arbeitsrecht I, Fall 248, S. 469 ff.

14 BAG v. 29.6.2000 – 6 AZR 900/98 –, AP Nr. 41 zu § 15 BAT = NZA 2001, 165.

15 Vgl. zum ärztlichen Bereitschaftsdienst in Bezug auf die Richtlinie 93/104/EG (ABl. EG Nr. L 307, S. 18) EuGH v. 3.10.2000 – C-303/98 – (Simap), AP Nr. 2 zu EWG-Richtlinie 93/104 = NZA 2000, 1227; dazu BAG v. 18.2.2003 – 1 ABR 2/02 –, AP Nr. 12 zu § 611 BGB Arbeitsbereitschaft = NZA 2003, 742; BAG v. 21.1.2006 – 1 ABR 6/05 – AP Nr. 8 zu § 3 ArbZG = NZA 2006, 862 (Rettungsdienst). Insofern ist § 7 Abs. 2a ArbZG – eingefügt durch Gesetz zu Reformen am Arbeitsmarkt v. 24.12. 2003 (BGBl. I S. 3002) – europarechtlich bedenklich.

16 EuGH v. 21.2.2018 – C-518/15 – (Matzak) –, NZA 2018, 293.

505   Vor besondere Herausforderungen stellt den Rechtsanwender das mit der zunehmenden Digitalisierung und Globalisierung der Arbeitswelt verbundene Phänomen der **ständigen Erreichbarkeit der Beschäftigten**, die auch in ihrer Freizeit dienstliche Telefonate mit Vorgesetzten führen, deren E-Mails beantworten oder auf Arbeitsaufträge mittels SMS reagieren. Tarif- und arbeitsvertragliche Regelungen hierzu fehlen in der betrieblichen Praxis regelmäßig ebenso wie ausdrückliche Weisungen, solche Arbeiten sofort zu erledigen. Eine von Gewerkschaftskreisen geforderte **Anti-Stress-Verordnung**[17], die den Belastungen der Arbeitnehmer Rechnung trüge, ist bislang nicht mehrheitsfähig gewesen. Gleichwohl wird man selbst kurze Zeiten[18] der tatsächlichen Inanspruchnahme des Beschäftigten, sofern das Tätigwerden erwartet oder auch nur vom Arbeitgeber geduldet wird, sowohl mit Blick auf die Vergütung als auch die Höchstgrenzen des Arbeitszeitgesetzes als Arbeitszeit zu werten haben. In der betrieblichen Praxis ist dies vor allem mit Blick auf die Einhaltung der Ruhezeit (§ 5 ArbZG) problematisch, die schon bei kurzen Unterbrechungen nicht etwa entsprechend verlängert wird, sondern neu zu laufen beginnt.[19] Entsprechend steht S gegen A in Fall 54 ein Vergütungsanspruch in üblicher Höhe (§ 612 Abs. 2 BGB) zu.

506   Vorübergehend verlängert wird die Arbeitszeit durch **Überstunden**, verkürzt durch **Kurzarbeit**. Für die Verpflichtung zur Leistung von Überstunden bzw. für die Anordnung von Kurzarbeit, mit der eine Verringerung des Entgeltanspruchs einhergehen soll, bedarf es einer besonderen Rechtsgrundlage im Arbeits- oder Tarifvertrag bzw. in einer Betriebsvereinbarung, so dass die einseitige Anordnung des Arbeitgebers in Fall 55, schon wegen des damit verbundenen Eingriffs in das arbeitsvertragliche Synallagma, rechtswidrig und deshalb unbeachtlich ist. Existiert ein *Betriebsrat*, ist dieser zu beteiligen (§ 87 Abs. 1 Nr. 3 BetrVG).[20] Das BAG lässt auch das Ruhen eines Arbeitsverhältnisses zu (z.B. bei einer Reinigungskraft während der Schulferien), sofern die formularmäßige Vereinbarung den Arbeitnehmer nicht unangemessen benachteiligt (§ 307 BGB).[21]

507   Die **Lage der Arbeitszeit** bestimmt der Arbeitgeber im Rahmen seines Weisungsrechts (§ 106 GewO). Allerdings steht einem *Betriebsrat* hier, wenn der Ar-

---

17 Entwurf abrufbar unter https://www.igmetall.de/download/0188530_Anti_Stress-Verord nung_ab6297762b343f1ce2cf2275345a3e1b648a983d.pdf.
18 *Reichold*, in: Festschrift Bauer, 2010, 843, 857; *Kreft*, ArbuR 2018, 56, 60; *Wiebauer*, NZA 2016, 1430, 1433; a. A. *Jacobs*, NZA 2016, 733, 737.
19 ErfK/*Wank* § 5 ArbZG Rn. 6 m. w. N.
20 § 12 RN 883 ff.
21 BAG v. 10.1. 2007 – 5 AZR 84/06 –, AP Nr. 6 zu § 611 BGB Ruhen des Arbeitsverhältnisses = NZA 2007, 384.

beitgeber die Lage der Arbeitszeit kollektiv festlegt[22], ein erzwingbares echtes Mitbestimmungsrecht gemäß § 87 Abs. 1 Nr. 2 BetrVG zu.[23] Der Arbeitgeber kann daher die Lage der Arbeitszeit nur einvernehmlich festlegen, insbesondere durch Betriebsvereinbarung.

c) Arbeitszeitschutz

Die einschlägigen Regelungen für volljährige Arbeitnehmer finden sich im Ar- **508** beitszeitgesetz. § 3 S. 1 ArbZG legt die werktägliche Arbeitszeit grundsätzlich auf acht Stunden fest. Das kann bei der Arbeit an allen sechs Werktagen schon 48 Stunden ergeben. § 3 S. 2 ArbZG lässt Verlängerungen auf bis zu zehn Stunden zu, wenn innerhalb eines Ausgleichszeitraums (sechs Kalendermonate oder 24 Wochen) der Acht-Stunden-Tag im Durchschnitt nicht überschritten wird. Außerdem gestattet § 7 ArbZG insbesondere in einem Tarifvertrag oder auf Grund eines Tarifvertrages eine Vielzahl von Modifikationen. Die §§ 9 ff. ArbZG gebieten im Grundsatz die Sonn- und Feiertagsruhe, lassen aber ebenfalls viele Ausnahmen z. B. im öffentlichen Interesse, zur Freizeitgestaltung, aber auch für auf fortlaufende Produktion ausgerichtete Betriebe zu.

d) Anspruch auf Teilzeitbeschäftigung und Altersteilzeit

Seit 2001 hat ein Arbeitnehmer unter Umständen einen Anspruch auf **Verringe-** **509** **rung der Arbeitszeit** (§ 8 Abs. 1 TzBfG), wenn das Arbeitsverhältnis mehr als sechs Monate bestanden hat und in der Regel mehr als 15 Arbeitnehmer mit Ausnahme der Auszubildenden beschäftigt sind (Abs. 7). In einem komplizierten Verfahren[24] kann der Arbeitnehmer nicht nur die von ihm gewünschte Verringerung der Arbeitszeit durchsetzen, sondern ebenso deren Verteilung, soweit nicht betriebliche Gründe[25] entgegenstehen. Der Arbeitnehmer muss seinen Wunsch nach Verringerung spätestens drei Monate vorher – auch mündlich – anmelden, um den Arbeitgeber in Zugzwang zu setzen.[26] Wehrt sich der Arbeitgeber nicht spätestens einen Monat vor dem vom Arbeitnehmer genannten Termin schriftlich, gilt das Gewünschte als vereinbart. Umgekehrt hat ein Arbeitnehmer auch ein Recht auf bevorzugte Berücksichtigung bei dem Wunsch auf Besetzung eines

---

22 § 12 RN 883.

23 § 12 RN 893 und 894.

24 Zu Einzelheiten s. *Annuß/Thüsing/Mengel*, Teilzeit- und Befristungsgesetz, § 8.

25 Zu deren Prüfung BAG v. 18.2.2003 – 9 AZR 164/02 –, AP Nr. 2 zu § 8 TzBfG = NZA 2003, 1392.

26 Zur Auslegung des Teilzeitbegehrens bei kürzerer Frist vgl. BAG v. 20.7.2004 – 9 AZR 626/03 –, AP Nr. 11 zu § 8 TzBfG m. Anm. *Mengel* = NZA 2004, 1090.

freien Arbeitsplatzes mit längerer Arbeitszeit (§ 9 TzBfG)[27], sofern nicht dringende betriebliche Belange oder konkurrierende Aufstockungswünsche anderer Beschäftigter eintgegenstehen. Arbeitnehmer, die ihr Arbeitszeitkontingent reduzierten, konnten in der Vergangenheit nicht mit der notwendigen Sicherheit erwarten, irgendwann einmal zur Ausgangslage zurückkehren zu können. Diese, Teilzeitarbeit unattraktiv machende Schwäche ist durch den neu eingefügten Anspruch auf **„Brückenteilzeit"**, der in Unternehmen mit mehr als 49 Beschäftigten eine zeitlich begrenzte (zwischen ein und fünf Jahren) Verringerung ermöglicht (§ 9a TzBfG). Eine spezielle Regelung für die Verringerung der Arbeitszeit während der Elternzeit enthält § 15 Abs. 5 bis 7 BEEG.

510 Im Unterschied dazu soll Arbeitnehmern ab Vollendung des 55. Lebensjahres mit der **Altersteilzeit** ein gleitender Übergang vom Erwerbsleben in die Altersrente ermöglicht werden (§ 1 AtzG). Dabei hatte man ursprünglich eher an eine durchgehende Verkürzung der Arbeitszeit auf die Hälfte gedacht. Fast ausnahmslos praktiziert wird jedoch das sog. „Blockmodell": Danach arbeiten die Beschäftigten in unverändertem zeitlichen Umfang bis zu fünf Jahre weiter, um dann für den entsprechenden Zeitraum ganz von der Arbeit freigestellt zu sein. Bis zum 31.12.2009 begründete Altersteilzeitverhältnisse wurden und werden durch die Bundesagentur für Arbeit gefördert, wenn damit jeweils die Einstellung eines sonst arbeitslosen Arbeitnehmers ermöglicht wird.

e) Ort der Arbeitsleistung

511 Der Arbeitsort wird zumeist ausdrücklich oder konkludent im Arbeitsvertrag festgelegt, ergibt sich aber häufig aus den Umständen des Arbeitseinsatzes. Bei einem Bauarbeiter oder erst recht bei einem Montagearbeiter erstreckt sich das **Weisungsrecht** (§ 106 GewO) ohne weiteres auch darauf. Der Arbeitsort kann sich ausnahmsweise im Laufe der Tätigkeit vertraglich verfestigen.[28] Vereinbarte – auch formularmäßige – **Versetzungsklauseln**, die sich an § 106 S. 1 GewO orientieren, verschaffen dem Arbeitgeber mehr Spielraum.[29] Die notwendige Beteiligung des *Betriebsrats* gemäß § 99 BetrVG[30] bezieht sich dabei nicht nur auf **Versetzungen** i.S. einer vertraglichen Vereinbarung, sondern darüber hinaus auf sämtliche Zuweisungen eines anderen Arbeitsbereichs, die entweder voraus-

---

27 BAG v. 15.8.2006 – 9 AZR 8/06 –, AP Nr. 1 zu § 9 TzBfG = NZA 2007, 255; BAG v. 8.5.2007 – 9 AZR 874/06 –, AP Nr. 3 zu § 9 TzBfG = NZA 2007, 1349.
28 Zu den konkret zu stellenden, äußerst strengen Anforderungen ErfK/*Preis*, § 106 GewO Rn. 27 m. w. N.
29 BAG v. 11.4.2006 – 9 AZR 557/05 –, AP Nr. 17 zu § 307 BGB = NZA 2006, 1149.
30 § 12 RN 911.

sichtlich die Dauer eines Monats überschreiten oder die mit einer erheblichen Änderung der Arbeitsumstände verbunden sind (§ 95 Abs. 3 S. 1 BetrVG). Eine Versetzung i.s. des BetrVG ist daher die Abordnung in eine andere Filiale jedenfalls an einem anderen Ort,[31] nicht aber die Verlagerung des gesamten Betriebes um wenige Kilometer in einer Gemeinde.[32] Arbeitsplätze mit wechselndem Arbeitsort sind davon nach § 95 Abs. 3 S. 2 BetrVG ausdrücklich ausgenommen.

f) Leistungsverweigerungsrechte des Arbeitnehmers

Auswirkungen auf die Arbeitspflicht hat schließlich die Ausübung – bisweilen 512 schon das Vorliegen – eines Leistungsverweigerungsrechts. Die Erörterung der Leistungsverweigerungsrechte ist deshalb praktisch bedeutsam, weil es bei einem berechtigten Verhalten des Arbeitnehmers nicht nur an einer **Pflichtverletzung fehlt**, auf die sich der Arbeitgeber bei einer beabsichtigten verhaltensbedingten Kündigung[33] oder einem Schadensersatzbegehren[34] berufen könnte. Sehr häufig wird der Arbeitgeber sogar in Annahmeverzug[35] geraten.

Der Arbeitnehmer schuldet die Arbeit gemäß § 275 Abs. 3 BGB ausnahms- 513 weise dann nicht, wenn sie ihm unter Abwägung des seiner Leistung entgegenstehenden Hindernisses mit dem Leistungsinteresse des Gläubigers nicht zugemutet werden kann und er deswegen die Einrede erhebt. Beispiele **persönlicher Unzumutbarkeit** sind die Arbeitsverweigerung aus Gewissensgründen[36], akute Pflegebedürftigkeit eines nahen Angehörigen, aber auch eine Erkrankung, die nicht eindeutig Arbeitsunfähigkeit zur Folge hat. Letztere führt in der Regel nicht erst wegen des typischen Fixcharakters der Arbeit zur Unmöglichkeit der Arbeitsleistung i.S. des § 275 Abs. 1 BGB.

Ist der Arbeitgeber mit fälliger Vergütung im Rückstand, steht dem Arbeit- 514 nehmer nicht nur das allgemeine Zurückbehaltungsrecht gemäß §§ 273, 274 BGB zu, sondern die **Einrede des (teilweise) nichterfüllten Vertrages** (§ 320 BGB).[37] Liegen ihre Voraussetzungen vor, wird der Anspruch des Arbeitgebers *automatisch* gehemmt; auch eine Sicherheitsleistung hilft dem Arbeitgeber nicht. Allerdings darf die Verweigerung der Arbeitsleistung nicht ihrerseits treuwidrig sein (§ 320 Abs. 2 BGB). Dies ist insbesondere bei geringfügigen Rückständen der Fall.

---

31 BAG v. 14.11.1989 – 1 ABR 87/88 –, AP Nr. 76 zu § 99 BetrVG 1972 = NZA 1990, 357.
32 BAG v. 27.6.2006 – 1 ABR 35/05 –, AP Nr. 47 zu § 95 BetrVG 1972 = NZA 2006, 1289.
33 § 6 RN 350.
34 Dazu unten RN 596.
35 Dazu unten RN 539.
36 Dazu oben § 4 RN 205.
37 Vgl. BAG v. 25.10.1984 – 2 AZR 417/83 –, AP Nr. 3 zu § 273 BGB = NZA 1985, 355.

Auch wird man vom Arbeitnehmer erwarten müssen, dass er den Arbeitgeber über den Grund für sein Verhalten alsbald informiert.

515 Dagegen kommt § 273 BGB eher bei **Verletzung von Nebenpflichten** des Arbeitgebers in Betracht, die unter IV näher darzustellen sind. Hierzu zählt auch die Pflicht zu Schutzmaßnahmen, z.B. auf Grund von § 618 BGB. Zum Schutz der Beschäftigten sind darüber hinaus **besondere Leistungsverweigerungsrechte** vorgesehen. So gestattet § 14 Satz 1 AGG ausdrücklich die Einstellung der Tätigkeit ohne Verlust des Arbeitsentgelts, wenn der Arbeitgeber ein diskriminierendes Verhalten am Arbeitsplatz oder eine sexuelle Belästigung (§ 3 Abs. 4 und 5 AGG) nicht unterbindet.

2. Die Vergütungspflicht

a) Rechtsgrundlagen und Höhe des Arbeitsentgelts

516 Dem Grunde nach folgt die Vergütungspflicht aus dem Arbeitsvertrag (§§ 611 Abs. 1, 611a Abs. 2 BGB). Gemäß § 612 Abs. 1 BGB gilt eine Vergütung stillschweigend als vereinbart, wenn die Dienstleistung den Umständen nach nur gegen eine Vergütung erbracht wird. Die Höhe ist häufig auch im Arbeitsvertrag bestimmt, ergibt sich typischerweise jedenfalls im Einzelnen aus den oben in § 4 genannten weiteren Rechtsgrundlagen, insbesondere dem Tarifvertrag. Hilfsweise gilt die übliche Vergütung als vereinbart (§ 612 Abs. 2 BGB). Auch wenn der Arbeitnehmer üblicherweise Trinkgelder erhält, kann die Zahlung eines regelmäßigen Entgelts nicht ausgeschlossen werden (§ 107 Abs. 3 GewO).

517 Die Aussage **„Gleiche Vergütung für gleiche oder gleichwertige Arbeit"** gilt nicht generell. So ist eine individuell vereinbarte Vergütung mit dem arbeitsrechtlichen Gleichbehandlungsgrundsatz[38] durchaus vereinbar,[39] doch engen die „Benachteiligungsverbote" des AGG (§§ 1, 7 Abs. 2), die auch begünstigende Differenzierungen erfassen, den Spielraum ein.[40] § 8 Abs. 2 AGG lässt die geringere Vergütung für gleiche und gleichwertige Arbeit nicht etwa deshalb zu, weil wegen eines in § 1 genannten Grundes (z.B. der Behinderung) besondere Schutzvorschriften gelten. Allerdings sieht der EuGH in dem Rückgriff auf das Kriterium des Dienstalters grundsätzlich keine ungerechtfertigte Differenzierung, weil der Arbeitgeber die Berufserfahrung honorieren dürfe.[41] In diesem Sinne ist

---

38 § 4 RN 189.
39 BAG v. 13.02.2002 – 5 AZR 713/00 –, AP Nr. 184 zu § 242 BGB Gleichbehandlung = NZA 2003, 215.
40 Vgl. *Lingemann*, BB 2007, 2006 ff.
41 EuGH (Große Kammer) v. 3.10.2006 – C-17/05 – (B.F. Cadman), AP Nr. 15 zu Art. 141 EG = NZA 2006, 1225.

auch § 10 S. 3 Nr. 2 AGG auszulegen. Allerdings kann der Arbeitnehmer Indizien dafür darlegen und notfalls beweisen (§ 22 AGG), dass die Berufserfahrung in Wahrheit nicht von Bedeutung ist. Der **Lohngerechtigkeit** dient auch die Überwachung der zugunsten der Arbeitnehmer geltenden Regelungen durch den **Betriebsrat** im Rahmen seiner allgemeinen Aufgaben (§ 80 Abs. 1 Nr. 1 BetrVG), die den Einblick in die Listen über die Bruttolöhne einschließt (Abs. 2 S. 2). Hingegen unterliegt die Vereinbarung der Hauptleistungspflichten grundsätzlich nicht der AGB-Kontrolle, da sie nicht i.S. des § 307 Abs. 3 S. 1 BGB von Rechtsvorschriften abweichen.[42] Denkbar ist nur ein Verstoß gegen das Transparenzgebot (§ 307 Abs. 1 S. 2 BGB), z. B. bei der Zusage einer Bonuszahlung unter unklaren Modalitäten[43], richtigerweise entgegen der Rspr. etwa bei einer allein unter den Vorbehalt der „Billigkeit" (§ 315 BGB) gestellten Sonderzahlung.[44]

Eine **untere Grenze des Arbeitsentgelts** wird auf ganz verschiedenen Wegen **518** festgelegt. Das bedeutsamste Schutzinstrument ist das am 16. 8. 2014 in Kraft getretene Mindestlohngesetz.[45] Es sieht mittlerweile – nachdem Übergangsregelungen für bestimmte Berufsgruppen und zur tarifvertraglichen Festlegung niedrigerer Entgeltsätze mittlerweile ausgelaufen sind – grds. für alle volljährigen Arbeitnehmer und Praktikanten, deren Beschäftigungsverhältnisse nicht unter das Berufsbildungsgesetz fallen (vgl. § 23 MiLoG), eine zwingende, also nicht durch Ausschlussfristen tangierbare[46] (§ 3 MiLoG) und im Laufe der Zeit durch die Mindestlohnkommission (§§ 4 ff. MiLoG) anzupassende Entgeltuntergrenze vor. Sie liegt ab dem 1. 1. 2019 bei 9,19 € pro geleisteter Arbeitszeitstunde und wird zum 1. 1. 2020 auf stündlich 9,35 € steigen. § 2 MiLoG sieht überdies besondere Fälligkeitsregelungen für die Zahlung des Mindestlohnes vor, die z. T. von § 614 BGB abweichen. Soweit auf der Grundlage des Arbeitnehmerentsendegesetzes oder anderer Rechtsgrundlagen höhere, branchenspezifische Mindestlöhne bestehen, haben diese Festlegungen Vorrang, § 1 Abs. 3 MiLoG. Noch nicht abschließend geklärt ist, welche einzelnen Entgeltbestandteile bei der Berechnung, ob ein ausreichender Mindestlohn gezahlt wurde, berücksichtigt werden müssen.[47]

---

42 Allgemein zur AGB-Kontrolle RN 288 ff.

43 BAG v. 24. 10. 2007 – 10 AZR 825/06 –, AP Nr. 32 zu § 307 BGB = NZA 2008, 40; s. auch BAG v. 14. 3. 2007 – 5 AZR 630/06 –, AP Nr. 45 zu § 1 TVG Bezugnahme auf Tarifvertrag = NZA 2008, 45.

44 A. A. BAG v. 16. 1. 2013 – 10 AZR 26/12 –, NZA 2013, 1013, 1014 f.; BAG v. 20. 3. 2013 – 10 AZR 8/12 –, NZA 2013, 970, 972 f.; wie hier Ulmer/Brandner/Hensen/*Fuchs/Bieder* AGB-Recht, 12. Aufl. 2016, Anh. § 310 Rn. 78; *Stoffels*, RdA 2015, 276 ff.

45 Gesetz zur Regelung eines allgemeinen Mindestlohns (MiLoG) v. 11. 8. 2014, BGBl. I 1348.

46 Dazu BAG v. 20. 6. 2018 – 5 AZR 377/17 –, NZA 2018, 1494.

47 Zu den Details ErfK/*Franzen* § 1 MiLoG Rn. 5 ff.

519   Auch die tarifliche Regelsetzung sorgt für eine Mindestvergütung. Für tarifgebundene Arbeitnehmer, die bei einem an denselben Tarifvertrag gebundenen Arbeitgeber beschäftigt werden, folgt aus dem Günstigkeitsprinzip (§ 4 Abs. 3 TVG), dass sie mindestens den Tariflohn beanspruchen können, wenn der Tarifvertrag keine Öffnungsklausel enthält.[48] Solange die Vergütung nicht den zwingenden Tariflohn unterschreitet, verstößt ein sachlich begründeter **Widerrufsvorbehalt** nicht gegen § 308 Nr. 4 BGB, wenn der widerrufliche Teil unter 25 % des Arbeitslohnes (bzw. 30 % des Gesamtverdienstes unter Berücksichtigung etwaiger Aufwendungen) liegt.[49] Die Ausübung des Widerrufrechts darf zudem nur nach billigem Ermessen gemäß § 315 BGB erfolgen. Ganz ähnliche Schwellenwerte liegen – im Einklang mit der bisherigen Rechtsprechung[50] – seit dem 1. 1. 2019 der Ausgestaltung der Arbeit auf Abruf (§ 12 Abs. 2 TzBfG) zu Grunde; zulässig sind danach Erhöhungen und Verkürzungen der vereinbarten Arbeitszeit um 25 bzw. 20 %.

520   Wird der Tarifvertrag für **allgemeinverbindlich erklärt**, gilt dieser in seinem Geltungsbereich auch für die bisher nicht beiderseits tarifgebundenen Arbeitgeber und Arbeitnehmer (§ 5 Abs. 4 TVG, § 1 Abs. 3a AEntG). So hat z. B. die Neunte Verordnung über zwingende Arbeitsbedingungen im Maler- und Lackiererhandwerk v. 25. 4. 2017[51] die Rechtsnormen des TV Mindestlohn bis April 2021 für allgemein verbindlich erklärt, der in der ab dem 1. 5. 2019 für ungelernte Arbeitnehmer geltenden Fassung einen Stundensatz von 10,85 € und für Gesellen, je nach regionalem Einsatzgebiet, z. Zt. einen Stundensatz zwischen 12,40 € und 13,30 € vorsieht. In weiteren Branchen gilt Ähnliches.[52] Im Fall der Arbeitnehmerüberlassung schuldet der Entleiher den Leiharbeitnehmern dasselbe Entgelt wie der Stammbelegschaft (**„Equal-Pay-Gebot"**), wenn nicht in einem gerade für den Leiharbeitnehmer maßgeblichen Tarifvertrag Abweichendes bestimmt ist (§ 9 Nr. 2 a.E. AÜG).[53] Mittelbar wird ein Druck zur Zahlung des üblichen Tarifentgelts auch dadurch erzeugt, dass bei der Vergabe von Aufträgen durch die öffentliche Hand – mit Blick auf die europäischen Grundfreiheiten nicht unproblematisch –

---

48 Vgl. unten § 10 RN 749 und 750.
49 Details § 5 RN 296.
50 BAG v. 7. 12. 2005 – 5 AZR 535/04 –, AP Nr. 4 zu § 12 TzBfG = NZA 2006, 423. Zust. BVerfG v. 23. 11. 2006 – 1 BvR 1909/06 –, AP Nr. 22 zu § 307 BGB = NZA 2007, 85.
51 BAnz. AT 28. 04. 2017 V1.
52 Vgl. § 10 RN 722.
53 BAG v. 19. 9. 2007 – 4 AZR 656/06 –, RdA 2009, 58 m. Anm. *Schüren* = NZA-RR 2008, 231: Bei fehlender Tarifgebundenheit bedarf es einer wirksamen Verweisung auf den einschlägigen Tarifvertrag.

die Orientierung an den einschlägigen tariflichen Regelungen – sog. „**Tariftreue**" – zur Bedingung gemacht wird.[54]

Für den Sonderfall der Bezahlung des Leiters einer Privatschule mit einem 521 Jahreseinkommen von immerhin fast 40.000 € hat das BAG den Grenzwert zur **Sittenwidrigkeit** – für uns im Ergebnis hier nicht nachvollziehbar – bereits bei 75 % des Gehalts einer Lehrkraft im öffentlichen Dienst gesetzt.[55] Die Rechtsprechung tendiert ansonsten dahin, eine Vergütung unterhalb von Zweidritteln der ortsüblichen Vergütung für sittenwidrig (§ 138 BGB)[56] und gem. § 291 Abs. 1 S. 1 Nr. 3 StGB[57] wegen Lohnwuchers in der entsprechenden Branche für strafbar zu erklären. Daher leuchtet nicht ein, wenn das BAG den zulässigen Grenzwert für die Tarifvertragsparteien wesentlich niedriger setzen will.[58] In der Begründung heißt es:

> „Jede Überprüfung tarifvertraglicher Arbeitsentgelte hat zu berücksichtigen, dass nach Art. 9 Abs. 3 GG und – dieses Grundrecht umsetzend – §§ 1 und 8 des Gesetzes über die Festsetzung von Mindestarbeitsbedingungen v. 11. Januar 1952 (BGBl. I S. 17) die Regelung von Entgelten grundsätzlich in freier Vereinbarung zwischen den Tarifvertragsparteien durch Tarifverträge erfolgen soll. Den tarifvertraglich ausgehandelten Löhnen und Gehältern wird damit von Verfassungs und Gesetzes wegen eine Richtigkeitsgewähr eingeräumt. Sowohl das Grundgesetz als auch der Gesetzgeber gehen davon aus, dass die in frei ausgehandelten Tarifverträgen vereinbarten Arbeitsentgelte den Besonderheiten der Branche Rechnung tragen und wirksam sind. Auf Grund dieser Wertung kann die Höhe eines tarifvertraglich vereinbarten Arbeitsentgelts nur dann von den Gerichten als sittenwidrig beanstandet werden, wenn der Tariflohn unter Berücksichtigung aller Umstände des räumlichen, fachlichen und persönlichen Geltungsbereichs des Tarifvertrags sowie der im Geltungsbereich des Tarifvertrags zu verrichtenden Tätigkeiten einen ‚*Hungerlohn*' (Hervorhebung der Verf.) darstellt."

Nach unserer Ansicht ist diese Großzügigkeit nicht haltbar. Sie bringt zudem mit dem Begriff „**Hungerlohn**" eine subjektive Färbung ins Spiel, auf die es für § 138 BGB nicht ankommt, wenn den Handelnden alle maßgeblichen Umstände bekannt sind, die die Sittenwidrigkeit begründen. Man mag gegen die Generalisierung der Sittenwidrigkeit bei Zweidrittel der üblichen branchenbezogenen Vergütung Bedenken anmelden und genügend Gestaltungsspielraum für zusätzliche

---

54 Vgl. § 10 RN 723.
55 BAG v. 26.4.2006 – 5 AZR 549/05 –, AP Nr. 63 zu § 138 BGB = NZA 2006, 1354; dazu und zu dem Problemfeld *Henssler/Sittard*, RdA 2007, 159 ff.
56 Vgl. BAG v. 23.5.2001 – 5 AZR 527/99 –, EzA § 138 BGB Nr. 29 m.w.N. Das BAG hat sich noch nicht endgültig festgelegt.
57 So BGH 22.4.1997 – 1 StR 701/96 – BGHSt 43, 53 ff. = AP Nr. 52 zu § 138 BGB = NZA 1997, 1167; krit. *Rieble*, ZfA 2005, 245, 247.
58 BAG v. 24.3.2004 – 5 AZR 303/03 –, AP Nr. 59 zu § 138 BGB = NZA 2004, 971.

Wertungsgesichtspunkte lassen (z. B. Wert des Arbeitslohns im Heimatland entgegen BGH in Strafsachen; Wiedereingliederung in den Arbeitsmarkt; absolute Höhe des Verdienstes). Man darf den Tarifparteien aber nicht bescheinigen, dass ihnen Art. 9 Abs. 3 GG auch die Normierung von Löhnen gestatte, die bei arbeitsvertraglicher Vereinbarung nicht nur sittenwidrig, sondern sogar strafbar wäre.

b) Arten des Arbeitsentgelts

522 Das Arbeitsentgelt ist in Euro zu berechnen und auszuzahlen (§ 107 Abs. 1 GewO), also eine **Geldleistung. Sachbezüge** können ausnahmsweise als Teil des Arbeitsentgelts vereinbart werden, wenn dies dem Interesse des Arbeitnehmers oder der Eigenart des Arbeitsverhältnisses entspricht (§ 107 Abs. 2 GewO). Einen Sachbezug stellt auch die Überlassung einer Wohnmöglichkeit dar.[59]

523 Des Weiteren wird zwischen **Zeit-** und **Leistungslohn** unterschieden. Bei dieser Grundsatzfrage der betrieblichen Lohngestaltung hat der *Betriebsrat* ein echtes Mitbestimmungsrecht[60] (§ 87 Abs. 1 Nr. 10 BetrVG). Die klassische Form des Leistungslohns ist der **Akkordlohn,** der beim Stückakkord simpel an die Leistungseinheit anknüpft (je angenähten Hemdenkragen 0,50 €) oder beim Zeitakkord an die pro Leistungseinheit erforderliche Zeit in Minuten (Zeitfaktor z. B. drei Minuten) multipliziert mit der Zahl der Leistungseinheiten. Schafft der Arbeitnehmer im Beispielsfall mehr als 20 Einheiten, bekommt er auch mehr als eine Stunde Arbeitszeit gutgeschrieben. Als zusätzlicher Anreiz liegt der sog. Akkordrichtsatz außerdem höher als der Stundenlohn (z. B. bei 115 %). Entscheidend ist dabei, dass die Berechnungsfaktoren auf einer fair ermittelten Normalleistung aufbauen; anderenfalls wird die Arbeitskraft des Arbeitnehmers ausgenutzt, ohne dass er mehr als den Zeitlohn erreicht. Vergleichbares gilt für andere Formen der Leistungsvergütung, z. B. für Prämien, die sich am Umsatz orientieren. Wegen der Gefahr ungerechter Vergleichsparameter hat der *Betriebsrat* ein echtes Mitbestimmungsrecht[61] bei der Festsetzung der Akkord- und Prämiensätze und vergleichbarer leistungsbezogener Entgelte, einschließlich der Geldfaktoren (§ 87 Abs. 1 Nr. 11 BetrVG), aber nicht hinsichtlich der Lohnhöhe als solcher.

524 Zu dem Grundlohn treten nicht selten **Zuschläge** für Überstunden-, Nacht- und Sonntagsarbeit, aber auch Schmutz-, Gefahren- und Funktions**zulagen** hin-

---

59 Vgl. ErfK/*Preis* § 107 GewO Rn. 4.
60 § 12 RN 860 ff.
61 Vgl. § 12 RN 860 ff., 864.

zu. Auf dem Rückzug finden sich Sozialzuschläge, etwa wegen bestehender Unterhaltspflichten gegenüber dem Ehegatten oder Kindern. Steigende Wohn- und sonstige Lebenshaltungskosten in den urbanen Zentren werden allerdings die Arbeitgeber möglicherweise künftig verstärkt zur Gewährung von Ortszulagen zwingen, um im Wettbewerb um qualifizierte Arbeitskräfte konkurrenzfähig zu bleiben.

c) Zahlungsmodalitäten

Bei einer Arbeitsleistung ist – anders als beim Kauf – der sofortige Leistungs- 525
austausch Zug um Zug aus praktischen Gründen ausgeschlossen. Die Arbeit würde nur behindert, wenn deren Bezahlung Minute um Minute oder auch nur Stunde um Stunde erfolgen würde. Deswegen sieht das Gesetz als dispositive Regel vor, dass der Arbeitnehmer **vorleistungspflichtig** ist und dass seine Forderung nach Ablauf des für die Bemessung vereinbarten Zeitabschnitts fällig wird (§ 614 S. 2 BGB). Der Auszahlungstermin ist im Übrigen überwiegend in Tarifverträgen oder Betriebsvereinbarungen (vgl. § 87 Abs. 1 Nr. 4 BetrVG) festgelegt. Die **Monatsvergütung**, die bei Angestellten ohnehin üblich war, setzt sich mittlerweile für immer mehr Beschäftigte durch; bei Arbeitern erfolgt die Berechnung aber auch noch auf der Basis von Stundenlöhnen, während die Zahlung inzwischen zumeist ebenfalls monatsweise erfolgt. Die Auszahlung erfolgt üblicherweise nicht mehr in bar, sondern durch Überweisung. Zahlungsort bleibt aber der Betrieb.

Ausgezahlt wird das **Nettoentgelt**.[62] Vom *Bruttoentgelt* muss der Arbeitgeber 526
die Steuern (Lohnsteuer, Solidaritätszuschlag, ggf. Kirchensteuer) und den Arbeitnehmeranteil der Sozialversicherungsbeiträge zur Renten-, Kranken-, Pflege- und Arbeitslosenversicherung abführen. § 108 GewO schreibt dem Arbeitgeber bei Zahlung eine detaillierte Abrechnung in Textform (§ 126b BGB) vor.

d) Verjährung, Ausschlussfrist und Verwirkung

Die Forderung des Arbeitnehmers **verjährt** in drei Jahren (§ 195 BGB) nach Fäl- 527
ligkeit und Kenntnis bzw. grobfahrlässiger Unkenntnis von ihrem Bestehen (§ 199 Abs. 1 BGB). Dies ist für das Arbeitsleben ein sehr langer Zeitraum, vor allem, wenn es um die Abgeltung von Überstunden oder Zuschläge geht. Deshalb ist im Arbeitsrecht die **Ausschlussfrist**, mit deren Ablauf die Forderung automatisch

---

62 Im Konfliktfall eingeklagt werden kann der Netto- oder Bruttobetrag, vgl. BAG GS v. 7. 3. 2001 – GS 1/00 – unter III 1, AP Nr. 4 zu § 288 BGB = NZA 2001, 1195.

erlischt, ein zwar typisches, vor allem aber für den Arbeitnehmer gefährliches Instrument. Bei kollektivvertraglich begründeten Ansprüchen müssen diese Fristen daher auch tarifvertraglich oder durch Betriebsvereinbarung geregelt sein (§ 4 Abs. 4 S. 3 TVG; § 77 Abs. 4 S. 4 BetrVG). Arbeitsvertragliche Ausschlussfristen werden gemäß § 307 Abs. 1 BGB inzwischen mit Recht strenger kontrolliert als früher; die Mindestlänge beträgt drei Monate.[63] Gleiches gilt jeweils bei mehrstufigen Fristenregelungen, die zunächst die Anmeldung der Ansprüche beim Vertragspartner und sodann deren gerichtliche Durchsetzung vorsehen. Auch bei kollektivrechtlichen Ausschlussfristen (Tarifvertrag, Betriebsvereinbarung) ist eine Verschärfung der Inhaltskontrolle trotz der Vorbehaltsklausel des § 310 Abs. 4 S. 3 BGB geboten. Dass das BAG insoweit vereinzelt kürzere Fristen als in Individualvereinbarungen toleriert hat[64], ist – wie auch in anderem Kontext[65] – nur schwer nachvollziehbar. Denkbar ist schließlich, dass ein Arbeitnehmer seinen Anspruch gemäß § 242 BGB ausnahmsweise **verwirkt**, wenn er ihn nach längerer Zeit (Zeitmoment) treuwidrig entgegen der Erwartung des Arbeitgebers (Umstandsmoment) geltend macht.[66]

e) Arbeitsentgeltschutz

528 Für das Arbeitsentgelt gilt ein weitreichender Schutz vor **Pfändungen** (§§ 850 ff. ZPO).[67] Beim Alleinstehenden setzt die Pfändbarkeit bei einem Nettoentgelt von 1.133 € ein und steigt einkommensabhängig und je nach Zahl der unterhaltsberechtigten Familienangehörigen an. Geschützt werden auch das auf ein Konto des Arbeitnehmers bereits überwiesene Gelder sowie nach § 850e Abs. 1 S. 1 ZPO tariflich vorgesehene Pflichtumlagebeträge zum Aufbau einer betrieblichen Altersversorgung, etwa bei der Versorgungsanstalt des Bundes und der Länder (VBL).[68] Im Umfang der Unpfändbarkeit ist auch eine *Vorausabtretung* des Arbeitnehmers (§ 400 BGB) oder eine *Aufrechnung* des Arbeitgebers (§ 394 BGB) z. B. mit einer Schadensersatzforderung unwirksam. Eine Ausnahme wird man nur bei

63 BAG v. 28.9.2005 – 5 AZR 303/03 –, AP Nr. 7 zu § 307 BGB = NZA 2006, 142; *Krause*, RdA 2004, 36 ff.
64 Übersicht bei Däubler/*Zwanziger*, TVG, § 4 Rn. 1035
65 Vgl. oben § 7 RN 521.
66 BAG v. 14.2.2007 – 10 AZR 35/06 –, AP Nr. 47 zu § 242 BGB Verwirkung = NZA 2007, 690. Zum Ausschluss der Verwirkung tariflicher Rechte gemäß § 4 Abs. 4 S. 2 TVG und dem von der h.M. gleichwohl tolerierten Arglisteinwand einschränkend Däubler/*Zwanziger*, TVG, § 4 Rn. 1017 ff.
67 Vertiefend BAG v. 23.8.2017 – 10 AZR 859/16 –, AP Nr. 7 zu § 850a ZPO = NZA 2017, 1548; BAG v. 18.5.2016 – 10 AZR 233/15 –, AP Nr. 6 zu § 850a ZPO = NZA 2016, 840.
68 BAG v. 20.11.2018 – 9 AZR 349/18 –, NJW 2019, 1477.

einer vorsätzlichen unerlaubten Handlung machen können, insbesondere, wenn dem Arbeitnehmer deshalb außerordentlich gekündigt wird.[69]

Auch in der **Insolvenz** genießt der Arbeitnehmer besonderen Schutz, der **529** freilich im Vergleich mit den Regelungen in der früheren Konkursordnung merklich reduziert ist. Vorrang haben nur noch Masseverbindlichkeiten, die beim Arbeitnehmer vor allem durch Arbeitsleistungen nach Insolvenzeröffnung entstehen (§ 55 Abs. 1 Nr. 2 InsO). Praktisch besondere Bedeutung hat daher die Zahlung von Insolvenzgeld gemäß §§ 165 ff. SGB III durch die Bundesagentur für Arbeit bis zu drei Monaten vor der Insolvenz. Demgegenüber werden Ansprüche aus einem Sozialplan[70] begrenzt (§ 123 und § 124 InsO).

f) Sondervergütungen

Beispielsfälle

Fall 56: Die Mideas-Vermögensberatungsgesellschaft mbH (M) hat 2014 ein erfreulich umsatzstarkes Geschäftsjahr hinter sich. Um das Engagement der Mitarbeiter zu honorieren, sagt die Geschäftsführung eine Erhöhung der monatlichen Bruttobezüge um 10 % sowie die Gewährung eines Bonusses in Gestalt eines dreizehnten Monatsgehalts zu. In der Zusage heißt es, beide Leistungen erfolgen „auf freiwilliger Grundlage, ohne eine Rechtspflicht des Arbeitgebers zu begründen". 2015 wird entsprechend der Zusage verfahren. 2016 ist die Geschäftsentwicklung bei M deutlich rückläufig. Die Geschäftsführung beschließt daher im April, sowohl die Lohnerhöhung als auch die Bonuszahlung vorübergehend „auf Eis zu legen" und stellt die Zahlungen ein. A, der bei M 5.000 € brutto verdient, klagt Anfang 2017 auf Zahlung von insgesamt 11.000 €. Mit Erfolg ?

Fall 57: Die Mideas-GmbH (M) meint, nach den Erfahrungen mit A dazu gelernt zu haben. Da sich die Geschäftsentwicklung stabilisiert hat und qualifizierte Arbeitskräfte nur noch schwer zu gewinnen sind, sagt sie Mitte 2018 B und einigen anderen Mitarbeitern, die mit der Abwanderung zur Konkurrenz drohen, eine Sondervergütung in Gestalt eines dreizehnten und vierzehnten Monatsgehalt, jeweils zahlbar zum Ende des Kalenderjahres, zu. Die Zusage enthält allerdings den Vorbehalt, dass diese Leistungen zurückgezahlt werden müssen, wenn die betreffenden Arbeitsverhältnisse vor dem 1. September des Folgejahres gelöst werden. Im April 2019 wird B, der bislang ebenfalls 5.000 € brutto verdiente, weil sich die Geschäfte erneut verschlechtert haben und die Zahl der Anlageberater den Bedarf deutlich übersteigt, ordnungsgemäß betriebsbedingt gekündigt. Noch frustrierter als über die Kündigung ist B über die Aufforderung der M, die Ende 2018 gezahlten Boni (10.000 €) zurück zu zahlen. Muss B dem Folge leisten?

---

69 BAG v. 31.3.1960 – 5 AZR 441/57 –, AP Nr. 5 zu § 394 BGB = NJW 1960, 1589, 1590 f.
70 Dazu § 12 RN 920.

530 Eine besondere Betrachtung verdienen die Sondervergütungen, die der Arbeitgeber zusätzlich zum laufenden Arbeitsentgelt erbringt (z. B. Leistungszulagen, **Gratifikationen**, Urlaubsgeld, Gewinnbeteiligung, Tantiemen, Anwesenheitsprämien, Gewährung der Privatnutzung eines Kraftfahrzeugs). Dies gilt schon für die Entstehung des Anspruchs, der besonders häufig auf einer Gesamtzusage[71] oder einer betrieblichen Übung[72] beruht. Vom Arbeitgeber nicht von sich aus begünstigte Arbeitnehmer können sich vielfach auf das Arsenal der Gleichbehandlungs- bzw. Diskriminierungsverbote berufen, um auf diese Weise die Gleichstellung zu erreichen.[73] Für die Zukunft kann sich der Arbeitgeber nach Ansicht des BAG jedenfalls bei laufenden zusätzlichen Leistungen auch nicht mehr durch einen eindeutig formulierten Freiwilligkeitsvorbehalt schützen, der schon die Entstehung des Anspruchs – auch infolge betrieblicher Übung – verhindern soll.[74] Eine solche Klausel ist, soweit sie das laufende, der Vergütung der Dienste dienende Arbeitsentgelt betrifft, mit § 307 Abs. 1 S. 1 und Abs. 2 Nr. 1 BGB unvereinbar[75], so dass A im Fall 56 für das Jahr 2018 immerhin Auszahlung der monatlichen Lohnerhöhungen, also 6.000 €, verlangen kann. Seine Klage hat also nur teilweise Erfolg. Davon zu unterscheiden ist der – mit Gründen versehene – **Widerrufsvorbehalt**[76], der an § 308 Nr. 4 BGB zu messen ist.

531 Eine **Kürzung von Sondervergütungen** kommt wegen Fehltagen (z. B. Krankheit, Erziehungsurlaub, Beteiligung an einem Arbeitskampf) in Betracht. Dabei ist in der Regel nur ein anteiliger Abzug angemessen. Für krankheitsbedingte Fehltage begrenzt § 4a EFZG die Kürzung auf ein Viertel des durchschnittlichen Arbeitsentgelts. Beträgt die Sondervergütung ein Monatsgehalt wird der Arbeitgeber daher erst nach 120 krankheitsbedingten Fehltagen ganz frei. Will der Arbeitgeber ausschließlich zukünftige Betriebstreue belohnen und macht er dies hinreichend deutlich, darf er am Stichtag selbst von ihm betriebsbedingte gekündigte Arbeitnehmer von der Sondervergütung ganz ausschließen.[77]

532 Die Rechtsprechung ausgiebig beschäftigt haben die andernorts unter dem Aspekt des Richterrechts bereits vorgestellten **Rückzahlungsvorbehalte**.[78] Aus-

---

71 S. § 4 RN 177.
72 S. § 4 RN 178 ff.
73 S. § 4 RN 184 ff.
74 S. aber auch ErfK/*Preis* §§ 305–310 BGB Rn. 68 ff.
75 BAG v. 25.4.2007–5 AZR 627/06 –, AP Nr. 7 zu § 308 BGB = NZA 2007, 853.
76 Vgl. für die Privatnutzung des Firmenwagens BAG v. 19.12.2006–9 AZR 294/06 – AP Nr. 21 zu § 611 BGB Sachbezüge = NZA 2007, 809.
77 BAG v. 19.11.1992–10 AZR 264/91 –, AP Nr. 147 zu § 611 BGB Gratifikation = NZA 1993, 353 (Einzelvertragliche Zusage).
78 S. § 4 RN 161 und 163, vgl. ferner ErfK/*Preis* § 611 BGB Rn. 547 ff.; *Schaub/Vogelsang*, Arbeitsrechts-Handbuch, § 176 Rn. 18 ff.

gangspunkt ist hier die Frage, ob die Sondervergütung allein die in der Vergangenheit liegende Arbeitsleistung nachträglich belohnen soll oder auch bzw. nur die zukünftige Betriebstreue. Im ersten Fall und auch bei Sonderzuwendungen mit Mischcharakter[79] scheidet eine Rückzahlung aus. Im zweiten Fall lässt die Rechtsprechung den Vorbehalt zu, setzt ihm aber enge Grenzen. Das BAG will damit die Freiheit der Berufsausübung des Arbeitnehmers (Art. 12 Abs. 1 GG) schützen.[80] Die ursprünglich auf § 242 BGB gestützte Inhaltskontrolle fusst nun auf § 307 BGB. Bis zu 100 € ist jede Rückforderung ausgeschlossen.[81] Bei einem Betrag über 100 €, aber unter einem Bruttomonatsverdienst, darf der Arbeitnehmer bei einer Weihnachtsgratifikation regelmäßig mit Ablauf des 31.3. des Folgejahres ausscheiden, ohne zur Rückzahlung verpflichtet werden zu können.[82] Beträgt die Gratifikation ein Monatsentgelt oder mehr, kann der Arbeitnehmer erst nach dem 31.3. des Folgejahres kündigen; die Bindung darf jedoch nicht länger als bis zum 30.6. reichen, wenn die Sondervergütung nicht ein zweifaches Monatsentgelt erreicht. Hinzu kommt, wie bei Ausbildungs- und Fortbildungskosten[83], dass eine Rückzahlungspflicht nur an Sachverhalte anknüpfen darf, in denen der Beschäftigte das Arbeitsverhältnis aus eigenem Antrieb beendet oder den Anlass zu einer arbeitgeberseitigen Kündigung gesetzt hat. Da in Fall 57 eine betriebsbedingte Kündigung des B ausgesprochen wurde, ist er demnach nicht zur Rückzahlung verpflichtet.

g) Aus- und Fortbildungskosten

Das Problem der **Rückzahlung** stellt sich ebenfalls besonders dann, wenn der **533** Arbeitgeber „in den Arbeitnehmer investiert hat", dieser aber früher ausscheidet als vorhergesehen, entweder aus eigenem Entschluss oder aus von ihm zu vertretender Kündigung des Arbeitgebers. Zunächst muss eine Zahlung des Arbeitnehmers innerhalb einer Bindungsfrist wirksam und insbesondere hinreichend transparent vereinbart sein. Dies setzt voraus, dass der Arbeitnehmer selbst von

---

79 BAG v. 18.1.2012 – 10 AZR 612/10 –, NZA 2012, 561, 563; BAG v. 13.11.2013 – 10 AZR 848/12 –, NZA 2014, 368, 370.
80 Grundlegend BAG v. 10.5.1962 – 5 AZR 452/61 –, AP Nr. 22 zu § 611 BGB Gratifikation.
81 BAG v. 21.5.2003 – 10 AZR 390/02 –, AP Nr. 250 zu § 611 BGB Gratifikation = NZA 2003, 1032, 1033.
82 BAG v. 9.6.1993 – 10 AZR 529/92 –, AP Nr. 150 zu § 611 BGB Gratifikation = NZA 1993, 935. Durch Tarifvertrag ist auch eine Bindung über den 31.3. hinaus zulässig; eine Bezugnahme allein auf eine derartige Klausel ist jedoch trotz § 310 Abs. 4 S. 3 BGB gemäß § 307 Abs. 1 S. 1 BGB unwirksam (BAG v. 25.4.2007 – 10 AZR 634/06 –, AP Nr. 267 zu § 611 BGB Gratifikation = NZA 2007, 875).
83 Dazu sogleich RN 533.

den besseren Fähigkeiten oder Kenntnissen unabhängig von dem bestehenden Arbeitsverhältnis profitiert[84] und dass an Sachverhalte, die ohne Zutun und Vertretenmüssen des Beschäftigten zur Beendigung des Arbeitsverhältnisses führen, keine Rückzahlungspflichten geknüpft werden dürfen.[85] Außerdem muss sich der Umfang der Rückzahlungspflicht in dem Maße, in dem der Arbeitgeber bereits von dem Ausbildungsergebnis profitiert hat[86], zeitanteilig verringern. Differenziert der Arbeitgeber nicht nach Grund und Umfang der Rückzahlung, ist die Klausel unangemessen (§ 307 Abs. 1 S. 1 BGB).[87] Eine geltungserhaltende Reduktion oder ergänzende Auslegung findet nicht mehr statt.

h) Nachträgliche Arbeitsvergütung: Betriebliche Altersversorgung

534 Nach der gesetzlichen Altersrente gemäß dem SGB VI und neben der privaten Vermögensbildung bilden die **Betriebsrenten** die dritte Säule der Alterssicherung. Im Durchschnitt hatten 2015 57 % der sozialversicherungspflichtigen Arbeitnehmer in der Privatwirtschaft – sehr unterschiedliche und mit zunehmender Unternehmensgröße meist steigende – Ansprüche auf eine betriebliche Altersversorgung; zu dieser Zeit existierten 20,4 Millionen aktive Anwartschaften, für deren Absicherung zuletzt Deckungsmittel mit einem Gesamtvolumen von 593,8 Milliarden € bereitgestellt wurden.[88] Die wesentlichen Regelungen finden sich vor allem im „Gesetz zur Verbesserung der betrieblichen Altersversorgung" (BetrAVG). Bei den Leistungen handelt sich um eine nachträgliche Arbeitsvergütung, also weder um eine Leibrente (§ 761 BGB) noch gar um eine Schenkung (§ 516 BGB). Sie stellt allerdings keine Gegenleistung im Sinne der §§ 320 ff. BGB dar. Bei der Begründung des Anspruchs spielen neben der Betriebsvereinbarung die Gesamtzusage, die betriebliche Übung und der Gleichbehandlungsgrundsatz eine besondere Rolle (§ 1b Abs. 1 S. 4 BetrAVG). Außerdem sind selbstverständlich

---

84 BAG v. 21.11.2001– 5 AZR 158/00 –, NZA 2002, 551 (Musterberechtigung eines Flugzeugführers); BAG v. 5.6.2007– 9 AZR 604/06 –, AP Nr. 40 zu § 611 BGB Ausbildungsbeihilfe = NZA-RR 2008, 107 (Sparkassenbetriebswirt); BAG v. 19.1.2011– 3 AZR 621/08 –, NZA 2012, 85, 89.

85 BAG v. 11.4.2006– 9 AZR 610/05 –, NZA 2006, 1042, 1044 f.; BGH v. 17.9.2009 – III ZR 207/08, NZA 2010, 37, 40.

86 BAG v. 5.7.2000 – 5 AZR 883/98 –, AP Nr. 29 zu § 611 BGB Ausbildungsbeihilfe = NZA 2001, 394.

87 BAG v. 11.4.2006– 9 AZR 610/05 –, AP Nr. 16 zu § 307 BGB = NZA 2006, 1042; v. 23.1.2007– 9 AZR 482/06 –, AP Nr. 38 zu § 611 BGB Ausbildungsbeihilfe = NZA 2007, 748 (Darlehen für Fachhochschulgebühren).

88 S. die Angaben der Arbeitsgemeinschaft für betrieblichen Altersversorgung e.V. im Internet (aba-online) unter dem Menüpunkt: Statistik.

tarifliche Regelungen denkbar. Teilzeitbeschäftigte haben eine Anspruch auf anteilige Zahlungen (§ 4 Abs. 1 S. 2 TzBfG).

Anwartschaften und unbedingte Ansprüche auf Betriebsrenten unterliegen 535 einem vielfältigen **Schutz:**

- Dem Schutz der Anwartschaft dienen zunächst die **Unverfallbarkeitsregelungen** der §§ 1b bis 4 BetrAVG, u. a. bei einem Wechsel des Arbeitgebers, erst recht die angestrebte Mitnahme (sog. Portabilität).
- Darüber hinaus erkennt das BAG im sog. Drei-Stufen-Modell abgestufte **Besitzstände** an:[89] Danach darf in erdiente Teilbeträge nur nach Maßgabe des Wegfalls der Geschäftsgrundlage (§ 313 BGB) eingegriffen werden (1. Stufe), in eine bereits erdiente Dynamik zugesagter Leistungen nur aus triftigem Grund (2. Stufe), während andere zukünftige Zuwächse schon aus sachlich-proportionalen Gründen gekürzt werden können (3. Stufe).
- Nach Eintritt in das Rentenalter gilt nicht nur ein **Auszehrungsverbot** etwa durch Anrechnung der Steigerungsraten der gesetzlichen Altersrente (§ 5 BetrAVG), sondern sogar ein **Anpassungsgebot** etwa unter Berücksichtigung der Inflationsrate, aber auch der wirtschaftlichen Lage des Unternehmens (§ 16 BetrAVG).
- Schließlich sieht das Gesetz einen spezifischen **Insolvenzschutz** (§ 7 BetrAVG) durch Leistungen des Pensionssicherungsvereins (§ 14 BetrAVG) vor.

III. Vergütung ohne Arbeitsleistung

Eine Fülle schwieriger Rechtsfragen ergibt sich, wenn der Arbeitnehmer die ge- 536 schuldete Arbeit innerhalb des Abrechnungszeitraums nicht leistet. Gerade die abhängige Arbeit ist regelmäßig nicht beliebig nachholbar, so dass die jeweils geschuldete Arbeitsleistung wegen ihres Charakters als **absolute Fixschuld** oder jedenfalls **wegen des Ablaufs des vorgesehenen Leistungszeitraums (teilweise) unmöglich** wird (§ 275 Abs. 1 BGB). Die Konsequenz ist grundsätzlich die (teilweise) Befreiung des Dienstberechtigten von seiner Vergütungspflicht gemäß § 326 Abs. 1 S. 1 BGB („Ohne Arbeit kein Lohn").

Ein für die Rechte und Pflichten der Arbeitsvertragsparteien zentrales Pro- 537 blemfeld ist damit der Anspruch auf **„Lohn ohne Arbeit".**[90] Diese Worte wirken für denjenigen, der dem Arbeitsrecht ferner steht, sicher zuerst provozierend. Kennzeichen des gegenseitig verpflichtenden Vertrages ist nämlich das „do, ut des" – ich gebe, damit du gibst. Beim Kaufvertrag erlischt deshalb der Anspruch auf den Kaufpreis (§ 326 Abs. 1 S. 1 BGB), wenn der Verkäufer (Schuldner der

---

89 Z. B. Urt. v. 11.5.1999 – 3 AZR 21/98 – unter III 2 a, AP Nr. 6 zu § 1 BetrAVG = NZA 2000, 322; näher dazu ErfK/*Steinmeyer*, Vorbem. 39 ff. BetrAVG.
90 Vgl. *Otto*, JURA 2002, 1 ff.

Verpflichtung, dem Käufer die Sache zu übergeben und das Eigentum an ihr zu verschaffen) gemäß § 275 BGB nicht zu leisten braucht, es sei denn, der Käufer (Gläubiger) hätte dies ausnahmsweise zu vertreten (§ 326 Abs. 2 S. 2 1. HS BGB). Da vor allem abhängige Arbeit – wie bereits betont – regelmäßig nicht beliebig nachholbar ist, liegt die Gefahr des Eintritts der (teilweisen) objektiven Unmöglichkeit der Arbeitsleistung wegen des Ablaufs des vorgesehenen Leistungszeitraums besonders nahe, ohne dass dies Arbeitnehmer oder Arbeitgeber zu vertreten hätten. Diese Konsequenz, d. h. die Befreiung des Dienstberechtigten von seiner Vergütungspflicht als Gegenleistung, wird aus verschiedenen Gründen durchbrochen. Einteilen kann man dies grob in zwei Fallgruppen, nämlich in die Gruppe **„unternehmerisches Beschäftigungsrisiko"** und in die Gruppe **„soziale Schutzbedürftigkeit".**

1. Unternehmerisches Beschäftigungsrisiko

Beispielsfälle

Fall 58: Aufgrund der Dieselkrise fällt es dem Automobilhersteller V-AG zunehmend schwerer, seine Produkte abzusetzen. Die Hallen und Abstellplätze sind mit Neuwagen gut gefüllt; die Nachfrage stagniert. Deshalb drosselt die Leitung des Werkes in Hannover-Stöcken die Produktion um 50 % und teilt den dort arbeitenden Beschäftigten mit, dass sie – bei entsprechend angepasster Bezahlung – vorübergehend nur noch halbtags beschäftigt würden. Der Beschäftigte B verlangt, unabhängig davon, mit welchem Volumen er eingesetzt wird, Fortzahlung seiner bisherigen Vergütung. Zu recht?

Fall 59: S ist als Softwareentwickler bei der Info-Tech-GmbH (I) angestellt. Für seine Arbeit ist er zwingend auf die Rechner und Hochleistungsserver der I angewiesen. Unglücklicherweise kappt ein Baggerfahrer im Zuge von Straßenbauarbeiten, die vor dem Betriebsgrundstück der I stattfinden, die Hauptstromleitung, weshalb bei I alle Arbeiten zum Erliegen kommen. I fordert den S deshalb auf, einstweilen Erholungsurlaub zu nehmen, da sie weder verpflichtet noch in der Lage sei, S weiter zu beschäftigen und zu bezahlen. S macht seinen Lohnanspruch geltend; zu Recht?

538 Mit dem unternehmerischen Beschäftigungsrisiko ist gemeint, dass der Arbeitgeber die Gefahr trägt, einen Arbeitnehmer, der seinerseits leistungsfähig und leistungsbereit ist, bezahlen zu müssen, obwohl er diesen nicht entsprechend beschäftigen will oder kann.

a) Annahmeverzug („Annahmeunwilligkeit")

539 Das gilt zunächst für das gesamte Dienstvertragsrecht im Fall des Annahmeverzuges (§ 615 S. 1 BGB). Bietet der Arbeitnehmer seine Leistung an, nimmt der

Arbeitgeber diese aber nicht an, obwohl eine **Arbeitsleistung an sich möglich** wäre (§ 297 BGB), kommt er auch ohne jedes Verschulden in Annahmeverzug (§§ 293 ff. BGB). Dies gilt selbst dann, wenn es dem Arbeitgeber möglich und zumutbar ist, dem krankheitsbedingt nur beschränkt leistungsfähigen Arbeitnehmer „leidensgerechte" und vertragsgemäße Arbeiten zuzuweisen.[91] Währenddessen bleibt der Vergütungsanspruch des Arbeitnehmers erhalten, er ist nicht einmal zur Nachleistung verpflichtet, wenn diese an sich erfolgen könnte (§ 615 S. 1 BGB, insofern Vorrang vor § 326 Abs. 2 S. 1 2. HS BGB). Zeit ist eben Geld. Allerdings muss sich der Arbeitnehmer tatsächlichen oder hypothetischen Zwischenverdienst einer Tätigkeit, die er böswillig unterlassen hat, anrechnen lassen (§ 615 S. 2 BGB).[92] Annahmeverzug des Arbeitgebers tritt z.B. auch ein, wenn der Arbeitgeber dem Arbeitnehmer in Verkennung seines Weisungsrechts eine von diesem nicht geschuldete Arbeit zuweist, die dieser mit Recht verweigert, gleichzeitig jedoch im Übrigen zur Arbeit bereit und fähig ist (§ 297 BGB)[93]. Das Hauptbeispiel ist indessen die *Verweigerung der Arbeitsannahme nach einer vermeintlich wirksamen Kündigung.*[94] Das Gleiche gilt in der Regel bei einer *einseitigen Freistellung von der Arbeit* bis zum Ende der Kündigungsfrist.[95]

Erfolgt die **Freistellung einvernehmlich**[96], bedarf die eventuell auch nur **540** stillschweigend getroffene Vereinbarung der Auslegung. Fraglich kann schon sein, ob die Freistellung unwiderruflich ist, also ebenso für den Fall des Arbeitskräftebedarfs gelten soll. Dabei spielt der Kündigungsgrund eine maßgebliche Rolle. Die Bandbreite der Gestaltungsmöglichkeiten ist groß. Die Freistellung begünstigt nahezu uneingeschränkt den Arbeitnehmer, wenn dieser zwar seinen Beschäftigungsanspruch verliert, seine Vergütung aber weiter erhält, ohne irgendeine Art von Gegenleistung zu erbringen. Sie schützt den Arbeitgeber maximal, wenn der Arbeitnehmer nicht nur seinen Resturlaub zu nehmen hat (dies ist in der Regel der Fall), sondern sich – ebenso wie beim Annahmeverzug – etwaigen Verdienst oder sogar etwaige böswillig unterlassene Verdienstchancen anrechnen lassen muss.

---

91 BAG v. 8.11.2006 – 5 AZR 51/06 –, AP Nr. 120 zu § 615 BGB = ZTR 2007, 204.

92 Vgl. auch die nahezu gleichlautende Regelung in § 11 Nr. 1 und 2 KSchG und dazu § 6 Rn. 447 und 448.

93 § 615 BGB greift deshalb z.B. bei einer Streikteilnahme des Arbeitnehmers oder auch einem Beschäftigungsverbot nicht ein, BAG v. 17.7.2012 – 1 AZR 563/11 –, AP Nr. 178 zu Art. 9 GG Arbeitskampf = NZA 2012, 1432; BAG v. 21.10.2015 – 5 AZR 843/14 –, AP Nr. 144 zu § 615 BGB = NZA 2016, 688.

94 § 6 RN 443 ff.

95 Vgl. zu den Gestaltungsmöglichkeiten BAG v. 6.9.2006 – 5 AZR 703/05 –, AP Nr. 118 zu § 615 BGB = NZA 2007, 36. S. ferner *Krause*, NZA Beil. 1/2005, 51 ff.; *Bauer*, NZA 2007, 409 ff.

96 Zu Freistellungsvereinbarungen *Krause*, NZA Beil. 1/2005, 51, 61 ff.; *Bauer*, NZA 2007, 409, 411 f.

541   Auch das sog. **Wirtschaftsrisiko** ist ein Fall des Annahmeverzuges. Es ist Sache des Arbeitgebers, für die wirtschaftlich sinnvolle Verwendung der möglichen Arbeitsleistung zu sorgen. Für den Absatz seiner Waren, Produktion oder Dienstleistungen muss er ohne Rücksicht auf ein Verschulden einstehen. Halden von Kohle oder unverkauften Kraftfahrzeugen, die jede weitere Produktion nutzlos erscheinen lassen, befreien den Arbeitgeber nicht vom Lohnkostenrisiko (Fall 58). Die *wirtschaftliche Sinnlosigkeit* der Arbeitsleistung des einzelnen Arbeitnehmers für den Arbeitgeber macht diese noch nicht im Rechtssinne unmöglich, so dass § 615 S. 1 BGB unmittelbar anwendbar ist.

b) Risiko des Arbeitsausfalls (Betriebsrisiko, „Annahmeunmöglichkeit")

542   Weiterhin hat der Arbeitgeber das *„Risiko des Arbeitsausfalls"* zu tragen, das seit der Schuldrechtsreform in § 615 S. 3 BGB ausdrücklich genannt wird. Unter Betriebsrisiko versteht man die Zurechnung von vom Arbeitgeber **nicht i.S. von §§ 276, 278 BGB zu vertretenden Betriebsstörungen**, die die geschuldete und angebotene **Arbeit tatsächlich verhindern** und zugleich wenigstens dem Verantwortungsbereich des Arbeitgebers zuzurechnen sind. Die Kette der Beispiele für das Betriebsrisiko reicht vom unverschuldeten Mangel an Material über den Betriebsbrand[97] o d e r s o n s t i g e n , v o n a u ß e n a u f d e n B e t r i e b e i n -w i r k e n d e n E r e i g n i s s e n (Fall 59), bis hin zu der Anordnung von Staatstrauer, die den sinnvollen Einsatz einer Gruppe von Tanzmusikern unmöglich macht[98], nicht aber einem vom Kunden ausgesprochenen Hausverbot.[99] Während sich der Arbeitgeber gegen das Risiko einer Betriebsunterbrechung durch Feuer versichern kann, ist dies bei einer Staatstrauer nicht der Fall. In all diesen Fällen musste der Arbeitgeber das Entgelt schon vor Einfügung des § 615 S. 3 BGB weiterzahlen. Dahinter steht die Vorstellung, dass die Betriebsorganisation in die *Sphäre des Arbeitgebers* fällt. Wer bei solchen Fallgestaltungen § 615 S. 1 BGB unmittelbar angewendet hatte,[100] wird in der neuen gesetzlichen Regelung lediglich eine Klarstellung sehen. Nach unserer Auffassung spricht mehr für eine am Gesetzeszweck orientierte wirkliche Ergänzung des § 615 S. 1 BGB, die an die Stelle einer weiten Auslegung oder einer Analogie tritt, und zwar auch deshalb, weil § 615 S. 3 BGB nur für das Arbeitsverhältnis gilt.[101] Beim Dienstvertrag

---

97 BAG v. 28.9.1972–2 AZR 506/71 –, AP Nr. 28 zu § 615 BGB Betriebsrisiko m. Anm. *Beuthien*.
98 BAG v. 30.5.1963–5 AZR 282/62 –, AP Nr. 15 zu § 615 BGB Betriebsrisiko.
99 BAG v. 28.9.2016–5 AZR 224/16 –, AP Nr. 150 zu § 615 BGB = NZA 2017, 125, zweifelhaft.
100 Vgl. *Picker* JZ 1979, 285, 290 ff., insbes. S. 293; *ders.*, FS Kissel, 1994, S. 813, 816 ff.
101 BeckOGK-BGB/*Bieder*, Stand 1.1.2019, § 615 Rn. 115.

des Selbstständigen liegt es zumindest in vielen Fällen näher, diesem das Risiko des Arbeitsausfalls aufzuerlegen, wenn die Dienstleistung aus von beiden Seiten nicht zu vertretenden Gründen unmöglich wird.

Bei **vom Arbeitgeber zu vertretenden Betriebsstörungen**, die die Ar- 543 beitsleistung ganz oder teilweise unmöglich machen, bleibt der Vergütungsanspruch schon gemäß § 326 Abs. 2 BGB aufrechterhalten.[102]

Da § 615 BGB jedoch keine zwingende gesetzliche Regelung enthält,[103] sind 544 abweichende Vereinbarungen für bestimmte Störungen vor allem in Tarifverträgen[104] in Gestalt der Klausel „Bezahlt wird nur die tatsächlich erbrachte Arbeit" nicht selten. Für allgemeine Arbeitsbedingungen ist insbesondere § 307 BGB zu beachten.[105] Besondere Bedeutung kommt in diesem Zusammenhang der **Kurzarbeit** zu.[106] Zur Verhinderung von betriebsbedingten Kündigungen wird sie durch die Bundesagentur für Arbeit durch die Zahlung von **Kurzarbeitergeld** unterstützt (§§ 95 ff. SGB III), das 60 % bzw. bei mindestens einem Kind 67 % des Nettoarbeitsentgelts beträgt (§ 105 SGB III). Zentrale Voraussetzung ist ein erheblicher Arbeitsausfall, der „auf wirtschaftlichen Gründen oder einem unabwendbaren Ereignis beruht" (§ 96 Abs. 1 Nr. 1 SGB III).[107] In jedem Fall bedarf die Einführung von Kurzarbeit gemäß § 87 Abs. 1 Nr. 3 BetrVG der Zustimmung eines gewählten *Betriebsrats*.

---

102 Vgl. zu § 324 Abs. 1 BGB a.F. BAG v. 17.12.1968 – 5 AZR 149/68 –, AP Nr. 2 zu § 324 BGB. A.A. *Junker*, Grundkurs Arbeitsrecht, Rn. 272: § 615.

103 Einzelheiten bei BeckOGK-BGB/*Bieder*, Stand 1.1.2019, § 615 Rn. 133 ff. Der Arbeitnehmerschutz lässt es jedoch nicht zu, dass der Arbeitgeber generell das Beschäftigungs- und Lohnrisiko auf den Arbeitnehmer abwälzt.

104 Vgl. *Ziepke/Weiss*, Kommentar zum Manteltarifvertrag für die Arbeiter, Angestellten und Auszubildenden in der Metall- und Elektroindustrie Nordrhein-Westfalens v. 11.12.1996, i.d. F. v. 23.10.1997, 4. Aufl. 1998, § 10 Nr. 2. Zur Auslegung eines Tarifvertrages BAG v. 30.1.1991 – 4 AZR 338/90 –, AP Nr. 33 zu § 615 BGB Betriebsrisiko = NZA 1991, 519 (Stromausfall).

105 Da insbesondere § 615 S. 3 BGB den Arbeitnehmerschutz unterstreicht, dürfte jedenfalls eine generelle Abweichung von diesem gesetzlichen Leitbild bedenklich sein.

106 Vgl. *Ziepke/Weiss*, Kommentar zum Manteltarifvertrag für die Arbeiter, Angestellten und Auszubildenden in der Metall- und Elektroindustrie Nordrhein-Westfalens v. 11.12.1996, i.d. F. v. 23.10.1997, 4. Aufl. 1998, § 7.

107 Lehnt die Bundesagentur die Zahlung ab, bleibt der Arbeitgeber in Höhe des Kurzarbeitergeldes lohnzahlungspflichtig (BAG v. 11.7.1990 – 5 AZR 557/89 –, AP Nr. 32 zu § 615 BGB Betriebsrisiko = NZA 1991, 67).

c) Arbeitskampfbedingter Arbeitsausfall

545 Der **unvermeidbare** arbeitskampfbedingte Arbeitsausfall ist gesondert zu würdigen. Dabei sind etwaige Leistungen der Bundesagentur für Arbeit, deren Neutralität in § 160 Abs. 1 S. 1 SGB III näher geregelt ist, mitzubedenken. Unzweifelhaft erhält keine Vergütung, wer selbst streikt oder rechtmäßig ausgesperrt worden ist. Dasselbe gilt für das Arbeitslosengeld (§ 160 Abs. 2 SGB III).

546 Aber auch bei **Fernwirkungen** eines Arbeitskampfes auf die Arbeitsleistung nicht Kampfbeteiligter bedeutete es jedenfalls keine gerechte Risikoverteilung, wenn der Arbeitgeber des mittelbar kampfbetroffenen Betriebes oder Betriebsteils, dessen Produktion wegen fehlender Zulieferungen ausfällt oder dessen Absatz stockt, generell Vergütung gemäß § 615 BGB auch an diejenigen Arbeitnehmer zahlen müsste, die er unvermeidbar gar nicht oder nicht wirtschaftlich sinnvoll beschäftigen kann. Insofern muss für das **Arbeitskampfrisiko** eine eigenständige Lösung entwickelt werden, die in den Einzelheiten sehr umstritten ist und an anderer Stelle vorgestellt werden soll.[108]

2. Soziale Schutzbedürftigkeit

547 Zumindest hinsichtlich der unmittelbaren Kostenbelastung der Unternehmen wirkt sich die Normengruppe „soziale Schutzbedürftigkeit" allerdings viel stärker aus (siehe das folgende **Schaubild**). Die nun zu besprechende Fortzahlung der Vergütung in dieser Fallgruppe beruht auf der auch heute noch zutreffenden Erkenntnis, dass der einzelne Arbeitnehmer jedenfalls im Normalfall keine ausreichenden Rücklagen bilden kann, um seinen Lebensstandard für solche Ausfallzeiten abzusichern.

---

108 S. § 11 RN 831 ff.

Arbeitskosten in der M+E-Industrie

Durchschnitt je Vollzeitbeschäftigten im Jahr 2017

	Ostdeutschland		Westdeutschland	
	in Euro	in Prozent	in Euro	in Prozent
Entgelt für geleistete Arbeit	30.430	77,5	43.805	75,0
+ Entgelt für arbeitsfreie Tage	6.825	17,4	9.880	16,9
⤷ Feiertage	1.250	3,2	1.975	3,4
Urlaub	3.785	9,6	5.625	9,6
Krankheit	1.715	4,4	2.120	3,6
Sonstige arbeitsfreie Zeiten	75	0,2	160	0,3
+ Sonderzahlungen	2.005	5,1	4.685	8,0
⤷ Fest vereinbarte Sonderzahlungen	1.915	4,9	4.545	7,8
Vermögenswirksame Leistungen	90	0,2	140	0,2
= Bruttoentgelt	39.260	100,0	58.370	100,0
+ Arbeitgeberpflichtbeiträge zur Sozialversicherung	7.205	18,4	9.830	16,8
⤷ Rentenversicherung	3.370	8,6	4.795	8,2
Arbeitslosenversicherung	535	1,4	760	1,3
Kranken- und Pflegeversicherung	2.850	7,3	3.725	6,4
Unfallversicherung	450	1,1	550	0,9
+ Betriebliche Altersversorgung	255	0,6	2.260	3,9
+ Sonstige Personalzusatzkosten	1.850	4,7	3.015	5,2
= Personalkosten insgesamt	48.570	123,7	73.475	125,9
Nachrichtlich:				
Personalzusatzkosten	18.140	59,6	29.670	67,7
Gesetzlich bedingte Personalkosten	13.370	27,5	18.665	25,4

Ostdeutschland: ohne Berlin; Prozentangaben: in Prozent des Bruttolohns/-gehalts, außer Personalzusatzkosten: in Prozent des Entgelts für geleistete Arbeitszeit, gesetzlich bedingte Personalkosten: in Prozent der Personalkosten; gesetzlich bedingte Personalkosten: gesetzlicher Mindesturlaub, gesetzliche Feiertage, Entgeltfortzahlung im Krankheitsfall, gesetzliche Sozialversicherungsbeiträge der Arbeitgeber und sonstige gesetzliche Aufwendungen abzüglich Erstattungen

Quellen: Statistisches Bundesamt, Institut der deutschen Wirtschaft
© 2018 IW Medien / iwd

iwd

a) Vergütung während des Erholungsurlaubs

548 An erster Stelle ist als Kostenfaktor die Fortzahlung der Vergütung während des Erholungsurlaubs zu nennen. Schon das Bundesurlaubsgesetz und die Arbeitszeitrichtlinie 2003/88/EG garantieren nämlich jedem Arbeitnehmer einen bezahlten Mindesturlaub von 24 Werktagen (§§ 1, 3 BUrlG) und meint – auf der Vorstellung einer Sechs-Tage-Arbeitswoche basierend – vier Wochen. Das währenddessen zu zahlende Entgelt bemisst sich grundsätzlich nach dem durchschnittlichen Arbeitsverdienst der letzten dreizehn Wochen (Referenzprinzip), nunmehr ohne Berücksichtigung der Überstunden (§ 11 BUrlG). Die tarifvertraglich bestimmte und vielfach einzelvertraglich übernommene Urlaubsdauer erreicht – ungeachtet der gesetzlichen Feiertage – im Durchschnitt 28,9 Tage.[109] So selbstverständlich, wie heute vielfach empfunden, ist dies nicht: Die Anfänge des Erholungsurlaubs stammen aus dem Beamtenrecht der 2. Hälfte des 19. Jahrhunderts; seine Anerkennung hat sich im Arbeitsrecht erst nach 1945 auch gesetzlich durchgesetzt.[110] Das Übereinkommen Nr. 52 der Internationalen Arbeitsorganisation über den bezahlten Jahresurlaub vom 24.6.1936 sah für Erwachsene nur einen Mindest-Jahresurlaub von sechs Werktagen vor,[111] dessen Heraufsetzung auf zwei Wochen von der IAO 1954 empfohlen worden ist[112] – eine Empfehlung, die der Industriestaat Japan erst zum 1.4.1988 umsetzte,[113] obwohl der IAO-Standard seit 1970 bereits drei Arbeitswochen erreicht hat.[114]

b) Entgeltfortzahlung an Feiertagen

549 Allen Arbeitnehmern wird ferner die Fortzahlung der Vergütung für die durch gesetzliche Feiertage – je nach Bundesland bis zu neunzehn – ausgefallene Arbeitszeit gewährleistet (Lohnausfallprinzip). Dies bestimmen die §§ 2 und 11 des Gesetzes über die Zahlung des Arbeitsentgelts an Feiertagen und im Krankheitsfall (Entgeltfortzahlungsgesetz). Keinen Anspruch hat jedoch derjenige Arbeit-

---

109 FAZ v. 18.7.2018.

110 Vgl. *Neumann/Fenski/Kühn*, Bundesurlaubsgesetz, 9. Aufl. München, 2003, Einl. Rn. 1–53; *Leinemann/Linck*, Urlaubsrecht, 2. Aufl. 2001, Einl. Rn. 7–23. Einen ersten Schritt bedeutete § 21 des Jugendschutzgesetzes v. 30.4.1938 (RGBl. I S. 437) mit 15 Tagen für Jugendliche unter 16 Jahren, 12 Tagen über 16 Jahren.

111 Abgedruckt in: Internationale Arbeitsorganisation, Übereinkommen und Empfehlungen 1919–1966, Genf 1966.

112 Empfehlung Nr. 98 betreffend den bezahlten Urlaub v. 23.6.1954 (FN 96).

113 Internationale Sozialpolitik v. 16.5.1989, S. 17, hrsgg. von der BDA.

114 Art. 3 Nr. 3 des Übereinkommens Nr. 132 über den bezahlten Jahresurlaub v. 24.6.1970 (BGBl. 1975 II S. 745).

nehmer, der am Arbeitstag vor oder nach dem Feiertag unentschuldigt fehlt (§ 2 Abs. 3 EFZG).

c) Entgeltfortzahlung bei krankheitsbedingtem Arbeitsausfall

Beispielsfälle

Fall 60: Arbeitnehmer A ist begeisterter Motorradfahrer. Am Wochenende dreht er mit seiner Maschine eine schnelle Runde auf dem legendären Nürburgring in der Eifel. Als „echter Biker" findet er es würdelos, in so einem Moment mit Helm zu fahren. In einer engen Kurve kommt er, obwohl er verkehrsregelkonform fährt, zu Fall und erleidet glücklicherweise „nur" eine schwere Gehirnerschütterung, die eine zehntägige Arbeitsunfähigkeit zur Folge hat. A verlangt für diesen Zeitraum von seinem Arbeitgeber Fortzahlung seines Arbeitsentgelts. Mit Erfolg?

Fall 61: Der bei der Logistik-GmbH G beschäftigte A hat seit Jahren erhebliche Alkoholprobleme und deshalb bereits mehrere ambulante und stationäre Therapien hinter sich. In einer eigentlich „trockenen" Phase kann A auf einer Betriebsfeier der Versuchung allerdings nicht widerstehen und trinkt, wohlwissend, dass dies ernsthafte gesundheitliche Folgen für ihn haben kann, mit seinen Kollegen wieder „gehörig einen über den Durst". In der Folge versagt seine Bauspeicheldrüse vorübergehend den Dienst, was zu einem zweiwöchigen Krankenhausaufenthalt des A führt. Muss die G für diese Zeit Entgeltfortzahlung leisten?

Den dritten großen zusätzlichen Kostenfaktor bildet die Fortzahlung der Vergü- **550** tung bei krankheitsbedingtem Arbeitsausfall des Arbeitnehmers.[115] Der durchschnittliche Krankenstand beträgt seit Jahren zwischen 3–5% der Pflichtmitglieder der gesetzlichen Krankenkassen,[116] beläuft sich je Arbeitnehmer auf ca. 17,4 Arbeitsunfähigkeitstage, ist jedoch von Branche zu Branche und auch regional sehr unterschiedlich; die jährlichen Gesamtkosten der Arbeitgeber einschließlich der Sozialversicherungsbeiträge summierten sich 2017 auf ca. 60 Milliarden €.

---

115 Die Lohnsicherung im Krankheitsfall gehört überall zu den zentralen Aufgaben staatlicher Sozialpolitik. S. hierzu den rechtsvergleichenden Überblick über die Vergütung im Krankheitsfall in: Die Regelung der Arbeitsbedingungen in den Mitgliedstaaten der Europäischen Union, Band 1, hrsgg. von der Europäischen Kommission, 1999, S. 76 f.
116 Vgl. Statistisches Taschenbuch 2007, Tabelle 8.1 und, auch zum Folgenden, https://www.iwd.de/artikel/krankenstand-in-deutschland-stabil-426328/#die-haeufigkeit.

aa) Rechtliche Entwicklung

551 Die Entwicklung, die noch immer wegen ihrer sozialen und politischen Implikationen eindrucksvolles Anschauungsmaterial für den arbeitsrechtlichen Rechtsbildungsprozess liefert, verlief schrittweise und spiegelte sich lange Zeit in der Vielfalt der einschlägigen Normen wider. Den Vortritt hatten wegen ihrer unternehmerischen Aufgaben die **kaufmännischen Angestellten**, die sog. „Handlungsgehülfen" (Art. 60 des Allgemeinen Deutschen Handelsgesetzbuchs von 1861[117], übernommen in § 63 HGB von 1897):

> „Ein Handlungsgehülfe, welcher durch unverschuldetes Unglück an der Leistung seines Dienstes zeitweise verhindert wird, geht dadurch seiner Ansprüche auf Gehalt und Unterhalt nicht verlustig. Jedoch hat er auf diese Vergünstigung nur für die Dauer von sechs Wochen Anspruch."

Es folgten die **technischen Angestellten** in Gewerbeunternehmen, z. B. die Werkmeister in der Industrie (§ 133c der Gewerbeordnung, eingefügt durch das Arbeiterschutzgesetz von 1891). Für alle anderen Angestellten (z. B. in der Verwaltung oder in freien Berufen) und die Arbeiter galt ab 1.1.1900 zunächst die vage Regelung des heutigen § 616 S. 1 BGB. Sämtliche Regelungen waren jedoch abdingbar. 1931 wurde im Interesse der ersatzweise zahlungspflichtigen gesetzlichen Krankenversicherung dem § 616 BGB ein Abs. 2 hinzugefügt, der nunmehr auch für die **„BGB-Angestellten"** eine – nur durch Tarifvertrag verkürzbare – sechswöchige Fortzahlung der Vergütung anordnete.[118] Den Arbeitern blieb dieser Schutz versagt.

552 Zur Beseitigung dieser Benachteiligung hatte der DGB 1954 eine unabdingbare sechswöchige Lohnfortzahlung auch für **Arbeiter** gefordert.[119] Ein entsprechender Vorstoß der SPD war 1956 im Bundestag erfolglos geblieben.[120] Vom 24.10.1956 bis 14.2.1957 folgte ein sechzehnwöchiger Streik in der Metallindustrie Schleswig-Holsteins mit dem Ziel der tarifvertraglichen Regelung. Gleichwohl hielt der Gesetzgeber 1957 vorerst an einer primär **sozialversicherungsrechtlichen Lösung** fest; das von der Krankenkasse zu zahlende Krankengeld wurde nämlich durch einen Arbeitgeberzuschuss auf 90 % bzw. im Jahr 1961 auf 100 %

---

117 Z. B. Preußisches Einführungsgesetz zum Allgemeinen Deutschen Handelsgesetzbuch v. 24.6.1861, Preußische Gesetz-Sammlung 1861, S. 449, 480 ff.
118 Notverordnung v. 5.6.1931 (RGBl. I S. 279). Ausführlich zur Geschichte der Große Senat des BAG v. 18.12.1959 – GS 8/58 – unter B III, AP Nr. 22 zu § 616 BGB.
119 Aktionsprogramm des Deutschen Gewerkschaftsbundes, RdA 1955, S. 287, 288 unter II 4.
120 Entwurf eines Gesetzes zur Gleichstellung aller Arbeitnehmer im Krankheitsfall (BT-Drucksache 2/1704 v. 28.9.1955).

des Nettoverdienstes aufgestockt.[121] Seit 1970 galt für Arbeiter das von der Großen Koalition geschaffene Lohnfortzahlungsgesetz[122], das dem Arbeitgeber die Zahlung des Bruttolohnes auferlegte (**arbeitsrechtliche Lösung**) und die Rechtsstellung von Angestellten und Arbeitern weitgehend anglich. Die verbliebenen Unterschiede ließen allerdings an der Verfassungsmäßigkeit im Hinblick auf Art. 3 Abs. 1 GG und an der europarechtlichen Zulässigkeit zweifeln.[123] Die erforderliche Neuordnung der unterschiedlichen Rechtslagen nach der deutschen Einheit führte nach zäher parlamentarischer Auseinandersetzung schließlich zu dem ab 1.6.1994 geltenden **Entgeltfortzahlungsgesetz**, das für alle Arbeitnehmer maßgeblich ist.

Gleichwohl blieb das neue Recht in der Diskussion, insbesondere unter den **553** Gesichtspunkten der hohen Kostenbelastung für die Arbeitgeber bzw. des Leistungsmissbrauchs, und unterlag deshalb häufigen **Änderungen**. Besonders zu erwähnen ist aus dem Jahre **1996** die in § 3 Abs. 3 EFZG eingefügte vierwöchige Mindestdauer des Arbeitsverhältnisses als Anspruchsvoraussetzung und die grundsätzliche Kürzung des Entgeltfortzahlungsanspruchs auf 80 % (§ 4 Abs. 1 EFZG 1996).[124] Letzteres war nur Intermezzo – infolge des Regierungswechsels **1998** wurde die Höhe des Anspruchs wieder auf 100 % des regelmäßig entgangenen Arbeitsverdienstes angehoben (§ 4 Abs. 1 EFZG).[125] Für eine gewisse Vereinheitlichung der Kostenlast sorgt ein Ausgleichsverfahren, einschlägig für Arbeitgeber mit i.d.R. nicht mehr als 30 Arbeitnehmern.[126]

bb) Anspruchsvoraussetzungen
(1) Erfüllung der Wartezeit
Wie eben erwähnt, entsteht der Anspruch auf Entgeltfortzahlung zwar erst nach **554** vierwöchiger ununterbrochener Dauer des Arbeitsverhältnisses (§ 3 Abs. 3 EFZG), aber selbst dann, wenn der Arbeitnehmer bis dahin arbeitsunfähig erkrankt war.

---

121 Gesetz zur Verbesserung der Sicherung der Arbeiter im Krankheitsfalle v. 26.6.1957 (BGBl. I S. 649), geändert durch Gesetz v. 12.7.1961 (BGBl. I S. 913).
122 Vom 27.7.1969 (BGBl. I S. 946).
123 BAG v. 5.8.1987–5 AZR 189/86 –, AP Nr. 72 zu § 1 LohnFG; EuGH v. 13.7.1989–171/88 – (Rinner-Kühn), AP Nr. 16 zu Art. 119 EWG-Vertrag = NZA 1990, 437.
124 Art. 3 des Gesetzes v. 25.9.1996 (BGBl. I S. 1476).
125 Durch Art. 7 des Gesetzes zu Korrekturen in der Sozialversicherung und zur Sicherung der Arbeitnehmerrechte v. 19.12.1998 (BGBl. I S. 3843).
126 Gesetz über den Ausgleich der Arbeitgeberaufwendungen für Entgeltfortzahlung (Aufwendungsausgleichsgesetz – AAG) v. 22.12.2005 (BGBl. I S. 3686).

(2) Arbeitsunfähigkeit infolge Krankheit

555 Grundsätzlich setzen die genannten Regelungen voraus, dass der Arbeitnehmer *infolge Krankheit arbeitsunfähig* ist, wie es § 3 Abs. 1 S. 1 EFZG ausdrücklich bestimmt. Als unverschuldete Arbeitsunfähigkeit gilt auch die Arbeitsverhinderung infolge nicht rechtswidriger Sterilisation oder Schwangerschaftsabbruchs (§ 3 Abs. 2 EFZG). In § 9 EFZG wird ferner der Arbeitsausfall infolge von Maßnahmen der medizinischen Vorsorge oder Rehabilitation in einer stationären Einrichtung gleichgestellt, obwohl keine Arbeitsunfähigkeit vorliegt.

556 Schwierigkeiten bereitet die **mehrfache Arbeitsunfähigkeit**.[127] Eine anspruchsbeschränkende, recht kompliziert formulierte Regelung trifft § 3 Abs. 1 S. 2 EFZG für den Fall von **Wiederholungserkrankungen.** Tritt dieselbe (nicht ausgeheilte) Krankheit erneut auf, so entsteht ein neuer Anspruch für maximal weitere sechs Wochen nur, wenn zuvor näher definierte Fristen von mindestens sechs bzw. zwölf Monaten abgelaufen sind. Im Umkehrschluss lösen **verschiedene Krankheiten** – unter der Voraussetzung zwischenzeitlicher Arbeitsfähigkeit – jeweils neue Entgeltfortzahlungsansprüche für die Dauer von sechs Wochen aus; bei ununterbrochener Arbeitsunfähigkeit gilt hingegen der Grundsatz des einheitlichen Versicherungsfalls.

557 Die **Arbeitsunfähigkeit** muss der Arbeitnehmer unverzüglich **anzeigen** und außerdem spätestens nach drei Tagen eine **ärztliche Bescheinigung** nachreichen, auf Verlangen des Arbeitgebers schon früher (§ 5 Abs. 1 EFZG). § 5 Abs. 2 EFZG verschärft die Anzeige- und Nachweispflichten im Ausland. Als problematisch hat sich des öfteren der Beweiswert ausländischer Atteste erwiesen; zu gewisser Prominenz ist in diesem Zusammenhang die Familie *Paletta* gekommen, deren Entgeltfortzahlungsansprüche allein zweimal den EuGH beschäftigt haben.[128] Diese Obliegenheiten sind jedoch **keine Anspruchsvoraussetzungen.** Selbst ein schuldhafter Verstoß lässt den Anspruch nicht untergehen, sondern berechtigt den Arbeitgeber nur vorübergehend zur Leistungsverweigerung (§ 7 Abs. 1 Nr. 1 EFZG). Ein Verstoß gegen die Verpflichtung zu umgehender Krankmeldung noch am ersten Tag der Arbeitsunfähigkeit kann nach einer Abmahnung allerdings sogar eine ordentliche verhaltensbedingte Kündigung rechtfertigen.[129]

---

127 Vgl. ErfK/*Reinhard* § 3 EFZG Rn. 36 ff. Vertiefend BAG v. 25.5.2016 – 5 AZR 318/15 –, AP Nr. 32 zu § 3 EFZG = NZA 2016, 1076; BAG v. 10.9.2014 – 10 AZR 651/12 –, AP Nr. 3 zu § 9 EFZG = NZA 2014, 1139.

128 Dazu *Gamillscheg*, Arbeitsrecht I, Fall 160, S. 354 ff. m.N.

129 BAG v. 31.8.1989 – 2 AZR 13/89 –, AP Nr. 23 zu § 1 KSchG 1969 Verhaltensbedingte Kündigung = NZA 1990, 433.

(3) Kein Verschulden des Arbeitnehmers

Die Arbeitsunfähigkeit muss *ohne Verschulden* des Arbeitnehmers eingetreten 558
sein. An sich versteht man unter Verschulden im Zivilrecht Vorsatz und jeden Grad
von – auch leichtester – Fahrlässigkeit (vgl. § 276 Abs. 1 S. 1 BGB). Vom Arbeitnehmer kann indessen nicht erwartet werden, dass er sich – noch dazu in seinem
Privatleben – keinen gesundheitlichen Gefahren aussetzt. Mit Rücksicht darauf
interpretiert das BAG das vom Arbeitgeber zu beweisende Verschulden als
**„gröblichen Verstoß gegen das von einem verständigen Menschen im ei-
genen Interesse gebotene Verhalten".**[130] Für die **sportliche Betätigung** hat das
BAG drei Fallgruppen gebildet.[131] Verschuldet sein soll eine Arbeitsunfähigkeit,
die infolge der Teilnahme an einer gefährlichen Sportart eintritt, bei der auch ein
trainierter Sportler bei regelhaftem Verhalten das Verletzungsrisiko nicht vermeiden kann. Bisher fehlt hierfür jedoch noch das Beispiel für diese Fallgruppe 1,
denn das BAG hat Amateurboxen[132] und Drachenfliegen[133] trotz der Verlet-
zungsgefahren toleriert. Ein Verschulden kann aber darin zu sehen sein – Fallgruppe 2 –, dass sich der Arbeitnehmer nicht richtig ausrüstet oder offensichtlich
überfordert. In der Tat ist manche spektakuläre Sportart für den trainierten Ath-
leten ungefährlicher als etwa der Volkssport Skifahren für den Winterurlauber.
Schließlich – Fallgruppe 3 – ist es dem Arbeitnehmer vorwerfbar, wenn er grob
gegen anerkannte Regeln oder Erfahrungssätze der Sportart verstößt.[134]

Erfahrungsgemäß mit Unfallgefahren verbunden ist die **Teilnahme am** 559
Straßenverkehr. Deshalb liegt ein Verschulden nur bei grober Unvorsichtigkeit
vor.[135] Diese erblickt das BAG auch in der Unterlassung von Schutzmaßnahmen,
insbesondere in dem Nichtanlegen von Sicherheitsgurten[136] oder dem Verzicht auf
einen Helm beim Motorradfahren (Fall 60). Hingegen schließen selbst **bewusste
Beeinträchtigungen des Gesundheitszustandes** die Lohnfortzahlung nicht
aus, wenn dem Arbeitnehmer sein Verhalten wegen seiner verminderten
Schuldfähigkeit nicht als gröblicher Verstoß vorgeworfen werden kann (so das
BAG für den Fall der missglückten Selbsttötung).[137] Da der Alkoholismus eine

---

130 BAG v. 23.11.1971 – 1 AZR 388/70 –, AP Nr. 8 zu § 1 LohnFG.
131 Näher *Junker*, Grundkurs Arbeitsrecht, Rn. 282.
132 BAG v. 1.12.1976 – 5 AZR 601/75 –, AP Nr. 42 zu § 1 LohnFG.
133 BAG v. 7.10.1981 – 5 AZR 338/79 –, AP Nr. 45 zu § 1 LohnFG.
134 BAG v. 7.10.1981 – 5 AZR 338/79 –, AP Nr. 45 zu § 1 LohnFG unter 4.
135 BAG v. 23.11.1971 – 1 AZR 388/70 –, AP Nr. 8 zu § 1 LohnFG. Der konkrete Sachverhalt betraf
einen ohne genaue Aktenkenntnis kaum zu beurteilenden Grenzfall, nämlich das unvorsichtige
Überqueren einer Straße durch eine Gastarbeiterin.
136 BAG v. 7.10.1981 – 5 AZR 1113/79 –, AP Nr. 46 zu § 1 LohnFG.
137 BAG v. 28.2.1979 – 5 AZR 611/77 –, AP Nr. 44 zu § 1 LohnFG m. zust. Anm. *Zeuner*.

Krankheit ist, soll – im Einklang mit neueren medizinischen Erkenntnissen – die Entstehung der Alkoholsucht nicht und ein Rückfall nach einer Therapie allenfalls im Einzelfall verschuldet sein (Fall 61).[138] Auch für andere Suchtkrankheiten wird man kaum anders entscheiden können.

cc) Unfall bei bezahlter Nebentätigkeit

560 Der Vorrang des Schutzgedankens vor der Risikoverteilung zeigt sich noch stärker bei krankheitsbedingten Arbeitsausfällen, die durch einen unverschuldeten Unfall bei einer bezahlten Nebentätigkeit verursacht werden. Hier muss auch derjenige Arbeitgeber die Vergütung zur Aufrechterhaltung des Lebensstandards weiterzahlen, für den der Arbeitnehmer zum Unfallzeitpunkt gar nicht tätig war.[139] Ob die Arbeitsunfähigkeit ihre Ursache im häuslichen oder Freizeitbereich oder eben in einer Nebentätigkeit hat, ist tatbestandlich unerheblich.

dd) Leistungsumfang

561 Der Arbeitgeber schuldet das Arbeitsentgelt bis zur **Dauer von sechs Wochen** (§ 3 Abs. 1 S. 1 EFZG). Es bemisst sich grundsätzlich nach dem **Lohnausfallprinzip**, d. h. nach dem Entgelt, das ohne die Arbeitsunfähigkeit bei der für den Arbeitnehmer maßgeblichen **regelmäßigen Arbeitszeit** gezahlt worden wäre (§ 4 Abs. 1 EFZG).[140] Gemäß § 4 Abs. 1a S. 1 EFZG bleiben Überstunden unberücksichtigt und ebenso solche Aufwendungen, die nur bei tatsächlicher Arbeitsleistung entstehen (z. B. Fahrtkosten). Nur bei einer **ergebnisbezogenen Vergütung** ist hilfsweise der bisherige **Durchschnittsverdienst** maßgeblich (§ 4 Abs. 1a S. 2 EFZG, **Referenzprinzip**).[141] Im Übrigen kann durch Tarifvertrag von den vorgestellten Bemessungsgrundlagen durch eine ungünstigere Regelung abgewichen werden (§ 4 Abs. 4 S. 1 EFZG).[142]

---

138 BAG 18.3.2015 – 10 AZR 99/14 –, AP Nr. 31 zu § 3 EFZG = NZA 2015, 801 entgegen BAG v. 1.6. 1983 – 5 AZR 536/80 –, AP Nr. 52 zu § 1 LohnFG; zust. *Junker*, Grundkurs Arbeitsrecht, Rn. 281.
139 BAG v. 21.4.1982 – 5 AZR 1019/79 –, AP Nr. 49 zu § 1 LohnFG. Zu den Grenzen des Anspruchs s. *Boecken*, NZA 2001, 233 ff.
140 Vgl. BAG v. 6.12.1995 – 5 AZR 237/94 –, AP Nr. 9 zu § 611 BGB Berufssport m. Anm. *Schmitt* = NZA 1996, 640 (Berufsfußballspieler: Leistungsausfallprinzip auch für Punktprämie).
141 Vgl. ErfK/*Reinhard* § 4 EFZG Rn. 14.
142 Vgl. wegen des erheblichen Gestaltungsspielraums BAG v. 13.3.2002 – 5 AZR 648/00 –, AP Nr. 58 zu § 4 EntgeltFG = NZA 2002, 744.

ee) Krankengeldleistungen der Krankenkasse

Die Entgeltfortzahlung durch den Arbeitgeber ist mit der Leistung von Kranken- 562
geld durch die Krankenkasse eng verzahnt. Leistet der Arbeitgeber, ruht der Anspruch auf das niedrigere Krankengeld gegen die Krankenkasse (§ 49 Abs. 1 Nr. 1
SGB V). Leistet der Arbeitgeber nicht – zu Recht oder zu Unrecht –, besteht auf
jeden Fall der Anspruch gegen die Krankenkasse in Höhe von 70 % des der
Beitragsberechnung zugrunde liegenden Arbeitsentgelts der letzten vier Wochen;
90 % des regelmäßigen Nettoverdienstes dürfen keinesfalls überschritten werden
(§ 47 SGB V). Die Krankenkasse nimmt jedoch beim Arbeitgeber Regress, wenn
dieser seine Leistung zu Unrecht verweigert hat (§ 115 SGB X). Ein Anspruch auf
Krankengeld besteht auch während der vierwöchigen Wartezeit zu Beginn eines
Arbeitsverhältnisses (§ 3 Abs. 3 EFZG). Darüber hinaus wird Krankengeld nach
Ablauf der sechs Wochen Entgeltfortzahlung gewährt, wegen derselben Krankheit
höchstens für 78 Wochen innerhalb von je drei Jahren (§ 48 SGB V). Dieses
Krankengeld wird nicht selten durch einen tarifvertraglich vereinbarten **Arbeitgeberzuschuss** aufgestockt, dessen Zahlungsdauer vielfach nach der Betriebs-
zugehörigkeit gestaffelt ist.[143]

d) Leistungen bei Mutterschutz und Elternzeit

Eine komplizierte Materie sind die Leistungen im Zusammenhang mit dem Mut- 563
terschutz.[144] Bei individuell wirkenden Beschäftigungsverboten – z. B. Gesundheitsgefährdung von werdender Mutter oder Kind (§ 3 Abs. 1 MuSchG) – bleibt
allein der Arbeitgeber zahlungspflichtig (§ 11 MuSchG). Während der generellen
Schutzfristen von sechs Wochen vor und acht Wochen nach der Geburt des Kindes
zahlt die Krankenkasse **Mutterschaftsgeld** bis maximal 13 € pro Kalendertag
(§ 24i SGB V), das der Arbeitgeber durch einen Zuschuss bis zur Höhe der bisherigen Nettovergütung aufstocken muss (§§ 19, 20 MuSchG). Maßgeblich für die
Berechnung ist grundsätzlich das **Referenzprinzip**, d. h. der Durchschnittsverdienst der letzten drei Monate bzw. dreizehn Wochen (vgl. aber § 11 Abs. 2 und § 14
Abs. 1 S. 3 MuSchG). Alle Arbeitgeber werden jedoch durch einen Erstattungs-

---

143 Für den öffentlichen Dienst siehe § 22 TVöD v. 13.9.2005 i.d.F. v. 31.3.2008, der den *Kran-
kengeldzuschuss* bis zu 39 Wochen nach Beginn der Arbeitsunfähigkeit zubilligt.
144 Zum Sonderkündigungsschutz siehe oben § 6 RN 323 und 324. Ein rechtsvergleichender
Überblick über Mutterschutzfristen und Erziehungsurlaub findet sich in: Die Regelung der Arbeitsbedingungen in den Mitgliedstaaten der Europäischen Union, Band 1, hrsgg. von der Europäischen Kommission, 1999, S. 78 f. u. 79 f.

anspruch gegenüber der Krankenkasse entlastet (§§ 1 Abs. 2, 2 Aufwendungs-ausgleichsgesetz [AAG]).[145]

564 Das **Elterngeld** wird hingegen zu Lasten des Bundes auf Grund des Bundeselterngeld- und Elternzeitgesetzes (BEEG) längstens bis zur Dauer von 14 Monaten denjenigen gewährt, die ein Kind nach der Geburt selbst betreuen und entweder gar keine oder keine volle Erwerbstätigkeit ausüben. Es beträgt grundsätzlich zwischen 65 und 67 % des in den letzten zwölf Monaten vor dem Monat der Geburt erzielten Durchschnittsnettoverdienstes, höchstens 1800 €, mindestens aber 300 €.[146]

e) Entgeltfortzahlung aus unbenannten persönlichen Gründen

Beispielsfälle

Fall 62: A sitzt für die Fraktion der Ökologischen-Stadt-Partei (ÖSP) im Bezirksrat der niedersächsischen Stadt B. An einem Mittwoch steht von 14 – 17 Uhr eine wichtige Ratssitzung an, in der über die Abholzung diverser alter Lindenalleen im Stadtgebiet entschieden werden soll und die A nicht verpassen möchte. Da dies mit ihren regelmäßigen Arbeitszeiten kollidiert, meldet sich A bei ihrem Arbeitgeber ab. Dieser ist, zumal ihn eine Lindenblütenallergie plagt, wenig erfreut und kündigt an, den Verdienst der A um diese Fehlzeiten zu kürzen. Zu recht?

Fall 63: A befindet sich mit seiner Familie im wohlverdienten Jahresurlaub an Bord der MS Amistad auf einer Luxuskreuzfahrt. Die letzte Etappe, die eigentlich in Palermo zu Ende gehen soll, kann das Traumschiff allerdings nicht wie geplant absolvieren, da die italienische Regierung angesichts der Flüchtlingskrise ein Anlandungsverbot für die Häfen auf Sizilien ausgesprochen hat. Die MS Amistad muss deshalb auf einen Hafen in Südfrankreich ausweichen. Aufgrund der dadurch eingetretenen Verzögerungen kann A den bereits gebuchten Rückflug nicht mehr erreichen und seine Arbeit erst mit einer Verspätung von zwei Tagen aufnehmen. Hat er gleichwohl einen Anspruch auf Arbeitsvergütung während dieser Zeit?

565 Als subsidiäre Generalklausel ordnet § 616 S. 1 BGB für alle Arbeitnehmer, aber auch für die auf Grund eines echten Dienstvertrages Verpflichteten,[147] eine Fortzahlung der Vergütung bei Verhinderung aus unbenannten persönlichen Gründen an. Beispiele bilden insbesondere Familienangelegenheiten wie Hochzeit, Geburt

---

145 Vgl. § 5 RN 237.

146 Wegen der Einzelheiten verweisen wir auf das BEEG. Das äußerlich auf Gleichberechtigung angelegte Gesetz regelt in seinem Zweiten Abschnitt (§§ 15 ff.) den Anspruch auf *Elternzeit* bis zu drei Jahren. Gebrauch machen davon bezeichnender Weise nach wie vor ganz überwiegend, jedenfalls soweit es um längere Bezugszeiträume geht, Frauen.

147 BGH v. 6.4.1995 – VII ZR 36/94 –, NJW 1995, 2629: insoweit auch für den Fall der Arbeitsunfähigkeit.

eines Kindes, Goldene Hochzeit der Eltern[148] oder Trauerfeier, Arztbesuch,[149] Krankenbetreuung eines Kindes,[150] Wohnortwechsel, aber auch Freizeit für Stellungssuche (§ 629 BGB), nicht aber die Wahrnehmung eines kommunalpolitischen oder gar gewerkschaftlichen Mandats (Fall 62). Hierher gehören ferner Schadensfälle wie Einbruch oder Wohnungsbrand sowie Wegehindernisse, die den Arbeitnehmer ganz **individuell** treffen, z.B. ein Motorschaden oder Verkehrsunfall auf dem Weg zur Arbeit. Hingegen trägt der Arbeitgeber keinesfalls das Risiko allgemeiner Verkehrsbehinderungen infolge von Glatteis,[151] Schneeverwehungen, Smogalarm, zu Flugausfällen wegen Ascheemissionen führender Vulkanausbrüche[152], Arbeitskämpfen bei öffentlichen Verkehrsbetrieben oder hoheitlichen Anordnungen (Fall 63).

Soweit überhaupt ein „in der Person liegender Grund" anzuerkennen ist, **566** stellt das Gesetz zusätzliche Anforderungen. Erstens muss die Arbeitsverhinderung **ohne Verschulden** eingetreten sein; dies bedeutet hier, dass der Arbeitnehmer alle zumutbaren Anstrengungen unternehmen muss, um seine Arbeitsleistung zu erbringen. Der Arbeitnehmer muss den Arzt also möglichst außerhalb der Arbeitszeit aufsuchen.[153] Zweitens darf die Verhinderung nur **„eine verhältnismäßig nicht erhebliche Zeit"** dauern. Die Zahlungspflicht des Arbeitgebers trotz ausbleibender Leistung soll wirtschaftlich bezogen auf das einzelne Arbeitsverhältnis erträglich sein. Zur Berechnung sind „Faustformeln" entwickelt worden, die den Arbeitsausfall zur Dauer des Arbeitsverhältnisses in Beziehung setzen; einleuchtend ist etwa ein Tag Arbeitsausfall bezogen auf jeweils sechs Monate der Betriebszugehörigkeit bei einer Obergrenze von einer Woche im Jahr. Dauert die Verhinderung zu lange, schuldet der Arbeitgeber nach Ansicht des BAG gar nichts,[154] eine durch den Gesetzeswortlaut sicher gerechtfertigte, mit Blick auf die ratio legis aber gleichwohl nicht sehr überzeugende Auslegung.

Abgesehen von den einschränkenden Voraussetzungen ist zu beachten, dass **567** § 616 S. 1 BGB **abdingbar** ist. Dementsprechend finden sich vor allem in Tarifverträgen häufig abschließende Listen für die durch § 616 S. 1 BGB erfassten Fälle.[155] Manchmal wird gerade die Betreuung kranker Kinder ganz oder doch z.T.

---

148 BAG v. 25.10.1973 – 5 AZR 156/73 –, AP Nr. 43 zu § 616 BGB.
149 BAG v. 29.2.1984 – 5 AZR 92/82 –, AP Nr. 22 zu § 1 TVG Tarifverträge: Metallindustrie.
150 BAG v. 20.6.1979 – 5 AZR 479/77 –, AP Nr. 49 zu § 616 BGB.
151 BAG v. 8.12.1982 – 4 AZR 134/80 –, AP Nr. 58 zu § 616 BGB.
152 S. nur *Buchner/Schumacher*, DB 2010, 1124, 1126; *Gutzeit*, NZA 2010, 618 ff.
153 BAG v. 29.2.1984 – 5 AZR 455/81 –, AP Nr. 64 zu § 616 BGB.
154 Großer Senat des BAG v. 18.12.1959 – GS 8/58 –, AP Nr. 22 zu § 616 BGB unter B II.
155 Z.B. in § 29 TVöD v. 18.04.2018. Der Katalog ist jedoch sehr geschrumpft und nennt nicht einmal mehr die Eheschließung.

ausgenommen.[156] Dies beruht nicht auf besonderer Herzlosigkeit, sondern darauf, dass **§ 45 SGB V** dem Arbeitnehmer wegen der **Krankenpflege** jedes noch nicht zwölf Jahre alten Kindes ein „Krankengeld" für bis zu 10 Arbeitstagen, bei Alleinerziehenden bis zu 20 Arbeitstagen im Jahr mit einer Obergrenze bei mehreren Kindern zubilligt, falls nicht ein anderes Haushaltsmitglied einspringen kann. Nicht der Arbeitgeber, sondern die Krankenkasse soll also die Last tragen. Immerhin erhält der Arbeitnehmer zugleich einen unabdingbaren **Freistellungsanspruch** gegen seinen Arbeitgeber (§ 45 Abs. 3 SGB V). Für den Fall der **Pflegebedürftigkeit** Älterer ist im Pflegezeitgesetz (vgl. § 2 Abs. 3) nur eine kurzfristige Freistellung bis zu zehn Tagen sowie eine bis zu sechsmonatige Pflegezeit – jeweils ohne spezifischen finanziellen Ausgleich – vorgesehen.[157]

568   In diesem Zusammenhang ist noch anzumerken, dass ausnahmsweise auch bei anderen Pflichtenkollisionen aus der allgemeinen Fürsorgepflicht (§ 242 BGB – siehe auch § 241 Abs. 2 BGB) ein **Anspruch auf unbezahlte Freistellung** abgeleitet werden kann, etwa wegen der lebensgefährlichen Erkrankung des in der Türkei lebenden Vaters,[158] wegen der Einberufung eines türkischen Arbeitnehmers zum verkürzten zweimonatigen Grundwehrdienst[159] oder wegen der Teilnahme als Delegierter an einem Gewerkschaftstag.[160]

IV. Treue- und Fürsorgepflicht

569   Der Verantwortungsbereich der Vertragspartner erschöpft sich jedoch keineswegs in den Hauptpflichten Arbeitsleistung und Vergütung, sondern wird durch Nebenpflichten ergänzt, die herkömmlich unter den uns heute etwas fremden Bezeichnungen Treue- bzw. Fürsorgepflicht zusammengefasst werden.[161] Derartige, früher allein **auf den Grundsatz von Treu und Glauben (§ 242 BGB) gegründete Nebenpflichten** finden sich zwar bei allen Vertragsverhältnissen; sie bekommen aber dort ein größeres Gewicht, wo infolge des auf längere **Dauer** an-

---

156 Z. B. in § 29 Abs. 1 e) TVöD. Zu diesem Komplex näher *Greiner*, NZA 2007, 490 ff.

157 Art. 3 des Gesetzes zur strukturellen Weiterentwicklung der Pflegeversicherung v. 28.5.2008 (BGBl. I S. 874).

158 LAG Frankfurt a.M. v. 3.10.1985 – 12 Sa 623/85 –, NZA 1986, 717.

159 BAG v. 7.9.1983 – 7 AZR 433/82 –, unter III 2, AP Nr. 7 zu § 1 KSchG Verhaltensbedingte Kündigung m. Anm. *Ortlepp*.

160 LAG Köln v. 11.1.1990 – 8 Sa 1020/89 –, LAGE § 611 BGB Fürsorgepflicht Nr. 20.

161 Ausführlich auch zur geschichtlichen Entwicklung *Richardi* in: Treue- und Fürsorgepflicht im Arbeitsrecht, hrsgg. von Tomandl, 1975, S. 41 ff. Während der Zeit des Nationalsozialismus sind diese Begriffe z.T. missbraucht worden; andere knappe, die besondere Pflichtenbindung schlagwortartig charakterisierende Begriffe haben sich bisher aber nicht durchgesetzt.

gelegten Leistungsaustausches und der **Einbindung der Person** eine besonders intensive Vertragsbeziehung entsteht. Entsprechend „offen" ist seit der Schuldrechtsreform **§ 241 Abs. 2 BGB** formuliert: „*Das Schuldverhältnis kann nach seinem Inhalt jeden Teil zur Rücksicht auf die Rechte, Rechtsgüter und Interessen des anderen Teils verpflichten.*" § 619 BGB trägt seit 2002 sogar die amtliche Überschrift „Unabdingbarkeit der Fürsorgepflichten".

1. Treuepflicht des Arbeitnehmers
a) Besondere gesetzliche Ausprägungen

Der Gesetzgeber verbietet den kaufmännischen Angestellten unter bestimmten Voraussetzungen eine **Konkurrenztätigkeit während des bestehenden Arbeitsverhältnisses** (§ 60 HGB); das BAG hat dieses Verbot unter Berufung auf die Treuepflicht als Ausdruck eines allgemeinen Rechtsgedankens angesehen und jüngst analog auf alle Arbeitnehmer erstreckt.[162] Unzulässig ist hingegen ein *generelles Nebentätigkeitsverbot*, zulässig ein Genehmigungsvorbehalt mit dem Anspruch auf Genehmigung, sofern keine berechtigten Interessen des Arbeitgebers beeinträchtigt werden.[163] **570**

Ein **nachvertragliches Wettbewerbsverbot** (§ 110 GewO i.V.m. §§ 74 ff. HGB) bedarf besonderer schriftlicher Vereinbarung, ist nur sehr eingeschränkt zulässig und verpflichtet den Arbeitgeber zu einer sog. Karenzentschädigung (§ 74 HGB). Die gesetzlichen Bestimmungen sind im Hinblick auf die durch Art. 12 Abs. 1 GG gewährleistete Berufsfreiheit sehr weitgehend durch „Richterrecht" modifiziert, so dass die derzeit bestehende Rechtslage nicht allein dem Gesetz entnommen werden kann.[164] Umso erstaunlicher ist die schlichte Verweisung in § 110 GewO. **571**

Im Gesetz gegen den unlauteren Wettbewerb (UWG) ist partiell die Pflicht zur **Verschwiegenheit** (§§ 17 ff.) geregelt. Einen noch weitergehenden Schutz von Geschäfts- und Betriebsgeheimnissen soll die Richtlinie (EU) 2016/943 gewährleisten, die allerdings nicht arbeitsrechtsspezifisch umgesetzt worden ist.[165] Die Pflicht zur **Unbestechlichkeit** folgt nicht nur aus der Treuepflicht, sondern auch **572**

---

162 BAG v. 26.9.2007 – 10 AZR 511/06 –, AP Nr. 4 zu § 61 HGB = NZA 2007, 1436.

163 BAG v. 24.6.1999 – 6 AZR 605/97 –, AP Nr. 5 zu § 611 BGB Nebentätigkeit.

164 Verwiesen sei daher auf *Schaub/Vogelsang*, Arbeitsrechts-Handbuch, § 55.

165 RL (EU) 2016/943 des Europäischen Parlaments und des Rates v. 8.6.2016 über den Schutz vertraulichen Know-hows und vertraulicher Geschäftsinformationen (Geschäftsgeheimnisse) vor rechtswidrigem Erwerb sowie rechtswidriger Nutzung und Offenlegung, ABl. L 157 v. 15.6.2016, 1 ff.

aus § 299 StGB; der Arbeitgeber hat einen Anspruch auf **Herausgabe von Schmiergeldern** (§§ 687 Abs. 2, 681 S. 2, 667 BGB).[166]

573   Daneben besteht selbstverständlich auch ein Anspruch auf Herausgabe des **rechtmäßig Erlangten:** Gemäß § 667 2. Alt. BGB hat der Arbeitnehmer sonstige Vorteile herauszugeben, die er – berechtigt – aus einer entgeltlichen Geschäftsbesorgung für den Arbeitgeber erzielt hat. Besondere Aufmerksamkeit hat dabei die Entscheidung des BAG gefunden, den geldwerten Vorteil von „Bonusmeilen" zum Nutzen des Arbeitgebers zu verwenden.[167]

574   Die §§ 15 und 16 Arbeitsschutzgesetz (ArbSchG) verpflichten die Beschäftigten für ihre **Sicherheit und Gesundheit** und der von ihrem Verhalten Betroffenen zu sorgen, den Arbeitgeber bei seinen Schutzvorkehrungen zu unterstützen sowie erhebliche Gefahren unverzüglich zu melden.

b) Allgemeine Treuepflicht

575   Rücksichtnahme ist über diese speziellen Normen hinaus gefordert. Eine Definition des Inhalts der allgemeinen Treuepflicht des Arbeitnehmers ist ohne konkrete Anschauung wenig hilfreich. Deshalb schildern wir zuerst **vier Fallgruppen** mit Beispielen.

aa) Fallgruppen
(1) Schutz des Eigentums und Vermögens des Arbeitgebers

576   Der Arbeitnehmer hat das Eigentum und das Vermögen des Arbeitgebers zu schützen. Dies ist bezüglich der ihm anvertrauten Arbeitsgeräte oder Arbeitsmaterialien selbstverständlich. Er kann jedoch darüber hinaus verpflichtet sein, vor drohenden Schäden (z.B. auch durch Zahlung überhöhter Vergütung) zu warnen[168] und pflichtvergessene Arbeitskollegen anzuzeigen, jedenfalls wenn er Vorgesetzter ist und Wiederholungsgefahr besteht.[169] Erst recht darf er nicht Pflichtverletzungen unterstützen, etwa durch das Mitstempeln von Stempelkarten fehlender Kollegen [170] Aus der Treuepflicht kann sich auch ergeben, dass ein Arbeitnehmer ausnahmsweise eine nach Art, Ort oder Umfang (Überstunden) an

---

166 BAG v. 26.2.1971 – 3 AZR 97/70 –, AP Nr. 5 zu § 687 BGB.
167 BAG v. 11.04.2006 – 9 AZR 500/05 –, AP Nr. 1 zu § 667 BGB = NZA 2006, 1089.
168 BAG v. 1.6.1995 – 6 AZR 912/94 –, AP Nr. 16 zu § 812 BGB = NZA 1996, 135.
169 BAG v. 18.6.1970 – 1 AZR 520/690 –, AP Nr. 57 zu § 611 BGB Haftung des Arbeitnehmers.
170 LAG Düsseldorf v. 21.9.1976 – 15 Sa 754/76 –, DB 1977, 501.

sich nicht geschuldete Arbeitsleistung erbringen muss,[171] z. B. bei einer Stellenvakanz[172] oder bei einem unvorhersehbaren Arbeitsanfall.

(2) Schutz immaterieller Werte

Die Schutzpflicht bezieht sich aber auch auf immaterielle Werte. Angriffe auf die   577
Ehre und den Körper des Arbeitgebers bedeuten zugleich eine Vertragsverletzung.
Dasselbe gilt für entsprechende Angriffe auf Arbeitskollegen, Mobbing und sexuelle Belästigungen.

(3) Rücksichtnahme auf Arbeitgeberinteressen bei der Wahrnehmung eigener Interessen

Problematisch ist vor allem die dritte Fallgruppe, die die Pflicht zur Rücksicht-   578
nahme auf Arbeitgeberinteressen **bei der Wahrnehmung eigener Interessen**
betrifft, allerdings nicht soweit reicht, dass eine Vertragspartei berechtigte und
gleichrangige eigene Belange hinter denjenigen des Vertragspartners zurück-
stellen müsste.[173] Geradezu spektakulär war der dem Urteil des BAG v. 14.5.1964
zugrunde liegende Sachverhalt.[174] Dort wollte ein Arbeitnehmer einen Streit mit
einem Arbeitskollegen gerichtlich austragen, während der Arbeitgeber im Interesse des Betriebsfriedens auf die Annahme seines Vermittlungsvorschlags
drängte und dem unnachgiebigen Arbeitnehmer schließlich sogar fristlos kündigte. Dessen Kündigungsschutzklage hatte keinen Erfolg, weil das BAG die Sittenwidrigkeit der Kündigung verneinte und der Arbeitnehmer im Übrigen die
Klagefrist versäumt hatte. Andere Beispiele bilden – je nach den Umständen – die
Anzeige von Missständen im Betrieb bei Behörden oder die öffentliche Anpran-
gerung des Arbeitgebers (sog. **whistle-blowing**);[175] § 17 Abs. 2 ArbSchG geht von
dem Vorrang interner Beschwerden des Arbeitnehmers aus. Hierher gehört

---

171 Vgl. § 29 DEArbVG 2007, NZA Beilage 1/2007.

172 BAG v. 4.10.1972 – 4 AZR 475/71 –, AP Nr. 2 zu § 24 BAT.

173 BAG v. 24.10.2018 – 10 AZR 69/18 –, AP Nr. 12 zu § 611 BGB – Gewerkschaftsangestellte.

174 – 2 AZR 244/63 –, AP Nr. 5 zu § 242 BGB Kündigung m. krit. Anm. *Herschel.*

175 Grundsatzentscheidung BAG v. 3.7.2003 – 2 AZR 235/02 –, AP Nr. 45 zu § 1 KSchG 1969 Verhaltensbedingte Kündigung m. Anm. *Otto* = NZA 2004, 427; ferner LAG Köln v. 23.2.1996 – 11 (13)
Sa 976/95 –, LAGE § 626 BGB Nr. 94: berechtigte Veranlassung der Überprüfung der Verkehrs-
tüchtigkeit eines LKW (Reifenmangel) durch die Polizei; BVerfG v. 2.7.2001 – 1 BvR 2049/00 –, AP
Nr. 170 zu § 626 BGB = NZA 2001, 888: berechtigte Mitwirkung als Zeuge im Ermittlungsverfahren
ohne wissentlich oder leichtfertig falsche Angaben.

schließlich z. B. auch eine den Interessen des Arbeitgebers zuwiderlaufende politische Betätigung des Arbeitnehmers, bei der die Bedeutung der durch Art. 5 Abs. 1 GG gewährleisteten Meinungsfreiheit zugunsten des Arbeitnehmers den Ausschlag geben muss, sofern nicht der Betriebsablauf gestört wird oder der Betriebsfrieden in einer dem Arbeitnehmer zurechenbaren Weise nachhaltig beeinträchtigt ist.[176]

(4) Pflicht zur Weiterbildung

579 Zu den Treuepflichten des Arbeitnehmers wird man heute auch die Verpflichtung rechnen müssen, sich fortzubilden.[177] § 72 DEArbVG 2007 schreibt dies ausdrücklich fest. Allerdings wird der Arbeitgeber die Kosten für die Freistellung von der Arbeit und den sonstigen Aufwand tragen müssen, wenn er allein von der Weiterbildung profitiert. Anderenfalls ist eine angemessene Kostenverteilung geboten, die zweckdienlich in Tarifvertrag oder Betriebsvereinbarung zu regeln ist.

bb) Formulierung einer Generalklausel

580 Der vielgestaltige Inhalt der allgemeinen Treuepflicht kann nur mit Mühe in einer ausformulierten Generalklausel zusammengefasst werden, will man nicht bei der für sämtliche Schuldverhältnisse geltenden Umschreibung in § 241 Abs. 2 BGB stehenbleiben. Angesichts der angedeuteten Interessenkollisionen geht die Formulierung des BAG zu weit, der Arbeitnehmer sei verpflichtet, nicht den Interessen des Arbeitgebers zuwiderzuhandeln oder diese zu beeinträchtigen.[178] Hingegen überzeugt inhaltlich der Vorschlag der Arbeitsgesetzbuchkommission in § 77 ihres Entwurfs[179]:

> „Der Arbeitnehmer hat seine Verpflichtungen aus dem Arbeitsverhältnis so zu erfüllen, seine Rechte so auszuüben und die im Zusammenhang mit dem Arbeitsverhältnis stehenden Interessen des Arbeitgebers so zu wahren, wie dies von ihm unter Berücksichtigung seiner Stellung im Betrieb, seiner eigenen Interessen und der Interessen der anderen Arbeitnehmer des Betriebs nach Treu und Glauben billigerweise verlangt werden kann."

---

176 Näher hierzu *Otto*, Personale Freiheit, S. 78 ff.; zu einer darauf gestützten ordentlichen Kündigung s. oben § 6 RN 356.

177 Grundlegend zum Problemfeld *Fracke*, Die betriebliche Weiterbildung, 2003.

178 BAG v. 28.9.1972 – 2 AZR 469/71 – unter II 2 b, AP Nr. 2 zu § 134 BGB.

179 Entwurf eines Arbeitsgesetzbuches – Allgemeines Arbeitsvertragsrecht, hrsgg. vom Bundesminister für Arbeit und Sozialordnung, 1977.

c) Sanktion für eine Treuepflichtverletzung

Primäre Sanktion für eine Treuepflichtverletzung ist je nach ihrem Gewicht die **581** ordentliche oder außerordentliche **Kündigung**, wobei jedoch in der Regel eine Abmahnung vorauszugehen hat. Denkbar ist vor allem bei materiellen Schäden zudem ein Anspruch auf **Schadensersatz**, der bei einem Personenschaden des Arbeitgebers allerdings weitgehend ausgeschlossen ist (§ 105 Abs. 2 SGB VII).[180]

2. Fürsorgepflicht des Arbeitgebers

Bei der Erörterung der Fürsorgepflicht des Arbeitgebers muss zwischen speziellen **582** privatrechtlichen Ausgestaltungen, der Transformierung öffentlich-rechtlicher Schutznormen auf die vertragliche Ebene und einer dem Arbeitnehmerschutz dienenden Generalklausel unterschieden werden. Keineswegs ließe sich ohne spezielle gesetzliche Grundlagen aus Nebenpflichten, die auf den Grundsatz von Treu und Glauben (§ 242 BGB) zu gründen wären bzw. nunmehr eine gesetzliche Stütze in § 241 Abs. 2 BGB finden, auch nur annähernd derselbe Standard des Arbeitsschutzes und der sozialen Sicherung nach Art und Umfang ableiten, wie er heute erreicht ist. Der Fürsorgegedanke – oder moderner gesprochen: das **arbeitsrechtliche Schutzprinzip** – liegt als Leitidee nicht nur den ausdrücklichen arbeitsrechtlichen Regelungen zugrunde, sondern ist der Ursprung der allgemeinen Fürsorgepflicht als subsidiärer Generalklausel; dies darf jedoch nicht dazu verleiten, diese Generalklausel überzustrapazieren.

a) Besondere privatrechtliche gesetzliche Ausprägungen

Im Vordergrund steht der Schutz von **Leben** und **Gesundheit. § 618 Abs. 1 BGB,** **583** der auch für freie Mitarbeiter gilt,[181] bestimmt unabdingbar (§ 619 BGB):

„Der Dienstberechtigte hat Räume, Vorrichtungen oder Gerätschaften, die er zur Verrichtung der Dienste zu beschaffen hat, so einzurichten und zu unterhalten und Dienstleistungen, die unter seiner Anordnung oder seiner Leitung vorzunehmen sind, so zu regeln, dass der Verpflichtete gegen Gefahr für Leben und Gesundheit soweit geschützt ist, als die Natur der Dienstleistung es gestattet."

Unmittelbar von dieser Norm erfasst wird z.B. auch eine eindeutige Überforderung, die Gesundheitsschäden zur Folge hat; der weitgehend gleichlautende § 62 Abs. 1 HGB erwähnt ausdrücklich die Regelung der Arbeitszeit. Der Arbeitgeber

---

180 Näher dazu bei der Darstellung der Arbeitnehmerhaftung RN 595 ff.
181 BGH v. 6.4.1995 – VII ZR 36/94 –, NJW 1995, 2629.

kann sogar verpflichtet sein, wie der EuGH jüngst zur Auslegung der Arbeitszeitrichtlinie klargestellt hat[182], auf die Inanspruchnahme des Urlaubs hinzuwirken.[183] Schwerbehinderte Arbeitnehmer haben einen Anspruch auf behinderungsgerechte Gestaltung und Ausstattung ihres Arbeitsplatzes (§ 164 Abs. 4 SGB IX). Bevor die Diskussion darüber beendet war, inwieweit der Arbeitgeber aus § 618 Abs. 1 BGB verpflichtet ist, Arbeitnehmern einen *„rauchfreien"* Arbeitsplatz bereitzustellen,[184] kam es zu einer speziellen Anordnung. Laut § 5 ArbeitsstättenVO[185] hat der Arbeitgeber die erforderlichen Maßnahmen zu treffen, damit die nicht rauchenden Beschäftigten wirksam vor den Gesundheitsgefahren durch Tabakrauch geschützt sind. Für Arbeitsstätten mit Publikumsverkehr gilt dies jedoch nur insoweit, als die Natur des Betriebes und die Art der Beschäftigung es zulassen. Außerhalb des Arbeitsrechts bestehen inzwischen weitergehende Regelungen zum Nichtraucherschutz, insbesondere für öffentliche Verkehrsmittel[186] und – kraft Landesrechts – für die Gastronomie. Im Zusammenhang mit dem umgekehrten Fall, in dem ein Arbeitnehmer sich gegen ein generelles Rauchverbot durch Betriebsvereinbarung (§ 87 Abs. 1 Nr. 1 bzw. Nr. 7 BetrVG) gewehrt hatte, hatte das BAG noch gemeint, dass grundsätzlich – anders als bei einem produktionsbedingten Verbot – ein Ausgleich zwischen den Interessen der Raucher und Nichtraucher erforderlich sei.[187] Den **Schutz der Beschäftigten vor sexueller Belästigung** am Arbeitsplatz sieht § 3 Abs. 4 AGG vor; das Gesetz verpflichtet den Arbeitgeber zu angemessenen Vorsorge- bzw. Schutzmaßnahmen (§ 12 Abs. 2 und 3 AGG) und berechtigt den Arbeitnehmer bei deren Versagen zur Leistungsverweigerung ohne Verlust des Arbeitsentgelts (§ 14 AGG).

b) Transformation des öffentlich-rechtlichen Arbeitsschutzes

584 Hinsichtlich der Abwehr von Gefahren für Leben und Gesundheit ist der **öffentlich-rechtliche Arbeitsschutz** nach wie vor von zentraler Bedeutung.[188] Aus Geund Verboten an die Adresse des Unternehmers werden im Wege der **Transfor-**

---

182 EuGH v. 6.11.2018 – C-684/16 (MPG/Shimizu) –, AP Nr. 26 zu Richtlinie 2003/88/EG; s. ferner BAG v. 19.2.2019 – 9 AZR 423/16 –, NZA 2019, 977.
183 BAG v. 27.2.1970 – 1 AZR 258/69 –, AP Nr. 16 zu § 618 BGB m. Anm. *Sieg*.
184 Vgl. BAG v. 17.2.1998 – 9 AZR 84/97 –, AP Nr. 26 zu § 618 BGB = NZA 1998, 1231.
185 Vgl. unten RN 585.
186 Gesetz zum Schutz vor den Gefahren des Passivrauchens v. 20.7.2007 (BGBl. I S. 1595).
187 BAG v. 19.1.1999 – 1 AZR 499/98 –, AP Nr. 28 zu § 87 BetrVG 1972 Ordnung des Betriebes m. Anm. *v.Hoyningen-Huene* = NZA 1999, 546.
188 Eine knappe, aber gute Übersicht findet sich in der Gesetzessammlung *Kittner*, Arbeits- und Sozialordnung, Einleitung zu Nr. 7, S. 210 ff.

mation entsprechende **vertragliche Pflichten des Arbeitgebers**, soweit dies nach dem Gegenstand denkbar ist. Inzwischen ist nämlich anerkannt, dass dieser grundsätzlich auch dem einzelnen Arbeitnehmer gegenüber vertraglich verpflichtet ist, die speziellen öffentlich-rechtlichen Schutzvorschriften zu beachten,[189] beispielsweise für die vorgeschriebenen Sicherheitsschuhe zu sorgen oder deren Kosten zu übernehmen.[190] Praktisch bedeutsam wird dies allerdings im Grunde vor allem bei der auf § 275 Abs. 3 BGB gestützten, berechtigten *Verweigerung einer Arbeitsleistung* unter Berufung auf die Nichteinhaltung von Schutznormen.[191] Kommt es zu einem **Arbeitsunfall** (§ 8 SGB VII) tritt die zuständige Berufsgenossenschaft als Sozialversicherungsträger mit ihren Leistungen (§ 26 SGB VII) indes unabhängig davon ein, ob dem Arbeitgeber der Vorwurf einer (Vertrags-)Pflichtverletzung zu machen ist (§ 104 SGB VII). Nur bei einer vorsätzlichen Herbeiführung des Versicherungsfalls haftet der Arbeitgeber dem Arbeitnehmer nach allgemeinen Regeln unmittelbar.

Staatliche Arbeitsschutznormen, deren Einhaltung von den Gewerbeaufsichtsämtern kontrolliert wird, konkretisieren die dem Arbeitgeber zumutbaren Maßnahmen immer detaillierter. Maßgebliche Grundlage ist seit 1996 vor allem das „Gesetz über die Durchführung von Maßnahmen des Arbeitsschutzes zur Verbesserung der Sicherheit und des Gesundheitsschutzes der Beschäftigten bei der Arbeit" (ArbSchG)[192], auf dessen Grundlage zahlreiche Verordnungen ergingen, die mittlerweile weitgehend in der ArbeitsstättenVO[193] aufgegangen sind, die im Anhang z.B. Bestimmungen über Raumtemperaturen (3.5), Sanitär-, Pausen- und Bereitschaftsräume (4) und über die Gestaltung von Bildschirmarbeitsplätzen (6) enthält. **585**

Hinzu treten die **Unfallverhütungsvorschriften** der für die gesetzliche Unfallversicherung zuständigen **Berufsgenossenschaften** als „autonomes Recht" (§ 15 SGB VII), über deren Beachtung von diesen eingestellte „Aufsichtspersonen" wachen (§§ 18 ff. SGB VII). Es liegt allerdings auf der Hand, dass eine derartige Kontrolle von außen nur sehr beschränkt effektiv sein kann. Dies gilt vor allem dann, wenn die Vorschriften sich auf den laufenden Arbeitsprozess beziehen, wie etwa die Bestimmungen über die zulässigen Fahrtzeiten von Berufskraftfah **586**

---

189 *Corts* in: ArbR BGB § 618 Rn. 24 ff.; ErfK/*Wank* § 618 BGB Rn. 4 f.
190 BAG v. 21.8.1985 – 7 AZR 199/83 –, AP Nr. 19 zu § 618 BGB = NZA 1986, 324.
191 In erster Linie war bisher an § 273 BGB zu denken (BAG v. 8.5.1996 – 5 AZR 315/95 – [u.a. PCB] und v. 19.2.1997 – 5 AZR 982/94 – [Asbest], AP Nr. 23 und 24 zu § 618 BGB = NZA 1997, 86 und 821).
192 Art. 1 des Gesetzes zur Umsetzung der EG-Rahmenrichtlinie Arbeitsschutz und weiterer Arbeitsschutz-Richtlinien v. 7.8.1996 (BGBl.I S. 1246). Näher dazu ErfK/*Wank* ArbSchG.
193 Vom 12.8.2004 (BGBl. I S. 2179).

rern.[194] Ebenso wenig kann man erwarten, dass sich der einzelne Arbeitnehmer gegenüber dem Arbeitgeber durchsetzt, wenn der Arbeitnehmer nicht sogar von sich aus ihm bekannte Sicherheitsvorkehrungen außer Acht lässt.

587 Um hier einen höheren Wirkungsgrad zu erzielen, setzt der Gesetzgeber verstärkt auf innerbetriebliche Sach- und Fachkunde von **Betriebsbeauftragten**.[195] Gemäß § 11 des Arbeitssicherheitsgesetzes hat der Arbeitgeber in Betrieben mit mehr als zwanzig Beschäftigten einen **Arbeitsschutzausschuss** zu bilden, dem außer dem Arbeitgeber zwei Betriebsratsmitglieder und die vom Arbeitgeber bestellten Betriebsärzte, Fachkräfte für Arbeitssicherheit und Sicherungsbeauftragten nach § 22 SGB VII angehören.

c) Allgemeine Fürsorgepflicht

588 Nunmehr gelangen wir zur allgemeinen Fürsorgepflicht als **Generalklausel**, die auf § 241 Abs. 2 BGB gestützt werden kann.[196] Hilfreich ist auch hier die Herausstellung typischer Fallgruppen. Diese werden belegen, dass sich der Inhalt der Fürsorgepflicht allmählich ausgeweitet hat, von einem Schutz der materiellen Interessen und der körperlichen Integrität zu einem **umfassenden Schutz der Persönlichkeit und ihrer freien Entfaltung** – ganz im Einklang mit dem Gebot des § 75 Abs. 2 BetrVG.[197]

aa) Schutz der materiellen Interessen des Arbeitnehmers

589 Da für den Schutz von Leben und Gesundheit spezielle Regeln bestehen, stehen bei der Generalklausel zunächst materielle Interessen des Arbeitnehmers im Vordergrund. Der Arbeitgeber hat die Nebenpflicht, Arbeitnehmereigentum zu sichern. Für in den Betrieb üblicherweise eingebrachte Sachen (z.B. Kleidung, Uhr, Papiere, übliche Bargeldbeträge) müssen abschließbare Schränke zur Verfügung stehen, oder es muss für eine Bewachung gesorgt werden.[198] Wird ein Firmenparkplatz zur Verfügung gestellt, so muss der Arbeitgeber Gefahren für die

---

194 Für Berufskraftfahrer gilt prinzipiell das Arbeitszeitgesetz. Nach § 5 Abs. 1 ArbZG beträgt die Ruhezeit grundsätzlich 11 Stunden, die deutlich kürzeren Ruhezeiten nach Vorschriften der EG für Kraftfahrer haben nach Abs. 4 jedoch Vorrang (Verordnung (EG) Nr. 561/2006 v. 15.3.2006 zur Harmonisierung bestimmter Sozialvorschriften im Straßenverkehr [ABl. 2006 L 102, S. 1]).
195 Hierzu *Weber*, Der Betriebsbeauftragte, 1988.
196 Vgl. *Palandt/Grüneberg*, BGB, 78. Aufl. 2019, § 241 Rn. 6 ff.
197 Vgl. hierzu § 12 RN 881.
198 BAG v. 1.7.1965 – 5 AZR 264/64 –, AP Nr. 75 zu § 611 BGB Fürsorgepflicht.

abgestellten Fahrzeuge minimieren.[199] Er ist aber beispielsweise nicht verpflichtet, eine Feuerversicherung zugunsten der eingebrachten Sachen abzuschließen.[200] Auch vor Vermögensschäden muss er den Arbeitnehmer bewahren. So kann der Arbeitgeber im Einzelfall verpflichtet sein, auch wenn grds. jeder Vertragspartei die Wahrung der eigenen Belange obliegt, über eine vom ihm zugunsten des Arbeitnehmers abgeschlossene Unfallversicherung aufzuklären,[201] beim Abschluss von Aufhebungsverträgen für ihn erkennbare Nachteile bei der Rentenversorgung mitzuteilen[202] oder wegen etwaiger nachteiliger Folgen für die Zeit der Arbeitslosigkeit eine Beratung durch die Bundesagentur für Arbeit anzuraten[203]. Verletzt der Arbeitgeber oder ein Erfüllungsgehilfe die Nebenpflicht schuldhaft, haftet der Arbeitgeber gemäß § 280 Abs. 1 i.V.m. § 241 Abs. 2 BGB auf **Schadensersatz.**

bb) *Exkurs: Ersatz von Eigenschäden*

Nicht mit der Fürsorgepflicht, sondern mit der („doppelt") analogen Anwendung des verschuldensunabhängigen **§ 670 BGB** wird jedoch der Anspruch des Arbeitnehmers auf Ersatz sog. Eigenschäden bei betrieblich veranlasster Tätigkeit gerechtfertigt.[204] Beim Auftrag und der Geschäftsführung ohne Auftrag werden auftragsbedingte **Schäden** – also unfreiwillige Vermögensopfer – den **Aufwendungen** – also freiwilligen Vermögensopfern –, **gleichgestellt**, die ein Beauftragter zur Ausführung der Tätigkeit für erforderlich halten durfte (erste Analogie). Dieser Gedanke wird auf das **Arbeitsverhältnis** übertragen (zweite Analogie), wenn der Arbeitnehmer bei der spezifischen Wahrnehmung von Arbeitgeberinteressen einen Schaden erleidet, der nicht durch die Arbeitsvergütung abgegolten ist. Als zusätzliche Besonderheit kommt allerdings hinzu, dass selbst ein Verschulden des Arbeitnehmers den Anspruch nicht ausschließt. Vielmehr gelten für den innerbetrieblichen Schadensausgleich bei Eigenschäden insoweit die Regeln über die Haftungsbeschränkung des Arbeitnehmers bei der Schädigung des Arbeitgebers im Grundsatz entsprechend.[205] Ersatzpflichtig ist der Ar-

590

---

199 BAG v. 25.5.2000 – 8 AZR 518/99 –, AP Nr. 8 zu § 611 BGB Parkplatz = NZA 2000, 1052.

200 LAG Düsseldorf v. 19.10.1989 – 5 (2) Sa 888/89 –, DB 1990, 1468 f.

201 BAG v. 26.7.2007 – 8 AZR 707/06 –, Pressemitteilung Nr. 58/07 = DB 2007, 2319.

202 BAG v. 17.10.2000 – 3 AZR 605/99 –, AP Nr. 116 zu § 611 BGB Fürsorgepflicht = NZA 2001, 206.

203 Vgl. BAG v. 10.3.1988 – 8 AZR 420/85 –, AP Nr. 99 zu § 611 BGB Fürsorgepflicht = NZA 1988, 837.

204 Vgl. Otto/Schwarze/Krause/*Schwarze*, Haftung, § 27 Rn. 5 ff.

205 BAG v. 8.5.1980 – 3 AZR 82/79 –, AP Nr. 6 zu § 611 BGB Gefährdungshaftung des Arbeitgebers m. Anm. *Brox* – dazu näher unter RN 579 ff. Otto/Schwarze/Krause/*Schwarze*, Haftung, § 27

beitgeber insbesondere dann, wenn er erwartet oder zumindest billigt, dass Arbeitnehmereigentum in seinem Interesse eingesetzt wird. Man denke daran, dass der Arbeitnehmer sein Kraftfahrzeug für dienstliche Zwecke nutzen soll.[206] Das Risiko, dass dabei ein Schaden am Fahrzeug entsteht, kann der Arbeitgeber auch nicht durch Zahlung einer Kilometerpauschale abdecken[207], jedenfalls solange diese Pauschale nicht nennenswert über die steuerrechtlich relevanten Kilometerpauschalen hinausgeht.

cc) Mitverantwortung des Arbeitgebers für das berufliche Schicksal des Arbeitnehmers

591 Den Arbeitgeber trifft auf Grund der Fürsorgepflicht auch eine Mitverantwortung für das berufliche Schicksal. Diese verbietet eindeutig das **„Mobbing"** [208]. Entscheidungen bestätigen eine z.T. erschreckende Arbeitsatmosphäre.[209] Mobbing stellt jedoch keinen eigenständigen Tatbestand dar,[210] weshalb für eine Haftung – anders als für eine Kündigung des Arbeitnehmers – allein konkrete Verhaltensweisen maßgeblich sind.[211] *Schmerzensgeld* wird zwar auch bei Verletzung vertraglicher Pflichten gewährt. Dies gilt nach § 253 Abs. 2 BGB aber nur für Verletzungen des Körpers, der Gesundheit, der Freiheit oder der sexuellen Selbstbestimmung. Bei Verletzungen des Persönlichkeitsrechts kommt nur eine Haftung aus Delikt in Betracht.

Rn. 44. Größere Zurückhaltung ist zumindest bei echten Aufwendungen bezüglich der Beurteilung ihrer Erforderlichkeit geboten (vgl. *Schwarze*, Anm. zu BAG v. 16.3.1995 – 8 AZR 260/94 –, AR-Blattei ES 860 Nr. 68).

206 Das BAG nimmt sogar dann eine Ersatzverpflichtung an, wenn der Schaden während der Mittagspause zwischen zwei Dienstfahrten eingetreten ist (v. 14.12.1995 – 8 AZR 875/94 –, AP Nr. 13 zu § 611 BGB Gefährdungshaftung des Arbeitgebers = NZA 1996, 417 = EzA § 611 BGB Arbeitgeberhaftung Nr. 4 m. krit. Anm. *Schwarze*) oder wenn der Arbeitnehmer mit porösen Reifen fährt, allerdings mit Hinweis auf die entsprechende Anwendung des § 254 BGB (v. 23.11.2006 – 8 AZR 701/05 –, AP Nr. 39 zu § 611 BGB Haftung des Arbeitgebers = NZA 2007, 870.

207 Vgl. BAG v. 30.4.1992 – 8 AZR 409/91 –, AP Nr. 11 zu § 611 BGB Gefährdungshaftung des Arbeitnehmers = NZA 1993, 262; BVerwG v. 27.1.1994 – 2 C 6/93 –, NJW 1995, 411 f.

208 *Benecke*, Mobbing – Arbeits- und Haftungsrecht, 2005; *Wolmerath*, Mobbing im Betrieb, 2001.

209 LAG Baden-Württemberg v. 5.3.2001 – 15 Sa 160/00 –, AP Nr. 2 zu § 611 BGB Mobbing; Thüringer LAG v. 10.4.2001 – 5 Sa 403/00 –, LAGE Art. 2 GG Persönlichkeitsrecht Nr. 2; LAG Rheinland-Pfalz v. 16.8.2001 – 6 Sa 415/01 –, NZA-RR 2002, 121 ff.

210 Lehrreich: BAG v. 16.5.2007 – 8 AZR 709/06 –, NZA 2007, 1154; BAG v. 25.10.2007 – 8 AZR 593/06 –, NZA 2008, 223.

211 BAG v. 16.5.2007 – 8 AZR 709/06 –, NZA 2007, 1154; LAG Schleswig-Holstein v. 28.03.2006 – 5 Sa 595/05 –, NZA-RR 2006, 402.

Hingegen ist das ursprünglich auf die Fürsorgepflicht gestützte Recht auf 592
Einsicht in die **Personalakten** inzwischen ebenso gesetzlich verankert wie das
Recht, Erklärungen des Arbeitnehmers zu ihrem Inhalt hinzuzufügen (§ 83 Betr-
VG). Damit verbessert sich jedoch die Situation des zu Unrecht eines Fehlverhaltens beschuldigten Arbeitnehmers kaum. Deshalb wird dem Arbeitnehmer
darüber hinaus unter Berufung auf die Fürsorgepflicht und eine analoge Anwendung des § 1004 BGB ein Anspruch gegen den Arbeitgeber eingeräumt, einen
unrichtigen Vermerk zu entfernen.[212] Das BAG vertritt sogar die Auffassung, dass
eine zutreffende Sachverhaltsdarstellung über die Teilnahme an einem rechtswidrigen Warnstreik nach einiger Zeit ihre Relevanz verliert und deshalb nicht
länger aufbewahrt werden darf.[213] Besondere Vorsicht ist bei der Aufbewahrung
von Gesundheitsdaten angezeigt.[214]

In diesem Zusammenhang ist schließlich der in § 109 GewO geregelte An- 593
spruch auf ein **„einfaches"** (Art und Dauer der Tätigkeit) oder **„qualifiziertes"**
Zeugnis mit – grds. wohlwollenden – Angaben über Leistung und Verhalten des
Arbeitnehmers zu erwähnen.[215] Darüber hinaus ist der Arbeitgeber sicherlich
auch verpflichtet, bei etwaigen Nachfragen wahrheitsgemäße Auskünfte zu erteilen.

dd) Beschäftigungsanspruch des Arbeitnehmers

Beispielsfall

Fall 64: T ist seit vielen Jahren als professioneller Torwart beim Fußballbundesligisten B beschäftigt. Aufgrund seines fortgeschrittenen Alters und diverser Verletzungen hat T in der laufenden Saison zumeist im Konkurrenzkampf gegenüber dem bisherigen Ersatztorhüter E „den
Kürzeren" gezogen und wurde nicht in Punktspielen eingesetzt. Die von Einsatz-, Sieg- und
Punktprämien abhängige Vergütung des T hat sich dadurch deutlich verringert. Er verlangt
deshalb von B, nicht nur im Training, sondern auch im Punktspielbetrieb regelmäßig eingesetzt
oder hilfsweise zumindest so vergütet zu werden, als wenn ein regelmäßiger Einsatz erfolgt sei.
Zu recht?

---

212 BAG v. 27.11.1985 – 5 AZR 101/84 –, AP Nr. 93 zu § 611 BGB Fürsorgepflicht m. Anm. *Ech-
terhölter* = NZA 1986, 227.
213 BAG v. 13.4.1988 – 5 AZR 537/86 –, AP Nr. 100 zu § 611 BGB Fürsorgepflicht = NZA 1988, 654.
214 BAG v. 12.9.2006 – 9 AZR 271/06 –, Nr. 1 zu § 611 BGB Personalakte = NZA 2007, 269 = EzA § 611
BGB 2002 Persönlichkeitsrecht Nr. 4 m. Anm. *Rolfs/Witschen.*
215 Streitigkeiten wegen der Zeugniserteilung beschäftigen die Arbeitsgerichte in großer Zahl; zu
Einzelheiten vgl. ErfK/*Müller-Glöge* § 109 GewO.

594 Zunehmend verselbstständigt hat sich das Recht des Arbeitnehmers auf Beschäftigung.[216] Ursprünglich wurde ein Beschäftigungsanspruch nur dort anerkannt, wo die Nichtbeschäftigung das **berufliche Fortkommen** zu gefährden drohte, z. B. bei Artisten, Bühnenkünstlern oder Sportlern. Für die Berufsausbildung ist dies heute gesetzlich vorgeschrieben (§ 14 Abs. 1 Berufsbildungsgesetz). 1955 hat das BAG auf die Klage einer Chefärztin erstmals einen **allgemeinen Beschäftigungsanspruch** bejaht;[217] 1985 hat der Große Senat des BAG diesen Anspruch des Arbeitnehmers unter Berufung auf sein Recht zur richterlichen Rechtsfortbildung generell bekräftigt:[218]

> „Der Anspruch beruht unmittelbar auf der sich für den Arbeitgeber aus § 242 BGB unter Berücksichtigung der verfassungsrechtlichen Wertentscheidungen der Art. 1 und 2 GG über den Persönlichkeitsschutz ergebenden arbeitsvertraglichen Förderungspflicht der Beschäftigungsinteressen des Arbeitnehmers."

Somit besteht für den Arbeitgeber praktisch eine Art „Abnahmepflicht", die allerdings branchenspezifischer Einschränkungen – etwa bei Profisportlern (Fall 64)[219] – bedarf. § 166 SGB IX als spezielle Norm gibt dem Schwerbehinderten grundsätzlich sogar einen Anspruch auf Abschluss einer sog. Inklusionsvereinbarung zum Zwecke einer Beschäftigung zur stufenweisen Wiedereingliederung.[220]

V. Arbeitnehmerhaftung und ihre Begrenzung – innerbetrieblicher Schadensausgleich

595 Als weiteres charakteristisches Problemfeld eines bestehenden Arbeitsverhältnisses, das durch eine spezifisch arbeitsrechtliche Korrektur des BGB gekennzeichnet ist, lässt sich die Auseinandersetzung um die Begrenzung der Arbeitnehmerhaftung begreifen. Die gründliche Erörterung der Arbeitnehmerhaftung

---

216 Zur Geschichte *Hueck/Nipperdey*, Lehrbuch des Arbeitsrechts, 7. Aufl., Bd. I, 1963, § 46 II, S. 381 ff.
217 Vom 10.11.1955 – 2 AZR 591/54 –, AP Nr. 2 zu § 611 BGB Beschäftigungspflicht m. Anm. *Alfred Hueck*.
218 BAG v. 27.2.1985 – GS 1/84 – unter C I 2 b, AP Nr. 14 zu § 611 BGB Beschäftigungspflicht = NZA 1985, 702.
219 BAG v. 16.1.2018 – 7 AZR 312/16 –, AP Nr. 166 zu § 14 TzBfG: Kein Anspruch auf Teilnahme an Punktspielen und auch kein – auf § 162 Abs. 1 BGB gestützter – Anspruch auf entsprechende Prämienzahlungen.
220 BAG v. 13.6.2006 – 9 AZR 229/05 –, AP Nr. 12 zu § 81 SGB IX = NZA 2007, 91.

lässt sich nur monografisch bewältigen.[221] Hier kann nur ein **Überblick** über die mit der arbeitsrechtlichen Haftungsproblematik verbundenen Rechtsfragen gegeben werden, die eng mit den einschlägigen Rechtsnormen des Bürgerlichen Rechts sowie des privaten Versicherungsrechts und des gesetzlichen Unfallversicherungsrechts verknüpft sind. Unterschiedliche Fragen ergeben sich aus der rechtlichen Einordnung der Schädigungshandlung, der Person des Geschädigten und der Art des Schadens.

Der Arbeitnehmer kann schon dadurch einen Vermögensschaden herbeiführen, dass er schuldhaft die **Arbeit gar nicht antritt, unterbricht oder beendet**, obwohl er zur Leistung verpflichtet ist. In diesen Fällen der Nichtleistung schuldet er – unbegrenzt – **Schadensersatz statt der Leistung** entweder wegen des (ganz oder teilweisen) Ausschlusses der Leistungspflicht (§ 280 Abs. 1 und 3 i.V. mit § 283 BGB) oder wegen nicht fristgemäß erbrachter (Teil-)Leistung (§ 280 Abs. 1 und 3 i.V. mit § 281 BGB). Eine Haftung auf **Ersatz des Verzögerungsschadens** gemäß §§ 280 Abs. 2, 286 BGB wird nur ausnahmsweise in Betracht kommen. Keinen Bezug zur geschuldeten Leistung weist häufig die **Verletzung von Treuepflichten** wie der Verschwiegenheitspflicht auf; handelte der Arbeitnehmer schuldhaft, hat er – ebenfalls unbegrenzt – **Schadensersatz neben der Leistung** (§ 280 Abs. 1 BGB) zu erbringen. 596

Im Zusammenhang mit der **Haftungsbegrenzung** interessieren hingegen nur **Pflichtverletzungen bei betrieblicher Tätigkeit.** Als Geschädigte kommen der Arbeitgeber, Arbeitskollegen oder auch beliebige Dritte (z. B. Kunden oder andere Verkehrsteilnehmer) in Betracht. Bei den Schäden ist wiederum zwischen Personenschäden einerseits und Sach- und Vermögensschäden andererseits zu unterscheiden. 597

1. Wirtschaftliche Schädigung des Arbeitgebers

Beispielsfälle

Fall 65: P ist als Polier beim Bauunternehmen U, das beim Kunden K eine Grundstückseinfriedung zu erstellen hatte, beschäftigt. Der Geschäftsführer der U erläuterte P anhand eines Grundstücksplans den genauen Verlauf einer auf dem betreffenden Grundstück verlaufenden Gasleitung und wies ihn an, den Aushub für die Einfriedung im Bereich des Hausanschlusses der Gasleitung per Hand vorzunehmen, um Beschädigungen zu vermeiden. Diese Informationen und Anweisungen gab P an den Baggerführer B, der die Erdarbeiten verrichten sollte, nicht weiter und berichtete ihm sogar, er brauche nicht besonders aufzupassen, weil auf dem Grundstück keine

---

221 *Otto/Schwarze/Krause*, Die Haftung des Arbeitnehmers, 4. Aufl. 2014

Leitungen verlegt seien. B beschädigte beim Aushub die Gasleitung, so dass es zu einer Explosion kam, die am Haus des K einen Schaden von fast 250.000 € verursachte. U verlangt von P Ersatz des durch ihre Betriebshaftpflichtversicherung nicht gedeckten Restschadens i. H. v. 80.000 €. Zu recht?

Fall 66: A ist als Auszubildender zur Logistikfachkraft im Betrieb des B beschäftigt. Sein Arbeitsalltag in den Lagerhallen des B ist eher eintönig und von längeren Phasen des Nichtstuns geprägt, wenn gerade keine neuen Lieferungen per Lkw eintreffen. Deshalb lässt A sich – obwohl dies ausdrücklich durch Aushang am schwarzen Brett des Betriebs verboten ist – dazu verleiten, mit dem älteren Arbeitskollegen K Wettrennen auf dem Gabelstabler zu veranstalten. Bei einem dieser Rennen kollidiert A mit einem im Lager aufgebauten Paketstapel. Unglücklicherweise befindet sich in den Paketen hochwertige Unterhaltungselektronik, weshalb aufgrund der Kollision ein, von A in diesem Umfang niemals vorhergesehener Schaden i. H. v. 70.000 € entsteht. Muss A diesen ersetzen?

Fall 67: A ist bei der Autovermietung des V beschäftigt. Der Betriebshof, auf dem die zu vermietenden und von den Kunden zurückzubringenden Fahrzeuge zu parken sind, ist äußerst eng beschaffen. Als der Kunde K einen großen SUV zurückbringen möchte, weist ihn A in eine deutlich zu kleine Parklücke ein. Gleichzeitig verwechselt K, ebenso vorhersehbar wie vermeidbar, beim Rückwärtseinparken in diese Lücke das Gas- mit dem Bremspedal, weshalb es zu einer Kollision mit einem anderen Leihfahrzeug kommt. Insgesamt entsteht ein Schaden von 40.000 €, den V nun von A ersetzt verlangt. Zu recht?

Fall 68: K ist als Krahnführer im Hafenbetrieb der H-AG (H) angestellt. Beim Verladen eines Containers an Land wird der Arbeitskollege A zwar sehr unglücklich, von K aber vorhersehbar und vermeidbar, von einem Container touchiert, sodass er zu Fall kommt und in der Folge eine Querschnittslähmung erleidet. A macht gegen K Ansprüche auf Verdienstausfall während der Zeit seiner Rehabilitation und für die Zukunft geltend. Mit Erfolg?

598 Beginnen wir mit der Schädigung des Arbeitgebers. Der Beispielsfall 65 war Grundlage für die – auch nach der Schuldrechtsreform maßgebliche[222] – **Standortbestimmung des BAG** durch den Beschluss des Großen Senats v. 17.9. 1994.[223] Das LAG hatte als Tatsacheninstanz eine Haftung ganz verneint; auf eine Gefahrneigung der Tätigkeit komme es nicht an, und eine grobe Fahrlässigkeit des Poliers habe nicht festgestellt werden können. Der Große Senat des BAG stimmte dem LAG bezüglich des Merkmals der Gefahrneigung zu, schloss aber eine Haftung unterhalb der groben Fahrlässigkeit nicht aus. Der zuständige 8. Senat des BAG setzte den Beschluss mit Urteil v. 16.2.1995[224] um und gab dem LAG im Wege

---

222 Vgl. BT-Drucks 14/6857 v. 31.8.2001, Anl. 3, Gegenäußerung der Bundesregierung zur Stellungnahme des Bundesrates, Zu Nr. 21. Zur Schuldrechtsmodernisierung allgemein *Otto*, JURA 2002, 1 ff.

223 BAG GS v. 27.9.1994 – 1/89 (A) –, AP Nr. 103 zu § 611 BGB Haftung des Arbeitnehmers m. Anm. *Schlachter* = NZA 1994, 1083 = ArbuR 1995, 70 ff. m. Anm. *Otto*.

224 – 8 AZR 741/87 –, Pressemitteilung DB 1995, 478.

der Rückverweisung u. a. auf, sich hinsichtlich der Höhe der Versicherungssumme der Betriebshaftpflichtversicherung Gedanken zu machen.

Wer nur mit den Haftungsregeln des BGB vertraut ist, muss sich verwundert **599** fragen, weshalb es überhaupt auf Aspekte wie die Gefährlichkeit der Arbeit, den Grad der Fahrlässigkeit oder gar die Versicherbarkeit des Risikos ankommen soll. Gemäß § 823 Abs. 1 BGB ist jedermann zum Ersatz des Schadens verpflichtet, der dadurch entstanden ist, dass er vorsätzlich oder fahrlässig das Eigentum eines anderen widerrechtlich verletzt hat. Dasselbe gilt für die Verletzung einer vertraglichen Pflicht (§ 280 Abs. 1 BGB), wie sie hier dem Polier im Verhältnis zu seinem Arbeitgeber U vorgeworfen worden ist. Gemäß § 276 Abs. 1 S. 1 BGB hat der Schuldner grundsätzlich Vorsatz und jede Form von Fahrlässigkeit zu vertreten. Der daran anschließende Abs. 2 bestimmt, dass fahrlässig handelt, „wer die im Verkehr erforderliche Sorgfalt außer Acht lässt". Damit ist die für einen bestimmten Lebensbereich, insbesondere einen Berufskreis, allgemein geforderte Sorgfalt gemeint. Keine arbeitsgerichtliche Instanz hatte indessen Zweifel daran, dass der Beklagte es an dieser Sorgfalt fehlen ließ, als er den Baggerführer nicht richtig einwies und dadurch den Schaden herbeiführte. Nach den Grundsätzen des Bürgerlichen Rechts, welches vom Grundsatz der Totalreparation ausgeht, hätte der Beklagte also die geforderte Summe von 80.000 € zahlen müssen.

Im Arbeitsrecht wird eine derart strenge Haftung in voller Höhe bei jeder auch **600** nur ganz geringfügigen Fahrlässigkeit heute ganz allgemein als unangemessen empfunden. Gleichwohl bleibt der Gesetzgeber trotz verschiedener Gesetzesinitiativen auch aus jüngerer Zeit beharrlich untätig.[225] Zwar hat er den maßgeblichen § 276 Abs. 1 S. 1 BGB nunmehr offener formuliert. Ausweislich der Äußerung der Bundesregierung sollte damit der Rechtsprechung „eine bessere Absicherung" ihrer Judikatur geboten werden, so dass „nicht mehr auf den an sich nicht recht passenden § 254 BGB" ausgewichen werden müsse.[226] Wenn danach eine „mildere Haftung" entweder „bestimmt" oder „aus dem sonstigen Inhalt des Schuldverhältnisses" zu entnehmen sein kann, so denkt man jedoch an das Leistungsprofil eines konkreten Schuldverhältnisses, nicht an den Schuldmaßstab und den Haftungsumfang eines gesetzlich geregelten Vertragstyps. Jedenfalls liefert die Neuregelung nach wie vor keine Anhaltspunkte für die spezifische generelle Haftungslage in Arbeitsverhältnissen. Deshalb hat sich der heftige Streit über die dogmatische Begründung für eine arbeitsrechtliche Korrektur und den richterlichen Spielraum für eine generalisierende Rechtsfortbildung, über die

---

225 § 89 DEArbVG 2007, NZA Beilage 1/2007.
226 Vgl. FN 229.

maßgeblichen Wertungsgesichtspunkte sowie über den Umfang der Haftungsbegrenzung keineswegs erledigt.

a) Rechtliche Verankerung der Haftungsprivilegierung

601 Die Auseinandersetzung um die Begrenzung der Arbeitnehmerhaftung lässt sich als spezifisch arbeitsrechtliche Korrektur des BGB begreifen. Ihre dogmatische Rechtfertigung **auf der Ebene des einfachen Rechts** wird überwiegend auf die **analoge Anwendung des § 254 BGB** gestützt. Dem folgt auch der Große Senat des BAG, nach dessen Ansicht sich der Arbeitgeber das **„Betriebsrisiko"**, nämlich die Gefährlichkeit des Arbeitsprozesses (Anlagen, Produktionsvorgang, Produkte) sowie „seine Verantwortung für die Organisation des Betriebes und die Gestaltung der Arbeitsbedingungen in rechtlicher und tatsächlicher Hinsicht zurechnen zu lassen" hat.[227] Der Gesetzgeber der Schuldrechtsreform meinte hingegen, die Privilegierung durch die Änderung § 276 Abs. 1 S. 1 BGB erfasst zu haben, wonach eine „mildere Haftung (...) aus dem sonstigen Inhalt des Schuldverhältnisses (...) zu entnehmen" sein kann.

602 Der zweite tragende Gesichtspunkt ist nach unserer Auffassung die **Schutzbedürftigkeit des Arbeitnehmers** angesichts der typischerweise fehlenden Äquivalenz von Arbeitsentgelt und Risiko bzw. bei drohender Existenzgefährdung.[228] Wenn man den Arbeitnehmer als typischen Inhalt des Schuldverhältnisses vor Verdienstausfall selbst bei in seiner Person begründeter Arbeitsverhinderung schützt (z.B. bei der Entgeltfortzahlung im Krankheitsfall), ist es nur folgerichtig, ihn bei betrieblicher Tätigkeit, die im Interesse des Arbeitgebers liegt, nicht einer unbegrenzten Haftung auszusetzen. Der Große Senat hat selbst weitere Abwägungskriterien genannt,[229] nämlich die persönlichen Verhältnisse des Arbeitnehmers wie die Dauer seiner Betriebszugehörigkeit, sein Lebensalter, seine Familienverhältnisse und sein bisheriges Verhalten. Bei diesen Umständen hilft selbst eine großzügige Analogie zu § 254 BGB nicht weiter, da diese nicht den geringsten Bezug zum verursachten Schaden des Arbeitgebers aufweisen

---

227 BAG GS v. 27.9.1994 – 1/89 (A) –, AP Nr. 103 zu § 611 BGB Haftung des Arbeitnehmers unter C II 2.

228 *Otto*, Ist es erforderlich, die Verteilung des Schadensrisikos bei unselbständiger Arbeit neu zu ordnen?, Gutachten für den 56. Deutschen Juristentag Berlin, 1986, E 35 ff.; eingehend zu den einschlägigen Wertungsgesichtspunkten Otto/Schwarze/Krause/*Krause*, Haftung, §§ 3–5.

229 BAG GS v. 27.9.1994 – 1/89 (A) –, AP Nr. 103 zu § 611 BGB Haftung des Arbeitnehmers unter C IV 1.

Bei seiner Anrufung des Gemeinsamen Senats der Obersten Gerichtshöfe des **603** Bundes hatte der Große Senat des BAG[230] zusätzlich in sehr zentraler Weise den vom BVerfG in jüngerer Zeit stärker akzentuierten Gedanken einer **aus der Verfassung abgeleiteten Schutzpflicht** ins Feld geführt[231] und hierauf trotz der vom BGH[232] in seiner Stellungnahme gegenüber dem Gemeinsamen Senat insoweit angemeldeten Zweifel dezidiert beharrt:[233] Eine unbeschränkte Haftung des Arbeitnehmers stelle einen unverhältnismäßigen Eingriff in das Recht des Arbeitnehmers auf freie Entfaltung seiner Persönlichkeit (Art. 2 Abs. 1 GG) und in sein Recht auf freie Berufsausübung (Art. 12 Abs. 1 GG) dar. Möglicherweise wollte sich das Gericht damit in erster Linie die Legitimation für die Rechtsfortbildung erleichtern, die ja ursprünglich gegen den Wortlaut des Gesetzes (s. § 840 Abs. 2 und den in a.f. noch enger gefassten § 276 BGB) erfolgt ist. Der so hergestellte Verfassungsbezug trägt nach unserer Auffassung jedoch nicht weiter als die sorgfältige Analyse der widerstreitenden Interessen, die die Annahme einer Regelungslücke bzw. eine weite Auslegung des „Inhalts des Schuldverhältnisses" i.S. von § 276 Abs. 1 S. 1 BGB rechtfertigt.

b) Allgemeine Voraussetzungen der Privilegierung
aa) Persönlicher Schutzbereich

Die Haftungsbeschränkung gilt für **alle Arbeitnehmer**, also jeden persönlich **604** abhängig Beschäftigten einschließlich der **Auszubildenden**[234]. Auch **leitende Angestellte** sind nicht grundsätzlich ausgenommen. Hiervon geht der Große Senat des BAG offenbar ebenfalls aus, wenn er die „Stellung des Arbeitnehmers im Betrieb" als Kriterium bei der Abwägung der Gesamtumstände nennt.[235] Der BGH hatte sich hierzu allerdings mehrfach zurückhaltend geäußert;[236] dies mag indessen mit dem – früher geprüften, mittlerweile aufgegebenen – Tatbestandsmerkmal der Gefahrneigung des Berufsbildes bzw. der konkreten Tätigkeit im

---

230 BAG GS v. 12.6.1992 – GS 1/89 – unter B III 4, AP Nr. 101 zu § 611 BGB Haftung des Arbeitnehmers = NZA 1993, 547.

231 Nahe steht dem insoweit die Korrektur der Rspr. zur Bürgenhaftung (BVerfG v. 19.10.1993 – 1 BvR 567/89 u.a. –, BVerfGE 89, 214 ff.). Vgl. zur grundrechtlichen Schutzpflicht allgemein auch § 4 RN 140.

232 BGH v. 21.9.1993 – GmS-OGB 1/93 –, NJW 1994, 856.

233 BAG GS v. 27.9.1994 – 1/89 (A) –, AP Nr. 103 zu § 611 BGB Haftung des Arbeitnehmers unter C III.

234 Zu Letzteren BAG v. 19.3.2015 – 8 AZR 67/14 –, AP Nr. 5 zu § 105 SGB VII = NZA 2015, 1057.

235 BAG GS v. 27.9.1994 – 1/89 (A) –, AP Nr. 103 zu § 611 BGB Haftung des Arbeitnehmers unter C IV 1; vertiefend *Bieder*, DB 2008, 638 ff.

236 Z.B. BGH v. 7.10.1969 – VI ZR 223/67 –, AP Nr. 51 zu § 611 BGB Haftung des Arbeitnehmers.

jeweiligen Sachverhalt zusammenhängen, welches beim leitenden Angestellten häufiger zu bejahen war. Selbstverständlich sind aber die Sorgfaltsanforderungen an leitende Angestellte höher, so dass ihr Verhalten eher als mittlere oder gar grobe Fahrlässigkeit einzustufen ist. Eine weitere Komponente ist gerade bei ihnen die vom Großen Senat ebenfalls erwähnte Einkommenshöhe. Nach unserer Auffassung ist die Entlastung ferner grundsätzlich auf **arbeitnehmerähnliche Personen**, also wirtschaftlich abhängig Beschäftigte (z. B. Heimarbeiter), auszudehnen.[237]

bb) Sachlicher Schutzbereich – Verzicht auf die Gefahrneigung der Tätigkeit

605 Eine Haftungsbegrenzung kommt jedoch nur für **Pflichtverletzungen bei betrieblich veranlasster Tätigkeit** in Betracht. Mit Recht will der Große Senat des BAG den Arbeitgeber nicht mit dem Lebensrisiko des Arbeitnehmers belasten und sieht deshalb nur solche Tätigkeiten als „betrieblich veranlasst" an, die dem Arbeitnehmer „arbeitsvertraglich übertragen worden sind oder die er im Interesse des Arbeitgebers für den Betrieb ausführt".[238] Erfasst wird also jede Form der **Schlechterfüllung** (z. B. Produktion von Ausschuss, Kunstfehler des angestellten Arztes oder Justitiars, die Verletzung von Personen oder die Beschädigung von Fahrzeug und Ladegut bei Dienstfahrten) und die **Nichterfüllung sonstiger mit der Ausführung der Arbeit verbundener Pflichten** (z. B. die Nichtherausgabe von Arbeitsgeräten, Material, Geld). Bei der Bejahung der betrieblich veranlassten Tätigkeit hat sich die Rechtsprechung allerdings hier und dort – z. B. bei unerlaubten Umwegen mit Kraftfahrzeugen – recht großzügig gezeigt.[239]

606 Einen erheblichen Fortschritt bedeutet der Verzicht auf das zusätzliche ungeschriebene Tatbestandsmerkmal der **„Gefahrneigung"** betrieblich veranlasster Tätigkeit für jede Haftungsbegrenzung. Jahrzehntelang hatte das BAG nicht mehr bestimmte Berufsbilder (z. B. Kraftfahrer) als generell gefahrgeneigt qualifiziert, sondern die Frage gestellt, „ob der konkrete Sachverhalt, der zu einem Schaden geführt hat, gefahrgeneigt ist", d. h. ob dem Arbeitnehmer „Fehler unterlaufen konnten, die zwar im einzelnen vermeidbar waren, mit denen [er] aber ... nach der Lebenserfahrung rechnen musste".[240] Diese Betrachtungsweise hatte

---

237 Otto/Schwarze/Krause/*Otto*, Haftung, § 7 Rn. 7.
238 BAG GS v. 27. 9.1994 – 1/89 (A) –, AP Nr. 103 zu § 611 BGB Haftung des Arbeitnehmers unter C IV 2.
239 BAG v. 21.10.1983 – 7 AZR 488/80 –, AP Nr. 84 zu § 611 BGB Haftung des Arbeitnehmers = NZA 1984, 83 (20 km Umweg mit einem Sattelzug).
240 BAG v. 8.12.1958 – 2 AZR 524/57 –, AP Nr. 1 zu § 276 BGB; v. 11.11.1976 – 3 AZR 266/75 –, AP Nr. 80 zu § 611 BGB Haftung des Arbeitnehmers.

sicher den Vorteil, dass sie eine Haftungsmilderung nicht nur für schadensträchtige Berufe ermöglichte. Sie führte andererseits zu einer Aufspaltung der Arbeitsleistung in einzelne Arbeitsvorgänge, bei denen eigentlich kaum noch von einem „typischen Abirren" der Arbeitsleistung gesprochen werden kann. Angesichts der Unbestimmtheit des Begriffs „Gefahrneigung" führte jede hiervon abhängige weitere Beschränkung der Arbeitnehmerhaftung zu einer noch schwerer erträglichen Diskrepanz zwischen Risikoentlastung und Haftungsrisiko. Ein eklatantes Beispiel ist der „Säuglingsschwesterfall": Ein Säugling glitt der Krankenschwester bei der beabsichtigten Übergabe an die Mutter aus einem Wolltuch, fiel zu Boden und erlitt einen Scheitelbeinbruch.[241] Die Tatsacheninstanzen verneinten eine typische Gefahrneigung der Tätigkeit und damit jede Haftungsbegrenzung.

Mit Recht wurde daher fast allgemein gefordert, auf die Gefahrneigung als   **607** eigenständige und allein ausschlaggebende Voraussetzung einer Haftungsbegrenzung zu verzichten.[242] Mit der bereits mehrfach zitierten Entscheidung v. 27.9. 1994 entsprach der Große Senat des BAG dieser Forderung; nunmehr kommt die Haftungserleichterung also in allen Fällen in Betracht, in denen der Schaden durch „betrieblich veranlasste Tätigkeit" verursacht worden ist. (Das BAG hat die *Mankohaftung*, d.h. die Verantwortlichkeit des Arbeitnehmers für einen Fehlbestand an den ihm anvertrauten Waren bzw. an dem von ihm verwalteten Kassenbestand, später ausdrücklich einbezogen,[243] wenn nicht eine strengere Haftung wirksam vereinbart war.[244]) Die Gefahrneigung ist damit indessen nicht vollkommen bedeutungslos geworden. Wie noch zu zeigen sein wird, kann sie für den Verschuldensgrad und die Schadensquotierung erheblich sein.

---

241 Vgl. den Vorlagebeschluss des BAG v. 12.2.1985 – 3 AZR 487/80 –, AP Nr. 86 zu § 611 BGB Haftung des Arbeitnehmers m. Anm. *Hanau* = NZA 1986, 91.
242 Vgl. den Beschluss Nr. 7 der Arbeits- und sozialrechtlichen Abteilung, Verhandlungen des 56. Deutschen Juristentages Berlin 1986, Bd. II (Sitzungsberichte) 1987, N 208.
243 Urt. v. 17.9.1998 – 8 AZR 175/97 –, AP Nr. 2 zu § 611 BGB Mankohaftung = NZA 1999, 141; vorbereitet durch BAG v. 22.4.1997 – 8 AZR 562/95 –, weitergeführt in BAG v. 2.12.1999 – 8 AZR 386/ 98 –, AP Nr. 1 und 3 zu § 611 BGB Mankohaftung, jeweils m. Anm. *Krause* = NZA 1997, 1279, und 2000, 715. S. zur Darlegungs- und Beweislast unten RN 614.
244 Stichworte: *Mankoabreden* unter Leistung eines *Mankogeldes*. Näher Otto/Schwarze/Krause/ *Krause*, Haftung, § 13 Rn. 38 ff.

c) Die Bedeutung des Verschuldensgrades für die Privilegierung

aa) Drei-Stufen-System: leichteste, mittlere = normale, grobe Fahrlässigkeit und Vorsatz

608 Bezüglich der **Schuld** praktiziert das BAG in nahezu ständiger [245] Rechtsprechung (überdies auch nach dem Verzicht auf das Merkmal der gefahrgeneigten Arbeit [246]) eine **dreifache Abstufung** und verknüpft damit unterschiedliche Haftungsfolgen, nämlich **in aller Regel**

---

[i] – keine Haftung bei leichtester Fahrlässigkeit
 – volle Haftung bei grober Fahrlässigkeit (und damit erst recht bei Vorsatz)
 – anteilige Haftung bei normaler Fahrlässigkeit,[247] wobei die Gesamtumstände von Schadensanlass und Schadensfolgen abzuwägen seien.[248]

---

609 Die somit erforderliche exakte Feststellung des Fahrlässigkeitsgrades kann – wie erwähnt – auch von der Gefahrneigung der Tätigkeit abhängen. Je ungünstiger z. B. die Verkehrsverhältnisse sind, desto eher ist ein Fahrfehler verständlich, sofern sich der Fahrer nicht bewusst über die schwierige Lage hinwegsetzt. Hier spielt sicher auch die Berufserfahrung eine Rolle.

bb) Ansätze zur Haftungsreduktion bei grober Fahrlässigkeit

610 Abweichend von dem groben Dreierschema war ausnahmsweise schon bisher eine Privilegierung **bei grober Fahrlässigkeit** denkbar; dies gilt jetzt konsequenterweise auch bei nicht gefahrgeneigter Arbeit. Immerhin haften Beamte selbst bei nichthoheitlicher Tätigkeit nur für grobfahrlässige Pflichtverletzungen (§ 75 Abs. 1 BBG). So hat das BAG 1989 z. B. in folgendem Fall eine Haftungsbegrenzung bejaht: Nach den Feststellungen des Berufungsgerichts war der Fahrer eines Autobusses in eine Kreuzung bei Rot (fast 6 Sekunden lang) eingefahren und hatte durch einen Zusammenstoß an dem Fahrzeug einen Schaden von ca. 110.000 DM angerichtet; wesentlicher Ansatzpunkt für eine Schadensteilung

---

245 Haftung erst ab grober Fahrlässigkeit: BAG v. 23.3.1983 – 7 AZR 391/79 –, AP Nr. 82 zu § 611 BGB Haftung des Arbeitnehmers m. krit. Anm. *Brox* = EzA § 611 BGB Gefahrgeneigte Arbeit Nr. 14 m. abl. Anm. *Zöllner* = ArbuR 1983, 314 ff. m. zust. Anm. *Gamillscheg*. Rückkehr zur früheren, weiterhin maßgeblichen Position durch BAG v. 24.11.1987 – 8 AZR 524/82 –, AP Nr. 39 zu § 611 BGB Haftung des Arbeitnehmers = NZA 1988, 579.
246 BAG GS v. 27.9.1994 – 1/89 (A) –, AP Nr. 103 zu § 611 BGB Haftung des Arbeitnehmers unter C IV 1; ebenso BGH v. 11.3.1996 – II ZR 230/94 –, AP Nr. 109 zu § 611 BGB Haftung des Arbeitnehmers.
247 BAG v. 29.6.1964 – 1 AZR 434/63 –, AP Nr. 33 zu § 611 BGB Haftung des Arbeitnehmers.
248 BAG v. 19.3.1959 – 2 AZR 402/55 –, AP Nr. 8 zu § 611 BGB Haftung des Arbeitnehmers.

war hier das Missverhältnis von Arbeitsentgelt und Haftungsrisiko.[249] Die Rechtsprechung hat auch schon die Versicherbarkeit des Risikos[250] oder eine risikoerhöhende Anweisung des Arbeitgebers ins Gewicht fallen lassen.[251] Schließlich hat das BAG einem Arbeitnehmer, der einen Motorradfahrer grob fahrlässig bei einer Trunkenheitsfahrt mit einem Radlader verletzt hatte, sogar einen uneingeschränkten Freistellungsanspruch zugesprochen, weil der Arbeitgeber ihn bewusst ohne Fahrerlaubnis eingesetzt hatte, so dass der Haftpflichtversicherungsschutz entfiel.[252] Bei „besonders grober (gröbster) Fahrlässigkeit" hat das BAG hingegen eine Entlastung von vornherein ausgeschlossen.[253] Dies sollte unserer Meinung nach jedoch nicht als eine vierte Schuldstufe verstanden werden.[254]

d) Bezugspunkt des Schuldvorwurfs: Pflichtverletzung, Schadenseintritt oder einzelne Schadensfolge?

Von erheblicher Bedeutung für die Feststellung des Verschuldensgrades im **611** konkreten Fall ist schließlich der Bezugspunkt des Schuldvorwurfs. Insoweit hatte ein Urteil des 7. Senats des BAG v. 23.3.1983[255] Irritationen ausgelöst, weil es ausweislich des Resümees unter II 4 und des gleichlautenden Leitsatzes eine Haftung nur bejahen wollte, wenn der **Schaden** vorsätzlich oder grob fahrlässig verursacht worden war, während es den Schuldvorwurf unter II 2 der Gründe auf die **Pflichtverletzung** bezog. Man denke an eine Weisung, Geldbeträge über 1.000 € noch am gleichen Tag zur Bank zu bringen, die der Arbeitnehmer missachtet; ein Geldbetrag von 10.000 € wird bei einem völlig überraschenden Einbruch gestohlen: Vorsätzliche Pflichtverletzung, aber eventuell nur leicht fahrlässige Herbeiführung des Schadenseintritts? Bezugspunkt des Schuldvorwurfs

---

249 BAG v. 12.10.1989 – 8 AZR 276/88 –, AP Nr. 97 zu § 611 BGB Haftung des Arbeitnehmers = NZA 1990, 97. Bedenklich ist jedoch die vom LAG München im Anschluss daran bejahte und vom BAG (23.1.1997 – 8 AZR 893/95 –, NZA 1998, 140) gebilligte Haftungsbegrenzung bei der Beschädigung eines Spezialfahrzeugs infolge Restalkohols und Übermüdung (Schaden DM 150.000, Ersatzpflicht DM 20.000).
250 BGH v. 11.11.1969 – VI ZR 71/68 –, AP Nr. 52 zu § 611 BGB Haftung des Arbeitnehmers.
251 BAG v. 18.1.1972 – 1 AZR 125/71 –, AP Nr. 69 zu § 611 BGB Haftung des Arbeitnehmers (Benutzung eines ungewohnten schweren Kraftfahrzeugs).
252 BAG v. 23.6.1988 – 8 AZR 300/85 –, AP Nr. 94 zu § 611 BGB Haftung des Arbeitnehmers = NZA 1989, 181.
253 BAG v. 25.9.1997 – 8 AZR 288/96 –, AP Nr. 111 zu § 611 BGB Haftung des Arbeitnehmers = NZA 1998, 310 (fehlerhafte Bluttransfusion durch eine Ärztin).
254 S. *Mikosch*, Rezension, ArbuR 2002, 147, 148.
255 – 7 AZR 391/79 –, AP Nr. 82 zu § 611 BGB Haftung des Arbeitnehmers.

für die Ermittlung des Verschuldensgrades ist nach allgemeinen zivilrechtlichen Grundsätzen allein die Pflichtverletzung selbst und nicht etwa erst die durch die Pflichtverletzung verursachte Beeinträchtigung eines Rechts oder gar die einzelne Schadensfolge.[256] Das BAG hatte dies für die grobe Fahrlässigkeit sowohl bei dem Rotlichtfehler des Busfahrers[257] als auch bei einer zu tödlichen Folgen führenden Missachtung der Baupläne durch einen Bauleiter[258] klargestellt. Für Vorsatz gilt nichts anderes.[259] Demgemäß liegt auch *normale Fahrlässigkeit* bereits dann vor, wenn die Vertragspflichtverletzung als solche schuldhaft begangen worden ist. Gerade dieser Bezugspunkt veranlasst dazu, zugunsten des Arbeitnehmers eine Haftungsmilderung bei grober Fahrlässigkeit zu erwägen, wenn sich der schwere Schuldvorwurf nicht auf die Rechtsbeeinträchtigung selbst bzw. die dadurch bedingten Schäden erstreckt. Diese Überlegung hat das BAG auf den vorsätzlichen Verstoß gegen eine generelle Weisung des Arbeitgebers, den Gabelstapler nicht zu fahren, übertragen: Vertraue der Arbeitnehmer darauf, der Schaden werde nicht eintreten, seien die Grundsätze der Haftungserleichterung bei grober Fahrlässigkeit anzuwenden.[260]

612   Anders als im widersprüchlichen Urteil von 1983 hat sich das BAG in diesem „Gabelstapler-Urteil" ohne Not erstmals dahin festgelegt, als Bezugspunkt des Verschuldens bei betrieblich veranlasster Tätigkeit entgegen den ihm bewussten allgemeinen zivilrechtlichen Grundsätzen nicht auf die Pflicht-, Rechtsgut- oder Schutzgesetzverletzung, sondern auf den **Schadenseintritt** abzustellen.[261] Danach soll sich auch der dem Arbeitnehmer vorzuwerfende Verschuldensgrad bestimmen, so dass selbst bei vorsätzlichen Pflichtverletzungen eine sehr weitgehende Haftungsmilderung in Betracht kommt (Fall 66). Nach unserer Auffassung darf diese Konstellation jedoch nicht mit der sogleich zu erörternden Schadensteilung bei Pflichtverletzungen mit mittlerer (normaler) Fahrlässigkeit gleichgesetzt werden. Eine Haftungsmilderung ist nur bei besonderer wirtschaftlicher Härte gerechtfertigt, weil betriebliche Risiken als Schadensursache bei bewusst weisungswidrigem Verhalten in den Hintergrund treten. Je nach der

---

256 Vgl. näher Otto/Schwarze/Krause/*Schwarze*, Haftung, § 9 Rn. 3 ff.; a.A. dezidiert *Deutsch*, RdA 1996, 1 ff., 2 f.

257 S. oben RN 610.

258 BAG v. 1.12.1988 – 8 AZR 65/84 – unter B I b, AP Nr. 2 zu § 840 BGB = EWiR 1989, 767 (*Otto*).

259 BAG v. 18.6.1970 – 1 AZR 520/69 – unter 2 a, AP Nr. 57 zu § 611 BGB Haftung des Arbeitnehmers.

260 BAG v. 18.4.2002 – 8 AZR 348/01 –, AP Nr. 122 zu § 611 BGB Haftung des Arbeitnehmers = NZA 2003, 37 = EWiR 2002, 1073 (*Otto* m. krit. Kommentar).

261 BAG v. 18.4.2002 – 8 AZR 348/01 –, AP Nr. 122 zu § 611 BGB Haftung des Arbeitnehmers unter II 3 c.

Sensibilität des Arbeitnehmers für Gefahrenlagen könnten anderenfalls Weisungen des Arbeitgebers, mit denen er drohenden Schäden vorbeugen will, leerlaufen, obwohl sie gerade nicht unbillig sind (§ 106 GewO). Kein sachgerechtes Äquivalent für die Kürzung des Schadensersatzanspruchs ist erst recht die vom BAG zu Präventionszwecken ersatzweise vorgeschlagene Vereinbarung einer *Vertragsstrafe*.

e) Darlegungs- und Beweislast

Nach allgemeinen zivilrechtlichen Grundsätzen trifft den Arbeitgeber als Gläu- 613 biger grundsätzlich die volle Darlegungs- und Beweislast, insbesondere für die Pflichtverletzung. Allerdings liegt es gemäß § 280 Abs. 1 S. 2 BGB an sich beim Schuldner, sich wegen des Verschuldens zu entlasten; der für diese Exkulpation des Schuldners tragende Gedanke, dass er (hier: der Arbeitnehmer) der Schadensverursachung näher steht, greift bei der Arbeitnehmerhaftung aber grundsätzlich nicht, da die Betriebsorganisation insgesamt ohnehin die Sphäre des Arbeitgebers betrifft.

Von besonderer Problematik ist die Beweisfrage bei der **Mankohaftung**, d.h. 614 bei der Verantwortlichkeit des Arbeitnehmers für einen Fehlbestand an den ihm anvertrauten Waren bzw. an dem von ihm verwalteten Kassenbestand. Lässt man sich auf die Abgrenzung von *Gefahrenbereichen* ein, so läge es nahe, die Sorge um das anvertraute Gut hier doch der Arbeitnehmersphäre zuzurechnen. Der Arbeitnehmer würde also wegen Pflichtverletzung haften (§ 280 Abs. 1 BGB), wenn ihm der Entlastungsbeweis nicht gelänge. Im Ergebnis könnte so über die Anwendung der Beweislastregel ein Teil des Risikos auf den Arbeitnehmer zurückverlagert und die Haftungsprivilegierung zugunsten des Arbeitnehmers faktisch untergraben werden. Mit seinem Urteil v. 17.9.1998 hat das BAG deshalb ausdrücklich den § 282 BGB a.F. (eine Vorgängernorm zum heutigen § 280 Abs. 1 S. 1 BGB) im Rahmen der Arbeitnehmerhaftung generell für unanwendbar erklärt.[262] Diese Überlegung hat der Gesetzgeber mit **§ 619a BGB** bestätigt, nach dem Wortlaut sogar ohne die nach unserer Auffassung gebotene Beschränkung auf die Haftung für eine betriebliche Tätigkeit. Insbesondere bei der Mankohaftung sollten aber an die Darlegungslast des Arbeitgebers keine zu hohen Anforderungen gestellt werden, so dass die Sonderregelung des § 619a BGB eine prozessual allein praktikable Abstufung der Beweislast nicht ausschließen dürfte.[263]

---

262 – 8 AZR 175/97 –, AP Nr. 2 zu § 611 BGB Mankohaftung.
263 Ausführlich Otto/Schwarze/Krause/*Schwarze*, Haftung, § 9 Rn. 41 ff. und § 10 Rn. 20 f.

f) Schadensteilung bei normaler (mittlerer) Fahrlässigkeit

615 Das Ergebnis der Abwägung ist selbst für den befragten Fachjuristen kaum vorhersehbar, wenn man sich den Katalog der angeblich maßgeblichen Umstände vor Augen hält, die der 8. Senat des BAG aufgelistet hatte: [264]

> „Ob und gegebenenfalls in welcher Höhe der Arbeitnehmer an der Wiedergutmachung des Schadens zu beteiligen ist, richtet sich nach der Größe der in der Arbeit liegenden Gefahr, nach dem vom Arbeitgeber einkalkulierten oder durch Versicherung deckbaren Risiko, nach der Stellung des Arbeitnehmers im Betrieb, nach der Höhe des Arbeitsentgelts, in dem möglicherweise eine Risikoprämie für den Arbeitnehmer enthalten sein kann, nach der Höhe des Schadens, weiter besonders nach dem Grad des dem Arbeitnehmer zur Last fallenden Verschuldens und überhaupt nach den persönlichen Umständen des Arbeitnehmers, wie der Dauer der Betriebszugehörigkeit in der vergangenen Zeit, seinem Lebensalter, den Familienverhältnissen, seinem bisherigen Verhalten, nicht aber nach der wirtschaftlichen Leistungsfähigkeit schlechthin."

616 Der Große Senat des BAG hat auf diesen Katalog Bezug genommen, ohne freilich den Aspekt der wirtschaftlichen Leistungsfähigkeit des Arbeitnehmers – losgelöst vom Arbeitseinkommen – zu erwähnen.[265] Damit hat sich die Hoffnung, der Große Senat werde der Arbeitnehmerhaftung nach dem notwendigen Verzicht auf das Tatbestandsmerkmal „Gefahrneigung" auch darüber hinaus festere Konturen verleihen, nicht erfüllt. Er hat sich insbesondere nicht zu einer generellen Haftungsbeschränkung auf eine **Höchstsumme** im Wege richterlicher Rechtsfortbildung geäußert, die der 8. Senat des BAG für ausgeschlossen erklärt hatte.[266] Verneint man freilich bei grober Fahrlässigkeit eine volle Haftung wegen Existenzgefährdung, muss dies erst recht bei normaler Fahrlässigkeit gelten.

617 **Zweifelsfrei** kommt es auf folgende **Umstände** an:

---

i – auf den Tathergang (Gefahrneigung, Verschulden des Arbeitnehmers, Stellung im Betrieb),
– auf die Schadenshöhe,
– auf eine angemessene Risikoprämie in der Vergütung des Arbeitnehmers,
– auf seine konkrete Einkommenslage (Arbeitsvergütung insgesamt, Unterhaltslasten), nicht aber die Vermögenslage im Allgemeinen.

---

264 BAG v. 24.11.1987 – 8 AZR 66/82 –, unter III 2 b dd, AP Nr. 92 zu § 611 BGB Haftung des Arbeitnehmers.
265 BAG GS v. 27.9.1994 – 1/89 (A) –, AP Nr. 103 zu § 611 BGB Haftung des Arbeitnehmers unter C IV 1 a.E.
266 BAG v. 12.10.1989 – 8 AZR 276/88 –, AP Nr. 97 zu § 611 BGB Haftung des Arbeitnehmers Leitsatz 2; gleichwohl wird die Diskussion aufgenommen im Urteil desselben Senats v. 12.11. 1998 – 8 AZR 221/97 – unter II 3 b, AP Nr. 117 zu § 611 BGB Haftung des Arbeitnehmers = NZA 1988, 584.

Zumindest Vorsicht ist bei folgenden, vom Großen Senat mit der Überschrift 618
„persönliche Verhältnisse" versehenen Kriterien geboten, die einen konkreten
Bezug zur Pflichtverletzung und damit zur gerechten Risikoverteilung weitgehend
vermissen lassen: Dauer der Betriebszugehörigkeit, Lebensalter, Familienverhältnisse und bisheriges Verhalten im Betrieb.

Ein besonders wichtiges Datum ist hingegen darin zu sehen, dass eine **ver-** 619
kehrsübliche Versicherung mit typischem Deckungsumfang zugunsten des
Arbeitnehmers berücksichtigt wird, und zwar unabhängig davon, ob der Arbeitgeber sie abgeschlossen hat oder nicht.[267] Sie begrenzt die Haftung nach oben.
Das BAG hatte dieses Neuland betreten, ohne dies ausreichend deutlich zu machen oder zu begründen, indem es dem Arbeitgeber über die Schadensquotelung
hinaus eine Obliegenheit zum Abschluss einer (Vollkasko-)Versicherung eines
Kraftfahrzeugs auferlegt, falls dem Arbeitnehmer die quotale Schadensbeteiligung nicht in voller Höhe zuzumuten sei.[268] Dies bedeutet, dass der Arbeitgeber
den Arbeitnehmer so behandeln muss, als hätte er sein Fahrzeug versichert. Nur
im Umfang einer fiktiven Selbstbeteiligung von 1.000 € soll der Arbeitnehmer
deshalb in einem solchen Fall letztlich haften. Diese Beschränkung der Haftung
auf den jeweils üblichen Selbstbehalt entspricht auch *Otto's* Vorschlag für eine
gesetzliche Regelung.[269]

Letztlich erscheint es bei normaler Fahrlässigkeit im Grundsatz allein **prak-** 620
tikabel, von einer **hälftigen Schadensteilung** auszugehen,[270] wenn bei leichtester Fahrlässigkeit gar nicht und bei grober Fahrlässigkeit in der Regel voll gehaftet wird. Folglich ist die Quotierung nur bei erkennbar deutlichem Gewicht der
zusätzlichen Wertungskomponente(n) zugunsten oder zu Lasten des Arbeitnehmers zu verschieben. In unserem Ausgangsfall 65 müsste danach der Polier bei
einem Gesamtschaden von 250.000 € für die Hälfte des nicht versicherten Schadens von 80.000 €, also mit 40.000 € haften, wenn die vom Arbeitgeber abgeschlossene Betriebshaftpflichtversicherung nicht auf eine unüblich niedrige

---

267 BAG v. 18.1.2007–8 AZR 250/06 – unter Rn. 43, AP Nr. 15 zu § 254 BGB = NZA 2007, 1230; die
Nichtberücksichtigung einer bestehenden Versicherung bei einem bloß theoretisch möglichen
Regress des Versicherers gegen den Arbeitnehmer überzeugt nicht.
268 Ausführlich BAG v. 24.11.1987–8 AZR 66/82 –, AP Nr. 92 zu § 611 BGB Haftung des Arbeitnehmers unter III 2 b.
269 *Otto*, Ist es erforderlich, die Verteilung des Schadensrisikos bei unselbständiger Arbeit neu
zu ordnen?, Gutachten für den 56. Deutschen Juristentag Berlin, 1986, E 70 f., These II 5 c, E 93; vgl.
ferner DJT 1986 (FN 228), Beschluss Nr. 14, N 209.
270 BAG v. 24.11.1987–8 AZR 66/82 –, AP Nr. 92 zu § 611 BGB Haftung des Arbeitnehmers unter III
2 a.

Versicherungssumme lautete und wenn nicht zusätzliche Aspekte zu seinen Gunsten sprechen.

621 Das Beispiel illustriert die rechtspolitischen Defizite des Instituts des innerbetrieblichen Schadensausgleichs deutlich: Sobald der Schaden eine bestimmte absolute Höhe erreicht, ist eine nach Verschuldensgraden abgestufte Quotelung der Haftung ungeeignet, das eigentlich avisierte Ziel zu erreichen, abhängig Beschäftigte bei betrieblich veranlassten Tätigkeiten vor einer ruinösen persönlichen Haftung zu schützen. Denn dann kann selbst bei einer geringen Haftungsquote die konkrete Haftungssumme noch existenzvernichtend wirken. Der Gesetzgeber ist deshalb – seit Langem – gefordert, Abhilfe zu schaffen.

g) Gesamtschuldnerausgleich bei mehreren Schädigern

622 Häufig sind für die Entstehung eines Schadens mehrere, auch betriebsfremde Beteiligte verantwortlich, die dann als Gesamtschuldner iSd. §§ 421 ff. BGB haften (etwa A und K im Fall 67). Grundsätzlich ist der Arbeitgeber insoweit nach den Regeln des BGB frei, welchen der Gesamtschuldner er in Anspruch nehmen möchte. Aus der aus § 241 Abs. 2 BGB resultierenden Pflicht des Arbeitgebers, auf die Vermögensinteressen seiner Vertragspartner Rücksicht zu nehmen, hat der achte Senat des BAG jüngst allerdings eine – hinsichtlich ihrer Voraussetzungen noch recht vage formulierte – Pflicht formuliert, Drittschädiger wie den K vorrangig in Anspruch zu nehmen, wenn die Rechtslage klar und dessen Inanspruchnahme rechtlich wie wirtschaftlich erfolgreich möglich sei.[271]

623 Ungeachtet dessen führen die Besonderheiten der Arbeitnehmerhaftung, sowohl was die Haftungsbeschränkungen aufgrund des innerbetrieblichen Schadensausgleichs bei Drittbeteiligung als auch die sozialversicherungsrechtlichen Haftungsprivilegien betrifft, zum besonders examensrelevanten Problem gestörter Gesamtschulden. Ob der entsprechende Komflikt zu Gunsten des Schägigers, des Geschädigten oder anhand einer anteiligen Haftungsregelung aufzulösen ist, richtet sich dabei nach den allgemeinen Grundsätzen über die Konfliktlösung bei gestörten Gesamtschuldverhältnissen.[272]

h) Konkretes Mitverschulden des Arbeitgebers i.S. von § 254 BGB

624 Die analoge Anwendung des § 254 BGB zur Rechtfertigung der privilegierten Arbeitnehmerhaftung bei betrieblich veranlasster Tätigkeit lässt im Übrigen die

---

271 BAG v. 7.6.2018 – 8 AZR 96/17 –, AP Nr. 146 zu § 611 BGB – Haftung des Arbeitnehmers.
272 Instruktiv zum Ganzen *Medicus/Petersen*, Bürgerliches Recht, 26. Aufl. 2017, Rn. 928 ff.

unmittelbare Anwendung des § 254 BGB wegen eines konkreten Verursachungs-
beitrags des Arbeitgebers, der auch in einem Organisationsverschulden bestehen
kann,[273] bei der Schadensentstehung oder bei der Schadensminderung unberührt. Hierbei muss sich der Arbeitgeber auch das Verhalten von Erfüllungsge-
hilfen, also auch anderer Arbeitnehmer, zurechnen lassen. Die allgemeine Haftungsprivilegierung ist der erste Schritt, die anteilige Kürzung in direkter
Anwendung des § 254 BGB der zweite.[274]

2. Außenhaftung des Arbeitnehmers und Freistellungsanspruch

Der durch ein Fehlverhalten des Arbeitnehmers unmittelbar **Geschädigte** kann   625
auch ein **außerhalb des Arbeitsverhältnisses stehender Dritter** sein, wie bereits der Beispielsfall 67 zeigt. Wir erinnern ferner an den verunglückten Säugling
im Krankenschwesterfall. Dieser hatte zweifelsfrei einen Anspruch gegen die
Krankenschwester wegen fahrlässiger widerrechtlicher Körperverletzung (§ 823
Abs. 1 BGB).[275] Im Grundsatz bleibt es hier – im **Außenverhältnis** – bei der **vollen
Haftung.** Ansonsten würde das Opfer das Risiko der Insolvenz des Arbeitgebers
tragen, während der Täter der unerlaubten Handlung unbehelligt bliebe. Auch
fehlt es an der arbeitsvertraglichen Verbundenheit, die die Haftungsmilderung
rechtfertigt. Dem Säugling haftet daneben aber auch der Krankenhausträger aus
Vertrag und möglicherweise aus Delikt (§§ 831, 823 Abs. 1 BGB). Nach den allgemeinen Regeln des Bürgerlichen Rechts müsste im Innenverhältnis zwischen
Arbeitgeber und Arbeitnehmer indessen der letztere allein den Schaden tragen
(§ 840 Abs. 2 BGB).

Für die Risikoverteilung im **Innenverhältnis** kann es jedoch keinen Unter-   626
schied machen, ob der Arbeitnehmer wegen einer betrieblichen Tätigkeit vom
Arbeitgeber oder von einem Dritten in Anspruch genommen wird.[276] Deshalb wird
dem Arbeitnehmer ein **Anspruch auf Freistellung von der Haftung** gegenüber
dem Dritten gemäß § 670 BGB analog in Verbindung mit § 257 BGB unter den
gleichen Voraussetzungen und in gleichem Umfang zugebilligt, wie der Arbeit-

---

273 BAG v. 18.1.2007 – 8 AZR 250/06 –, AP Nr. 15 zu § 254 BGB unter Rn. 25 ff.

274 Im Ergebnis bedenklich ist dies allerdings bei der ohnehin sehr starken Begrenzung der
Haftung für grobe Fahrlässigkeit; näher Otto/Schwarze/Krause/*Schwarze*, Haftung, § 12.

275 Der BGH verneint im Urteil v. 19.9.1989 – VI ZR 349/88 –, BGHZ 108, 305 ff. = AP Nr. 99 zu § 611
BGB Haftung des Arbeitnehmers eine Beschränkung der Außenhaftung des Arbeitnehmers nach
geltendem Recht selbst dann, wenn dieser ein geleastes Betriebsmittel beschädigt hat.

276 *Otto*, Ist es erforderlich, die Verteilung des Schadensrisikos bei unselbständiger Arbeit neu
zu ordnen?, Gutachten für den 56. Deutschen Juristentag Berlin, 1986, E 72 ff.

geber einen eigenen Schaden tragen müsste.[277] Das Risiko der Insolvenz des Arbeitgebers trifft so allerdings den Arbeitnehmer und nicht den Dritten, sofern nicht eine Versicherung des Arbeitgebers den Schaden trägt oder die Haftungsbegrenzung ausnahmsweise zu Lasten des Dritten wirkt.[278] Entgegen der vom BGH[279] vertretenen Ansicht ist dies besonders dort geboten, wo der Arbeitgeber in fremdem Eigentum stehende Betriebsmittel einsetzt, z. B. Fahrzeuge, die unter Eigentumsvorbehalt geliefert sind, an einen Kreditgeber sicherungsübereignet wurden oder geleast sind.[280]

3. Personenschaden eines Arbeitnehmers

627 Besondere Regeln gelten, wenn ein Arbeitnehmer bei einer **betrieblichen Tätigkeit** einen Arbeitskollegen **körperlich verletzt** oder gar **tötet**, wie in Fall 68. In diesen Fällen wird das Haftungsmodell durch das **sozialrechtliche Versicherungsmodell** (§ 105 SGB VII) ersetzt.[281] Leitgedanke ist die umfassende Sicherung der Arbeitskraft als wirtschaftlicher Existenzgrundlage und die Sicherung des Betriebsfriedens.

628 Der geschädigte Arbeitnehmer als **Versicherter**[282] oder die Hinterbliebenen haben bei einem **Arbeitsunfall** (§ 8 SGB VII)[283] auf jeden Fall sofort realisierbare Ansprüche aus der **gesetzlichen Unfallversicherung** gegen ihre Berufsgenossenschaft (§ 26 SGB VII). Fraglich ist jedoch einerseits, ob sich der Geschädigte nicht auch direkt an den Schädiger halten kann, und andererseits, inwieweit die Berufsgenossenschaft beim Schädiger Regress nehmen darf.

---

277 Die Rspr. zieht dagegen die Fürsorgepflicht des Arbeitgebers heran (BAG v. 23.6.1988 – 8 AZR 300/85 – unter I 1, AP Nr. 94 zu § 611 BGB Haftung des Arbeitnehmers = NZA 1989, 181). Der materiellen Verantwortlichkeit wird die Analogie zu § 670 BGB besser gerecht; näher Otto/Schwarze/*Krause/Schwarze*, Haftung, § 16 Rn. 25. Liegt eine *Gesamtschuld* mit dem Arbeitgeber vor, hat § 426 Abs. 1 S. 1 BGB Vorrang.

278 Hierzu Otto/Schwarze/Krause/*Schwarze*, Haftung, § 18.

279 BGH v. 19.9.1989 – VI ZR 349/88 –, AP Nr. 99 zu § 611 BGB Haftung des Arbeitnehmers; vgl. auch BGH v. 21.12. 1993 – VI ZR 103/93 – unter II 2 b bb [a], AP Nr. 104 zu § 611 BGB Haftung des Arbeitnehmers (Stichwort: Transportschaden).

280 Hierzu Otto/Schwarze/Krause/*Schwarze*, Haftung, § 17 Rn. 2 ff.; s. ferner *Krause*, VersR 1995, 752 ff.

281 Vgl. Otto/Schwarze/Krause/*Schwarze*, Haftung, § 21.

282 Otto/Schwarze/Krause/*Schwarze*, Haftung, § 22 Rn. 2 ff.

283 Otto/Schwarze/Krause/*Schwarze*, Haftung, § 22 Rn. 32 ff.

V. Arbeitnehmerhaftung und ihre Begrenzung —— **319**

a) Weitgehender Ausschluss anderweitiger Haftung

Der betroffene, gemäß § 26 SGB VII grundlegend versorgte Arbeitnehmer wird **629**
auch den **Schädiger** in Anspruch nehmen wollen. Die Unfallversicherung deckt
nämlich nicht alle materiellen Nachteile infolge eines Unfalls und gewährt insbesondere selbst bei grob schuldhaften Körperverletzungen kein Schmerzensgeld, das der Geschädigte nach Bürgerlichem Recht sonst zusätzlich beanspruchen könnte (vgl. § 280 Abs. 1 bzw. § 823 Abs. 1 i.V.m. § 253 Abs. 2 BGB). Gleichwohl
schieben §§ 104, 105 SGB VII der Inanspruchnahme des Schädigers einen weitreichenden Riegel vor. Der gesetzlichen Regelung entsprechend ist nach der
Person des Schädigers zu differenzieren.

Trägt der **Arbeitgeber** die Verantwortung für den Arbeitsunfall, greift § 104 **630**
Abs. 1 SGB VII: Danach ist der Unternehmer zum Ersatz eines Personenschadens,
den ein Arbeitsunfall verursacht hat, **nur dann** verpflichtet, wenn er den Versi-
cherungsfall **vorsätzlich oder auf einem mitversicherten Weg** (dazu § 8 Abs. 2
Nrn. 1–4 SGB VII) herbeigeführt hat. Dieser weitgehende Haftungsausschluss (im
Übrigen der ältere, vgl. bereits §§ 898, 899 RVO a.F.[284]) wurde und wird damit
gerechtfertigt, dass die Arbeitgeber die gesamten Beiträge für die gesetzliche
Unfallversicherung entrichten (§ 150 SGB VII) müssen, dass der Arbeitnehmer die
Leistungen der Unfallversicherung ohne Rücksicht auf ein Fremdverschulden
erhält und dass gerichtliche Auseinandersetzungen den Betriebsfrieden stören
können.

Ausdrücklich ausgenommen sind Arbeitsunfälle auf einem „**versicherten** **631**
Weg", insbesondere auf der Fahrt zur Arbeitsstätte. So kommt es zur uneingeschränkten Haftung, wenn sich Arbeitgeber und Arbeitnehmer praktisch zufällig
bei der „Teilnahme am allgemeinen Verkehr" (§ 636 Abs. 1 S. 1 RVO a.F.) begegnet
sind.[285] Hier soll der Arbeitnehmer auch die allgemeinen zivilrechtlichen Ansprüche einschließlich eines Schmerzensgeldes gegen den Arbeitgeber bzw.
dessen Haftpflichtversicherung geltend machen können, soweit sie nicht auf den
Unfallversicherungsträger übergehen. Der Haftungsausschluss tritt aber z. B. bei
einem vom Arbeitgeber lediglich fahrlässig verursachten Arbeitsunfall auf einer
gemeinsamen Dienstfahrt von Arbeitgeber und Arbeitnehmer ein. Ist der Arbeitnehmer hingegen „privat" unterwegs, übt er ohnehin keine versicherte Tätigkeit
aus, so dass von vornherein nicht an einen Haftungsausschluss zu denken ist.

Seit 1963[286] wurden gemäß § 637 RVO unter Bezugnahme auf § 636 RVO auch **632**
Ersatzansprüche eines Versicherten gegen jeden in demselben Betrieb tä-

---

284 Reichsversicherungsordnung v. 19.7.1911 (RGBl. S. 509).
285 Dazu BAG v. 14.12.2000 – 8 AZR 92/00 –, AP Nr. 1 zu § 105 SGB VII = NZA 2001, 549. Näher
Otto/Schwarze/Krause/*Schwarze*, Haftung, § 22 Rn. 42 ff.
286 Unfallversicherungsneuregelungsgesetz v. 30.4.1963 (BGBl. I S. 241).

tigen Betriebsangehörigen – also nicht gegen betriebsfremde Arbeitnehmer – **ausgeschlossen**, wenn dieser den Arbeitsunfall durch betriebliche Tätigkeit verursacht hat. Dieser gesetzgeberische Schritt wurde dadurch ausgelöst, dass der Haftungsausschluss zugunsten des Arbeitgebers durch die Rechtsprechung ausgehöhlt worden war. Diese hatte nämlich dem Arbeitnehmer, der seinen Arbeitskollegen schuldhaft verletzte und von diesem in Anspruch genommen wurde, konsequenterweise nach den oben geschilderten Kriterien des innerbetrieblichen Schadensausgleichs einen Freistellungsanspruch gegen den Arbeitgeber zugebilligt.[287] Und in der Tat kann es für die Haftungsfreistellung des Arbeitnehmers im Verhältnis zum Arbeitgeber bei betrieblicher Tätigkeit schwerlich einen Unterschied machen, ob er einen betriebsfremden Dritten körperlich verletzt oder einen Arbeitskollegen. § 105 Abs. 1 SGB VII hat den Haftungsausschluss dann auf alle **für denselben Betrieb tätigen Arbeitnehmer** ausgedehnt, also auch auf solche, die nicht bei demselben Arbeitgeber beschäftigt sind.[288] Dabei ist noch nicht endgültig geklärt, ob der „Betrieb" i.S. des § 105 SGB VII als arbeitstechnische Organisationseinheit oder als Unternehmen zu verstehen ist.[289]

633   In Konsequenz dieser neuerlichen gesetzgeberischen Entscheidung geht nun allerdings die Haftungsbegrenzung gemäß §§ 104, 105 SGB VII erheblich über das geschilderte richterliche Modell hinaus. Ein unmittelbarer Schadensersatzanspruch des Geschädigten gegen jeden anderen für den Betrieb tätigen Arbeitnehmer, auch wenn er betriebsfremd ist, besteht nur bei Vorsatz oder Teilnahme am allgemeinen Verkehr. Dies bedeutet insbesondere, dass dem Geschädigten selbst bei grober Fahrlässigkeit und schweren Körperschäden ein Schmerzensgeldanspruch versagt bleibt, obwohl der Arbeitnehmer als Schädiger nicht beitragspflichtig ist. Das BVerfG hat diese Regelung gleichwohl toleriert.[290]

b) Regressansprüche der Sozialversicherungsträger

634 Das Gesamtbild ist jedoch ohne den Hinweis auf die weitergehenden Regressansprüche der Sozialversicherungsträger unvollständig.[291] Gemäß § 110 SGB VII haben Arbeitgeber und Arbeitnehmer nicht nur bei vorsätzlicher, sondern auch bei grob fahrlässiger Herbeiführung des Versicherungsfalls für alle Leistungen der Sozialversicherungsträger einzustehen. Dabei braucht sich das Verschulden jetzt

287 Vgl. BAG v. 25.9.1957 – GS 4/56 (5/56) –, AP Nr. 4 zu §§ 898, 899 RVO unter III 1.
288 Näher dazu Otto/Schwarze/Krause/*Schwarze*, Haftung, § 23.
289 Zum Ganzen Otto/Schwarze/Krause/*Schwarze*, Haftung, § 22 Rn. 52ff.
290 BVerfG v. 7.11.1972–1 BvR 355/71 –, BVerfGE 34, 118ff.
291 Einzelheiten bei Otto/Schwarze/Krause/*Schwarze*, Haftung, § 25.

nur noch auf das den Versicherungsfall verursachende Handeln oder Unterlassen zu beziehen (so ausdrücklich § 110 Abs. 1 S. 3 SGB VII). Die Sozialversicherungsträger können freilich wie schon bisher nach billigem Ermessen, insbesondere unter Berücksichtigung der wirtschaftlichen Verhältnisse des Schädigers, auf den Ersatzanspruch ganz oder teilweise verzichten (§ 110 Abs. 2 SGB VII).

§ 8 Der Austausch des Arbeitgebers infolge rechtsgeschäftlichen Betriebsübergangs

635 Die Ausführungen in diesem Teil behandelten bisher ausschließlich das Verhältnis zwischen Arbeitnehmer und Arbeitgeber. Nun ist die praxisrelevante Situation zu betrachten, dass die konkrete Beschäftigungsmöglichkeit eines Arbeitnehmers bei seinem Arbeitgeber wegfällt, weil diese auf Grund einer rechtsgeschäftlichen Vereinbarung auf einen Dritten übergeht. Uns interessieren freilich nur die Auswirkungen auf das Arbeitsverhältnis eines betroffenen Arbeitnehmers.

I. Entwicklung und Bedeutung des § 613a BGB

636 Das BGB enthält Regelungen zur Übertragung einzelner Ansprüche (§§ 398 ff. BGB) und einzelner Pflichten (§§ 414 ff. BGB), wobei eine Vereinbarung über dienstvertragliche Ansprüche wegen der Auslegungsregel des § 613 BGB hinreichend deutlich sein muss. Nach dem Grundsatz der **Vertragsfreiheit** ist auch die Übertragung eines ganzen Schuldverhältnisses bei Zustimmung aller Beteiligten möglich (§ 311 BGB). Verkaufte ein Fabrikant Ende der 1960er Jahre eine seiner Produktionsstätten, hing die Übernahme der dort beschäftigten Arbeitnehmer nach mehrheitlicher Ansicht insbesondere vom Willen des Erwerbers ab.[1] An eingearbeiteten Belegschaftsgruppen bestand damals wie heute Interesse, doch erfahrungsgemäß blieben vor allem besonders schutzbedürftige und „zu teure" Arbeitnehmer zurück, denen nach dem Wegfall ihrer Arbeitsplätze ordentlich betriebsbedingt gekündigt wurde. Eine Entsprechung des mietrechtlichen Grundsatzes „Kauf bricht nicht Miete" (§ 566 BGB) existierte nicht.

637 Daher trat 1972 mit § 613a BGB eine weitere **arbeitsrechtliche Modifikation des Bürgerlichen Rechts** in Kraft: Sofern ein „Betrieb oder Betriebsteil durch Rechtsgeschäft" auf einen anderen Inhaber übergeht, tritt dieser nunmehr **kraft Gesetzes** in die Arbeitsverhältnisse betroffener Arbeitnehmer ein. § 613a BGB knüpft das Arbeitsverhältnis an die Beschäftigungsmöglichkeit und dient damit vor allem dem Schutz des Arbeitnehmers durch Erhaltung seines Arbeitsplatzes[2] und der Kontinuität des Arbeitsverhältnisses sowie der Sicherung der betriebsverfassungsrechtlichen Mitbestimmung (§§ 21a, 21b BetrVG).[3] So wird bei

---

1 Dazu *Hueck/Nipperdey*, Lehrbuch des Arbeitsrechts, Bd. 1, 7. Aufl. 1963, § 54 III 1–4 m.w.N. auch zu rechtsfortbildenden Ansichten.
2 BAG v. 22.5.1985 – 5 AZR 30/84 – unter II 1, AP Nr. 42 zu § 613a BGB = NZA 1985, 775.
3 *Hromadka/Maschmann*, Arbeitsrecht 2, § 19 Rn. 6 m.w.N.

gesunden Betrieben mit Recht verhindert, dass Arbeitnehmer unter Hinweis auf den bloßen Inhaberwechsel entlassen werden, obwohl die Beschäftigungsmöglichkeiten nach wie vor vorhanden sind. Bei wirtschaftlich angeschlagenen, insbesondere insolvenzreifen Betrieben blockiert ein Arbeitskräfteüberhang oder eine unglückliche Personalstruktur jedoch unter Umständen die rechtzeitige Sanierung, die arbeitsmarktpolitisch wünschenswert wäre.[4] Diesen Widerstreit zwischen Individualschutz und Allgemeininteresse – auch der Arbeitnehmerschaft – vermag der Richter bei der Anwendung der Norm im Einzelfall kaum aufzulösen.

Seit seinem Inkrafttreten wurde § 613a BGB mehrfach erweitert und konkretisiert, was zumeist durch **europäische Vorgaben** (vor allem durch Richtlinien von 1977 und 1998, beide zwischenzeitlich geregelt in der „Betriebsübergangs"-Richtlinie 2001/23/EG[5]) veranlasst wurde. Wegen des *„effet utile"* hat die Auslegung des § 613a BGB in seiner heutigen Fassung daher stets gemeinschaftsrechtskonform im Einklang mit dieser Richtlinie zu erfolgen,[6] wozu die umfangreiche und in ihren Verästelungen kaum noch zu überblickende Rechtsprechung des EuGH teils weitreichende Entscheidungen beisteuerte. **638**

II. Voraussetzungen des Übergangs des Arbeitsverhältnisses

Ein Arbeitsverhältnis geht nach § 613a BGB über, wenn die von dieser Norm umschriebene Situation – ein rechtsgeschäftlicher Betriebsübergang – vorliegt und diese Situation Auswirkungen auf das in Rede stehende Arbeitsverhältnis zeitigt. **639**

1. Tatbestand des rechtsgeschäftlichen Betriebsübergangs
a) Betriebsübergang
Auf die schwierige Frage, wann ein Betriebsübergang i.S. des § 613a BGB vorliegt, wurde noch keine umfassend gültige Antwort gefunden. Das oben einleitende Beispiel des Fabrikanten und seiner Produktionsstätte fällt sicher unter § 613a BGB (ggfs. darf dies auch souverän in einer Klausur festgestellt werden), doch ist **640**

---

4 § 613a BGB gilt auch bei Insolvenz, obwohl Art. 5 Abs. 1 der „Betriebsübergangs"-Richtlinie von 2001 (dazu sogleich) dieses nicht verlangt.
5 Die Richtlinien 77/187/EWG und 98/50/EG sind ohne sachliche Änderung in der Richtlinie 2001/23/EG v. 12.3.2001 (Abl. EG Nr. L 82 S. 16) aufgegangen.
6 BAG v. 27.6.1995 – 1 ABR 62/94 – unter B III 2 b, AP Nr. 7 zu § 4 BetrVG 1972 = NZA 1996, 164.

der Anwendungsbereich der Norm weit größer. Um die Reichweite erfassen zu können, erscheint uns der Hinweis erforderlich, dass sich der Leser von einem wortlautgeprägten Vorverständnis der Norm lösen möge, vor allem vom bloß nationalen Begriff des *Betriebes*.[7] Vielmehr muss zur Auslegung des § 613a BGB das Gemeinschaftsrecht maßgeblich sein, hier **Art. 1 Nr. 1b der Richtlinie 2001/ 23/EG.** Danach gilt als Betriebsübergang „der Übergang einer ihre Identität bewahrenden wirtschaftlichen Einheit im Sinne einer organisierten Zusammenfassung von Ressourcen zur Verfolgung einer wirtschaftlichen Haupt- oder Nebentätigkeit".

aa) Übertragungsgegenstand: Wirtschaftliche Einheit

641   Zunächst einmal bedarf es eines tauglichen Übertragungsgegenstandes, das übergehende Gebilde muss eine wirtschaftliche Einheit darstellen. Angelehnt an die Richtlinie umschreiben der EuGH und inzwischen auch das BAG die wirtschaftliche Einheit als eine **organisatorische Gesamtheit von Personen und Sachen zur Ausübung einer auf Dauer angelegten, wirtschaftlichen Tätigkeit mit eigener Zielsetzung.**[8] Die Möglichkeit, mit „Personen und Sachen" eine dauerhafte, wirtschaftliche Tätigkeit durchzuführen, bildet die Klammer, die aus diversen Einzelmitteln eine wirtschaftliche Einheit macht (die Folgefrage, ob ein Übergang vorliegt, hängt u. a. an der tatsächlichen Fortführung dieser Tätigkeit). Entstammt der Übertragungsgegenstand dem **produzierenden Gewerbe**, wird die wirtschaftliche Einheit vor allem von den Produktionsanlagen, zugehörigem notwendigen Werkzeug und Inventar, steuernder Software, darauf geschulten Arbeitnehmern, Anleitungen, etwaigen Patenten sowie womöglich schwer zu beschaffenden, noch vorhandenen Rohstoffen für die Fortsetzung der Produktion geprägt.

642   Ist die Tätigkeit im **Handels- oder Dienstleistungssektor** angesiedelt, sind zwar auch dort oft Sachmittel notwendig (Räumlichkeiten, Einrichtungsgegenstände, im Handel ferner Ausstellungsstücke und Lagerbestände), eine wirtschaftliche Einheit machen jedoch vornehmlich andere Posten aus. Bedeutsam

---

7 Zum Betriebsbegriff s. unten § 12 RN 842. Daran knüpfte anfangs das BAG an (z. B. Urt. v. 22.5. 1985 – 5 AZR 30/84 –, AP Nr. 42 zu § 613a BGB unter II 1), klammerte aber die Arbeitnehmer aus dem Tatbestand aus.

8 EuGH v. 11.3.1997 – C-13/95 – (Ayse Süzen) unter Rn. 13, AP Nr. 14 zu EWG-Richtlinie Nr. 77/187 = NZA 1997, 433: Grundlage der heutigen Prüfung des Betriebsübergangs; unter Aufgabe früherer Rspr. folgend BAG v. 22.5.1997 – 8 AZR 101/96 – unter B II 2 c, AP Nr. 154 zu § 613a BGB = NZA 1997, 1050; nun ständige Rspr., BAG v. 6.4.2006 – 8 AZR 222/04 – unter B I 3 a, AP Nr. 299 zu § 613a BGB = NZA 2006, 723.

sind zunächst immaterielle Mittel wie laufende Aufträge, Kundenbeziehungen,[9] Marktstellung und Fachwissen. Besonderes Wissen kann in bestimmten Arbeitnehmern verkörpert sein, ebenso eine Vertrauensstellung bei einem Kunden. Für manche Tätigkeiten bedarf es indes kaum Sachmitteln oder einer bestimmten Qualifikation (Standardbeispiele: Raumpflege, Bewachung). Hier besteht die wirtschaftliche Einheit aus einem nach Zahl und Sachkunde wesentlichen Teil der durch ihre Tätigkeit verbundenen Arbeitnehmer.[10] Übernimmt der Erwerber diesen „wesentlichen Teil", gehen auch die Arbeitsverhältnisse der übrigen Arbeitnehmer – vorbehaltlich der anderen Voraussetzungen – per Gesetz über. Die Brisanz zeigt sich im Umkehrschluss: In manchen Branchen kann ein Erwerber die Anwendung des § 613a BGB verhindern![11]

Das gemeinschaftsrechtlich gebotene Abstellen auf die wirtschaftliche Einheit macht die Unterscheidung zwischen „Betrieb" und **„Betriebsteil"** entbehrlich.[12] Auch ein Betriebsteil kann eine wirtschaftliche Einheit darstellen und ist dann übergangsfähig. Dass das BAG weiterhin eigene Kriterien für den Betriebsteil aufstellt, muss deshalb eher als besondere Konkretisierung der wirtschaftlichen Einheit, denn als autonome Definition gewertet werden. Das BAG bezeichnet einen Betriebsteil als eine beim früheren Inhaber selbstständig abtrennbare organisatorische Einheit, mit der innerhalb des Gesamtzwecks ein Teilzweck verfolgt wird.[13] Als Beispiele liegen die Verwaltung oder die Kantine nahe. Auch innerhalb einer Spedition können einzelne LKW und ihnen fest zugeteilte Kraftfahrer bei entsprechender organisatorischer Ausgestaltung durchaus einen eigenen Betriebsteil bilden; nicht ausreichend ist, dass rein faktisch dieselben LKW mit denselben Fahrern stets für einen Kunden unterwegs waren, wenn sie jederzeit für andere Transportaufträge hätten eingesetzt werden können.[14] **643**

Die wohl „kleinste anzunehmende Wirtschaftliche Einheit" schuf der EuGH 1994 mit einer Entscheidung, die unter dem Stichwort **„Christel Schmidt"** Berühmtheit erlangte.[15] Frau Schmidt – Arbeitnehmerin einer Bank und damit betraut, die Geschäftsräume einer Filiale zu reinigen – wurde gekündigt, weil die **644**

---

9 Zur Bedeutung der Kundenbeziehungen bei Einzelhandelsgeschäften BAG v. 2.12.1999 – 8 AZR 796/98 –, AP Nr. 188 zu § 613a BGB = NZA 2000, 369.
10 EuGH v. 11.3.1997 – C-13/95 – (Ayse Süzen) unter Rn. 21, AP Nr. 14 zu EWG-Richtlinie Nr. 77/187; EuGH v. 13.9.2007 – C-458/05 – (Mayer), NZA 2007, 1151 (Leiharbeitsunternehmen).
11 Die Übergänge sind fließend, vgl. die Verpflegung in einem Krankenhaus betreffend EuGH v. 20.11.2003 – C-340/01 – (Abler), AP Nr. 34 zu EWG-Richtlinie Nr. 77/187 = NZA 2003, 1835.
12 ErfK/*Preis* § 613a BGB Rn. 8 m.w.N.
13 Frühere Rspr. zusammenfassend BAG v. 24.8.2006 – 8 AZR 556/05 – unter B II 1 a, insbes. Rn. 22, AP Nr. 315 zu § 613a BGB = NZA 2007, 1320.
14 BAG v. 26.8.1999 – 8 AZR 718/98 unter B II 1–3, AP Nr. 196 zu § 613a BGB = NZA 2000, 144.
15 EuGH v. 14.4.1994 – C-392/92 –, AP Nr. 106 zu § 613a BGB m. abl. Anm. *Loritz* = NZA 1994, 545.

Bank die Aufgabe an ein Reinigungsunternehmen vergeben hatte, das dazu eigene Arbeitnehmer und Sachmittel einsetzte (**Funktionsnachfolge** oder „**Outsourcing**"). Der Übertragungsgegenstand bestand also ausschließlich in der Tätigkeit selbst, gleichwohl erklärte der EuGH die Betriebsübergangs-Richtlinie für anwendbar.[16] Knapp drei Jahre später jedoch stellte der EuGH in der bereits mehrfach zitierten Entscheidung „**Ayse Süzen**" klar, dass eine wirtschaftliche Einheit nicht als bloße Tätigkeit verstanden werden darf, sondern z. B. auch aus ihrem Personal, ihrer Organisation und den zur Verfügung stehenden Betriebsmitteln besteht.[17] Seitdem richtet sich die Feststellung, ob eine wirtschaftliche Einheit vorliegt, zwar grundsätzlich nach den oben dargestellten Kriterien, schwankt aber in der Rechtsprechung des EuGH mit Blick auf die erzielten Ergebnisse zwischen den Polen der beiden Entscheidungen[18]; näher kann die Abgrenzung des Betriebsübergangs von der bloßen Funktionsnachfolge hier nicht ausgeführt werden.[19]

bb) Identitätswahrender Übergang

645 Unsere Aufmerksamkeit (und die betroffener Arbeitnehmer) erregt eine wirtschaftliche Einheit erst, wenn sie auf einen **neuen Inhaber übergeht.** Dazu ist – zunächst einmal – erforderlich, dass der bisherige Inhaber seine Betätigung in der Einheit einstellt und ein anderer Rechtsträger die arbeitstechnische Organisations- und Leitungsmacht über die Einheit erhält.[20]

646 Darüber hinaus muss die wirtschaftliche Einheit bei dem neuen Inhaber fortbestehen – mit den Worten des Art. 1 Nr. 1b der Betriebsübergangs-Richtlinie: die wirtschaftliche Einheit muss ihre **Identität bewahren.** Dieser Fortbestand rechtfertigt auch die rigiden Rechtsfolgen, die den Betriebserwerber nach § 613a

---

16 EuGH v. 14.4.1994 – C-392/92 –, AP Nr. 106 zu § 613a BGB, Rn. 12ff., 20, zur Richtlinie 77/187/ EWG.

17 EuGH v. 11.3.1997 – C-13/95 –, AP Nr. 14 zu EWG-Richtlinie Nr. 77/187, Rn. 15. Während „Christel Schmidt" die erstmalige Fremdvergabe betraf, handelte es sich bei „Ayse Süzen" um eine erneute Auftragsvergabe, nun an einen anderen Auftragnehmer.

18 S. zuletzt nur EuGH v. 26.11.2015 – C-509/14 (ADIF) –, NZA 2016, 31 m. abl. Besprechung *Bieder*, EuZA 2017, 67.

19 Befeuert durch EuGH v. 15.12.2005 – C-232/04 u.a. – (Güney-Görres und Demir), AP Nr. 1 zu Richtlinie 2001/23/EG = NZA 2006, 29; unter Aufgabe früherer Rspr. folgend BAG v. 6.4.2006 – 8 AZR 222/04 –, AP Nr. 299 zu § 613a BGB; dazu *Willemsen/Müntefering*, NZA 2006, 1185. Ebenso BAG v. 14.8.2007 – 8 AZR 1043/06 –, AP Nr. 31 zu § 1 BetrVG 1972 Gemeinsamer Betrieb = NZA 2007, 1431: Auftragsneuvergabe mit weitaus größerem Umfang an Unternehmen mit wesentlich anderer, größerer Organisationsstruktur.

20 BAG v. 12.11.1998 – 8 AZR 282/97 – LS, AP Nr. 186 zu § 613a BGB = NZA 1999, 310.

BGB treffen: Er kann sich – bildlich gesprochen – „ins gemachte Nest setzen". Zur Prüfung des Merkmals der Identitätswahrung stellen EuGH und BAG keine Definition auf, unter die subsumiert werden könnte, sondern verlangen die Berücksichtigung aller den Vorgang kennzeichnenden Tatsachen[21] im Rahmen einer **typologischen Gesamtbetrachtung.** Manches mag für, manches gegen eine Identitätswahrung sprechen; notwendig ist eine **Abwägung,** in welche mindestens die folgenden sieben Aspekte einfließen sollten:

- Art des betreffenden Unternehmensteils (dieses Kriterium ermöglicht die Gewichtung der nachfolgenden Kriterien: abhängig von der Tätigkeit im Einzelfall haben sächliche, immaterielle oder personelle Mittel unterschiedliche Bedeutung),
- Etwaiger Übergang der Sachmittel,
- Wert der übergehenden immateriellen Mittel,
- Etwaige Übernahme der Arbeitnehmer (vor allem des „nach Zahl und Sachkunde wesentlichen Teils", auch etwaige Aufrechterhaltung der Organisation, der Hierarchie),
- Ähnlichkeit der Tätigkeit vor und nach dem Übergang,
- Etwaiger Übergang der Kundschaft (dies kann vereinbart werden oder faktische Folge einer unveränderten Tätigkeit sein),
- Dauer einer etwaigen Unterbrechung dieser Tätigkeit (dazu sogleich).

Wie erläutert, wird die wirtschaftliche Einheit durch die Möglichkeit geprägt, eine dauerhafte, wirtschaftliche Tätigkeit auszuführen. Ihre Identität bewahrt die Einheit freilich nur, wenn der Erwerber diese **Tätigkeit tatsächlich fortsetzt.**[22] Daher liegt kein Betriebsübergang vor, wenn der Erwerber die ihm zugekommenen Befugnisse in keiner Weise nutzt. Hierhin gehört sicher der Fall, dass ein Pachtvertrag endet und der Betrieb an einen Verpächter zurückfällt, der kein Interesse an dessen bestimmungsgemäßer wirtschaftlicher Nutzung hat; die Arbeitsverhältnisse der im Betrieb eingesetzten Arbeitnehmer gehen dann nicht auf den Verpächter über. Ansonsten ist eine genaue Prüfung geboten: Zwar wird ein Betriebsübergang abzulehnen sein, wenn der Erwerber den Betrieb unmittelbar

647

---

21 EuGH v. 11. 3. 1997 – C-13/95 –, AP Nr. 14 zu EWG-Richtlinie Nr. 77/187 enthält unter Rn. 14 den folgenden, angepassten Katalog; s. auch EuGH v. 12. 2. 2009 – C-466/07 (Klarenberg) –, NZA 2009, 251; inzwischen stets vom BAG wiederholt, z. B. Urt. v. 22. 1. 1998 – 8 AZR 775/96 – unter B I 1, AP Nr. 174 zu § 613a BGB = NZA 1998, 638; Einzelerläuterungen z. B. bei ErfK/*Preis* § 613a BGB Rn. 10 ff. m.w.N.
22 Dazu und zum Folgenden BAG v. 18. 3. 1999 – 8 AZR 159/98 – LS, AP Nr. 189 zu § 613a BGB = NZA 1999, 704; *Krause,* ZfA 2001, 67, 78 ff.

mit der Übernahme stilllegt, doch kann die Erledigung weniger Restaufträge oder die Weiternutzung immaterieller Mittel zu einem anderen Ergebnis führen.[23]

648   Eine wirtschaftliche Einheit vermag ihre Identität auch zu bewahren, wenn die **Tätigkeit** zumindest **wieder aufgenommen wird.** Maßgeblich ist abermals die Gesamtabwägung, in die die Dauer einer Unterbrechung (nur) als ein Kriterium einfließt. Ab wann die Unterbrechung als zu lang erscheint, hängt von vielerlei Faktoren ab, insbesondere von der Branche, der die wirtschaftliche Einheit entstammt. Ein mehrmonatiger Rückzug eines Modefachgeschäfts von einem umkämpften Markt spricht für eine Stilllegung,[24] eine längere Unterbrechung des Geschäftsbetriebes eines im Oktober übergegangenen Eiscafés oder eines anderen Saisonbetriebs nicht.

b) Betriebsübergang durch Rechtsgeschäft

649 Weiter verlangt § 613a Abs. 1 S. 1 BGB, dass der Betriebsübergang „durch Rechtsgeschäft" erfolgt (als Rechtsfolge gehen die Arbeitsverhältnisse dann gesetzlich über – Vorsicht bei der Formulierung!). Das Tatbestandsmerkmal dient vor allem der **Negativabgrenzung** von Inhaberwechseln, die auf Gesetz oder sonstigem Hoheitsakt beruhen. Bedeutsame Fälle eines „gesetzlichen Betriebsübergangs" sind die der **Gesamtrechtsnachfolge**, insbesondere die *Erbfolge*, §§ 1922 ff. BGB. Stirbt eine Person, geht ihr gesamtes Vermögen – ggfs. ein Unternehmen und die Arbeitgeberstellung[25] – auf die Erben über; der Anwendung des § 613a BGB bedarf es nicht. Eine (partielle) Gesamtrechtsnachfolge sieht der Gesetzgeber auch für *gesellschaftsrechtliche Umwandlungen* vor, etwa für die Verschmelzung zu einem dadurch neu gegründeten Rechtsträger (§§ 2 Nr. 2, 20 UmwG). Dennoch richtet sich das Schicksal der Arbeitsverhältnisse wegen des Rechtsgrundverweises in § 324 UmwG ausschließlich nach § 613a BGB.[26] Auch bei einer Umwandlung können Arbeitsverhältnisse also nur übergehen, wenn der neue Rechtsträger eine wirtschaftliche Einheit identitätswahrend übernommen hat.[27] Ferner beruhen öffentlich-rechtliche Umstrukturierungen häufig auf einem

---

23 Davon zu unterscheiden ist die Betriebsstilllegung *vor* dem Erwerb: Stilllegung und Übergang schließen einander aus (BAG v. 16. 5. 2002 – 8 AZR 319/01 – unter B III 1 b bb (2), AP Nr. 237 zu § 613a BGB = NZA 2003, 93); zur Abgrenzung ErfK/*Preis* § 613a BGB Rn. 56 f.

24 BAG v. 22. 5. 1997 – 8 AZR 101/96 –, AP Nr. 154 zu § 613a BGB unter B II 2 a, b.

25 S. oben § 6 RN 317.

26 Ganz h.M. ErfK/*Preis* § 613a BGB Rn. 181.

27 Dies kann schon vor Vollzug der Umwandlung eintreten (BAG v. 25. 5. 2000 – 8 AZR 416/99 –, AP Nr. 209 zu § 613a BGB = NZA 2000, 1115), die Umwandlung verdrängt den Betriebsübergang nicht.

Gesetz (z. B. das „Gesetz über die ‚Stiftung Oper in Berlin'" hinsichtlich der Überführung Berliner Opern), welches auch die Übernahme der Arbeitsverhältnisse regeln sollte. § 613a BGB gilt nur, wenn und soweit das einschlägige Gesetz dieses vorsieht.[28]

Der von § 613a BGB intendierte Schutz verlangt, insbesondere da andere **650** sprachliche Fassungen der Betriebsübergangsrichtlinie das Merkmal des Übergangs „durch Rechtsgeschäft" nicht kennen, eine **denkbar weite Auslegung.** Da neuer Inhaber derjenige wird, der die Organisations- und Leitungsmacht erhält und nutzt, fällt unter **„Rechtsgeschäft"** dementsprechend jeder Vorgang, der die Nutzungsmöglichkeit verschafft.[29] Der Übergang der wirtschaftlichen Einheit kann z. B. auf Verkauf, sonstiger Veräußerung, Verpachtung, Vermietung oder Nießbrauch beruhen oder darin zu sehen sein, dass eine Pachtsache an den Verpächter zurückfällt (sofern er die Pachtsache bestimmungsgemäß weiternutzt oder erneut mit vergleichbarem Zweck verpachtet). Die Art des Rechtsgeschäfts ist unerheblich, ebenso, ob das Rechtsgeschäft wirksam gewesen ist.[30] Außerdem ergibt sich aus der Auflistung, dass ein Betriebsübergang nicht zwingend voraussetzt, dass der alte oder neue Inhaber Eigentümer der Betriebsmittel gewesen ist oder wird oder überhaupt nur die Möglichkeit einer eigenwirtschaftlichen Nutzung dieser Mittel hat.[31] Endlich verlangt § 613a BGB auch nicht, dass das Rechtsgeschäft unmittelbar zwischen altem und neuem Inhaber vereinbart wurde. Insofern kommt es häufig zu einem Betriebsübergang zwischen Alt- und Neupächter oder zwischen altem und neuem Auftragnehmer, ohne dass die Beteiligten miteinander in Kontakt gestanden hätten.[32]

2. Auswirkungen auf das Arbeitsverhältnis

Ein Betriebsübergang kann Auswirkungen nur auf zum Zeitpunkt des Übergangs **651** **bestehende Arbeitsverhältnisse** (schon nach dem Wortlaut des § 613a BGB:

---

28 Zu besagtem Gesetz: *Otto,* FS Richardi, 2007, S. 317 ff.; das BAG hat insbes. ein Widerspruchsrecht abgelehnt (v. 2. 3. 2006 – 8 AZR 124/05 –, AP Nr. 25 zu § 419 BGB Funktionsnachfolge = NZA 2006, 848); insgesamt zweifelhaft.

29 Vgl. BAG v. 29. 3. 2007– 8 AZR 519/06 –, AP Nr. 322 zu § 613a BGB = NZA 2007, 927; ErfK/*Preis* § 613a BGB Rn. 59 ff.

30 BAG v. 6. 2. 1985 – 5 AZR 411/83 –, AP Nr. 44 zu § 613a BGB = NZA 1985, 735: Geschäftsunfähigkeit bei Abschluss des Kaufvertrags.

31 ErfK/*Preis* § 613a Rn. 20 m. w. N. auch zur älteren, abweichenden Rspr. des BAG.

32 Zur Neuverpachtung z. B. BAG v. 25. 2. 1981 – 5 AZR 991/78 –, AP Nr. 24 zu § 613a BGB m. abl. Anm. *Lüke;* zur Neuvergabe (einem Unterfall der Funktionsnachfolge) EuGH v. 11. 3. 1997 – C-13/95 – (FN 8, „Ayse Süzen").

nicht auf selbstständige Dienstverhältnisse[33]) entfalten. Darunter fallen auch Arbeitsverhältnisse *leitender Angestellter* und solche, die als *„faktische Arbeitsverhältnisse"* gelten, obwohl sie wegen grundlegender Mängel unwirksam sind.[34]

652   Mit dem bloßen Vorliegen des Betriebsübergangs ist nicht zwangsläufig gesagt, dass auch ein in Rede stehendes Arbeitsverhältnis betroffen ist. Bisweilen – insbesondere beim Betriebsteilübergang – bedarf es der besonderen Feststellung, dass dieses Arbeitsverhältnisses **dem Übertragungsgegenstand zugeordnet** ist. Häufig reicht eine objektive Betrachtung, für welchen Betriebsteil ein Arbeitnehmer Tätigkeiten ausführte, doch maßgeblich ist allein die vertragliche Eingliederung.[35] Bedeutsam ist dies bei Arbeitnehmern in zentralen Unternehmensbereichen wie dem Rechnungswesen, die für Einzelbereiche zuständig sind, etwa der Produktion. Wird nur die Produktion veräußert, werden jedoch infolgedessen die Aufgaben des bisher zuständigen Arbeitnehmers im Rechnungswesen knapp, wird sein Arbeitsverhältnis gleichwohl nicht vom Betriebsübergang erfasst.

653   Demgegenüber kann ein an sich betroffener Arbeitnehmer beeinflussen, inwiefern sich ein Betriebsübergang auf sein Arbeitsverhältnis auswirkt, indem er dem gesetzlichen Übergang seines Arbeitsverhältnisses widerspricht (§ 613a Abs. 6 BGB, gewissermaßen ein „negatives Tatbestandsmerkmal"). Ein solches **Widerspruchsrecht** ist schon lange anerkannt, da ein Arbeitnehmer seinen Arbeitsplatz frei wählen (Art. 12 Abs. 1 GG) und nicht unfreiwillig „verkauft" werden kann (Art. 1 Abs. 1, 2 Abs. 1 GG).[36] Das Widerspruchsrecht wurde 2002 in Gesetzesform gegossen und dabei erheblich aufgewertet, da es seitdem mit einer Unterrichtungspflicht des Arbeitgebers (§ 613a Abs. 5 BGB) verknüpft ist.[37]

654   So ist die Erhebung des Widerspruchs an eine Monatsfrist gebunden, die erst durch die „Unterrichtung nach Absatz 5", also durch eine ordnungsgemäße Unterrichtung ausgelöst wird.[38] Die Krux liegt darin, dass sowohl § 613a Abs. 5 BGB als auch die hierzu ergangene Rechtsprechung des BAG **hohe Anforderungen an**

---

33 Dazu BAG v. 13.2.2003 – 8 AZR 59/02 –, AP Nr. 249 zu § 613a BGB – NZA 2003, 854, konform in. Art. 2 Abs. 1 Buchst. d der Betriebsübergangs-Richtlinie; zur Abgrenzung oben § 3 RN 83, 86 ff.
34 Dazu oben § 5 RN 276 ff.; ausf. zum Erfordernis des bestehenden Arbeitsverhältnisses *Hergenröder*, AR-Blattei-SD 500.2 (2007) Rn. 330 ff.
35 BAG v. 13.11.1997 – 8 AZR 375/96 – unter II 3, AP Nr. 170 zu § 613a BGB = NZA 1998, 249.
36 Zusammenfassend BAG v. 22.4.1993 – 2 AZR 50/92 – unter II 2, AP Nr. 103 zu § 613a BGB = NZA 1994, 360; zuerst BAG v. 2.10.1974 – 5 AZR 504/73 –, AP Nr. 1 zu § 613a BGB; die Anerkennung ist gemeinschaftsrechtskonform (EuGH v. 16.12.1992 – C-132/91 u. a. –, AP Nr. 97 zu § 613a BGB = NZA 1993, 169).
37 Die Unterrichtungspflicht basiert auf Art. 7 der Betriebsübergangs-Richtlinie 2001/23/EG, geht jedoch über die dortigen Vorgaben hinaus.
38 BAG v. 13.7.2006 – 8 AZR 305/05 – LS 1, AP Nr. 312 zu § 613a BGB = NZA 2006, 1268.

die Unterrichtung stellen. Verlangt wird eine verständliche, arbeitsplatzbezogene und zutreffende Information insbesondere über den Erwerber und die wichtigsten unternehmerischen Gründe für den Betriebsübergang sowie eine präzise und korrekte Darstellung der rechtlichen Folgen.[39] Auch für die Entscheidung des Arbeitnehmers unerhebliche Fehler können eine Unterrichtung hinfällig werden lassen. Inzwischen häufen sich Fälle, in denen Arbeitnehmer Monate nach dem Betriebsübergang (motiviert durch Probleme im Erwerberunternehmen, z. B. drohender Insolvenz) dem Übergang ihres Arbeitsverhältnisses unter Berufung auf eine nicht ordnungsgemäße Unterrichtung widersprechen. Zwar kann das Widerspruchsrecht in Einzelfällen verwirkt sein, eine allgemeine zeitliche Grenze besteht jedoch nicht.[40] Soweit mit der Normierung des § 613a Abs. 5 und 6 BGB das Ziel verfolgt wurde, im Falle des Betriebsübergangs „alsbald Klarheit" über die Beschäftigungssituation zu ermöglichen,[41] wurde es verfehlt.

Im Übrigen muss die **Erklärung des Widerspruchs schriftlich** erfolgen   655 (§ 126 BGB);[42] einer sachlichen Begründung bedarf es nicht.[43] Der Widerspruch kann sowohl gegenüber dem bisherigen, als auch gegenüber dem neuen Inhaber erklärt (§ 613a Abs. 6 S. 2 BGB) und nach Zugang nicht mehr widerrufen werden.[44]

Ein **Widerspruch verhindert die Rechtsfolge des § 613a Abs. 1 BGB:** Trotz   656 des Betriebsübergangs tritt der Erwerber nicht in die Rechte und Pflichten des betreffenden Arbeitsverhältnisses ein; dieses besteht unberührt zwischen den bisherigen Parteien fort. Abermals Probleme bereiten Widersprüche nach dem Betriebsübergang, wenn Arbeitnehmer womöglich schon monatelang für den Erwerber gearbeitet haben und von ihm vergütet wurden. Gleichwohl verhindert ein Widerspruch – in effektiver Umsetzung seines Zwecks – auch dann den Übergang des Arbeitsverhältnisses von Anfang an, wirkt also auf den Zeitpunkt des Betriebsübergangs zurück.[45] Für den Leistungsaustausch zwischen Arbeit-

---

39 Vgl. BAG v. 13.7.2006 – 8 AZR 305/05 –, AP Nr. 312 zu § 613a BGB LS 2 und unter II 1 a und b.

40 BAG v. 13.7.2006 – 8 AZR 382/05 – unter II 1 a dd, AP Nr. 1 zu § 613a BGB Widerspruch = NZA 2006, 1406 (Widerspruch nach einem Jahr nicht verwirkt); BAG v. 2.4.2009 – 8 AZR 262/07 –, NZA 2009, 1149.

41 Vgl. Entwurfsbegründung in BT-Drucksache 14/7760, S. 19.

42 Das BAG v. 13.7.2006 – 8 AZR 382/05 –, AP Nr. 312 zu § 613a BGB hat unter II 1 b aa (3) eine konkludente Erklärung genügen lassen; zu allen Voraussetzungen des Widerspruchs *Gaul/Otto*, DB 2002, 634, 636 ff.

43 Nach BAG v. 30.9.2004 – 8 AZR 462/03 –, AP Nr. 275 zu § 613a BGB = NZA 2005, 43, gilt dies auch, wenn viele Arbeitnehmer kollektiv Widerspruch erklären; dazu *Otto*, Arbeitskampf, § 11 Rn. 40 ff.

44 BAG v. 30.10.2003 – 8 AZR 491/02 – LS, AP Nr. 262 zu § 613a BGB = NZA 2004, 481.

45 BAG v. 13.7.2006 – 8 AZR 382/05 –, AP Nr. 312 zu § 613a BGB unter II 1 b ee; *Klumpp/Jochums*, JuS 2006, 687, 688; a.A. vor allem *Rieble*, NZA 2004, 1 ff.; *Willemsen*, NJW 2007, 2065, 2072 f.

nehmer und Erwerber gilt die Lehre vom *faktischen Arbeitsverhältnis*,[46] so dass es
nicht zur schwierigen Rückabwicklung (§§ 812 ff. BGB) kommt, weil die bis zum
Widerspruch vermeintlich erworbenen Ansprüche einen Rechtsgrund haben.
Damit bleibt für eine etwaige Forderung des Arbeitnehmers auf Annahmever-
zugslohn gegen seinen bisherigen Arbeitgeber schon deshalb regelmäßig wenig
Raum, weil er sich das Erworbene anrechnen lassen muss (§ 615 S. 1, 2 BGB).[47]

657   Ein widersprechender Arbeitnehmer trennt sich von seinem Arbeitsplatz, so
dass ihn häufig die **betriebsbedingte Kündigung** erwartet. Diese scheitert nicht
am (noch zu erörternden[48]) Kündigungsverbot des § 613a Abs. 4 S. 1 BGB: Der
wesentliche Grund der Kündigung ist nicht der Betriebsübergang, sondern der
durch den Widerspruch ausgelöste Personalüberhang.[49] Vielmehr sind das allgemeine KSchG und damit die soziale Rechtfertigung der Kündigung maßgebend.
Daran fehlt es sicher, wenn der Arbeitnehmer anderweitig im Unternehmen beschäftigt werden kann (§ 1 Abs. 2 S. 2 KSchG). Besteht keine Weiterbeschäftigungsmöglichkeit, verlangt § 1 Abs. 3 S. 1 KSchG eine Sozialauswahl. Diese –
betriebsinterne[50] – Sozialauswahl ist freilich entbehrlich, wenn der gesamte Betrieb übergegangen ist; dort bestehen keine Arbeitsplätze mehr, derentwegen eine
Auswahl getroffen werden müsste.

658   Nach dem Übergang eines **Betriebsteils** stellt sich hingegen ein **Auswahl-
problem:** Ein widersprechender Arbeitnehmer mag einerseits sozial schwach und
schützenswert sein; andererseits hat er seine Beschäftigung beim Erwerber verhindert und erzwingt damit eventuell die Kündigung eines Kollegen, dessen Arbeitsplatz nicht vom Betriebsteilübergang betroffen war. Geradezu klassisch
bieten sich drei Lösungen: Kündigung des Widersprechenden ohne Sozialauswahl,[51] Kündigung eines durch die übliche Sozialauswahl ermittelten Arbeitnehmers[52] und der früher auch vom BAG[53] vertretene Mittelweg, wonach in die

---

46 LAG Köln v. 11.6.2004 – 12 Sa 374/04 –, ZIP 2005, 591; zum „faktischen Arbeitsverhältnis" oben
§ 5 RN 276 ff.
47 Annahmeverzug scheitert nicht stets am fehlenden Angebot, s. BAG v. 13.7.2006 – 8 AZR 302/
05 –, AP Nr. 312 zu § 613a BGB unter II 2: Nicht ordnungsgemäße Unterrichtung mache Angebot
entbehrlich (§§ 296, 162 BGB)!
48 Dazu unten RN 674 ff.
49 Vgl. nur BAG v. 18.3.1999 – 8 AZR 190/98 – unter B II 1, AP Nr. 41 zu § 1 KSchG 1969 Soziale
Auswahl = NZA 1999, 870.
50 Dazu oben § 6 RN 365, auch zu Ausnahmen.
51 So *Quecke*, ZIP 2007, 1846 ff.
52 So *Klumpp/Jochums*, JuS 2006, 687, 691 m.w.N., insbes. zum Schutz der negativen Vertragsfreiheit.
53 BAG v. 18.3.1999 – 8 AZR 190/98 –, AP Nr. 41 zu § 1 KSchG 1969 Soziale Auswahl unter B II 2 b;
vgl. BAG v. 24.5.2005 – 8 AZR 398/04 – unter III 2 b, AP Nr. 284 zu § 613a BGB = NZA 2005, 1302.

Sozialauswahl auch die Gründe des Arbeitnehmers für seinen Widerspruch einfließen. Da seit dem 1.1.2004 bei der Sozialauswahl allerdings nur noch die vier „Grundkriterien" des neuen § 1 Abs. 3 KSchG zu beachten sind,[54] erstreckt das BAG die Sozialauswahl jetzt grundsätzlich auf alle verbleibenden Arbeitnehmer.[55]

III. Ausgestaltung und Absicherung des Übergangs des Arbeitsverhältnisses

§ 613a Abs. 1 S. 1 BGB ordnet an, dass der neue Inhaber „in die Rechte und 659 Pflichten" aus den Arbeitsverhältnissen eintritt. Damit ist nicht mehr und nicht weniger als ein vollumfänglicher Vertragspartnerwechsel auf Arbeitgeberseite gemeint, der das bestehende Arbeitsverhältnis ansonsten unverändert lässt. Flankierend sieht § 613a BGB ein spezielles Kündigungsverbot sowie besondere Regeln für kollektivvertraglich vereinbarte Rechte und Pflichten (einschließlich eines gewissen Inhaltsschutzes) vor.

1. Eintritt in die Rechte und Pflichten
a) Im Arbeitsvertrag vereinbarte Rechte und Pflichten
Hat der Arbeitnehmer nicht widersprochen, wird der Erwerber sein neuer Ar- 660 beitgeber, **neue Partei des Arbeitsvertrages.** Damit erhält er die Ansprüche auf Arbeitsleistung und auf Erfüllung der Nebenpflichten, z.B. der Treuepflicht, sowie die für diesen Vertrag bestehenden Gestaltungsrechte.[56] Im Gegenzug wird er Schuldner der Ansprüche des Arbeitnehmers, insbesondere auf Vergütung einschließlich aller Nebenleistungen und ebenfalls auf Erfüllung der Nebenpflichten wie der Fürsorgepflicht.[57] Der Erwerber übernimmt das Arbeitsverhältnis so, wie er es tatsächlich vorfindet.[58] Demzufolge ist er nicht nur an die ggfs. gedruckten Zeilen des Arbeitsvertrages gebunden, sondern auch an zwischenzeitliche Änderungen, etwa durch betriebliche Übung.[59] Gleiches gilt grds. für künftige Än-

---

54 Dazu oben § 6 RN 369 ff.
55 BAG v. 31.5.2007–2 AZR 276/06 – unter Rn. 50 ff., NZA 2008, 33.
56 Zu Arbeitnehmerpflichten oben § 7 RN 500 ff., 570 ff.; zum Übergang einzelner Rechtspositionen von Arbeitnehmer und Arbeitgeber ausführlich *Hergenröder*, AR-Blattei-SD 500.2 (2007) Rn. 1040 ff. und 1157 ff.
57 Zu Arbeitgeberpflichten oben § 7 RN 516 ff., 582 ff.; Ausnahme z.B. BAG v. 7.9.2004–9 AZR 631/03 –, AP Nr. 17 zu § 611 BGB Sachbezüge = NZA 2005, 941: Ein „Personalrabatt" steht unter dem Vorbehalt, dass der Arbeitgeber die preisgeminderten Waren selbst herstellt, und geht nicht ohne Weiteres über.
58 *Hromadka/Maschmann*, Arbeitsrecht 2, § 19 Rn. 76 ff.
59 Zur betrieblichen Übung oben § 4 RN 178 ff.

derungen der Verweisungsobjekte, die aufgrund *„großer dynamischer Bezugnah-meklauseln"*[60] auf einen Tarifvertrag zum Bestandteil des Arbeitsverhältnisses wurden.[61] Der EuGH[62] verlangt allerdings neuerdings einschränkend, dass der Betriebserwerber dann die Möglichkeit zur Beeinflussung der Tarifverhandlungen oder zumindest eine realistische Option zur einseitigen Lösung von der Bezug-nahme – die das BAG im Instrument der Änderungskündigung erblickt[63] – haben muss.

661   Der vollumfängliche Vertragspartnerwechsel betrifft auch vor dem Betriebs-übergang entstandene und fällig gewordene **Altverbindlichkeiten:** Der Erwerber wird einerseits Gläubiger von Schadensersatz- oder Bereicungsansprüchen (z. B. wegen zuviel gezahlter Vergütung), andererseits haftet er für sämtliche rück-ständigen Forderungen aus dem Arbeitsverhältnis (vor allem für zuwenig gezahlte Vergütung oder, wirtschaftlich besonders bedeutsam, die Erfüllung erworbener Anwartschaften in der betrieblichen Altersversorgung).

662   Die für den Arbeitnehmer prinzipiell positive Haftung des Erwerbers für Alt-verbindlichkeiten kann ins Gegenteil umschlagen, wenn der Erwerber weniger finanzkräftig ist als der bisherige Arbeitgeber. An sich endet nämlich dessen Haftung mit seiner gesetzlichen „Auswechselung", obwohl er zumeist Gegen-leistungen für die nicht erfüllten Verbindlichkeiten erhalten haben wird.[64] Daher normiert § 613a Abs. 2 BGB mit guten Gründen, dass neben dem Erwerber **auch der bisherige Arbeitgeber** weiterhin einstehen muss (**Gesamtschuld** gemäß §§ 421 ff. BGB): Der bisherige Arbeitgeber haftet erstens für Verpflichtungen, die vor dem Betriebsübergang fällig wurden, sowie zweitens anteilig für Verpflich-tungen, die innerhalb eines Jahres nach dem Betriebsübergang fällig werden und bereits vor dem Übergang „erdient" wurden. Ein Beispiel: „Weihnachtsgeld" (eine *Gratifikation*[65]) basiert häufig auf betrieblicher Übung, ist mit der Dezemberver-gütung fällig und dessen Höhe bezieht sich auf das ablaufende Beschäftigungs-jahr. Ging zum 1.4. des Jahres der betreffende Betrieb über, haftet der bisherige Arbeitgeber anteilig für das in den Monaten Januar – März erdiente Weihnachts-geld, der Erwerber haftet daneben voll.

60 Zu diesen oben § 4 RN 175 und 176.
61 Näher ErfK/*Preis* § 613a BGB Rn. 127 ff.; s. auch BAG v. 29.8.2007–4 AZR 767/06 –, NZA 2008, 364.
62 EuGH v. 27.4.2017 – C-680/15 – (Asklepios) –, NZA 2017, 571.
63 BAG v. 30.8.2017–4 AZR 95/14 –, AP Nr. 139 zu § 1 TVG Bezugnahme auf Tarifvertrag = NZA 2018, 255.
64 Zur Intention des § 613a Abs. 2 BGB ErfK/*Preis* § 613a BGB, Rn. 133.
65 Dazu oben § 7 RN 530 ff.

Ferner bleiben **tatsächliche Umstände** wie die bisherige *Dauer der Be-* 663
triebszugehörigkeit grundsätzlich maßgeblich, die als Tatbestandsvoraussetzung
für spätere Ansprüche oder Rechtspositionen Bedeutung erlangen können. So
unterliegt ein langjährig Beschäftigter nicht erneut der Wartezeit des Urlaubsanspruchs (§ 4 BUrlG) oder der „gesetzlichen Probezeit" ohne allgemeinen Kündigungsschutz (§ 1 Abs. 1 KSchG); auch die erreichte Dauer der Kündigungsfrist
(z. B. nach § 622 Abs. 2 BGB) verkürzt sich nicht, sondern basiert nun auf der
Beschäftigung beim alten und neuen Inhaber.[66] Anders liegt es beim Überschreiten des Schwellenwertes des § 23 Abs. 1 S. 2 – 4 KSchG:[67] Im Gegensatz zur
anwachsenden, sonst änderungsresistenten Dauer der Betriebszugehörigkeit
kann die Zahl der Beschäftigten jederzeit wieder unter den Schwellenwert fallen,
wovor ein Arbeitnehmer auch bei seinem bisherigen Arbeitgeber nicht geschützt
wäre.

Nach Eintritt des Erwerbers in die individualvertraglich vereinbarten Rechte 664
und Pflichten ist **deren Änderung** in der Folgezeit durchaus möglich. § 613a
Abs. 1 S. 1 BGB sichert das Arbeitsverhältnis nur punktuell im Zeitpunkt des
Übergangs, Inhaltsschutz gewähren danach wieder die allgemeinen Regeln. Sollte
der Arbeitnehmer einem Änderungsvertrag nicht zustimmen, bleibt dem neuen
Arbeitgeber nur die Änderungskündigung,[68] bei der zumindest anfangs das spezielle Kündigungsverbot des § 613a Abs. 4 BGB beachtet werden muss. Besteht das
Personal des Erwerbers infolge des Betriebsübergangs aus zwei Gruppen (z. B. aus
der Stammbelegschaft und den „Übernommenen"), verlangt der *Gleichbehandlungsgrundsatz nicht,* dass unterschiedliche Arbeitsbedingungen angepasst werden. Mit dieser Begründung kann weder der Arbeitgeber den Vertragsinhalt der
besser gestellten Arbeitnehmer einseitig verschlechtern,[69] noch können schlechter gestellte Arbeitnehmer eine Verbesserung verlangen.[70] Eine Differenzierung
mit dem Ziel der Angleichung der Arbeitsbedingungen kann aber gerechtfertigt
sein.[71]

---

66 BAG v. 27.6.2002 – 2 AZR 270/01 – unter B I 3, AP Nr. 15 zu § 1 KSchG 1969 Wartezeit = NZA 2003,
145, und BAG v. 18.9.2003 – 2 AZR 330/02 – unter B I 2, AP Nr. 62 zu § 622 BGB = NZA 2004, 319.
67 BAG v. 15.2.2007 – 8 AZR 397/06 –, insb. unter II 1 b, AP Nr. 38 zu § 23 KSchG 1969 = NZA 2007,
739.
68 Zur Änderungskündigung allgemein oben § 6 RN 380 ff.
69 BAG v. 6.12.1978 – 5 AZR 545/77 – unter I, AP Nr. 7 zu § 2 AngestelltenkündigungsG.
70 Vgl. BAG v. 31.8.2005 – 5 AZR 517/04 – LS, AP Nr. 288 zu § 613a BGB = NZA 2006, 265.
71 BAG v. 14.3.2007 – 5 AZR 420/06 –, AP Nr. 204 zu § 242 BGB Gleichbehandlung = NZA 2007, 862.

b) Kollektivvertraglich vereinbarte Rechte und Pflichten

665 Die Rechte und Pflichten im Arbeitsverhältnis werden häufig in Tarifverträgen (zwischen Gewerkschaft und Arbeitgeber bzw. Arbeitgeberverband) und in Betriebsvereinbarungen (zwischen Betriebsrat bzw. Personalrat und Arbeitgeber) festgelegt oder modifiziert. Ist ein in Rede stehendes Arbeitsverhältnis an Kollektivverträge gebunden, werden Überlegungen notwendig, welches Schicksal diese Vereinbarungen im Falle eines Betriebsübergangs ereilt. Die Lösung findet sich teils in § 613a Abs. 1 S. 2–4 BGB, teils im Tarif- und Betriebsverfassungsrecht. Notwendig ist jedenfalls ein Grundverständnis des Verhältnisses von Individual- und Kollektivvertrag, so dass der Leser im Zweifel die Lektüre der §§ 10 und 12 des Lehrbuches vorziehen sollte.[72]

aa) Transformation in den Arbeitsvertrag, ...

666 Um den Bestand der in Tarifverträgen und Betriebsvereinbarungen festgelegten Rechte und Pflichten über den Betriebsübergang hinaus zu sichern, hätte der Gesetzgeber rundweg anordnen können, dass der Erwerber – wie in die Arbeitsverträge auch – als Partei in bestehende Tarifverträge und Betriebsvereinbarungen eintritt. Indes mag der Erwerber keinem tarifschließenden Verband angehören und ferner ein Interesse daran haben, den Inhalt der übergegangenen Arbeitsverhältnisse alsbald anzupassen. Daher enthält § 613a Abs. 1 S. 2 BGB, vor allem um der negativen Koalitionsfreiheit des Erwerbers Rechnung zu tragen, einen individualvertraglichen Kompromiss: Die kollektivvertraglichen Regelungen der Rechte und Pflichten werden zum Inhalt des Arbeitsverhältnisses zwischen dem Erwerber und dem Arbeitnehmer, sie werden **„in den Arbeitsvertrag transformiert"**. Dadurch verlieren sie ihren normativen Charakter (sonst gilt § 4 Abs. 1 TVG für Tarifverträge, § 77 Abs. 4 BetrVG für Betriebsvereinbarungen) und werden zu weitgehend „normalen" individualvertraglichen Klauseln.

667 Entsprechend müssten für die **Änderung der transformierten Klauseln** auch die allgemeinen Regeln gelten. Ein maßgeblicher Unterschied dieser Klauseln besteht jedoch darin, dass sie innerhalb eines Jahres ab Betriebsübergang grundsätzlich nicht zum Nachteil des Arbeitnehmers geändert werden dürfen (§ 613a Abs. 1 S. 2 2. Halbs. BGB, Ausnahmen sind normiert in § 613a Abs. 1 S. 4 BGB[73]). Für freilich absehbare Zeit bleiben die ehemals kollektivvertraglichen

---

72 Ferner grundlegend bereits § 4 RN 165 ff.
73 Dazu ErfK/*Preis* § 613a Rn. 121 f.

Regelungen damit einseitig zwingend;[74] Änderungen zugunsten des Arbeitnehmers sind dagegen stets möglich.

Eine spätere (eventuell rückwirkende) Änderung des originären Tarifvertra- 668
ges oder der Betriebsvereinbarung hat keinen Einfluss mehr auf einmal transformierte Klauseln:[75] Die **Transformation ist statisch**, nicht dynamisch. Kollektivnormen werden in dem Rechtsstand zum Inhalt des Arbeitsverhältnisses, der im Zeitpunkt des Betriebsübergangs besteht.[76] Wie erwähnt, sichern § 613a BGB und die Betriebsübergangs-Richtlinie den Bestand des Arbeitsverhältnisses nur punktuell. Das muss schon deshalb auch für die zu transformierenden kollektivvertraglichen Regelungen gelten, weil andernfalls der Erwerber de facto doch in die Nähe einer Verbandsmitgliedschaft gerückt würde.

bb) ... wenn nicht Fortgeltung oder Geltung anderer Kollektivverträge

Besser als durch ihre Überführung in den Arbeitsvertrag sind kollektivrechtlich 669
vereinbarte Arbeitsbedingungen geschützt, wenn sie ihren normativen Charakter behalten. Daher bedarf es der erläuterten Transformation nicht, wenn jene Kollektivverträge ohnehin kollektivrechtlich fortgelten. Nach allgemeiner Ansicht handelt es sich bei § 613a Abs. 1 S. 2 BGB, dessen Wortlaut keine Einschränkung vorsieht, um eine teleologisch zu reduzierende **Auffangregelung**.[77]

Während ein *Firmentarifvertrag* nur bei besonderer Vereinbarung zwischen 670
Gewerkschaft und Erwerber fortgilt,[78] kann es ohne weiteres Zutun zur **Fortgeltung eines Verbandstarifvertrages** kommen. Erforderlich ist, dass der Arbeitnehmer in der Gewerkschaft und der Erwerber in dem Verband organisiert sind, die den Tarifvertrag geschlossen hatten, und der übergegangene Betrieb weiterhin dem von den Tarifvertragsparteien abgesteckten Geltungsbereich des Tarifvertrages angehört (§ 4 Abs. 1 S. 1 TVG).[79] Ist ein Tarifvertrag nach § 5 TVG für **all-**

---

74 Konsequenz (wie eben zur „rein" arbeitsvertraglichen Ebene) kann sein, dass Gruppen mit unterschiedlichen Bedingungen entstehen. Insbes. zur Tarifpluralität *Hergenröder*, FS 50 Jahre Bundesarbeitgericht, 2004, S. 713 ff.
75 BAG v. 4. 8. 1999 – 5 AZR 642/98 – unter II, AP Nr. 14 zu § 1 TVG Tarifverträge: Papierindustrie = NZA 2000, 154.
76 BAG v. 20. 6. 2001 – 4 AZR 295/00 – LS 1, AP Nr. 18 zu § 1 TVG Bezugnahme auf Tarifvertrag = NZA 2002, 517, dies gilt auch, wenn der zu transformierende Tarifvertrag auf einen weiteren, sich ändernden Tarifvertrag verweist; *Hromadka/Maschmann*, Arbeitsrecht 2, § 19 Rn. 110.
77 BAG v. 5. 2. 1991 – 1 ABR 32/90 – unter B IV 2 c cc, AP Nr. 89 zu § 613a BGB = NZA 1991, 639; ErfK/*Preis* § 613a BGB Rn. 113.
78 Anders bei der hier ausgeklammerten Gesamtrechtsnachfolge (s. oben RN 649).
79 Bei betrieblichen und betriebsverfassungsrechtlichen Normen genügt die Tarifbindung des neuen Arbeitgebers (§§ 4 Abs. 1 S. 2, 3 Abs. 2 TVG).

gemeinverbindlich erklärt worden, kommt es nur noch auf dessen Geltungsbereich, nicht mehr auf die Tarifgebundenheit an.[80]

671   Häufiger ist die **Fortgeltung von Betriebsvereinbarungen** (Die Sicherung der betriebsverfassungsrechtlichen Mitbestimmung war ein Anliegen des Gesetzgebers bei der Schaffung des § 613a BGB). Dass eine Betriebsvereinbarung auf ein Arbeitsverhältnis einwirkt, folgt nicht aus etwaigen Koalitionsmitgliedschaft(en), sondern aus der Belegschaftszugehörigkeit des Arbeitnehmers; durch Betriebsvereinbarungen wird eine Betriebsordnung geschaffen, die von personellen Änderungen unter den Betriebspartnern unabhängig ist.[81] Dementsprechend richtet sich die Fortgeltung von Betriebsvereinbarungen nicht nach den beteiligten oder betroffenen Personen, sondern nach dem Übertragungsgegenstand. Wird ein **Betrieb** übertragen und vom Erwerber unter Wahrung der Identität weitergeführt (insbesondere: gliedert er den Betrieb nicht ein), so besteht der *Betriebsrat* in diesem Betrieb fort, und der Erwerber tritt in die weiterhin normativ geltenden Betriebsvereinbarungen ein.[82] Dies soll nach umstrittener Ansicht des BAG auch der Fall sein, wenn nur ein **Betriebsteil** identitätswahrend übergeht.[83]

672   Sollten die einschlägigen Kollektivverträge nicht normativ fortgelten, so kommt es dennoch nicht zu ihrer Transformation in den Arbeitsvertrag, wenn die Rechte und Pflichten beim neuen Inhaber in einem **anderen Kollektivvertrag geregelt werden** (§ 613a Abs. 1 S. 3 BGB): Kollektiv vereinbarte und daher einheitliche Regelungen sollen also dem individuellen Bestandsschutz vorgehen. Der Vorrang eines anderen Kollektivvertrages setzt vor allem voraus, dass er dieselbe Materie zum Inhalt hat[84] und für den übernommenen Betrieb bzw. für das übergehende Arbeitsverhältnis gilt.[85] Für den Vorrang eines anderen Tarifvertrages müssen darüber hinaus **beide Arbeitsvertragsparteien tarifgebunden** sein (die vom BAG stets betonte **„kongruente Tarifgebundenheit"**[86]). Dies ist u. a. anzunehmen, wenn

---

80 BAG v. 5.10.1993 – 3 AZR 586/92 – unter I 2 c, AP Nr. 42 zu § 1 BetrAVG Zusatzversorgungskassen = NZA 1994, 848: Keine Leistungen aus allgemeinverbindlich erklärtem Tarifvertrag des Baugewerbes nach Fusion mit zwei Unternehmen aus der Metallbranche.

81 Zur unterschiedlichen Legitimation der Normsetzung oben § 4 RN 157.

82 Deutlich BAG v. 27.7.1994 – 7 ABR 37/93 – unter II, AP Nr. 118 zu § 613a BGB = NZA 1995, 222.

83 BAG v. 18.9.2002 – 1 ABR 54/01 – LS 3, AP Nr. 7 zu § 77 BetrVG 1972 = NZA 2003, 670; krit. und ausführlich *Preis/Richter*, ZIP 2004, 925, 928 ff. m.w.N.

84 Zur dazu notwendigen Auslegung insbes. der Tarifverträge BAG v. 20.4.1994 – 4 AZR 342/93 – unter IV 3, AP Nr. 108 zu § 613a BGB = NZA 1994, 1140.

85 Aber keine „Über-Kreuz-Ablösung" tariflich begründeter Ansprüche durch Betriebsvereinbarung (BAG v. 6.11.2007 – 1 AZR 862/06 – unter Rn. 32 ff., NZA 2008, 542 = ZIP 2008, 710).

86 Z. B. BAG v. 21.2.2001 – 4 AZR 18/00 – unter B I 2, AP Nr. 20 zu § 4 TVG = NZA 2001, 1318; *Hergenröder* (FN 3) Rn. 896 m.w.N. auch der Gegenansicht.

- der Erwerber an einen Firmentarifvertrag gebunden *und* der Arbeitnehmer Mitglied der tarifschließenden Gewerkschaft ist;
- der Erwerber an einen Verbandstarifvertrag gebunden ist *und* der Arbeitnehmer anlässlich des Betriebsübergangs der tarifschließenden Gewerkschaft beitritt (war der Arbeitnehmer schon vorher Mitglied, kommt es oft ohnehin zur Fortgeltung, s. o.);
- das Arbeitsverhältnis infolge des Betriebsübergangs in den Geltungsbereich eines für allgemeinverbindlich erklärten Tarifvertrages fällt.

Schon nach dem Wortlaut des § 613a Abs. 1 S. 3 BGB („geregelt werden") ist es irrelevant, ob jener andere Kollektivvertrag ab dem Zeitpunkt des Betriebsübergangs oder erst im weiteren Verlauf Geltung entfaltet. Nicht selten werden die beim früheren Arbeitgeber maßgeblichen Kollektivverträge zunächst in die Arbeitsverträge transformiert und erst später verdrängt, insbesondere wenn ein neuer Tarifvertrag oder eine neue Betriebsvereinbarung abgeschlossen wird.[87] Wichtig zu wissen ist hier, dass die transformierten Klauseln durch den „neuen" Kollektivvertrag auch dann verdrängt werden, wenn letzterer für den Arbeitnehmer ungünstiger sein sollte (**Ablösungsprinzip**); das *Günstigkeitsprinzip* gilt nicht.[88]

2. Bestandsschutz

Die Einflechtung des neuen Inhabers in die Rechte und Pflichten aus dem Arbeitsverhältnis liefe leer, wenn sie durch die Kündigung des Arbeitsverhältnisses verhindert oder bald wieder beendet werden könnte. Mit gutem Grund verbietet § 613a Abs. 4 BGB die **Kündigung wegen des Betriebsübergangs** (S. 1), stellt jedoch klar, dass die **Kündigung aus anderen Gründen** unberührt bleibt (S. 2). Zur notwendigen Abgrenzung ist zu prüfen, ob es neben dem Betriebsübergang einen sachlichen Grund gibt, der „aus sich heraus" die Kündigung rechtfertigt.[89] So erscheint eine verhaltens- oder personenbedingte Kündigung ebenso möglich wie die betriebsbedingte Kündigung des nach § 613a Abs. 6 BGB widersprechenden Arbeitnehmers.[90] Das BAG erlaubt auch eine betriebsbedingte Kündigung

673

674

---

87 *Hergenröder*, AR-Blattei-SD 500.2 (2007) Rn. 884 m.w.N.; *Prange*, NZA 2002, 817, 820.
88 BAG v. 14. 8. 2001 – 1 AZR 619/00 – LS, AP Nr. 85 zu § 77 BetrVG 1972 = NZA 2002, 276 (Ablösung durch Betriebsvereinbarung); v. 16. 5. 1995 – 3 AZR 535/94 – unter II 2 b, AP Nr. 15 zu § 4 TVG Ordnungsprinzip = NZA 1995, 1166 (Ablösung durch Tarifvertrag).
89 BAG v. 26. 5. 1983 – 2 AZR 477/81 – unter B III 1, AP Nr. 34 zu § 613a BGB; v. 20. 3. 2003 – 8 AZR 97/02 – unter II 1 b, AP Nr. 250 zu § 613a BGB = NZA 2003, 1027.
90 Dazu oben RN 657 und 658.

seitens des Veräußernden (somit vor dem Betriebsübergang), wenn der Kündigung ein Sanierungsplan des Erwerbers zugrunde liegt, dessen Durchführung zur Zeit des Kündigungszugangs greifbare Formen angenommen hat.[91] Folglich ist eine Kündigung nicht bereits nach § 613a Abs. 4 S. 1 BGB unwirksam, wenn sie – überspitzt gesagt – „während" des Betriebsübergangs erfolgt; der Betriebsübergang selbst muss der wesentliche Grund für die Kündigung gewesen sein.[92]

675   Demnach kommt § 613a Abs. 4 S. 1 BGB nur selten allein zur Geltung: Scheitert eine Kündigung nach S. 2 an anderen Voraussetzungen, bedarf es des Verbots aus S. 1 nicht mehr; ist eine Kündigung nach S. 2 gerechtfertigt, steht S. 1 häufig nicht entgegen. Gleichwohl gibt es Fallgestaltungen, in denen § 613a Abs. 4 S. 1 BGB eine **eigenständige Bedeutung** entfalten kann, also ausschließlich das spezielle Kündigungsverbot einschlägig ist. Zu nennen sind erstens Kündigungen gegenüber Arbeitnehmern, bei denen gemäß §§ 1 Abs. 1, 23 KSchG der allgemeine Kündigungsschutz nicht eingreift. Relevant sind zweitens Kündigungen wegen einer Betriebsstilllegung (nach § 1 Abs. 2 S. 1 KSchG an sich gerechtfertigt), wenn ein Betriebsübergang zum Zeitpunkt der Kündigung greifbare Formen angenommen hat.[93] Drittens können über § 134 BGB auch andere Beendigungstatbestände – namentlich Aufhebungsverträge – unwirksam sein, sofern der durch § 613a BGB intendierte Schutz umgangen werden soll.[94]

676   Freilich sollten den Beteiligten nicht stets unlautere Absichten unterstellt werden. Maßgeblicher Zeitpunkt zur Beurteilung der Rechtmäßigkeit insbesondere einer Kündigung ist der Zugang der Kündigungserklärung.[95] Handelte der Arbeitgeber – um das Beispiel der Betriebsstilllegung aufzugreifen – in Stilllegungsabsicht, ist die Kündigung rechtmäßig. Zeichnet sich während der Kündigungsfrist wider Erwarten doch ein Betriebsübergang ab, kann der Arbeitnehmer einen **Anspruch auf Vertragsfortsetzung bzw. Wiedereinstellung** haben,[96] der dann zu gegebener Zeit gegen den Erwerber gerichtet ist.

91 BAG v. 20.3.2003 – 8 AZR 97/02 –, AP Nr. 250 zu § 613a BGB LS 1.
92 BAG v. 26.5.1983 – 2 AZR 477/81 –, AP Nr. 34 zu § 613a BGB unter B III 1.
93 BAG v. 19.5.1988 – 2 AZR 596/87 – LS 1, AP Nr. 75 zu § 613a BGB = NZA 1989, 461.
94 Näher ErfK/*Preis* § 613a BGB Rn. 157 ff.
95 Zum Prognoseprinzip oben § 6 RN 342.
96 BAG v. 27.2.1997 – 2 AZR 160/96 – LS, AP Nr. 1 zu § 1 KSchG 1969 = NZA 1997, 757; Einstellungsanspruch gegen den Erwerber: BAG v. 13.11.1997 – 8 AZR 295/95 –, AP Nr. 169 zu § 613a BGB = NZA 1998, 251.

3. Teil: Kollektive Machtfaktoren als arbeitsrechtliches Spezifikum

Im 2. Teil haben wir gesehen, mit welchen erheblichen inhaltlichen Korrekturen   677
des Bürgerlichen Rechts der Schritt vom Dienstvertrag des Selbstständigen zum
Arbeitsvertrag des abhängig Beschäftigten verbunden ist. Staatliche Normen gewährleisten für sich allein aber weder eine genügende Regelungsdichte hinsichtlich der Arbeitsbedingungen, noch ist ihre Effektivität, d. h. ihre tatsächliche
Durchsetzung, gesichert. Der einzelne Arbeitnehmer hat gegenüber dem Arbeitgeber in der Regel **keine gleichgewichtige Verhandlungsposition**, wenn die
materiellen und formellen Arbeitsbedingungen – z. B. die Höhe der Vergütung
und die Lage der Arbeitszeit – erstmals festgelegt werden. Zur Wahrung seiner
bereits bestehenden Rechte kann er zwar notfalls seine Leistung verweigern oder
das Arbeitsgericht anrufen. Aber hiervor wird er zumeist zurückschrecken, weil er
die Rechtslage nicht genügend übersieht oder – zu Recht oder zu Unrecht – Ge-
genreaktionen des Arbeitgebers befürchtet. Dieses Gefühl der Machtlosigkeit des
Einzelnen lässt die **Notwendigkeit gemeinsamen Handelns** nicht nur leichter
erkennen, sondern auch verwirklichen. Noch heute kommt das anscheinend
unterschiedlich ausgeprägte subjektive Schutzbedürfnis in dem Gefälle des gewerkschaftlichen Organisationsgrades von den Arbeitern über die Angestellten
bis zu den leitenden Angestellten zum Ausdruck. Die rechtliche Anerkennung
kollektiver Arbeitnehmermacht bezweckt daher eine **reale Teilhabe an der
Ausgestaltung der Arbeitsbedingungen und eine Verwirklichung des Arbeitnehmerschutzes im betrieblichen Alltag.**

Für unsere Rechtsordnung ist die **Zweispurigkeit der Vertretung der Ar-**   678
beitnehmerinteressen[1] charakteristisch, die das Ergebnis einer mehr als hundert Jahre während Rechtsentwicklung ist: Zum einen muss der Arbeitgeber
damit rechnen, dass die Gewerkschaft ihm „von außen" entgegentritt, um eine
Verbesserung vor allem der materiellen Arbeitsbedingungen zu erreichen. Die
gewerkschaftliche Interessenvertretung beruht auf der freiwilligen Mitgliedschaft der Arbeitnehmer in einem Verband. Das bedeutsamste Gestaltungsmittel
der Gewerkschaften ist der Tarifvertrag mit einem Arbeitgeberverband oder auch
einem einzelnen Arbeitgeber; die Interessenpolarität kulminiert im Arbeitskampf,
dessen rechtliche Regeln das BAG abzustecken sucht.

Zum anderen muss der Arbeitgeber innerhalb des Betriebes oder Unterneh-   679
mens die **Beteiligungsrechte der gewählten Arbeitnehmervertreter** respek-

---

1 Vgl. *Ramm*, JZ 1977, 1, 2. S. grundlegend und rechtsvergleichend *Gamillscheg*, KollAR I, S. 79 ff.

https://doi.org/10.1515/9783110285826-004

tieren.[2] Hierbei handelt es sich um die **gesetzlich verfasste Repräsentation aller Arbeitnehmer** eines Betriebes oder Unternehmens durch den **Betriebsrat** (bzw. den **Personalrat** im öffentlichen Dienst)[3] oder die **„Arbeitnehmerbank"** im **Aufsichtsrat.** Die Tätigkeit dieser gewählten Arbeitnehmervertreter ist auf Zusammenarbeit angelegt und soll betriebs- oder unternehmensinterne Konflikte vermeiden oder lösen helfen. Laut Begründung des Regierungsentwurfs zur Reform der Betriebsverfassung im Jahr 2001 bewerteten Betriebsräte und Arbeitgeber die Zusammenarbeit in der betrieblichen Praxis zu mehr als 70 % mit gut oder sehr gut und rund 83 % der befragten Arbeitgeber bescheinigten dem Betriebsrat eine hohe oder sehr hohe Bedeutung.[4] Überwiegend wird der Begriff Mitbestimmung, der den Grundgedanken zutreffend kennzeichnet, auf diese zweite Form der kollektiven Teilhabe bezogen. Obwohl der Arbeitskampf hier nie ein zulässiges Mittel ist, bedeutet dies keineswegs, dass die Arbeitnehmerseite auf ein bloßes Entgegenkommen der Arbeitgeberseite angewiesen ist. Vielmehr hat der Gesetzgeber ein sehr differenziertes Instrumentarium zur Konfliktbewältigung ausgeformt, auf das noch zurückzukommen sein wird.

680   Diese Zweispurigkeit bedeutet indessen in der Regel **keine Konkurrenz** zwischen Gewerkschaften einerseits und „Räten" andererseits. In der Realität ist eine effektive Arbeit der gewählten Vertreter ohne gewerkschaftliche Unterstützung gar nicht denkbar. Der Gesetzgeber hat dies in **§ 2 Abs. 1 BetrVG** auch als Leitmotiv zum Ausdruck gebracht:

> **„Arbeitgeber und Betriebsrat arbeiten unter Beachtung der geltenden Tarifverträge vertrauensvoll und im Zusammenwirken mit den im Betrieb vertretenen Gewerkschaften und Arbeitgebervereinigungen zum Wohl der Arbeitnehmer und des Betriebs zusammen."**

Damit ist selbstverständlich nicht ausgeschlossen, dass zwischen der überbetrieblichen Interessenverfolgung durch die Gewerkschaft und der betriebs- oder unternehmensbezogenen Sicht der gewählten Arbeitnehmervertreter *Meinungsverschiedenheiten* auftreten können, obwohl die überwiegende Zahl der Betriebsratsmitglieder gewerkschaftlich organisiert ist.[5] Man denke nur an die

---

2 Zur Entwicklung der Betriebsverfassung in Deutschland s. *Reichold*, Betriebsverfassung als Sonderprivatrecht, 1995.
3 Die Besonderheiten des Personalvertretungsrechts mit den Besonderheiten in Bund und Ländern können hier nicht dargestellt werden. Einen ersten Einblick gibt *Richardi* in: Richardi/Dörner/Weber (Hrsg.), Personalvertretungsrecht, Einleitung.
4 BT-Drucks. 1457/41 v. 14. 7. 2001, S. 7 f.
5 Der DGB beziffert für die Wahlen 2018 auf der Grundlage der WSI Betriebsrätebefragung 2015 den gewerkschaftlichen Organisationsgrad seiner Mitgliedsgewerkschaften auf Werte zwischen

Leistung von Überstunden, die die Gewerkschaft aus arbeitsmarktpolitischen Gründen reduzieren will, während der Betriebsrat auf die Absatzchancen „seines" Betriebes und die damit verbundenen Verdienstmöglichkeiten seiner Wähler Rücksicht nimmt.

Ein **rechtsvergleichender Blick** in andere demokratisch verfasste Indu- 681 striestaaten zeigt, dass der deutsche Weg keineswegs als typisch bezeichnet werden kann, selbst wenn auch anderenorts Arbeitnehmervertretungen bestehen.[6] Nicht ganz unbegründet sind deshalb gewerkschaftliche Befürchtungen, eine Vereinheitlichung im Zuge des Europäischen Binnenmarktes könnte zu einem Abbau von gesetzlichen Mitbestimmungsrechten – insbesondere im Bereich der Unternehmensmitbestimmung – führen.[7] Demgegenüber sieht die Richtlinie 2002/14/EG zur Festlegung eines allgemeinen Rahmens für die Unterrichtung und Anhörung der Arbeitnehmer in der Europäischen Gemeinschaft v. 11. 3. 2002[8] wenigstens ein Minimum an Information und Konsultation vor.[9] Zudem hat der deutsche Gesetzgeber den **Europäischen Betriebsrat** mit seinen grenzübergreifenden Unterrichtungs- und Anhörungsrechten in gemeinschaftsweit tätigen Unternehmen und Unternehmensgruppen mit mindestens 1000 Arbeitnehmern, auch insoweit europäischem Sekundärrecht geschuldet, auf eine gesetzliche Grundlage gestellt.[10] Im Verhältnis der Arbeitgeber- und Arbeitnehmerverbände zueinander soll sich die Kommission gemäß Art. 154 AEUV um den sozialen Dialog zwischen den Sozialpartnern auf europäischer Ebene bemühen. Art. 154 AEUV gewährt den Sozialpartnern darüber hinaus Anhörungsrechte vor der EG-Kommission; ferner besteht die Möglichkeit zum Abschluss von Sozialpartnervereinbarungen (Art. 155 AEUV), die auch durch Organe der EG umgesetzt werden können.[11]

57,3 und 77,4 % (dgb.de Suchbegriff: Zahlen, Daten und Fakten zur Betriebsratswahl 2018). S. auch *Gamillscheg*, KollAR II, S. 20 f.

6 Vgl. *Gamillscheg*, KollAR II, S. 8 ff. Ferner *Junker*, ZfA 2001, 225 ff.

7 Dies gilt vor allem für die Mitbestimmung auf Unternehmensebene in der Europäischen Aktiengesellschaft (SE), bei der verschiedene Modelle zur Wahl stehen; dazu § 12 RN 942 und 943.

8 ABl. EG Nr. L 80 S. 29.

9 Dazu *Reichold*, NZA 2003, 289 ff.

10 Ursprünglich basierend auf der Richtlinie 94/45/EG v. 22.9.1994 über die Einsetzung eines Europäischen Betriebsrats oder die Schaffung eines Verfahrens zur Unterrichtung und Anhörung der Arbeitnehmer in gemeinschaftsweit operierenden Unternehmen und Unternehmensgruppen (ABl. EG Nr. L 254 S. 64), nunmehr Richtlinie 2009/38/EG (ABl. EG Nr. L 122 S.28); dazu § 12 RN 945 f.

11 Zum sozialen Dialog vgl. § 4 RN 138.

§ 9 Koalitionsfreiheit, Gewerkschaften und Arbeitgeberverbände

682 Für die kollektive Wahrnehmung von Arbeitnehmer- und Arbeitgeberinteressen liefert die verfassungsrechtlich in Art. 9 Abs. 3 GG gewährleistete Koalitionsfreiheit die Grundlage. Auf einfachrechtlicher Ebene ist nach wie vor der Tarifvertrag das herausragende Instrument zu ihrer Umsetzung in die reale Gestaltung der Arbeitsbeziehungen. Gemäß § 2 Abs. 1 des Tarifvertragsgesetzes (TVG) sind Tarifvertragsparteien einerseits Gewerkschaften, andererseits einzelne Arbeitgeber oder ihre Vereinigungen. Nach ständiger Rechtsprechung des BAG und nach ganz überwiegender Meinung sind nur gewerkschaftlich organisierte Streiks im Zusammenhang mit Verhandlungen über einen Tarifabschluss rechtmäßig.[1] Bevor wir uns dem **Tarifvertrag** (§ 10) und dem **Arbeitskampf** (§ 11) zuwenden, ist es deshalb erforderlich, sich über den wesentlichen Gehalt der Koalitionsfreiheit Klarheit zu verschaffen und ein Bild von den Verbandsstrukturen zu vermitteln.

I. Koalitionsfreiheit

Beispielsfall

Fall 69: C ist als Chemielaborant bei der B-AG (B) beschäftigt und seit Jahren leidenschaftliches Mitglied der Gewerkschaft IG BCE. Sein Engagement gilt insbesondere der Gewinnung neuer Gewerkschaftsmitglieder unter den jungen Arbeitnehmern und Auszubildenden der B, damit man dem Arbeitgeber auch künftig „die Stirn bieten" kann. Zu diesem Zwecke spricht C gezielt während seiner Arbeitszeit jüngere Kollegen an, lädt zu Informationsveranstaltungen ein und verteilt Werbematerial der IG BCE. B ist über diesen Einsatz naturgemäß wenig erfreut, zumal die Aktivitäten des C einen nicht unerheblichen Teil seiner Arbeitszeit umfassen und es in dessen Abteilung bei Kollegen, welche die Aufgaben des C während seiner Werbeaktivitäten übernommen haben, zu Unmutsäußerungen gekommen ist. B spricht deshalb, nachdem mehrere klärende Gespräche mit C erfolglos blieben, gegenüber diesem eine Abmahnung wegen beharrlicher Arbeitsverweigerung aus. C verlangt die Entfernung der Abmahnung aus seiner Personalakte. Zu recht?

683 Nach seinem Wortlaut gewährleistet Art. 9 Abs. 3 S. 1 GG **jedermann** zwar nur das Recht, zur Förderung der Arbeits- und Wirtschaftsbedingungen **Vereinigungen zu bilden**, d. h. sie zu gründen, ihnen beizutreten und sich in ihnen zu betätigen (**positive individuelle Koalitionsfreiheit**); nach herrschender und von uns geteilter Auffassung gilt das ebenso für die Kehrseite, also das Recht, einer Koalition

---

1 Vgl. dazu *Otto*, Arbeitskampf, § 5 Rn. 2 ff., § 6 Rn. 1 ff.

fernzubleiben (**negative Koalitionsfreiheit**).[2] Notwendig mitgewährleistet ist nach dem Zweck des Art. 9 Abs. 3 GG die **kollektive Koalitionsfreiheit der Verbände.** Bei der Ausgestaltung der Betätigungsfreiheit hat der einfache Gesetzgeber einen – im Einzelnen heftig umstrittenen – Spielraum schon deswegen, weil die Betätigung der Koalitionen Rechte und Interessen Dritter sowie der Allgemeinheit berührt, was beim Arbeitskampf besonders deutlich wird. Da die Koalitionsfreiheit und insbesondere das in ihr wurzelnde Streikrecht gegen den widerstreitenden Staat erst allmählich erkämpft wurden, haftet dem Arbeitsrecht – wie bereits ganz zu Anfang betont – noch immer ein Hauch rechtsverändernden Ungehorsams an.

Die Interpretation des Art. 9 Abs. 3 GG hat inzwischen insoweit feste Konturen **684** erhalten, als man den mit der **kollektiven Koalitionsfreiheit** gewährleisteten Schutzbereich zumindest weitgehend strukturieren kann.[3] Dabei verschränken sich die Elemente des grundrechtstypischen liberalen Freiheitsrechts mit einer zu seiner Verwirklichung zwangsläufig notwendigen institutionellen Sicht.[4] Unterschieden wird zwischen dem Schutz der Koalition als Grundrechtsträger (**Bestand**), den Koalitionszwecken (**Funktion**), nämlich der Wahrung und Förderung der Wirtschaftsbedingungen, und der zur Sicherung und Förderung des Bestandes sowie zur Verwirklichung der Koalitionszwecke erforderlichen koalitionsspezifischen Betätigung (**Mittel und Verfahren**). Der Gesetzgeber hat seine Aufgabe zumindest partiell erfüllt, indem er das Tarifvertragsgesetz und die Gesetze über die Mitbestimmung in Betrieben, Dienststellen und Unternehmen geschaffen hat. Eine empfindliche, wenn auch weitgehend richterrechtlich ausgefüllte Lücke klafft noch bei dem dem Tarifwesen zugeordneten Arbeitskampfrecht sowie bei der Bestimmung etwaiger Grenzen der berufsverbandlichen Betätigung der Gewerkschaft bzw. ihrer Mitglieder (man denke an die gewerkschaftliche Information oder Mitgliederwerbung im Betrieb).

Nach der früheren Rechtsprechung des BVerfG war die Koalitionsbetätigung **685** nur in einem **Kernbereich** geschützt.[5] In diesem Zusammenhang hat das Gericht

---

2 Vgl. die Nachweise bei *Gamillscheg*, KollAR I, S. 381 ff., der selbst – wie nicht wenige andere – lediglich Art. 2 Abs. 1 GG (allgemeine Vertragsfreiheit) für einschlägig hält (S. 385 f.), sowie BAG v. 21.1.1987 – 4 AZR 547/86 –, AP Nr. 47 zu Art. 9 GG (Bl. 669 R) = NZA 1987, 233, 235. Für den Arbeitgeber: BAG v. 19.9.2006 – 1 ABR 2/06 –, AP Nr. 22 zu § 3 TVG Verbandszugehörigkeit = NZA 2007, 277.

3 Vgl. z.B. das Mitbestimmungsurteil des BVerfG v. 1.3.1979 – 1 BvR 532/77 u.a. – unter C IV 1, BVerfGE 50, 290, 367. S. dazu bereits vorbildlich *Säcker*, Grundprobleme der kollektiven Koalitionsfreiheit, 1969, S. 146 ff.; ferner MünchArbR/*Löwisch/Rieble* §§ 155, 156.

4 S. dazu *Schwarze*, Der Betriebsrat im Dienst der Tarifvertragsparteien, 1991, S. 73 ff.

5 Vgl. BVerfG v. 1.3.1979 – 1 BvR 532/77 u.a. – unter C IV 1, BVerfGE 50, 290, 368.

häufig davon gesprochen, dass die Betätigung für die Erhaltung und Sicherung der Existenz der Koalitionen **unerlässlich** sein müsse.[6] Das BAG hatte sich die „Unerlässlichkeitsformel" zu eigen gemacht[7] und deshalb u. a. einem freigestellten Betriebsratsmitglied die Werbung für seine Gewerkschaft während der Arbeitszeit verwehrt.[8] Anlässlich dieser Fallgestaltung hat das BVerfG in seiner grundlegenden Entscheidung vom 14.11.1995[9] ausdrücklich von der bisherigen Kernbereichslehre Abschied genommen, nachdem der Begriff „Kernbereich" schon seit 1991[10] in der Versenkung verschwunden war. Dies geschah freilich mit der erstaunlichen Bemerkung, man rücke nicht von der früheren Rechtsprechung ab, sondern nehme lediglich eine Klarstellung vor, die wegen der – nicht fernliegenden – Missverständnisse, zu denen die früheren Entscheidungen geführt hätten, veranlasst gewesen sei. Auch auf solche Art können Bibliotheken zu Makulatur werden. Von dieser Methode des Rechtsprechungswandels abgesehen, stellt der Verzicht auf die Kernbereichslehre sicher einen Fortschritt dar. Damit ist freilich zugleich eine erhebliche Ausweitung des Schutzbereichs der Koalitionsfreiheit verbunden, ohne dass diese deshalb grenzenlos gewährt sein könnte.[11] Wenn das BVerfG lediglich von einer Klarstellung spricht, soll dies anscheinend bedeuten, dass das Gericht nicht zugleich von seinen Entscheidungsergebnissen abzurücken gedenkt. Andererseits ist nicht zu verkennen, dass die frühere Betonung der „Unerlässlichkeit" für die Gewährleistung der Koalitionsfreiheit durchaus andere Grenzziehungen herausfordert, als eine vorsichtige Abwägung der Schutzgüter.[12] Für die Mitgliederwerbung während der Arbeitszeit bedeutet dies nämlich, dass sie entgegen der Kernbereichslehre jedenfalls in den Schutzbereich des Art. 9 Abs. 3 GG fällt.

686   Das BVerfG betont jedoch ausdrücklich, dass das Grundgesetz das Ergebnis damit nicht schon vorgebe.[13] Vielmehr sei die **ergänzende Auslegung des Ar-**

---

6 Z. B. BVerfG v. 18.12.1974 – 1 BvR 430/65 und 259/69 – unter C II 3 c, BVerfGE 38, 281, 305 = AP Nr. 23 zu Art. 9 GG mit Anm. *Kittner.* Krit. *Otto,* Die verfassungsrechtliche Gewährleistung der koalitionsspezifischen Betätigung, 1982, S. 47 ff., 51 ff.

7 Z. B. bei der Ablehnung der Verteilung von Gewerkschaftszeitungen an Mitglieder im Betrieb (BAG v. 23.2.1979 – 1 AZR 540/77 –, AP Nr. 29 zu Art. 9 GG mit Anm. *Konzen*).

8 Vom 13.11.1991 – 5 AZR 74/91 –, AP Nr. 7 zu § 611 BGB Abmahnung = NZA 1992, 690.

9 – 1 BvR 601/92 –, unter B I 3 c a.E., BVerfGE 93, 352, 359 f. = EzA Art. 9 GG Nr. 60 mit zust. Anm. *Thüsing.*

10 BVerfG v. 26.6.1991 – 1 BvR 779/85 –, unter C I 3 a, BVerfGE 84, 212, 228 = EzA Art. 9 GG Arbeitskampf Nr. 97 mit Anm. *Rieble.*

11 S. auch *Thüsing,* Anm. zu BAG EzA Art. 9 GG Nr. 60 unter III 2–4.

12 Vgl. zur Abkehr von der Kernbereichslehre allgemein *Hanau,* ZIP 1996, 447; zur Mitgliederwerbung *Thüsing,* Anm. zu BAG EzA Art. 9 GG Nr. 60 unter II.

13 BVerfG v. 14.11.1995 – 1 BvR 601/92 – unter B II 2, BVerfGE 93, 352, 361.

beitsvertrages Sache der Arbeitsgerichtsbarkeit, die die grundrechtlich geschützten Positionen beider Vertragsparteien zu berücksichtigen habe. Auf der Seite des Arbeitnehmers gehe es um den Schutz, den Art. 9 Abs. 3 GG der Mitgliederwerbung für seine Gewerkschaft angedeihen lasse, und um das Gewicht des Interesses, auch während der Arbeitszeit für die Gewerkschaft zu werben. Für die Position des Arbeitgebers streite dessen wirtschaftliche Betätigungsfreiheit (Art. 2 Abs. 1 GG), die insbesondere bei einer Störung des Arbeitsablaufs und des Betriebsfriedens berührt werde. Nach unserer Auffassung überwiegt bei einem normalen Arbeitnehmer das Arbeitgeberinteresse, und für ein freigestelltes Betriebsratsmitglied kann nichts anderes gelten. Deshalb wird die Mitgliederwerbung während der Arbeit in der Regel unzulässig sein, weil es normalerweise keinen einleuchtenden Grund gibt, warum dazu keine Gelegenheit z. B. während der Arbeitspausen sein sollte. Ein Anspruch des C gegen B auf Entfernung der Abmahnung aus der Personalakte besteht daher in Fall 69 nicht.

Mit der Entscheidung des BVerfG verlagert sich also der Schwerpunkt der Überlegungen vom Schutzbereich des Grundrechts zu dessen **Schranken.** Dies gilt auch für den vom BVerfG anerkannten weiten Spielraum des einfachen Gesetzgebers.[14] Für den Prüfungsmaßstab ist erheblich, welchen Rang man der kollektiven Koalitionsfreiheit überhaupt zubilligt. Je stärker ihre Wertschätzung ist, desto höhere Anforderungen wird man an die **konkrete Gefährdung anderer Grundrechte oder verfassungsrechtlich geschützter Rechtsgüter** bzw. an die **Erforderlichkeit und Proportionalität der beschränkenden Maßnahme** stellen. Zählt man die innerbetriebliche Werbung für eine Koalition zur verfassungsrechtlich gewährleisteten berufsverbandlichen Betätigung, so muss bei deren Ausgestaltung z. B. auch das Zutrittsrecht externer Gewerkschaftsvertreter unter Beachtung der Bedeutung der Koalitionsfreiheit hinreichend in Betracht gezogen werden.[15]

Ebenso wird man die **Tarifautonomie** und die **Normsetzungsprärogative der Tarifparteien** bei der Regelung der Arbeits- und Wirtschaftsbedingungen im Verhältnis zum Gesetzgeber desto ernster nehmen, je mehr man auf ihre Sachkompetenz und ihr Verantwortungsbewusstsein vertraut und umso weniger Zutrauen haben, je weniger man der Ansicht ist, dass die Tarifvertragsparteien in der Lage sind, die Verteilungskonflikte zwischen einzelnen Beschäftigtengruppen sachgerecht zu schlichten. Das BVerfG betont, dass Art. 9 Abs. 3 GG den Tarif-

687

688

---

14 Vgl. hierzu die Entscheidung des BVerfG v. 4.7.1995 – 1 BvF 2/86 u. a. – unter C I 1 b, BVerfGE 92, 365, 394.
15 Insoweit nicht überzeugend BVerfG v. 17.2.1981 – 2 BvR 384/78 – unter C II 4, BVerfGE 57, 220, 246 f. = EzA Art. 9 GG Nr. 32 mit krit. Anm. *Otto.* Zutreffend jetzt BAG v. 28.2.2006 – 1 AZR 460/04 –, AP Nr. 127 zu Art. 9 GG = NZA 2006, 798.

vertragsparteien kein Normsetzungsmonopol, sondern ein Normsetzungsrecht zuerkenne. Die Koalitionsfreiheit könne zum Schutz der Grundrechte Dritter oder von Gemeinwohlbelangen eingeschränkt werden, denen gleichermaßen verfassungsrechtlicher Rang gebühre, wenn der Grundsatz der Verhältnismäßigkeit gewahrt bleibe.[16] Darüber hinaus veranlassen exorbitante Höchstforderungen im Zusammenhang mit Sozialplan-Tarifverträgen oder von Spartengewerkschaften für ihre Mitglieder zu der Frage, ob das – schon als Grundsatz zweifelhafte – **Verbot der Tarifzensur** sakrosankt ist.[17]

II. Gewerkschaften und Arbeitgeberverbände

1. Begriff und Bedeutung der Gewerkschaften

689 Wer die selbstbewussten Aktionen der IG Metall oder der ehemaligen ÖTV „live" oder am Bildschirm in der Vergangenheit erlebt hat, wird sich fragen, wieso Begriff und Bedeutung der Gewerkschaften überhaupt thematisiert werden müssen. In den letzten Jahren hat sich die Rechtsprechung jedoch verschiedentlich mit der **Gewerkschaftseigenschaft neuer Arbeitnehmergruppierungen** beschäftigen müssen. Dies beruht sicher auch darauf, dass sich einzelne Berufsgruppen – z. B. Lokomotivführer (GdL), Piloten (Vereinigung Cockpit), Fluglotsen (Gewerkschaft der Flugsicherung [GdF]), Flugbegleiter (Unabhängige Flugbegleiter Organisation [UFO]) und Ärzte (Marburger Bund) – in den Großorganisationen nicht hinreichend vertreten fühlen oder aber wegen ihrer speziellen Fähigkeiten auf die Macht ihrer Gruppe vertrauen.[18] Hinzu treten verstärkte Aktivitäten des Christlichen Gewerkschaftsbundes (CGB), nachdem das BAG der Christlichen Gewerkschaft Metall (CGM) den Gewerkschaftsstatus zugebilligt hat.[19]

---

16 Vgl. zum Vorrang der Befristungsregelungen des Hochschulrahmengesetzes vor der Tarifautonomie BVerfG v. 24.4.1996 – 1 BvR 712/86 – mit abweichender Meinung *Kühling*, BVerfGE 94, 268 ff.; zu den Vorgaben des AÜG BVerfG v. 29.12.2004 – 1 BvR 2283/03 u. a. –, AP Nr. 2 zu § 3 AEntG = NZA 2005, 153. S. auch *Otto*, FS Zeuner, 1994, S. 121 ff.

17 Vgl. *Otto*, Arbeitskampf, § 8 Rn. 42 ff.; *ders.*, FS Konzen, 2006, S. 663 ff. A.A. BAG v. 24.4. 2007 – 1 AZR 252/06 – unter Rn. 93 ff., AP Nr. 2 zu § 1 TVG Sozialplan = NZA 2007, 987.

18 Vgl. *Otto*, Arbeitskampf, § 6 Rn. 6.

19 BAG v. 28.3.2006 – 1 ABR 58/04 –, AP Nr. 4 zu § 2 TVG Tariffähigkeit = NZA 2006, 1112; anders für die CGD, BAG v. 15.11.2006 – AP Nr. 34 zu § 4 TVG Tarifkonkurrenz = NZA 2007, 448.

a) Die Fakten gewerkschaftlicher Organisation

Im Zuge des Einigungsprozesses und der Auflösung der im „Freien Deutschen 690
Gewerkschaftsbund" (FDGB) zusammengeschlossenen Gewerkschaften der ehemaligen DDR verzeichneten die in der Bundesrepublik freigebildeten Gewerkschaften zunächst hohe Mitgliederzuwächse; angesichts der strukturellen Ver-
änderungen und der damit einhergehenden hohen Arbeitslosigkeit wurden die
„Vereinigungsgewinne" allerdings in den Folgejahren erheblich abgebaut. So
stieg z. B. der Bruttoorganisationsgrad, der auch verrentete und arbeitslose Gewerkschaftsmitglieder einbezieht, im DGB 1991 auf 33,8 % und betrug demgegenüber schon im Jahr 2000 nur noch 20 %[20] und fiel im Jahr 2015 – mit allerdings erheblichen Schwankungen zwischen den Branchen – sogar auf 18,9%.[21]
Deutliche Unterschiede bestehen auch bei einzelnen Mitarbeitergruppen: Während der Organisationsgrad bei älteren Arbeitnehmern 25,9% betrug, lag er bei
den unter Vierzigjährigen unter 14%. Die Gewerkschaften haben offenbar ein
Nachwuchsproblem. Frauen und Teilzeitkräfte sind ebenfalls deutlich unterre-
präsentiert. Auch wegen des andauernden Mitgliederschwundes[22] ist es in den
letzten Jahren immer wieder zu Zusammenschlüssen der Gewerkschaften gekommen. Folgende Entwicklungen halten wir für besonders berichtenswert:

Im Deutschen Gewerkschaftsbund (DGB) als Dachverband sind gegenwärtig 691
acht Einzelgewerkschaften zusammengeschlossen, die ca. 80 % der organisierten
abhängig Erwerbstätigen repräsentieren. 1996 haben sich die IG Bau-Steine-Erden
und die Gewerkschaft Garten, Land- und Forstwirtschaft zur IG Bauen-Agrar-
Umwelt vereinigt; die IG Druck und Papier sowie die Gewerkschaft Kunst waren
1989 mit der „Industriegewerkschaft Medien-Druck und Papier, Publizistik und
Kunst" vorangegangen. Im Oktober 1997 schlossen sich die IG Chemie – Papier –
Keramik, die IG Bergbau und Energie und die Gewerkschaft Leder zur IG Bergbau,
Chemie, Energie (IG BCE) zusammen. 1998 fusionierte die IG Metall zunächst mit
der Gewerkschaft Textil-Bekleidung und 2000 mit der Gewerkschaft Holz- und
Kunststoff, wobei der Name IG Metall erhalten geblieben ist. Einen Meilenstein
bildet die Gründung der Vereinten Dienstleistungsgewerkschaft (ver.di) im März
2001; in ihr sind fünf Gewerkschaften im Wege der Verschmelzung nach dem
Umwandlungsgesetz zusammengefasst, darunter die bisher zugleich als Spit-
zenverband eigenständige Deutsche Angestelltengewerkschaft (DAG), die Deutsche Postgewerkschaft, die Gewerkschaft Handel Banken Versicherungen (HBV),

---

20 *Pege*, Unternehmen & Gesellschaft, 2/2002, 20, 21.
21 FAZ v. 29.4.2017, abrufbar unter: https://www.faz.net/aktuell/wirtschaft/wirtschaftspolitik/f-
a-z-exklusiv-so-steht-es-um-die-deutschen-gewerkschaften-14992463.html.
22 Dies machen die Zahlen des DGB (www.dgb.de/dgb/mitgliederzahlen) deutlich: 1994:
9.768.373 – 2007: 6.441.045 – 2018: 5.974.950.

die IG Medien und als größte die Gewerkschaft Öffentliche Dienste, Transport und Verkehr (ÖTV).

692　　Einen Anhalt für die **Bedeutung der Gewerkschaften** vermitteln die folgenden Zahlen:

DGB-Gewerkschaften (Stand: 31.12.2018)[23]	5.974.950 Mitglieder, und zwar
– IG Metall	2.270.283 Mitglieder
– ver.di	1.969.043 Mitglieder
– IG Bergbau, Chemie, Energie (IG BCE)	632.389 Mitglieder
– Gew. Erziehung und Wissenschaft (GEW)	279.389 Mitglieder
– IG Bauen-Agrar-Umwelt (IG BAU)	247.181 Mitglieder
– Gew. Nahrung-Genuss-Gaststätten (NGG)	198.026 Mitglieder
– Gew. der Polizei (GdP)	190.931 Mitglieder
– EVG	187.396 Mitglieder

Neben dem DGB sind noch der *Christliche Gewerkschaftsbund (CGB)* und der „*dbb beamtenbund und tarifunion*" als Spitzenorganisationen zu erwähnen. Unter dem Dach des CGB sind 15 Einzelgewerkschaften mit insgesamt ca. 280.000 Mitgliedern organisiert.[24] Letzterer vereinigt 40 Fachgewerkschaften sowie 16 Landesbünde. Nur diese schließen für ihre Mitglieder (2016 insgesamt 1.306.019, davon allein 919.417 Beamte)[25], soweit sie keine Beamte sind, Tarifverträge ab.

693　　Aus der Aufschlüsselung ergibt sich zugleich, dass die berufliche Qualifikation der Arbeitnehmer das Bild der großen Gewerkschaften nicht mehr prägt. Besonders deutlich kommt die Abkehr vom Berufs- zum sog. **Industrieverbandsprinzip** in den Namen der DGB-Gewerkschaften zum Ausdruck. Der DGB verficht das Prinzip der **Tarifeinheit:** für alle Arbeitnehmer eines Unternehmens oder jedenfalls eines Betriebes soll nur ein einziges Tarifwerk gelten. Die IG Metall – beispielsweise – nimmt alle Arbeitnehmer der Metallindustrie als Mitglieder auf, unabhängig davon, ob es sich um einen Buchhalter, einen Chemielaboranten oder Arbeiter am Fließband handelt, und schließt für sie Tarifverträge ab. Primär maßgeblich ist demnach das wesentliche Betätigungsfeld des Arbeitgebers, nicht des Arbeitnehmers.

694　　Dabei kann es auch zu Auseinandersetzungen über die Abgrenzung der Organisations- und damit zugleich der **Tarifzuständigkeit** kommen (vgl. § 97 ArbGG), falls die Satzungen die Tarifzuständigkeit nicht überschneidungsfrei regeln, wie es z.B. wegen der in der Papiererzeugung beschäftigten Arbeitnehmer

---

23 https://www.dgb.de/uber-uns/dgb-heute/mitgliederzahlen/2010.
24 www.christlichergewerkschaftsbund.de.
25 https://www.dbb.de/lexikon/themenartikel/d/dbb-mitglieder.html.

zwischen der IG Chemie-Papier-Keramik und der IG Medien geschehen war.[26] Die neue Dienstleistungsgewerkschaft ver.di nimmt laut § 6 ihrer Satzung[27] Arbeitnehmer, Selbständige (freie Mitarbeiter, Freiberufler, arbeitnehmerähnliche tätige Personen), Arbeitslose, Auszubildende, Schüler sowie Studenten in ihrem Organisationsbereich auf, der nahezu alle Branchen umfasst. Mögen die DGB-Gewerkschaften sich auf eine Zuständigkeitsabgrenzung verständigen, im Außenverhältnis gilt auch dort zunächst die kraft Satzung in Anspruch genommene Regelungskompetenz. Erst recht kann die koalitionspolitisch durchaus verständliche Zielsetzung andere Gewerkschaften (z. B. die neuen Spartengewerkschaften) nicht daran hindern, ihrerseits eigene, auch inhaltlich abweichende Tarifverträge abzuschließen. Art. 9 Abs. 3 GG gewährleistet eine **plurale Verbandslandschaft**; ihre notwendige Voraussetzung und Konsequenz ist jedenfalls die Kompetenz zu eigenständigen Tarifverhandlungen und Abschlüssen.[28] Ob dieses Vorgehen unter Verzicht auf einheitliche Regelungen zu einer Spaltung der Arbeitnehmerschaft und damit möglicherweise auch zur ihrer Schwächung führt, ist von den Mitgliedern zu entscheiden.

b) Koalitions- und Gewerkschaftsbegriff

Beispielsfall

Fall 70: Die Christliche Gewerkschaft Metall (CGM), eine 1899 gegründete und nach § 1 ihrer Satzung unabhängige Gewerkschaft, möchte mit Arbeitgeber A für dessen Stahlbauunternehmen, in dem größere Belegschaftsteile zu ihren Mitgliedern gehören, einen Firmentarifvertrag schließen. Die IG Metall (I), die nur wenige Mitarbeiter des A für sich gewinnen konnte, möchte dieses „Wildern auf fremdem Terrain" unterbinden und beantragt im Verfahren nach § 97 ArbGG festzustellen, dass die CGM schon gar nicht tariffähig ist. Die CGM gliedert sich in Landes-, Bezirks-, Orts- und/oder Kreisverbände sowie Betriebsgruppen. Im relevanten Zeitraum waren in ihrem satzungsgemäßen Organisationsbereich ca. 5,5 Millionen Arbeitnehmer beschäftigt. Nach eigenen Angaben hatte die CGM knapp 97.400 Mitglieder. Sie beschäftigte in über das gesamte Bundesgebiet verteilten Regionalzentren 43 Arbeitnehmer, darunter 14 hauptamtliche Gewerk-

---

26 Zur Tarifzuständigkeit von DGB-Gewerkschaften bei Überschneidung der Organisationsbereiche und zur Geltung des DGB-Grundsatzes „Ein Betrieb, eine Gewerkschaft" vgl. BAG v. 12.11. 1996 – 1 ABR 33/96 –, AP Nr. 11 zu § 2 TVG Tarifzuständigkeit mit Anm. *Oetker* = NZA 1997, 609. In seinem Beschl. v. 25.9.1996 – 1 ABR 4/96 – (AP Nr. 10 zu § 2 TVG Tarifzuständigkeit = NZA 1997, 613) erklärte das BAG bei einem Streit die Abgrenzung durch die Schiedsstelle des DGB für maßgeblich; dies ist angesichts der Satzungsautonomie der Einzelgewerkschaften und der Konsequenzen für die – an dem Beschlussverfahren ebenfalls beteiligte – Arbeitgeberseite bedenklich.
27 Vom 8/9.11.2018.
28 Vgl. *Otto*, Arbeitskampf, § 6 Rn. 6.

schaftssekretäre, sowie fast 500 ehrenamtliche Mitarbeiter. In der Vergangenheit gelang der CGM der Abschluss von 550 eigenständigen Verbandstarifverträgen, mehr als 40 Firmentarifverträgen sowie gut 3.000 – Abschlüsse anderer Gewerkschaften übernehmender – Anschlusstarifverträge. Hat der Antrag der I Erfolg?

---

695 Der Gesetzgeber, der selbst den Schlüsselbegriff des Arbeitnehmers lange Zeit nicht definiert hatte[29], lässt uns auch bei dem Gewerkschaftsbegriff im Stich. Offenkundig hat er unter **Gewerkschaft** solche Vereinigungen von Arbeitnehmern verstanden, die sich ohne sein Zutun, ja zeitweise gegen das geschriebene Recht gebildet hatten, um gemeinsam für ihre Interessen als Arbeitnehmer einzutreten. Insofern ist der Begriff der Gewerkschaft aus der historischen Entwicklung sowie Sinn und Zweck des Koalitionswesens zu entwickeln.

696 Der Gewerkschaftsbegriff des einfachen Rechts ist allerdings nicht mit dem verfassungsrechtlichen Begriff der **Koalition**, wie er in Art. 9 Abs. 3 S. 1 GG definiert ist, identisch.[30] Die Norm spricht allgemeiner von Vereinigungen zur Wahrung und Förderung der Arbeits- und Wirtschaftsbedingungen. Nur eine Gewerkschaft kann jedoch Partei eines Tarifvertrages sein, besitzt also **Tariffähigkeit** (§ 2 Abs. 1 TVG). Die Unterscheidung des Koalitions- und des engeren Gewerkschaftsbegriffs ist dann besonders bedenklich, wenn man mit dem BAG von einem in allen Gesetzen *einheitlich* **verwendeten Gewerkschaftsbegriff** ausgeht,[31] also nicht nach dem Zweck der Arbeitnehmervertretung fragt. In diesem Fall führt die Verneinung der Gewerkschaftseigenschaft beispielsweise für den Verband der Gewerkschaftsbeschäftigten nicht nur dazu, dass er nicht tariffähig ist; vielmehr stehen ihm keinerlei Befugnisse im Bereich der Mitbestimmung oder zur Prozessvertretung vor dem Arbeitsgericht (§ 11 ArbGG) zu. Der Koalition werden damit nahezu sämtliche Aufgaben vorenthalten, mit denen sie Mitglieder werben und Beiträge fordern kann. Der Gesetzgeber und erst recht die Rechtsprechung müssen sich davor hüten, die verfassungsrechtlich gewährleistete positive Koalitionsfreiheit dadurch zu beeinträchtigen, dass die Bildung von Vereinigungen zwar gestattet, ihnen aber praktisch kein Betätigungsfeld eingeräumt wird

697 Die im Folgenden genannten **fünf gemeinsamen Merkmale von Koalition und Gewerkschaft** gewinnen zum großen Teil ihre Konturen erst aus der Negation und sind im Grunde allgemein anerkannt:

---

29 Oben § 3 RN 74.
30 BAG v. 15.3.1977 – 1 ABR 16/75 –, AP Nr. 24 zu Art. 9 GG. BAG v. 17.2.1998 – 1 AZR 364/97 –, AP Nr. 87 zu Art. 9 GG mit Anm. *Oetker* = NZA 1998, 754 zum Verband der Gewerkschaftsbeschäftigten.
31 BAG v. 19.9.2006 – 1 ABR 53/05 –, AP Nr. 5 zu § 2 TVG = NZA 2007, 518 mit Blick auf das BetrVG.

- **Berufsverband,** nicht: Wirtschafts-(Industrie-)verband,
- **freiwilliger Zusammenschluss auf privatrechtlicher Basis,** nicht: Zwangsverband,
- **demokratische Willensbildung,** nicht: autoritäre Struktur,
- **Gegnerfreiheit,** nicht: Mischverband von Arbeitnehmern und Arbeitgebern,
- **Unabhängigkeit,** nicht: fremden Interessen verpflichtet.

Für die Gewerkschaft treten zwei weitere, nicht umstrittene konstitutive Merkmale **698** hinzu:

- **Vereinigung mit auf Dauer angelegtem korporativen Charakter,** nicht: ad-hoc-Koalition,
- **Anerkennung des geltenden Tarifrechts als verbindlich.**[32]

Nicht selbstverständlich sind hingegen die folgenden Merkmale einer **Gewerk-** **699** **schaft.** Sie liegen zwar typischerweise vor; das Fehlen einzelner Merkmale führt aber nicht ohne Weiteres zur Verneinung der Gewerkschaftseigenschaft.

- **Überbetrieblichkeit:** Mit ihr soll eine Abhängigkeit vom Arbeitgeber verhindert werden (sog. Werkverein); sie ist aber nicht unbedingt erforderlich, wie das Beispiel der ursprünglich nur für die Bundespost zuständigen Postgewerkschaft des DGB gezeigt hat.
- **Tarifwilligkeit:** Ohne sie ist sicher keine Tariffähigkeit gegeben und daher auch keine Gewerkschaft im Sinne des TVG anzuerkennen, aber eventuell eine Gewerkschaft im Sinne des Mitbestimmungsrechts (z. B. eine Vereinigung leitender Angestellter).
- **Arbeitskampfbereitschaft:** Sie ist nicht unbedingt erforderlich, wie das BVerfG jedenfalls für einen katholischen Hausgehilfinnenverband entschieden hat.[33]
- **Durchsetzungskraft/Mächtigkeit:** Sie wird vom BAG[34] ohne geschichtliches Vorbild mit Zustimmung des BVerfG[35] verlangt, damit die Arbeitnehmervereinigung ihre Aufgabe als Tarifpartner sinnvoll erfüllen kann. Als Voraussetzung der Tariffähigkeit hat sie sogar Ein-

---

32 So wiederum BAG v. 25.11.1986 – 1 ABR 22/85 – Leitsatz 1, AP Nr. 36 zu § 2 TVG = NZA 1987, 492; wir halten dieses Merkmal in einem Rechtsstaat für selbstverständlich und daher für überflüssig. Es hat heute allenfalls klarstellende Bedeutung mit Blick auf die Gewerkschaftsgeschichte

33 BVerfG v. 6.5.1964 – 1 BvR 79/62 –, BVerfGE 18, 18 ff.

34 Seit Beschl. v. 9.7.1968 – 1 ABR 2/67 – (Berliner Akademikerbund), AP Nr. 25 zu § 2 TVG mit Anm. *Mayer-Maly*; in etwas abgeschwächter Form BAG v. 25.11.1986 – 1 ABR 22/85 –, AP Nr. 36 zu § 2 TVG, ohne der betroffenen Christlichen Gewerkschaft Bergbau-Chemie-Energie letztlich zum Erfolg zu helfen (BAG v. 16.1.1990 – 1 ABR 10/89 –, AP Nr. 39 zu § 2 TVG = NZA 1990, 623); bestätigt durch BAG v. 6.6.2000 – 1 ABR 10/99 –, AP Nr. 55 zu § 2 TVG mit krit. Anm. *Oetker* = NZA 2001. 160. Dazu *Doerlich*, Die Tariffähigkeit der Gewerkschaften, 2000.

35 Zuletzt Beschl. v. 20.10.1981 – 1 BvR 404/78 – (Deutscher Arbeitnehmer-Verband), BVerfGE 58, 233 ff.

gang in den Staatsvertrag mit der DDR gefunden.[36] Entscheidend ist insbesondere der Organisationsgrad in Relation zu den insgesamt vom satzungsgemäßen Zuständigkeitsbereich der Gewerkschaft erfassten Arbeitnehmer, die Ausstattung ihrer Binnenorganisation und Verwaltung sowie der Erfolg zurückliegender Tarifstreitigkeiten, wobei der regelmäßige Abschluss eigenständiger Tarifverträge ein gewichtiges Indiz für eine hinreichende Durchsetzungsfähigkeit liefert.

Nach unserer Auffassung darf die Neugründung von Gewerkschaften nicht durch die genannten zusätzlichen Anforderungen, insbesondere das Merkmal der sozialen Mächtigkeit, faktisch zu sehr erschwert werden. Man sollte es, gerade auch weil der einzelne Arbeitgeber ungeachtet seiner Durchsetzungskraft tariffähig ist (§ 2 Abs. 1 TVG), den Mitgliedern überlassen, darüber zu entscheiden, ob sie ihre Vereinigung für genügend effektiv halten. Insofern ist es zu begrüßen, dass das BAG der CGM im Fall 70 im Ergebnis den Gewerkschaftsstatus zugebilligt hat.[37]

2. Arbeitgeberverbände

700 Da gemäß § 2 Abs. 1 TVG sogar der einzelne Arbeitgeber tariffähig ist, hat sich für die Arbeitgeberverbände die Frage ihrer Durchsetzungsfähigkeit nie ernstlich gestellt. Auf Arbeitgeberseite ist die Organisationsstruktur differenzierter. Die **Bundesvereinigung der Deutschen Arbeitgeberverbände e.V. (BDA)** zählte als Dachverband im Jahr 2019 48 Fachspitzenverbände (hierunter z.B. den Gesamtverband der metallindustriellen Arbeitgeberverbände e.V. – Gesamtmetall –) sowie 14 Landesverbände als Mitglieder.[38] Daneben existieren weitere bedeutsame Verbände vor allem im Bereich des öffentlichen Dienstes. Außer der Bundesrepublik Deutschland als einzelner Arbeitgeber, vertreten durch den Bundesinnenminister, stehen der neuen Dienstleistungsgewerkschaft ver.di z.B. bei Verhandlungen über Änderungen der Tarifverträge des öffentlichen Dienstes typischerweise die Tarifgemeinschaft deutscher Länder (z.Zt. ohne Berlin und Hessen) sowie die Vereinigung der kommunalen Arbeitgeberverbände gegenüber.

701 Eine relativ neue Variante in der Binnenstruktur der Arbeitgeberverbände ist die sog. **OT-Mitgliedschaft**, ein Mitgliederstatus eines Arbeitgebers ohne **Tarifbindung** i.S. von § 3 Abs. 1 TVG, ohne dass die Tarifzuständigkeit des Verbandes

---

36 Vgl. Leitsatz A III Nr. 2 des Gemeinsamen Protokolls zum Staatsvertrag vom 18.5.1990 (BGBl. II S. 537).
37 BAG v. 28.3.2006 – 1 ABR 58/04 –, NZA 2006, 1112ff.; ausführliche Fallbearbeitung bei Stoffels/Reiter/Bieder, Fälle zum kollektiven Arbeitsrecht, Fall 2.
38 https://www.arbeitgeber.de/www/arbeitgeber.nsf/id/de_unsere-mitglieder.

selbst beschnitten würde.[39] Sie ist nur zulässig, wenn das OT-Mitglied keinen unmittelbaren Einfluss auf die Willensbildung des Verbandes hat.[40] Der Arbeitgeber sichert sich damit z. B. die weitere Beratung und sonstige Unterstützung durch den Verband. Vom Verband abgeschlossene Tarifverträge gehen aber für ihn gleichsam ins „Leere". Allerdings setzt sich der Arbeitgeber damit der Forderung der Gewerkschaft nach einem Firmentarifvertrag aus, der auch erkämpft werden kann.

---

39 BAG v. 23.2.2005 – 4 AZR 186/04 –, AP Nr. 42 zu § 4 TVG Nachwirkung = NZA 2005, 1320, und v. 18.7.2006 – 1 ABR 36/05 –, AP Nr. 19 zu § 2 TVG Tarifzuständigkeit = NZA 2006, 1225; dazu *Buchner*, NZA 2006, 1377 ff.
40 BAG v. 20.5.2009 – 4 AZR 179/08 –, AP Nr. 27 zu § 3 TVG Verbandszugehörigkeit = NZA 2010, 102. Fehlt es daran, unterliegt das OT-Mitglied weiterhin der Tarifbindung, BAG v. 21.1.2015 – 4 AZR 797/13 –, AP Nr. 30 zu § 3 TVG Verbandszugehörigkeit = NZA 2015, 1521.

§ 10 Tarifvertragsrecht

702 Die primäre Funktion des Tarifvertrages ist der **soziale Schutz:** Tarifverträge enthalten Mindestbedingungen, die ohne Gestattung im Tarifvertrag selbst nicht unterschritten werden dürfen (§ 4 Abs. 3 TVG). Zugleich sorgen Tarifverträge für einheitliche Mindestarbeitsbedingungen und äußern insoweit erlaubte **Kartellwirkung.** Schließlich kommt ihnen während ihrer Laufzeit eine **Friedenswirkung** zu (vgl. insgesamt § 4a Abs. 1 TVG).

703   Die Einordnung des Tarifvertrages in den arbeitsrechtlichen „Stufenbau", der die Rechtsbeziehungen prägenden rechtlichen Gestaltungselemente enthält, ist bereits dargestellt worden.[1] Die **praktische Bedeutung** des Tarifvertragsrechts ergibt sich daraus, dass in der Bundesrepublik Deutschland am Jahresende 2015 für ca. 12,5 Millionen unmittelbar tarifgebundene Arbeitnehmer insgesamt 71.906 Tarifverträge galten, wobei es sich um 30.171 Verbandstarifverträge und 41.735 mit einzelnen Arbeitgebern geschlossene Firmentarifverträge handelte.[2] Insgesamt ist die Tarifbindung – wie auch der gewerkschaftliche Organisationsgrad[3] – aber rückläufig. Zwischen 2008 und 2017 sank die Bindung der Beschäftigten an Verbandstarifverträge um 6 % auf 47 % sowie der Anteil tarifgebundener Unternehmen um 7 % auf nur noch ein Viertel.[4]

I. Begriff und Gegenstand

704 Der Tarifvertrag ist gemäß § 1 TVG eine schriftliche Vereinbarung zwischen tariffähigen Parteien (§ 2 TVG) zur Regelung von Rechten und Pflichten der Vertragsparteien selbst (obligatorischer oder schuldrechtlicher Teil) sowie zur gemeinsamen Setzung von Rechtsnormen (normativer Teil). Die Befugnis zur Normsetzung ist das eigentliche Spezifikum. Fehlt es einer Partei an der Tariffähigkeit[5] – in der jüngeren Vergangenheit etwa der Christlichen Gewerkschaft für

---

1 Vgl. § 4 RN 165 ff.
2 WSI Tarifarchiv, Tarifpolitik 2016, Statistisches Taschenbuch, Statistiken 1.1 und 1.3.
3 S. § 9 RN 690 ff.
4 Quelle: Rheinische Post v. 28.12.2018, abrufbar unter: https://rp-online.de/politik/deutsch land/tarifflucht-nur-noch-47-prozent-aller-beschaeftigten-arbeiten-nach-tarifvertrag_aid-35341191.
5 Zur Gewerkschaftseigenschaft s. § 9 RN 672 ff.

Zeitarbeit und Personalserviceagenturen (CGZP)[6] – ist der Tarifvertrag von Anfang an nichtig.[7]

1. Schuldrechtlicher Teil

Der schuldrechtliche Teil betrifft die **Pflichten der Tarifvertragsparteien** un- 705
tereinander. Zu den immanenten Pflichten gehören die Durchführungs- und die relative Friedenspflicht. **Durchführungspflicht** bedeutet, dass jede Tarifvertragspartei alles unternehmen muss, um ihre Mitglieder dazu anzuhalten, die Tarifnormen zu beachten. Legt beispielsweise ein tarifgebundener Arbeitgeber eine Tarifnorm zuungunsten seiner Arbeitnehmer aus, können nicht nur die Arbeitnehmer gegen ihn klagen. Vielmehr kann die Gewerkschaft über ihren Vertragspartner, den Arbeitgeberverband, Druck auf dessen Mitglieder ausüben.[8]

Unter **relativer Friedenspflicht** versteht man, dass während der Laufzeit 706
eines Tarifvertrages keine erneuten Verhandlungen über denselben Gegenstand mit Hilfe eines Arbeitskampfes erzwungen werden können.[9]

Die Tarifvertragsparteien können ihre wechselseitigen Rechte und Pflichten 707
indessen auch erweitern. Besonders hervorzuheben sind ausdrückliche Absprachen über die Friedenspflicht. So bedeutete die – in Deutschland nicht praktizierte – **absolute Friedenspflicht,** dass beide Seiten während der Laufzeit eines Tarifvertrages auf jede Kampfmaßnahme unabhängig von dem Gegenstand der Forderung verzichten. Auch eine **zeitliche Ausdehnung** ist möglich, um Zeit für neue Verhandlungen ohne den aktuellen Druck von Arbeitskampfmaßnahmen zu gewinnen. Häufig sind derartige Pflichten Bestandteil eines gesonderten Schlichtungsabkommens, mit dem die Parteien Vorsorge für den Fall treffen, dass die Tarifverhandlungen ohne fremde Hilfe zu scheitern drohen oder schon gescheitert sind.[10]

6 BVerfG v. 10.3.2014 – 1 BvR 1104/11 –, NZA 2014, 496; BAG v. 14.12.2010 – 1 ABR 19/10 –, AP Nr. 6 zu § 2 TVG Tariffähigkeit = NZA 2011, 289.
7 BAG v. 23.5.2012 – 1 AZB 58/11 –, AP Nr. 18 zu § 97 ArbGG 1979 = NZA 2012, 623; BAG v. 15.11. 2006 – 10 AZR 665/05 – unter Rn. 21 ff., AP Nr. 34 zu § 4 TVG Tarifkonkurrenz = NZA 2007, 448.
8 BAG v. 29.4.1992 – 4 AZR 432/91 –, AP Nr. 3 zu § 1 TVG Durchführungspflicht = NZA 1992, 846 = EzA § 1 TVG Durchführungspflicht Nr. 2 mit Anm. *Rieble.*
9 Dazu § 11 RN 802.
10 *Otto,* Arbeitskampf, § 20 Rn. 22 ff.

2. Normativer Teil

708 Die zulässigen Regelungsmaterien des normativen Teils ergeben sich aus den §§ 1 Abs. 1, 4 Abs. 1 und 2 TVG. Bei deren Auslegung ist die verfassungsrechtliche Gewährleistung der kollektiven Koalitionsfreiheit durch Art. 9 Abs. 3 GG zu beachten.[11]

a) Normative Regelungen bezüglich einzelner Arbeitsverhältnisse

709 Am bedeutsamsten sind die normativen, d. h. gesetzesgleichen, Regelungen, die sich auf die einzelnen Arbeitsverhältnisse beziehen. Im Vordergrund steht hier der **Inhalt des Arbeitsverhältnisses**, also z. B. Vergütung, Arbeitszeit, Urlaub. Die Tarifvertragsparteien können aber auch für den **Abschluss** und die **Beendigung** von Arbeitsverhältnissen Vorgaben machen, etwa hinsichtlich der Form des Arbeitsvertrages oder einer Kündigung, der Zulässigkeit einer Befristung oder einer Altersgrenze,[12] des Angebots von Qualifizierungsmaßnahmen oder der Zahlung einer Abfindung in einem Sozialplan-Tarifvertrag.[13] Die „Inhalts-, Abschluss- und Beendigungsnormen" gelten allerdings nur dann unmittelbar und zwingend, wenn beide Arbeitsvertragsparteien tarifgebunden sind (§ 4 Abs. 1 S. 1 TVG). Dies ist der Fall, wenn der Arbeitnehmer Mitglied der tarifschließenden Gewerkschaft ist, und wenn der Arbeitgeber entweder dem tarifschließenden Arbeitgeberverband angehört oder selbst Tarifvertragspartei ist (§ 3 Abs. 1 TVG).

b) Betriebliche oder betriebsverfassungsrechtliche Fragen

Beispielsfall

Fall 71: Die C-AG, ein auf die Herstellung von Feuerwerkskörpern spezialisiertes Chemieunternehmen, hat mit der IG-BCE einen Firmentarifvertrag geschlossen, der unter der Rubrik „Nebenpflichten der Beschäftigten" ein generelles Rauchverbot auf dem gesamten Betriebsgelände der einzigen Produktionsstätte des Unternehmens in Göttingen vorsieht. Arbeitnehmer A, der

---

11 S. oben § 9 RN 684, 686 und 687.

12 Vgl. § 5 RN 217 f. und § 6 RN 482 ff.

13 BAG v. 6.12.2006 – 4 AZR 798/05 – und v. 24.4.2007 – 1 AZR 252/06 –, AP Nr. 1 und 2 zu § 1 TVG Sozialplan = NZA 2007, 821 und 987. Zum betriebsverfassungsrechtlichen Sozialplan vgl. § 12 RN 878 ff.

gewerkschaftlos ist, wird in der Folge rauchend auf der Rückseite der Lagerhalle, in der die stark brennbaren Rohstoffe für die Produktion lagern, „erwischt" und deshalb von C abgemahnt. Zu recht?

Das Gesetz nennt darüber hinaus auch „betriebliche und betriebsverfassungs- **710** rechtliche Fragen" als Gegenstand.[14] Sie betreffen von vornherein die gesamte Belegschaft oder bestimmte Teile von ihr ohne Rücksicht auf die Gewerkschaftszugehörigkeit. **Betriebliche Fragen** regeln insbesondere die *„Ordnungsnormen"* (z.B. Torkontrolle, Alkohol- oder Rauchverbot), die *„Solidarnormen"* zugunsten der Arbeitnehmerschaft (z.B. in Bezug auf Werkskantinen, Werkswohnungen, Werksverkehr) und *„Zulassungsnormen"* (z.B. Verlängerung der arbeitsschutzrechtlich zulässigen Arbeitszeit durch Tarifvertrag etwa gemäß § 7 bzw. § 12 ArbZG). Für betriebliche Fragen ist typisch, dass eine Differenzierung zwischen Arbeitnehmern, die in der tarifschließenden Gewerkschaft (z.B. der IG Metall) organisiert sind, und den „Außenseitern", den Nichtorganisierten oder Andersorganisierten (z.B. in der Christlichen Gewerkschaft Metall), ausgeschlossen ist.[15] Deshalb genügt für die Geltung dieser Normen schon, dass der Arbeitgeber an den Tarifvertrag gebunden ist (§ 3 Abs. 2 TVG). Entsprechend musste A das tarifliche Rauchverbot in Fall 71 ungeachtet der Frage beachten, ob sich – was zu bejahen wäre – eine vergleichbare ungeschriebene Nebenpflicht zum Schutz von Leib und Leben der Arbeitskollegen und der Rechtsgüter des Arbeitgebers aus dem Arbeitsvertrag i. V. m. §§ 241a, 242 BGB herleiten lässt. Die Abmahnung war rechtmäßig.

Als Beispiel für **betriebsverfassungsrechtliche Fragen** ist die spezifische **711** Ermächtigung in § 3 BetrVG zu nennen, die die **Organisation der betrieblichen Mitbestimmung** betrifft. Im Jahr 2001 hat der Gesetzgeber den Tarifvertragsparteien gegenüber § 3 BetrVG 1972 ausdrücklich weiterreichende Gestaltungsmöglichkeiten eingeräumt.[16] Das BAG hat aber auch den **Ausbau der im Gesetz vorgesehenen Beteiligung des Betriebsrats** an Maßnahmen des Arbeitgebers **durch Tarifvertrag** gebilligt und dann unmittelbar auf das TVG gestützt.[17]

---

14 *Giesen*, Tarifvertragliche Rechtsgestaltung für den Betrieb, 2002; BAG v. 1. 8. 2001– 4 AZR 388/ 99 –, AP Nr. 5 zu § 3 TVG Betriebsnormen; v. 18. 9. 2001– 9 AZR 397/00 –, AP Nr. 3 zu § 3 ATG = NZA 2002, 1161.
15 Vgl. auch BAG v. 26. 1. 2011– 4 AZR 159/09, AP Nr. 7 zu § 3 TVG Betriebsnormen = NZA 2011, 808.
16 Vgl. § 12 RN 849.
17 Krit. MünchArbR/*v. Hoyningen-Huene* § 211 Rn. 2f.; Beispiele bei *Spilger*, Tarifvertragliches Betriebsverfassungsrecht, Rechtstatsachen und Rechtsfragen tarifvertraglicher Regelungen von Betriebsratsrechten, 1988.

Adressat ist primär der Betriebsrat, dessen *Kompetenzen erweitert*[18] oder dessen bestehende *Beteiligungsrechte verstärkt*[19] werden, und zwar auch in Tendenzbetrieben i.S. des § 118 Abs. 1 BetrVG mit gesetzlich reduzierter Mitbestimmung.[20]

712   Während zu den betrieblichen Fragen auch die Regelung der Lage der Arbeitszeit zu rechnen ist, also insbesondere Arbeitsbeginn, Pausen und Arbeitsende, aber auch die Verteilung auf die Arbeitswoche, gehört hierzu sicher nicht die regelmäßige **Dauer der Arbeitszeit.** Gemeinhin handelt es sich bei solchen Regelungen um Inhaltsnormen, die, wie oben gesehen, der beiderseitigen Tarifbindung des Arbeitgebers und des Arbeitnehmers bedürfen. Ein besonderes Problem stellte sich im Zusammenhang mit der flexiblen Verkürzung der Arbeitszeit in der Metallindustrie: Diese sollte nicht per se für alle Arbeitnehmer gelten, sondern nach der betrieblichen Interessenlage Differenzierungen ermöglichen, solange nur im Durchschnitt eine betriebliche Arbeitszeit von 38,5 Stunden erreicht wurde. Fraglich war daher, auf welchem Wege eine solche Verkürzung auch gegenüber nicht tarifgebundenen Arbeitnehmern durchgesetzt werden kann. Das BAG hat in der Ermächtigung des Betriebsrats, den Tarifvertrag konkretisierende Betriebsvereinbarungen abzuschließen, eine wirksame betriebsverfassungsrechtliche Norm gesehen, die die Kompetenz des Betriebsrats gegenüber allen Arbeitnehmern des Betriebes erweitert.[21] Insoweit ist anzuerkennen, dass das BAG den Weg für eine betriebsnahe Arbeitszeitpolitik geöffnet hat. Selbst wenn man die Kompetenzausweitung grundsätzlich anerkennt, was mit Blick auf den Schutz der Individualvertragsfreiheit der Arbeitnehmer nicht unproblematisch ist, bleibt fraglich, ob auf diesem Umweg Außenseitern gegen ihren Willen eine kürzere Arbeitszeit aufgezwungen werden darf, obwohl zumindest längerfristig reale Lohnverluste drohen. Unbedenklich ist hingegen eine tarifliche Öffnungsklausel (§ 4 Abs. 3 TVG), die lediglich abweichende Vereinbarungen gestattet.

---

18 BAG v. 18.8.1987–1 ABR 30/86 –, AP Nr. 23 zu § 77 BetrVG 1972 mit abl. Anm. v. *Hoyningen-Huene* = NZA 1987, 779. Dazu näher Wiedemann/*Wank* TVG § 1 Rn. 728ff. m.w.N.

19 BAG v. 10.2.1988–1 ABR 70/86 – und v. 1.8.1989–1 ABR 54/88 –, AP Nr. 53 und 68 zu § 99 BetrVG 1972 = NZA 1988, 699, und 1990, 229: bei der Einstellung Verstärkung des an Gründe gebundenen Zustimmungsverweigerungsrecht über § 99 BetrVG hinaus zu einem echten Mitbestimmungsrecht; Wiedemann/*Wank* TVG § 1 Rn. 732, str.. Für die ordentliche Kündigung BAG v. 21.6.2000–4 AZR 379/99 –, AP Nr. 121 zu § 102 BetrVG 1972 = NZA 2001, 271.

20 BAG v. 31.1.1995–1 ABR 35/94 – und v. 5.10.2000–1 ABR 14/00 –, AP Nr. 56 und 69 zu § 118 BetrVG 1972 = NZA 1995, 1059, und 2001, 1325. Vgl. § 12 RN 925.

21 BAG v. 18.8.1987–1 ABR 30/86 –, AP Nr. 23 zu § 77 BetrVG 1972; a.A. MünchArbR//*Rieble/Klumpp* § 172 Rn. 31.

c) Gemeinsame Einrichtungen

Schließlich kann der Tarifvertrag Normen über **gemeinsame Einrichtungen**   713
enthalten (§ 4 Abs. 2 TVG).[22] Beispielsweise kennt das Baugewerbe wegen der
verhältnismäßig zahlreichen Kurzbeschäftigungen und Arbeitsplatzwechsel eine
Urlaubs- und Zusatzversorgungskasse. Die gemeinsame Einrichtung zieht die
Gelder bei den Arbeitgebern ein und zahlt das Urlaubsgeld bzw. die zusätzliche
Rente an den anspruchsberechtigten Arbeitnehmer aus.

II. Unterschiede zwischen Tarif- und herkömmlichen privatrechtlichen Austauschverträgen

---

Beispielsfall

Fall 72: Zwischen der Niedersächsischen Kinder- und Jugendhilfe gGmbH (N), die landesweit eine
Vielzahl von Krippen und Kindertagesstätten betreibt, und der zuständigen Gewerkschaft G
wurde im Jahr 2018 ein bis Ende 2019 laufender Firmentarifvertrag geschlossen, der unter anderem für Erzieherinnen ein im Vergleich zu Erziehern um 15 % vermindertes Entgelt sowie eine
sog. Zölibatsklausel enthielt, die den Erzieher/innen eine Heirat untersagt, damit sie – wie es in
der entsprechenden Protokollnotiz heißt – „ihre Hingabe ganz der Betreuung der Kinder widmen
können. Zudem sieht der Tarifvertrag eine sechsmonatige Ausschlussfrist für Ansprüche der
Arbeitsvertragsparteien aus dem Arbeitsverhältnis vor. Erzieherin E, die im Januar 2019 wirksam
betriebsbedingt gekündigt wurde, hat noch offene Lohnforderungen, die sie allerdings erst im
Oktober 2019 gerichtlich geltend macht. Auf einen Hinweis des Arbeitsrichters, dass die Ansprüche möglicherweise nicht fristgerecht geltend gemacht wurden, erklärt der Prozessbevoll-
mächtigte der E, dass ein Tarifvertrag, der eine derart plumpe Geschlechtsdiskriminierung ent-
halte und zudem mit Art. 6 GG unvereinbar sei, insgesamt – also einschließlich der
Ausschlussfristenregelung – keine Beachtung finden könne. Was ist davon zu halten?

Tarifverträge unterscheiden sich nicht nur aufgrund der soeben dargestellten   714
spezifischen Regelungsinhalte und der in § 4 erläuterten **normativen**, d. h. im
Ergebnis gesetzesgleichen **Wirkung** von herkömmlichen, nur relativ zwischen
den vertragsschließenden Parteien wirkenden und grundsätzlich im Rahmen der
Vertragsfreiheit frei abänderbaren Austauschverträgen des Schuldrechts. Ihre
Breitenwirkung für, gerade beim Verbandstarif, potentiell unbegrenzt viele Ar-
beitsverhältnisses macht – wie auch bei Betriebsvereinbarungen – weitgehende
Modifikationen der allgemeinen vertragsrechtlichen Grundsätze erforderlich.
Hierzu gehört bereits, dass Tarifverträge der **Schriftform (§ 1 Abs. 2 TVG)** be-
dürfen, da nur so die Arbeitsvertragsparteien hinreichend sichere Kenntnis vom

---

22 Vgl. dazu *Otto/Schwarze*, ZfA 1995, 639 ff.

Inhalt der für sie unmittelbar, also ohne eigene Beteiligung am Vertragsschluss geltenden Regelungen erlangen können. Überdies erfolgt die **Auslegung der Kollektivverträge** – insbesondere um eine einheitliche Geltung der Normen gegenüber allen Tarifgebundenen zu erreichen – nach ganz überwiegender Ansicht nicht, wie bei Austauschverträgen, subjektiv anhand der individuellen Erkenntnismöglichkeiten der einzelnen, konkreten Vertragspartei (§§ 133, 157 BGB), sondern entsprechend den objektiven Grundsätzen, die für die Auslegung von Gesetzen, Rechtsverordnungen und z. B. auch Vereinssatzungen oder Gesellschaftsverträgen gelten.[23] Aus dem Kanon der klassischen Auslegungskriterien haben deshalb der Wortlaut der Regelungen und deren Systematik größeres Gewicht als historische Erwägungen oder den Vertragsschluss begleitende Umstände, die der einzelnen Arbeitsvertragspartei typischerweise gar nicht bekannt sind. Schließlich fordert die – de facto gesetzesvertretende – Breitenwirkung der Tarifverträge, dass inhaltliche Mängel (anders i. d. R.: Abschlussmängel) nicht entsprechend der **Zweifelsregel des § 139 BGB** zur Gesamtnichtigkeit der Vereinbarung führen, da andernfalls eine Vielzahl von Arbeitsverhältnissen, die im Vertrauen auf den Bestand des Tarifvertrags auf detaillierte Regelungen der Arbeitsbedingungen verzichten, praktisch undurchführbar würden. Im Fall 72 bleibt die ansonsten nicht zu beanstandende Ausschlussfristenregelung also wirksam. E hat keinen Anspruch gegen N. (Die gegenteilige Ansicht erscheint uns angesichts derart fundamentaler Mängel gleichwohl gut vertretbar).

III. Anwendungsbereich der Normen eines Tarifvertrages

715 Die Frage, ob eine konkrete Tarifnorm gilt, lässt sich nur nach mehreren Prüfungsschritten beantworten.

1. Geltungsbereich eines Tarifvertrages

716 Zunächst ist es Sache der Tarifvertragsparteien selbst im Rahmen ihrer satzungsmäßigen Organisations- bzw. Tarifzuständigkeit[24] (z. B. Handel, Banken und Versicherungen), den Geltungsbereich eines **konkreten Tarifvertrages** abzustecken, und zwar **räumlich** (z. B. ein Verbandstarifvertrag für Niedersachsen), **betrieblich** (Großhandel), **fachlich** (Verkaufspersonal), **persönlich** (nicht Aus-

---

23 Hierzu und dem Streitstand Wiedemann/*Wank* TVG § 1 Rn. 945 ff.
24 S. bereits § 9 RN 694, ferner BAG v. 11.6.2013 – 1 ABR 32/12 –, AP Nr. 24 zu § 2 TVG Tarifzuständigkeit = NZA 2012, 1104.

zubildende) und **zeitlich** (vom 1.1.2017 bis zum 31.12.2018; Alternative: Vereinbarung eines Termins für eine ordentliche Kündigung mit einer Kündigungsfrist). In der Praxis wird vielfach der fachliche Geltungsbereich mit dem betrieblichen gleichgesetzt, was wegen des vorherrschenden Industrieverbandsprinzips nicht verwundert. Zu denken ist auch an den **Firmentarifvertrag**, dessen räumlicher Geltungsbereich sich in der Regel auf das ganze Unternehmen bezieht; an dessen Stelle kann auch ein **firmenbezogener Verbandstarifvertrag** abgeschlossen werden.[25]

2. Tarifgebundenheit innerhalb des Geltungsbereichs

Sodann kommt es auf die **Tarifgebundenheit** innerhalb des Geltungsbereichs des jeweiligen Tarifvertrages an. Wer tarifgebunden ist, bestimmt nicht der Verband, sondern der Gesetzgeber. Tarifgebunden sind gemäß § 3 Abs. 1 TVG die Mitglieder der Tarifvertragsparteien und der Arbeitgeber, der selbst den Tarifvertrag geschlossen hat. An dieser Stelle ist noch einmal zu betonen, dass für die Geltung von Abschluss-, Inhalts- und Beendigungsnormen die Tarifbindung beider Arbeitsvertragsparteien Voraussetzung ist (§ 4 Abs. 1 S. 1 TVG). Ist auch nur eine der beiden Arbeitsvertragsparteien Außenseiter, tritt die normative Wirkung nicht ein. Eine rückwirkende Begründung der Tarifbindung im Wege eine Rückdatierung des Gewerkschaftsbeitritts ist nicht möglich, da die auf Gesetz beruhende normative Wirkung nicht zur Disposition der Tarifvertragsparteien und deren Mitglieder steht.[26] Die Tarifbindung des Arbeitgebers allein reicht nur bei den Normen über betriebliche oder betriebsverfassungsrechtliche Fragen aus (§ 3 Abs. 2 TVG). Normadressaten sind schließlich auch die gemeinsamen Einrichtungen (§ 4 Abs. 2 TVG). Die fehlende Tarifgebundenheit spielt allerdings dann keine Rolle mehr, wenn ein Tarifvertrag wirksam für **allgemeinverbindlich erklärt** worden ist.

717

3. Allgemeinverbindlichkeit von Tarifverträgen und „Tariftreue"

Das Bundesministerium für Arbeit und Sozialordnung kann einen Tarifvertrag unter bestimmten Voraussetzungen für allgemeinverbindlich erklären (§ 5 TVG). Seit 1995 ist die Zahl der für allgemeinverbindlich erklärten Tarifverträge aller-

718

---

25 BAG v. 24.4.2007 – 1 AZR 252/06 –, AP Nr. 2 zu § 1 TVG Sozialplan unter Rn. 55 ff.
26 BAG v. 22.11.2000 – 4 AZR 688/99 –, AP Nr. 20 zu § 3 TVG Verbandszugehörigkeit = NZA 2001, 980.

dings zurückgegangen: von 627 (davon 118 in den neuen Bundesländern) auf 491 am 31.12.2015, bei einer insgesamt steigenden Zahl von Tarifverträgen.[27]

719 Die Allgemeinverbindlicherklärung (AVE) hat die **Wirkung**, dass die Rechtsnormen des Tarifvertrages in seinem Geltungsbereich auch die bisher nicht tarifgebundenen Arbeitgeber und Arbeitnehmer erfassen (§ 5 Abs. 4 TVG). Sie bedeutet insoweit eine verfassungsgemäße Einschränkung der negativen Koalitionsfreiheit. Der Tarifvertrag gilt dann nämlich mit dem gleichen Inhalt und der gleichen Wirkung für sämtliche Arbeitsverhältnisse, nämlich auch

> **i** – für die Mitglieder der tarifschließenden Gewerkschaft, die bei nichttarifgebundenen Arbeitgebern beschäftigt sind,
> – für nichttarifgebundene, also nicht- oder andersorganisierte Arbeitnehmer, die bei tarifgebundenen Arbeitgebern beschäftigt sind,
> – und schließlich für die verbleibenden Arbeitsverhältnisse, obwohl weder Arbeitgeber noch Arbeitnehmer tarifgebunden sind.

720 **Zweck** der Allgemeinverbindlicherklärung ist vor allem die Wahrung der Interessen der Mitglieder der tarifschließenden Gewerkschaft und der Schutz der tarifgebundenen Arbeitgeber vor sog. Schmutzkonkurrenz durch niedrigere Arbeitskosten infolge schlechterer Arbeitsbedingungen. Dies wird daran deutlich, dass gemäß § 5 Abs. 1 TVG eine Tarifvertragspartei den staatlichen Akt beantragen muss und dass eine positive Entscheidung nur im Einvernehmen mit einem aus je drei Vertretern der Spitzenorganisationen (§ 12 TVG) der Arbeitgeber und Arbeitnehmer bestehenden Ausschuss erfolgen kann. Regelvoraussetzungen sind außerdem, dass die tarifgebundenen Arbeitnehmer nicht weniger als 50 % der in den Geltungsbereich des Tarifvertrages fallenden Arbeitnehmer beschäftigen und dass die AVE im öffentlichen Interesse geboten erscheint.

721 Die Allgemeinverbindlicherklärung stellt einen staatlichen **Rechtsetzungsakt eigener Art** dar.[28] Weder die Legislative noch die Exekutive ist Herr über den Inhalt der Normen oder auch nur über das Verfahren, das zur Allgemeinverbindlichkeit führt. Eine inhaltliche Abänderung ist nicht möglich; allenfalls kann die AVE ganz oder teilweise verweigert werden. Trotz der nur eingeschränkten

27 Vgl. einerseits Suchbegriff: Verzeichnis der für allgemeinverbindlich erklärten Tarifverträge, hrsgg. vom BMAS, S. 6 sowie andererseits WSI Tarifarchiv, Tarifpolitik 2016, Statistisches Taschenbuch, Statistik 1.5.
28 Vgl. BVerfG v. 24.5.1977–2 BvL 11/74 –, BVerfGE 44, 322ff. = AP Nr. 15 zu § 5 TVG – krit. zur Begründung *Gamillscheg* in seiner Anm. zugleich zu BVerwG v. 3.11.1988–7 C 115.86 –, EzA § 5 TVG Nr. 9. Zum Rechtsschutz gegen eine Allgemeinverbindlicherklärung vgl. *Maßen/Mauer*, NZA 1996, 121ff.

staatlichen Verantwortung ist es kaum verständlich, dass der Text des Tarifvertrages im Unterschied zu Gesetzen oder Rechtsverordnungen nicht amtlich veröffentlicht werden muss, sondern lediglich die Tatsache seiner AVE (§ 5 Abs. 7 TVG). Diese Regelung ist besonders bedauerlich, weil Nichtmitgliedern das für sie geltende Tarifrecht häufig sehr schwer zugänglich ist.[29] Besonders nachteilig wirkt sich dieser Umstand aus, wenn ein für allgemeinverbindlich erklärter Tarifvertrag Ausschlussfristen enthält, die das Nichtmitglied nicht kennt. Eine Ausschlussfrist bedeutet ja, dass ein Anspruch (z.B. auf Entgelt) untergeht, wenn er nicht bis zu dem Ablauf der Frist (z.B. drei Monate nach Beendigung des Arbeitsverhältnisses) geltend gemacht worden ist.

Eine besonders starke Bedeutung gewann die AVE zunächst im Bereich des **722** Baugewerbes durch das **Arbeitnehmer-Entsendegesetz** v. 20.4.2009.[30] § 3 S. 1 AEntG führt dazu, dass die tariflich normierten Mindestarbeitsbedingungen (Entgelt und Urlaubsregelungen) auch Arbeitsverhältnisse nach Deutschland entsandter Arbeitnehmer mit zwingender Wirkung erfassen, für die sonst gerade kein deutsches Arbeitsrecht gelten würde. § 4 Abs. 1 AEntG erfasst mittlerweile auch viele weitere Branchen, etwa der Gebäudereinigung, der Briefdienstleistung, die Abfallwirtschaft sowie das Schlachterei- und fleischverarbeitende Gewerbe. Über die ursprüngliche, sich in der Gesetzesbezeichnung widerspiegelnde Konzeption hinaus, entfaltet das AEntG selbstverständlich – erst recht – Wirkung für ansonsten nicht der beiderseitigen Tarifbindung unterliegende **deutsche Arbeitverhältnisse.**[31] Voraussetzung für die Geltungserstreckung ist jedenfalls die AVE des einschlägigen Tarifvertrages.[32] Da diese AVE bisweilen an der fehlenden Zustimmung der Arbeitgeberseite im maßgeblichen Ausschuss gescheitert ist, sehen §§ 3 S. 1, 7, 7a AEntG – verfassungskonform[33] – sogar eine Rechtsverordnung des Bundesministeriums für Arbeit und Sozialordnung vor, die die AVE bei fehlendem Einvernehmen ersetzt.[34] Damit wird ein Lohndumping unterbunden und

---

29 Der Tarifvertrag muss allerdings im Betrieb ausgelegt werden (§ 8 TVG); eine Verletzung dieser Pflicht begründet jedoch keinen Schadensersatzanspruch (BAG v. 23.1.2002 – 4 AZR 56/01 –, AP Nr. 5 zu § 2 NachwG = NZA 2002, 800). Gemäß § 9 der Durchführungsverordnung zum TVG v. 20.2. 1970 i.d.F. v. 16.1.1989 (BGBl. I S. 76) können die Betroffenen von den Tarifvertragsparteien eine Abschrift des Tarifvertrages gegen Selbstkostenerstattung verlangen.

30 BGBl. I S. 799.

31 Insoweit hat das VG Berlin die Verordnung über den „Postmindestlohn" v. 28.12.2007 (BAnZ. Nr. 242, S. 8410) mit zweifelhafter Begründung für nichtig erklärt (Urt. v. 7.3.2008 – 4 A 439.07 –, NZA 2008, 482).

32 Vgl. dazu auch *Junker*, RdA 1998, 42, 44 f.

33 BVerfG v. 18.7.2000 – 1 BvR 948/00 –, AP Nr. 4 zu § 1 AEntG = NZA 2000, 948.

34 Z.B. Zehnte VO über zwingende Arbeitsbedingungen im Baugewerbe v. 19.2.2018 (BAnz AT 27.02.2018 V1). Dasselbe gilt für das Dachdecker- sowie das Maler- und Lackiererhandwerk.

ein branchenspezifischer Mindestlohn kreiert, der auch nicht durch einen deutschen Firmentarifvertrag unterlaufen werden kann.[35] Fraglich ist allerdings, ob nicht der gemeinsame europäische Binnenmarkt eine Preiskonkurrenz von ausländischen Unternehmen unter dem Gesichtspunkt der Dienstleistungsfreiheit (Art. 56 AEUV) gerade rechtfertigt.[36]

723   Faktisch wird dasselbe Ergebnis durch eine in den meisten Vergabegesetzen der Länder[37] enthaltene Regelung erreicht, die es dem öffentlich-rechtlichen Auftraggeber gebieten, Aufträge nur an solche Auftragnehmer zu vergeben, die zusagen, ihre Arbeitnehmer nach Maßgabe der für die Branche einschlägigen Tarifverträge zu behandeln (sog. **Tariftreue**). Das BVerfG[38] hat diese Maßgabe anders als der vorlegende BGH[39] schon deshalb für mit Art. 9 Abs. 3 GG vereinbar erklärt, weil sie die negative Koalitionsfreiheit wegen ihrer bloß individualrechtlichen Wirkung – angeblich – nicht einmal berührte. Auch Art. 12 Abs. 1 GG sei nicht verletzt, weil zur Bekämpfung der Arbeitslosigkeit dem Verdrängungswettbewerb über die Lohnkosten entgegengewirkt werden solle. Der EuGH hat das niedersächsische Gesetz jedoch wegen eines Verstoßes gegen die Dienstleistungsfreiheit (Art. 56 ff. AEUV) beanstandet, weil es Tariftreue auch bei nicht für allgemeinverbindlich erklärten Tarifverträgen vorschreibt.[40]

4. Tarifkonkurrenz und Tarifpluralität

Beispielsfälle

Fall 73: B, ein langjähriges Mitglied der vereinigten Dienstleistungsgewerkschaft ver.di (V), ist bei der Gebäudemanagement AG (G), die im Arbeitgeberverband niedersächsicher Gebäudedienstleister (N) organisiert ist, als Servicekraft beschäftigt. V und N schlossen im Jahr 2018 einen

---

35 Zur Konkurrenz verschiedener Anträge auf Allgemeinverbindlicherklärung *Sansone/Ulber*, AuR 2008, 125, 129 ff.

36 S. dazu EuGH v. 10.7.2007 – C-490/04 –, NZA 2007, 917, das in einem Vertragsverletzungsverfahren gegen Deutschland lediglich bürokratische Hürden beanstandet. EuGH v. 24.1.2002 – C-164/99 – (Portugaia Construções), AP Nr. 4 zu Art. 49 EG = NZA 2002, 207. Vgl. auch *Rieble/Lessner*, ZfA 2002, 29 ff. m.w.N.

37 Nachweise dazu bei *Schwab*, Die Tarifstreueerklärung, AR-Blattei SD 1550.11 (11/2007) Rn. 61. Ferner der gescheiterte Gesetzentwurf der Bundesregierung zur tariflichen Entlohnung bei öffentlichen Aufträgen und zur Errichtung eines Registers über unzuverlässige Unternehmen (BT-Drucks. 14/8285 v. 20.2.2002). S. auch *Konzen*, NZA 2002, 781 ff.

38 BVerfG v. 11.7.2006 – 1 BvL 4/00 –, BVerfGE 116, 202 ff. = AP Nr. 129 zu Art. 9 GG = NZA 2007, 42. Kritisch zur Methode *Preis/Ulber*, NJW 2007, 465 ff., zum Ergebnis *Rieble*, NZA 2007, 1 ff.

39 BGH v. 18.1.2001 – KVR 23/98 –, NZA 2000, 327.

40 EuGH v. 3.4.2008 – C-346/06 – (Rüffert), NZA 2008, 537.

Verbandstarifvertrag, der für alle Beschäftigten einen über das Bundesurlaubsgesetz hinaus-gehenden Zusatzurlaub von fünf Tagen vorsieht. Da die wirtschaftliche Entwicklung der G hinter derjenigen der gesamten Branche zurückbleibt, gelingt es ihr, mit V im gleichen Jahr einen Fir-mentarifvertrag zu vereinbaren, der ein geringeres Entgelt und lediglich zwei Tage Zusatzurlaub vorsieht. B plant mit seiner Lebensgefährtin für 2018 eine Weltreise und fragt, wie viele Ur-laubstage ihm in diesem Jahr zur Verfügung stehen. Wie ist die Rechtslage?

Fall 74: A, seit Jahrzehnten Mitglied in der Christlichen Gewerkschaft Metall (CGM), ist bei der Stahlbau GmbH & Co KG (S) als Dreher beschäftigt. S hat mit der CGM im Jahr 2018 einen Ent-geltfirmentarifvertrag geschlossen, der in der für A relevanten Tarifgruppe einen Stundenlohn von 20 € vorsieht. Zugleich ist S an einen, ebenfalls 2018 zwischen dem Arbeitgeberverband Nie-dersachsen-Metall, in dem S Mitglied ist, und der IG-Metall geschlossenen Verbandstarifvertrag gebunden, der einen Stundenlohn von 19 € festlegt. Dieser Verbandstarifvertrag findet auf mehr als 70 % der Beschäftigten des S Anwendung, da diese Arbeitnehmer Mitglied in der IG-Metall sind. Welchen Stundenlohn kann A beanspruchen?

Eine **Tarifkonkurrenz** ist dann gegeben, wenn beide Parteien eines Arbeitsver- **724** hältnisses an zwei verschiedene, inhaltlich konkurrierende, normativ geltende Tarifverträge gebunden sind. Denkbar ist dies z.B. dann, wenn der Arbeitgeber einen Firmentarifvertrag über die Vergütung abgeschlossen hat, sein Arbeitneh-mer Mitglied der Gewerkschaft ist (§ 4 Abs. 1 S. 1 TVG) und zugleich ein ein-schlägiger Verbandstarifvertrag für allgemeinverbindlich erklärt worden ist (§ 5 Abs. 4 TVG). Die Auflösung eines derartigen Konkurrenzverhältnisses ist zwin-gend geboten, da für ein und dasselbe Arbeitsverhältnis nicht zugleich inhaltlich divergierende Regelungen gelten können. Insoweit gilt das Prinzip der **Speziali-tät**[41], so dass sich im Ergebnis derjenige Tarifvertrag durchsetzt, der dem Betrieb räumlich, fachlich und persönlich am nächsten steht.[42] Der Firmentarifvertrag hat demnach als speziellere Regelung Vorrang[43]; dies ist gerade für eine betriebsbe-zogene Beschäftigungssicherung von Bedeutung[44] und führt dazu, dass B (Fall 73) im Jahr 2018 lediglich zwei zusätzliche Urlaubstage zur Verfügung hat.

---

41 § 4a TVG gilt insoweit nach dem ausdrücklich artikulierten Willen des Gesetzgebers nicht, BT-Drs. 18/4062, S. 12; zust. *Konzen/Schliemann*, RdA 2015, 1, 7 f.; *Richardi*, NZA 2015, 915, 916; Klausurbeispiel bei *Stoffels/Reiter/Bieder*, Fall 2.

42 BAG v. 23.3.2005 – 4 AZR 203/04 –, AP Nr. 29 zu § 4 TVG Tarifkonkurrenz.

43 Anders aber dann, wenn die Konkurrenzsituation (kein echter Fall der Tarifkonkurrenz!) die Konsequenz der Verwendung arbeitsvertraglicher, dynamischer Bezugnahmeklauseln auf die einschlägigen Tarifverträge ist, BAG v. 16.5.2018 – 4 AZR 209/15 –, AP Nr. 145 zu § 1 Bezugnahme auf Tarifvertrag; BAG v. 11.7.2018 – 4 AZR 370/17 –, AP Nr. 149 zu § 149 zu § 1 TVG – Bezugnahme auf Tarifvertrag.

44 Vgl. dazu BAG v. 24.1.2001 – 4 AZR 655/99 – unter I 1 c bb, AP Nr. 173 zu § 1 TVG Tarifverträge: Metallindustrie = NZA 2001, 788; LAG Hamm v. 9.3.2000 – 8 Sa 1895/99 – unter B II 2 d, NZA-RR 2001, 42, 44; ferner *Wolter*, RdA 2002, 218 ff.

725   Problematisch ist, ob man zu demselben Ergebnis auch im Fall der **Tarif-pluralität** gelangen kann.[45] Diese liegt dann vor, wenn in dem entsprechenden Betrieb – nicht aber notwendig für das einzelne Arbeitsverhältnis – mehrere Tarifverträge nebeneinander Geltung beanspruchen, etwa weil der Arbeitgeber an mehrere Tarifverträge gebunden, seine Belegschaft aber in unterschiedlichen Gewerkschaften organisiert ist oder arbeitsvertragliche Bezugnahmeklauseln für nicht organisierte Belegschaftsteile zur Anwendung anderer Tarifverträge führt als derjenigen, die für Arbeitgeber und weitere Arbeitnehmergruppen normativ kraft Koalitionsmitglied gelten. Das BAG löste diese Kokurrenzsituation – letztlich nur aus Praktikabilitätserwägungen – ursprünglich zu Gunsten des Arbeitgebers durch den **Grundsatz der Tarifeinheit** auf, der besagte, dass alle Arbeitsverhältnisse in einem Betrieb durch denselben Tarifvertrag geordnet werden müssten.[46] Es gab diesen Grundsatz im Jahr 2010 aber vor allem wegen verfassungsrechtlicher Bedenken auf, da die notwendig in der Konsequenz des Grundsatzes der Tarifeinheit liegende Verdrängung einzelner Tarifverträge die (negative) Koalitionsfreiheit nicht (bei Bezugnahmeklauseln) oder anders organisierter Arbeitnehmer (bei durch diesen Grundsatz verdrängten Tarifverträgen) ungerechtfertigt beeinträchtigte.[47]

726   Diese, fortbestehende Kritik hinderte den Gesetzgeber – mit Billigung des BVerfG[48] – allerdings nicht daran, den Grundsatz der Tarifeinheit nunmehr in § 4a Abs. 2 S. 2 TVG dergestalt zu normieren, dass sich bei mehrfacher (und inhaltlich kongruenter) Tarifbindung des Arbeitgebers letztlich für alle Beschäftigten des Betriebs die Tarifnormen derjenigen Gewerkschaft durchsetzen, die im Zeitpunkt des die Kollision auslösenden letzten Abschlusses eines Tarifvertrags die Mehrheit der Belegschaft repräsentiert.[49] A hat deshalb in Fall 74 lediglich Anspruch auf einen Stundenlohn i. H. v. 19 €. Die insoweit verdrängte Gewerkschaft kann lediglich den Abschluss eines inhaltsgleichen Tarifvertrags verlangen (sogenannte Nachzeichnung, § 4a Abs. 4 TVG). Besonderheiten bestehen zudem für die Geltung von Betriebsnormen (lies: § 4a Abs. 3 TVG).

---

45 Näher dazu *Thüsing/von Medem*, ZIP 2007, 510 ff.

46 BAG v. 29.3.1957 – 1 AZR 208/55 –, AP Nr. 4 zu § 4 TVG Tarifkonkurrenz; BAG v. 15.11.2006 – 10 AZR 665/05 –, AP Nr. 34 zu § 4 TVG Tarifkonkurrenz; zur tarifpolitischen Zielsetzung s. § 9 RN. S. zum Streik der GDL LAG Chemnitz v. 2.11.2007 – 7 SaGa 19/07 – unter E IV, NZA 2008, 59 ff.

47 BAG v. 7.7.2010 – 4 AZR 549/08 –, AP Nr. 140 zu Art. 9 GG = NZA 2010, 1068.

48 BVerfG v. 11.7.2017 – 1 BvR 1571/15 –, NZA 2017, 915; eingehend dazu *Giesen/Kersten*, ZfA 2015, 201 ff.

49 Ausführliches Klausurbeispiel bei *Stoffels/Reiter/Bieder*, Fälle zum kollektiven Arbeitsrecht, Fall 2.

IV. Gewährleistung und Modifikation der normativen Wirkung

Der Gesetzgeber hat für den Fall eines Verbandsaustritts und des Auslaufens eines 727
Tarifvertrages in unterschiedlicher Weise Vorsorge getroffen.

1. Fortbestehende Tarifgebundenheit trotz Verbandsaustritts

§ 3 Abs. 3 TVG verhindert die „Flucht" eines Verbandsmitglieds durch Ver- 728
bandsaustritt vor den Tarifnormen eines abgeschlossenen, aber von ihm missbilligten Tarifvertrages. Dort heißt es nämlich lapidar: „Die Tarifgebundenheit
bleibt bestehen, bis der Tarifvertrag endet." Ein gutes Beispiel bilden die Arbeitszeitregelungen über die Wochenendarbeit in der Druckindustrie oder das
Arbeitszeitende um 18.30 Uhr im Einzelhandel. Nach Abschluss eines entsprechenden Tarifvertrages nützt es einem zu diesem Zeitpunkt tarifgebundenen Arbeitgeber nichts mehr, wenn er den Verband verlässt. Die Schutzfunktion des
Tarifvertrages hat Vorrang,[50] bis der Tarifvertrag ausläuft oder geändert wird, sei
es auch nur geringfügig.[51] Das BAG lässt allerdings einen „Blitzaustritt" aus dem
Verband vor dem Vertragsschluss grundsätzlich zu.[52]

2. Nachwirkung trotz Ablaufs eines Tarifvertrages

Beispielsfall

Fall 75: Die Osnabrücker-Landbäckerei GmbH (G) ist Mitglied des Arbeitgeberverbands Osna-
brück-Emsland e. V. (O). Dieser hatte 2013 mit der Gewerkschaft Nahrung-Genuss-Gaststätten
(NGG) einen Verbandstarifvertrag geschlossen, der in § 14 für alle Mitarbeiter die Zahlung eines
Urlaubsgeldes in Höhe eines Bruttomonatsverdienst vorsah. Dieser Tarifvertrag wurde von O mit
Wirkung zum 31.12.2015 wirksam gekündigt. Verhandlungen über den Abschluss eines neuen
Tarifvertrags blieben seitdem erfolglos. In den Jahren 2016 bis 2017 zahlte G an die Mitarbeiterin
M, ihrerseits Mitglied der NGG, nach wie vor das Urlaubsgeld aus. Als M die G Ende 2018 zur
Zahlung auffordert, verweigert sich diese und meint, sie könne nichts für die Querelen zwischen
O und der NGG und sei jedenfalls nicht „bis in alle Ewigkeit" an einen schon vor Jahren abge-
laufenen Tarifvertrag gebunden. Muss G zahlen?

50 Dazu BAG v. 17.5.2000 – 4 AZR 363/99 –, AP Nr. 8 zu § 3 TVG Verbandsaustritt = NZA 2001, 543.
51 BAG v. 7.6.2017 – 1 ABR 32/15 –, AP Nr. 152 zu Art. 9 GG = NZA 2017, 1410; BAG v. 4.4.2001 – 4 AZR
215/00 –, AP Nr. 9 zu § 3 TVG Verbandsaustritt = NZA 2001, 104.
52 BAG v. 20.2.2008 – 4 AZR 64/07 –, Pressemitteilung 15/08 (hier: Austrittsvereinbarung).

729 Demgegenüber ordnet § 4 Abs. 5 TVG für den Ablauf eines Tarifvertrages eine modifizierte Nachwirkung der Tarifnormen an.[53] Die Rechtsnormen gelten nämlich weiter, **„bis sie durch eine andere Abmachung ersetzt werden"**. Der Zweck dieser Nachwirkung besteht darin, keine Regelungslücke für die Arbeitsvertragsparteien entstehen zu lassen, die bisher auf die Ausgestaltung der Rechte und Pflichten durch die Tarifpartner vertraut haben, obwohl der Weg zu neuen Tarifverhandlungen frei ist. Die Nachwirkung macht in zweierlei Hinsicht Abstriche von der unmittelbaren und zwingenden Wirkung der Tarifnormen. Sie erfasst erstens nur die **Arbeitsverhältnisse**, die noch **vor Ablauf des Tarifvertrages** zustande gekommen sind.[54] Die Normen **büßen** zweitens **ihre zwingende Wirkung** ab diesem Zeitpunkt[55] **ein**; nunmehr gelten auch für die bereits Beschäftigten etwaige ungünstigere Arbeitsbedingungen, die auch schon vor Eintritt der Nachwirkung vereinbart werden können.[56] Selbstverständlich kann der Arbeitgeber eine solche Änderung nicht einseitig anordnen, sondern es bedarf – wie das Gesetz sagt – einer Abmachung. Gibt der Arbeitnehmer nicht freiwillig nach, steht dem Arbeitgeber nur das Mittel der (Änderungs-)Kündigung zur Verfügung.[57] Dann greift aber der allgemeine und besondere Kündigungsschutz ein. Der in der Presse häufig benutzte Ausdruck „tarifloser Zustand" trifft also nur für Neueinstellungen[58] uneingeschränkt zu.

730 Die Nachwirkung unterliegt, selbst wenn sie sich über einen längeren Zeitraum ohne Neuregelungen erstreckt und ohne dass dadurch die negative Koalitionsfreiheit des Arbeitgebers (Art. 9 Abs. 3 GG) verletzt wäre, nach h. M. keiner zeitlichen Begrenzung.[59] Entsprechend hat M gegen G in Fall 75 nach wie vor einen Anspruch auf Zahlung des Urlaubsgelds.[60]

---

53 Zur Verfassungsmäßigkeit der Norm BVerfG v. 3.7.2000 – 1 BvR 945/00 –, AP Nr. 36 zu § 4 TVG Nachwirkung = NZA 2000, 947.

54 Dazu BAG v. 10.12.1997 – 4 AZR 247/96 –, AP Nr. 20 zu § 3 TVG = NZA 1998, 484; v. 22.7.1998 – 4 AZR 403/97 –, AP Nr. 32 zu § 4 TVG Nachwirkung = NZA 1998, 1287.

55 BAG v. 8.9.1999 – 4 AZR 661/98 –, AP Nr. 33 zu § 4 TVG Nachwirkung = NZA 2000, 223: grundsätzlich kein Vertrauensschutz bei ablösendem Tarifvertrag mit vereinbarter Rückwirkung.

56 BAG v. 3.4.2007 – 9 AZR 867/06 – unter Rn. 20, AP Nr. 46 zu § 4 TVG Nachwirkung = NZA 2007, 1045.

57 Vgl. § 6 RN 380 ff.

58 Vgl. auch BAG v. 27.9.2017 – 4 AZR 630/15 –, AP Nr. 53 zu § 4 TVG Rückwirkung = NZA 2018, 178.

59 BAG v. 15.10.2003 – 4 AZR 573/02, NZA 2004, 387, 389; ebenso zu § 3 Abs. 3 TVG BAG v. 1.7. 2009 – 4 AZR 261/08, NZA 2010, 53, 59; a. A. *Däubler*, NZA 1996, 225, 227 (Begrenzung analog § 624 S. 2 BGB auf sechs Monate); *Rieble*, RdA 1996, 151, 155 (Jahresfrist des § 613a Abs. 1 S. 2 BGB gelte entsprechend); zu weiteren denkbaren Analogien zu § 39 Abs. 2 BGB (zwei Jahre) bzw. §§ 736 Abs. 2 BGB, 160 HGB (fünf Jahre) *Stoffels/Reiter/Bieder*, Fälle zum kollektiven Arbeitsrecht, Fall 3 Rn. 19 m. w. N.

V. Grenzen der Tarifautonomie

Mögen die Tarifvertragsparteien tariffähig und tarifzuständig gewesen sein, mö- 731
gen die Arbeitsvertragsparteien in den Geltungsbereich eines formwirksamen
Tarifvertrages fallen und beiderseits daran gebunden sein – wirksam ist eine
Tarifnorm nur, wenn sie sich in den Grenzen der Tarifautonomie bewegt. Dabei ist
zwischen der Reichweite der Regelungskompetenz der Tarifvertragsparteien (Innenschranken) und dem Vorrang von Verfassungs- und zwingendem Gesetzesrecht (Außenschranken) zu unterscheiden.

1. Innenschranken

Zu den Innenschranken zählen wir folgende Eingrenzungen: 732

a) Regelung von Arbeitsbedingungen

Während in Art. 9 Abs. 3 S. 1 GG sehr umfassend von der „Wahrung und Förderung 733
der Arbeits- *und* Wirtschaftsbedingungen" die Rede ist, bezieht sich jedenfalls der
normative Teil des Tarifvertrages nach dem TVG nur auf *Arbeitsbedingungen*,
wenn auch nicht allein auf einzelne Arbeitsverhältnisse.[61] Auch bei der gebotenen
Auslegung der Kompetenznormen des TVG im Licht des Art. 9 Abs. 3 GG darf der
Zusammenhang mit den Arbeitsbedingungen nicht aus dem Blick geraten.[62]
Deshalb kann unseres Erachtens durch eine betriebliche Norm zwar das Ende der
täglichen Arbeitszeit auf 18.30 Uhr fixiert, nicht aber – als **unternehmerische
Frage** – ein Ladenschluss angeordnet werden, der auch den Arbeitgeber oder
mithelfende Familienangehörige an einer längeren Tätigkeit hindert.[63] Tariflich
regelbar – und erstreikbar – sind Rationalisierungsschutzabkommen jedenfalls
insoweit, als sie beispielsweise zusätzliche Regelungen über Kündigungsschutz,
Umschulungen und Abfindungszahlungen enthalten. Demgegenüber haben wir
Zweifel, ob die Regelung des Rationalisierungstempos als solches noch unter die

---

60 Ausführliches Klausurbeispiel bei *Stoffels/Reiter/Bieder*, Fälle zum kollektiven Arbeitsrecht,
Fall 3.
61 Zum Begriff der Arbeitsbedingungen hat das BAG ausführlich im Zusammenhang mit der
Regelung des Personalbemessungssystems der Bundespost durch betriebliche Normen Stellung
genommen und die Erstreckung der Tarifautonomie auf neue Felder ausdrücklich bejaht (v. 3.4.
1990 – 1 AZR 123/89 – unter B I, AP Nr. 56 zu Art. 9 GG = NZA 1990, 886).
62 *Otto/Schwarze*, ZfA 1995, 639, 663 ff.
63 Vgl. zur fehlenden Eignung als Betriebsnorm *Krause* in: Jacobs/Krause/Oetker/Schubert, Tarifvertragsrecht, § 4 Rn. 68.

in § 1 TVG genannten Regelungsaufgaben fällt; entgegen gegenläufiger Tendenz[64] gilt dasselbe für die Festschreibung eines Standorts oder eines Produktionsprogramms, sogar unter Angabe der neuen Produkte, der Auslastung und der Fertigungsbetriebe. Dabei richten sich unsere Bedenken im Kern gegen die Erstreikbarkeit dieser Regelungen.[65] Unbedenklich sind hingegen derartige Absprachen der Tarifpartner untereinander in einem rein **schuldrechtlichen Koalitionsvertrag eigener Art**[66] ohne Schriftformzwang. Ein Arbeitgeberverband könnte sich aber nur dann zur Durchsetzung gegenüber den Verbandsmitgliedern verpflichten, wenn die Vereinssatzung dies dem Vorstand gestattete.

b) Kollektivfreie Individualsphäre

734 Außerhalb der Tarifmacht liegt von vornherein die kollektivfreie Individualsphäre. Die Tarifvertragsparteien können beispielsweise nicht über die Lohnverwendung bestimmen. Zweifelhaft ist deshalb auch, inwieweit die Tarifvertragsparteien die Abtretung von zukünftigen Vergütungsansprüchen über den gesetzlichen Schutz hinaus[67] verbieten dürfen,[68] weil dadurch die Kreditfähigkeit des Arbeitnehmers geschmälert wird. Sicher sind erworbene Rechte dem kollektivrechtlichen Zugriff entzogen. Daher kann im Tarifvertrag nicht wirksam bestimmt werden, dass einzelvertraglich versprochene besondere **„außertarifliche" Zulagen** für einzelne Leistungen oder spezielle Erschwernisse, die die tariflichen Bestimmungen überhaupt nicht vorsehen, bei einer Tariflohnerhöhung verrechnet werden dürfen.[69]

735   Hingegen wird ein lediglich **„übertariflicher" Vergütungsanteil** nach der Rechtsprechung – mit § 305c Abs. 2 BGB kaum vereinbar – automatisch von einer Erhöhung des Tariflohnes aufgesogen und nicht etwa auf den erhöhten Tariflohn aufgestockt, sofern nicht die Arbeitsvertragsparteien ein Anrechnungsverbot

---

64 So vermehrt die Tarifpraxis, z. B. der Ergänzungstarifvertrag zum Zukunftstarifvertrag der Volkswagen AG v. 5.10.2006 in § 2, der durch Betriebsvereinbarungen konkretisiert werden soll. S. auch *Krause* für den schuldrechtlichen Teil des Tarifvertrages unter Berufung auf Art. 9 Abs. 3 GG, Standortsicherung und Arbeitsrecht, 2007, S. 56 ff.

65 Dazu § 11 RN 795.

66 Vgl. BAG v. 14.4.2004 – 4 AZR 232/03 –, AP Nr. 188 zu § 1 TVG Auslegung = NZA 2005, 178 (Lehrerpersonalkonzept).

67 Soweit der Anspruch auf Arbeitsvergütung unpfändbar ist (§§ 850c ff. ZPO), ist er auch nicht abtretbar (§ 400 BGB).

68 Vgl. *Denck*, ArbuR 1979, 109 ff.

69 Vgl. BAG v. 7.2.2007 – 5 AZR 41/06 –, AP Nr. 17 zu § 1 TVG Tarifverträge: Bewachungsgewerbe = NZA 2007, 934, und v. 3.6.1987 – 4 AZR 44/87 –, AP Nr. 58 zu § 1 TVG Tarifverträge: Metallindustrie = NZA 1987, 848.

vereinbart haben. Das BAG verlangt allerdings die Zustimmung des Betriebsrats gemäß § 87 Abs. 1 Nr. 10 BetrVG, wenn der Arbeitgeber sich mit einer teilweisen Anrechnung begnügt und sich damit der Verteilungsschlüssel bei den Arbeitnehmern verändert.[70] Versuche, die Tariflohnerhöhung mit tariflichen **„Effektivgarantieklauseln"** für den einzelnen Arbeitnehmer auch im wirtschaftlichen Ergebnis abzusichern, hat das BAG hingegen unterbunden.[71] Gewichtig erscheint uns das Argument, dass der durch das Günstigkeitsprinzip (§ 4 Abs. 3 TVG)[72] bewusst eröffnete übertarifliche Verhandlungsspielraum nicht nachträglich der Tarifmacht unterworfen werden kann. Der Arbeitnehmer hat immerhin den Vorteil, dass nunmehr die durch den Tarifvertrag erhöhte Mindestvergütung Tarifschutz genießt, also auch nicht mehr mit Hilfe einer Änderungskündigung herabgesetzt werden kann. Hingegen lässt es das BAG zu, dass durch Tarifvertrag in die Berechnung tariflicher Leistungen (z. B. zur Verdienst- oder Alterssicherung) „übertarifliche" und sogar „außertarifliche" Zulagen einbezogen werden.[73] Dem Arbeitgeber bleibt es jedoch unbenommen, diese Zulagen für die Zukunft mit Hilfe und nach Maßgabe des individualrechtlichen Instrumentariums zu streichen oder – unter Umständen *unter Beteiligung des Betriebsrats* – zu kürzen.

c) Personelle Grenzen – Außenseiterschutz

Beispielsfall

Fall 76: A, Mitglied der IG-Metall, und B, gewerkschaftslos, sind bei der Stahlbau S GmbH & Co KG beschäftigt. S ist kraft Mitgliedschaft im Arbeitgeberverband an den Manteltarifvertrag Metall Niedersachsen 2019 gebunden. Dieser sieht in § 17 vor: „Mitgliedern der IG-Metall wird eine jährliche Erholungsbeihilfe in Höhe von 260 € gewährt". B fragt sich, ob er nicht ebenfalls einen Anspruch auf diese Beihilfe hat, da er ja andernfalls faktisch zum Eintritt in die IG-Metall genötigt werde, was er nicht wolle. Zu recht?

Fall 77: § 17 des Manteltarifvertrags im Ausgangsfall sieht neben dem zuvor mitgeteilten Inhalt vor, dass der Arbeitgeber, wenn er gar nicht oder nicht in der IG-Metall organisierten Beschäftigten eine mit der Erholungsbeihilfe vergleichbare Leistung zukommen lässt, zur Entrichtung

---

70 BAG GS v. 3.12.1991 – GS 2/90 –, AP Nr. 51 zu § 87 BetrVG Lohngestaltung = NZA 1992, 749; v. 14.2.1995 – 1 AZR 565/94 – und v. 26.5.1998 – 1 AZR 704/97 –, AP Nr. 73 und 98 zu § 87 BetrVG 1972 Lohngestaltung = NZA 1996, 328, und 1998, 1292. Dazu auch § 12 RN 900.

71 Vom 14.2.1968 – 4 AZR 275/67 –, AP Nr. 7 zu § 4 TVG Effektivklausel mit krit. Anm. *Bötticher*.

72 Dazu unten RN 749 ff.

73 BAG v. 16.6.2004 – 4 AZR 408/03 – unter A III 2 und 3, AP Nr. 24 zu § 4 TVG Effektivklausel = NZA 2005, 1420.

einer um den Betrag dieser anderen Leistung erhöhten Erholungsbeihilfe verpflichtet ist. Um B, der von seinen Vorgesetzten sehr geschätzt wird, nicht zu demotivieren, gewährt S ihm kraft individualvertraglicher Zusage ein zusätzliches Urlaubsgeld in Höhe von 300 €. Als A hiervon erfährt, verlangt er von S – gestützt auf § 17 des Manteltarifvertrags – eine Beihilfe von insgesamt 560 €. Muss S zahlen?

736 Anders als z.B. in Österreich[74] sind der Normwirkung von vornherein personelle Grenzen gesetzt. Grundsätzlich gelten Tarifnormen nur für die **Verbandsmit-gliéder.** Diese Grenze kann nicht einfach dadurch unterlaufen werden, dass man eine Regelung der Hauptpflichten in eine betriebliche oder betriebsverfassungs-rechtliche Norm kleidet, wie das bei der oben beschriebenen Flexibilisierung der Arbeitszeitdauer geschehen sein könnte.[75] Erst recht kann der Abschluss von Arbeitsverträgen mit Außenseitern nicht verboten werden (sog. **Organisations-klauseln:** „closed shop").

737 Problematisch wird es daher auch, wenn der Tarifvertrag eine **Schlechter-stellung der Nichtmitglieder** gebietet (sog. **„Differenzierungsklauseln")**[76] oder faktisch bewirkt,[77] indem er z.B. die Zahlung von Urlaubsgeld oder den vorzeitigen Eintritt in den Ruhestand den tarifgebundenen Arbeitnehmern vor-behält. Damit maßen sich, sofern es sich nicht um eine unbedenkliche einfache Differenzierungsklausel (wie in Fall 76, so dass B ohne sonstigen Rechtsgrund keinen Beilhilfeanspruch hat) handelt, die den Tarifgebundenen einen Anspruch gewährt, ohne zusätzliche vergleichbare Leistungen an Nichtorganisierte auszu-schließen[78], die Tarifvertragsparteien im Grunde Rechtsetzungsmacht zu Lasten Dritter an. Außerdem geraten sie mit dem in § 4 Abs. 3 TVG ausdrücklich veran-kerten Günstigkeitsprinzip in Konflikt, das den tarifgebundenen (den nicht Or-ganisierten qua Vertragsfreiheit erst recht!) Arbeitnehmern die Freiheit gewähr-leistet, eine Verbesserung ihrer Arbeitsbedingungen sogar über das Tarifniveau

---

74 § 12 Abs. 1 des Arbeitsverfassungsgesetzes vom 14.12.1973 (BGBl. Nr. 22/1974), lautet: „Die Rechtswirkungen des Kollektivvertrages treten auch für Arbeitnehmer eines kollektivvertrags-angehörigen Arbeitgebers ein, die nicht kollektivvertragsangehörig sind (Außenseiter)."
75 Vgl. den Sachverhalt BAG v. 18.8.1987–1 ABR 30/86 –, AP Nr. 23 zu § 77 BetrVG 1972. Für eine Betriebsnorm in der Tat LAG Niedersachsen v. 28.5.1998–1 TaBV 91/97 –, LAGE § 1 TVG Be-triebsnorm Nr. 2. Zur Auslegung als Betriebsnorm BAG v. 1.8.2001–4 AZR 388/99 –, AP Nr. 5 zu § 3 TVG Betriebsnormen.
76 Großer Senat des BAG v. 29.11.1967 – GS 1/67 –, AP Nr. 13 zu Art. 9 GG.
77 BAG v. 21.1.1987–4 AZR 547/86 –, AP Nr. 47 zu Art. 9 GG mit zust. Anm. *Scholz* = EzA Art. 9 GG Nr. 42 mit Anm. *Konzen/Weber* = NZA 1987, 233, zur tarifvertragliche Vorruhestandsregelung der Textilindustrie. Gegen die Anerkennung einer alle Arbeitnehmer begünstigenden betrieblichen Norm (§ 3 Abs. 2 TVG) BAG v. 18.9.2001–9 AZR 397/00 –, AP Nr. 3 zu § 3 ATG.
78 BAG v. 23.3.2011–4 AZR 366/09, AP Nr. 147 zu Art. 9 GG = NZA 2011, 920 (Leitsatz 2); s. auch BAG v. 18.3.2009–4 AZR 64/08 –, AP Nr. 41 zu § 3 TVG = NZA 2009, 1028.

hinaus auszuhandeln. Dann kann es Nichtmitgliedern nicht durch sog. Spannensicherungs- oder Abstandsklauseln (Fall 77; aufgrund der Unwirksamkeit der Klausel hat A keinen Anspruch auf die erhöhte Beihilfe) verwehrt werden, die gleichen Arbeitsbedingungen zu vereinbaren. Diese Wertungsgesichtspunkte auf der Ebene des einfachen Tarifrechts halten wir bereits für durchschlagend, so dass es auf die Außenschranke – die Unvereinbarkeit derartiger Differenzierungen mit der durch Art. 9 Abs. 3 GG nach h.M. ebenfalls gewährleisteten *negativen Koalitionsfreiheit* – nicht mehr entscheidend ankommt.[79] Diese Überlegungen rechtfertigen unverändert die – mittlerweile nicht überzeugend relativierte[80] – Entscheidung des Großen Senats des BAG vom 29.11.1967[81], die nach heftigen Auseinandersetzungen im Schrifttum[82] jede Differenzierung von Arbeitgeberleistungen wegen der Gewerkschaftszugehörigkeit für unzulässig erklärte. Dabei ist es durchaus verständlich, dass die Gewerkschaften nach Wegen suchen, um die von ihnen als „Trittbrettfahrer" bezeichneten Nichtmitglieder jedenfalls teilweise von tariflichen Erfolgen auszuschließen, an denen sie in der Regel faktisch partizipierten, ohne Mitgliedsbeiträge zahlen zu müssen.

2. Außenschranken (Verstoß gegen höherrangiges Recht)
Außenschranken für Tarifnormen bilden das Verfassungs- und das zwingende **738** Gesetzesrecht einschließlich des Unionsrechts. Der Vorrang ergibt sich aus dem oben in § 4 näher erläuterten Stufenbau.

a) Verfassungsrechtliche Schranken
Eine unmittelbare verfassungsrechtliche Schranke stellt zweifelsfrei **Art. 9 Abs. 3 739 S. 2 GG** dar, der Diskriminierungen wegen der Zugehörigkeit zu einer Gewerkschaft (individuelle positive Koalitionsfreiheit) oder – nach überwiegender Meinung – wegen der Nichtzugehörigkeit (negative Koalitionsfreiheit) mit Drittwir-

---

79 So aber BAG v. 29.11.1967 – GS 1/67 –, AP Nr. 13 zu Art. 9 GG Leitsatz 3.
80 Wie hier BAG v. 23.3.2011–4 AZR 366/09, AP Nr. 147 zu Art. 9 GG = NZA 2011, 920 (Leitsatz 3); a. A. – solange durch die Gewerkschaftsmitgliedern vorbehaltene Leistung der Höhe und den Umständen nach nur ein Anreiz zum Koalitionsbeitritt gesetzt, aber kein Zwang oder Druck entfaltet werde – BVerfG v. 14.11.2018 – 1 BvR 1278/16 –, AP Nr. 153 zu Art. 9 GG; BAG v. 15.4.2015 – 4 AZR 796/13 –, AP Nr. 57 zu § 3 TVG = NZA 2015, 1388; *Krause:* in Jacobs/Krause/Oetker/Schubert, Tarifvertragsrecht, § 1 Rn. 77 ff.
81 v. 29.11.1967 – GS 1/67 –, AP Nr. 13 zu Art. 9 GG.
82 Vgl. z.B. *Bötticher*, RdA 1966, 401 ff.; *Gamillscheg*, Die Differenzierung nach der Gewerkschaftszugehörigkeit, 1966.

kung untersagt; demgemäß verstoßen die genannten Organisations- und Differenzierungsklauseln nach Ansicht des BAG gegen die Verfassungsnorm.[83]

740   Nach der vom BAG und im Schrifttum früher überwiegend vertretenen Ansicht sind die Tarifvertragsparteien bei der inhaltlichen Ausgestaltung des normativen Teils der Tarifverträge unmittelbar auch an alle anderen Grundrechte gebunden.[84] Begründet wird dies mit dem Normcharakter,[85] der vom Staat abgeleiteten oder doch gesetzlich abgesicherten Rechtsetzungsmacht (Delegation)[86] bzw. dem Machtübergewicht der Tarifvertragsparteien im Verhältnis zu den Normunterworfenen.[87] In jüngerer Zeit wird eine Gleichsetzung der Tarifverträge mit der staatlichen Gesetzgebung in der Literatur zunehmend abgelehnt.[88] Dies wird u. a. damit begründet, dass die Tarifnormen auf kollektiv ausgeübter oder kollektivierter[89] Privatautonomie beruhten und in Ausübung des Grundrechts aus Art. 9 Abs. 3 GG entstünden.[90] Die Mitglieder unterwürfen sich durch ihren Verbandsbeitritt freiwillig bestehendem und künftigem Tarifrecht.[91] Die Grundrechtsbindung der Tarifnormen ergebe sich vielmehr lediglich mittelbar aus der Schutzpflichtfunktion der Grundrechte.[92] Aus dieser anderen konstruktiven Sicht

---

83 BAG GS v. 29.11.1967 –, AP Nr. 13 zu Art. 9 GG unter VIII 5. Vgl. auch oben RN 737.

84 BAG v. 15.1.1955 – 1 AZR 305/54 –, AP Nr. 4 zu Art. 3 GG; dezidiert BAG v. 4.4.2000 – 3 AZR 729/98 – unter III 2, AP Nr. 2 zu § 1 TVG Gleichbehandlung = NZA 2002, 917; ohne Diskussion BAG v. 28.6.2001 – 6 AZR 114/00 –, AP Nr. 24 zu § 611 BGB Arbeitszeit = NZA 2002, 331, für Art. 12 und 14 GG im Rahmen der Arbeitsplatzsicherung. Ferner *Löwisch*, Anm. zu BAG v. 5.10.1999 – 4 AZR 668/98, RdA 2000, 312ff. Demgegenüber tritt *Wiedemann*, RdA 1997, 297, 301ff., einerseits für die unmittelbare Bindung der Tarifvertragsparteien ein, will aber andererseits das „Koordinatensystem" der Kontrollmaßstäbe anpassen; in diesem Sinne auch *Gamillscheg*, KollAR I, S. 666ff., 670.

85 BAG v. 15.1.1955 – 1 AZR 305/54 –, AP Nr. 4 zu Art. 3 GG: Gesetze im materiellen Sinne und damit Gesetzgebung im Sinne von Art. 1 Abs. 3 GG (Bl. 123R ff.).

86 BAG v. 15.1.1955 – 1 AZR 305/54 –, AP Nr. 4 zu Art. 3 GG Bl. 124R.

87 *Gamillscheg*, KollAR I, S. 668 f.

88 *Canaris*, AcP 184 (1984), 201, 243 f., ErfK/*Schmidt* Einl. GG Rn. 20; *Däubler* in: Däubler, TVG, Einl. Rn. 245 f.; gegen eine Lockerung der Kontrolldichte *Wiedemann* in: Wiedemann, TVG, 7. Aufl., Rn. 197 ff. und Rn. 214 insbes. bei der Gleichbehandlung; abw. in der 8. Aufl. nun *Jacobs* a.a.O Rn. 312 ff. Vgl. dazu auch *Rieble*, Arbeitsmarkt und Wettbewerb, 1996, Rn. 1273 ff.; *Schliemann*, ZTR 2000, 198, 200 ff.; *Schwarze*, ZTR 1996, 1 ff.; *Zachert*, ArbuR 2002, 41 ff.

89 BVerfG v. 11.7.2017 – 1 BvR 1571/15 u. a. –, AP Nr. 151 zu Art. 9 GG m. Anm. *Greiner/Schmidt*.

90 S. nur BAG v. 15.4.2015 – 4 AZR 796/13 –, AP Nr. 57 zu § 3 TVG; BAG v. 23.3.2011 – 4 AZR 366/09 –, AP Nr. 147 zu Art. 9 GG; sowie Wiedemann/*Jacobs* TVG, Einl. Rn. 6 ff.

91 Ähnlich ErfK/*Schmidt* GG Einl. Rn. 20; *Singer*, Anm. zu BAG v. 6.9.1995 – 5 AZR 174/94 –, SAE 1997, 213, 217 f., und *Söllner*, NZA 1996, 897, 902.

92 *Canaris*, AcP 184 (1984), 201, 243 f.; ErfK/*Schmidt* GG Einl. Rn. 22; Wiedemann/*Jacobs* TVG, Einl. Rn. 315 ff.; ähnlich *Rieble*, Arbeitsmarkt und Wettbewerb, 1996, Rn. 1278 f.

folgt vor allem inhaltlich ein im Vergleich zum staatlichen Gesetzgeber größerer Gestaltungsspielraum der Tarifvertragsparteien.[93]

Seit 1998 nimmt auch das BAG keine eindeutige Position mehr ein. So schloss **741** sich der 7. Senat bei der Kontrolle einer tarifvertraglichen Altersgrenze mit Blick auf Art. 12 Abs. 1 GG der neuen Tendenz an.[94] Demgegenüber betonte der 4. Senat, dass diese Frage nicht für alle Fallgestaltungen und alle Grundrechte gleichermaßen beantwortet werden könne.[95] Jedenfalls unterlägen die Tarifvertragsparteien bei der Vereinbarung des persönlichen Geltungsbereichs (konkret: Herausnahme der Werkstudenten) keiner unmittelbaren Bindung an Art. 3 Abs. 1 GG, sie könnten diesen Bereich im Hinblick auf die insoweit vorrangige Koalitionsfreiheit (Art. 9 Abs. 3 GG) vielmehr bis zur Grenze der Willkür in eigener Selbstbestimmung festlegen. Der 4. Senat hat sich aber zu einer „verfassungsgeleiteten Auslegung" von Tarifnormen bekannt, „um den verfassungsrechtlichen Grundentscheidungen, die das Grundgesetz in seinem Grundrechtsabschnitt als Elemente objektiver Ordnung aufgestellt hat, zur Wirksamkeit zu verhelfen".[96] Demgegenüber hielt der 3. Senat bei dem Ausschluss von Angestellten aus einem Tarifvertrag an der bisherigen ständigen Rechtsprechung ausdrücklich fest.[97] Der 10. Senat suchte einen Dissens zu vermeiden, indem er den Tarifvertragsparteien einerseits bei der Normsetzung einen weiten Regelungsspielraum und bezüglich des Regelungsgegenstandes eine Einschätzungsprärogative zugestand, sie jedoch dabei andererseits den Gleichheitsgrundsatz des Art. 3 Abs. 1 GG zu beachten hätten.[98] Das BVerfG hat sich bisher bewusst nicht festgelegt.[99]

Nach unserer Auffassung ist in konstruktiver Hinsicht der Einwand durch- **742** schlagend, dass es sich beim Tarifvertrag um einen zwar kollektiven, aber doch eindeutig privatrechtlichen Normenvertrag handelt. Deshalb müsste vor allem die freiwillige Verbandsmitgliedschaft der von einer Tarifnorm erfassten Arbeitgeber und Arbeitnehmer inhaltlich einen Handlungsspielraum legitimieren, der über

---

93 Zum Kontrollmaßstab ErfK/*Schmidt* GG Einl. Rn. 28 f.; *Schliemann*, ZTR 2000, 198, 200; *Schwarze*, ZTR 1996, 1, 3 f.
94 BAG v. 25.2.1998 – 7 AZR 700/96 – unter III 2, AP Nr. 12 zu § 1 TVG Tarifverträge: Luftfahrt = NZA 1998, 716 = JZ 1999, 200 ff. mit krit. Anm. *Möstl*.
95 BAG v. 30.8.2000 – 4 AZR 563/99 – unter I 2 und I 2 g, AP Nr. 25 zu § 4 TVG Geltungsbereich = NZA 2001, 613; v. 29.8.2001 – 4 AZR 352/00 –, AP Nr. 291 zu Art. 3 GG = NZA 2002, 863.
96 BAG v. 7.6.2006 – 4 AZR 316/05 – unter Rn. 33, AP Nr. 15 zu § 611 BGB Hausmeister = NZA 2007, 343 (zur Residenzpflicht von Hausmeistern im Hinblick auf Art. 2 Abs. 1 GG).
97 BAG v. 4.4.2000 – 3 AZR 729/98 –, AP Nr. 2 zu § 1 TVG Gleichbehandlung.
98 BAG v. 18.10.2000 – 10 AZR 503/99 – unter II 1, AP Nr. 235 zu § 1 Tarifverträge: Bau = NZA 2001, 508.
99 BVerfG v. 22.2.1994 – 1 BvL 21/85 u.a. –, BVerfGE 90, 46, 58 = NZA 1994, 771; v. 9.8.2000 – 1 BvR 514/00 – unter II 1 und 2, AP Nr. 16 zu § 1 BAT-O = NZA 2000, 1113.

den des Gesetzgebers hinausgeht. Lässt sich letzteres bejahen, spricht dies dagegen, in einem ersten Schritt konstruktiv für eine Gleichstellung von staatlicher und privatautonom gesetzter Norm einzutreten, um sodann bei der inhaltlichen Bewertung den Rückzug anzutreten. Das folgende Beispiel soll das Problem veranschaulichen: Das BAG hatte über eine sog. tarifvertragliche Besetzungsregelung zu entscheiden, die vom Arbeitgeber vorrangig die Einstellung von Fachleuten der jeweiligen Sparte verlangt.[100] Eine solche Regelung dürfte der staatliche Gesetzgeber, der ja nicht nur in Bezug auf einen Berufszweig handeln kann, kaum treffen, ohne gegen die Berufsfreiheit (Art. 12 Abs. 1 GG) oder die allgemeine Vertragsfreiheit (Art. 2 Abs. 1 GG) zu verstoßen. Die Tarifvertragsparteien können hingegen eine der besonderen Situation eines Wirtschaftszweiges angepasste, spezifische Regelung schaffen. Deswegen ist dem BAG im Ergebnis zuzustimmen, wenn es sowohl einen Verstoß gegen die freie Berufswahl der Nichtfachkraft als auch eine unzulässige Beschränkung der Berufsausübung des Arbeitgebers verneint hat, weil auch er an der vorrangigen Beschäftigung von Fachkräften ein sachliches Interesse haben müsse und weil für den Fall, dass Fachleute fehlten, genügend Ausnahmebestimmungen vorgesehen seien. Noch weniger vorstellbar ist ein Eingriff in Grundrechte des Arbeitgebers, wenn dieser selbst als Partei eines Firmentarifvertrages über seine Rechtsstellung disponiert.[101] Man stelle sich z. B. vor, dass ein solcher Tarifvertrag die Befristung von Arbeitsverträgen fast ausnahmslos verbietet.

743   Der **allgemeine Gleichheitssatz** (Art. 3 Abs. 1 GG) gilt – zumindest im Ergebnis – auch für Tarifverträge.[102] Für die **Diskriminierungsverbote in Art. 3 Abs. 2 und 3 GG** kann überwiegend unmittelbar auf einfachrechtliche Normen, insbesondere das AGG[103], zurückgegriffen werden.

744   Die in Tarifverträgen nicht selten vorgesehene **rückwirkende Geltung** muss mit dem **rechtsstaatlichen Grundsätzen des Vertrauensschutzes** und der **Verhältnismäßigkeit** (Art. 20 GG) vereinbar sein.[104] Dies ist freilich bei normalen

---

100 BAG v. 26.4.1990 – 1 ABR 04/87 –, AP Nr. 57 zu Art. 9 GG = NZA 1990, 850; zu dieser Problematik differenzierend *Lerche*, FS Steindorff, 1990, S. 897 ff. Zur gewerkschaftlichen Durchsetzung der tariflichen Regelung der Personalbemessung bei der Bundespost vgl. BAG v. 3.4.1990 – 1 AZR 123/89 –, AP Nr. 56 zu Art. 9 GG unter B II.

101 *Otto*, RdA 1984, 262, 266.

102 BAG v. 15.4.2015 – 4 AZR 796/13, AP Nr. 57 zu § 3 TVG = NZA 2015, 1388; BAG v. 28.7.2005 – 3 AZR 14/05 – unter Rn. 49, AP Nr. 47 zu § 1 BetrAVG Ablösung = NZA 2006, 335.

103 Zur Unwirksamkeit einer vorgezogenen Altersgrenze für Piloten EuGH v. 13.9.2011 – C-447/09 – (Prigge) –, Slg. 2011, I-8003; BAG v. 15.2.2012 – 7 AZR 946/07 –, AP Nr. 93 zu § 14 TzBfG = NZA 2012, 866.

104 BAG v. 2.2.2006 – 2 AZR 58/05 –, AP Nr. 7 zu § 1 TVG: Tarifverträge: Gewerkschaften mit krit. Anm. *Däubler* = NZA 2006, 868 (Modifizierung des noch nicht erreichten Sonderkündigungs-

Tariflohnerhöhungen nach langwierigen Verhandlungen unbedenklich, weil der organisierte Arbeitgeber mit derartigen Verhandlungsergebnissen rechnen muss. Für rückwirkende Lohnkürzungen hat das BAG ebenso entschieden.[105] Auch eine rückwirkende Tariföffnungsklausel, durch die eine ungünstigere Betriebsvereinbarung und damit die rückwirkende Kürzung tariflicher Ansprüche (Verlängerung der Wochenarbeitszeit ohne Lohnausgleich) im Zuge eines betrieblichen Bündnisses für Arbeit ermöglicht werden, hält das BAG in den Grenzen des Vertrauensschutzes grundsätzlich für zulässig.[106]

b) Gesetzliche Schutznormen

Gesetzliche Schutznormen – darunter auch die Benachteiligungsverbote des AGG   **745** (§§ 2 Abs. 1 Nr. 1 bis 4, 7 Abs. 2)[107] und des § 4 TzBfG[108] – sind normalerweise zwingend und machen damit unvereinbare Tarifnormen unwirksam. Ausnahmsweise sind sie jedoch – wie wir in § 4 gesehen haben – zu Lasten der Arbeitnehmer tarifdispositiv. Wir erinnern an die Verkürzung von Kündigungsfristen (§ 622 Abs. 4 BGB)[109] und an die Rückzahlungsklauseln von Gratifikationen[110]. Auch billigt § 8 Abs. 2 S. 3 TzBfG den Tarifvertragsparteien einen größeren Spielraum bei der Ausgestaltung der Befristung von Arbeitsverhältnissen zu. Das BAG gestattet die Zahlung einer tariflichen Abfindung unter Verzicht auf die Kündigungsschutzklage bei entsprechendem schriftlichen Hinweis, anders als bei einem vom Betriebsrat ausgehandelten Sozialplan.[111]

---

schutzes beim Berufsfortbildungswerk des DGB); v. 27.6.2006 – 3 AZR 255/05 – unter Rn. 39ff., AP Nr. 49 zu § 1 BetrAVG Ablösung Nr. 49 = NZA 2006, 1285 (Eingriff in Versorgungsanwartschaften).
105 BAG v. 23.11.1994 – 4 AZR 879/93 –, AP Nr. 12 zu § 1 TVG Rückwirkung. Mehr Zurückhaltung zeigt das Urteil des BAG v. 11.10.2006 – 4 AZR 486/05 –, AP Nr. 24 zu § 1 TVG Rückwirkung = NZA 2007, 634, bei bereits entstandenen tariflichen Ansprüchen.
106 BAG v. 20.4.1999 – 1 AZR 631/98 –, AP Nr. 12 zu § 77 BetrVG 1972 Tarifvorbehalt = NZA 1999, 1059.
107 MünchKommBGB/*Thüsing*, § 7 AGG Rn. 12. Vgl. auch § 17 Abs. 1 AGG und die Haftungsprivilegierung des Arbeitgebers durch § 15 Abs. 3 AGG bei der Anwendung tariflicher Normen (dazu *Nebeling/Miller*, RdA 2007, 289ff.).
108 BAG v. 25.4.2007 – 6 AZR 746/06 – AP Nr. 14 zu § 4 TzBfG = NZA 2007, 881.
109 Vgl. § 4 RN 158.
110 Vgl. § 4 RN 164.
111 BAG v. 6.12.2006 – 4 AZR 798/05 –, AP Nr. 1 zu § 4 TVG Sozialplan = NZA 2007, 821.

c) Allgemeine Inhaltskontrolle

746 Als letzte Außenschranke ist noch an eine inhaltliche Kontrolle von Tarifnormen unabhängig von einer vorrangigen speziellen staatlichen Rechtsnorm zu denken. Das BAG erkennt insoweit zwar eine Kontrolle unter dem Gesichtspunkt der *Sittenwidrigkeit* (§ 138 BGB) an, lehnt aber, anders als bei der Betriebsvereinbarung, mit Rücksicht auf den verfassungsrechtlichen Schutz der Tarifautonomie eine allgemeine Billigkeitskontrolle ab, die hier nur auf *Treu und Glauben* (§ 242 BGB) gestützt werden könnte.[112] Ganz unbedenklich ist dies nicht. Richtig ist allerdings, dass die mutmaßliche Verhandlungsparität der Tarifpartner eher ein ausgewogenes Verhandlungspaket erwarten lässt. Aus diesem Grund hat der Gesetzgeber Tarifverträge von der AGB-Kontrolle ausgenommen (§ 310 Abs. 4 S. 1 BGB), was aber kein Argument gegen jegliche Formen der Inhaltskontrolle von Tarifnormen ist. § 310 Abs. 4 S. 3 BGB stellt die Tarifnormen sogar den Rechtsvorschriften i.S. von § 307 Abs. 3 BGB mit der Konsequenz gleich, dass jedenfalls bei einer nicht branchenfremden, umfassenden Bezugnahme im Arbeitsvertrag die AGB-Kontrolle ebenfalls unterbleibt.[113] Man darf aber nicht übersehen, dass bei der kollektiven Durchsetzung von Interessen weder eine „schwachbrüstige" Gewerkschaft – gerade im Bereich der Arbeitnehmerüberlassung – noch die Benachteiligung einzelner Arbeitnehmergruppen innerhalb der Gewerkschaften auszuschließen ist. Auch Tarifnormen können nach unserer Auffassung jedenfalls kein rechtsmissbräuchliches Verhalten wirksam gestatten.

747 In diesen Zusammenhang gehört schließlich noch die Frage der Bindung der Tarifvertragsparteien an das **Gemeinwohl**.[114] Richtig ist sicher als Ausgangspunkt der Grundsatz: Eine **Tarifzensur** findet nicht statt. Mit der Tarifautonomie unvereinbar wäre daher eine generelle Festsetzung von Höchstlöhnen oder ein staatlicher Lohnstopp; dies sind Instrumente staatlicher Wirtschaftspolitik, die in anderen westlichen Industrieländern durchaus praktiziert werden.[115] § 3 des „Stabilitätsgesetzes"[116] gestattet der Regierung insoweit nur eine „Konzertierte Aktion" unter Angabe von rechtlich unverbindlichen Orientierungsdaten.[117] Dies

---

112 BAG v. 6.2.1985–4 AZR 275/83 – Leitsatz 4, AP Nr. 1 zu § 1 TVG Tarifverträge: Süßwarenindustrie; v. 17.5.1988 – 3 AZR 400/86 – unter 2, AP Nr. 27 zu § 5 BetrAVG = NZA 1988, 692. Dazu krit. *Otto*, FS Konzen 2006, S. 663, 678 ff.
113 BAG v. 28.6.2007–6 AZR 750/06 –, NZA 2007, 1049.
114 Vgl. Wiedemann/*Jacobs*, TVG, Einl. Rn. 528 f.
115 Z. B. in Norwegen laut BABl. 1988 Nr. 5 S. 22; in Argentinien: Löhne Ende Februar 1987 eingefroren, BABl. 1987 Nr. 7–8, S. 27; s. auch *Lecher*, Modell Belgien, Die Mitbestimmung 1990, 450 ff.: Befugnis in Tarifverhandlungen einzugreifen.
116 Gesetz zur Förderung der Stabilität und des Wachstums der Wirtschaft v. 8.6.1967 (BGBl. I S. 582).
117 *Löwisch*, RdA 1969, 129 ff.

bedeutet nach unserer Auffassung jedoch nicht, dass die Tarifvertragsparteien auch in extremen wirtschaftlichen Situationen beliebig agieren dürften.

VI. Mindestarbeitsbedingungen – Günstigkeitsprinzip – Öffnungsklausel

Selbst wenn eine Tarifnorm nach den vorstehenden Überlegungen an sich wirk- **748**
sam zustande gekommen ist, muss sie für alle Normadressaten nicht (allein) maßgeblich sein. Das Günstigkeitsprinzip ermöglicht es dem Arbeitnehmer, bessere Arbeitsbedingungen durchzusetzen. Tarifliche Öffnungsklauseln geben Spielraum für betrieblichen Bedürfnissen angepasste Regelungen.

1. Günstigkeitsprinzip
Die Tarifnormen sind nur einseitig zwingend. § 4 Abs. 3, 2. Alt. TVG lässt **ab-** **749**
weichende Vereinbarungen zugunsten des Arbeitnehmers ausdrücklich zu. Andererseits schützt § 4 Abs. 4 TVG gegen ein individuelles Unterlaufen des Mindestschutzes durch Verzicht, Verwirkung und Ausschlussfristen. Das bereits in § 4 vorgestellte Günstigkeitsprinzip[118] begrenzt die Tarifautonomie im Interesse der **Vertragsfreiheit des Arbeitnehmers** und bewirkt, dass die Tarifpartner den Arbeitsvertragsparteien nicht das Recht beschneiden können, den Inhalt der tariflichen Regelung durch eigenständige Vereinbarungen zu übertreffen.[119] Ansonsten bleibt der tarifliche Anspruch unangetastet. Man denke an höheren Lohn bei unveränderter Arbeitszeit und längeren Urlaub. Dies entspricht dem Zweck der Koalitionsfreiheit; anderenfalls könnten nur mit Nicht- oder Andersorganisierten vorteilhaftere Vereinbarungen getroffen werden.

Der **Günstigkeitsvergleich** wirft jedoch eine Fülle von Problemen auf. Der **750**
Arbeitnehmer kann z. B. nicht die ihm unverzichtbar zustehende längere tarifliche Urlaubszeit mit der Forderung des einzelvertraglich bei kürzerem Urlaub zugesagten höheren Urlaubsgeldes kombinieren (sog. „Rosinentheorie"). Ferner wird niemand daran zweifeln, dass eine tarifliche Arbeitszeitverkürzung bei vollem Lohnausgleich insofern zwingend ist, als der Arbeitnehmer sich nicht ohne zusätzliche Vergütung zur Arbeit im bisherigen Umfang verpflichten kann, weil dies eindeutig ungünstiger ist. Geboten ist ein Gesamtvergleich innerhalb einer Re-

---

118 Oben § 4 RN 168.
119 BAG v. 26. 2. 1986 – 4 AZR 535/84 –, AP Nr. 12 zu § 4 TVG Ordnungsprinzip = NZA 1986, 790.

gelungsmaterie, ein sog. *Sachgruppenvergleich*[120] anhand eines objektiven Bewertungsmaßstabs.[121] Problematisch ist es daher, wenn der Arbeitgeber sich verpflichtet, die zusätzlichen Stunden bei der Bereitschaft zur längeren tarifwidrigen Regelarbeitszeit gesondert zu vergüten. Hier ist die Vereinbarung hinsichtlich der Dauer der Arbeitszeit ungünstiger, bezüglich des Lohnes günstiger. Ähnliche Fragen stehen zur Diskussion, wenn ein Tarifvertrag Überstunden sehr einschränkt bzw. die Arbeit am Samstag generell ausschließt, dem Arbeitnehmer sein Entgegenkommen jedoch „abgekauft" werden soll.[122] Bestehen Zweifel an der Günstigkeit einer Regelung, soll es bei den Vorgaben des Tarifvertrags bleiben.[123]

751   In der Diskussion um die Zukunft des Tarifvertrages und die sog. **betrieblichen Bündnisse für Arbeit**[124] finden sich deshalb Ansätze, das Günstigkeitsprinzip im Sinne eines **Freiwilligkeitsvorbehalts** umzuinterpretieren: Besser ein untertariflich bezahlter Arbeitsplatz gegen eine Beschäftigungsgarantie als keiner. Eine solche Auslegung ist indessen mit dem Sinn und Zweck des im TVG geregelten Günstigkeitsprinzips nach unserer Auffassung nicht vereinbar.[125] Der Gesichtspunkt, bei derartigen Angeboten mit Doppelcharakter müsse der Arbeitnehmer frei entscheiden können, hülfe nur weiter, wenn man trotz der Abhängigkeit des Arbeitnehmers stets mit einer autonomen Entscheidung rechnen dürfte. Im Hinblick auf die verfassungsrechtlich durch Art. 12 Abs. 1 GG gewährleistete Berufsfreiheit des Arbeitnehmers halten wir jedoch bei unverhältnismäßigen Eingriffen eines Tarifvertrages in die autonome Gestaltung des Arbeitsvertrages die Anerkennung einer Außenschranke der Tarifmacht für diskutabel.[126] Der Tarifabschluss in der Metallindustrie, der nach wie vor in der westdeutschen

---

120 BAG v. 15.4. 2015 – 4 AZR 587/13 –, AP Nr. 26 zu § 4 TVG Günstigkeitsprinzip = NZA 2015, 1274; ErfK/*Franzen* § 4 TVG Rn. 38.
121 BAG v. 15.4. 2015 – 4 AZR 587/13 –, AP Nr. 26 zu § 4 TVG Günstigkeitsprinzip = NZA 2015, 1274.
122 Hierzu unter Betonung der Freiwilligkeit *Löwisch*, DB 1989, 1185 ff. Weitergehend will *Zöllner* den Tarifpartnern keine Regelungsmacht für arbeitsmarktpolitische Fragen zuerkennen; zudem warnt er vor einem Eingriff in die grundrechtlich gewährleistete Berufs- bzw. Vertragsfreiheit und bejaht deshalb die Anwendbarkeit des Günstigkeitsprinzips, dessen hergebrachter Sinn notfalls umzuinterpretieren sei (DB 1989, 2121 ff.). Krit. *Däubler*, DB 1989, 2534 ff.; *Zachert*, DB 1990, 968 ff. Eingehend zum Ganzen und auch divergierenden Ansichten *Bieder*, Kompensatorische Vertragsgestaltung im Arbeits- und Wirtschaftsrecht, 2015, S. 170 ff.
123 BAG v. 10.12. 2014 – 4 AZR 503/12, AP Nr. 25 zu § 4 TVG = NZA 2015, 946.
124 Dazu § 12 RN 878. S. auch Suchbegriff: Böckler Boxen, Menüpunkt: Betriebliche Bündnisse.
125 *Otto*, Anm. zu BAG GS v. 7.11.1989 – GS 3/85 –, unter I 5, EzA § 77 BetrVG 1972 Nr. 34.
126 Vgl. oben RN 740 ff. So darf selbst einem Beamten, der seine volle Hingabe dem Amt schuldet, eine Nebentätigkeit nicht aus arbeitsmarktpolitischen Gründen versagt werden (BVerwG v. 25.1. 1990 – 2 C 10.89 –, NVwZ 1990, 766 ff.).

Metallindustrie als Regel die 35-Stunden-Woche vorsieht, bestätigt, dass zumindest unterhalb der 40-Stunden-Woche eine generelle Arbeitszeitbegrenzung für alle Arbeitnehmer nicht mehr durchzusetzen ist.[127] Noch schwerer fällt die Abwägung dann, wenn ein Arbeitgeber den Lohnverzicht, die Reduzierung von Zuschlägen bzw. die Verpflichtung zu unbezahlter Mehrarbeit mit einer im Tarifvertrag nicht vorgesehenen Zusage verknüpft, auf betriebsbedingte Kündigungen zu verzichten.[128] Mit dem eher formalen Günstigkeitsprinzip ist wegen der fehlenden Vergleichbarkeit der Regelungsgegenstände (Vergleich von Äpfeln mit Birnen) jedenfalls keine Antwort zu finden,[129] die ein solches „Betriebliches Bündnis für Arbeit" ohne Zustimmung der Tarifvertragsparteien rechtfertigen könnte.

2. Tarifliche Öffnungsklauseln

Der konkrete Tarifvertrag kann jedoch autonom Abweichungen gestatten und **752** damit auch den Weg zu **untertariflichen Arbeitsbedingungen** öffnen: sog. Öffnungsklausel (§ 4 Abs. 3, 1. Alt. TVG, § 77 Abs. 4 S. 2 BetrVG). Eine gesetzliche Öffnungsklausel ist hingegen bisher nicht vorgesehen. In der Vergangenheit ist freilich vielfach die Forderung nach der Einfügung einer solchen Klausel in das TVG erhoben worden,[130] überwiegend jedoch mit Blick auf die Betriebsparteien, also Arbeitgeber und Betriebsrat, nicht auf den Arbeitnehmer, weil dessen Unterlegenheit in den Vertragsverhandlungen in der Regel deutlich genug ist. Eine solche gesetzliche Öffnungsklausel wäre allerdings mit der durch Art. 9 Abs. 3 GG gewährleisteten Tarifautonomie nur in sehr engen Grenzen vereinbar.[131] Auch deshalb hat sich das Interesse verstärkt auf die Einführung tarifvertraglicher

---

127 § 3 des Gemeinsamen Manteltarifvertrages für die Beschäftigten in der niedersächsischen Metallindustrie v. 17.10.1994 i. d. F. v. 6.9.2005.

128 Fall *Burda:* BAG v. 20.4.1999 – 1 ABR 72/98 –, AP Nr. 89 zu Art. 9 GG = NZA 1999, 887; Fall *Viessmann:* ArbG Marburg v. 7.8.1996   1 BV 6/96 –, NZA 1996, 1331 ff. (Antrag der IG Metall auf Ausschluss von Betriebsratsmitgliedern), und – 1 BV 10/96 –, NZA 1996, 1337 ff. (Unterlassungsantrag gegen den Arbeitgeber gestützt auf das BetrVG); ArbG Frankfurt a. M. v. 28.10.1996 – 1 Ca 6331/96 –, NZA 1996, 1340 ff. (Unterlassungsklage der IG Metall gegen den Arbeitgeber gestützt auf Art. 9 Abs. 3 GG).

129 BAG v. 20.4.1999 – 1 ABR 72/98 –, AP Nr. 89 zu Art. 9 GG unter B III 1 b aa.

130 So von der Deregulierungs- und Monopolkommission (§ 1 RN 16), wonach von tarifvertraglichen Regelungen generell durch Betriebsvereinbarungen soll abgewichen werden können.

131 *Otto,* FS Zeuner, 1994, S. 121, 124 und 143. S. auch *Dieterich,* RdA 2002, 1, 8 ff.; *Hanau,* RdA 1993, 1 ff.; *Richardi,* Empfiehlt es sich, die Regelungsbefugnisse der Tarifparteien im Verhältnis zu den Betriebsparteien neu zu ordnen?, in: Verhandlungen des 61. DJT Karlsruhe 1996, Gutachten B. Entschieden gegen „kollektivautonomistisches Denken" *Picker,* NZA 2002, 761 ff.

Öffnungsklauseln als Gestaltungsaufgabe der Tarifpartner gerichtet.[132] Eine derartige Öffnung des Flächentarifvertrages fand und findet verstärkt durch den Abschluss von Tarifverträgen zur Beschäftigungssicherung statt. So eröffnete z. B. § 10 des Bundesentgelttarifvertrages für die [westdeutsche] chemische Industrie i. d. F. v. 30.9.2004 einen „Entgeltkorridor" für eine Absenkung der Entgelte um 10 % durch eine befristete Betriebsvereinbarung, die allerdings – nach unserer Auffassung notwendig – der Zustimmung der Tarifvertragsparteien bedarf. Daneben wird auch der Weg über den Abschluss von Firmentarifverträgen oder firmenbezogenen Verbandstarifverträgen gewählt, um dem Bedürfnis der Unternehmen nach auf die betrieblichen Besonderheiten zugeschnittenen Arbeitsbedingungen zu entsprechen. Deren Zahl nimmt weiter zu.

---

132 Zur Tarifpraxis s. das WSI-Archiv, Elemente qualitativer Tarifpolitik Nr. 60, 11/2005 (http://www.boeckler.de/pdf/p_ta_elemente_flexibel_tarifvertraege.pdf).

§ 11 Arbeitskampfrecht

Die Geschichte des Arbeitskampfes und seiner rechtlichen Bewältigung weist eine 753
Vielzahl von Facetten auf.[1] Die **praktische Bedeutung** erschließt sich aber schon,
wenn man an die letzten Jahrzehnte zurückdenkt. 1984 kam es in der Metallindustrie wegen der geforderten 35-Stunden-Woche zu dem schwersten Arbeitskampf. Die „Warnstreiks" der Gewerkschaft Handel, Banken und Versicherungen
(HBV) und der DAG[2] mit dem zentralen Ziel, das Ende der Arbeitszeit trotz des
Dienstleistungsabends auf 18.30 Uhr zu fixieren, hatten im Jahr 1989 den Arbeitskampf über längere Zeit ins öffentliche Bewusstsein gehoben. Im Frühjahr
1993 führte die außerordentliche Kündigung der 1991 für die ostdeutsche Metall-
und Stahlindustrie abgeschlossenen Stufentarifverträge durch die Arbeitgeberseite zu einer heftigen Tarifauseinandersetzung.[3] Erstaunlicherweise hat der
Konflikt über die volle Entgeltfortzahlung im Krankheitsfall 1996 nur zu „spontanen" und punktuellen Arbeitsniederlegungen geführt, nicht aber zu einem
folgenschweren Arbeitskampf – im Unterschied zum Streik der Pilotenvereinigung
Cockpit im Frühjahr 2001 gegen die Deutsche Lufthansa, der wegen der erheblichen Störung des Flugbetriebes insbesondere in Frankfurt und der Forderung
nach Gehaltssteigerungen von 30 bis 35 % in das öffentliche Interesse rückte. Die
Kette der Beispiele ließe sich – wenn man an die wiederkehrenden Arbeitskampfmaßnahmen sogenannter Spartengewerkschaften (Marburger Bund, GDL
und TRANSNET) denkt – nahezu beliebig bis in die jüngste Vergangenheit ver-
längern.

Die rechtliche Bewältigung des Arbeitskampfes bereitet wegen der fehlenden 754
gesetzlichen Grundlagen besondere Schwierigkeiten. Im Folgenden sollen deshalb die **rechtlichen Strukturen** herausgearbeitet werden.

I. Begriff des Arbeitskampfes

Unter einem Arbeitskampf ist die **zielgerichtete Ausübung von kollektivem** 755
Druck durch die Arbeitnehmer- oder Arbeitgeberseite mittels Zufügung von
Nachteilen oder deren Abwehr zu verstehen. Diese Definition unterscheidet bewusst nicht nach Kampfzielen oder Kampfmitteln, damit das soziale Phänomen
insgesamt gewürdigt werden kann. Aus der Einordnung einer kollektiven Maß-

---

1 Hierzu ausführlich *Kittner*, Arbeitskampf; ferner *Otto*, Arbeitskampf, § 2 Rn. 1 bis 32.
2 Seit 2001 vereinigt in ver.di (vgl. § 9 RN 691).
3 Vgl. dazu *Otto*, FS Kissel, 1994, S. 787 ff. S. auch BAG v. 18.6.1997 – 4 AZR 710/95 – und v. 18.2.
1998 – 4 AZR 363/96 –, AP Nr. 2 und 3 zu § 1 TVG Kündigung = NZA 1997, 1234, und 1998, 1008.

nahme als Arbeitskampf im weitesten Sinn dürfen deshalb noch keine Rechtsfolgen abgeleitet werden.

II. Wirtschaftliche Bedeutung von Arbeitskämpfen

756 Die Durchführung von Arbeitskämpfen bringt für die **Kampfbeteiligten** selbst
auf der Hand liegende **Nachteile**. Die Arbeitnehmer verlieren ihren Vergütungsanspruch und erhalten nur als Mitglieder der kämpfenden Gewerkschaft Streikunterstützung. Streikende Außenseiter gehen leer aus. Die Unternehmen erleiden
in der Regel Produktions- und Umsatzausfälle, müssen aber gleichzeitig die
laufenden Kosten weiterfinanzieren. Bei längeren Arbeitskämpfen droht zudem
der Verlust von Marktanteilen. Darüber hinaus ist in jedem Fall die **Allgemeinheit**
durch geringere Steuereinnahmen bzw. durch den Beitragsausfall in der Sozialversicherung betroffen. Noch gewichtiger ist indessen, dass **Dritte** eher zufällige
Opfer der Auseinandersetzung werden. Dabei reichen die Auswirkungen von
bloßen Unbequemlichkeiten für die Kunden (z. B. bei den Warnstreiks im Einzelhandel) bis zu wirtschaftlichen Schäden (z. B. der Einnahmeausfall der Zei-
tungshändler wegen der Druckerstreiks). Man denke ferner an die Folgen von
Arbeitskämpfen im Verkehrssektor, wie Streiks der Piloten bei der Deutschen
Lufthansa oder der Lokomotivführer immer wieder eindrucksvoll demonstrieren.
Infolge des Arbeitskampfes beschäftigungslose Arbeitnehmer, die am Arbeitskampf weder beteiligt sind noch voraussichtlich an dem Ergebnis teilhaben, erhalten zwar gemäß § 160 SGB III Arbeitslosen- bzw. Kurzarbeitergeld, erleiden
aber finanzielle Einbußen. Insofern trifft die Aussage des Großen Senats des BAG
in seiner ersten Grundsatzentscheidung von 1955 sicher zu, dass Arbeitskämpfe
unerwünscht sind.[4]

757   Gleichwohl ist bei dieser Aussage aus zwei Gründen Vorsicht geboten. Zum
Ersten sind in der Regel die Arbeitnehmer die Angreifer, weil sie eine Verbesserung der Arbeitsbedingungen erreichen wollen. Anschaulich hat das BAG davon
gesprochen, dass Tarifverhandlungen ohne das Druckmittel des Streiks auf ein
„**kollektives Betteln**" hinauslaufen würden.[5] Eine abschätzige Distanz gegenüber dem Arbeitskampf würde demzufolge recht einseitig die Arbeitnehmerseite
benachteiligen. Zum Zweiten bedarf es in einer Marktwirtschaft eines **Mecha-
nismus**, mit dessen Hilfe angemessene Arbeitsbedingungen gefunden werden
können, ohne dass sich eine Seite schon dadurch auf Dauer im Vorteil befindet,

---

4 BAG GS v. 28.1.1955 – GS 1/54 – unter I 3, AP Nr. 1 zu Art. 9 GG Arbeitskampf.
5 BAG v. 10.6.1980 – 1 AZR 822/79 – unter A I 2 a, AP Nr. 64 zu Art. 9 GG Arbeitskampf.

dass ihr „Nein" am Verhandlungstisch zur Abwehr genügt. Insofern gehört der Arbeitskampf zu den gesamtgesellschaftlichen Kosten eines freiheitlichen Gesellschafts- und Wirtschaftssystems,[6] dessen Vorteile offen zutage liegen. Selbstverständlich schließt diese Überlegung keineswegs aus, jede Art von freiwilliger Schlichtung für wünschenswert zu halten. Ebenso bedenkenswert ist die Forderung nach einem generellen Schlichtungsverfahren, wie es § 18 Abs. 1 S. 2 des DDR-Gewerkschaftsgesetzes[7] vorsah, das der Regierung in Satz 3 sogar die Aussetzung eines Streiks aus Gründen des Gemeinwohls gestattete. Staatliche Zwangsschlichtung mit einem verbindlichen Schiedsspruch auf der – abgekürzt gesprochen – Lohnseite würde jedoch zwangsläufig zugleich den Ruf nach einem staatlichen Preiskommissar auslösen.

In der **Bundesrepublik Deutschland** haben sich die Arbeitskämpfe durch- **758** aus in vertretbaren Grenzen gehalten, wie folgende **Vergleichszahlen** belegen:[8]

Verlorene Arbeitstage je 1000 abhängig Beschäftigte und Jahr

	Durchschnitt 1970 – 1988	Durchschnitt 1990 – 1999	Durchschnitt 2000 – 2002	Durchschnitt 2006 – 2015	höchster Wert insgesamt
Italien	1123	158	146	k.A.	1980 (1975)
Spanien	745	311	276	62	2292 (1979)
Großbritannien	467	29	32	23	1293 (1984)
USA	237	40	58	7	940 (1970)
Frankreich	147	77	97	123	395 (1976)
Japan	70	2	1	k.A.	266 (1974)
BR Deutschland	43	11	4	20	246 (1984)
Schweiz	1,4	2	4	2	8 (1976)

Tendenziell nimmt die **durchschnittliche Streikhäufigkeit** in den Industrie- **759** ländern ab.[9] Zudem schwanken die Werte, je nachdem welche Tarifrunden in den jeweiligen Jahren anstehen und wie viel Spielraum die konjunkturelle Entwicklung realistischer Weise für Tarifforderungen lässt, ganz erheblich. 2014 waren in Deutschland beispielsweise 345.000 Streikende und 392.000 arbeitskampfbe-

---

6 Einen rechtsvergleichenden Überblick gibt *Birk*, RdA 1986, 205 ff.; speziell für die USA *Westfall/Thüsing*, RdA 1999, 251 ff.

7 Gesetz über die Rechte der Gewerkschaften in der DDR v. 6. 3. 1990 (Gbl. I S. 110), das aber in § 18 Abs. 2 zugleich jede Form der Aussperrung verbot.

8 *Salowsky*, RdA 1990, 119, 121; iw, Deutschland in Zahlen, 2004, unter 12.15. WSI Pressedienst v. 14. 3. 2017, Grafik 2.Vgl. auch *Kittner*, Arbeitskampf, S. 651 ff., detailliert *Renneberg*, Die Arbeitskämpfe von morgen?, 2005, S. 45 ff.

9 Vgl. iw-trends: 3/2001, S. 5, 8 f.

dingte Ausfalltage zu verzeichnen, 2015 1.133.000 Streikende und 2.002.000 Ausfalltage, 2016 1.055.000 Streikende und nur 462.000 Ausfalltage.[10] Den in der vorstehenden Übersicht ausgewiesenen Höchstwert für die Bundesrepublik hat *Salowsky* deshalb auch relativiert: [11]

> „Selbst die durch die Arbeitskämpfe 1984 relativ hohe Zahl von 5,6 Millionen verlorener Arbeitstage (rund 45 Millionen Stunden) in der Bundesrepublik macht bei einem gesamtwirtschaftlichen Arbeitsvolumen von rund 43,2 Milliarden Arbeitsstunden nur 0,1 Prozent aus. Bei den direkt durch die Arbeitskämpfe betroffenen Industriezweigen ist dieser Zeitausfall jedoch bedeutsam – im Kraftfahrzeugbau machte er rund zwei Prozent des Arbeitsvolumens aus, in der Druckindustrie 0,8 Prozent. Im gesamtwirtschaftlichen Durchschnitt betrug 1984 der Arbeitszeitausfall durch Arbeitskämpfe in der Bundesrepublik pro Jahr und Arbeitnehmer zwei Stunden. Zum Vergleich: Durch Krankheit gingen im gleichen Jahr allein 83 Stunden verloren."

III. Typische Arbeitskampfmittel

760 Zunächst werden die typischen Arbeitskampfmittel **ohne Rücksicht auf ihre Rechtmäßigkeit** vorgestellt, wobei zugleich auf die Besonderheiten der kollektiven Ausübung von Individualrechten aufmerksam zu machen ist.

1. Arbeitnehmerseite

761 Beginnen wir mit den Kampfmitteln der Arbeitnehmerseite.

a) Streik

762 Hier ist das hauptsächliche Kampfmittel der Streik, d.h. die **kollektive Arbeitsniederlegung.** Der Streik hat zur selbstverständlichen Folge, dass für die kampfbeteiligten Arbeitnehmer der Vergütungsanspruch entfällt. Beim rechtmäßigen Streik folgt dies aus der Suspendierung der gegenseitigen Hauptpflichten aus dem Arbeitsvertrag zur Leistung der Arbeit und zur Zahlung der Vergütung.[12] Über seine Kampfbeteiligung entscheidet der einzelne Arbeitnehmer durch ausdrückliche oder konkludente Erklärung selbst, so dass z.B. auch der arbeitsunfähige Arbeitnehmer Kampfbeteiligter sein kann.[13]

---

10 WSI Pressedienst v. 14.3.2017, Grafik 1.
11 Arbeit und Sozialpolitik 1986, 306, 307.
12 BAG GS v. 21.4.1971 – GS 1/68 – Teil III C 1, AP Nr. 43 zu Art. 9 GG Arbeitskampf.
13 BAG v. 15.1.1991–1 AZR 178/90 –, AP Nr. 114 zu Art. 9 GG Arbeitskampf = NZA 1991, 604.

In der Ausformung des Streiks zeigt sich ein erheblicher Wandel. Früher 763 herrschte der **Flächenstreik** vor, der im umkämpften Tarifgebiet möglichst viele Arbeitnehmer erfasste und der in der Regel zeitlich bis zum Erfolg oder Misserfolg fortgesetzt wurde. Sodann setzten die Gewerkschaften bewusst **Teilstreiks** innerhalb von Unternehmen und vor allem **Schwerpunktstreiks** in einem Tarifgebiet ein. Ein Streik bei der Daimler AG in Stuttgart legt z. B. binnen kurzer Frist die Zulieferindustrie lahm, weil deren Lager die Produktion nur ganz begrenzt aufnehmen können. Der gleiche Effekt tritt bei den Autoherstellern ein, wenn bedeutende Zulieferer bestreikt werden, beispielsweise die Bosch GmbH. Der Kampf zeigt Wirkung, ohne dass die Gewerkschaft an allzu viele streikende Gewerkschaftsangehörige Streikgelder zahlen müsste. In den letzten Jahren praktizieren die Gewerkschaften zunehmend kostensparende Kurzstreiks in Form von Wechsel- und Wellenstreiks. Bei **Wechselstreiks** tauscht die Gewerkschaft die betroffenen Unternehmen alsbald aus; hingegen ruft diese bei **Wellenstreiks**[14] innerhalb des Unternehmens zeitlich begrenzt zum Streik auf, ohne dass dem Arbeitgeber vorher die Dauer und Zahl der Arbeitnehmer mitgeteilt werden. Noch „sparsamer" sind kurze **Warnstreiks.** Ihren Einsatz hat zuerst die IG Metall generalstabsmäßig in Form der sog. *„Neuen Beweglichkeit"* zentral geplant. Der Störeffekt ist vor allem deshalb beträchtlich, weil ein solcher Streik nicht so großer Vorbereitungen bedarf und deshalb überraschender eingesetzt werden kann. Auch von notwendigen Wiederholungen sind die Arbeitnehmer sicher leichter zu überzeugen. Die Arbeitgeberseite kann praktisch nur mit einem wenig schmerzlichen Vergütungsabzug für die ausgefallene Arbeitszeit reagieren.

Von der kurzfristigen, aber völligen Arbeitsniederlegung sind sog. **Bum-** 764 **melstreiks** oder der **„Dienst nach Vorschrift"** strikt zu unterscheiden. Hier handelt der Arbeitnehmer verdeckt, indem er einerseits seine Leistung anbietet, sie andererseits aber bewusst nicht in der geschuldeten Weise erbringt.

b) Betriebsblockade und Betriebsbesetzung

Erst seit den achtziger Jahren wird die Koppelung von kollektiver Arbeitsnieder- 765 legung und Betriebsblockade oder gar Betriebsbesetzung durch die Arbeitnehmer heftig diskutiert und praktiziert.[15] Ursache ist die praktische Erfahrung vor allem in der hochtechnisierten Druckindustrie, dass die Produktion von Zeitungen und

---

14 BAG v. 12.11.1996 – 1 AZR 364/96 – und v. 17.2.1998 – 1 AZR 386/97 –, AP Nr. 147 und 152 zu Art. 9 GG Arbeitskampf = NZA 1997, 393, und 1998, 896; ferner v. 15.12.1998 – 1 AZR 289/98 u. 216/98, AP Nr. 154 und 155 zu Art. 9 GG Arbeitskampf m. gemeinsamer Anm. *Otto* = NZA 1999, 552 und 550.
15 *Derleder*, BB 1987, 818 ff.; *Löwisch*, RdA 1987, 219 ff.; *Loritz*, DB 1987, 223 ff. Abl. zur Betriebsbesetzung LAG Düsseldorf v. 24.2.1994 – 13 Sa 1214/93 –, LAGE Art. 9 GG Arbeitskampf Nr. 54.

Zeitschriften auch noch mit einem sehr geringen Teil der Stammbelegschaft möglich bleibt. Mit einer Blockade soll die Zulieferung des Materials und vor allem auch die Auslieferung der Produktion verhindert werden. Die Betriebsbesetzung soll die Produktion selbst lahmlegen. Diese Maßnahmen gehen damit über die kollektive Verweigerung der eigenen Arbeitsleistung weit hinaus.

c) Boykott

766 Ein klassisches Kampfmittel ist jedoch der Boykott. So wurde um die Jahrhundertwende dazu aufgefordert, solange keine Brötchen mehr zu kaufen, bis für die Arbeitnehmer in den Bäckereien bessere Arbeitsbedingungen zugestanden seien.[16] Ein weiteres gutes Beispiel ist der Aufruf an die Hafenarbeiter, die Entladung solcher Schiffe zu verweigern, deren Reeder nicht zum Abschluss von Tarifverträgen zugunsten der Seeleute bereit sind.[17]

d) Massenhaft ausgeübte Individualrechte

767 Vom Streik nicht auf Anhieb zu unterscheiden sind massenhaft ausgeübte Individualrechte. Das BAG hat die von Fliesenlegern verabredete **Kündigung** ihrer Arbeitsverträge, um kurz vor Abschluss eines neuen Lohntarifvertrages höhere Löhne durchzusetzen, wie einen Streik behandelt.[18] Dies ist deshalb für die Arbeitnehmer folgenreich, weil die ganz herrschende Meinung nur von einer Gewerkschaft getragene Streiks als rechtmäßig ansieht. Kein Streik ist sicher die gemeinsame **Zurückhaltung der Arbeitsleistung**, soweit die Arbeit für die Betreffenden etwa wegen einer drohenden Gesundheitsgefährdung unzumutbar ist.[19] Der Arbeitgeber gerät in einem solchen Fall im Unterschied zum Streik sogar in Annahmeverzug und muss die Vergütung weiterzahlen (§ 615 BGB). Allerdings müssen die Arbeitnehmer wegen der völlig verschiedenen Voraussetzungen und Rechtsfolgen klarstellen, weshalb sie ihre Arbeit einstellen.[20]

---

16 RG v. 12.7.1906 – Rep. VI. 497/05 –, RGZ 64, 52ff. (Kieler Bäckerboykott wegen des Kost- und Logierzwanges).

17 BAG v. 19.10.1976 – 1 AZR 611/75 –, AP Nr. 6 zu § 1 TVG Form. S. auch *Seiter*, Arbeitskampf und Übermaßverbot unter besonderer Berücksichtigung des „Boykotts" in der deutschen Seeschiffahrt, 1979.

18 BAG v. 28.4.1966 – 2 AZR 176/65 –, AP Nr. 37 zu Art. 9 GG Arbeitskampf.

19 Vgl. § 7 RN 583ff.

20 Dazu *Otto*, Arbeitskampf, § 11 Rn. 61 u. 62 m.w.N.

e) Neuartige Kampfformen, insbesondere „flash-mobs"

Die Arbeitskampfmittel insbesondere der Gewerkschaften sind kein starres Ar- 768
senal. Um effektiven Druck auf den sozialen Gegenspieler ausüben zu können,
werden im Rahmen der Kampftaktik immer wieder Versuche unternommen, anerkannte Kampfmittel zu modifizieren und weiter zu entwickeln oder sogar neue
Kampfmittel zu erfinden. Ein eindrucksvolles Beispiel hierfür ist das Phänomen
sogenannter „flash-mob"-Aktionen, das vor einigen Jahren vor allem im Kontext
von Tarifauseinandersetzungen im Einzelhandel aufgetreten, nach der grundsätzlichen Anerkennung durch die höchstrichterliche Rechtsprechung[21] aber
überraschender Weise ebenso schnell wieder aus der öffentlichen Wahrnehmung
verschwunden ist. Die Gewerkschaften animierten dabei durch öffentliche Auf-
rufe Kunden in Kaufhäusern und Läden, Einkaufswagen entweder mit vielen
„Pfennigsartikeln" zu befüllen oder befüllte Wagen im Kassenbereich unter dem
Vorwand, die Geldbörse vergessen zu haben, stehen zu lassen. Durch derartige
Störungen im Kassenbereich und insbesondere auch die für die Wiederverräu-
mung der Waren erforderliche Arbeit und Zeit, gelang es tatsächlich, den Betrieb
der betroffenen Geschäfte empfindlich zu stören. Über die Motive für diese „In-
novation" auf Gewerkschaftsseite mag man spekulieren: ein Grund könnte der
geringe gewerkschaftliche Organisationsgrad in dieser Branche sein, ein anderer,
dass die branchentypischen Filialnetze, die häufig aus Kleinbetrieben mit wenigen Mitarbeitern bestehen und eine effektive Gewerkschaftsarbeit zunehmend
erschweren, klassische Kampfmittel als wenig Erfolg versprechend erscheinen
lassen.

2. Arbeitgeberseite
Das Arsenal der Kampfmittel auf Arbeitgeberseite ist weniger vielfältig. 769

a) Aussperrung
Als effektives Kampfmittel kommt nur die Aussperrung in Betracht. Sie bedeutet, 770
dass der Arbeitgeber der Belegschaft oder einem Teil von ihr die Arbeitsaufnahme
untersagt. Auch die Arbeitgeberseite kann auf Streiks schwerpunktmäßig reagieren.

Unterschieden wird ferner nach den Rechtsfolgen. Ursprünglich kannte man 771
praktisch nur die **„lösende" Aussperrung.** Diese Aussperrung sollte das Ar-

---

21 BVerfG v. 26.3.2014–1 BvR 3185/09 –, NZA 2014, 493; BAG v. 22.9.2009–1 AZR 972/08 –, AP
Nr. 174 zu Art. 9 GG Arbeitskampf = NZA 2009, 1347.

beitsverhältnis ebenso beenden wie eine massenhaft ausgesprochene Kündigung und war von dieser im Grunde nur durch die tarifpolitische Zielsetzung zu unterscheiden. Allerdings hat der Große Senat des BAG 1971 dieses Kampfmittel in eklatanten Fällen wie dem rechtswidrigen Streik noch im Hinblick auf das Gebot der Verhältnismäßigkeit ausnahmsweise für zulässig erachtet.[22] Mehr spricht jedoch dafür, in solchen Fällen für die Beendigung der Arbeitsverhältnisse allein auf die Kündigung zu verweisen. Heute wird letztlich nur noch die **„suspendierende" Aussperrung** beabsichtigt und akzeptiert. Sie lässt den Bestand des Arbeitsverhältnisses ebenso wie der Streik unberührt. Die im Gegenseitigkeitsverhältnis stehenden Rechte und Pflichten der rechtmäßig ausgesperrten Arbeitnehmer aus dem Arbeitsvertrag (Arbeit und Vergütung) ruhen während der Auseinandersetzung lediglich.[23] Da die Arbeitsleistung nicht mehr geschuldet ist, kann der Arbeitgeber nicht in Annahmeverzug (§ 615 BGB) geraten.

772 Schließlich kann man nach dem Zweck der Aussperrung fragen. Typisch ist insofern allein die **Abwehraussperrung**, mit der die Arbeitgeberseite auf einen gewerkschaftlichen Streik reagiert. Eine **Angriffsaussperrung** würde hingegen bedeuten, dass die Arbeitgeberseite den Arbeitskampf eröffnet, um einen neuen und dann wohl für die Arbeitnehmer ungünstigeren Tarifvertrag durchzusetzen.

b) Stilllegung des bestreikten Betriebes oder Unternehmens

773 Mit Urteil vom 22.3.1994 hat das BAG ein bedenkliches, relativ beschränktes Reaktionsmittel „entdeckt": die Stilllegung eines bestreikten Betriebes oder Unternehmens in den Grenzen des Streikbeschlusses durch den Arbeitgeber selbst, die aus der Sicht des Gerichts ein aliud zur Aussperrung und zur Arbeitskampfrisikolehre[24] ist.[25] Rechtsfolge dieser Maßnahme soll – wie bei der Aussperrung – die Suspendierung der gegenseitigen Vertragspflichten mit der Wirkung sein, dass der Arbeitgeber auch dann nicht in Annahmeverzug gerät, wenn er den Arbeitnehmer an sich beschäftigen könnte, so dass dieser zugleich seinen Anspruch auf die

---

22 Beschl. v. 21.4.1971 – GS 1/68 –, AP Nr. 43 zu Art. 9 GG Arbeitskampf, Leitsatz 3 und unter Teil III D. Auch in einem solchen Fall soll dem Arbeitnehmer jedoch ein Wiedereinstellungsanspruch nach billigem Ermessen zustehen.
23 BAG v. 17.7.2012–1 AZR 563/11 –, AP Nr. 178 zu Art. 9 GG Arbeitskampf = NZA 2012, 1432.
24 Dazu unten RN 835.
25 – 1 AZR 622/93 –, AP Nr. 130 zu Art. 9 GG m. zweifelnder Anm. *Oetker* = NZA 1994, 1097 = EzA Art. 9 GG Arbeitskampf Nr. 115 m. krit. Anm. *Fischer/Rüthers* = SAE 1995, 254 ff. m. scharf abl. Anm. *Lieb*; bestätigt durch BAG v. 31.1.1995 – 1 AZR 142/94 –, AP Nr. 135 zu Art. 9 GG Arbeitskampf = NZA 1995, 958; BAG v. 13.12.2011 – 1 AZR 495/10 –, AP Nr. 175 zu Art. 9 GG Arbeitskampf = NZA 2012, 995. Vgl. dazu krit. *Otto*, Arbeitskampf, § 11 Rn. 12 ff., und *Kissel*, Arbeitskampfrecht, § 33 Rn. 113 ff.; befürwortend Erfk/*Linsenmaier* Art. 9 GG Rn. 219.

Vergütung verliert. Ob es sich bei der Betriebsstilllegung tatsächlich um eine Arbeitskampfmaßnahme im rechtlichen Sinne handelt, was für die Festlegung ihrer Wirksamkeitsanforderungen bedeutsam ist, ist durchaus streitig.[26]

c) Massenänderungskündigung

Eine gewisse Verwandtschaft mit der Aussperrung hat eine Massenänderungs- 774 kündigung des Arbeitgebers. Gleichwohl bündelt der Arbeitgeber nur seine individuellen, auf die einzelnen Arbeitsverhältnisse bezogenen Kündigungsrechte. Demgemäß greift hier auch der gesamte allgemeine und besondere Kündigungsschutz ein. Der Arbeitgeber ist auf dieses Mittel zumindest insoweit angewiesen, als der Tarifvertrag kein geeignetes Instrument darstellt, um eine Herabsetzung über- oder außertariflich zugesagter Leistungen zu erreichen, weil solche Tarifnormen wegen des Günstigkeitsprinzips insoweit keine Wirkung entfalteten.[27] In den Arbeitsverträgen unwiderruflich zugesagte zusätzliche soziale Leistungen kann der Arbeitgeber grundsätzlich nur reduzieren, wenn der Arbeitnehmer einwilligt oder eine Änderungskündigung Erfolg hat. Sowohl das wirtschaftliche Interesse als auch der Gleichbehandlungsgedanke erfordern daher ein massenhaftes Vorgehen. Entgegen der soeben dargestellten Ansicht des BAG wird man den Arbeitnehmern dann aber eine Massenänderungskündigung ebenfalls nicht verwehren können.

IV. Rechtmäßigkeit von Arbeitskämpfen

Ausgangspunkt der folgenden Überlegungen ist die Tatsache, dass heute mit 775 Arbeitskämpfen keine massenhafte Kündigung der Arbeitsverhältnisse mehr verbunden ist. Arbeitskämpfe finden also trotz bestehender Arbeitsverträge statt. Da diese insbesondere zu Arbeitsleistung und Vergütung verpflichten, handelt es sich grob gesprochen um einen massenhaften gemeinsamen **Vertragsbruch**, der der **Rechtfertigung** bedarf. Ein wirksamer Arbeitskampf in Form einer massenhaften Kündigung wäre schon angesichts der längeren und unterschiedlichen Kündigungsfristen heute kaum mehr durchzuführen, weil die Leistungspflichten erst mit Vertragsende erlöschen würden.

---

26 Vertiefend *Holthusen*, RdA 2019, 216 ff.
27 Vgl. § 10 RN 749 ff.

1. Rechtsgrundlagen

776 Bei der Suche nach einer Rechtsgrundlage für das Recht, trotz bestehender vertraglicher Bindung einen Arbeitskampf zu führen, sowie bei der Suche nach den Voraussetzungen und Rechtsfolgen dieses Rechts lässt uns der nationale Gesetzgeber wiederum weitgehend im Stich. Immerhin ist in Art. 17 des Staatsvertrages bestimmt worden, dass in der DDR das Arbeitskampfrecht „entsprechend dem Recht der Bundesrepublik Deutschland" gelten soll.[28]

a) EU-Grundrechtecharta

777 Das Unionsrecht bietet schon greifbarere Anhaltspunkte. In Art. 28 EGRC liest man:

> „Die Arbeitnehmerinnen und Arbeitnehmer sowie die Arbeitgeberinnen und Arbeitgeber oder ihre jeweiligen Organisationen haben nach dem Unionsrecht und den einzelstaatlichen Rechtsvorschriften und Gepflogenheiten das Recht, Tarifverträge auf den geeigneten Ebenen auszuhandeln und zu schließen sowie *bei Interessenkonflikten kollektive Maßnahmen zur Verteidigung ihrer Interessen , einschließlich Streiks, zu ergreifen.*" (Hervorhebung der Verf.)

Allein hieraus lässt sich für die Frage, ob Arbeitskampfmaßnahmen im Verhältnis zwischen Arbeitgebern und Arbeitnehmern gerechtfertigt sind, noch keine eindeutige Antwort gewinnen. Denn nach Art. 51 Abs. 1 EGRC gilt die Grundrechtecharta für die Organe, Einrichtungen und sonstige Stellen der Union unter Wahrung des Subsidiaritätsprinzips und für die Mitgliedstaaten ausschließlich bei der Durchführung des Rechts der Union. Sie gilt also – obwohl die Charta in jüngerer Vergangenheit insoweit immer häufiger als Auslegungshilfe herangezogen wurde[29] – nicht unmittelbar im Verhältnis zwischen Privatrechtssubjekten. Einer Einordnung des Art. 28 EGRC als Rechtfertigungsgrund steht bei Lichte betrachtet auch Art. 51 Abs. 2 EGRC entgegen, wonach die Charta den Geltungsbereich des Unionsrechts – dessen Kompetenzgrundlage u. a. das Koalitions-, Streik- und Aussperrungsrecht ausspart (Art. 153 Abs. 5 AEUV) – nicht über (bestehende) Zuständigkeiten der Union hinaus ausdehnt.

---

28 Vom 18.5.1990 (BGBl. II S. 537). Laut Begründung soll das Arbeitskampfrecht so gelten, „wie es die Rspr. aus Art. 9 Abs. 3 GG und dem Tarifvertragsgesetz entwickelt hat" (BT-Drucks. 11/7350 v. 7.6.1990, S. 53 ff., 106). Damit wurde jedenfalls für die DDR praktisch das Richterrecht zum Gesetz.
29 Vgl. nur BAG v. 30.1.2019 – 10 AZR 299/18 (A) –, AP Nr. 41 zu § 106 GewO = NZA 2019, 693; BAG v. 23.8.2018 – 2 AZR 133/18, AP Nr. 271 zu § 626 BGB = NZA 2018, 1329.

b) Grundgesetz

Im Grundgesetz begegnet uns der Arbeitskampf in **Art. 9 Abs. 3 S. 3** ausdrücklich   778
nur im Zusammenhang mit der Notstandsverfassung: Staatliche „Maßnahmen ...
dürfen sich nicht gegen Arbeitskämpfe richten, die zur Wahrung und Förderung
der Arbeits- und Wirtschaftsbedingungen von Vereinigungen im Sinne des Satzes
1 geführt werden". Es wird darüber gestritten, inwieweit aus dieser erst 1968
eingefügten Norm wenigstens auf eine grundsätzliche verfassungsrechtliche
Anerkennung eines Rechts zum Arbeitskampf auch im Verhältnis der Kampfparteien zueinander geschlossen werden darf. Nach einer Mindermeinung, deren
Auffassung wir teilen, lässt sich durchaus schlussfolgern, ein verfassungsrechtlicher Schutz vor Notstandsmaßnahmen setze geradezu voraus, dass ein Arbeitskampfrecht anerkannt wird.[30] Ein Verbot staatlicher Gegenmaßnahmen gegen massenhaften Rechtsbruch ist schwer vorstellbar. Das BAG und die wohl
überwiegende Meinung sprechen sich hingegen vor allem im Hinblick auf die im
Zuge der parlamentarischen Beratungen geäußerten Vorbehalte gegen eine solche
Schlussfolgerung aus.[31] Eine wesentliche Rolle dürfte dabei spielen, dass der
Begriff Arbeitskampf zweifellos Streik *und* Aussperrung umfasst.

Das BAG sah ursprünglich nur das Streikrecht als verfassungsrechtlich ge-   779
währleistet an, und zwar als unerlässliche Voraussetzung der durch Art. 9 Abs. 3
S. 1 und 2 GG gegenüber dem Staat und gegenüber Dritten mitgeschützten **Tarifautonomie.**[32] Dem Aussperrungsrecht hat es noch in dem grundlegenden Urteil v. 26.4.1988 die verfassungsrechtliche Anerkennung versagt.[33] Diese Differenzierung beruhte auf der Vorstellung, dass effektive Tarifverhandlungen durch
die Gewerkschaft wegen ihrer natürlichen Angreiferrolle notwendig eines
Druckmittels bedürfen, während die Arbeitgeberseite sich eventuell mit einer
schlichten Durchhaltetaktik begnügen kann. Hinzu trat möglicherweise die Vorstellung, eine Anerkennung der Aussperrung auf Verfassungsebene müsse
zwangsläufig Eingrenzungen erschweren und insbesondere auch für die Angriffsaussperrung gelten. Jedoch lässt auch eine verfassungsrechtliche Anerkennung der Aussperrung dem Grunde nach Raum für eine nähere Ausgestaltung
durch den einfachen Gesetzgeber oder ersatzweise durch den Richter.

---

30 Z. B. *Bötticher*, RdA 1969, 367, 368 f.; *Frowein*, Zur völkerrechtlichen und verfassungsrechtlichen Gewährleistung der Aussperrung, 1976, S. 24 ff. m.w.N.

31 Vom 26.4.1988 – 1 AZR 399/86 – unter B II 2 c bb m.w.N., AP Nr. 101 zu Art. 9 GG Arbeitskampf =
NZA 1988, 775 = SAE 1991, 56 ff. m. zust. Anm. *Otto.*

32 BVerfG v. 11.7.2017 – 1 BvR 1571/15 u. a. –, NZA 2017, 915; BAG v. 12.9.1984 – 1 AZR 342/83 –
Leitsatz 2, AP Nr. 81 zu Art. 9 GG Arbeitskampf = NZA 1984, 393.

33 – 1 AZR 399/86 –, AP Nr. 101 zu Art. 9 GG Arbeitskampf Leitsatz 1.

780   Das **BVerfG** hat seine ursprüngliche Enthaltsamkeit [34] hinsichtlich der verfassungsrechtlichen Garantie des Arbeitskampfes erst in seinem Beschluss vom 26.6.1991 [35] aufgegeben. In dieser Entscheidung erklärt das Gericht „jedenfalls" **suspendierende Aussperrungen zur Abwehr von Teil- oder Schwerpunktstreiks**, die der Herstellung der Verhandlungsparität dienen, für **verfassungsrechtlich geschützt.** [36] Zum arbeitskampfrechtlichen Garantiegehalt des Art. 9 Abs. 3 GG finden sich darüber hinaus folgende **allgemeine Aussagen:** [37]

---

i – Die Koalitionsfreiheit steht nicht nur den Arbeitnehmern, sondern auch den Arbeitgebern zu.
   – Art. 9 Abs. 3 GG schützt die Mittel, von deren Einsatz die Verfolgung des Koalitionszwecks abhängt.
   – Zu diesen geschützten Mitteln zählen Arbeitskampfmaßnahmen, die auf den Abschluss von Tarifverträgen gerichtet sind.
   – Arbeitskampfmaßnahmen werden jedenfalls insoweit von der Koalitionsfreiheit erfasst, als sie **allgemein erforderlich** sind, um eine funktionierende Tarifautonomie sicherzustellen.
   – Keine Frage des Schutzbereichs, sondern der Ausgestaltung des Grundrechts durch die Rechtsordnung ist die Frage, unter welchen Voraussetzungen und in welchem Umfang das grundsätzlich garantierte Mittel eingesetzt werden darf.

---

781 Entscheidend für den **Schutz einzelner Arbeitskampfmittel** ist danach, ob sie „allgemein erforderlich" für eine funktionierende Tarifautonomie sind. [38] Mit der „allgemeinen" Erforderlichkeit ist nicht die konkrete, situationsbezogene Erforderlichkeit des Einsatzes eines Arbeitskampfmittels gemeint; dies ist eine Frage der Beschränkung im Einzelfall auf Grund der vom BAG entwickelten Grenzen, insbesondere des Verhältnismäßigkeitsgrundsatzes. Verfassungsrechtlich maßgeblich ist vielmehr eine generell-typisierende Betrachtung. Erst recht sicher ist die verfassungsrechtliche Garantie des Arbeitskampfmittels **„Streik".** [39] Ein generelles gesetzliches Verbot der Aussperrung, wie es in Art. 29 Abs. 5 der hessischen Verfassung verankert ist, wie es § 18 Abs. 2 des Gewerkschaftsgesetzes der

---

34 BVerfG v. 19.2.1975 – 1 BvR 418/71 –, BVerfGE 38, 386 ff.
35 BVerfG v. 26.6.1991 – 1 BvR 779/85 –, BVerfGE 84, 212 ff. = EzA Art. 9 GG Arbeitskampf Nr. 97 m. Anm. *Rieble* = SAE 1991, 329 ff. m. Anm. *Konzen*; zum Echo auf das Urteil *Däubler*, ArbuR 1992, 1 ff.; *Schwarze*, JuS 1994, 653 ff.
36 BVerfG v. 26.6.1991 – 1 BvR 779/85 – unter C I 1 a, BVerfGE 84, 212, 225.
37 BVerfG v. 26.6.1991 – 1 BvR 779/85 – unter C I 1 a, BVerfGE 84, 212, 224 f.
38 Eine Zuordnung der „allgemeinen Erforderlichkeit" zur bisherigen Rspr. des garantierten „Kernbereichs" der Koalitionsbetätigung und den dort verwendeten Abgrenzungsformeln vermeidet das BVerfG bewusst (BVerfG v. 26.6.1991 – 1 BvR 779/85 – unter C I 3 a, BVerfGE 84, 212, 228).
39 Vgl. jetzt ausdrücklich BVerfG v. 4.7.1995 – 1 BvF 2/86 u.a. – unter C I 1 a, BVerfGE 92, 365, 393 f.

DDR vom 6.3.1990 anordnete und wie es von DGB[40], SPD[41] und den Grünen[42] gefordert wurde, kommt nach diesen Kriterien keineswegs mehr in Betracht und ist schlicht grundgesetzwidrig, auch wenn Art. 28 EGRC sich insoweit in Zurückhaltung übt.

c) Einfaches Gesetz

Das BAG hatte sich für seine Anerkennung des Aussperrungsrechts auf der Ebene **782** des einfachen Gesetzes darauf berufen, dass ein solches Recht als Annex zum Tarifvertragsrecht in seiner gegenwärtigen Ausprägung geschützt sei, weil auch die Arbeitgeberseite eines Druckmittels bedürfe.[43] Diese Anknüpfung an das Tarifvertragsgesetz war deshalb nicht sonderlich überzeugend, weil das Gesetz weder Streik noch Aussperrung mit einem Wort erwähnt. Näher liegt eine Ableitung aus solchen Normen des einfachen Rechts, die offensichtlich nur dadurch zu erklären sind, dass die Rechtmäßigkeit von Arbeitskämpfen vorausgesetzt wird. So lautet z. B. **§ 74 Abs. 2 S. 1 BetrVG:**

> „Maßnahmen des Arbeitskampfes zwischen Arbeitgeber und Betriebsrat sind unzulässig; Arbeitskämpfe tariffähiger Parteien werden hierdurch nicht berührt."

Gemäß § 160 Abs. 1 S. 1 SGB III darf durch die Gewährung von Arbeitslosengeld nicht in Arbeitskämpfe eingegriffen werden. Kennzeichen solcher Regelungen des Bundesrechts ist die **grundsätzliche Anerkennung der Kampfmaßnahmen beider Seiten.** Auch einfaches „Bundesrecht bricht Landesrecht" (Art. 31 GG) einschließlich des Landesverfassungsrechts[44] und damit den eben erwähnten Art. 29 Abs. 5 der hessischen Verfassung.

---

40 Nachweise bei *Zachert/Metzke/Hamer*, Die Aussperrung, 1978, S. 211 ff.

41 Grundsatzprogramm der Sozialdemokratischen Partei Deutschlands vom 20.12.1989, Bonn 1990, S. 44: „Das Gleichgewicht zwischen den Tarifparteien verlangt das gesetzliche Verbot der Aussperrung."

42 Entwurf eines Gesetzes zum Verbot der Aussperrung (BT-Drucksache 11/7056 v. 4.5.1990): Laut Art. 1 § 1 sollte jede Form der Aussperrung und jede vergleichbare Maßnahme, z. B. Massenänderungskündigungen, erfasst werden; laut Art. 2 sollte § 116 AFG (jetzt § 160 SGB III) ersatzlos aufgehoben werden.

43 BAG v. 26.4.1988 – 1 AZR 399/86 –, AP Nr. 101 zu Art. 9 GG Arbeitskampf unter B II 2 b.

44 Nur mit dem Grundgesetz vereinbare Landesgrundrechte bleiben erhalten (Art. 142 GG). Näher hierzu *Otto*, Arbeitskampf, § 4 Rn. 67 ff.

d) Europäische Sozialcharta

783 Diese Anerkennung von Streik *und* Aussperrung wird durch die von Bundestag und Bundesrat mit Verabschiedung des Ratifikationsgesetzes[45] gebilligte Europäische Sozialcharta von 1961 bestätigt, auch wenn diese nach überwiegender Ansicht nur völkerrechtliche Verpflichtungen begründet hat und innerstaatlich nicht unmittelbar gilt.[46] In **Teil II Art. 6 ESC** heißt es nämlich wörtlich:

> „Um die wirksame Ausübung des Rechtes auf Kollektivverhandlungen zu gewährleisten, verpflichten sich die Vertragsparteien, ... und anerkennen 4. das Recht der Arbeitnehmer *und* der Arbeitgeber auf kollektive Maßnahmen einschließlich des Streikrechts im Falle von Interessenkonflikten, vorbehaltlich etwaiger Verpflichtungen aus geltenden Gesamtarbeitsverträgen."

Art. 31 Abs. 1 ESC lässt weitergehende Einschränkungen nur zu, „wenn diese gesetzlich vorgeschrieben und in einer demokratischen Gesellschaft zum Schutze der Rechte und Freiheiten anderer oder zum Schutze der öffentlichen Sicherheit und Ordnung, der Sicherheit des Staates, der Volksgesundheit und der Sittlichkeit notwendig sind". Für den Fall, dass die ESC den Rahmen des deutschen Arbeitskampfrechts sprengen sollte, erwog *Bepler* die Anerkennung eines Streikrechts ohne Privilegien: die Arbeitsniederlegung ohne Vertragsverletzung erst nach (massenhafter) Kündigung („lösender Streik") gekoppelt mit einem grundsätzlichen Anspruch auf Wiedereinstellung.[47]

2. Beurteilungskriterien für die Rechtmäßigkeit von Arbeitskämpfen

784 Wir kommen damit zu der Beurteilung der Rechtmäßigkeit von Arbeitskämpfen. Mit der grundsätzlichen Anerkennung von Streik und Aussperrung ist nämlich noch nicht sehr viel gewonnen. Keineswegs ist gesagt, dass ein Arbeitskampf zu jedem Ziel, durch beliebige Beteiligte und ohne weitere Anforderungen an die Kampfentscheidung den einseitigen Eingriff in die vertragliche Bindung zwischen Arbeitgeber und Arbeitnehmer mit der Konsequenz der Suspendierung der Hauptpflichten rechtfertigt. Auch bezüglich des persönlichen und räumlichen Umfangs der Kampfmaßnahmen sowie der Rechtsfolgen ist eine weitere Präzisierung geboten. Angesichts des untätigen Gesetzgebers sind zunächst allgemeine

---

45 Vom 19.9.1964 (BGBl. II S. 1262).
46 Das BAG hatte die Antwort auf die Geltungsfrage bisher bewusst offen gelassen, aber die ESC als Auslegungshilfe anerkannt (Urteil v. 12.9.1984 – 1 AZR 342/83 –, AP Nr. 81 zu Art. 9 GG Arbeitskampf unter B II 2 c). Im Zusammenhang mit dem Sympathiestreik führt das BAG die ESC neuerdings ohne jeden Vorbehalt als Argument ein (Urt. v. 19.6.2007 – 1 AZR 396/06 – unter Rn. 40, AP Nr. 173 zu Art. GG Arbeitskampf = NZA 2007, 1055).
47 In: Gagel, SGB III – Arbeitsförderung –, Vor § 146 Rn. 74 (Stand: Mai 2007).

Beurteilungskriterien zu entwickeln. Inzwischen haben sich drei bedeutsame Kriterien herauskristallisiert, nämlich der **Bezug zur Tarifautonomie**, der Gedanke der **Kampfparität** und der **Verhältnismäßigkeitsgrundsatz.**

a) Bezug zur Tarifautonomie
Mit dem Bezug zur Tarifautonomie ist gemeint, dass das **Ziel des Arbeitskampfes** 785 auf eine **tarifliche Regelung** gerichtet sein muss. Der „Tarifbezug" erklärt sich aus der dargestellten Herleitung des verfassungsrechtlich gewährleisteten Arbeitskampfes trotz vertraglicher Bindung als notwendiger Annex der Tarifautonomie. Er findet seine Bestätigung in § 74 Abs. 2 S. 1 BetrVG, der von Arbeitskämpfen tariffähiger Parteien spricht, ebenso wie in Teil II Art. 6 ESC, der die wirksame Ausübung des Rechtes auf Kollektivverhandlungen gewährleisten will. Eine Arbeitsniederlegung zur Teilnahme an einer Demonstration der Gewerkschaft Erziehung und Wissenschaft (GEW), auf der eine Verkürzung der Arbeitszeit für angestellte Lehrer ohne anstehende Tarifverhandlungen gefordert werden sollte, weist z. B. einen solchen Bezug nicht auf.[48]

b) Kampfparität
Bei der Kampfparität geht es um die Frage, inwieweit der Gesetzgeber – oder der 786 ersatzweise tätige Richter – wegen der ihm durch Art. 9 Abs. 3 GG aufgegebenen Gewährleistung der Tarifautonomie für eine **einigermaßen gleiche Ausgangslage für Tarifverhandlungen** verantwortlich ist.[49] Sicher ist, dass die bloße Bereitstellung von Kampfmitteln für beide Seiten (**formelle Parität**), also von Streik und Aussperrung, dazu nicht ausreicht. Unbefriedigend ist aber auch die These, die Rechtsordnung habe durch die rechtliche Anerkennung von Streik und Aussperrung von Gesetzes wegen eine solche Parität im Rahmen eines vertretbaren Wertungsspielraums bejaht (**normative Parität**), so dass Eingriffe des Gesetzgebers in das herkömmliche System der Kampfmittel einer besonderen Legitimation bedürften. Denn die grundsätzliche Anerkennung eines Kampfmittels ist nur die erste, wenn auch besonders bedeutsame Stufe der notwendigen Überlegungen. Auf der anderen Seite ist es nicht überzeugend, wenn von gewerkschaftlicher Seite auf eine sog. **„Gesamtparität"** abgehoben wird; bei ihr wird nicht mehr nach der Ausgangslage von Tarifverhandlungen gefragt, sondern

---

48 BAG v. 23.10.1984 – 1 AZR 126/81 –, AP Nr. 82 zu Art. 9 GG Arbeitskampf = NZA 1985, 459.
49 *Scholz/Konzen*, Die Aussperrung im System von Arbeitsverfassung und kollektivem Arbeitsrecht, 1980, S. 168 ff., 186 ff.

in einem „mixtum compositum" u.a. das Eigentum an den Produktionsmitteln (das in einem Arbeitskampf wenig hilft) und die Meinungsbildung durch die Medien der Verhandlungsmacht der Arbeitgeberseite zugerechnet.[50]

787   Gesucht wird deshalb nach einer **materiellen Parität** der Kampfparteien. Hier leuchtet wiederum ein, dass die Rechtsordnung **nicht** eine **materiell-konkrete** Parität, d.h. ein Verhandlungsgleichgewicht in einer bestimmten Tarifauseinandersetzung gewährleisten kann. Dafür ist nicht nur die wirtschaftliche Ausgangslage für Tarifverhandlungen zu unterschiedlich. Viel entscheidender ist noch, dass die Verhandlungsstärke auch einen Bezug zu dem angestrebten Verhandlungsergebnis hat. Zur Durchsetzung der gewerkschaftlichen Idealforderungen muss aber sicher nicht eine materielle Parität hergestellt werden. Rechtlich am bedenklichsten wäre aber, dass man im Grunde erst im Nachhinein wüsste, ob ein Kampfmittel eingesetzt werden durfte oder nicht. Deshalb ist das BAG mit Recht für eine **materiell-typisierende** Parität eingetreten, indem es fragt, inwieweit eine Kampfpartei typischerweise zur Herstellung möglichst gleicher Verhandlungschancen auf ein Kampfmittel angewiesen ist.[51] Das BVerfG hat den Überlegungsansatz des BAG in seinem Urteil vom 4.7.1995 zu § 116 AFG (jetzt § 160 SGB III) als verfassungsrechtlich unbedenklich bezeichnet.[52]

c) Verhältnismäßigkeitsgrundsatz

788 Damit sind wir beim dritten Kriterium, dem Verhältnismäßigkeitsgrundsatz, den der Große Senat des BAG 1971 in seiner zweiten Grundsatzentscheidung herausgestellt und auch als Übermaßverbot bezeichnet hat.[53] Verhältnismäßig ist eine Maßnahme dann, wenn sie **geeignet, erforderlich** und **proportional**[54] ist, um ein bestimmtes Ziel zu erreichen oder einen bestimmten Zweck zu erfüllen. Dementsprechend soll nach Ansicht des BAG geprüft werden, ob ein Arbeits-

---

50 *Zachert/Metzke/Hamer*, Die Aussperrung, 1978, S. 150ff.
51 BAG v. 10.6.1980 – 1 AZR 822/79 und 168/79 – jeweils unter A IV 2, AP Nr. 64 und 65 zu Art. 9 GG Arbeitskampf, dazu *Otto*, RdA 1981, 285, 287ff.
52 – 1 BvF 2/86 u.a. –, BVerfGE 92, 365, 395 unter C I 1 c; dazu *Otto*, JURA 1997, 18, 23f. und 27f.
53 BAG GS v. 21.4.1971 – GS 1/68 –, AP Nr. 43 zu Art. 9 GG Arbeitskampf unter Teil III A (Lösende Aussperrung von Croupiers). Dazu *Löwisch*, ZfA 1971, 319ff.; *Preis*, FS Dieterich, 1999, S. 429, 436ff.; Zur Problematik der exakten Anwendbarkeit des Grundsatzes s. *Bieder*, Das ungeschriebene Verhältnismäßigkeitsprinzip als Schranke privater Rechtsausübung, 2007, insbes. S. 159ff; *Hirschberg*, Der Grundsatz der Verhältnismäßigkeit, 1981, insbes. S. 153ff.
54 Die Proportionalität wird wenig glücklich auch als Verhältnismäßigkeit im engeren Sinne definiert. Vgl. die terminologische Klarstellung im Urt. v. 10.6.1980 – 1 AZR 822/79 –, AP Nr. 64 und 65 zu Art. 9 GG Arbeitskampf unter B I 2 a.

kampf, ein einzelnes Kampfmittel oder die Intensität seines Einsatzes in einem konkreten Arbeitskampf geeignet, erforderlich und proportional ist.

Dabei liegt die Schwierigkeit in der Bestimmung des für die Anwendung des **789** Verhältnismäßigkeitsgrundsatzes und seiner Teilelemente maßgeblichen **Bezugspunktes.** Einig ist man sich insofern, als der Verhältnismäßigkeitsgrundsatz jedenfalls nicht in dem Sinne zu einer Tarifzensur führen darf, dass ein umfangreicher Streik bei niedriger Forderung als unproportional und bei sehr hoher Forderung als im Interesse der Arbeitnehmer nicht erforderlich bewertet wird. Bedenklich ist es aber, wenn das BAG zwischenzeitlich unter Berufung auf eine Kammerentscheidung des BVerfG[55] davon spricht, dass eine Bewertung von Arbeitskampfmaßnahmen als rechtswidrig grundsätzlich nur in Betracht komme, wenn diese **offensichtlich ungeeignet und unverhältnismäßig** seien.[56] Auf derselben Linie liegt, dass das Gericht seit einigen Jahren von einer objektiven Prüfung der Geeignetheit und Erforderlichkeit der eingesetzten Kampfmittel Abstand genommen und den Kampfparteien insoweit weitreichende Einschätzungsprärogativen eingeräumt hat. Für die Rechtmäßigkeit z. B. einer Streikmaßnahme genügt es demnach, dass ihr Einsatz aus Sicht der Gewerkschaft vertretbar erscheint, um den Abschluss eines Tarifvertrags zu erreichen.

Ein rechtlich relevanter Bezugspunkt ist hingegen die eben beschriebene **790** **materiell-typisierende Kampfparität**; zu prüfen ist daher, ob ein Kampfmittel und/oder seine Folgen geeignet, erforderlich (dies vor allem) und proportional sind, um typischerweise eine einigermaßen gleiche Ausgangslage für Tarifverhandlungen herzustellen. Es zeigt sich, dass der Verhältnismäßigkeitsgrundsatz als solcher nur formaler Natur ist, d. h. erst angewendet werden kann, wenn zuvor der Bezugspunkt wertend festgelegt worden ist.

3. Generelle Voraussetzungen eines rechtmäßigen Arbeitskampfes

Die Rechtsprechung hat aus den genannten Kriterien für die Rechtmäßigkeit von **791** Arbeitskämpfen Folgerungen gezogen. Die Ergebnisse sind nicht unumstritten, was angesichts der Interessengegensätze und der fehlenden gesetzlichen Detailregelung nicht verwundert.

---

55 BVerfG v. 10.9.2004 – 1 BvR 1191/03 – unter B II 2 b a.E., AP Nr. 167 zu Art. 9 GG Arbeitskampf = NZA 2004, 1338, zur Billigung der Einbeziehung eines nicht verbandsangehörigen Arbeitgeberaußenseiters beim Kampf um auch bei diesem geltende Arbeitsbedingungen. In der dort zitierten Grundsatzentscheidung v. 4.7.1995 – 1 BvF 2/86 u. a. –, BVerfGE 92, 365 = AP Nr. 4 zu § 116 AFG = NZA 1995, 754, zur Gewährung von Leistungen der Bundesagentur für Arbeit bei Arbeitskämpfen taucht der Zusatz „offensichtlich" gerade nicht auf.
56 BAG v. 19.6.2007 – 1 AZR 396/06 –, AP Nr. 173 zu Art. GG Arbeitskampf unter Rn. 19.

a) Anforderungen an das Kampfziel

792 Zunächst werden Anforderungen an das Kampfziel gestellt. Wegen des notwendigen „Tarifbezugs" muss es sich um **tariflich regelbare Streitigkeiten** handeln.

793   Von vornherein ausgeklammert sind damit **Rechtsstreitigkeiten**, für die ja der Weg zu den Gerichten eröffnet ist. Die richtige Gegenwehr gegen eine als unberechtigt angesehene Kündigung ist daher die Einschaltung des Gerichts und nicht die Arbeitsniederlegung.[57]

794   § 74 Abs. 2 S. 1 BetrVG erklärt Maßnahmen des Arbeitskampfes zwischen **Arbeitgeber und Betriebsrat** sogar ausdrücklich für unzulässig. Weigert sich der Arbeitgeber z. B. eine Betriebsvereinbarung über die Lage der Arbeitszeit abzuschließen, so ist bei der echten Mitbestimmung die Anrufung der Einigungsstelle das von der Rechtsordnung zur Konfliktlösung vorgesehene Mittel.[58]

795   Nicht tariflich regelbar sind Gegenstände, für die die §§ 1 und 4 TVG auch in verfassungskonformer Auslegung **keine Rechtsetzungskompetenz** eröffnen, weil es sich weder um eine Inhalts-, Abschluss- oder Beendigungsnorm, noch eine betriebliche oder betriebsverfassungsrechtliche Norm oder Normen über Gemeinsame Einrichtungen handelt, wie z. B. das Verbot einer längeren Ladenöffnungszeit als solche. Zumindest zweifelhaft ist, ob ein – immerhin regelbares[59] – Verbot der Produktionsverlagerung in einem geforderten betriebsbezogenen Firmentarifvertrag zur Standortsicherung erstreikbar ist – im Unterschied zur Abfederung der sozialen Folgen.[60] Nicht regelbar ist ein **von der Rechtsordnung missbilligter Inhalt** eines Tarifvertrages, so dass z. B. ein Streik zur Durchsetzung einer sog. Differenzierungsklausel[61] beim Urlaubsgeld rechtswidrig ist.[62]

796   Ein besonderes Problem stellt der **Sympathiestreik** dar, mit dem der rechtmäßige „Hauptstreik" einer anderen Gewerkschaft unterstützt wird. Der Sympa-

---

57 BAG v. 7.6.1988–1 AZR 372/86 –, AP Nr. 106 zu Art. 9 GG Arbeitskampf = NZA 1988, 883 (Rücknahme des Antrags des Arbeitgebers auf Ersetzung der Zustimmung zur Kündigung eines Betriebsratsmitglieds gemäß § 103 BetrVG).

58 BAG v. 17.12.1976–1 AZR 772/75 – (Arbeitszeitregelung), AP Nr. 52 zu Art. 9 GG Arbeitskampf; dazu § 12 RN 862.

59 Vgl. LAG Hamm v. 31.5.2000 – 18a Sa 858/00 –, NZA-RR 2000, 535 ff., das einen Eingriff in die Unternehmensautonomie (Art. 12 Abs. 1 GG) annimmt. Kampfmaßnahmen zur Verhinderung der Verlagerung innerhalb der EU verstoßen gegen die Dienstleistungsfreiheit (Art. 49 AEUV), wenn sie nicht durch einen zwingenden Grund des Allgemeininteresses wie etwa den Arbeitnehmerschutz gerechtfertigt und verhältnismäßig sind (EuGH v. 11.12.2007 – C-438/05 – (Viking Line ABP), NZA 2008, 124. S. auch § 10 RN 733.

60 *Otto*, Arbeitskampf, § 5 Rn. 15. Nach Zweck und Ertragslage zu sehr differenzierend *Krause*, Standortsicherung und Arbeitsrecht, 2007, S. 93 ff.

61 Vgl. oben § 10 RN 737.

62 BAG v. 21.3.1978–1 AZR 11/76 –, AP Nr. 62 zu Art. 9 GG Arbeitskampf.

thie- bzw. – farbloser formuliert – Unterstützungstreik zielt zwar mittelbar auf eine tarifliche Regelung ab. Dieser Tarifvertrag soll aber gerade nicht für die zur Unterstützung streikenden Arbeitnehmer gelten. Deren Arbeitgeber sind daher auch gar nicht in der Lage, den Forderungen zu entsprechen. Sie werden damit – bildhaft gesprochen – zu Geiseln der fremden Tarifauseinandersetzung. So hat sich die ÖTV beispielsweise 1984 während des Arbeitskampfes der IG Metall um die 35-Stunden-Woche mit eigenen Streikmaßnahmen solidarisiert.[63] Das BAG hatte ursprünglich solche Sympathiestreiks mit Recht grundsätzlich für unzulässig gehalten,[64] behielt sich aber Ausnahmen für den Fall einer Störung der Kampfparität vor.[65] Denkbar wäre etwa, dass in einem Konzern für die Konzernspitze ein Tarifvertrag mit der Gewerkschaft ver.di gilt, während für ein abhängiges Konzernunternehmen die IG Nahrung-Genuss-Gaststätten zuständig ist. In einem solchen Fall leuchtet ein, dass für die Durchsetzung eines Firmentarifvertrages für das abhängige Unternehmen ein Sympathiestreik gegen die Konzernspitze die eigentlichen Entscheidungsträger trifft. Im Jahr 2007 vollzog das BAG einen Paradigmenwechsel in einem Fall, der sich vermutlich auf der Basis der bisherigen Konzeption mit ähnlichem Ergebnis hätte lösen lassen. Es will einen Streik gegen einen Dritten zur Unterstützung eines Hauptstreiks nur noch dann für rechtswidrig erklären, wenn er „offensichtlich ungeeignet, offensichtlich nicht erforderlich oder unangemessen ist".[66] Das Regel-Ausnahme-Verhältnis zwischen Rechtswidrigkeit und Rechtmäßigkeit dieser speziellen Kampfmaßnahmen hat sich dadurch praktisch ins Gegenteil verkehrt.

Um kein tarifliches Ziel handelt es sich schließlich bei **politisch motivierten** 797 **Streiks,** mit denen der Gesetzgeber demonstrativ beeinflusst werden soll, selbst wenn die Regelung von Arbeitsbedingungen zur Debatte steht. Die gewerkschaftlich organisierten kurzfristigen Arbeitsniederlegungen aus Protest gegen die Änderung des § 116 AFG 1969 (§ 160 SGB III) sollten Druck auf den Gesetzgeber ausüben, nicht auf den Arbeitgeber oder den Arbeitgeberverband. Solche Arbeitsniederlegungen sind daher rechtswidrig.[67] Dasselbe gilt nach traditioneller, im Schrifttum allerdings zunehmend erodierender Ansicht auch für die Streiks

---

63 BAG v. 12.1.1988 – 1 AZR 219/86 –, AP Nr. 90 zu Art. 9 GG Arbeitskampf = NZA 1988, 474.
64 BAG v. 5.3.1985 – 1 AZR 468/83 –, AP Nr. 85 zu Art. 9 GG Arbeitskampf, bestätigt durch BAG v. 12.1.1988 – 1 AZR 219/86 –, AP Nr. 90 zu Art. 9 GG Arbeitskampf. Hierzu *Otto*, Arbeitskampf, § 10 Rn. 33 ff.
65 BAG v. 5.3.1985 – 1 AZR 468/83 –, AP Nr. 85 zu Art. 9 GG Arbeitskampf unter II 4.
66 BAG v. 19.6.2007 – 1 AZR 396/06 –, AP Nr. 173 zu Art. GG Arbeitskampf Leitsatz 2 und unter Rn. 21. Kritisch dazu *Bieder*, NZA 2008, 799 ff.; *Konzen*, SAE 2008, 1, 4 ff.
67 LAG Rheinland-Pfalz v. 5.3.1986 – 1 Ta 50/86 –, LAGE Art. 9 GG Arbeitskampf Nr. 26

von Beamten[68], etwa von beamteten Fluglotsen[69] oder Lehrern, zur Verbesserung der Arbeitsbedingungen, weil ihre Rechte und Pflichten nicht durch Tarifvertrag, sondern durch Gesetz festgelegt werden.[70]

798   Die **Unzulässigkeit politischer Streiks** folgt aus unserer Verfassung. Die Gesetzgebung ist in einem demokratischen Staat Aufgabe der vom Volk gewählten Organe (Art. 20 Abs. 2 GG). Ein Widerstandsrecht ist nur zum Schutz der Verfassung gegen denjenigen vorgesehen, der unsere Verfassungsordnung beseitigen will (Art. 20 Abs. 4 GG). Ein Recht zum Vertragsbruch oder zur Missachtung der Dienstpflichten als Druckmittel gegenüber dem Gesetzgeber kann es für keine Interessengruppe geben, mögen auch die artikulierten Interessen noch so verständlich sein. Art. 9 Abs. 3 GG begründet insoweit kein Arbeitnehmerprivileg.

b) Anforderungen an die Kampfparteien und -beteiligten

799 Der „Tarifbezug" ist auch maßgeblich für die Anforderungen, die an die Kampfparteien und -beteiligten gestellt werden. Die ganz herrschende Meinung verlangt, dass der Arbeitskampf von und gegen Parteien geführt wird, die tariffähig sind (§ 2 TVG). Da der einzelne Arbeitgeber tariffähig ist, ist z.B. ein Arbeitskampf wegen eines Firmentarifvertrages möglich. Dies gilt auch, wenn der Arbeitgeber Mitglied eines Verbandes ist, sofern ihn nicht die Friedenspflicht aus einem bestehenden Verbandstarifvertrag schützt.[71]

800   Nicht von der Gewerkschaft getragene, sog. **„wilde Streiks"**, sind schon deshalb rechtswidrig.[72] Zusätzliches Argument ist die Befürchtung, dass bei nichtgewerkschaftlichen Streiks die nach dem Verhältnismäßigkeitsgrundsatz

---

68 BVerfG v. 11.6.1958 – 1 BvR 1/52, 46/52 –, BVerfGE 8, 1, 17; BVerfG v. 30.3.1977 – 2 BvR 1039/75 und 1045/75 –, BVerfGE 44, 249, 264; zuletzt bestätigt BVerfG v. 12.6.2018 – 2 BvR 1738/12 u.a. – AP Nr. 187 zu Art. 9 GG Arbeitskampf = NVwZ 2018, 1121; zu Recht a. A. BVerwG v. 27.2.2014 – 2 C 1/13 –, NZA 2014, 616

69 BGH v. 31.1.1978 – VI ZR 32/77 –, BGHZ 70, 277, 279; BVerwG v. 3.12.1980 – 1 D 86.79 –, BVerwGE 73, 97, 102.

70 Die Beamten stehen von Verfassungs wegen in einem öffentlich-rechtlichen Dienst- und Treueverhältnis (Art. 33 Abs. 4 und 5 GG). Der Beamtenstatus ist von Seiten des Dienstherrn nicht kündbar.

71 BAG v. 10.12.2002 – 1 AZR 96/02 –, AP Nr. 162 zu Art. 9 GG Arbeitskampf = NZA 2003, 734; *Otto*, Arbeitskampf, § 6 Rn. 19.

72 Ständige Rspr. des BAG, z.B. v. 20.12.1963 – 1 AZR 428/62 –, AP Nr. 32 zu Art. 9 GG Arbeitskampf: Zuschneider in einer Schuhfabrik zur Durchsetzung der Entlassung von Betriebsleiter und Obermeister; v. 14.2.1978 – 1 AZR 76/76 –, AP Nr. 58 zu Art. 9 GG Arbeitskampf: Rücknahme von Kündigungen; v. 7.6.1988 – 1 AZR 372/86 –, AP Nr. 106 zu Art. 9 GG Arbeitskampf: Rücknahme der Kündigung eines Betriebsratsmitglieds.

gebotene organisatorische Vorsorge gegen unkontrollierte Aktionen nicht mehr gewährleistet ist. Die Situation für Arbeitnehmer, die spontan eine Arbeitsniederlegung beginnen, wird dadurch etwas gemildert, dass das BAG die rückwirkende Übernahme durch die zuständige Gewerkschaft gestattet.[73] Dies nützt allerdings nichts, wenn das Kampfziel nicht tariflich regelbar ist.[74]

Es ist (unabhängig von dem dogmatischen Streit, wer der Träger des Arbeitskampfrechts ist[75]) anerkannt, dass sich nicht nur die **Mitglieder der kämpfenden Gewerkschaft**, sondern auch nicht- bzw. andersorganisierte Arbeitnehmer, sog. **Außenseiter**, in den bestreikten Betrieben rechtmäßig am Streik beteiligen können. Anderenfalls wäre ein Streik häufig nicht erfolgreich zu führen. Außerdem ist zu berücksichtigen, dass das Ergebnis eines Arbeitskampfes in der Regel, z.B. auf Grund von arbeitsvertraglichen Bezugnahmeklauseln, allen Arbeitnehmern zugute kommt. Ebenso darf der Arbeitgeber nicht- oder andersorganisierte Arbeitnehmer mit aussperren. Das BAG hält es sogar für unzulässig, wenn die Aussperrung auf die Mitglieder der kämpfenden Gewerkschaft begrenzt wird.[76] Es sieht hierin einen Verstoß gegen die durch Art. 9 Abs. 3 S. 2 GG geschützte positive Koalitionsfreiheit, weil die Mitglieder wegen ihrer Mitgliedschaft benachteiligt würden. Nach unserer Ansicht berücksichtigt das BAG jedoch zu wenig, dass nur die Mitglieder Streikunterstützung erhalten und dass die Aussperrung primär gerade die Belastung der Streikkasse bezweckt. Auch bedeutet ein Aussperrungsgebot eine erhebliche Beschränkung der Kampfmittelfreiheit des Arbeitgebers, weil er Außenseiter praktisch in die Arme der Gewerkschaft drängen muss.[77]

801

c) Voraussetzungen vor Beginn der Kampfmaßnahme
aa) Beachtung einer Friedenspflicht

Vor dem Aufruf zum Arbeitskampf müssen weitere Voraussetzungen erfüllt sein. Hierzu gehört zunächst, dass keine Friedenspflicht mehr besteht.[78] Dabei kann

802

---

73 BAG v. 5.9.1955–1 AZR 480/54 –, AP Nr. 3 zu Art. 9 GG Arbeitskampf (Streik von ca. 20 Kopfschlachtern eines Schlachthofs zur Durchsetzung von Lohnerhöhungen): Genehmigung des Streiks offenbar ex tunc, Unwirksamkeit einer danach ausgesprochenen außerordentlichen Kündigung. S. hierzu aber auch *Otto*, Arbeitskampf, § 6 Rn. 28 ff.
74 BAG v. 20.12.1963–1 AZR 429/62 –, AP Nr. 33 zu Art. 9 GG Arbeitskampf: Haftung der Gewerkschaft bei Nichtübernahme, aber Leistung von Gemaßregelten-Unterstützung.
75 Vgl. dazu *Otto*, Arbeitskampf, § 4 Rn. 41 ff. m.w.N., § 6 Rn. 2.
76 BAG v. 10.6.1980–1 AZR 331/79 –, AP Nr. 66 zu Art. 9 GG Arbeitskampf.
77 Vgl. *Otto*, Arbeitskampf, § 10 Rn. 82 ff., 85.
78 BAG v. 31.10.1958–1 AZR 632/57 –, AP Nr. 2 zu § 1 TVG Friedenspflicht (Metallstreik Schleswig-Holstein 1957 – Urabstimmung vor Ablauf der Friedenspflicht).

die Abgrenzung bei der dem Tarifvertrag immanenten relativen Friedenspflicht durchaus Schwierigkeiten machen. Man denke etwa daran, dass nach Abschluss eines Lohntarifvertrages erstmals eine Weihnachtsgratifikation gefordert wird oder nach der Ablehnung einer Verkürzung der Wochenarbeitszeit erstmals Bildungsurlaub. Für die Bejahung eines unveränderten Verhandlungsgegenstandes genügt es jedenfalls nicht, dass alle Forderungen für den Arbeitgeber einen Kostenfaktor darstellen. Deshalb würden wir den Bildungsurlaub wegen seines spezifischen Zwecks nicht mit einer generellen Arbeitszeitverkürzung gleichsetzen, während uns die Erhöhung der Regelvergütung und ein 13. Monatsgehalt eher austauschbar erscheinen und daher als einheitlicher Regelungsgegenstand anzusehen sein können. Ausschlaggebend ist jedenfalls nicht nur der konkrete Inhalt, sondern auch die Geschäftsgrundlage des bereits bestehenden Tarifvertrages, die nicht durch einen Arbeitskampf untergraben werden darf.[79]

bb) Bedeutung einer Urabstimmung

803 Ein erhebliches Hemmnis für den Beginn eines Arbeitskampfes, insbesondere für einen kurzfristigen Warnstreik, wäre eine erforderliche Urabstimmung. Bei uns sehen die gewerkschaftlichen Satzungen zum Teil eine Urabstimmung vor.[80] So hieß es in § 19 Nr. 2 der Satzung der ÖTV früher sehr deutlich[81]:

> „Vor einem Streik muß grundsätzlich eine Urabstimmung stattfinden. Die Urabstimmung darf erst durchgeführt werden, wenn alle Verhandlungsmöglichkeiten ausgeschöpft sind und keine Verständigung zustande gekommen ist. Für einen Streik ist in der Urabstimmung eine Mehrheit von mindestens 75 Prozent der Abstimmungsberechtigten erforderlich."

Eine solche Satzungsregelung hat indessen nur **verbandsinterne Wirkung,** so dass ein Verstoß den Arbeitskampf nicht rechtswidrig macht.[82] Demgegenüber schreibt der englische Trade Union and Labour Relations (Consilidation) Act 1992 nicht nur eine Urabstimmung bindend vor, sondern zugleich einen Hinweis auf dem Wahlzettel, dass die Teilnahme an einer Kampfmaßnahme einen „breach of contract" bedeuten kann.[83]

---

79 Näher *Otto,* FS Wiedemann, 2002, S. 401 ff.
80 *Otto,* Arbeitskampf, § 7 Rn. 29 m. Fn. 83.
81 I.d.F. v. 16.6.1997.
82 So auch ArbG Düsseldorf v. 21.8.1972–7 Ca 1995/71 –, EzA Art. 9 GG Arbeitskampf Nr. 15; a.A. *Wollenschläger,* Arbeitsrecht, 2. Aufl. 2004, Rn. 657.
83 Dazu *Michlik,* Die gewerkschaftliche Urabstimmung vor einem Arbeitskampf – Eine Untersuchung zum deutschen und britischen Recht, 1995.

cc) Arbeitskampf als „ultima ratio"

Darüber hinaus ist vom Großen Senat des BAG mit besonderem Nachdruck betont **804** worden, dass der Arbeitskampf „ultima ratio", also das letzte Mittel sein müsse.[84] So wünschenswert die – in der Regel praktizierte – Vorschaltung eines **freiwilligen Schlichtungsverfahrens** jedenfalls vor einem nicht nur mit Nadelstichen, sondern dem Schwert geführten Arbeitskampf ist, das geltende Bundesrecht gebietet den Tarifvertragsparteien den Abschluss einer Schlichtungsvereinbarung nicht.[85] Mit der Tarifautonomie unvereinbar wäre jedenfalls die staatliche Zwangsschlichtung, die den Parteien nicht einmal die Entscheidung über die Annahme oder Ablehnung eines Schlichtungsspruchs erlaubte. Nach Ansicht des BAG hat bei Betriebsänderungen i.S. der §§ 111 ff. BetrVG die kampfweise Durchsetzung eines Sozialplan-Tarifvertrags sogar Vorrang vor der Schlichtung im Einigungsstellenverfahren.[86]

Besonders problematisch ist die Anwendung des Ultima-ratio-Grundsatzes **805** auf kurzfristige Streiks, bevor die Verhandlungen eindeutig gescheitert sind (sog. **Warnstreiks**).[87] Nach einer wechselvollen Rechtsprechung hat sich das BAG 1988 zwar formal in seinem dritten Warnstreikurteil erneut zum Ultima-ratio-Grundsatz bekannt, aber zugleich im **Streikaufruf** die autonome, nicht nachkontrollierbare Erklärung des Scheiterns der Verhandlungen gegenüber der Arbeitgeberseite erblickt.[88] Im Grunde ist es danach vor Streikbeginn nur noch erforderlich, dass ein einmaliger Verhandlungsversuch unternommen worden ist, falls keine freiwillige Schlichtungsvereinbarung besteht. Unzulässig dürfte jetzt freilich die eher harmlose einmalige Streikaktion am Ort laufender Verhandlungen sein, auf die das erste Warnstreikurteil den Grundsatz nicht anwenden wollte.[89]

---

84 BAG GS v. 21.4.1971 – GS 1/68 –, AP Nr. 43 zu Art. 9 GG Arbeitskampf unter Teil III A 3. So der Sache nach auch Art. 56 S. 3 der Saarländischen Verfassung vom 15.12.1947 (Amtsblatt S. 1077).
85 Anders allerdings BAG v. 21.4.1971 – GS 1/68 –, AP Nr. 43 zu Art. 9 GG Arbeitskampf unter Teil III A 3 in einem obiter dictum.
86 BAG v. 24.4.2007 – 1 AZR 252/06 – unter Rn. 82ff., AP Nr. 2 zu § 1 TVG Sozialplan = NZA 2007, 987; dazu *Otto*, Arbeitskampf, § 3 Rn. 22. S. auch *Krause* (FN 57) S. 70 ff., 83 ff.
87 Näher hierzu *Otto*, Arbeitskampf, § 7 Rn. 11 ff., § 10 Rn. 5 ff.
88 BAG v. 21.6.1988 – 1 AZR 651/86 –, AP Nr. 108 zu Art. 9 GG Arbeitskampf m. krit. Anm. *Mayer-Maly* = NZA 1988, 846.
89 BAG v. 17.12.1976 – 1 AZR 605/75 –, AP Nr. 51 zu Art. 9 GG Arbeitskampf = EzA Art. 9 GG Arbeitskampf Nr. 19 m. Anm. *Otto*.

dd) Vorliegen und Bekanntgabe eines Verbandsbeschlusses

806 Weitere Voraussetzung bei einem Verbandsarbeitskampf sind ein Verbandsbeschluss des zuständigen Gremiums und eine Erklärung auf kollektiver Ebene,[90] aus der deutlich wird, wer die Erklärung abgibt, um welche Arbeitskampfmaßnahme es geht, wer – vorbehaltlich der individuellen Beteiligungserklärung – von der Maßnahme betroffen sein soll und ab wann die Maßnahme beginnt.[91]

807   Auf die gleiche Weise wird die Arbeitskampfmaßnahme als solche auch **beendet.** Der Gewerkschaft ist es freilich nicht gestattet, den Streik praktisch nur für die Dauer von Feiertagen auszusetzen, um den Arbeitnehmern ihren Anspruch auf Feiertagsentlohnung zu sichern und selbst das Streikgeld zu sparen; die Erklärung der Streikleitung ist in diesem Fall bedeutungslos.[92]

ee) Erklärung der Kampfteilnahme durch Arbeitgeber bzw. Arbeitnehmer

808 Von der bzw. den kollektivrechtlichen Erklärungen zu unterscheiden ist die rechtsgestaltende – ggf. konkludente – Erklärung des einzelnen Arbeitgebers bzw. Arbeitnehmers über die Kampfteilnahme auf **individualrechtlicher** Ebene, die hinzutreten muss, damit die Suspendierung des jeweiligen Arbeitsverhältnisses eintritt.

4. Umfang des Kampfmitteleinsatzes

809 Von zentraler Bedeutung für die **Kampfparität** ist der Umfang des Kampfmitteleinsatzes. Je größer das Kampfgebiet ist, desto eher wird die Gegenseite möglicherweise bis zur Existenzvernichtung geschwächt, oder zumindest das Verhandlungsgleichgewicht extrem gestört. Deswegen hat der 1. Senat des BAG 1980 in einer Kette bedeutsamer Grundsatzentscheidungen die beiderseitigen Kampfmaßnahmen zunächst räumlich auf den **Geltungsbereich des umkämpften Tarifvertrages** beschränkt.[93]

---

90 BAG v. 31.10.1995 – 1 AZR 217/95 –, AP Nr. 140 zu Art. 9 GG Arbeitskampf = NZA 1996, 389.

91 BAG v. 23.10.1996 – 1 AZR 269/96 –, AP Nr. 146 zu Art. 9 GG Arbeitskampf = NZA 1997, 397 = EzA Art. 9 GG Arbeitskampf Nr. 126 m. Anm. *Otto.*

92 Vgl. BAG v. 11.5.1993 – 1 AZR 649/92 –, AP Nr. 63 zu § 1 FLZG = NZA 1993, 809, einerseits und BAG v. 1.3.1995 – 1 AZR 786/94 –, AP Nr. 68 zu § 1 FLZG = NZA 1995, 996, andererseits.

93 BAG v. 10.6.1980 – 1 AZR 822/79 und 168/79 –, AP Nr. 64 und 65 zu Art. 9 GG Arbeitskampf jeweils unter B II 1.

Diese Grenze versagt aber bei bundesweiten Tarifverträgen. Der 1. Senat des **810** BAG[94] bewertete einen bundesweiten Aussperrungsbeschluss der Druckindustrie gleichwohl als unverhältnismäßig, weil der Arbeitsausfall durch Streik bis zu diesem Tag weitaus geringer war.[95] In diesem Zusammenhang hatte das BAG 1980 für die Abwehraussperrung eine **Quotenregelung** unter Berücksichtigung von Zahl und Zeitraum der Kampfbeteiligung entwickelt.[96] Danach sollte bei einer Streikbeteiligung von weniger als 25 % der Arbeitnehmer des Tarifgebietes von einer Abwehraussperrung zusätzlich nicht mehr als 25 % der Arbeitnehmer erfasst werden. Ab einer Zahl von 25 % Streikender sollte die Arbeitgeberseite mit einer Aufstockung bis zu 50 % der gesamten Arbeitnehmerzahl antworten dürfen. Bei einer Streikbeteiligung ab 50 % sollte es im Allgemeinen keiner Abwehraussperrung mehr bedürfen. Vor allem die ständige Schmälerung des Aussperrungsrechts trotz steigender Streikaktivität ist wenig einsichtig und als „Arbeitskampfarithmetik" kritisiert worden, zumal sie die Kampftaktik praktisch der Gewerkschaft allein überlässt.[97]

Inzwischen formuliert das BAG nicht nur etwas „weicher" (Was nicht mehr **811** der Sicherung des Verhandlungsgleichgewichts dient, sei **unverhältnismäßige Reaktion**[98]), sondern hat ausdrücklich Bedenken angemeldet, ob an den Maßstäben von 1980 festgehalten werden kann.[99] Neben der Zahl der Streikenden ist die Dauer der Aussperrung von Bedeutung; sie darf nicht außer Verhältnis zur Streikdauer stehen. Nach Ansicht des BAG ist insbesondere auch die Abwehr von Kurzstreiks zulässig.[100] Umso mehr verwundert es, dass ein einzelner Arbeitgeber auf einen halbstündigen Streik nicht mit einer Aussperrung für 1 $^1/_2$ Arbeitstage soll antworten dürfen, wenn die Streikaktion nicht von vornherein einmalig ist.[101]

---

94 Vom 10.6.1980 – 1 AZR 822/79 –, AP Nr. 64 zu Art. 9 GG Arbeitskampf – im Ergebnis bestätigt durch Urt. v. 12.3.1985 – 1 AZR 636/82 –, AP Nr. 84 zu Art. 9 GG Arbeitskampf = NZA 1985, 537. Problematisch ist die Anknüpfung der Bewertung an den Aussperrungsbeschluss des Verbandes; dem Aufruf gefolgt war nur ein vergleichsweise kleiner Teil der Arbeitgeber.
95 Nicht einmal diesen Arbeitskampf hätte die IG Druck und Papier ohne die Unterstützung des DGB und anderer Gewerkschaften finanziell durchgestanden (vgl. *Kittner/Wohlgemuth*, Die Aussperrung, Schriftenreihe der IG Metall Bd. 90, Frankfurt a.M. 1984, Anhang S. 11).
96 Urteile v. 10.6.1980 – 1 AZR 822/79 und 168/79 –, AP Nr. 64 und 65 zu Art. 9 GG Arbeitskampf unter B II 2.
97 Näher dazu *Otto*, Arbeitskampf, § 8 Rn. 48 ff.
98 BAG v. 12.3.1985 – 1 AZR 636/82 –, AP Nr. 84 zu Art. 9 GG Arbeitskampf unter II 2 c.
99 BAG v. 7.6.1988 – 1 AZR 597/86 – unter II 1, AP Nr. 107 zu Art. 9 GG Arbeitskampf = NZA 1988, 890.
100 BAG v. 11.8.1992 – 1 AZR 103/92 – unter A I 3 e, AP Nr. 124 zu Art. 9 GG Arbeitskampf = NZA 1993, 39 = EzA Art. 9 GG Arbeitskampf Nr. 105 m. Anm. *Otto*.
101 BAG v. 11.8.1992 – 1 AZR 103/92 –, AP Nr. 124 zu Art. 9 GG Arbeitskampf.

Das BAG will die im Vergleich großzügige Zulassung des Unterstützungsstreiks damit legitimieren, dass es dort darum gehe, erst eine Verhandlungsposition herzustellen, während die Begrenzung der Abwehraussperrung die zur Herstellung von Parität nicht erforderliche Eskalation verhindere.[102]

812   Die Verhältnismäßigkeit eines Streiks bedarf auch dann besonderer Würdigung, wenn **Interessen unbeteiligter Dritter** oder **Gemeinwohlbelange** in besonderer Weise berührt sind. Man denke an die Niederlegung der Arbeit im Bereich der Daseinsvorsorge, etwa durch Ärzte, Mitarbeiter kommunaler Entsorgungsunternehmen, Fluglotsen oder Lokführer. Hier wird man insbesondere über die Notwendigkeit von Ankündigungen mit angemessenem Vorlauf nachdenken müssen. Allerdings kann dies nicht bedeuten, dass der Arbeitgeber in die Lage versetzt werden muss, einen Streik zu unterlaufen.[103] Ein einschlägiges Beispiel bildet das differenzierte Streikverbot in einem Blutspendedienst.[104]

5. Faire Kampfführung

813   Auch wenn ein Arbeitskampf an sich und in seinem Umfang rechtmäßig ist, können bestimmte einzelne Verhaltensweisen rechtswidrig sein, ohne dass das gesamte Geschehen unter diesem Verdikt steht.

a) Verweigerung von Notstands- und Erhaltungsarbeiten

814   Als Ausfluss des Verhältnismäßigkeitsgrundsatzes ist die Gewerkschaft zumindest mit dafür verantwortlich, dass Notstands- und Erhaltungsarbeiten durchgeführt werden können.[105] Dabei geht es bei den **Notstandsarbeiten** um „die zur Befriedigung der elementaren persönlichen, sozialen und staatlichen Bedürfnisse erforderliche Mindestversorgung" (z. B. in der Krankenversorgung).[106] Auf dem Spiel stehen also vor allem Interessen unbeteiligter Dritter. Hingegen sollen die **Erhaltungsarbeiten** die Funktionsfähigkeit des Betriebes am Ende eines Arbeitskampfes gewährleisten, um eine schnelle Wiederaufnahme der Arbeit zu ermöglichen. Man denke an einen Hochofen, der zu erkalten droht. Zugleich sollen die Arbeiten verhindern, dass von dem Betrieb Gefahren ausgehen, z. B.

---

102 BAG v. 19.6.2007–1 AZR 396/06 –, AP Nr. 173 zu Art. GG Arbeitskampf unter Rn. 31.
103 LAG Chemnitz v. 2.11.2007–7 SaGa 19/07 –, NZA 2008, 57ff.
104 LAG Hamm v. 16.1.2007–8 Sa 74/07 –, NZA-RR 2007, 250.
105 BAG v. 30.3.1982–1 AZR 265/80 –, AP Nr. 74 zu Art. 9 GG Arbeitskampf m. Anm. *v. Stebut* = EzA Art. 9 GG Arbeitskampf Nr. 46 m. Anm. *Buschmann*.
106 So § 11 Abs. 1 S. 1 des Entwurfs eines „Gesetzes zur Regelung kollektiver Arbeitskonflikte", 1988, von *Birk, Konzen, Löwisch, Raiser* und *Seiter*, S. 54.

weil dringend erforderliche Kontrollen oder Wartungsarbeiten in einer Chemie-
fabrik unterbleiben.

b) Streikposten und Betriebsbesetzungen

Zur Organisation eines Streiks gehören um seiner Effektivität willen zur **Werbung**   815
und Kontrolle auch **Streikposten**. Diese dürfen Arbeitswilligen durchaus deutlich machen, dass ihre „Streikbrecherarbeit" als unsolidarisch empfunden wird
und den Erfolg des Arbeitskampfes gefährdet. Nicht zulässig sind jedoch eine
Verunglimpfung und vor allem eine gewaltsame Behinderung der Arbeitswilligen,
wenn sie zu ihrem Arbeitsplatz gelangen wollen. Die Rechtsprechung hält eine
zwei bis drei Meter breite Gasse für rechtlich geboten.[107] In der Realität dürfte dies
schwer durchzusetzen sein. Die Gewerkschaft ist jedoch für ausreichende organisatorische Vorkehrungen verantwortlich und haftet auch für Schäden.[108]

Dies gilt nach unserer Auffassung erst recht für von der Gewerkschaft als   816
Kampfmittel gezielt geplante **Betriebsblockaden** oder **Betriebsbesetzungen**,
die über die zulässige Arbeitsniederlegung weit hinausgehen.[109] Auch sonst sind
physische und psychische Zwangsmittel in keinem Fall erlaubt.[110] Wird der Arbeitskampf durch solche Aktionen sogar geprägt, so ist dieser insgesamt und
nicht nur die einzelne Aktion rechtswidrig.

Folgt man dem, liegt Kritik an der grundsätzlichen Anerkennung sogenannter   817
flash-mob-Aktionen als im Rahmen der Verhältnismäßigkeit legitimes Arbeitskampfmittel durch die Rechtsprechung des BAG und BVerfG[111] nahe.[112] Abgesehen
davon, dass hier die Kampfmaßnahme zwar von der Gewerkschaft initiiert, aber
nicht einmal von Außenseiterarbeitnehmern, sondern Dritten getragen wird, liegen die faktischen Parallelen zur unzulässigen Betriebsbesetzung durch den
Einsatz physischen Zwangs, der vorhersehbar (und mangels Kontrollmöglichkeiten der Gewerkschaft gegenüber den Kunden) auch kaum vermeidbar zu Ei-

---

107 LAG Köln v. 2.7.1984 – 9 Sa 602/84 – (Blockade beim Kölner Stadtanzeiger und Express), EzA
Art. 9 GG Arbeitskampf Nr. 53.
108 BAG v. 21.6.1988 – 1 AZR 653/86 –, AP Nr. 109 zu Art. 9 GG Arbeitskampf = NZA 1988, 884
(Blockade eines Druck- und Vertriebszentrums trotz teilweiser Friedenspflicht).
109 BAG v. 27.6.2016 – 1 AZR 160/14 –, AP Nr. 184 zu Art. 9 GG Arbeitskampf = NZA 2016, 1543;
Junker, Grundkurs, Rn. 619.
110 Vgl. zum problematischen Gewaltbegriff des Nötigungstatbestandes gemäß § 240 StGB im
Zusammenhang mit Sitzblockaden aber auch BVerfG v. 10.1.1995 – 1 BvR 718, 719, 722, 723/89 –,
BVerfGE 92, 1, 16 ff., wonach allein psychischer Zwang nicht ausreicht, vielmehr eine physische
Zwangseinwirkung erforderlich ist, sowie *Otto*, Arbeitskampf, § 12 Rn. 14 ff.
111 S. oben RN 768.
112 S nur *Krieger/Günther*, NZA 2010, 20; *Rieble*, NZA 2008, 796.

gentumsverletzungen auf Arbeitgeberseite führt, etwa bei verderbenden Lebensmitteln, auf der Hand.

c) Einsatz von Ersatzkräften und Zusatzleistungen des Arbeitgebers an „Streikbrecher"

818   Grundsätzlich ist es dem Arbeitgeber gestattet, **freiwillige Ersatzkräfte** einzusetzen, um den durch den Streik drohenden Nachteilen entgegenzuwirken. Dementsprechend billigte das BAG auch den Einsatz von **Beamten** als „Streikbrecher", etwa bei der Bundespost.[113] Das BVerfG hat dieses Urteil aufgehoben und verlangt für den Beamteneinsatz – wenig überzeugend – eine gesetzliche Grundlage.[114] Nach wie vor ist jedoch der Einsatz von Beamten zur Streikarbeit mit ihrem Willen wie auch zur Heranziehung zu Notstands- und Erhaltungsarbeiten als arbeitskampfrechtlich zulässig anzusehen.[115]

819   In jüngerer Zeit haben sich die Arbeitgeber verstärkt des Mittels bedient, Arbeitnehmer mit dem Versprechen von Zusatzleistungen entweder für die „Streikarbeit" zu gewinnen oder dafür nachträglich zu belohnen. Zweifelsfrei ist es dem Arbeitgeber gestattet, für die Erfüllung des Arbeitsvertrages offensiv zu werben, etwaige konkrete Zusatzbelastungen abzugelten und auch neue Arbeitskräfte einzustellen. Schwierig wird die Antwort allerdings, wenn der Arbeitgeber gezielt **„Streikbruchprämien"** bei an sich streikwilligen Arbeitnehmern einsetzt, um das Streikrecht gleichsam abzukaufen.[116] Nach h.M. ist die Zahlung einer Streikbruchprämie ein zulässiges Arbeitskampfmittel, sofern sie vor oder während des Arbeitskampfes zugesagt wird.[117] Auch das BAG neigt dazu, die Gewährung einer derart zweckbestimmten Sonderzahlung als rechtmäßig anzusehen.[118] Bei dem offensiven Einsatz vor und während des Arbeitskampfes ist aber vor allem abzuwägen, inwieweit es sich um ein notwendiges weiteres Kampfmittel der Arbeitgeberseite handelt, das mit Art. 9 Abs. 3 GG vereinbar sein müsste. Im Übrigen fällt das Rechtswidrigkeitsurteil leichter, wenn die Zusatz-

---

113 BAG v. 10.9.1985 – 1 AZR 262/84 –, AP Nr. 86 zu Art. 9 GG Arbeitskampf = NZA 1985, 814.
114 BVerfG v. 2.3.1993 – 1 BvR 1213/85 –, BVerfGE 88, 103 ff. = AP Nr. 126 zu Art. 9 GG Arbeitskampf – hierzu im Einzelnen *Otto*, Arbeitskampf, § 9 Rn. 10, § 12 Rn. 34 ff.
115 BVerfGE 88, 103, 117 unter C II 4.
116 *Otto*, Arbeitskampf, § 12 Rn. 42 ff.; *Wilken*, Regelungsgehalt des Maßregelungsverbots gem. § 612a BGB, 2001, S. 246 ff.
117 Z.B. *v. Hoyningen-Huene*, Anm. zu BAG v. 13.7.1993, AP Nr. 127 zu Art. 9 GG Arbeitskampf; dazu *Wilken*, Regelungsgehalt des Maßregelungsverbots gem. § 612a BGB, 2001, S. 249 ff. m.w.N.
118 Urt. v. 13.7.1993 – 1 AZR 617/92 – unter III, AP Nr. 127 zu Art. 9 GG Arbeitskampf = NZA 1993, 1135.

leistung schon nach ihrem äußeren Bild diskriminierend wirkt, wie das Gewähren einer Flasche Champagner.[119]

Wird die Zusatzleistung hingegen erst **nach Kampfende** versprochen, stellt sich primär die Frage nach einer **unzulässigen Maßregelung** des streikenden Arbeitnehmers i.S. tarifvertraglich vereinbarter Maßregelungsverbote,[120] aber auch i.S. von § 612a BGB,[121] da von einer solchen nachträglichen Zusage keinesfalls eine eventuell die Zahlung rechtfertigende Anreizwirkung im Hinblick auf den Arbeitskampf ausgehen kann. Rechtsfolge einer rechtswidrig gewährten Streikbruchprämie ist nach Ansicht des BAG ein Anspruch der kampfbeteiligten Arbeitnehmer auf Gleichbehandlung.[122] Diese Auffassung, die auf eine Gleichbehandlung im Unrecht hinausläuft, ist nur schwer begründbar, da weder Art. 9 Abs. 3 S. 2 GG noch § 612a BGB eine solche generell als Sanktion anordnen.

820

V. Wesentliche Rechtsfolgen des Arbeitskampfes

1. Rechtsfolgen eines rechtmäßigen Arbeitskampfes für die Kampfbeteiligten

Eine besonders bedeutsame Stärkung der Arbeitnehmerseite mit Blick auf die Kampfparität ist in der Einschränkung der Rechtsfolgen von Streik und insbesondere Aussperrung zu sehen. Beide kollektivrechtlichen Kampfmittel sind von der Massenkündigung strikt zu unterscheiden und bewirken – wie bereits betont – nur noch eine **Suspendierung der vertraglichen Hauptpflichten**, aber nicht eine Vertragsbeendigung.[123] Dies soll im Grundsatz auch für die vom BAG entdeckte **suspendierende Betriebsstilllegung** gelten. Da die Arbeitsleistung nicht

821

---

119 LAG Köln v. 4.10.1990 – 10 Sa 629/90 –, LAGE Art. 9 GG Arbeitskampf Nr. 39 m. krit. Anm. *Rüthers/Heilmann*.

120 Zweifelhaft insoweit BAG v. 4.8.1987 – 1 AZR 486/85 –, AP Nr. 89 zu Art. 9 GG Arbeitskampf m. Anm. *Rüthers/Henssler* = NZA 1988, 61; bestätigt durch BAG v. 17.9.1991 – 1 AZR 26/91 –, AP Nr. 120 zu Art. 9 GG Arbeitskampf = NZA 1992, 164.

121 BAG v. 28.7.1992 – 1 AZR 87/92 – und v. 11.8.1992 – 1 AZR 103/92 –, AP Nr. 123 und 124 zu Art. 9 GG Arbeitskampf = NZA 1993, 267 und 39 = EzA Art. 9 GG Arbeitskampf Nr. 106 und 105 m. Anm. *Otto*; so auch die h.M.: vgl. *Wilken*, Regelungsgehalt des Maßregelungsverbots gem. § 612a BGB, 2001, S. 246 ff.

122 BAG v. 11.8.1992 – 1 AZR 103/92 –, AP Nr. 124 zu Art. 9 GG Arbeitskampf und v. 13.7.1993 – 1 AZR 676/93 –, AP Nr. 127 zu Art. 9 GG Arbeitskampf = NZA 1993, 1135.

123 BAG GS v. 21.4.1971 – GS 1/68 –, AP Nr. 43 zu Art. 9 GG Arbeitskampf Teil III C 1. Dies gilt auch bei der Vereinbarung von Gleitzeit, sofern sich der Arbeitnehmer überhaupt in Gleitzeit befindet (BAG v. 26.7.2005 = AP Nr. 170 zu Art. 9 GG Arbeitskampf m. zust. Anm. *Otto* = NZA 2005, 1402); eine Belastung des Gleitzeitkontos statt einer Entgeltminderung muss besonders vereinbart sein (BAG v. 30.8.1994 – 1 AZR 765/93 –, AP Nr. 131 zu Art. 9 GG Arbeitskampf = NZA 1995, 32).

mehr geschuldet ist, kann der Arbeitgeber nicht in Annahmeverzug (§ 615 BGB) geraten. Grundsätzlich entfällt während der Suspendierung auch ein Entgeltersatzanspruch, weil der spezifische Grund für die angeordnete Vergütung ohne Arbeit nach dem Gesetzeszweck die einzige Ursache für den Arbeitsausfall sein muss.[124]

822   Hierbei ist festzuhalten, dass das BAG bei der suspendierenden Aussperrung **keine privilegierten Arbeitnehmer** kennt. Demgemäß verlieren auch Kranke,[125] Schwerbehinderte,[126] (werdende) Mütter[127] und Betriebsratsmitglieder, die während eines Arbeitskampfes Betriebsratstätigkeit ausüben,[128] ihre Vergütungsansprüche. Wir halten dies nur bei Müttern während der Schutzfristen für bedenklich, weil sie ohnehin keinesfalls zur Arbeitsleistung verpflichtet sind.

823   Jedoch kann die **Vorenthaltung von Vorteilen** eine **Maßregelung** darstellen, wenn einem streikenden Arbeitnehmer Ansprüche versagt werden, die er ohne den Streik erhalten hätte, z. B. eine Anwesenheitsprämie oder eine sonstige Jahressonderzahlung. Insofern wird eine Kürzung aber regelmäßig zulässig sein, wenn die vertragliche Grundlage der Sonderzuwendung generell, also losgelöst vom Arbeitskampf, wegen des Arbeitsausfalls bzw. der Abwesenheit vom Arbeitsplatz eine Kürzung vorsieht und die Relation zwischen Arbeitsausfall und Kürzung angemessen ist.[129] Dem Arbeitgeber kann eine solche Kürzung durch ein **tarifliches Maßregelungsverbot**, wie sie in der Regel mit dem Abschluss eines neuen Tarifvertrages vereinbart wird, untersagt werden.[130]

2. Rechtsfolgen eines rechtswidrigen Arbeitskampfes für die Kampfbeteiligten

824   Sodann ist auf die wesentlichen Rechtsfolgen eines **rechtswidrigen** Arbeitskampfes einzugehen. Dies ist auch deshalb von Bedeutung, weil das mit einem Arbeitskampf verbundene Risiko die Kampfbereitschaft beeinflusst.

---

124 Vgl. für den Feiertagslohn BAG v. 23.10.1996 – 1 AZR 269/96 –, AP Nr. 146 zu Art. 9 GG Arbeitskampf.

125 BAG v. 27.9.1957 – 1 AZR 81/56 –, AP Nr. 6 zu Art. 9 GG Arbeitskampf (sogar bei wildem Streik), und v. 7.6.1988 – 1 AZR 597/86 –, AP Nr. 107 zu Art. 9 GG Arbeitskampf).

126 BAG v. 7.6.1988 – 1 AZR 597/86 –, AP Nr. 107 zu Art. 9 GG Arbeitskampf.

127 BAG v. 22.10.1986 – 5 AZR 550/85 –, AP Nr. 4 zu § 4 MuSchG 1968 (sogar innerhalb der Schutzfrist) = NZA 1987, 494.

128 BAG v. 25.10.1988 – 1 AZR 368/87 –, AP Nr. 110 zu Art. 9 GG Arbeitskampf m. insoweit krit. Anm. *Brox* = NZA 1989, 353.

129 *Otto*, Arbeitskampf, § 12 Rn. 53 ff.; dazu BAG v. 31.10.1995 – 1 AZR 217/95 –, AP Nr. 140 zu Art. 9 GG Arbeitskampf; ferner BAG v. 17.6.1997 – 1 AZR 674/96 – und v. 3.8.1999 – 1 AZR 735/98 –, AP Nr. 150 und 156 zu Art. 9 GG Arbeitskampf = NZA 1998, 47, sowie 2000, 487.

130 BAG v. 13.2.2007 – 9 AZR 374/06 –, AP Nr. 18 zu § 1 TVG Tarifverträge: Presse = NZA 2007, 573.

a) Aussperrung

Die Antwort für die **rechtswidrige** Aussperrung ist leicht zu geben. Da sie wir- 825
kungslos ist, werden die Rechte und Pflichten aus dem Arbeitsvertrag nicht suspendiert. Der Arbeitgeber gerät ohne Rücksicht auf ein Verschulden in Annahmeverzug und muss die Vergütung zahlen, ohne dass die Arbeitsleistung
nachgeholt werden müsste (§ 615 BGB).[131] Ein Schaden entsteht den Arbeitnehmern daher nicht.

b) Streik

Bei einem **rechtswidrigen** Streik ist zwischen den Rechtsfolgen für die Arbeit- 826
nehmer und für die Gewerkschaft, sofern sie den Streik organisiert hat, zu unterscheiden.

aa) Arbeitnehmer

Zunächst droht dem Arbeitnehmer eine **außerordentliche Kündigung** (§ 626 827
BGB) wegen beharrlicher Arbeitsverweigerung, zumindest aber eine Abmahnung,
denn seine Arbeitspflicht ist ja nicht suspendiert. Darüber hinaus kommt außer
dem Verlust des Lohnanspruchs eine **Schadensersatzforderung** des Arbeitgebers in Betracht. Bei schuldhafter Arbeitsverweigerung haftet der Arbeitnehmer
aus Vertrag gemäß § 280 Abs. 1 und 3 i.V.m. § 283 BGB jedenfalls anteilig auf Ersatz
desjenigen Schadens, der durch den Ausfall seiner Arbeitsleistung entsteht, wegen von ihm zu vertretender Unmöglichkeit (§ 275 Abs. 1 BGB). Eine weitergehende
Haftung für den gesamten Schaden ist nach unserer Auffassung nur zu rechtfertigen, wenn der Arbeitnehmer den rechtswidrigen Streik über die bloße Arbeitsniederlegung hinaus maßgeblich mitgestaltet hat. Gleiches muss dann auch
für die, nach den allgemeinen Regeln des BGB eigentlich naheliegende gesamt-
schuldnerische Inanspruchnahme mehrerer Arbeitnehmer gelten. Gehaftet würde
wegen einer Nebenpflichtverletzung (Verstoß gegen die Treuepflicht i.S. von § 241
Abs. 2 BGB) gemäß §§ 282, 280 Abs. 1 BGB oder wegen unerlaubter Handlung, und
zwar in erster Linie wegen eines rechtswidrigen und schuldhaften **Eingriffs in
den eingerichteten und ausgeübten Gewerbebetrieb** des Arbeitgebers (§§ 823
Abs. 1, 830, 840 Abs. 1 BGB).[132]

---

131 Vgl. nur BAG v. 11.8.1992 – 1 AZR 103/92 –, AP Nr. 124 zu Art. 9 GG Arbeitskampf unter A I.
132 Ferner ist eine Haftung gemäß § 823 Abs. 2 BGB wegen der Verletzung eines Schutzgesetzes
oder gemäß § 826 BGB wegen vorsätzlicher sittenwidriger Schädigung denkbar (vgl. *Otto*, Arbeitskampf, § 15 Rn. 5 ff.).

828   Sowohl Kündigung als auch Schadensersatzforderung sind jedoch bei einem gewerkschaftlichen Streik weniger wahrscheinlich. Unter Umständen kann sich der Arbeitnehmer nämlich wegen des Streikaufrufs auf einen entschuldbaren Rechtsirrtum berufen.[133] Häufig werden nach der Beendigung des Arbeitskampfes zudem **tarifliche Maßregelungsverbote** vereinbart. Für die Inanspruchnahme der Gewerkschaft spricht aber vor allem, dass nur sie hinreichend finanzkräftig ist und dass der Arbeitgeber zumeist die Arbeitnehmer weiterbeschäftigen will.

bb) Gewerkschaft

829 Eine vertragliche Haftung der Gewerkschaft wegen **Vertragsverletzung** ist nur bei einem schuldhaften[134] Verstoß gegen die Friedenspflicht zu bejahen. Die Gewerkschaft, die für das Gesamtgeschehen verantwortlich ist, kann aber wegen eines schuldhaften und rechtswidrigen **Eingriffs in den eingerichteten und ausgeübten Gewerbebetrieb** des bestreikten Unternehmens gemäß § 823 Abs. 1 BGB für den gesamten Schaden verantwortlich gemacht werden.[135] Die Gewerkschaft als nichtrechtsfähiger Verein muss sich das Verhalten ihrer Organe gemäß § 31 BGB oder ihrer Verrichtungsgehilfen gemäß § 831 BGB zurechnen lassen. Im Fluglotsenstreik ist die Gewerkschaft wegen des „Dienstes nach Vorschrift" als Gehilfin (§ 830 BGB) gemäß § 826 BGB wegen vorsätzlicher sittenwidriger Schädigung haftbar gemacht worden.[136] Erfahrungsgemäß unterbleibt jedoch eine Inanspruchnahme der Gewerkschaft, insbesondere auch, weil die Schadenssummen häufig ruinös hoch sind und die dadurch bedrohten Gewerkschaften als potentielle Verhandlungspartner weiterhin gebraucht werden. Dies schließt indessen nicht aus, dass der Arbeitgeberverband Schadensersatzforderungen als Druckmittel benutzt, um mit einem Verzicht z.B. eine in seinen Augen bessere Schlichtungsregelung zu erreichen.

830   Vorrangig vor der Haftung ist jedoch von praktischem Interesse, dass nach zutreffender Ansicht des BAG auch der Arbeitgeberverband mit der **Unterlas-**

---

133 Das BAG hat dies in seinem Urt. v. 21.3.1978 – 1 AZR 11/76 – Leitsatz 3, AP Nr. 62 zu Art. 9 GG Arbeitskampf, sogar der Gewerkschaft zugebilligt; vgl. auch BAG v. 29.11.1983 – 1 AZR 469/82 – unter III 1 b, AP Nr. 78 zu § 626 BGB = NZA 1984, 34.

134 Nicht jedes rechtswidrige Kampfverhalten soll nach der Rspr. zugleich schuldhaft sein. Zur entsprechenden Privilegierung der Koalitionen BAG v. 19.6.2012 – 1 AZR 775/10 –, AP Nr. 177 zu Art. 9 GG Arbeitskampf = NZA 2012, 1372.

135 BAG v. 21.6.1988 – 1 AZR 653/86 –, AP Nr. 109 zu Art. 9 GG Arbeitskampf.

136 BGH v. 31.1.1978 – VI ZR 32/77 –, BGHZ 70, 277 ff.

sungsklage vorbeugend beabsichtigten rechtswidrigen Streikaktionen entgegenwirken kann.[137]

3. Rechtsfolgen eines Arbeitskampfes für drittbetroffene Arbeitgeber und Arbeitnehmer

Der unvermeidbare **arbeitskampfbedingte Arbeitsausfall** am Kampf nicht be- **831** teiligter Arbeitnehmer ist zum Schluss gesondert zu würdigen. Dabei sind etwaige Leistungen der Bundesagentur für Arbeit, deren Neutralität in § 160 SGB III näher geregelt ist, mitzubedenken.[138]

Unzweifelhaft erhält keine Vergütung, wer selbst streikt oder rechtmäßig **832** ausgesperrt worden ist. Dasselbe gilt für das Arbeitslosengeld (§ 160 Abs. 2 SGB III). Aber auch bei sog. **Fernwirkungen** eines Arbeitskampfes auf die Arbeitsleistung nicht Kampfbeteiligter bedeutete es jedenfalls keine gerechte Risikoverteilung, wenn der Arbeitgeber des mittelbar betroffenen Betriebes oder Betriebsteils, dessen Produktion wegen fehlender Zulieferungen ausfällt oder dessen Absatz stockt und der keine Schadensersatzansprüche gegen die Kampfparteien hat[139], generell Vergütung gemäß § 615 BGB auch an diejenigen Arbeitnehmer zahlen müsste, die er unvermeidbar gar nicht oder nicht wirtschaftlich sinnvoll beschäftigen kann. Insofern muss für das **Arbeitskampfrisiko** eine eigenständige Lösung entwickelt werden.

Das BAG möchte den Wegfall des Entgeltanspruchs seit der Grundsatzent- **833** scheidung vom 22.12.1980[140] allein vom **Prinzip der Kampfparität** abhängig machen. Damit ist gemeint, dass die Kostenbelastung des mittelbar betroffenen Arbeitgebers im Arbeitgeberlager wegen der verbands- oder konzernmäßigen Verflechtung der betroffenen Unternehmen die Kampfbereitschaft dämpft. Tatsächlich dürfte die Feststellung der **Paritätsrelevanz** vielfach kaum möglich sein. Wie die folgenden Ausführungen zeigen werden, liegen die Dinge für die einzelnen Konstellationen argumentativ zudem nicht unbedingt auf einer Linie.

---

137 BAG v. 26.4.1988 – 1 AZR 399/86 –, AP Nr. 101 zu Art. 9 GG Arbeitskampf unter B II 1.

138 § 146 SGB III gilt insbes. ebenso für das Kurzarbeitergeld (§ 100 Abs. 1 SGB III) und auch ohne ausdrückliche Anordnung für das Arbeitslosengeld II nach §§ 19 ff. SGB II. Dazu *Otto*, Arbeitskampf, § 16 Rn. 12 ff.

139 BAG v. 25.8.2015 – 1 AZR 754/13, AP Nr. 182 zu Art. 9 GG Arbeitskampf = NZA 2016, 47.

140 – 1 ABR 2/79, AP Nr. 71 zu Art. 9 GG Arbeitskampf m. krit. Anm. *Richardi*. Hierzu *Otto*, Arbeitskampf, § 16 Rn. 13 m.w.N.

a) Teilstreik im Betrieb oder Unternehmen

834 Ein **Untergang des Entgeltanspruchs** leuchtet ohne Weiteres ein, wenn es sich um einen Teilstreik in ein- und demselben Betrieb oder Unternehmen handelt. So hatten 1920 die für die Stromerzeugung verantwortlichen Arbeitnehmer der *Kieler Straßenbahn* gestreikt mit der Folge, dass das eigentliche Fahrpersonal mit den Wagen nicht einmal aus dem Depot ausfahren konnte. Das Reichsgericht verneinte im Ergebnis zu Recht einen Lohnanspruch dieses Personals.[141] In der Tat würde der Arbeitgeber gleichsam in einen Zweifrontenkrieg geraten. Der eine (kleinere) Teil der Belegschaft würde streiken und, soweit Gewerkschaftsmitglied, aus der Streikkasse unterstützt; der andere (größere) Teil würde seine Vergütung fordern, obwohl ein Arbeitseinsatz ausgeschlossen ist. Es leuchtet ein, dass in derartigen Fällen auch die Bundesagentur für Arbeit neutral bleiben muss und dass sie **kein Kurzarbeiter- bzw. Arbeitslosengeld** zahlen darf, sofern der nicht am Arbeitskampf beteiligte Arbeitnehmer von dessen Ergebnis profitieren würde (vgl. § 160 Abs. 3 SGB III). Diese Verteilung des Risikos gilt aber wohlgemerkt nur bei unvermeidbarem Arbeitsausfall; der Arbeitgeber müsste Arbeitswillige, die er beschäftigen könnte, aber nicht beschäftigen möchte, *aussperren* oder sich zu dem Einsatz des neuen Kampfmittels der zeitweiligen *Betriebsstilllegung* entschließen.[142]

835 Im Gegensatz zu den Grundsätzen der Arbeitskampfrisikolehre soll es bei der **suspendierenden Betriebsstilllegung** nicht darauf ankommen, ob dem Arbeitgeber die Beschäftigung des Arbeitswilligen objektiv möglich bzw. wirtschaftlich zumutbar ist. Andererseits ist dieses Kampfmittel, das vom BAG selbst nicht als Kampfmaßnahme eingeordnet wird,[143] in seinen Wirkungen von der Aussperrung nicht zu unterscheiden. Demgemäß muss eine derartige Betriebsstilllegung als Arbeitskampfmaßnahme vom Arbeitgeber eindeutig erklärt werden.[144] Der Unterschied zur Aussperrung besteht darin, dass diese Stilllegung anders als die Aussperrung beim Verbandsarbeitskampf keinen Verbandsbeschluss voraussetzen soll, sich allerdings auch in den gegenständlichen und zeitlichen Grenzen des Streikaufrufs der Gewerkschaft halten muss. Letztlich wird es dem Arbeitgeber auf diese Weise erleichtert, mit den Gewerkschaften Verein

---

141 RG v. 6.2.1923 – III 93/22 –, RGZ 106, 272 ff.

142 Vgl. dazu die Nachweise oben RN 773 m. FN 24.

143 Vgl. BAG v. 11.7.1995 – 1 AZR 63/95 – unter III 1, AP Nr. 138 zu Art. 9 GG Arbeitskampf = NZA 1996, 214: der Arbeitgeber beuge sich lediglich dem gewerkschaftlichem Druck und verzichte auf eine Fortsetzung der Arbeit.

144 BAG v. 11.7.1995 – 1 AZR 161/95 –, AP Nr. 139 zu Art. 9 GG Arbeitskampf = NZA 1996, 209. Viel spricht deshalb auch dafür, dass die derart Suspendierten als Kampfbeteiligte i.S. des § 160 Abs. 2 SGB III zu behandeln sind.

barungen über den Notdienst bzw. über Erhaltungsarbeiten und die dabei ein-
zusetzenden Arbeitnehmer zu treffen und insoweit flexibler zu reagieren. Negative Auswirkungen hat das neue Kampfmittel jedoch für Arbeitswillige; denn sie
können ohne Aussperrung auch dann mit der Folge des Entgeltverlusts zurück-
gewiesen werden, wenn sie an sich beschäftigt werden könnten, so dass ihr
Vergütungsanspruch nach der Lehre vom Arbeitskampfrisiko gerade nicht ent-
fiele. Damit sind die streikunwilligen Arbeitnehmer nicht mehr durch die höhere
Hürde der psychologisch negativ belasteten Aussperrungsentscheidung geschützt.

b) Schwerpunktstreik im umkämpften Tarifgebiet

Annähernd vergleichbar ist die Situation auch noch dann, wenn innerhalb eines   836
umkämpften Tarifgebietes ein **Schwerpunktstreik** stattfindet (z. B. in Nord-
württemberg-Nordbaden bei der Daimler AG), der binnen kurzer Frist Zulieferbetriebe der gleichen Branche im Tarifgebiet lahmlegt. Auch hier steht die Arbeitgeberseite unmittelbar unter Druck, und die Arbeitnehmer der
Zulieferbetriebe der gleichen Branche sind potentiell begünstigt, so dass weder
der Arbeitgeber noch die Bundesagentur für Arbeit Leistungen zu erbringen haben (vgl. wiederum § 160 Abs. 3 SGB III).

c) Fernwirkungen eines Pilotarbeitskampfes innerhalb der Branche

Das eigentliche Konfliktfeld stellen arbeitskampfbedingte Arbeitsausfälle dar, die   837
zwar **außerhalb des räumlichen Geltungsbereichs** des umkämpften Tarifvertrages eintreten, aber **Fernwirkungen innerhalb des gleichen fachlichen
Geltungsbereichs** zeigen. Ein Beispiel bildet ein Arbeitskampf in der Metallindustrie Baden-Württembergs (Kühlerproduktion), der den Bau von Kraftfahrzeugen in Bremen stoppt. Nach unserer Auffassung ist dieses Beschäftigungsrisiko grundsätzlich ebenfalls nicht dem Arbeitgeber anzulasten.[145] Indessen
kommen **Leistungen der Bundesagentur für Arbeit** in Betracht, soweit es sich
nicht um einen Pilotarbeitskampf für eine ganze Branche handelt oder der Tarifvertrag für den Arbeitnehmer ohnehin nicht gelten oder auf ihn nicht angewendet würde (vgl. § 160 Abs. 3 S. 1 Nr. 2 und S. 3 SGB III).

Die politische Schlacht um die Neufassung des § 116 AFG a. F. in den Jahren   838
1985/86 betraf vor allem die Zahlungspflicht der Bundesagentur für Arbeit bei
Pilot- bzw. **Modellarbeitskämpfen.** Hierunter versteht man die vielfach prakti-

---

145 Näher hierzu *Otto*, Arbeitskampf, § 16 Rn. 32 ff.

zierte Methode, sich statt bundesweiter Tarifverhandlungen zunächst auf ein Tarifgebiet der Branche zu beschränken und bei einem Scheitern der Verhandlungen dort zum Arbeitskampf aufzurufen; das erkämpfte Ergebnis wird dann erfahrungsgemäß im Wesentlichen in den anderen Tarifgebieten übernommen. Die Heftigkeit der Auseinandersetzung um § 116 AFG a. F. erklärte sich vor allem aus der zunehmenden Verzahnung der Produktion und dem Abbau von Lagerkapazitäten.[146] Demgemäß nehmen mit der Störanfälligkeit des Gesamtwarenflusses die Fernwirkungen selbst räumlich begrenzter Arbeitskämpfe zu. Dieser Nachteil für die Arbeitgeberseite verringert sich, wenn auch die Gewerkschaft fernab vom eigentlichen Streikgeschehen damit rechnen muss, dass Mitglieder Gelder aus der Streikkasse fordern. Die Arbeitgeberseite muss dann immer noch die verbleibenden laufenden Kosten tragen und den Verlust von Kunden gewärtigen. Demgegenüber liegt eine auf Fernwirkungen zielende gewerkschaftliche Strategie umso näher, wenn sie nicht nur die Streikkasse schont, sondern den Arbeitnehmern sogar Lohnansprüche, jedenfalls aber Leistungen der Bundesagentur für Arbeit sichert. Mit § 116 AFG bzw. § 160 SGB III hat der Gesetzgeber eine Kompromisslösung gefunden, deren Verfassungsmäßigkeit das BVerfG mit Recht bestätigt hat.[147]

d) Branchenübergreifende Fernwirkungen eines Arbeitskampfes

839 Für branchenübergreifende Fernwirkungen bildet der Sachverhalt ein gutes Beispiel, der dem Urteil des BAG vom 8.2.1957[148] zugrunde lag: Auf Streikbeschluss der ÖTV war bei den Hamburger Gaswerken gestreikt worden, der Energieausfall hatte die Brotfabrik „Nur Hier" getroffen, deren Arbeitnehmer bei der Gewerkschaft Nahrung-Genuss Gaststätten (NGG) organisiert waren. In einem solchen Fall verpflichtet § 160 Abs. 1 S. 2 SGB III die **Bundesagentur für Arbeit** eindeutig zur **Gewährung von Leistungen,** weil der Tarifabschluss die Arbeitnehmer nicht begünstigt; auch dies ist Ausdruck des Partizipationsprinzips, also der wahrscheinlichen Übernahme bzw. hier: Nichtübernahme des Tarifergebnisses.

840 Gerade deshalb halten wir es aber nach wie vor für richtig, auch in dieser Konstellation dem Arbeitnehmer den Anspruch auf Vergütung wegen Annahmeverzugs zu versagen: Der Anspruch aus der Arbeitslosenversicherung stellt die

---

146 Sog. „Just-in-time-Produktion" (vgl. LAG Niedersachsen v. 14.8.1987 – 15 Sa 161/85 –, LAGE § 615 Betriebsrisiko Nr. 4).
147 BVerfG v. 4.7.1995 – 1 BvF 2/86 u. a. –, BVerfGE 92, 365 ff. = SAE 1996, 202 ff. m. wegen der Begründung krit. Anm. *Konzen* = AiB 1995, 595 ff. m. abl. Anm. *Däubler*; ferner *Otto*, JURA 1997, 18 ff. m.w.N.
148 – 1 AZR 338/55 –, AP Nr. 2 zu § 615 BGB Betriebsrisiko m. Anm. *Alfred Hueck.*

interessengerechte Lösung dar, wenn der Arbeitsausfall mittelbar durch einen Arbeitskampf verursacht wird (**Kausalprinzip**).[149] Hingegen müsste das BAG einen – dann vorrangigen – Lohnanspruch gemäß § 615 S. 1 oder 3 BGB bejahen, weil eine Paritätsstörung wegen der unterschiedlichen Organisationszugehörigkeit auf Arbeitgeberseite nicht nachzuweisen sein dürfte.

---

149 *Otto*, Arbeitskampf, § 16 Rn. 37 ff., zum *Kausalprinzip* Rn. 15 ff.

§ 12 Mitbestimmung im Betrieb und Unternehmen

841 Bei den Mitbestimmungsregelungen für die Privatwirtschaft ist zu unterscheiden: Die **Mitbestimmung auf Unternehmensebene** soll die Beteiligung an allen grundlegenden *wirtschaftlichen Planungen und Entscheidungen* des Rechtsträgers ermöglichen.[1] Zu diesem Zweck ist in Deutschland die Unternehmensverfassung insbesondere der Aktiengesellschaft und der GmbH in der Weise angepasst worden, dass Arbeitnehmervertreter gemeinsam mit den Vertretern der „Eigentümer" im **Aufsichtsrat** sitzen. Für die seit 2004 gründbare Europäische Aktiengesellschaft (SE) und die Europäische Genossenschaft (SCE) mit supranationalem Bezug sind aber auch andere, verhandelbare Möglichkeiten der Arbeitnehmerbeteiligung wählbar.[2] Der Europäische Betriebsrat ermöglicht bei grenzüberschreitenden Unternehmen und Konzernen zumindest eine die wirtschaftliche Lage und die unternehmerische Planung betreffende Information und Konsultation.[3] Demgegenüber liegt der Schwerpunkt der **betrieblichen Mitbestimmung** auf der Beteiligung des **Betriebsrats** bei der Wahrnehmung spezifischer *Arbeitgeber*aufgaben.

842 Das **Unternehmen** stellt die **wirtschaftliche Einheit** in der Hand einer natürlichen oder juristischen Person dar, deren Funktion in aller Regel auf die Erzielung eines Gewinns ausgerichtet ist. Bei dem **Betrieb** i.S. des Betriebsverfassungsgesetzes handelt es sich nach ständiger Rechtsprechung des BAG um **eine organisatorische Einheit, innerhalb derer der Arbeitgeber zusammen mit den von ihm beschäftigten Arbeitnehmern bestimmte arbeitstechnische Zwecke** (z.B. den Verkauf oder die Produktion von Waren, Kundenberatung) **fortgesetzt verfolgt.** Dazu müssen die in der Betriebsstätte vorhandenen materiellen und immateriellen Betriebsmittel zusammengefasst, geordnet und gezielt eingesetzt und die menschliche Arbeitskraft von einem einheitlichen Leitungsapparat gesteuert werden.[4] Der Unterschied zwischen Unternehmen und Betrieb ist äußerlich wahrnehmbar, wenn man etwa an den Rechtsträger einer einem einheitlichen wirtschaftlichen Zweck dienenden Kaufhauskette (z.B. eine Aktiengesellschaft) als Unternehmen (wirtschaftliche Einheit) und an die einzelnen Filialen als Betriebe (organisatorische Einheiten) denkt. Diese gedankliche Un-

---

1 Zur Entwicklung vgl. Mitbestimmung und neue Unternehmenskulturen – Bilanz und Perspektiven, Bericht der Kommission Mitbestimmung, hrsgg. von der Bertelsmann- und Hans-Böckler-Stiftung, 1998, S. 29 ff.

2 Unten RN 942 und 943.

3 Unten RN 945 f.

4 Vgl. etwa BAG v. 17.01.2007 – 7 ABR 63/05 – unter Rn. 15, AP Nr. 18 zu § 4 BetrVG 1972 = NZA 2007, 703. S. *Gamillscheg*, KollArbR II, S. 247 ff.; *Preis*, RdA 2000, 157 ff.

terscheidung zwischen Unternehmens- und Betriebsführung fällt leichter als der praktische Vollzug, weil der Gesetzgeber die Befugnisse nicht sauber getrennt hat. So ist der Betriebsrat beispielsweise bei einer Betriebsstilllegung zu beteiligen, obwohl es sich fraglos um eine unternehmerische Entscheidung handelt. **Mitbestimmung** bedeutet demnach, dass der jeweilige Rechtsträger zum einen in seiner Eigenschaft als Unternehmer, zum anderen als Arbeitgeber nicht mehr ohne Beteiligung der Arbeitnehmerseite entscheiden soll.

I. Mitbestimmung auf Betriebsebene

Bei der betrieblichen Mitbestimmung, die zuletzt durch das Gesetz zur Reform der Betriebsverfassung vom 23.7.2001[5] bedeutsame Änderungen erfahren hat,[6] stehen die *Intensität der Beteiligung* des Betriebsrats einerseits sowie die *Gegenstände* der Beteiligungsrechte andererseits aus der Sicht des betroffenen Arbeitnehmers im Mittelpunkt des Interesses. Nur relativ wenige Bemerkungen sollen daher Fragen des Anwendungsbereichs und der organisatorischen Seite gelten. **843**

1. Anwendungsbereich

Betriebsräte **können** in Betrieben privatrechtlicher Arbeitgeber (s. § 130 BetrVG) mit in der Regel fünf ständigen wahlberechtigten Arbeitnehmern, von denen drei wählbar sind, gebildet werden (§ 1 i.V.m. §§ 7, 8 BetrVG). Letztlich maßgeblich ist die **„betriebsratsfähige Organisationseinheit"** (§ 18 Abs. 2 BetrVG). **844**

§ 118 Abs. 2 BetrVG nimmt **Religionsgemeinschaften** und **ihre karitativen und erzieherischen Einrichtungen** – unabhängig von ihrer Rechtsform – völlig von der Geltung des BetrVG aus. Man denke etwa an einen Kindergarten oder an eine rechtlich selbstständige Bildungseinrichtung.[7] Allerdings haben die katholische und evangelische Kirche eigene Mitarbeitervertretungsordnungen entwickelt.[8] Hingegen gilt das BetrVG zwar grundsätzlich in sog. **Tendenzbetrieben** **845**

---

5 BGBl. I S. 1852.
6 Vgl. den Überblick bei *Boemke*, JuS 2002, 521 ff.
7 BAG v. 14.4.1988 – 6 ABR 36/86 – (Berufsbildungswerk), AP Nr. 36 zu § 118 BetrVG 1972 = NJW 1988, 3283.
8 Z.B. Mitarbeitervertretungsgesetz der Evangelischen Kirche zu Deutschland (MVG.EKD) i. d. Neufassung v. 1.1.2019 (ABl. EKD 2019, S. 2); s. auch *Richardi*, Arbeitsrecht in der Kirche, 6. Aufl. 2012, S. 267 ff.

ohne kirchlichen Träger (z.B. Zeitungsverlag, Montessori-Kindergarten), hinsichtlich der Mitbestimmungsrechte aber nur abgeschwächt (§ 118 Abs. 1 BetrVG).[9]

846   Zu den **Arbeitnehmern** zählt das Gesetz jetzt ausdrücklich im Außendienst oder in Telearbeit Beschäftigte (§ 5 Abs. 1 S. 1 BetrVG). Darüber hinaus sind von einem anderen Arbeitgeber überlassene Arbeitnehmer bei länger als dreimonatigem Einsatz wahlberechtigt (§ 7 S. 2 BetrVG). Der Betriebsrat repräsentiert hingegen **nicht** die **leitenden Angestellten** (§ 5 Abs. 3 und 4 BetrVG). Diese hatten zur Wahrnehmung ihrer Interessen früher z.T. schon freiwillig **Sprecherausschüsse** gebildet, deren Rechte auf vertraglichen Absprachen mit den Arbeitgebern beruhten.[10] Inzwischen hat das am 1.1.1989 in Kraft getretene Sprecherausschussgesetz[11] eine gesetzliche Grundlage für eine Mitwirkung auf betrieblicher Ebene geschaffen.[12] Es lehnt sich stark an das Betriebsverfassungsgesetz an, verzichtet im Vergleich zu diesem aber weitgehend auf echte Mitbestimmungsrechte und gestaltet die Arbeitnehmervertretung insgesamt deutlich schwächer aus.

847   Die zunehmende Globalisierung und Digitalisierung der Wirtschaft führt zu der kontrovers diskutierten Frage, ob die Regelungen des Betriebsverfassungsrechts auf neue Beschäftigungsformen (Crowdworking, Solo-Selbständige, Werkvertragsbeschäftigte etc.) erstreckt werden müssen.[13] Sie lösen in immer stärkerem Maße reguläre Beschäftigungsverhältnisse ab und können deshalb, etwa wenn es um die Lösung der Interessenkonflikte geht, die durch die Mitbestimmungsrechte bei personalen Einzelmaßnahmen i.S.d. § 99 BetrVG gelöst werden sollen, nicht ignoriert werden. Denn aus Sicht der Stammbelegschaft eines Betriebs und seines Betriebsrats macht es im Ergebnis kaum einen Unterschied, ob die Interessen der Bestandsarbeitnehmer durch die Neueinstellung von Kollegen oder einen verstärkten Einsatz neuer Beschäftigungsformen gefährdet werden. Auf der Grundlage des geltenden Rechts lassen sich diese Probleme – auch im Wege von Analogien – kaum lösen. Vielmehr ist der Gesetzgeber aufgefordert, den personellen Anwendungsbereich des Betriebsverfassungsgesetzes – idealiter entsprechend den Regelungen für die Arbeitnehmerüberlassung oder Heimarbeitsverhältnisse – anzupassen.

---

9 Dazu unten RN 925.

10 Vgl. *Säcker*, FS 25 Jahre Bundesarbeitsgericht, 1979, S. 471 ff.

11 Art. 2 des Gesetzes zur Änderung des Betriebsverfassungsgesetzes, über Sprecherausschüsse der leitenden Angestellten und zur Sicherung der Montanmitbestimmung v. 20.12.1988 (BGBl. I S. 2312).

12 So wurden 1998 etwa 500 Sprecherausschüsse gewählt (ULA-Nachrichten 1998 Nr. 9/10, S. 1).

13 Zur Bedeutung der Betriebszugehörigkeit ohne arbeitsvertragliche Grundlage im Überblick nur Richardi/*Richardi* BetrVG § 5 Rn. 95 ff.; vgl. ferner *Oltmanns/Fuhlrott*, NZA 2018, 1225, 1226 ff.

Die Repräsentation der Belegschaften durch Betriebsräte nimmt allerdings – **848** ebenso wie der gewerkschaftliche Organisationsgrad[14] – beständig ab. Nach Angaben des IAB-Forums[15] sank die Zahl betriebsratsfähiger Betriebe, in denen es tatsächlich einen Betriebsrat gibt, zwischen der Jahrtausendwende und 2017 von 12 auf 9 %. Mit Blick auf die Arbeitnehmer reduzierte sich die Repräsentations-quote in Westdeutschland seit Mitte der neunziger Jahre von 51 auf 40 %, in Ostdeutschland von 43 auf 33 %.

Abb: Beschäftigte in Betrieben mit Betriebsrat 1993–2017[1]
Angaben in Prozent

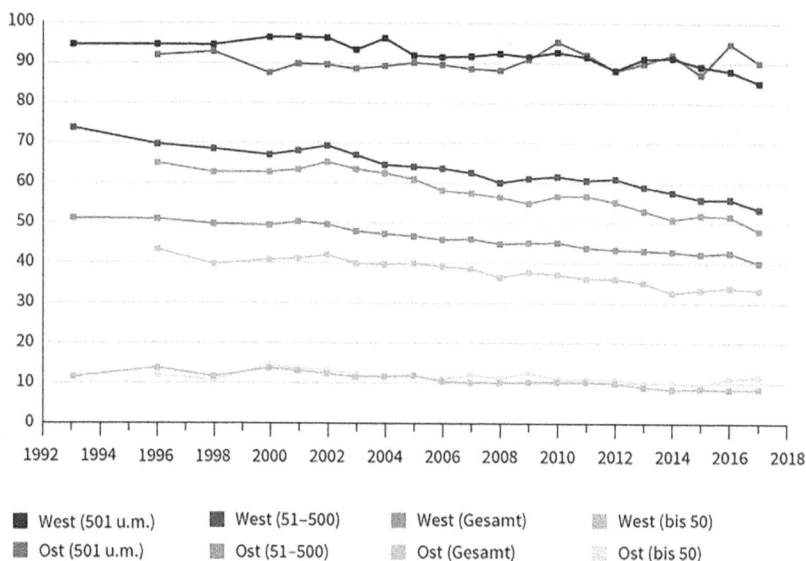

| West (501 u.m.) | West (51–500) | West (Gesamt) | West (bis 50) |
| Ost (501 u.m.) | Ost (51–500) | Ost (Gesamt) | Ost (bis 50) |

[1] Basis: privatwirtschaftliche Betriebe ab 5 Beschäftigte, ohne Landwirtschaft und Organisationen ohne Erwerbszweck.

Quelle: IAB-Betriebspanel; Darstellung der Autoren. © IAB

---

14 Dazu oben § 9 RN 690 ff.
15 Abrufbar unter: https://www.iab-forum.de/die-betriebliche-mitbestimmung-verliert-an-bo den/.

2. Organisation

a) Betriebsratsfähige Organisationseinheit

849 Die Bejahung eines Betriebes macht z. B. bei einer einzigen Dienstleistungs-, Produktions- oder Verkaufsstätte eines Unternehmens keine Schwierigkeiten. Im Jahr 2001 hat der Gesetzgeber den Tarifvertragsparteien gegenüber § 3 BetrVG 1972[16] **weitreichendere Gestaltungsmöglichkeiten** hinsichtlich der betriebsratsfähigen Organisationseinheit eingeräumt. Diese können nunmehr Vereinbarungen über anderweitige betriebsverfassungsrechtliche Arbeitnehmervertretungsstrukturen treffen, die den unternehmens- bzw. konzernspezifischen Besonderheiten, wie z. B. der produkt- und projektbezogenen Organisation durch die Bildung von Spartenbetriebsräten (§ 3 Abs. 1 Nr. 2 BetrVG), und den sonstigen Betriebs- bzw. Unternehmensstrukturen Rechnung tragen (§ 3 Abs. 1 Nr. 3 BetrVG). Außerdem soll nach § 3 Abs. 1 Nr. 1 Buchst. a BetrVG auf Grund einer entsprechenden tarifvertraglichen Vereinbarung in einem Unternehmen mit mehreren Betrieben ein gemeinsamer, unternehmenseinheitlicher Betriebsrat gewählt werden können, auch dann, wenn die einzelnen Betriebe selbst betriebsratsfähig bzw. selbstständige Betriebsteile i.S. von § 4 Abs. 1 BetrVG sind. Nach § 3 Abs. 1 Nr. 1 Buchst. b BetrVG soll zudem die Möglichkeit eingeräumt werden können, mehrere Betriebe zusammenzufassen und auf diese Weise z. B. die Bildung von Regionalbetriebsräten zu ermöglichen. Schließlich soll die Bildung von zusätzlichen betriebsverfassungsrechtlichen Gremien (Arbeitsgemeinschaften) für die unternehmensübergreifende Zusammenarbeit (§ 3 Abs. 1 Nr. 4 BetrVG) bzw. zusätzliche betriebsverfassungsrechtliche Arbeitnehmervertretungen (§ 3 Abs. 1 Nr. 5 BetrVG) vereinbart werden können.

b) Wahl des Betriebsrats

850 Die **regelmäßigen Wahlen** finden seit 1990 alle vier Jahre in der Zeit von Anfang März bis Ende Mai statt (§ 13 Abs. 1 BetrVG). Bei bis zu 20 wahlberechtigten Arbeitnehmern besteht der Betriebsrat aus einer Person; mit zunehmender Arbeitnehmerzahl steigt auch die Zahl der Betriebsratsmitglieder (§ 9 BetrVG). Der mehrköpfige Betriebsrat wählt einen Vorsitzenden und dessen Stellvertreter (§ 26 BetrVG).

851 Ein besonderes Merkmal der Betriebsratswahl war bis zur Reform die Unterscheidung zwischen den **Gruppen** der Arbeiter und Angestellten, wobei der Minderheitsgruppe grundsätzlich ein Sitz im Betriebsrat und in Ausschüssen garantiert wurde. Die Gruppenzuordnung, die das Personalvertretungsrecht im

---

16 Vgl. *Giesen*, BB 2002, 1480 ff.; *Plander*, NZA 2002, 483 ff.

öffentlichen Dienst – wegen der Gruppe der Beamten – noch kennt, hat angesichts der völlig veränderten Beschäftigungsstruktur ihre Berechtigung verloren. Statt dessen ist eine zwingende Quote für das „**Geschlecht in der Minderheit**" in einem mehrköpfigen Betriebsrat (§ 15 Abs. 2 BetrVG) eingeführt worden.[17] Dies mag angesichts anderer Quotenregelungen, etwa für die Besetzung von Leitungs- und Kontrollorganen von Kapitalgesellschaften, im Trend der Zeit liegen, widerstreitet aber möglicherweise dem Wählerwillen und damit dem Gedanken der Arbeitnehmerrepräsentanz insbesondere dort, wo wegen des Vorrangs des Geschlechts vor der Zahl der Stimmen der Betriebsratssitz nicht einmal der gewählten Liste zugute kommt.

Das **Wahlverfahren** (§§ 14, 16 ff. BetrVG) beginnt mit der **Bestellung des** 852 **Wahlvorstandes.** Diese erfolgt primär durch einen schon vorhandenen Betriebsrat (§ 16 Abs. 1), anderenfalls durch eine Betriebsversammlung (§ 17 Abs. 2 und 3), hilfsweise durch einen vorhandenen Gesamt- oder Konzernbetriebsrat (§§ 16 Abs. 3, 17 Abs. 1) bzw. das Arbeitsgericht (§ 16 Abs. 2, § 17 Abs. 4). Der **Wahlvorstand** hat sodann die Wahl vorzubereiten und durchzuführen (§ 18). Näheres bestimmt die auf Grund des § 126 BetrVG erlassene Wahlordnung. Zur Vorbereitung gehören insbesondere:

- die Aufstellung der Wählerlisten (§§ 2, 4 WahlO),
- die Feststellung der Zahl der zu wählenden Betriebsratsmitglieder i.S. des § 9 BetrVG,
- das Ausschreiben der Wahl (§ 3 WahlO),
- die Prüfung der Vorschlagslisten (§§ 14 Abs. 5 – 8 BetrVG, §§ 6 ff. WahlO).

i

Für **Kleinbetriebe** mit fünf bis fünfzig wahlberechtigten Arbeitnehmern sieht § 14a BetrVG zwingend ein vereinfachtes, in der Regel zweistufiges Wahlverfahren mit Erleichterungen bei der Bestellung des Wahlvorstandes (§ 17a BetrVG), abgekürzten Fristen und einem möglichen Verzicht auf die schriftliche Form für Wahlvorschläge (§ 14a Abs. 2 BetrVG) vor.

Um den Entschluss zur Bildung eines Betriebsrats und zu einer Kandidatur 853 für Wahlvorstand und Betriebsrat zu erleichtern, gewährt § 15 Abs. 3a KSchG bereits für die Einladung zu Versammlungen mit Wahlbezug bzw. für den Antrag auf Bestellung eines Wahlvorstandes einen **vorgezogenen besonderen Kündigungsschutz.** Dies gilt freilich nur für die ersten drei in der Einladung genannten Arbeitnehmer, um Missbrauch zu verhindern. Die Norm präzisiert den Wahlschutz

---

17 Gebilligt durch BAG v. 16.3.2005 – 7 ABR 40/04 –, AP Nr. 3 zu § 15 BetrVG 1972 = NZA 2005, 1252; dazu krit. *Kamanabrou*, RdA 2006, 186 ff. Wegen der Einzelheiten vgl. §§ 15 Abs. 5, 22 der Wahlordnung.

durch § 20 Abs. 1 und 2 BetrVG und das allgemeine Benachteiligungsverbot des § 78 S. 2 BetrVG. Die Behinderung oder Beeinflussung der Wahl ist zudem strafbar (§ 119 Abs. 1 Nr. 1 BetrVG).[18]

854   Eine durchgeführte Wahl kann **nichtig** oder **anfechtbar** sein. Die Nichtigkeit kann jederzeit von jedem Betroffenen geltend gemacht werden, wenn schon der **äußere Anschein einer ordnungsgemäßen Wahl** nicht gegeben ist.[19] Das Arbeitsgericht stellt diese Rechtslage nur fest, selbstverständlich ex tunc, also bezogen auf den Zeitpunkt der Wahl. Etwaige Handlungen des (Schein-)Betriebsrats sind unwirksam. In der Regel kommt bei Fehlern des Wahlverfahrens jedoch nur eine Anfechtung (§ 19 BetrVG) mit Wirkung für die Zukunft in Betracht (§ 13 Abs. 2 Nr. 4, § 24 Nr. 5 BetrVG). Das Gericht trifft eine rechtsgestaltende Entscheidung, die erst mit deren Rechtskraft Wirkung entfaltet. Anfechtungsgrund ist die Verletzung wesentlicher Vorschriften (nicht also: bloßer Ordnungsvorschriften) mit möglicher Relevanz für das Wahlergebnis ohne rechtzeitige Berichtigung des Fehlers. Das Anfechtungsrecht steht (mindestens) drei wahlberechtigten Arbeitnehmern, einer im Betrieb vertretenen Gewerkschaft und dem Arbeitgeber, nicht aber dem Betriebsrat selbst zu (§ 19 Abs. 2 S. 1 BetrVG). Es muss binnen zwei Wochen nach Bekanntgabe des Wahlergebnisses ausgeübt werden (§ 19 Abs. 2 S. 1 BetrVG).

c) Rechts- und Prozessfähigkeit des Betriebsrats

Beispielsfall

Fall 78: Der Betriebsrat im Unternehmen des U, das weit mehr als 300 Arbeitnehmer beschäftigt, hat sich im Zuge von Interessenausgleichsverhandlungen entschlossen, nach § 112 S. 2 BetrVG einen externen betriebswirtschaftlichen Berater (B) hinzu zu ziehen, um auf Augenhöhe mit dem Arbeitgeber verhandeln zu können. Nachdem sich U geweigert hat, die zumindest um die Hälfte übersetzten Honorarforderungen des B zu begleichen, nimmt dieser sowohl den U, als auch den Betriebsrat als Gremium, dessen Vorsitzenden V und das Betriebsratsmitglied M auf Zahlung in Anspruch. Zu recht?

855   Der Betriebsrat ist zwar ein gesetzlich vorgesehenes Gremium, er ist aber scheinbar – weil dies grundsätzlich natürlichen und juristischen Personen vorbehalten ist – weder rechtsfähig, noch kann er Inhaber eines Vermögens sein. Der

---

18 Eventuell sogar wegen Nötigung (§ 240 StGB), vgl. LG Marburg v. 12.5.2007–2 Ns 2 Js 18719/05 –, AiB 2008, 109 ff.

19 BAG v. 19.11.2003 – 7 ABR 24/03 – unter B III 1, AP Nr. 54 zu § 19 BetrVG 1972 = NZA 2004, 395.

BGH leitet allerdings im Einklang mit der mittlerweile h. M. aus den zahlreichen, dem Betriebsrat als solchem durch das Betriebsverfassungsrecht zugeordneten Rechte und Pflichten dessen **Teilrechtsfähigkeit** ab.[20] Wenn und soweit er innerhalb der ihm durch das BetrVG explizit zugewiesenen Befugnisse handelt, kann er Verträge abschließen, Ansprüche erwerben und Schuldner von Verbindlichkeiten werden. Andernfalls wäre – wie Fall 78 illustriert – eine effektive Betriebsratsarbeit auch kaum möglich, wenn dieser Beratungsleistungen nur auf der Grundlage eines vorherigen Vertragsabschlusses durch den Arbeitgeber in Anspruch nehmen könnte. Überschreitet der Betriebsrat hingegen seine Befugnisse, handelt er also „ultra vires", wozu auch die Missachtung des Verhältnismäßigkeitsprinzips durch Verursachung unnützer oder übersetzter Kosten zählt, fehlt ihm die Rechtsfähigkeit, so dass intendierte Rechtsgeschäfte ins Leere gehen. Auch der Arbeitgeber wird daraus, mangels Vertretungsmacht des Betriebsrats, nicht verpflichtet. In Betracht kommt allenfalls eine Haftung der für den Betriebsrat handelnden Personen, typischerweise also des Vorsitzenden oder seines Stellvertreters (§ 26 Abs. 2 S. 1 BetrVG), nach den entsprechend anzuwendenden Grundsätzen der Vertretung ohne Vertretungsmacht, die im Ergebnis aber regelmäßig an den Haftungsbeschränkungen des § 179 Abs. 2 und 3 BGB scheitern wird. Letztendlich kann B daher nur Zahlung der hälftigen Vergütung vom Betriebsrat verlangen. Gegenüber den übrigen Beteiligten hat B keine Ansprüche.

d) Tätigkeit des Betriebsrats, Kosten, Sanktionen bei Pflichtverletzungen

Die Tätigkeit der Betriebsratsmitglieder ist **ehrenamtlich** und **unentgeltlich** (§ 37 Abs. 1 BetrVG). Sie dürfen weder begünstigt noch benachteiligt werden, und zwar auch nicht in ihrer beruflichen Entwicklung (§ 78 S. 2 BetrVG). Arbeitsentgelt einschließlich Nebenleistungen,[21] zeitliche Belastung und berufliche Chancen sollen nicht nur bei zeitweise von der Arbeit befreiten Betriebsratsmitgliedern, sondern erst recht bei völlig freigestellten Funktionsträgern gewährleistet bleiben (vgl. §§ 37 Abs. 2–5, 38 BetrVG). Völlig **freizustellen** ist ein Mitglied nunmehr bei mindestens zweihundert Arbeitnehmern; die Zahl steigt mit der Größe der Belegschaft. Anspruch auf **bezahlte Freistellung** besteht auch für **Schulungs- und Bildungsveranstaltungen**, die für die Betriebsratsarbeit erforderliche Kennt-

856

---

20 So, auch zum Folgenden, BGH v. 25.10.2012 – III ZR 266/11, NZA 2012, 1382ff.; BAG v. 15.4. 2014 – 1 ABR 2/13 (B) –, AP Nr. 9 zu § 29 BetrVG 1972; ausführlicher Klausurfall bei *Stoffels/Reiter/ Bieder*, Fall 8.

21 Z.B. auch zur privaten Nutzung überlassenes Firmenfahrzeug (BAG v. 23.6.2004 – 7 AZR 514/ 03 –, AP Nr. 139 zu § 37 BetrVG 1972 = NZA 2004, 1287) oder Aktienoptionen (BAG v. 16.1.2008 – 7 AZR 887/06 –, AP Nr. 144 zu § 37 BetrVG 1972 = NZA 2008, 836).

nisse vermitteln, damit der Betriebsrat dem Arbeitgeber nicht von vornherein unterlegen ist; dasselbe gilt für den Erwerb sonstiger Kenntnisse, die einen Bezug zum Betriebsratsamt aufweisen, für einen Zeitraum bis zu drei Wochen während einer Amtsperiode (§ 37 Abs. 6 und 7 BetrVG).

857 Der Arbeitgeber trägt nicht nur die Kosten der Entgeltfortzahlung, sondern sämtliche **Kosten der Betriebsratstätigkeit**; für Sitzungen, Sprechstunden und die laufende Geschäftsführung hat er Räume, sachliche Mittel, Informations- und Kommunikationstechnik sowie Büropersonal zur Verfügung zu stellen, soweit der Betriebsrat dies für erforderlich halten darf (§ 40 BetrVG). Dies gilt auch für die Überlassung eines PC nebst Zubehör und Software.[22] Die Gesamtkosten der betrieblichen Mitbestimmung in Betrieben ab 200 Arbeitnehmern sollen sich schon im letzten Jahrzehnt auf rund 400 € (IG Metall) bis 780 € (iw-Institut) je Mitarbeiter und Jahr belaufen haben und dürften mittlerweile deutlich gestiegen sein.[23] Umlagen des Betriebsrats unter den Arbeitnehmern sind unzulässig (§ 41 BetrVG).

858 Verletzt der Betriebsrat oder ein Betriebsratsmitglied seine Amtspflichten grob, so droht die **Auflösung des Betriebsrats** bzw. die **Amtsenthebung** (§ 23 Abs. 1 BetrVG). Eine außerordentliche Kündigung kommt jedoch nur in Betracht, wenn der Arbeitnehmer *zugleich* gegen seine vertraglichen Pflichten derart verstößt, dass ein wichtiger Grund i.S. des § 626 BGB ebenfalls zu bejahen ist.

3. Intensität der Beteiligungsrechte des Betriebsrats

859 § 74 Abs. 1 S. 2 BetrVG gebietet den Betriebspartnern allgemein, „über strittige Fragen mit dem ernsten Willen zur Einigung zu verhandeln und Vorschläge für die Beilegung von Meinungsverschiedenheiten zu machen". Der Vierte Teil des BetrVG (§§ 74 – 113) begnügt sich indessen nicht mit einer derartigen Generalklausel, sondern regelt die Rechte des Betriebsrats nach Gegenstand und Intensität unter der Überschrift **„Mitwirkung und Mitbestimmung der Arbeitnehmer"** sehr detailliert. Uns wird zunächst die **abgestufte Intensität der Beteiligungsrechte** beschäftigen.

a) Echte Mitbestimmung

860 **Echte** Mitbestimmung i.S. des BetrVG besteht dann, wenn eine generelle Regelung oder eine Einzelmaßnahme zu ihrer Wirksamkeit der **Zustimmung des Betriebsrats** bedarf und dieser **frei entscheiden** kann, ob er die Zustimmung

---

22 BAG v. 16.5.2007 – 7 ABR 45/06 –, AP Nr. 90 zu § 40 BetrVG 1972 = NZA 2007, 1117.
23 iwd 8/2006, S. 4 f.

erteilt oder nicht. Bei generellen Regelungen ist die **Betriebsvereinbarung** mit ihrem normativen Charakter das typische Gestaltungsmittel.[24]

Im Einzelfall wird in der Praxis jedoch zumeist eine schlichte und formlos **861** wirksame **Regelungsabrede**[25] zwischen Arbeitgeber und Betriebsrat getroffen. Diese hat nach Ansicht des BAG lediglich die Funktion der internen Zustimmung, so dass nicht mehr der Verstoß gegen ein Beteiligungsrecht geltend gemacht werden kann, gestaltet aber nicht unmittelbar und zwingend die Arbeitsbeziehungen. Das beispielsweise nur in einer Regelungsabrede vereinbarte Recht zur Kurzarbeit muss der Arbeitgeber mangels normativer Wirkung dann individualrechtlich gegenüber den einzelnen Arbeitnehmern durchsetzen.[26]

Da häufig eine – wie auch immer ausgestaltete – Regelung für den Betrieb **862** unbedingt notwendig ist, z.B. für Beginn und Ende der täglichen Arbeitszeit (§ 87 Abs. 1 Nr. 2 BetrVG), muss der Gesetzgeber einen **Konfliktlösungsmechanismus** bereitstellen. Anderenfalls müsste sich entweder der Arbeitgeber oder der Betriebsrat letztlich dem Diktat der anderen Seite beugen.[27] Eine Einschaltung des Gerichts scheidet nicht nur wegen der Förmlichkeit des Verfahrens, sondern vor allem deswegen aus, weil es sich nicht um Rechts-, sondern um **Regelungsfragen** handelt, bei denen Zweckmäßigkeitsüberlegungen dominieren. Das Gesetz sieht daher als **Schlichtungsinstanz** eine **Einigungsstelle** vor, die unter dem Vorsitz einer neutralen Person zunächst auf eine Einigung hinwirkt und notfalls zu einem Spruch gelangt, der die Einigung ersetzt (§ 76 Abs. 5 BetrVG). Bei ihrer Ermessensentscheidung muss die Einigungsstelle die Belange des Betriebs und der betroffenen Arbeitnehmer angemessen berücksichtigen. Einen Ermessensfehler können nur Arbeitgeber und Betriebsrat binnen zwei Wochen geltend machen. Für sonstige rechtliche Mängel (z.B. fehlende Kompetenz[28] oder Verstoß gegen höherrangiges Recht) steht der Rechtsweg zu den Arbeitsgerichten wie bei anderen Rechtsstreitigkeiten offen (§ 76 Abs. 7 BetrVG); derartige Mängel begründen

24 Dazu unten RN 873 ff.
25 Vgl. *Gamillscheg*, KollAR II, S. 764 f., 797 f.; *Hanau*, AuA 1995, 401 ff.
26 BAG v. 14.2.1991–2 AZR 415/90 –, AP Nr. 4 zu § 615 BGB Kurzarbeit = NZA 1991, 607; s. auch BAG v. 14.8.2001–1 AZR 744/00 –, AP Nr. 4 zu § 77 BetrVG 1972 Regelungsabrede = NZA 2002, 342: individualrechtlich wirksame Anrechnung einer Zulage trotz Regelungsabrede über eine erweiterte Mitbestimmung.
27 Eine „Notfallkompetenz" können sowohl die Tarifvertragsparteien als auch die Betriebsparteien selbst dem Arbeitgeber – etwa bei kurzfristigen Änderungen der Arbeitszeit – nur in sehr engen Grenzen einräumen; vgl. BAG v. 3.5.2006–1 ABR 14/05 –, AP Nr. 119 zu § 87 BetrVG 1972 Arbeitszeit = NZA 2006, 1240.
28 BAG v. 13.2.2007–1 ABR 18/06 –, AP Nr. 40 zu § 87 BetrVG Ordnung des Betriebes = NZA 2007, 640: Kosten einer einheitlichen Berufskleidung sind nicht auf Grund von § 87 Abs. 1 Nr. 1 BetrVG erzwingbar.

eine unheilbare Nichtigkeit des Spruchs. Die Einigungsstelle wird in der Regel erst im Konfliktfall gebildet; verständigen sich Arbeitgeber und Betriebsrat nicht auf den neutralen Vorsitzenden, entscheidet das Arbeitsgericht über die Besetzung (§ 98 ArbGG). Da der Arbeitgeber die Kosten der Einigungsstelle ohne Rücksicht auf den Ausgang des Verfahrens tragen muss, hat der Gesetzgeber versucht, die Kostenbelastung einzudämmen (§ 76a BetrVG).

863   Ein echtes Mitbestimmungsrecht umfasst **grundsätzlich** ein **Initiativrecht** des Betriebsrats, das mehr besagt, als die dem Betriebsrat schon gemäß § 80 Abs. 1 Nr. 2 BetrVG zustehende allgemeine Befugnis, Maßnahmen, die dem Betrieb und der Belegschaft dienen, zu beantragen. Während es sich insoweit im Grunde eher um Anregungen handelt, solange für den Fall der Ablehnung kein Schlichtungsverfahren vorgesehen ist, ist dies insbesondere bei den mitbestimmungspflichtigen sozialen Angelegenheiten i.S. des § 87 BetrVG anders; denn hier entscheidet bei einem gescheiterten Einigungsversuch – wie eben dargestellt – die Einigungsstelle (§ 87 Abs. 2 BetrVG) verbindlich, deren Bildung auch der Betriebsrat erzwingen kann.

864   Hieraus folgt freilich noch nicht, dass der Betriebsrat zum Mitunternehmer wird – oder die Arbeitnehmer zu Teilhabern.[29] Obwohl der Arbeitgeber Akkord- bzw. Prämienarbeit zweifellos nicht ohne Zustimmung des Betriebsrats oder einen entsprechenden Spruch der Einigungsstelle einführen kann (§§ 87 Abs. 1 Nr. 10 und 11 BetrVG), genügt das nicht, um schon ein gleichberechtigtes Initiativrecht des Betriebsrats zu bejahen.[30] Denn der Arbeitgeber muss als Unternehmer die vermehrte Produktion oder Dienstleistung auf dem Markt zu den entsprechenden Preisen absetzen können, wenn die Maßnahme wirtschaftlich sinnvoll sein soll. Die Mitglieder der Einigungsstelle tragen dieses Risiko ebensowenig wie die Mitglieder des Betriebsrats oder die Arbeitnehmer. Die Frage, inwieweit die **„Nähe" zu typisch unternehmerischen Entscheidungen** das gesetzliche Mitbestimmungsrecht auf betrieblicher Ebene immanent begrenzt oder wenigstens eine restriktive Auslegung nach dem Gesamtzusammenhang des Gesetzes rechtfertigt, ist allerdings heftig umstritten. Das BAG hat z.B. ein Initiativrecht des Betriebsrats für die Einführung von Kurzarbeit (§ 87 Abs. 1 Nr. 3 BetrVG) bejaht, obwohl der Arbeitgeber für die Entscheidung zwischen Kurzarbeit und betriebsbedingten Entlassungen unternehmerischen Handlungsspielraum beansprucht hatte. Die maßgebliche Norm diene auch der Sicherung und Erhaltung der bestehenden Arbeitsverhältnisse.[31] Zumindest muss jedoch die Einigungsstelle bei

29 Vgl. § 7 RN 498.
30 A.A. *Fitting*, BetrVG, § 87 Rn. 583 ff. m.w.N.
31 BAG v. 4.3.1986 – 1 ABR 15/84 –, AP Nr. 3 zu § 87 BetrVG 1972 Kurzarbeit m. krit. Anm. *Wiese* = NZA 1986, 432.

ihrer Ermessensentscheidung die unternehmerischen Belange besonders berücksichtigen. Noch bedenklicher ist das vom LAG Niedersachsen[32] bejahte Initiativrecht für die Einführung von Prämienlohn (§ 87 Abs. 1 Nr. 10 BetrVG) bei einem Wäschemietservice, der seinen Umsatz schwerlich entsprechend steigern kann.

b) Beschränktes Mitbestimmungsrecht

Nur von einem **beschränkten** Mitbestimmungsrecht kann die Rede sein, wenn **865** die Zustimmung des Betriebsrats zwar erforderlich ist, diese aber nur **aus im Gesetz genannten Gründen** erfolgreich **verweigert** werden kann. Eine solche Konzeption liegt z. B. § 99 BetrVG zugrunde, der – wie noch näher darzustellen ist – eine Einstellung von der Zustimmung des Betriebsrats abhängig macht, aber in Abs. 2 die Ablehnungsgründe abschließend aufzählt.[33] Konsequenterweise behandelt das Gesetz die Weigerung des Betriebsrats hier als **Rechtsfrage** und verweist den Arbeitgeber für sein Begehren, die Zustimmung zu ersetzen, an das Arbeitsgericht (Abs. 4).

c) Mitwirkungsrechte

Eine sehr **heterogene Gruppe** und häufig die Grundlage für echte Mitbestim- **866** mungsrechte bilden die Mitwirkungsrechte (**Beratung, Anhörung, Unterrichtung**). Hier benötigt der Arbeitgeber nicht die Zustimmung des Betriebsrats. Gleichwohl kann gerade eine Missachtung eines minderintensiven Beteiligungsrechts mit strengen Sanktionen ausgestattet sein, weil der Arbeitgeber nur dadurch zu dessen Beachtung angehalten wird. Gemeinsamer Zweck ist die für den Betriebsrat eröffnete Möglichkeit, den Standpunkt der Arbeitnehmerseite zur Geltung zu bringen und dadurch das Verhalten des Arbeitgebers zu beeinflussen. Bei Meinungsverschiedenheiten über die Berechtigung der Beschwerde eines Arbeitnehmers, der kein Rechtsanspruch zugrunde liegt, kann der Betriebsrat sogar den Spruch einer Einigungsstelle erreichen (§ 85 BetrVG).[34]

Auf der obersten Stufe steht das **Beratungsrecht**, das die Betriebspartner zu **867** einer gemeinsamen Erörterung geplanter Maßnahmen verpflichtet. Eine derartige Beratung ist z. B. für die Planung von betrieblichen Räumen, technischen Anlagen, Arbeitsverfahren und Arbeitsabläufen oder von Arbeitsplätzen vorgesehen

---

32 LAG Niedersachsen v. 30.11.1995 – 1 TaBV 56/95 –, LAGE § 87 BetrVG 1972 Initiativrecht Nr. 4 m. abl. Anm. *Rüthers/Ruoff.*
33 Vgl. unten RN 904 ff.
34 BAG v. 22.11.2005 – 1 ABR 50/04 – AP Nr. 2 zu § 85 BetrVG 1972 = NZA 2006, 803.

(§ 90 BetrVG). Der Gesetzgeber hat den Arbeitgeber ausdrücklich verpflichtet, den Betriebsrat unter Vorlage von Unterlagen so rechtzeitig zu unterrichten, dass seine Bedenken, die insbesondere auch arbeitswissenschaftliche Erkenntnisse einbeziehen sollen, noch berücksichtigt werden können. Ein echtes Mitbestimmungsrecht besteht nur bei offensichtlichen Verstößen gegen arbeitswissenschaftliche Erkenntnisse (vgl. § 91 BetrVG).

868   Die zweite Stufe bildet das **Anhörungsrecht.** Hier muss der Arbeitgeber den Betriebsrat unterrichten und seine Argumente zur Kenntnis nehmen, bevor er eine Maßnahme durchführt. Bestes Beispiel ist die bereits oben behandelte Anhörung bei Kündigungen, die u.U. ein Recht zum Widerspruch beinhalten kann;[35] unterlässt der Arbeitgeber die Anhörung ganz, oder erfolgt sie nicht ordnungsgemäß, ist die Kündigung sogar unwirksam (§ 102 Abs. 1 BetrVG).

869   Die geringste Intensität hat das bloße **Informationsrecht.** Gemäß § 80 Abs. 1 Nr. 1 BetrVG gehört es zu den allgemeinen Aufgaben des Betriebsrats, darüber zu wachen, dass die zugunsten der Arbeitnehmer geltenden Gesetze, Verordnungen, Unfallverhütungsvorschriften, Tarifverträge und Betriebsvereinbarungen durchgeführt werden. Damit der Betriebsrat diese Kontrollfunktion erfolgreich ausfüllen kann, bestimmt § 80 Abs. 2 BetrVG, dass er im Rahmen seines Aufgabenkreises rechtzeitig und umfassend zu unterrichten ist und dass ihm auf Verlangen jederzeit die dazu erforderlichen Unterlagen zur Verfügung zu stellen sind.[36] Gemäß § 80 Abs. 3 BetrVG kann er hierzu – soweit erforderlich – nach näherer Vereinbarung mit dem Arbeitgeber auch Sachverständige hinzuziehen, z.B. zur Rechtskontrolle von Formulararbeitsverträgen.[37]

d) Typische Sanktionen und Durchsetzungsmöglichkeiten

Beispielsfall

Fall 79: Der Elektrotechnikhersteller E-AG hat wegen der Konkurrenz aus Fernost mit erheblichen Umsatzeinbußen zu kämpfen. Um das Schlimmste zu verhindern, ordnet der Vorstand – gestützt auf übereinstimmende Vorbehalte in den Arbeitsverträgen der Mitarbeiter – die Einführung von Kurzarbeit im Umfang der Hälfte der regulären Arbeitszeit mit entsprechenden Entgeltkürzungen an. Der Betriebsrat wird hierzu, weil der Vorstand diese Maßnahme ohnehin für alternativlos hält,

---

35 Vgl. § 6 RN 395 ff. und RN 473.
36 BAG v. 10.10.2006 –1 ABR 68/05 –, AP Nr. 68 zu § 80 BetrVG 1972 = NZA 2007, 99: Unterrichtung über die Entwicklung außertariflicher Zulagen und Einblicksrecht in die Bruttolohn- und -gehaltslisten.
37 BAG v. 16.11.2005 –7 ABR 12/05 –, AP Nr. 64 zu § 80 BetrVG 1972 = NZA 2006, 553.

nicht gehört. Arbeitnehmer A verlangt gleichwohl, obwohl auch sein Arbeitsvertrag einen Kurz-
arbeitsanordnungsvorbehalt zu Gunsten der E enthält, im bisherigen Umfang beschäftigt und
auch vergütet zu werden. Zu recht?

Soweit der Arbeitgeber Aufklärungs- und Auskunftspflichten nicht, wahrheits- **870**
widrig, unvollständig oder verspätet erfüllt, kommt als Sanktion in erster Linie ein
Bußgeld wegen einer Ordnungswidrigkeit durch die zuständige Verwaltungsbe-
hörde in Frage, das bis zu 10.000 € betragen kann (§ 121 BetrVG i.V.m. § 35
OWiG)[38], in dieser Höhe aber häufig keine effektive Abschreckungswirkung erzielen kann. Bei eklatanter Behinderung der Betriebsratstätigkeit ist gemäß § 119
Abs. 1 Nr. 2 BetrVG auf Antrag des Betriebsrats oder einer im Betrieb vertretenen
Gewerkschaft sogar die Verhängung einer **Geld- oder Freiheitsstrafe** bis zu einem Jahr denkbar; zuständig ist hierfür das Amtsgericht (§ 24 GVG). Betriebsrat
und Gewerkschaft können auch künftigem Fehlverhalten des Arbeitgebers bei
groben Verstößen gegen dessen gesetzliche Pflichten entgegenwirken; nach einer
rechtskräftigen Entscheidung des Arbeitsgerichts kann gegen den Arbeitgeber im
Wege der Zwangsvollstreckung **Ordnungs-** oder **Zwangsgeld** in Höhe von bis zu
10.000 € verhängt werden (§ 23 Abs. 3 BetrVG).

Bei den Mitbestimmungsrechten genügt jedoch zumeist die Zustimmungs- **871**
bedürftigkeit als Druckmittel. Denn die **mitbestimmungspflichtigen Maßnahmen** des Arbeitgebers sind ohne Zustimmung nicht nur betriebsverfassungswidrig, sondern auch individualarbeitsrechtlich grundsätzlich **unwirksam**
(*Theorie der notwendigen Mitbestimmung*).[39] Erlässt der Arbeitgeber Ge- oder
Verbote, die in den Anwendungsbereich des § 87 Abs. 1 BetrVG fallen, ohne Mitwirkung des Betriebsrats, kann daher auf Zuwiderhandlungen nicht mittels Abmahnung oder Kündigung reagiert werden. Ist, wie im Fall 79, eine vorübergehende Verkürzung der betriebsüblichen Arbeitszeit (§ 87 Abs. 1 Nr. 3 BetrVG) ohne
Betriebsratsbeteiligung erfolgt, schuldet der Arbeitgeber arbeitswilligen Beschäftigten Annahmeverzugslohn nach § 615 S. 1 BGB.

Darüber hinaus bejaht das BAG jedenfalls im Zusammenhang mit § 87 BetrVG **872**
auch einen sog. **allgemeinen Unterlassungsanspruch.**[40] Dessen Vorzug gegenüber dem umständlichen Verfahren gemäß § 23 Abs. 3 BetrVG besteht auch
darin, dass er eine geeignete Grundlage (*Verfügungsanspruch*) für eine einstweilige Verfügung (§ 85 Abs. 2 ArbGG) bildet, mit der der Betriebsrat im Fall der

38 Vgl. *Growe*, Ordnungswidrigkeitenverfahren nach dem Betriebsverfassungsrecht, 1990.
39 *Miersch*, Die Rechtsfolgen mitbestimmungswidriger Maßnahmen für das Arbeitsverhältnis,
1998, S. 97 ff.; eingehend, auch zu den Gegenpositionen, Richardi/*Richardi* BetrVG § 87 Rn. 101 ff.
40 BAG v. 3.5.1994 – 1 ABR 24/93 –, AP Nr. 23 zu § 23 BetrVG 1972 m. Anm. *Richardi* = NZA 1995, 40
= EzA § 23 BetrVG 1972 Nr. 36 m. Anm. *Raab*.

Eilbedürftigkeit (*Verfügungsgrund*) mitbestimmungswidrigem Verhalten vorbeugend entgegen treten kann (z. B. der nicht abgestimmten Installation einer Kontrolleinrichtung i.S. von § 87 Abs. 1 Nr. 6 BetrVG).

4. Betriebsvereinbarung

873 Die vor allem im Bereich der echten Mitbestimmung bedeutsamen Betriebsvereinbarungen gelten – wie Tarifverträge – grundsätzlich unmittelbar und zwingend (§ 77 Abs. 4 S. 1 BetrVG), haben also **normative Wirkung.** Die Besonderheiten, die zuvor für das Verhältnis zwischen der Kollektivvereinbarung und den herkömmlichen Austauschverträgen des BGB erörtert wurden, gelten hier weitgehend entsprechend.[41] Gleiches gilt für die *Dienstvereinbarungen* in den öffentlichen Verwaltungen auch ohne ausdrückliche gesetzliche Anordnung (vgl. § 73 BPersVG), für leitende Angestellte betreffende Richtlinien hingegen nur, wenn dies zwischen Arbeitgeber und dem Sprecherausschuss explizit vereinbart wurde (§ 28 Abs. 2 SprAuG). Die daraus erwachsenden Rechte der Arbeitnehmer genießen den gleichen Schutz wie tarifliche Rechte (§ 77 Abs. 4 S. 2–4 BetrVG). Im Unterschied zum Tarifvertrag wenden sich diese Normen jedoch an **alle vom Betriebsrat** (bzw. *Personalrat*) **vertretenen Arbeitnehmer.** Die Normsetzung wird hier nicht durch die Mitgliedschaft privatautonom legitimiert, sondern auf gesetzlicher Grundlage durch die Zugehörigkeit zur Belegschaft und das damit verbundene Recht zur Teilnahme an den Betriebsratswahlen.[42] Bei der Betriebsverfassung handelt es sich also – worauf *Richardi* zu Recht frühzeitig hingewiesen hat[43] – um eine alle Belegschaftsmitglieder erfassende, „zwangskorporatistische, nicht durch einen individuell-freiwilligen Unterwerfungsakt legitimierte Ordnung und um einen, verstärkte Kontrolle erforderlich machenden Akt heteronomer Rechtssetzung.[44] Im Betriebsverfassungsrecht gibt es deshalb, im Gegensatz zum Tarifvertragsrecht, keine ungebundenen Außenseiter. Deshalb muss die **Kompetenz** des Betriebsrats zum Abschluss einer Betriebsvereinbarung aus einer

---

41 Vgl. zum Ganzen nur Junker, Grundkurs, Rn 734 sowie zur Möglichkeit der Umdeutung einer nichtigen Betriebsvereinbarung in eine Gesamtzusage nur BAG v. 23. 2. 2016 – 3 AZR 960/13 –, AP Nr. 73 zu § 1 BetrAVG = NZA 2016, 842; BAG 23. 1. 2018 – 1 AZR 65/17 –, AP Nr. 111 zu § 77 BetrVG 1972 = NZA 2018, 871.

42 Zur Zweispurigkeit der Interessenvertretung mit unterschiedlicher Legitimation s. bereits oben RN 678 und 679.

43 *Richardi*, Kollektivgewalt und Individualwille bei der Gestaltung des Arbeitsverhältnisses, 1968, S. 310 ff., 344 ff. Ihm folgend etwa *Beuthien*, ZfA 1983, 141, 164; *Heinze*, ZfA 1988, 53, 62; *Waltermann*, RdA 1996, 129, 134.

44 Prägnant *Picker*, Tarifautonomie, S. 56 f.; zust. *Bieder*, Kompensatorische Vertragsgestaltung im Arbeits- und Wirtschaftsrecht, 2015, S. 452 f.; *Lobinger*, RdA 2011, 76, 84.

gesetzlichen oder tariflichen betriebsverfassungsrechtlichen Norm[45] abzuleiten sein. Der Verstoß gegen zwingende gesetzliche Normen – darunter auch solche des AGG –[46] macht eine Betriebsvereinbarung unwirksam.

a) Verhältnis zum Tarifvertrag

Auch bei der Geltung von Betriebsvereinbarungen gibt es **Konkurrenzprobleme**, wenn derselbe Gegenstand im Arbeitsvertrag oder Tarifvertrag geregelt ist. Der Gesetzgeber hat den Tarifvertrag bewusst im Verhältnis zur Betriebsvereinbarung privilegiert.[47] Gemäß § 77 Abs. 3 BetrVG können Arbeitsentgelte und sonstige Arbeitsbedingungen, die durch **Tarifvertrag geregelt** sind oder auch nur **üblicherweise**(!) **geregelt werden**, nicht Gegenstand einer Betriebsvereinbarung sein (**Tarifvorbehalt**) – es sei denn, der Tarifvertrag enthielte eine Öffnungsklausel, die sogar rückwirkend vereinbart werden kann.[48] Die Betriebsvereinbarung darf nicht einmal einen Lohntarifvertrag inhaltsgleich übernehmen, um die zwingende Wirkung zugunsten der Nichtmitglieder unter den Arbeitnehmern sicherzustellen. Der Betriebsrat soll den Gewerkschaften nicht als Konkurrenzorgan ins Handwerk pfuschen. § 77 Abs. 3 BetrVG dient – um die gesetzteren Worte des BAG zu bemühen – dem Schutz der ausgeübten Tarifautonomie.[49] Zugleich soll Vorsorge dagegen getroffen werden, dass der Arbeitgeber die im Vergleich mit der überbetrieblichen Gewerkschaft deutlich schwächere Stellung des Betriebsrats ausnutzt. Rechtspolitisch vermag die Schranke bei bloßer Tarifüblichkeit der Regelungsmaterie nicht zu überzeugen, weil sie den Arbeitnehmern den Schutz durch eine Betriebsvereinbarung auch dort verwehrt, wo gegenwärtig ein Tarifvertrag nicht durchzusetzen ist.

In der Lebenswirklichkeit gibt es zahllose mit § 77 Abs. 3 BetrVG unvereinbare und deshalb unwirksame Betriebsvereinbarungen, die gleichwohl durchgeführt werden. Das BAG gewährt den **Gewerkschaften** zur Gegenwehr einen eigenen **Unterlassungsanspruch** gegen den Arbeitgeber aus Art. 9 Abs. 3 GG jedenfalls

874

875

---

45 § 10 RN 711 und 712.

46 MünchKommBGB/*Thüsing* § 2 AGG Rn. 9 f.

47 Zur Diskussion über eine Abschaffung oder Einschränkung des § 77 Abs. 3 BetrVG und eine Verlagerung der primären Regelungskompetenz auf die Betriebspartner *Fitting*, BetrVG, § 77 Rn. 68 f. m.w.N.

48 BAG v. 20.4.1999 – 1 AZR 631/98 – unter II 3 b, AP Nr. 12 zu §77 BetrVG 1972 Tarifvorbehalt = NZA 1999, 1059.

49 BAG v. 3.12.1991 – GS 2/90 –, NZA 1992, 749, seitdem st. Rspr.; *Fitting*, BetrVG, § 77 Rn. 67 m. w. N.

dann, wenn ein in dem Betrieb geltender Tarifvertrag unterlaufen werden soll.[50] Nach h.M. sind hingegen *Regelungsabreden* zwischen den Betriebspartnern ohne normative Wirkung[51] zulässig, soweit sie nicht gegen zwingende Tarifnormen verstoßen.[52]

876   Bei den alsbald zu erörternden sozialen Angelegenheiten i.S. des § 87 Abs. 1 BetrVG, etwa bei der Regelung von Kurzarbeit (Nr. 3) oder Akkordsätzen (Nr. 11), kann der Betriebsrat eine Betriebsvereinbarung allerdings stets durchsetzen, soweit **keine** gesetzliche oder tarifliche **Regelung besteht** (§ 87 Abs. 1 Einl.).[53] Anders als nach der allgemeinen Regelung in § 77 Abs. 3 BetrVG ist das Mitbestimmungsrecht des Betriebsrats in diesem Bereich also nicht schon ausgeschlossen, wenn eine tarifliche Regelung lediglich *üblich* ist. Deshalb spricht man hier nicht umfassender von einem Tarifvorbehalt, sondern lediglich von einem **Tarifvorrang.**

877   Anders als die vorstehenden Ausführungen suggerieren mögen, war und ist das Verhältnis der beiden Sperren indes nicht unumstritten. Möchte man die zwingende kollektive Arbeitnehmerbeteiligung auf Betriebsebene gestärkt sehen, sollte man sich – mit dem BAG[54] und der absolut h.M. – der sog. **Vorrangtheorie** anschließen, nach der die Schranke aus § 87 Abs. 1 Einl. BetrVG für die dort geregelten Angelegenheiten den § 77 Abs. 3 BetrVG verdrängt, also Vorrang hat. Andererseits hat auch eine als **Zwei-Schranken-Theorie** bezeichnete Ansicht manches für sich, nach der beide Normen nebeneinander als Schranken anwendbar sein sollen, um so die durch Art. 9 Abs. 3 GG gewährleistete Tarifautonomie zu stärken.[55] Zu unterschiedlichen Schlussfolgerungen gelangen die Ansichten z.B., wenn der Arbeitgeber an einen Tarifvertrag etwa mangels Verbandsmitgliedschaft ohnehin nicht gebunden ist oder sich der Tarifvertrag im Nachwirkungsstadium befindet. In diesen Fällen könnte der Arbeitgeber abweichende Individualvereinbarungen durchsetzen. Hier greift – nach der Vorrangtheorie – das Mitbestimmungsrecht nach § 87 BetrVG zum Schutz der Arbeit-

---

50 BAG v. 20.4.1999 – 1 ABR 72/98 –, AP Nr. 89 zu Art. 9 GG m. krit. Anm. *Richardi* = NZA 1999, 887; v. 13.3.2001 – 1 AZB 19/00 –, AP Nr. 17 zu § 2a ArbGG 1979 = NZA 2001, 1037; dazu *Fitting*, BetrVG, § 77 Rn. 236 ff.

51 Dazu RN 861.

52 BAG v. 20.4.1999 – 1 ABR 72/98 –, AP Nr. 89 zu Art. 9 GG unter II 1 b aa (1); *Fitting*, BetrVG, §77 Rn. 102 m.w.N.; a.A. z.B. *Gamillscheg*, KollAR I, S. 328; MünchArbR/Arnold § 315 Rn. 83; *Richardi*, BetrVG, § 77 Rn. 310 ff.

53 Vgl. BAG v. 24.2.1987 – 1 ABR 18/85 –, AP Nr. 21 zu § 77 BetrVG 1972 m. krit. Anm. *Richardi* = NZA 1987, 639.

54 BAG GS v. 3.12.1991 – GS 2/90 – unter C, AP Nr. 51 zu § 87 BetrVG 1972 Lohngestaltung = NZA 1992, 749.

55 *Fitting*, BetrVG, § 77 Rn. 109 ff., nunmehr ebenfalls für die Vorrangtheorie (Rn. 112 ff.).

nehmer wieder ein. Der Betriebsrat ist nicht darauf festgelegt, die tarifliche Regelung auf den Betrieb zu übertragen; er kann auch einer vom Tarifvertrag abweichenden Regelung zustimmen, insbesondere in einer Betriebsvereinbarung.

Der Abschluss einer – eventuell für die Arbeitnehmer sogar günstigeren – Betriebsvereinbarung bleibt den Betriebspartnern jedoch auch bei den sozialen Angelegenheiten aus dem Katalog des § 87 BetrVG verwehrt, soweit eine **zwingende abschließende tarifliche Regelung** besteht, über die sich die Betriebspartner auf diese Weise hinwegsetzen wollen.[56] Der an eine Tarifnorm über das Ende der täglichen Arbeitszeit gebundene Arbeitgeber kann sich daher nicht mit Hilfe des Betriebsrats durch den Abschluss einer abweichenden Betriebsvereinbarung der Regelung entziehen. Dennoch sind solche unzulässigen Vereinbarungen in der Praxis nicht auszuschließen. Mit Widerstand gegen derartige „Betriebliche Bündnisse für Arbeit"[57] müssen die Betriebspartner dabei nur von Gewerkschaftsseite rechnen.[58] Einzelne Arbeitnehmer werden sich in der Regel nicht gegen Arbeitgeber und Betriebsrat gleichzeitig auflehnen. **878**

b) Verhältnis zum Arbeitsvertrag

Beispielsfall

Fall 80: Das Stahlbauunternehmen S gewährt aufgrund einer schriftlichen Zusage aus dem Jahr 2009, die seinerzeit über das Intranet allen Beschäftigten mitgeteilt wurde und ausdrücklich auch für die Zukunft Ansprüche begründen soll, ein zum jeweiligen 1.7. fälliges Urlaubsgeld in Höhe eines Bruttomonatsverdienstes. Da sich die Geschäfte seitdem schlecht entwickelt haben, regelt S mit dem Betriebsrat Anfang 2019 eine Kürzung des Urlaubsgelds um die Hälfte. Arbeitnehmer A verlangt im August Zahlung in voller Höhe. Zu recht?

Für das Verhältnis von Betriebsvereinbarung zum Arbeitsvertrag fällt auf, dass § 77 Abs. 4 BetrVG das Günstigkeitsprinzip nicht nennt, obwohl die Norm nach dem Muster des § 4 TVG gestaltet ist. Dennoch ist die Geltung des **Günstig-** **879**

---

56 BAG v. 12.10.1994 – 7 AZR 398/93 –, AP Nr. 66 zu § 87 BetrVG 1972 Arbeitszeit = NZA 1995, 641; BAG v. 22.6.1993 – 1 ABR 62/92 –, AP Nr. 22 zu § 23 BetrVG 1972 = NZA 1994, 184.

57 Material: Suchbegriff: Böckler Boxen, Menüpunkt: Betriebliche Bündnisse.

58 Zum Problem des Rechtsschutzes der Gewerkschaft s. BAG v. 22.6.1993 – 1 ABR 62/92 –, AP Nr. 22 zu § 23 BetrVG 1972 = SAE 1994, 136 ff. m. Anm. *Schwarze* (Antrag der ÖTV auf Auflösung des Betriebsrats wegen tarifwidriger Betriebsvereinbarung über die Arbeitszeit); s. § 10 RN 751 zu den Fällen *Burda* und *Viessmann*; BAG v. 13.3.2001 – 1 AZB 19/00 –, AP Nr. 17 zu § 2a ArbGG: Beschlussverfahren als zutreffende Verfahrensart = NZA 2001, 1037. Ferner *Schwarze*, ZTR 1993, 229 ff.; *Walker*, ZfA 2000, 29 ff.

keitsprinzips, dem im Hinblick auf die durch Art. 2 Abs. 1 GG gewährleistete Vertragsfreiheit verfassungsrechtlicher Rang zukommen soll,[59] zumindest grundsätzlich anerkannt.[60] Keinen Beifall verdient gerade wegen des Schutzzwecks der kollektiven Regelungen die rechtsschöpferische Erfindung eines **kollektiven Günstigkeitsvergleichs** und des Instituts der **betriebsvereinbarungsoffenen Vertragsgestaltung.** Ersterer sei durchzuführen, wenn zusätzliche Sozialleistungen, die zwar auf vertraglicher Grundlage wie z. B. einer Gesamtzusage [61] oder einer Betriebsübung, aber nicht auf individuellen Abreden mit einzelnen Arbeitnehmern beruhen, innerhalb der Belegschaft umverteilt werden sollen.[62] Der Vergleich soll sich auf das zu verteilende **Gesamtvolumen** beziehen, so dass die Rechte einzelner Arbeitnehmer beschnitten werden könnten. Damit wird den Betriebspartnern eine größere Eingriffsbefugnis in bestehende vertragliche Rechte eingeräumt als den Tarifvertragsparteien, die auf Grund des am individuellen Arbeitsvertrag orientierten Günstigkeitsprinzips derartige Rechte nicht schmälern könnten. Dieser Unterschied lässt sich keinesfalls damit rechtfertigen, dass der Tarifvertrag nur die tarifgebundenen Arbeitnehmer erfasst. Letzteres basiert auf der Annahme des BAG, dass im Wege einer Gesamtzusage, einer betrieblichen Übung oder vergleichbarer Tatbestände festgelegte Arbeitsbedingungen einen kollektiven Charakter hätten und deshalb auch kollektiv – eben durch eine Betriebsvereinbarung – abgelöst werden könnten. Entsprechende Gestaltungen enthielten, womit ein durchschnittlicher Arbeitnehmer rechnen müsse,[63] einen konkludent vereinbarten Änderungsvorbehalt. Dies verkennt nicht nur bereits im Ansatz, dass Gesamtzusagen und Betriebsübungen individualvertragliche Gestaltungsinstrumente sind, sondern schränkt auch die Privatautonomie über Gebühr ein und läuft § 305c Abs. 2 BGB zuwider.[64] Entsprechend hat, wenn man der Rechtsprechung nicht folgt, A im Fall 80 weiterhin Anspruch auf das ungekürzte Urlaubsgeld.

---

59 Vgl. *Belling*, Das Günstigkeitsprinzip im Arbeitsrecht, 1984, S. 70 ff., 107 ff., sowie BAG v. 15. 12. 1960 – 5 AZR 374/58 – unter II 2 a, AP Nr. 2 zu § 4 TVG Angleichungsrecht.

60 BAG GS v. 16. 9. 1986 – GS 1/82 – unter C II 3, AP Nr. 17 zu § 77 BetrVG 1972 = NZA 1987, 168 = EzA § 77 BetrVG 1972 Nr. 17 m. Anm. *Otto* unter II 1 a. BAG GS v. 7. 11. 1989 – GS 3/85 – (Stichwort: Altersgrenze), AP Nr. 46 zu § 77 BetrVG 1972 = NZA 1990, 816 = EzA § 77 BetrVG 1972 Nr. 34 m. Anm. *Otto*, sowie *Fitting*, BetrVG, § 77 Rn. 196 m.w.N.

61 Dazu § 4 RN 177.

62 BAG GS v. 16. 9. 1986 – GS 1/82 –, AP Nr. 17 zu § 77 BetrVG 1972 unter C II 4.

63 BAG v. 5. 3. 2013 – 1 AZR 417/12, AP Nr. 105 zu § 77 BetrVG 1972 m. zust. Anm. *Polloczek*.

64 Zur Kritik *Bieder*, ZfA 2016, 1, 16 ff.; *Preis/Ulber*, NZA 2013, 6, 8 ff.

c) Grundrechtsbindung der Betriebspartner

Beispielsfälle

Fall 81: Der Baumarkt des B leidet seit Längerem unter erheblichen Verlusten, insbesondere bei hochwertigen Garten- und Elektroartikeln, die aus dem Lager „verschwinden". Ob diese Diebstähle von Lieferanten, den eigenen Mitarbeitern oder Kunden, die sich ebenfalls Zutritt zu den nicht besonders gesicherten Lagerräumen verschaffen können, begangen wurden, ist nicht aufklärbar. Deshalb führt B eine umfassende, auch den Verkaufsbereich, die Verwaltungsabteilung, die Pausen-, Umkleide- und Sanitätsräume umfassende Videoüberwachung ein. Der Betriebsrat erklärt sich damit einverstanden, da er hofft, dadurch die ehrlichen Mitarbeiter von dem im Raum stehenden Generalverdacht befreien zu können. Ist die Überwachung rechtmäßig?

Fall 82: Die V-Versicherungs-AG möchte den Mitarbeitern ihrer Hauptverwaltung etwas Gutes tun und eröffnet eine Kantine, in der hochwertige, auch vegetarische und vegane Mittagsgerichte äußerst günstig (zwischen 2,80 € und 4,20 € pro Gericht, inklusive Getränke) angeboten werden sollen. Um derartig niedrige Preise überhaupt anbieten zu können, muss die Kantine allerdings gut ausgelastet sein und von einem Großteil der Mitarbeiter tatsächlich genutzt werden. Um dies zu gewährleisten, schließt V mit ihrem Betriebsrat eine Betriebsvereinbarung, die für alle Mitarbeiter der V das Recht zur Kantinennutzung und auch eine Garantie der niedrigen Preise vorsieht, zugleich aber auch eine Regelung enthält, nach der alle Beschäftigten pro Arbeitstag einen von der Vergütung abzuziehenden Mindestbeitrag für die Kantinennutzung i. H. v. 2,80 € zu zahlen haben, selbst wenn sie von dem Angebot der Kantine keinen Gebrauch machen. Sachbearbeiter S, der sich seit je von „Mutti" für die Mittagspause seine Leberwurststullen schmieren lässt und dem vegetarisches und veganes Essen ein Graus ist, meint, dass er sich auch bei Mitwirkung des Betriebsrats nicht zu so einer „pseudo-gesunden" Ernährung zwingen lassen und dafür schon gar nicht bezahlen müsse, da er die Kantine nicht nutze. Zu recht?

Obwohl Betriebsvereinbarungen, mit denen Arbeitgeber und Betriebsrat bestimmte Sachverhalte gemeinsam regeln, für die Arbeitnehmer des Betriebs gemäß § 77 Abs. 4 S. 1 BetrVG normative Wirkung haben und sich insofern die unmittelbare Geltung der Grundrechte auch hier begründen ließe,[65] überprüft sie das BAG nicht unmittelbar an Hand der Grundrechte, sondern mittelbar nach Maßgabe der Generalklausel des § 75 BetrVG.[66] Das BAG hat sich insoweit dem **880**

---

[65] In der Tat hat das BAG eine Betriebsvereinbarung, in der das Ende des Arbeitsverhältnisses für die Arbeitnehmer des Betriebs auf das 65. Lebensjahr festgelegt war, unbefangen unmittelbar an Hand von Art. 12 Abs. 1 GG kontrolliert: BAG v. 20.11.1987 – 2 AZR 284/86 – unter B V, AP Nr. 2 zu § 620 BGB Altersgrenze = NZA 1988, 617.

[66] BAG GS v. 7.11.1989 – GS 3/85 –, AP Nr. 46 zu § 77 BetrVG 1972 unter C I 4 = EzA § 77 BetrVG Nr. 34 m. insoweit zust. Anm. *Otto* unter II 3; s. auch BAG v. 19.1.1999 – 1 AZR 499/98 –, AP Nr. 28 zu § 87 BetrVG Ordnung des Betriebes (Rauchverbot durch Betriebsvereinbarung) = NZA 1999, 546; v. 11.7.2000 – 1 AZR 551/99 –, AP Nr. 16 zu § 87 BetrVG 1972 Sozialeinrichtung (Heranziehung zu Kosten für das Kantinenessen) = NZA 2001, 462.

BVerfG[67] angeschlossen. Dieses hatte für einen zwischen Arbeitgeber und Betriebsrat ausgehandelten Sozialplan[68] entschieden, dass privatrechtliche Vereinbarungen durch die Zuerkennung normativer Wirkungen seitens des Gesetzgebers gemäß §§ 112 Abs. 1 S. 3, 77 Abs. 4 S. 1 BetrVG noch nicht den Charakter von Akten öffentlicher Gewalt i.S. des Art. 1 Abs. 3 GG erhielten. Eine unmittelbare Grundrechtsbindung scheide daher aus. Vielmehr wirke der Rechtsgehalt der Grundrechte u. a. über die Generalklauseln auf das betroffene Rechtsgebiet ein (sog. **Ausstrahlungs-** oder **mittelbare Drittwirkung der Grundrechte**).

881　　Für eine unmittelbare Grundrechtsbindung besteht insofern auch kein Bedürfnis, als das **BetrVG in § 75** selbst einen mit dem Inkrafttreten des AGG erweiterten „betrieblichen Grundrechtskatalog" enthält, an dem Betriebsvereinbarungen zu messen sind:

„**(1) Arbeitgeber und Betriebsrat haben darüber zu wachen, dass alle im Betrieb tätigen Personen nach den Grundsätzen von Recht und Billigkeit behandelt werden, insbesondere, dass jede Benachteiligung von Personen aus Gründen ihrer Rasse oder wegen ihrer ethnischen Herkunft, ihrer Abstammung oder sonstigen Herkunft, ihrer Nationalität, ihrer Religion oder Weltanschauung, ihrer Behinderung, ihres Alters, ihrer politischen oder gewerkschaftlichen Betätigung oder Einstellung oder wegen ihres Geschlechts oder ihrer sexuellen Identität unterbleibt.**

(2) Arbeitgeber und Betriebsrat haben die freie Entfaltung der Persönlichkeit der im Betrieb beschäftigten Arbeitnehmer zu schützen und zu fördern. Sie haben die Selbständigkeit und Eigeninitiative der Arbeitnehmer und Arbeitsgruppen zu fördern."

Auf Grund des § 75 Abs. 2 BetrVG sind die Betriebspartner nach Ansicht des BAG insbesondere verpflichtet, die Regelungen von Betriebsvereinbarungen (z. B. Altersgrenze, Erfassung von Telefondaten etc.) nach Maßgabe des **Grundsatzes der Verhältnismäßigkeit** daraufhin zu kontrollieren, ob sie „geeignet, erforderlich und unter Berücksichtigung der gewährleisteten Freiheitsrechte angemessen" sind, um den „erstrebten Zweck zu erreichen".[69] Die Betriebsvereinbarung im Fall 81 genügt dem nicht, weil sie auch die Mitarbeiter der Verwaltung, die offenkundig mit den Diebstählen in keiner Verbindung stehen können, in die Überwachung einbezieht und überdies, da auch die Umkleide- und Sanitärräume erfasst werden, die durch Art. 1 und 2 GG geschützte Intimssphäre der Mitarbeiter

---

67 BVerfG v. 23.4.1986 – 2 BvR 487/80 –, BVerfGE 73, 261, 268.
68 Dazu unten RN 917, 920 ff.
69 BAG v. 19.1.1999 – 1 AZR 499/98 –, AP Nr. 28 zu § 87 BetrVG Ordnung des Betriebes; vgl. auch ErfK/*Schmidt* Einl. GG Rn. 57; *Richardi/Maschmann*, BetrVG, § 75 Rn. 47. Grundsätzlich bereits *Wiese*, ZfA 1971, 273 ff.

verletzt.[70] Im Fall 82 handelt es sich bei der Betriebsvereinbarung um eine unzulässige Lohnverwendungsabrede, weil es aufgrund der allgemeinen Handlungsfreiheit (Art. 2 Abs. 1 GG) grundsätzlich allein Sache des Arbeitnehmers ist, wofür er seine Vergütung verwenden möchte.[71] Insgesamt zu beachten ist, dass die gerichtliche Grundrechts- und Verhältnismäßigkeitskontrolle, ohne dass dem §§ 310 Abs. 4 S. 3, 307 Abs. 3 BGB entgegenstünden, strenger als bei tarifvertraglichen Normen ist, da die Betriebsautonomie anders als die Tarifautonomie nicht verfassungsrechtlich gewährleistet sei.[72] Dort liefe eine solche Prüfung der Verhältnismäßigkeit auf eine mit Art. 9 Abs. 3 GG nicht vereinbare „Tarifzensur" hinaus.

5. Gegenstände der Mitbestimmung und Mitwirkung

Gegenstände der Mitbestimmung und Mitwirkung sind vor allem **soziale, personelle** und **wirtschaftliche** Angelegenheiten. Die umfangreichsten Mitbestimmungsrechte sind dem Betriebsrat im Bereich der sozialen Angelegenheiten eingeräumt, der uns nun zuerst beschäftigen soll. 882

a) Soziale Angelegenheiten
aa) Allgemeines

Der Bogen der sozialen Angelegenheiten mit kollektivem Bezug ist weit gespannt. 883
Der Katalog **notwendiger Mitbestimmung gemäß § 87 Abs. 1 BetrVG** (Lesen!) reicht von der Ordnung des Betriebs und dem Verhalten der Arbeitnehmer im Betrieb (Nr. 1, z.B. betriebliche Kleiderordnungen, Torkontrollen, Alkohol- und Drogenverbote[73]), über Regelungen der *Lage* der Arbeitszeit (Nr. 2), deren *vorübergehende Dauer* durch die Einführung von Kurzarbeit oder Anordnung von

---

70 Vgl. nur BAG v. 29.6.2004 – 1 ABR 21/03 –, AP Nr. 41 zu § 87 BetrVG 1972 Überwachung; *Fitting*, BetrVG § 75 Rn. 150 f..

71 Fall abgewandelt nach BAG v. 11.7.2000 – 1 AZR 551/99 –, AP Nr. 16 zu § 87 BetrVG 1972 Sozialeinrichtung = NZA 2001, 462; s. auch BAG v. 1.12.1992 – 1 AZR 260/92, AP Nr. 20 zu § 87 BetrVG 1972 Ordnung des Betriebs = NZA 1993, 711 (unzulässige Überbürdung der Kosten für Arbeitskleidung).

72 BAG v. 12.12.2006 – 1 AZR 96/06 – unter Rn. 25, AP Nr. 94 zu § 77 BetrVG 1972 = NZA 2007, 453: unwirksame Ausschlussfrist für Annahmeverzugslohn während des Kündigungsschutzprozesses trotz Bezugnahme auf die Regelung des einschlägigen Tarifvertrages.

73 Anschaulich – auch zur Zulässigkeit von Kontrolltests – ArbG Hamburg v. 1.9.2006 – 27 Ca 136/06 –, LAGE § 75 BetrVG 2001 Nr. 4 m. Anm. *Bengelsdorf*.

Überstunden[74] (Nr. 3), die Art und Weise der Auszahlung der Arbeitsentgelte (Nr. 4), die Einführung und Anwendung technischer Überwachungseinrichtungen (Nr. 6)[75] sowie die Verwaltung von Werkskantinen (Nr. 8) bis zur Entscheidung über ein betriebliches Akkord- oder Prämiensystem (Nr. 10) und dessen Ausgestaltung (Nr. 11). Hinzugekommen sind die Grundsätze der Gruppenarbeit (Nr. 13).

884   Darüber hinaus nennt **§ 88 BetrVG**, eingeleitet durch „insbesondere", beispielhafte Gegenstände für **freiwillige Betriebsvereinbarungen**, darunter Maßnahmen des betrieblichen Umweltschutzes (Nr. 1a), die Errichtung von Sozialeinrichtungen (Nr. 2) sowie Maßnahmen zur Integration ausländischer Arbeitnehmer und zur Bekämpfung der Fremdenfeindlichkeit (Nr. 4). Der Große Senat des BAG stützt hierauf eine umfassende, auf **alle** (formellen und materiellen) **Arbeitsbedingungen** bezogene Kompetenz zum Abschluss freiwilliger Betriebsvereinbarungen.[76] Ausgenommen ist aber zumindest der außerbetriebliche, private Lebensbereich.[77] Zu den sozialen Angelegenheiten im weiteren Sinne gehören auch die Gestaltung von Arbeitsplatz, Arbeitsablauf und Arbeitsumgebung (§§ 90, 91 BetrVG) und – außerhalb des BetrVG – die Mitwirkung bei der Verwirklichung der Ziele des Allgemeinen Gleichbehandlungsgesetzes (§ 17 AGG).[78]

885   Bereits diese beispielhafte Aufzählung lässt erkennen, dass die Gruppe der sozialen Angelegenheiten im betrieblichen Alltag im Vordergrund steht und zudem von großer wirtschaftlicher Bedeutung für Arbeitgeber und Arbeitnehmer ist. Für die Betriebspartner ist im konkreten Fall zunächst entscheidend, ob und inwieweit eine bestimmte Angelegenheit der erzwingbaren Mitbestimmung nach § 87 BetrVG unterliegt. Von erheblicher Bedeutung sind aber ebenso die schon erörterten Fragen, ob und mit welchem Inhalt sich hier das Günstigkeitsprinzip ebenfalls durchsetzt und vor allem, wie weit die Regelungsmacht der Betriebspartner gegenüber den Tarifvertragsparteien reicht; gerade die sozialen Angele-

---

74 Auch bei Teilzeitbeschäftigten: BAG v. 24.4.2007–1 ABR 47/06 –, AP Nr. 124 zu § 87 BetrVG 1972 Arbeitszeit = NZA 2007, 818.

75 Zur Videoüberwachung BAG v. 27.3.2003–2 AZR 51/02 –, AP Nr. 36 zu § 87 BetrVG 1972 Überwachung m. Anm. *Otto* = NZA 2003, 1193.

76 BAG GS v. 7.11.1989 – GS 3/85 –, AP Nr. 46 zu § 77 BetrVG 1972 unter I 2 (Stichwort: Altersgrenze) = EzA § 77 BetrVG 1972 Nr. 34 m. krit. Anm. *Otto*. S. auch *Waltermann*, RdA 2007, 257 ff.

77 BAG v. 12.12.2006 – 1 AZR 96/06 –, AP Nr. 94 zu § 77 BetrVG 1972 unter Rn. 21. Deshalb fehlt die funktionelle Zuständigkeit für eine Regelung der Kostenlast von Lohn- und Gehaltspfändungen zu Lasten des Arbeitnehmers (BAG v. 18.7.2006 – 1 AZR 578/05 –, AP Nr. 15 zu § 850 ZPO = NZA 2007, 462).

78 Strittig ist, ob die Einrichtung der Beschwerdestelle i.S. des § 13 AGG eine Angelegenheit i.S. des § 87 Abs. 1 Nr. 1 BetrVG ist; vgl. z. B. LAG Hamburg v. 17.4.2007–3 TaBV 6/07 –, NZA-RR 2007, 413 ff.

genheiten, die sich auf die Arbeitszeit und die Vergütung beziehen, sind auch typische Regelungsgegenstände des Tarifvertrags.

bb) Übergeordnete Wertungsgesichtspunkte

Beispielsfälle

Fall 83: Die V-Versicherungs-AG möchte für sämtliche Mitarbeiter ihrer Presseabteilung von nun an eine sog. Vertrauensarbeitszeit einführen, die eine flexible Festlegung des Beginns und Endes der täglichen Arbeitszeit ermöglicht. Zur Zeit ist, wegen diverser vakanter Stellen, dort lediglich der P beschäftigt. Der Betriebsrat sieht in einigen Punkten noch Anpassungsbedarf bei der von V avisierten Regelung, beruft sich hierfür auf § 87 Abs. 1 Nr. 2 BetrVG und möchte notfalls die Einigungsstelle anrufen. Zu recht?

Fall 84: Die Geschäfte der (nicht tarifgebundenen) D-AG boomen. Seit Jahren steigen Umsatz und Gewinn weitaus stärker, als in der entsprechenden Branche üblich. Der Vorstand möchte die Mitarbeiter an dieser guten Entwicklung partizipieren lassen und ein zusätzliches 13. Monatsgehalt sowie eine Jahreserfolgsprämie einführen. Insgesamt sollen für beide Maßnahmen 8 Mio. € bereitgestellt werden. Der Betriebsrat ist angesichts der neuesten und überragenden Bilanz der D empört und meint, dass mindestens das doppelte Finanzierungsvolumen für die Mitarbeiter zur Verfügung stehen müsste und droht mit der Einigungsstelle. Mit Erfolg?

Fall 85: Die Chem-Tech-GmbH (C) steht seit Längerem mit der Gewerkschaft IG-BCE (I) in Verhandlungen über einen neuen Firmentarifvertrag. Nachdem Verhandlungen und auch Warnstreiks der I erfolglos waren, wird C seit Kurzem dauerhaft bestreikt. Um die dadurch entstehenden Kosten zu mindern, ordnet C – gestützt auf entsprechende Vorbehalte in den Arbeitsverträgen mit allen Mitarbeitern – die Einführung von Kurzarbeit im Umfang der Hälfte der regelmäßigen Arbeitszeit mit entsprechenden Lohnkürzungen an. Der Betriebsrat der C meint, dieses Vorgehen missachte ihr Mitbestimmungsrecht nach § 87 Abs. 1 Nr. 3 BetrVG und ruft die Einigungsstelle an. Zu recht?

Thematisch reichen – wie geschildert – die Mitbestimmungsrechte des § 87 Abs. 1 **886** BetrVG äußerst weit. Die tatsächlichen Einwirkungsmöglichkeiten, die der Betriebsrat hat, lassen sich hingegen nur dann zutreffend erfassen, wenn man die – weitgehend konsensfähigen – ungeschriebenen Einschränkungen der Norm mit in den Blick nimmt.

Hierzu gehört zunächst, dass die Mitbestimmungsrechte des Betriebsrats – **887** mit Ausnahme des § 87 Abs. 1 Nrn. 5 und 9 BetrVG, die schon nach ihrem Wortlaut auch Maßnahmen gegenüber einzelnen Arbeitnehmern umfassen – nur dann bestehen, wenn die vom Arbeitgeber **intendierte Regelung die Belegschaft als Kollektiv erfasst.** Diese ungeschriebene Einschränkung sichert insbesondere den Vorrang der Vertragsfreiheit: individuelle Vereinbarungen des Arbeitgebers mit seinen Arbeitnehmern sollen dem Einfluss des Betriebsrats entzogen sein. Entscheidend hierfür ist nicht, ob eine Maßnahme des Arbeitgebers tatsächlich für eine größere Gruppe von Mitarbeitern gilt, sondern ob sie als **generell-abstrakte Regelung** potentiell geeignet ist, mehr als einen Beschäftigten zu erfassen (so im Fall 83, da bei Wiederbesetzung der Stellen in der Presseabteilung mehrere Mitarbeiter von der Regelung betroffen sein könnten).

888   Eine oberflächliche Lektüre der Katalogtatbestände des § 87 BetrVG mag zu dem Eindruck verleiten, als könne der Betriebsrat Entscheidungen des Arbeitgebers in nahezu allen Bereichen unternehmerischen Handelns einschließlich der Arbeitszeit (§ 87 Abs. 1 Nr. 2 und 3 BetrVG) und der Vergütung (§ 87 Abs. 1 Nr. 10 und 11 BetrVG) beeinflussen. Eine genauere Analyse des Wortlauts der einzelnen Katalogtatbestände und die Überlegung, dass der **Kernbereich unternehmerischer Entscheidungsfindung** aufgrund des Grundrechtsschutzes der Unternehmerfreiheit (Artt. 14, 12, 2 GG) mitbestimmungsfrei bleiben muss. Den Mitbestimmungstatbeständen des § 87 BetrVG liegt deshalb bei normzweckgemäßer Auslegung insgesamt eine „Nein, aber-Struktur" in dem Sinne zugrunde, als der Arbeitgeber typischerweise, wenn es um die Festlegung materieller Arbeitsbedingungen oder die Gewährung von Leistungen geht, über die essentialia negotii des Arbeitsvertrags und das „Ob" und den Umfang der Leistungsgewährung, etwa die Dauer der Arbeitszeit, die Höhe der Vergütung oder die Bereitstellung und Ausstattung von Sozialeinrichtungen (§ 87 Abs. 1 Nr. 8 BetrVG) oder das Angebot, ob überhaupt Werkswohnungen zur Verfügung gestellt werden (§ 87 Abs. 1 Nr. 9 BetrVG), autonom ohne Beteiligung des Betriebsrats entscheiden darf und erst die nähere Ausgestaltung solcher Leistungen und die Grundsätze ihrer Verteilung, wenn der Arbeitgeber überhaupt eine Entscheidung über die Leistungsgewährung als solche getroffen hat, der Mitbestimmung unterliegen. Im Fall 84 kann der Betriebsrat deshalb keine Erhöhung des Gratifikationsvolumens verlangen bzw. mittels Einschaltung der Einigungsstelle erzwingen.[79]

889   Gemäß § 74 Abs. 2 S. 1 1. HS BetrVG ist es dem Betriebsrat und damit auch dessen Mitgliedern untersagt, in dieser Eigenschaft Arbeitskämpfe zu führen. Der Betriebsrat könnte jedoch auch unterhalb dieser Schwelle den Arbeitgeber in seinen Reaktionen auf einen Arbeitskampf stören und damit die Parität zwischen den Kampfparteien beeinträchtigen, wenn er das volle Potential vor allem der echten Mitbestimmungsrechte nutzen dürfte. Deshalb sind die **Beteiligungsrechte** unter Umständen **arbeitskampfkonform zu reduzieren, zu modifizieren oder sogar insgesamt zu versagen.**[80] Klassische Beispiele bilden (wie in

---

79 Nähere Einzelheiten unten RN 899ff.
80 BAG v. 10.12.2002 – 1 ABR 7/02 –, AP Nr. 59 zu § 80 BetrVG 1972 = NZA 2004, 223;BAG v. 13.12. 2011 – 1 ABR 2/10 –, AP Nr. 176 zu Art. 9 GG Arbeitskampf = NZA 2012, 571; ErfK/*Kania* § 74 BetrVG

Fall 85) das Zurücktreten der Mitbestimmungsrechte bei der Festlegung der Lage und Dauer der Arbeitszeit sowie ihrer vorübergehenden Verkürzung oder Verlängerung (§ 87 Abs. 1 Nr. 2 und 3 BetrVG) im bestreikten Betrieb.[81]

cc) Einzelne Mitbestimmungstatbestände

Im Folgenden soll auf einige besonders bedeutsame Mitbestimmungstatbestände **890** aus dem Katalog des § 87 BetrVG näher eingegangen werden, um zugleich die Relevanz dieser Fragestellungen beispielhaft zu verdeutlichen.

(1) Ordnung des Betriebs und Verhalten der Mitarbeiter im Betrieb

Beispielsfall

Fall 86: Die C-GmbH betreibt ein Call-Center, in dem die Kunden diverser Vertragspartner bei technischen Problemen mit den dort erworbenen Produkten Rat und Hilfe suchen können. Die Mitarbeiter der C sind Seite an Seite in Großraumbüros untergebracht und haben dort jeweils einen Telefonarbeitsplatz mit Computer, an denen sie die Kundentelefonate entgegen nehmen können. C möchte eine allgemeine Dienstanweisung erlassen, wonach den Mitarbeitern der Verzehr von Speisen und Getränken nur noch in den speziell hierfür vorgesehenen Pausen- und Sozialräumen gestattet, am Arbeitsplatz hingegen verboten ist. Der Betriebsrat der C verlangt, nach § 87 Abs. 1 Nr. 1 BetrVG an dieser Regelung beteiligt zu werden. Zu recht?

Tatbestandlich wohl am weitesten greift § 87 Abs. 1 Nr. 1 BetrVG aus, wonach der **891** Betriebsrats bei Fragen der Ordnung des Betriebs und des Verhaltens der Arbeitnehmer im Betrieb mitzubestimmen hat. An diesem Katalogtatbestand zeigt sich der Schutzzweck der echten Mitbestimmungsrechte, die ein Korrektiv für das dem Arbeitgeber ebenfalls in weitem Umfang zustehende Weisungsrecht (§ 106 GewO) und die Befugnis des Arbeitgebers, sein Unternehmen und seine Betriebe eigenverantwortlich zu organisieren, darstellen. Konkret ist die Einflussnahme des Betriebsrats notwendig, um die Interessenkonflikte und Probleme, die sich aus der zeitlich umfangreichen und räumlich häufig beengten Zusammenarbeit vieler Personen innerhalb der Belegschaft fast notwendig entwickeln, zu schlichten und zu lösen.[82] Gleichwohl ist anerkannt, dass der Wortlaut des **§ 87**

Rn. 14; *Otto*, Arbeitskampf, § 16 Rn. 67 ff.; zurückhaltender nun aber BAG v. 20.3.2018 – 1 ABR 70/16, AP Nr. 185 zu Art. 9 GG Arbeitskampf = NZA 2018, 1081.
81 LAG Rheinland-Pfalz v. 16.5.2006 – 10 Ta 31/06 – unter Rn. 13 (juris).
82 Vgl. nur BAG v. 7.2.2012 – 1 ABR 63/10 –, AP Nr. 42 zu § 87 BetrVG 1972 Ordnung des Betriebes = NZA 2012, 685: Benutzung eines Parkplatzes im Betrieb.

Abs. 1 Nr. 1 BetrVG zu weit geraten ist und **der Einschränkung bedarf.** Denn die Wendung „des Verhaltens der Arbeitnehmer im Betrieb" erfasst auch die konkrete Art und Weise, wie einzelne Beschäftigte ihre vertraglichen Leistungspflichten erfüllen und damit das (individuelle) Synallagma zwischen Leistung und Gegenleistung, in dem der Betriebsrat grundsätzlich keine Mitspracherecht haben soll.[83] Deshalb muss dieses, sog. **„mitbestimmungsfreie Leistungsverhalten"** der Arbeitnehmer vom sonstigen, gerade auch, aber nicht nur die beschriebenen Binnenkonflikte innerhalb der Belegschaft umfassenden **„mitbestimmungspflichtigen Ordnungsverhalten"** unterschieden werden.

892 Klassische Beispiele, die unter § 87 Abs. 1 Nr. 1 BetrVG fallen, sind etwa betriebliche Rauchverbote, die Anordnung von Torkontrollen zur Vermeidung von Diebstählen oder Vorgaben zur (privaten) Internetnutzung oder von social media im Betrieb.[84] Jenseits dieser eindeutigen Konstellationen fällt die Abgrenzung beider Bereiche, wie Fall 86 zeigt, nicht immer leicht. Dort könnte das Essverbot am Arbeitsplatz einerseits dazu dienen, die anderen Mitarbeiter vor störenden Gerüchen oder Geräuschen zu schützen, andererseits aber auch den Schutz der empfindlichen Geräte des Arbeitgebers vor Beschädigungen durch Nahrungsreste bezwecken und eine ordnungsgemäße Beratung der Kunden, die beim Telefonat nicht durch essbedingte Pausen oder entsprechende Geräusche gestört werden sollen. Ob es hier auf den objektiven Schwerpunkt der Maßnahme oder die Intention des Arbeitgebers ankommt, ist noch nicht abschließend geklärt. Unseres Erachtens sollte, wenn sich die Maßnahme objektiv zumindest auch auf das Leistungsverhalten (Schadensvermeidung und Sicherung der Beratungsqualität) der Mitarbeiter bezieht und der Arbeitgeber diesen Zweck subjektiv verfolgt, ein Mitbestimmungsrecht des Betriebsrats ausscheiden.

(2) Lage der Arbeitszeit

893 Gemäß § 87 Abs. 1 Nr. 2 BetrVG steht dem Betriebsrat ein erzwingbares Mitbestimmungsrecht bei der Festsetzung der Lage der Arbeitszeit, wozu grds. auch Umkleidezeiten für Mitarbeiter rechnen[85], zu. Es geht zunächst um die Verteilung der tariflich oder arbeitsvertraglich vereinbarten Wochenarbeitszeit auf die einzelnen Tage. Darunter fällt auch die Entscheidung, ob einzelne Tage wie der

---

83 Vgl. bereits oben RN 888.

84 Umfangreiche Übersicht der unter § 87 Abs. 1 Nr. 1 BetrVG fallenden Regelungsgegenstände bei *Fitting*, BetrVG § 87 Rn. 71.

85 Jdfs. dann, wenn die Anlegung von Dienstkleidung zu den vertraglichen Pflichten des Beschäftigten zählt, BAG v. 17.11.2015 – 1 ABR 76/13, AP Nr. 138 zu § 87 BetrVG Arbeitszeit = NZA 2016, 247; zum Ganzen *Franzen*, NZA 2016, 136.

Samstag generell oder zumindest teilweise arbeitsfrei sein sollen. Weiterhin ist die Festsetzung der täglichen Arbeitszeiten und Pausen mitbestimmungspflichtig. Dazu gehören z. B. die Aufstellung von Schichtplänen sowie die Einführung einer Gleitzeitregelung einschließlich der Bestimmung der Kernzeiten und des möglichen Gleitzeitraums, nicht aber die Zeit von Dienstreisen ohne Arbeitsleistung.[86] In Dienstleistungsbetrieben sind Arbeitszeitregelungen besonders eng mit den wirtschaftlichen Belangen des Unternehmens verknüpft; von ihrer Ausgestaltung hängt die Präsenz gegenüber den Kunden ab. Wenn beispielsweise der Inhaber eines Ladengeschäftes eine Ausweitung der **Ladenöffnungszeiten** in den Abendstunden bis 20.00 Uhr erreichen will, benötigt er dazu Verkaufspersonal und ist somit auf eine wirksame Verlängerung der betrieblichen Arbeitszeiten angewiesen. Hierzu ist die Zustimmung seines Betriebsrats erforderlich, dem § 87 Abs. 1 Nr. 2 BetrVG auch dann ein erzwingbares Mitbestimmungsrecht bei der Festlegung der täglichen Arbeitszeit des Verkaufspersonals einräumt, wenn dadurch die unternehmerische Entscheidungsfreiheit hinsichtlich der Ladenöffnungszeiten beeinträchtigt wird.[87] Notfalls entscheidet die **Einigungsstelle** über das Ausmaß der Verlängerung und Ausnahmeregelungen für bestimmte Arbeitnehmergruppen (§ 87 Abs. 2 i.V. mit § 76 BetrVG). Dabei hat sie gemäß § 76 Abs. 5 S. 3 BetrVG die betrieblichen Belange einerseits (voraussichtliche Umsatzsteigerung bei Verlängerung der Öffnungszeiten) und die Belange der betroffenen Arbeitnehmer andererseits (Anbindung an öffentliche Verkehrsmittel, Versorgung von Kindern oder pflegebedürftigen Familienangehörigen) angemessen zu berücksichtigen. Da ein Verfahren vor der Einigungsstelle langwierig und teuer sein kann und der Ausgang zudem wegen der von der Einigungsstelle anzustellenden Ermessenserwägungem ungewiss ist, wird der Arbeitgeber bereits gegenüber dem Betriebsrat sowohl in der Sache selbst als auch in anderen u.U. nicht der Mitbestimmung unterliegenden Angelegenheiten verhandlungs- und kompromissbereit sein.

Das Mitbestimmungsrecht des Betriebsrats ist jedoch – wie bereits ausgeführt[88] – im Fall einer **zwingenden abschließenden gesetzlichen oder tariflichen Regelung** (§ 87 Abs. 1 BetrVG Eingangssatz) gesperrt; denn ein laufender Tarifvertrag, der gemäß § 4 Abs. 1 TVG im Betrieb zwingend gilt, hat Vorrang. Wenn der Arbeitgeber in unserem Beispiel an einen Tarifvertrag gebunden ist, der das Ende der täglichen Arbeitszeit auf spätestens 18.30 Uhr festsetzt, wäre nicht **894**

---

86 BAG v. 14.11.2006 – 1 ABR 5/06 –, AP Nr. 121 zu § 87 BetrVG 1972 Arbeitszeit = NZA 2007, 458.
87 BAG v. 31.8.1982 – 1 ABR 27/80 –, AP Nr. 8 zu § 87 BetrVG 1972 Arbeitszeit m. abl. Anm. *Rath-Glawatz*; Verfassungsbeschwerde nicht angenommen: BVerfG v. 18.12.1985 – 1 BvR 143/83 –, AP Nr. 15 zu § 87 BetrVG 1972 Arbeitszeit.
88 Oben RN 879.

nur eine Betriebsvereinbarung, sondern auch eine mit Arbeitnehmern vertraglich vereinbarte Verlängerung der betrieblichen Arbeitszeit bis 20.00 Uhr eine unzulässige und damit unwirksame Abweichung vom Tarifvertrag (§ 4 Abs. 3 TVG).

(3) Technische Überwachungseinrichtungen

Beispielsfälle

Fall 87: Unternehmer U hat – sehr zur Freude seiner Mitarbeiter – in seiner Verwaltung eine Datenverarbeitungssoftware der jüngsten Generation eingeführt, welche die tägliche Arbeit sehr erleichtert. Da die einzelnen PC's der Arbeitnehmer über einen gemeinsamen Server miteinander verbunden sind, damit jeder auf die Arbeitsergebnisse der Kollegen zugreifen kann, erlaubt diese Software dem U allerdings auch zu erkennen, wann welcher Mitarbeiter welche Arbeitsschritte und Aufgaben erledigt. Der Betriebsrat des U verlangt, auf den Einsatz dieser Software künftig zu verzichten. Zu recht?

Fall 88: B ist als Berufskraftfahrer bei der Spedition der S-GmbH & Co KG (S) beschäftigt. S hat seit Langem damit zu kämpfen, dass einige ihrer Fahrer der Arbeitszeit- und Spesenabrechnung Fahrtrouten zu grunde legen, die deutlich zu lang erscheinen. S möchte deshalb stärkere Kontrollen durchführen und kündigt an, die Angaben der Fahrer zu den zurückgelegten Strecken von den Mitarbeitern der Personalabteilung mit Hilfe eines internetbasierten Routenplaners, etwa desjenigen von Michelin, auf deren Plausibilität zu überprüfen. Der Betriebsrat der S sieht hierin eine „unzulässige Überwachung der Mitarbeiter" und verlangt, bei der Anwendung entsprechender „Kontrollsoftware" im Betrieb beteiligt zu werden. Zu recht?

Fall 89: Das Deutsche Rote Kreuz e. V. (D) betreibt bundesweit einen Blutspendedienst, der aus Werbezwecken und zur Repräsentation auch auf den üblichen sozialen Medien, darunter facebook, vertreten ist. Anlässlich eines Blutspendetermins in Bad Oeynhausen posten zahlreiche Blutspender mittels der bei facebook eingerichteten Kommentarfunktion kritische und auch einzelne Mitarbeiter individuell angreifende Kommentare über das mit den Blutentnahmen betraute Personal des D. Der bei D gebildete Gesamtbetriebsrat verlangt deshalb, die facebook-Seite insgesamt abzuschalten. Mit Erfolg?

---

895 Angesichts der **fortschreitenden Digitalisierung der Arbeitswelt** erweitern sich die Möglichkeiten, Arbeitnehmer zu überwachen, Pflichtverletzungen nicht nur zu erkennen, sondern auch beweissicher zu dokumentieren und damit Kündigungen vorzubereiten, beständig. Vor diesem Hintergrund gewinnt § 87 Abs. 1 Nr. 6 BetrVG, wonach die Einführung und Anwendung von technischen Einrichtungen, die dazu bestimmt sind, das Verhalten oder die Leistung der Arbeitnehmer zu überwachen, der Mitbestimmung unterliegt, **immer größere Bedeutung.** Unglücklicherweise spiegelt der Wortlaut der Vorschrift die tatsächliche Reichweite des Mitbestimmungsrechts kaum noch wider und bedarf der normzweckorientierten Auslegung.

Zu eng gefasst ist der Wortlaut der Norm bereits insoweit, als eine **Bestim-** **896**
mung der technischen Einrichtungen zur Überwachung verlangt wird. Dies
suggeriert, dass es dem Arbeitgeber gerade darauf ankommen muss, dass Gerätschaften oder andere Einrichtungen gerade zur Überwachung der Mitarbeiter
eingesetzt werden. Eine solche subjektive Sichtweise würde allerdings dem
Schutzzweck des § 87 Abs. 1 Nr. 6 BetrVG nicht gerecht, da die Arbeitnehmerinteressen bereits dann gefährdet sind, wenn eine Einrichtung nur aufgrund ihrer
Beschaffenheit objektiv geeignet ist, Beschäftigte zu überwachen. Denn der Arbeitgeber mag, selbst wenn er – wie im Fall 87 – ursprünglich keine Überwachung
intendiert hatte, versucht sein, im Nachhinein auf vorhandene Daten zuzugreifen,
die objektiv eine Überwachung zulassen. Entsprechend kommt es unstreitig für
die Anwendbarkeit des § 87 Abs. 1 Nr. 6 BetrVG nur darauf an, ob eine **technische**
Einrichtung objektiv zur Überwachung der Arbeitnehmer geeignet ist.

Notwendig ist ferner eine **technische**, d. h. nicht primär von einem Menschen **897**
durchgeführte **Überwachung**, weil § 87 Abs. 1 Nr. 6 BetrVG gerade mit Blick auf
deren Persönlichkeitsrechte die Arbeitnehmer vor einer umfänglichen und lü-
ckenlosen Überwachung schützen will: sie sollen nicht zum Objekt einer mit Art. 1
GG kaum zu vereinbarenden, ständigen technischen Kontrolle gemacht werden.
Eine Überwachung allein durch einen vom Arbeitgeber engagierten Privatdetektiv
oder einen Vorgesetzten bleibt demnach mitbestimmungsfrei. Auch der **Einsatz**
einfachster technischer Hilfsmittel, etwa einer Stoppuhr durch den Arbeits-
abläufe überwachenden Vorgesetzten oder einer Kamera durch den Detektiv führt
noch nicht zur Anwendung des § 87 Abs. 1 Nr. 6 BetrVG. Eine technische Überwachung liegt vielmehr nach der bislang herrschenden Sichtweise erst dann vor,
wenn eine automatisierte, technische **Einrichtung den Kern der Überwa-**
chungstätigkeit selbst, d. h. automatisch, ohne Steuerung durch den Menschen,
leistet.[89] Im Fall 88 reicht die Routenplanungssoftware, weil letztlich ein Perso-
nalsachbearbeiter die Reiseberichte der Mitarbeiter mit den Angaben der Software
abgleichen und dafür entsprechende manuelle Eingaben machen muss, noch
nicht, um eine technische Überwachungseinrichtung anzunehmen.[90]

Die soeben dargestellten Grundsätze sind freilich jüngst ins Wanken geraten. **898**
Im Fall 89 hat das BAG ein Mitbestimmungsrecht des (Gesamt-)Betriebsrats im
Ergebnis für social-media-Dienste, wenn diese eine Kommentarfunktion besitzen,

---

[89] Richardi/*Richardi* BetrVG § 87 Rn. 497 f.; s. auch *Fitting*, BetrVG § 87 Rn. 227: „eigenständige
Kontrollwirkung".
[90] Fall nach BAG 10.12.2013 – 1 ABR 43/12 –, AP Nr. 45 zu § 87 BetrVG 1972 Überwachung = NZA
2014, 439.

bejaht.[91] Dass diese Dienste vom Arbeitgeber unabhängig sind und die Äußerungen über die Mitarbeiter von den Kunden stammen, steht der Annahme eines Mitbestimmungsrechts nach traditioneller Sicht nicht entgegen, da die technische Überwachung nicht notwendig vom Arbeitgeber ausgehen muss, solange dieser nur die Möglichkeit besitzt, auf die Resultate zuzugreifen. Bedenklich ist aber, dass hier die technische Einrichtung, die Internetseite, selbst keinerlei Überwachungstätigkeit entfaltet und ohne den menschlichen Input in Gestalt von Postings und Kommentaren nicht auskommt. Das Urteil des BAG birgt – wenn es sich nicht um eine Einzelfallentscheidung handelt – die Gefahr, dass § 87 Abs. 1 Nr. 6 BetrVG konturenlos und auf jede Form der Arbeitnehmerüberwachung anwendbar wird. Näher gelegen hätte, den Schutz der Arbeitnehmer vor derartigen Drittäußerungen über § 75 Abs. 1 und 2 BetrVG zu gewährleisten.

(4) Betriebliche Lohngestaltung

Beispielsfälle

Fall 90: Im Unternehmen der nicht tarifgebundenen U-GmbH & Co KG besteht seit Jahren eine freiwillige Betriebsvereinbarung, die „Sozialprämien" für Familien mit minderjährigen Kindern vorsieht. Die U hatte sich seinerzeit verpflichtet, pro Kind monatlich eine Bruttozulage von 80 € zu zahlen. Mittlerweile erreichen diese Leistungen in der Summe einen solchen Umfang, dass sie für das kriselnde Unternehmen wirtschaftlich nur noch schwer tragbar sind. U erwägt deshalb, die Betriebsvereinbarung zu kündigen und die Zahlungen einzustellen. Der Betriebsrat protestiert gegen diese unabgesprochene Vorgehensweise. Zu recht?

Fall 91 (Abwandlung): Die U-GmbH & Co KG ist wirtschaftlich nach wie vor sehr erfolgreich. Die Geschäftsführung hält das bisherige Zulagensystem aber für „ungerecht" und würde lieber – um kinderreiche Familien verstärkt zu fördern – bei einem insgesamt gleichbleibenden Zulagenvolumen die Zahlungen staffeln (für das erste Kind 50 €, für das zweite Kind 70 €, für das dritte und jedes weitere Kind 100 €). Aus diesem Grund kündigt U die Betriebsvereinbarung; der Betriebsrat verlangt, weil er ganz andere Gerechtigkeitsvorstellungen hat, bei der Neuverteilung beteiligt zu werden. Zu recht?

899　Ein letztes wesentliches erzwingbares Mitbestimmungsrecht besteht in allen Fragen der betrieblichen Lohngestaltung (§ 87 Abs. 1 Nr. 10 BetrVG). Das Mitbestimmungsrecht des Betriebsrats bezieht sich auf die Art und Weise der Lohn-

---

91 Fall nach BAG 13.12.2016 –1 ABR 7/15 –, AP Nr. 47 zu § 87 BetrVG 1972 Überwachung = NZA 2017, 657; zur Kritik *Jacobs/Frieling*, JZ 2017, 961; s. auch *Junker*, Grundkurs, Rn. 751.

bemessung und soll so zur **innerbetrieblichen Lohngerechtigkeit** beitragen.[92] Die endgültige Bestimmung der Lohn**höhe** ist allerdings Aufgabe der Tarifvertrags- und der Arbeitsvertragsparteien. Umfasst sind z. B. die Auswahl des Vergütungssystems (Zeit- oder Akkordlohn), die Aufstellung von Vergütungsgruppen sowie die Auswahl der konkreten Arbeitsbewertungsmethode innerhalb eines Akkordsystems. Die Festsetzung der Akkordsätze fällt dagegen unter den Mitbestimmungstatbestand des § 87 Abs. 1 Nr. 11 BetrVG.

Gegenstand betrieblicher Lohngestaltung i.S. des § 87 Abs. 1 Nr. 10 BetrVG ist **900** auch die Ausschüttung von sog. **freiwilligen Leistungen** des Arbeitgebers wie Gratifikationen, übertariflichen Zulagen, Arbeitnehmerrabatten und betrieblichen Altersruhegeldern. Freiwilligkeit bedeutet in diesem Zusammenhang, dass der Arbeitgeber nicht durch Gesetz oder Tarifvertrag zur Leistung verpflichtet ist, sich aber selbst durch betriebliche Übung, Gesamtzusage oder teilmitbestimmte Betriebsvereinbarung verpflichtet haben kann. Die Emessensausübung bei sog. Billigkeitsvorbehalten i. S. d. § 315 BGB unterliegt hingegen nicht der Mitbestimmung des Betriebsrats.[93] Das erzwingbare Mitbestimmungsrecht erstreckt sich hier ähnlich wie bei betrieblichen Sozialeinrichtungen (vgl. § 87 Abs. 1 Nr. 8 BetrVG einerseits, § 88 Nr. 2 BetrVG andererseits) nur auf die Ausgestaltung der Leistung. Wenn der Arbeitgeber sich etwa entschließt, ein betriebliches Weihnachtsgeld auszuschütten, so ist er nicht nur frei in der Entscheidung, eine solche Leistung zu erbringen, er kann auch allein entscheiden, in welcher Höhe und für welchen Personenkreis (vorbehaltlich des Gleichbehandlungsgebots) er hierfür Mittel zur Verfügung stellen will. Das Mitbestimmungsrecht setzt erst ein, wenn es nicht mehr um das „Ob", den **Zweck** und den **Dotierungsrahmen** der Leistung (den sog. Leistungstopf), sondern um das „Wie" **der Leistung** geht, also um die Festlegung der Verteilungsgrundsätze und des Verteilungsschlüssels. Der Betriebsrat hat dann darüber mitzuentscheiden, ob die Verteilung gleichmäßig pro Kopf oder gestaffelt nach der Dauer der Betriebszugehörigkeit oder in Anlehnung an die Vergütungsgruppen erfolgen soll. Der Arbeitgeber muss sich in diesen Fragen auch auf eine Entscheidung der Einigungsstelle einlassen, wenn er nicht beschließt, die gesamte Ausschüttung doch nicht vorzunehmen.

Schwierigkeiten treten in der Praxis dann auf, wenn eine grundsätzlich mit- **901** bestimmungsfreie Kürzung des Dotierungsrahmens nicht ohne eine mitbestim-

---

92 BAG v. 28. 2. 2006 – 1 ABR 4/05 –, AP Nr. 127 zu § 87 BetrVG 1972 Lohngestaltung = NZA 2006, 1426: Streichung von Leistungen für neu eingestellte Arbeitnehmer.
93 BAG v. 23. 8. 2017 – 10 AZR 136/17, AP Nr. 307 zu § 611 BGB Gratifikation = NZA 2018, 64; vgl. ferner BAG 23. 8. 2017 – 10 AZR 376/16 zu § 611 BGB Gratifikation = NZA 2017, 1595; ebenso wie die zugrunde liegende Rechtsprechung zu den Ermessensvorbehalten an sich höchst zweifelhaft.

mungspflichtige Anpassung der Verteilungsgrundsätze durchführbar ist.[94] Dies ist insbesondere bei der – mit kurzer Dreimonatsfrist (§ 77 Abs. 5 BetrVG) möglichen und keiner sachlichen Rechtfertigungskontrolle unterliegenden – **Kündigung von Betriebsvereinbarungen**, die Zulagen oder sonstige wiederkehrende Leistungen für die Belegschaft vorsehen, problematisch. Grundsätzlich verlieren derartige Vereinbarungen mit der Kündigung ihre Wirkung. Ausnahmsweise wirken sie aber – ähnlich wie Tarifverträge – dann nach, wenn sie über Gegenstände der zwingenden Mitbestimmung geschlossen wurden (§ 77 Abs. 6 BetrVG). So verhält es sich auch in den Beispielsfällen 90 und 91, in denen nach unseren bisherigen Erkenntnissen[95] zwar das „ob" und der „Umfang" der Gewährung von Sozialzulagen[96], nicht aber die Grundsätze der Verteilung des Zulagenvolumens innerhalb der Belegschaft mitbestimmungsfrei sind. Bei der Kündigung solcher teilmitbestimmten Betriebsvereinbarungen differenziert die Rechtsprechung nach der Intention des Arbeitgebers: Soll dessen Leistung insgesamt eingestellt werden (Fall 90), gibt es infolge der Kündigung nichts mehr zu verteilen. Eine Nachwirkung der Betriebsvereinbarung soll dann ausscheiden.[97] Sollen hingegen, bei gleichbleibendem Dotierungsrahmen (Fall 91), nur die Verteilungsgrundsätze geändert werden, wirke die Betriebsvereinbarung hingegen nach mit der Konsequenz, dass der Arbeitgeber eine Neuregelung nur im Zusammenwirken mit dem Betriebsrat erreichen kann. Letztlich drängt dies den Arbeitgeber – den Belegschaftsinteressen zuwider und deshalb zumindest rechtspolitisch fragwürdig – zur Beendigungskündigung derartiger Betriebsvereinbarungen.

b) Personelle Angelegenheiten

902 Die personellen Angelegenheiten (§§ 92–105 BetrVG) seien zunächst in einer **Übersicht** vorgestellt:

---

i – **Allgemeine personelle Angelegenheiten** (§§ 92–95 BetrVG):
  • Personalplanung (§ 92 BetrVG)[98]

---

94 S. hierzu BAG GS v. 3.12.1991 – GS 2/90 –, AP Nr. 51 zu § 87 BetrVG 1972 Lohngestaltung = NZA 1992, 749; ferner BAG v. 17.1.1995 – 1 ABR 19/94 – und v. 22.4. 1997 – 1 ABR 77/96 –, AP Nr. 71 und 88 zu § 87 BetrVG 1972 Lohngestaltung = NZA 1995, 792, und 1997, 1059.
95 Oben RN 888 und 900.
96 BAG v. 30.10.2012 – 1 ABR 61/11, AP Nr. 143 zu § 87 BetrVG 1972 Lohngestaltung = NZA 2013, 522.
97 Vgl. auch BAG v. 5.10. 2010 – 1 ABR 20/09 –, AP Nr. 53 zu § 77 BetrVG 1972 Betriebsvereinbarung = NZA 2011, 598; BAG v. 10.12.2013 – 1 ABR 39/12 –, AP Nr. 144 zu § 87 BetrVG Lohngestaltung = NZA 2014, 1040.
98 Das Initiativrecht des Betriebsrats umfasst auch Vorschläge zur Änderung bisheriger Planungen, BAG v. 8.11.2016 – 1 ABR 64/14, AP Nr. 4 zu § 92 BetrVG 1972 = NZA 2017, 942.

- Beschäftigungssicherung (§ 92a BetrVG)
- Ausschreibung von Arbeitsplätzen (§ 93 BetrVG)
- Personalfragebogen, Beurteilungsgrundsätze (§ 94 BetrVG):
- Auswahlrichtlinien (§ 95 BetrVG)
– **Berufsbildung** (§§ 96 – 98 BetrVG)
– **Personelle Einzelmaßnahmen** (§§ 99 – 105 BetrVG), insbesondere:
  - Einstellung, Ein- und Umgruppierung, Versetzung (§ 99 BetrVG: eingeschränkte Mitbestimmung)
  - ordentliche und außerordentliche Kündigung (§102 BetrVG: Anhörung)
  - *außerordentliche Kündigung von Betriebsratsmitgliedern und anderen Funktionsträgern* sowie deren *Versetzung* gegen ihren Willen (§ 103 BetrVG: Zustimmungserfordernis)

Für die personellen Einzelmaßnahmen i.S. des § 99 BetrVG muss ein **Schwel-** 903
**lenwert von in der Regel mehr als 20 wahlberechtigten Arbeitnehmern im
Unternehmen** (nicht im *Betrieb*) erreicht sein. Von besonderem Interesse sind
diese Einzelmaßnahmen wegen ihrer Verknüpfung mit dem Individualarbeitsrecht, von denen uns die Einstellung und die Versetzung nun näher beschäftigen
werden. Besonders ausgeprägt ist die Verknüpfung bei **Kündigungen**, weshalb
die Beteiligung des Betriebsrats gemäß §§ 102, 103 BetrVG auch bereits vorgestellt
worden ist [99] (beachte: dort besteht für den Betriebsrat kein Schwellenwert).

aa) Gerechtes Einstellungsverfahren

Beispielsfall

Fall 92: Die B-AG betreibt eine Kette von Buchhandlungen. Aufgrund des erheblichen Wettbewerbsdrucks, den insbesondere Internetanbieter entfalten, müssen dringend Personalkosten eingespart werden. Statt der wesentlich teureren, ausgebildeten Buchhändler sollen in den Filialen künftig, wenn Arbeitsplätze frei werden, nur noch Leiharbeitnehmer eingesetzt werden. Als in der Filiale in O zwei Arbeitsplätze aufgrund der Verrentung der bisherigen Stelleninhaber frei werden und B diese auf unbestimmte Zeit mit den vom Zeitarbeitsunternehmen Z überlassenen Verkäufern V und K besetzen möchte, fragt sich der Betriebsrat, wie er diesen Anfängen einer Verdrängung der Stammbelegschaft begegnen kann.

Ein Betriebsrat kann für eine kollektivrechtliche Kontrolle des Einstellungsver- 904
fahrens sorgen – wenn er dieser Aufgabe auch tatsächlich gerecht wird. Von
vornherein auszuschließen ist nämlich keineswegs, dass der Betriebsrat sein Amt
zur Patronage missbraucht, indem er etwa generell für die bevorzugte Beförde-

---

[99] § 6 RN 330, RN 395 ff. und RN 473.

rung interner Bewerber eintritt oder seinerseits die Gewerkschaftszugehörigkeit zu erkunden sucht.

905   Gemäß § 99 Abs. 1 BetrVG muss der Arbeitgeber den Betriebsrat über alle Bewerber, also nicht nur über diejenigen, die er selbst in die engere Wahl zieht,[100] gründlich **unterrichten** und vor der Einstellung die **Zustimmung des Betriebsrats einholen.** Keine Unterrichtungspflicht besteht hinsichtlich des geplanten Arbeitsvertragsinhalts.[101] Nur aus dringenden sachlichen Gründen darf der Arbeitgeber die Maßnahme vorläufig durchführen (vgl. § 100 BetrVG). Diese Verpflichtung besteht zum Schutz der Arbeitnehmer auch bei Personen, die – in den Betrieb eingegliedert – vergleichbar einem Arbeitnehmer tätig werden (z. B. auf Grund eines „Ein-Euro-Jobs"[102], als Rote-Kreuz-Schwestern).[103]

906   Gemäß § 99 Abs. 2 BetrVG darf der Betriebsrat die Zustimmung lediglich **aus den dort genannten Gründen verweigern** (ebenfalls lesen![104]). § 99 Abs. 3 S. 2 BetrVG fingiert die Zustimmung, wenn der Betriebsrat nicht binnen einer Woche schriftlich widerspricht; hierfür muss er gemäß § 99 Abs. 3 S. 1 BetrVG Gründe angeben, die auf ein Zustimmungsverweigerungsrecht hindeuten. Der Betriebsrat darf sich dabei nicht mit einer bloßen Wiederholung des Gesetzeswortlauts begnügen; das BAG verlangt vielmehr die Angabe der einschlägigen Tatsachen, hat aber die Anforderungen zurückgeschraubt, um eine Überforderung des Betriebsrats zu vermeiden.[105] Insofern hat der Betriebsrat bei den genannten personellen Einzelmaßnahmen kein echtes, gleichberechtigtes Mitbestimmungsrecht, sondern nur ein beschränktes Mitbestimmungsrecht, das auch als vorläufiges **Vetorecht** oder **Zustimmungsverweigerungsrecht** bezeichnet wird.

907   Insbesondere kann der Betriebsrat die Zustimmung gemäß **§ 99 Abs. 2 Nr. 1 BetrVG** verweigern, wenn die Einstellung

---

100 BAG v. 6.4.1973–1 ABR 13/72 –, AP Nr. 1 zu § 99 BetrVG 1972 m. Anm. *Wiedemann.*
101 BAG v. 27.10.2010–7 ABR 36/09, AP Nr. 61 zu § 99 BetrVG 1972 Einstellung = NZA 2011, 527.
102 Vgl. BVerwG v. 21.3.2007–6 P 4/06 –, NZA-RR 2007, 499.
103 BAG v. 22.4.1997–1 ABR 74/96 –, AP Nr. 18 zu § 99 BetrVG 1972 = NZA 1997, 1297; ErfK/*Kania* § 99 BetrVG Rn. 7 ff.
104 Zum Verstoß gegen eine Auswahlrichtlinie (Nr. 2) s. bereits § 5 RN 243, zur innerbetrieblichen Ausschreibung (Nr. 5) § 5 RN 225. Zur Modifikation der Zustimmungsverweigerungsgründe durch freiwillige Betriebsvereinbarungen BAG v. 23.8.2016–1 ABR 22/14, AP Nr. 149 zu § 99 BetrVG 1972 = NZA 2017, 194.
105 BAG v. 26.1.1988–1 AZR 531/86 – LS 1, AP Nr. 50 zu § 99 BetrVG 1972 = NZA 1988, 476: „... Nur eine Begründung, die offensichtlich auf keinen der Verweigerungsgründe Bezug nimmt, ist unbeachtlich mit der Folge, daß die Zustimmung als erteilt gilt ...“

„gegen ein Gesetz, eine Verordnung, eine Unfallverhütungsvorschrift oder gegen eine Bestimmung in einem Tarifvertrag oder in einer Betriebsvereinbarung oder gegen eine gerichtliche Entscheidung oder behördliche Anordnung verstoßen würde".

Besonders praxisrelevant ist das Zustimmungsverweigerungsrecht bei der Beschäftigung von Leiharbeitnehmern. Deren Einsatz im Entleiherunternehmen darf nur vorübergehend erfolgen und eine Dauer von achtzehn Monaten nicht überschreiten (§ 1 Abs. 1 S. 4, Abs. 1b AÜG). Ist – wie im Beispielsfall 92 – eine dauerhafte Ersetzung der Stammarbeitskräfte durch überlassene Arbeitnehmer intendiert, stellt dies einen den Betriebsrat zur Zustimmungsverweigerung berechtigenden Gesetzesverstoß dar.[106]

Plander hat dementsprechend seine 1982 erschienene Monographie anschaulich mit „Der Betriebsrat als Hüter des zwingenden Rechts" betitelt. Dabei ist streitig, inwieweit der Betriebsrat zugunsten eines externen Bewerbers intervenieren kann.[107] Nach unserer Ansicht wäre es nicht verständlich, wenn der Betriebsrat sich nicht auf einen Verstoß gegen § 75 BetrVG berufen dürfte, obwohl diese Norm – wie wir gesehen haben – individualrechtlich zugunsten des Bewerbers wirkt.[108] Noch weniger ist einzusehen, dass der Betriebsrat nicht berechtigt sein soll, z. B. eine beabsichtigte Diskriminierung i.S. des AGG schon im Ansatz unter Hinweis auf das gesetzliche Verbot des § 7 Abs. 1 AGG zu vereiteln,[109] selbst wenn kein Anspruch auf Einstellung besteht (§ 15 Abs. 6 AGG). Immerhin hält § 17 Abs. 1 AGG auch den Betriebsrat an, an der Verwirklichung des gesetzlichen Zieles mitzuwirken. Dasselbe muss ferner zumindest dann gelten, wenn der Arbeitgeber die gesetzliche Pflichtquote zur Einstellung von Schwerbehinderten missachtet,[110] zumal § 93 SGB IX (wie auch § 80 Abs. 1 Nr. 4 BetrVG) dem Betriebsrat deren Eingliederung als Aufgabe zuweist und darüber hinaus aus-

908

---

106 BAG v. 30.9.2014 – 1 ABR 79/12 –, AP Nr. 141 zu § 99 BetrVG 1972 = NZA 2015, 240; BAG v. 10.7. 2013 – 7 ABR 91/11 –, AP Nr. 33 zu § 1 AÜG = NZA 2013, 1296; ErfK/Kania § 99 BetrVG Rn. 24.
107 Abl. Hess/Schlochauer/Worzalla/Glock/Nicolai-*Huke*, BetrVG, § 99 Rn. 186. Grundsätzlich bejahend *Richardi/Thüsing*, BetrVG, § 99 Rn. 211 ff. Überdies zu § 99 Abs. 2 Nr. 4 s. *Otto*, Personale Freiheit, S. 22 ff.
108 Vgl. § 5 RN 259; ferner *Otto*, Personale Freiheit, S. 21 f.
109 So aber Hess/Schlochauer/Worzalla/Glock/Nicolai-*Huke*, BetrVG, § 99 Rn. 193; *Richardi/ Thüsing*, BetrVG, § 99 Rn. 217 unter Hinweis auf § 15 Abs. 6 AGG; a.A., wie hier, ErfK/*Kania* § 99 BetrVG Rn. 24.
110 In seinem Beschluss vom 14.11.1989 – 1 ABR 88/88 –, AP Nr. 77 zu § 99 BetrVG 1972 = NZA 1990, 368, geht das BAG noch einen Schritt weiter, indem es ein Zustimmungsverweigerungsrecht unabhängig von der Erfüllung der Pflichtquote bejaht, wenn der Arbeitgeber nicht prüft, ob der freie Arbeitsplatz mit einem Schwerbehinderten besetzt werden kann (§ 164 Abs. 1 S. 1 SGB IX). Zust. *Richardi/Thüsing*, BetrVG, § 99 Rn. 215; abl. Hess/Schlochauer/Worzalla/Glock/Nicolai-*Huke*, BetrVG, § 99 Rn. 189.

drücklich eine Kontrollfunktion zuerkennt. Richtig ist allerdings, dass die Kontrolle nur zum Schutz der Interessen der Belegschaft oder eines benachteiligten Bewerbers ausgeübt werden kann. Deshalb muss die geplante Einstellung selbst gegen ein Gebot oder Verbot verstoßen, nicht nur eine Vertragsklausel.[111]

909   Verweigert der Betriebsrat seine Zustimmung[112] ordnungsgemäß binnen einer Woche, so **kann** der Arbeitgeber gemäß § 99 Abs. 4 BetrVG die **Ersetzung der Zustimmung** beim **Arbeitsgericht** beantragen.[113] Dass der Gesetzgeber den Streit zwischen Arbeitgeber und Betriebsrat über den Verweigerungsgrund als reine Rechtsfrage ansieht, folgt auch daraus, dass die in § 76 BetrVG vorgesehene Einigungsstelle, die nach billigem Ermessen entscheiden soll, nicht vorher einzuschalten ist. Das Arbeitsgericht hat daher keine Zweckmäßigkeitserwägungen anzustellen.

910   Für den Arbeitgeber kann es teuer werden, wenn er die Einstellung ohne die Zustimmung des Betriebsrats oder deren Ersetzung vornimmt. Gemäß § 101 BetrVG kann der Betriebsrat zunächst die **Aufhebung der personellen Maßnahme** verlangen und nach deren Rechtskraft ein **Zwangsgeld** bis zum Höchstmaß von 250 € je Tag der Zuwiderhandlung durchsetzen. Gleichzeitig bleibt der Arbeitgeber – jedenfalls nach ganz herrschender Meinung – vorerst an den Arbeitsvertrag mit dem unerwünschten Bewerber gebunden, weil kollektive Interessen angeblich nur durch die Eingliederung in den Betrieb und die damit verbundene tatsächliche Beschäftigung berührt werden, nicht aber durch den vorangehenden Vertragsschluss.[114] Gleichwohl verlangt das BAG vom Arbeitgeber, dass er den Betriebsrat sogar schon vor Abschluss eines Rahmenvertrages beteiligt, also bevor überhaupt feststeht, ob und wann es wirklich zu einer tatsächlichen Beschäftigung kommt.[115] Letztlich ist dem Arbeitgeber mit einem Vertragspartner, den er nicht beschäftigen darf, selbstverständlich nicht gedient,

---

111 BAG v. 28.3.2000 – 1 ABR 16/99 –, AP Nr. 27 zu § 99 BetrVG 1972 Einstellung = NZA 2000, 1294.

112 § 99 ist insoweit gegenüber einem allgemeinen Unterlassungsanspruch des Betriebsrats lex specialis, BAG v. 23.6.2009 – 1 ABR 23/08, AP Nr. 48 zu § 99 BetrVG 1972 Versetzung = NZA 2009, 1430; vgl. auch BAG v. 25.4.2018 – 7 ABR 30/16, AP Nr. 156 zu § 99 BetrVG 1972 = NZA 2018, 1094.

113 Der Arbeitgeber kann den Antrag aber jederzeit zurückziehen (BAG v. 28.2.2006 – 1 ABR 1/05 –, AP Nr. 51 zu § 99 BetrVG 1972 = NZA 2006, 1178).

114 BAG v. 2.7.1980 – 5 AZR 1241/79 – unter A III 2–4, AP Nr. 9 zu Art. 33 Abs. 2 GG. Vgl. zum Begriff der Einstellung auch *Richardi/Thüsing*, BetrVG, § 99 Rn. 29 ff. m.w.N. Unabhängig von der Frage, ob die fehlende Zustimmung beim Vertragsschluss zu dessen Unwirksamkeit führt, bezieht sich das Zustimmungsverweigerungsrecht nach unserer Auffassung auf den Vertragsschluss *und* die tatsächliche Eingliederung (ebenso z. B. *Fitting*, BetrVG, § 99 Rn. 31 ff.).

115 BAG v. 28.4.1992 – 1 ABR 73/91 –, AP Nr. 98 zu § 99 BetrVG 1972 m. Anm. *Hromadka* = NZA 1992, 1141.

so dass eine Kündigung erfolgen wird. Für die Dauer des Arbeitsverhältnisses steht dem Arbeitnehmer aber ein Entgeltanspruch wegen Annahmeverzugs (§ 615 BGB) zu.[116] Im Übrigen muss einem Bewerber jedenfalls der Vertrauensschaden ersetzt werden, wenn er von dem betriebsinternen Konflikt nichts wusste.

bb) Versetzung

Beispielsfall

Fall 93: B ist seit langen Jahren als Braumeister in der Klosterbrauerei K beschäftigt. Zuletzt war B als Betriebskontrolleur mit Leitungsaufgaben gegenüber den anderen Mitarbeitern tätig. Allerdings war er, mittlerweile kurz vor der Rente, häufiger krank und auch im Übrigen kaum noch in der Lage, die umfangreichen Aufgaben eines Kontrolleurs zu erfüllen, was zu erheblichen Spannungen mit den übrigen Mitarbeitern führt. B soll daher nach dem Willen der K künftig – zugleich mit niedrigerer Vergütung – nur noch als Labormitarbeiter am Hauptsitz der K beschäftigt werden. Da diese Änderung der Arbeitsbedingungen selbstverständlich nicht mehr vom Weisungsrecht der K gedeckt ist, sprach sie gegenüber B eine Änderungskündigung (§ 2 KSchG) aus und beteiligte den Betriebsrat gemäß § 102 BetrVG. Sind damit die Rechte des Betriebsrats ausreichend gewahrt?

Ein bedeutsames und zugleich schwieriges Betätigungsfeld des Betriebsrats ist **911** auch die Versetzung.[117] Nach § 95 Abs. 3 S. 1 BetrVG ist eine Versetzung i.S. des Gesetzes jede „Zuweisung eines anderen Arbeitsbereichs, die voraussichtlich die Dauer von einem Monat überschreitet oder mit einer erheblichen Änderung der Umstände verbunden ist, unter denen die Arbeit zu leisten ist". In einem solchen Fall können **Beteiligungsrechte** zunächst **sowohl auf Seiten des abgebenden als auch des aufnehmenden Betriebs** bestehen.[118] Zudem können die Beteiligungsrechte nach § 99 BetrVG auch neben solche treten, die dem Betriebsrat aus anderen Gründen zustehen. Exemplarisch ist – wie in Fall 93 – die Verbindung einer **Versetzung mit einer Änderungskündigung**.[119] Versäumt es der Arbeitgeber hier – über die Änderungskündigung hinaus – den Betriebsrat auch nach § 99 BetrVG unter dem Gesichtspunkt der Versetzung zu beteiligen, ist sein Verhalten betriebsverfassungswidrig. Für die Beteiligung des Betriebsrats ist es un-

---

116 BAG v. 2.7.1980 – 5 AZR 56/79 – unter II 4 e, AP Nr. 5 zu § 101 BetrVG 1972.
117 BAG v. 23.11.1993 – 1 ABR 38/93 –, AP Nr. 33 zu § 95 BetrVG 1972 = NZA 1994, 718 (Umsetzung von Tag- in Nachtschicht); BAG v. 27.6.2006 – 1 ABR 35/05 –, AP Nr. 47 zu § 95 BetrVG 1972 = NZA 2006, 1289 (keine Versetzung: Verlagerung eines Betriebes um wenige Kilometer).
118 Vgl. nur, auch zu den Besonderheiten unternehmensübergreifender Versetzungen, Richardi/ *Thüsing* BetrVG § 99 Rn. 139 ff.
119 BAG v. 30.9.1993 – 2 AZR 283/93 –, AP Nr. 33 zu § 2 KSchG m. Anm. *Wlotzke* = NZA 1994, 615.

erheblich, ob der Arbeitgeber den Arbeitnehmer kraft des (geänderten) Arbeitsvertrages auf einem anderen Arbeitsplatz einsetzen darf. Der Arbeitgeber muss zu der geplanten Maßnahme sowohl betriebsverfassungsrechtlich als auch individualrechtlich berechtigt sein. Die Beteiligung des Betriebsrats soll den Arbeitnehmer über den Arbeitsvertrag hinaus schützen, wobei der Betriebsrat allerdings einen der in § 99 Abs. 2 BetrVG genannten Gründe für seine Zustimmungsverweigerung haben muss. Selbst wenn die Änderungskündigung wirksam ist, kann der Arbeitgeber die geänderten Arbeitsbedingungen nicht ohne die Zustimmung des Betriebsrats oder deren Ersetzung (§ 99 Abs. 3 oder Abs. 4 BetrVG) durchsetzen, so dass er noch die bisherige Vergütung schuldet (§ 615 BGB), während der Arbeitnehmer die neue Arbeitsleistung verweigern darf.[120]

c) Wirtschaftliche Angelegenheiten

912 Bei den wirtschaftlichen Angelegenheiten (§§ 106 – 113 BetrVG) sei wiederum ein *Überblick* vorangestellt:

- **Unterrichtung in wirtschaftlichen Angelegenheiten** (§§ 106 – 110 BetrVG):
  - des Wirtschaftsausschusses (§§ 106 – 109 BetrVG)
  - ersatzweise des Betriebsrats bei Unternehmensübernahmen (§ 109a BetrVG)[121]
  - der Arbeitnehmer (§ 110 BetrVG)
- **Betriebsänderungen** (§§ 111 – 113 BetrVG)
  - Schwellenwert, Begriff, Unterrichtung und Beratung (§ 111 BetrVG)
  - Interessenausgleich (§ 112 Abs. 1 – 3 BetrVG)
  - Sozialplan (§§ 112, 112a BetrVG)
  - Nachteilsausgleich (§ 113 BetrVG)

Beispielsfälle

Fall 94: Die Galeria Kaufhaus-AG (G) kann seit Jahren keine überzeugenden Bilanzen vorlegen. Um wieder in die Gewinnzone zu kommen, beschließt der Vorstand, das Personal am Standort O von 600 auf 550 Beschäftigte durch betriebsbedingte Kündigungen zu verringern. Der Betriebsrat verlangt, an dieser Entwicklung über sein Beteiligungsrecht bei Kündigungen (§ 102 BetrVG) hinaus beteiligt zu werden.

---

120 BAG v. 30.9.1993 – 2 AZR 283/93 –, (AP Nr. 33 zu § 2 KSchG unter B I 3 e ff.
121 Dazu *Thüsing*, ZIP 2008, 106 ff.

Fall 95: Die K-GmbH (K) fertigt bislang in ihrem Werk in Göttingen hochpreisige Küchen aus Naturholz mit Arbeitsplatten aus Granit und Schiefer. Die Herstellung basiert dabei zu einem ganz erheblichen Teil auf kostenintensiver Handarbeit. Um dem internationalen Kostendruck standhalten zu können, plant die Geschäftsführung der K aufgrund der dortigen niedrigen Lohnkosten, die Produktion in die in der Slowakischen Republik liegende Stadt Nitra zu verlagern. Der Betriebsrat ist strikt gegen diese Pläne und fragt Rechtsanwalt R, welche Beteiligungsrechte ihm zustehen.

Fall 96 (Abwandlung): Auch die zuständige Gewerkschaft G ist strikt gegen die Verlagerungspläne und möchte die Arbeitsplätze in Deutschland erhalten. Sie verlangt von K den Abschluss eines Tarifvertrags in Gestalt eines sog. Tarifsozialplans, der über mögliche Forderungen des Betriebsrats hinaus weitere Abfindungen für die Mitarbeiter und die Finanzierung von Qualifizierungsmaßnahmen für gekündigte Beschäftigte vorsieht. Für den Fall, dass sich K dem Abschluss verweigern sollte, droht G mit Arbeitskampfmaßnahmen. Die K fühlt sich von Betriebsrat und Gewerkschaft in „die Zange genommen" und hält das Vorgehen der G für rechtswidrig. Ist diese Einschätzung zutreffend?

Aus dem Kontext der Mitbestimmung in wirtschaftlichen Angelegenheiten soll 913 uns das Thema **Betriebsänderung** näher beschäftigen. Das Bemühen des Gesetzgebers, Anpassungsprozesse auf Grund wirtschaftlicher Krisen oder infolge wirtschaftlich oder technisch bedingter[122] Umstrukturierungen[123] „sozial abzufedern", aber nicht zu blockieren, macht eine recht komplizierte Regelung erforderlich. Sie gilt allerdings nur in **Unternehmen** mit in der Regel **mehr als 20 wahlberechtigten Arbeitnehmern** (§ 111 S. 1 BetrVG). Um die Belegschaft nicht gerade bei Unternehmensumstrukturierungen und Betriebsschließungen ohne kollektiven Schutz zu lassen, ist für den bestehenden Betriebsrat ein **Übergangs-** bzw. **Restmandat** (§§ 21a und 21b BetrVG) vorgesehen.

aa) Personalabbau als Betriebsänderung

Eine Beteiligung des Betriebsrats setzt auf der **Tatbestandsseite** voraus, dass 914 eine Betriebsänderung im Sinne des § 111 S. 3 Nr. 1 bis 5 BetrVG vorliegt. Die dort genannten Fälle sind häufig selbsterklärend, etwa bei der Einschränkung oder Stilllegung des ganzen Betriebs oder von wesentlichen Betriebsteilen (§ 111 S. 3

---

122 Zum Begriff der Arbeitsmethoden und Fertigungsverfahren i. S. d. § 111 BetrVG, der demjenigen des § 106 Abs. 3 BetrVG entspricht, BAG v. 22.3.2016 – 1 ABR 12/14, AP Nr. 71 zu § 111 BetrVG 1972 = NZA 2016, 894.

123 Ausdrücklich einbezogen ist neben dem Zusammenschluss mit anderen Betrieben auch deren Spaltung (§ 111 S. 3 Nr. 3 BetrVG a.E.). Vgl. dazu §§ 123 ff. Umwandlungsgesetz v. 28.10.1994 (BGBl. I S. 3210), wobei § 134 Abs. 1 UmwG einen besonderen Gläubigerschutz wegen der Rechte aus den §§ 111–113 BetrVG vorsieht.

Nr. 1 BetrVG). Ein Betriebsübergang als solcher gehört allerdings nicht hierher.[124] Eine Betriebsänderung liegt offenkundig vor, wenn der Arbeitgeber nicht nur vorübergehend eine Werkhalle schließt oder ein bedeutsames Fertigungsband abmontieren lässt. Ebenso verhält es sich im Fall 95, der offenkundig unter § 111 S. 3 Nr. 2 BetrVG fällt und eine Verlegung des ganzen Betriebs oder wesentlicher Betriebsteile darstellt.

915   Nicht so einfach ist schon die Streichung einer Schicht in einem Mehrschichtenbetrieb einzuordnen. Vielleicht könnte man von einer grundlegenden Änderung der Betriebsorganisation i.S. von § 111 S. 3 Nr. 4 BetrVG sprechen, obwohl sich äußerlich an den Betriebsanlagen nichts ändert und eine weitere Schicht ohne Änderung der Betriebsanlagen wieder gefahren werden könnte. Verneint man deswegen eine grundlegende Änderung der Betriebsorganisation, so bleibt nur der Rückgriff auf § 111 S. 3 Nr. 1 BetrVG, indem man eine Einschränkung des ganzen Betriebs bejaht.

916   Noch weniger als einheitlicher Vorgang greifbar ist die „Ausdünnung" der Personalstärke (Fall 94). Das BAG hat den **bloßen Personalabbau** gleichwohl frühzeitig – bestätigt durch § 112a BetrVG – als Betriebseinschränkung qualifiziert.[125] Das ist sinnvoll, um den Schutz der Arbeitnehmer nach den §§ 111 ff. BetrVG auch im Dienstleistungssektor zu gewährleisten, wo offenkundige Änderungen der Betriebsanlagen seltener vorkommen als im Bereich der Produktion. Damit nun andererseits in größeren Betrieben nicht schon normale Anpassungen an den wechselnden Bedarf die sogleich zu besprechenden Rechtsfolgen auslösen, hat das BAG in recht freier Rechtsfindung in Anlehnung an die Anzeigepflicht bei „Massenkündigungen" gemäß **§ 17 KSchG**[126] folgende – betriebsbezogene – Zahlenstaffel entwickelt:[127]

- – bei bis zu 59 Beschäftigten mindestens 6 Entlassungen,
- – bei bis zu 499 Beschäftigten 10 % oder mindestens 26 Entlassungen,
- – bei bis zu 599 Beschäftigten mindestens 30 Entlassungen,
- – ab 600 Beschäftigten 5 % Entlassungen.

---

124 BAG v. 31.1.2008 – 8 AZR 1116/06 –, AP Nr. 2 zu § 613a BGB Unterrichtung = NZA 2008, 642.
125 Z. B. BAG v. 22.5.1979 – 1 AZR 848/76 –, AP Nr. 3 zu § 111 BetrVG 1972. In dem Beschl. v. 6.12. 1988 – 1 ABR 47/87 –, AP Nr. 26 zu § 111 BetrVG 1972 = NZA 1989, 557, hat das BAG auch die Ersetzung des betriebseigenen Reinigungsdienstes durch eine Fremdfirma als bloßen Personalabbau bewertet.
126 Dazu § 6 RN 403 ff.
127 BAG v. 2.8.1983 – 1 AZR 516/81 –, AP Nr. 12 zu § 111 BetrVG 1972 = NJW 1984, 1781. Nach BAG v. 9.11.2010 – 1 AZR 708/09 –, AP Nr. 69 zu § 111 BetrVG 1972 = NZA 2011, 466 müssen in Kleinbetrieben mit bis zu 20 Arbeitnehmern ebenfalls mindestens 6 von diesen betroffen sein.

Dies bedeutet für unseren Ausgangsfall 94, dass eine Betriebsänderung vorliegt, weil bei 600 Beschäftigten 50 Arbeitnehmer ihren Arbeitsplatz verlieren sollen und dies mehr als 5 % sind. Mitgezählt werden im Übrigen Arbeitnehmer, die auf Grund eines vom Arbeitgeber veranlassten Aufhebungsvertrages ausscheiden (vgl. § 112a Abs. 1 S. 2 BetrVG) oder deren Eigenkündigung er gezielt herbeiführt.[128]

bb) Rechtsfolgen einer Betriebsänderung

Wir wenden uns nun den Rechtsfolgen zu, die mit der Bejahung einer Betriebs- 917 änderung verbunden sind. Ist eine derartige Betriebsänderung geplant, so hat der Arbeitgeber den Betriebsrat nicht nur rechtzeitig und umfassend zu unterrichten und sich mit ihm zu beraten, sofern der Belegschaft oder wesentlichen Teilen erhebliche Nachteile drohen (§ 111 S. 1 BetrVG). Vielmehr muss er einen **Interessenausgleich** versuchen und über einen – notfalls vor der Einigungsstelle erzwingbaren – **Sozialplan** verhandeln. In Unternehmen mit mehr als 300 Arbeitnehmern kann der Betriebsrat einen Berater hinzuziehen (§ 111 S. 2 BetrVG).

In dem **Interessenausgleich** soll das „Ob" und „Wie" der geplanten Be- 918 triebsänderung festgelegt werden. Bei einem Personalabbau ist eine Einigung über die Modalitäten denkbar, z. B. über den Zeitplan oder den Vorrang von Versetzungen. Einigen sich die Betriebspartner nicht, so sieht das Gesetz ein mehrstufiges Vermittlungsverfahren bis hin zur Einigungsstelle vor, ohne dass diese eine verbindliche Entscheidung treffen könnte (§ 112 Abs. 1–3 BetrVG). Die unternehmerische Entscheidung über die Durchführung der Maßnahme bleibt mit Recht dem Arbeitgeber überlassen.

Damit der Arbeitgeber sich an einen vereinbarten Interessenausgleich hält 919 oder wenigstens einen ernsthaften Einigungsversuch unternimmt, hat der Gesetzgeber als Sanktion den **Nachteilsausgleich** (§ 113 BetrVG) vorgesehen. Dies bedeutet, dass ein von der nicht abgestimmten Maßnahme[129] betroffener Arbeitnehmer wegen seiner Entlassung oder anderer wirtschaftlicher Nachteile eine Abfindung, die anders als die Sozialplananspruche nicht von der finanziellen Leistungsfähigkeit des Arbeitgebers abhängen[130], von bis zu 18 Monatsverdiensten erhalten kann (§ 10 Abs. 2 KSchG).[131] Die betriebsverfassungswidrige Kündi-

---

128 BAG v. 19.7.1995 – 10 AZR 885/94 –, AP Nr. 96 zu § 112 BetrVG 1972 m. Anm. *v. Hoyningen-Huene* = NZA 1996, 271.

129 Mit Durchführung der Maßnahme entsteht der Ausgleichsanspruchs BAG v. 14.4.2015 – 1 AZR 794/13, AP Nr. 56 zu § 113 BetrVG 1972 = NZA 2015, 1147.

130 BAG v. 18.10.2011 – 1 AZR 335/10, AP Nr. 70 zu § 111 BetrVG 1972 = NZA 2012, 221.

131 S. auch BAG v. 7.11.2017 – 1 AZR 186/16, AP Nr. 59 zu § 113 BetrVG 1972 = NZA 2018, 464; *Junker*, Grundkurs, Rn. 794: § 1a Abs. 2 KSchG als Orientierungswert.

gung wird insoweit einer sozialwidrigen Kündigung gleichgestellt.[132] Ansprüche aus einem später vereinbarten Sozialplan sind zu verrechnen.[133] Die kostenträchtige Sanktion führt nicht selten zu erheblichen Verzögerungen auch wirtschaftlich dringend gebotener Betriebsänderungen, weil der Arbeitgeber nach Auffassung des BAG von sich aus die Einigungsstelle einschalten muss, um einen Interessenausgleich versucht zu haben.[134]

920   Anders als der Interessenausgleich ist der **Sozialplan** – eine echte Betriebsvereinbarung besonderer Art[135] – wie erwähnt erzwingbar (§ 112 Abs. 4 BetrVG). In einem Sozialplan werden der Ausgleich oder die Milderung der wirtschaftlichen Nachteile geregelt, die den Arbeitnehmern infolge der Betriebsänderung drohen. Er hat insoweit eine **Überbrückungsfunktion.**[136] Zumeist legt der Sozialplan Abfindungen fest. Daneben ist aber z. B. auch an die Erstattung von Fahrtkosten bei Versetzungen, Umschulungskosten und dergleichen zu denken. Der Arbeitgeber muss die möglichen Sozialplankosten in seine Planungsüberlegungen einbeziehen. Der 1985 eingefügte § 112 Abs. 5 BetrVG hat der **Einigungsstelle** für die Festlegung des Sozialplanvolumens klarere **Richtlinien** gegeben, mit denen der Akzent stärker auf den Ausgleich zukünftiger konkreter Nachteile im Einzelfall gelegt wird. Deshalb kann die Abfindung davon abhängig gemacht werden, dass der Arbeitnehmer kein zumutbares Arbeitsangebot ablehnt.[137] Demgegenüber sind die Abfindungen in der Praxis früher stärker allein nach der Dauer der Betriebszugehörigkeit des Arbeitnehmers, d. h. vergangenheitsorientiert, und dem Alter gestaffelt worden. Mit Recht hat das BAG einen ausschließlich vergangenheitsorientierten Einigungsstellenspruch als ermessensmissbräuchlich beanstandet.[138] Bei einem freiwillig vereinbarten Sozialplan sind die Betriebspartner an diese Vorgaben hingegen nicht gebunden. Nicht zulässig ist in einem Sozialplan – anders als in einem Sozialplan-Tarifvertrag[139] – die Zusage der Zahlung einer Abfindung bei Verzicht auf eine Kündigungsschutzklage („*Turboprämie*").[140]

---

132   Vgl. § 6 RN 449 ff.

133   BAG v. 16.5.2007 – 8 AZR 693/06 –, AP Nr. 64 zu § 111 BetrVG 1972 = NZA 2007, 1296.

134   BAG v. 18.12.1984 – 1 AZR 176/82 –, AP Nr. 11 zu § 113 BetrVG 1972 = NZA 1985, 400.

135   Vgl. BAG v. 27.6.2006 – 1 AZR 322/05 – unter II 1, AP Nr. 180 zu § 112 BetrVG 1972 = NZA 2006, 1238, und zwar ohne die Sperre des § 77 Abs. 3 BetrVG (§ 112 Abs. 1 S. 4 BetrVG).

136   BAG v. 9.12.2014 – 1 AZR 102/13 –, AP Nr. 225 zu § 112 BetrVG 1972 = NZA 2015, 363.

137   Vgl. BAG v. 13.2.2007 – 1 AZR 163/06 –, AP Nr. 185 zu § 112 BetrVG 1972 = NZA 2007, 756.

138   BAG v. 14.9.1994 – 10 ABR 7/94 –, AP Nr. 87 zu § 112 BetrVG 1972 = NZA 1995, 440.

139   Dazu § 10 RN 745.

140   BAG v. 31.5.2005 – 1 AZR 254/04 –, AP Nr. 175 zu § 112 BetrVG 1972 = NZA 2005, 997; wohl aber die Zusage einer Zusatzleistung in einer freiwilligen Betriebsvereinbarung, jedoch nur bei für den Arbeitnehmer erkennbarer Wahlfreiheit (BAG v. 3.5.2006 – 4 AZR 189/05 –, AP Nr. 17 zu § 612a BGB = NZA 2006, 1420).

In der Praxis gewinnt der **Transfersozialplan** immer größere Bedeutung.[141] 921
Er soll an Stelle des „passiven" Abfindungssozialplans – häufig vermittels einer
Übergangsphase in einer sog. **Transfergesellschaft** – den Erwerb eines neuen
Arbeitsplatzes fördern (§ 112 Abs. 5 Nr. 2a BetrVG) und wird von der Bundes-
agentur für Arbeit unterstützt (vgl. §§ 110 ff. SGB III).

Eine Einschränkung der Erzwingbarkeit des Sozialplans sieht § 112a BetrVG 922
für zwei Fallgestaltungen vor. Zum einen sollen echte **Unternehmensneugrün-
dungen** in den ersten vier Jahren nicht mit einem Sozialplan belastet werden.
Zum anderen stellt der Gesetzgeber bei einem **bloßen Personalabbau** ohne
grundlegende organisatorische Änderungen strengere Voraussetzungen für einen
erzwingbaren Sozialplan auf.[142] In Betrieben mit – wie in unserem Ausgangsfall
94 – 600 Arbeitnehmern genügten 50 betroffene Arbeitnehmer nicht; es müssen
10 % bzw. mindestens 60 der regelmäßig beschäftigten Arbeitnehmer betriebsbedingt entlassen werden (§ 112a Abs. 1 S. 1 Nr. 4 BetrVG), während für den Interessenausgleich und die drohende Sanktion des Nachteilsausgleichs nach der
geschilderten Rechtsprechung des BAG unverändert bereits 5 % bzw. 30 der Arbeitnehmer ausreichten.[143] Im Beispielsfall muss der Arbeitgeber deshalb lediglich einen Interessenausgleich versuchen; ein Sozialplan ist nicht erzwingbar.
Damit sollen Betriebsänderungen in Form des bloßen Personalabbaus durch die
Befreiung von der Sozialplanlast privilegiert werden, um die Anpassung des
Personalbedarfs nicht zu sehr zu erschweren und auch zu Neueinstellungen zu
ermuntern. Diese Differenzierung zwischen Interessenausgleich und Sozialplan
ist nicht nur didaktisch schwer zu vermitteln, sondern vor allem den von der
Betriebsänderung betroffenen Arbeitnehmern.

Die gesetzlichen Konturen verschwimmen, wenn in Betriebsvereinbarungen 923
zur **Zukunfts**- bzw. **Standortsicherung** – u.U. mit Zustimmung der Tarifvertragsparteien – in einem Gesamtpaket Regelungen über Vergütungskürzungen,
Kündigungen einerseits, Investitionsentscheidungen und Produktlinien andererseits getroffen werden. Die Kompetenz zu derartigen freiwilligen, jedenfalls nicht
durch Arbeitskampf erzwingbaren, Vereinbarungen wird man aus §§ 111, 112 Abs. 1
BetrVG ableiten können.

Auf der Schnittstelle zwischen dem Betriebsverfassungs- und dem Tarifver- 924
tragsrecht angesiedelt ist die im Beispielsfall 96 angesprochene Frage, ob lediglich die Betriebsparteien berufen sind, die aus Betriebsänderunten resultierenden

---

141 *Fitting*, BetrVG, §§ 112, 112a Rn. 222 ff.
142 BAG v. 28. 3. 2006 – 1 ABR 5/05 –, AP Nr. 12 zu § 112a BetrVG 1972 = NZA 2006, 932.
143 BAG v. 8. 11. 1988 – 1 AZR 687/87 –, AP Nr. 18 zu § 113 BetrVG 1972 = NZA 1989, 278.

Nachteile und deren Ausgleich zu regeln, oder ob auch die Gewerkschaften – notfalls durch Arbeitskampfmaßnahmen – Druck auf den Arbeitgeber ausüben dürfen, um Betriebsänderungen zu verhindern oder zumindest den Abschluss sogenannter Tarifsozialpläne zu erreichen.[144] Den Ausschlag geben muss das generelle Rangverhältnis zwischen der übergeordneten, weil verfassungsrechtlich geschützten Tarifautonomie und der nur einfachgesetzlich gewährleisteten Betriebsautonomie. Aus der in § 112 Abs. 1 S. 4 BetrVG geregelten Ausnahme vom grundsätzlich bestehenden Tarifvorbehalt des § 77 Abs. 3 BetrVG kann daher nicht der Umkehrschluss gezogen werden, dass es in diesem Bereich den Tarifvertragsparteien verwehrt ist, eigenständige Vereinbarungen abzuschließen und zu deren Durchsetzung auch Arbeitskämpfe zu führen.

3. Tendenzbetriebe

Beispielsfall

Fall 97: K ist als Küchenhelfer in der Kantine des Verlagsunternehmens O-KG (O) beschäftigt. O verlegt vor allem die „Neue Osnabrücker Rundschau", die sich als überregionale Tageszeitung mit aktuellen gesellschaftlichen, politischen und wirtschaftlichen Entwicklungen befasst. Dem K soll, weil er sich wiederholt über hygienische Anweisungen hinweggesetzt hat, verhaltensbedingt gekündigt werden. O spricht diese Kündigung ohne vorherige Beteiligung des Betriebsrats aus. K wendet im Kündigungsschutzprozess die fehlende Betriebsanhörung nach § 102 BetrVG ein. Zu recht?

925 Eingeschränkt sind die Beteiligungsrechte in sog. **Tendenzbetrieben** gemäß § 118 Abs. 1 BetrVG. Hierzu zählen Einrichtungen, die unmittelbar und überwiegend politischen, koalitionspolitischen, konfessionellen, karitativen, erzieherischen, wissenschaftlichen, künstlerischen Bestimmungen oder der Berichterstattung bzw. der Meinungsäußerung dienen. Erfasst wird also beispielsweise der Zeitungsverlag mit seiner Druckerei, nicht aber eine reine Lohndruckerei, die jede Art von Druckauftrag gegen Entgelt ausführt.[145] In solchen Betrieben kann der Arbeitgeber die Verhandlungen mit dem Betriebsrat bei Betriebsänderungen auf den Ausgleich und die Milderung der wirtschaftlichen Nachteile beschränken, also auf den **Sozialplan** (§ 118 Abs. 1 S. 2 BetrVG).[146]

144 Ebenso, auch zum Folgenden, BAG v. 6.12.2006 – 4 AZR 798/05 –, AP Nr. 1 zu § 1 TVG Sozialplan = NZA 2007, 821 sowie BAG 24.4.2007 – 1 AZR 252/06 –, AP Nr. 2 zu § 1 TVG Sozialplan = NZA 2007, 987.
145 BAG v. 30.6.1981 – 1 ABR 30/79 –, AP Nr. 20 zu § 118 BetrVG 1972.
146 *Löwisch/Kaiser*, BetrVG, § 118 Rn. 26.

Praktisch noch bedeutsamer ist die – eng auszulegende[147] – **Relativie-** 926
rungsklausel des § 118 Abs. 1 S. 1 BetrVG, wonach die Vorschriften des Gesetzes keine Anwendung finden, „soweit die Eigenart des Unternehmens oder des Betriebs dem entgegensteht". Demgemäß kann der Betriebsrat eine tendenzbedingte Festlegung der Lage der Arbeitszeit, z. B. bei Theaterproben, nicht blockieren (§ 87 Abs. 1 Nr. 2 BetrVG).[148] Auch benötigt der Arbeitgeber für die Einstellung von sog. Tendenzträgern, z. B. Redakteuren, nicht die Zustimmung des Betriebsrats und muss daher kein Zustimmungsersetzungsverfahren gemäß § 99 Abs. 4 BetrVG einleiten, sondern kann sich mit der Anhörung des Betriebsrats begnügen.[149] Andererseits behindert der Einblick des Betriebsrats in die Künstlergagenliste gemäß § 80 Abs. 2 S. 2 BetrVG die Verfolgung der geistig-ideellen Ziele eines Theaters angeblich nicht.[150] Im Fall 97 ist der Arbeitnehmer K aufgrund seiner konkreten Beschäftigung kein Tendenzträger, der besondere Bedeutung für die Verwirklichung des grundrechtlich besonders geschützten Tendenzzwecks des Arbeitgebers hätte (anders etwa bei den Redakteuren der Zeitung). § 118 BetrVG sperrt deshalb das allgemeine Anhörungserfordernis bei Kündigungen (§ 102 BetrVG) nicht. Hört O deshalb den Betriebsrat zur Kündigung des K nicht an, ist dessen Kündigung nach § 102 Abs. 1 S. 3 BetrVG, auch wenn es sich bei O grundsätzlich um ein Tendenzunternehmen handelt, unwirksam.

II. Mitbestimmung auf Unternehmensebene

Die unternehmerische Mitbestimmung wird im Wesentlichen durch die **Entsen-** 927
dung von Arbeitnehmervertretern in den Aufsichtsrat verwirklicht. Um die Bedeutung dieser Mitbestimmung herauszuarbeiten, ist zunächst auf die Aufgaben des Aufsichtsrats einzugehen. Dabei wird vom Recht der Aktiengesellschaft ausgegangen, während auf die Darstellung der Besonderheiten bei anderen Gesellschaftsformen, insbesondere bei der GmbH, verzichtet werden muss. Anschließend sind die Grundstrukturen der verschiedenen, nebeneinander geltenden Mitbestimmungsregelungen darzustellen. Abgerundet wird das Bild durch die kurze Vorstellung möglicher Mitbestimmungsformen in grenzüberschreitend tätigen Unternehmen.

---

147 BVerfG v. 30.4.2015 – 1 BvR 2274/12 –, NZA 2015, 820.
148 BAG v. 4.8.1981 – 1 ABR 106/79 –, AP Nr. 5 zu § 87 BetrVG 1972 Arbeitszeit.
149 BAG v. 1.9.1987 – 1 ABR 22/86 und 23/86 –, AP Nr. 10 und 11 zu § 101 BetrVG 1972 = NZA 1988, 99 und 97.
150 So BAG v. 13.2.2007 – 1 ABR 14/06 –, NZA 2007, 1121.

1. Aufgaben des Aufsichtsrats

928 Zu den Aufgaben des Aufsichtsrats gehört nicht die Leitung der Aktiengesellschaft, die dem Vorstand in eigener Verantwortung obliegt (§ 76 Abs. 1 AktG). Der Vorstand muss den Aufsichtsrat jedoch über bedeutsame Fragen regelmäßig von sich aus informieren (§ 90 AktG). Dessen Tätigkeit erschöpft sich nicht in einer bloßen, allerdings umfassenden Überwachungsfunktion (§ 111 Abs. 1 AktG), sondern er kann die Geschäftsführung personell und sachlich maßgeblich beeinflussen. Folgende Aufgaben und Rechte sind hervorzuheben:

i – Bestellung und Abberufung der Vorstandsmitglieder und der Abschluss ihrer Anstellungsverträge (§§ 84 Abs. 1 und 3, 112 AktG),
   – die vorgeschriebene Zustimmungsbedürftigkeit bestimmter Arten von Geschäften (§§ 111 Abs. 4, 82 Abs. 2 AktG), zu denen vor allem Grundsatzentscheidungen von besonderer wirtschaftlicher Bedeutung gehören werden (z. B. Umstellung der Produktion, Errichtung neuer Betriebe, Erwerb von Beteiligungen, Betriebsstilllegungen),
   – Einberufung der Hauptversammlung zum Wohl der Gesellschaft (§ 111 Abs. 3 AktG),
   – Feststellung des Jahresabschlusses gemeinsam mit dem Vorstand (§ 172 AktG),
   – Einsichts- und Prüfungsrecht bezüglich der Bücher, Schriften und Vermögensgegenstände der Gesellschaft (§ 111 Abs. 2 AktG).

2. Mitbestimmungsmodelle

929 Unser geltendes Recht kennt im Grunde **drei** verschiedene Mitbestimmungsmodelle, die auf folgenden Gesetzen beruhen:

i – dem Montan-Mitbestimmungsgesetz von 1951 (Stichwort: *materielle Parität*),
   – dem Mitbestimmungsgesetz von 1976 (Stichwort: *nominelle Parität*),
   – dem Drittelbeteiligungsgesetz von 2004, das die §§ 76 ff. des bis dahin aufrechterhaltenen BetrVG von 1952 ersetzt hat (Stichwort: *Drittelparität*).

930 Das mehrfach geänderte Mitbestimmungsergänzungsgesetz von 1956, das in Konzernobergesellschaften von abhängigen Montan-Unternehmen ursprünglich eine Mitbestimmung ähnlich dem Montan-Mitbestimmungsgesetz sichern sollte, ist im Lauf der Zeit immer stärker dem Mitbestimmungsgesetz 1976 angenähert worden.[151] Da es zurzeit keinen nennenswerten praktischen Anwendungsbereich mehr besitzt[152], kann es hier vernachlässigt werden, zumal die verschiedenen

151 Ausschußbericht, BT-Drucksache 11/3618 vom 1.12.1988, S. 4.
152 Zur verbleibenden, eher marginalen Bedeutung MünchArbR/*Uffmann* § 379 Rn. 1.

Schritte des Gesetzgebers zur Sicherung des Montan-Modells z.T. gegen den Gleichheitssatz des Art. 3 Abs. 1 GG verstießen[153] und für die Auseinandersetzung um die Unternehmensmitbestimmung allenfalls Symbolwert haben.

a) Montanmitbestimmung

Die Mitbestimmung in der **Montanindustrie** ist ein Kind der Nachkriegszeit. Die 931 alleinige deutsche Verantwortung für Kohle, Eisen und Stahl sollte nicht mit einer Restauration vergangener industrieller Herrschaft verbunden sein. Die mit Mitbestimmungsrechten einhergehende Wiederaufbauleistung der Arbeitnehmer sollte durch die gesetzliche Absicherung der Mitbestimmung anerkannt werden und der soziale Frieden gewahrt bleiben.

Das Montan-MitbestG vom 21.5.1951 gilt für Unternehmen in der Rechtsform 932 der Aktiengesellschaft und der GmbH, die entweder in der Regel **mehr als 1.000 Arbeitnehmer** beschäftigen oder nach alliierter Vorgabe „Einheitsgesellschaften" sind; ihr Tätigkeitsfeld muss grundsätzlich überwiegend den **Bergbau** bzw. die **Eisen- und Stahlerzeugung** betreffen (§ 1 Montan-MitbestG).[154] Im Jahr 2006 waren es 50 Unternehmen.[155] Zur – begrenzten – Sicherung der Montan-Mitbestimmung ist eine Auslauffrist von sechs Geschäftsjahren vorgesehen, wenn die Voraussetzungen entfallen (§ 1 Abs. 3 Montan-MitbestG).

Hauptkennzeichen der Montanmitbestimmung sind die **paritätisch besetz-** 933 **ten Anteilseigner- und Arbeitnehmerbänke** des Aufsichtsrats (§ 4 Abs. 1 Montan-MitbestG), die dem formalen Wahlorgan, der Hauptversammlung der Anteilseigner, einen „**Neutralen**" als weiteres Aufsichtsratsmitglied verbindlich vorschlagen; dieser Vorschlag muss nicht nur von der Aufsichtsratsmehrheit, sondern von der Mehrheit beider Seiten getragen sein (§ 8 Abs. 1 Montan-MitbestG).[156] Bei der Regelzahl von 11 Aufsichtsratsmitgliedern stellen also beide Seiten je fünf „normale" Mitglieder, während der „Neutrale" den Vorsitz übernimmt. Um eine gewisse Objektivierung der Interessenvertretung zu gewährleisten, darf einer der Vertreter der Anteilseigner nicht beruflich oder wirtschaftlich

---

153 BVerfG v. 2.3.1999 – 1 BvL 2/91 –, BVerfGE 99, 367, 397; *Lerche/Pestalozza*, Verfassungsrechtliche Fragen der Montan-Mitbestimmung, Rechtsgutachtliche Stellungnahme, 1988, S. 76 ff.
154 1981 sind Walzwerk- und Gießereierzeugnisse bis hin zum rollenden Eisenbahnmaterial der Eisen- und Stahlerzeugung gleichgestellt worden, um den Fortbestand der Montanmitbestimmung in den noch von ihr erfassten Unternehmen zu sichern (vgl. § 1 Abs. 1 S. 2 und 3 Montan-MitbestG).
155 iwd 35/2006, S. 4 f.
156 Für den – bisher theoretischen – Konfliktfall sieht § 8 Abs. 2 – 4 MontanMitbestG ein kompliziertes Verfahren vor.

von dem Unternehmen oder von einem Arbeitgeberverband abhängig sein (sog. externes Mitglied). Auf Arbeitnehmerseite steht das Vorschlagsrecht bezüglich zwei Arbeitnehmern dem Betriebsrat zu (§ 6 Abs. 1 Montan-MitbestG), für die drei weiteren Arbeitnehmervertreter haben hingegen die Spitzenorganisationen der Gewerkschaften ein Vorschlagsrecht (§ 6 Abs. 3 und 4 Montan-MitbestG). Dabei darf ein (externes) Mitglied wiederum beruflich nicht vom Unternehmen oder von einer Gewerkschaft abhängig sein. Die **starke Stellung der Gewerkschaften** hat einerseits den Vorzug, dass in den Aufsichtsrat Personen mit einer gewissen Unabhängigkeit und überbetrieblicher Erfahrung gelangen können, die eher den Fachleuten auf der Anteilseignerbank und vor allem dem Vorstand gewachsen sind. Die unternehmensfernere Bestimmung kann aber auch zu einer Entfremdung von der Belegschaft und zu einer stärkeren Berücksichtigung allgemeiner gewerkschaftlicher Zielsetzungen führen.

934   Ein weiteres Kennzeichen der Montan-Mitbestimmung ist die gesetzliche Vorgabe, dass das Personalwesen im Vorstand durch ein Mitglied, den **Arbeitsdirektor**, repräsentiert sein muss, und die spezifische Einflussnahme der Arbeitnehmervertreter im Aufsichtsrat auf die Besetzung dieser Position (§ 13 Montan-MitbestG). Der Arbeitsdirektor kann nur mit Zustimmung der Mehrheit der Arbeitnehmerbank bestellt oder abberufen werden.

Übersicht: Das Modell der Montanmitbestimmung

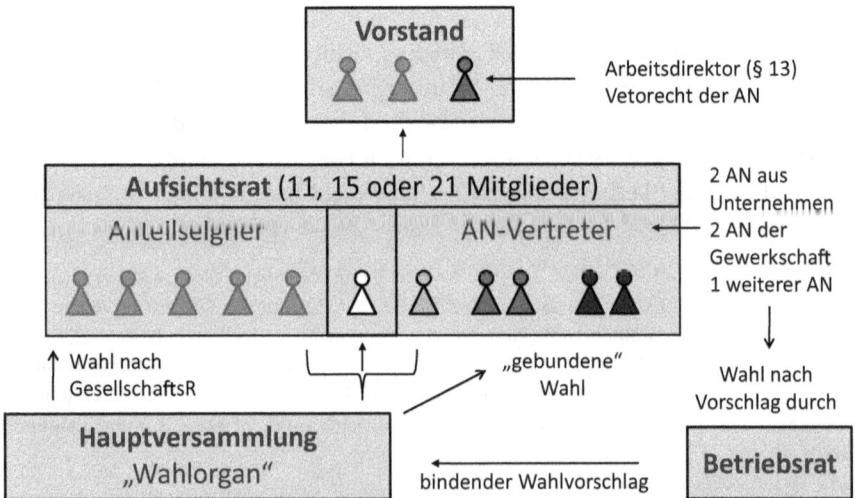

b) Mitbestimmungsgesetz 1976

Außerhalb des Montanbereichs ist vorrangig das Mitbestimmungsgesetz vom 935
4.5.1976 maßgeblich. Gemäß § 1 MitbestG werden Unternehmen erfasst, die

1. in der Rechtsform einer Aktiengesellschaft, einer Kommanditgesellschaft auf Aktien, einer Gesellschaft mit beschränkter Haftung oder einer Genossenschaft betrieben werden und
2. in der Regel **mehr als 2.000 Arbeitnehmer** beschäftigen.

In einem Konzern werden die Arbeitnehmer der beherrschten Unternehmen dem herrschenden Unternehmen zugerechnet (§ 5 MitbestG). Ende 2016 fielen, nach einem beständigen Rückgang in den letzten Jahren, insgesamt noch 641 Unternehmen, darunter 234 AG und 354 GmbH, unter das Mitbestimmungsgesetz.[157]

Ausgenommen bleiben trotz der Beschäftigtenzahl vor allem **Unternehmen** 936 **mit persönlich haftenden Personen**, also der Alleinunternehmer oder die Personengesellschaften (Offene Handels- bzw. Kommanditgesellschaft), weil sich die unbegrenzte und unbeschränkbare persönliche Haftung nicht mit der mitbestimmungsimmanenten Fremdbestimmung verträgt, sowie gemäß § 1 Abs. 4 MitbestG **Tendenzunternehmen.**

Das Mitbestimmungsgesetz bestimmt in § 7, dass der Aufsichtsrat **je zur** 937 **Hälfte von den Anteilseignern und den Arbeitnehmern** besetzt wird. Bei nicht mehr als 10.000 Arbeitnehmern sind z. B. mindestens 12 Aufsichtsratssitze zu besetzen. Unter den sechs Aufsichtsratsmitgliedern der Arbeitnehmerbank müssen sich vier Arbeitnehmer des Unternehmens sowie zwei Vertreter der Gewerkschaften befinden. Vorgeschrieben ist weiter, dass mindestens einer der Arbeitnehmer aus dem Unternehmen **leitender Angestellter** ist (§ 15 Abs. 1 S. 2 MitbestG). Auf den ersten Blick scheint dieses gesetzliche Mitbestimmungsmodell auf **echte Parität** hinauszulaufen, wenn man nur auf die **Zahl der Aufsichtsratssitze** blickt. In den Augen der Gewerkschaften gefährdet der leitende Angestellte ein gemeinsames Handeln der Arbeitnehmerbank, so dass schon deshalb keine echte Parität bestehe. Nach den bisherigen Erfahrungen lässt sich eine Zuordnung des leitenden Angestellten zur Anteilseignerbank nicht feststellen. Richtig dürfte allerdings sein, dass sich leitende Angestellte – möglicherweise schon wegen fehlender oder abweichender Organisationszugehörigkeit – weniger leicht vereinnahmen lassen. Sämtliche Arbeitnehmervertreter, auch die von den Gewerkschaften vorzuschlagenden zwei Mitglieder, müssen sich der unmittelbaren Wahl durch die Arbeitnehmer oder der Wahl durch „Delegierte" stellen.

---

157 Webseite der Hans-Böckler-Stiftung, Rubrik Mitbestimmung – Aufsichtsräte.

938   Für die Machtverteilung im Unternehmen eindeutig relevant sind aber die Modifikationen des an sich für den Aufsichtsrat geltenden Prinzips „one man, one vote". Der **Aufsichtsratsvorsitzende** – nicht sein Stellvertreter – hat nämlich unter bestimmten Voraussetzungen **zwei Stimmen**, so dass er im Konfliktfall den Ausschlag geben kann. Er ist in unserem Beispiel des 12köpfigen Aufsichtsrats der fiktive, aber nicht neutrale „13. Mann" bzw. die „13. Frau". So ist seine zweite Stimme bei einer erneuten Abstimmung über denselben Beratungsgegenstand wegen Stimmengleichheit maßgeblich (§ 29 Abs. 2 MitbestG). Man denke z. B. an die Entscheidung für oder gegen die Produktion eines neuen Automodells bzw. die Verlegung oder Stilllegung eines wirtschaftlich bedeutsamen Betriebs. Auch für die besonders bedeutsame Bestellung der Vorstandsmitglieder und deren Abberufung ist nach einem mehrere Stufen umfassenden Verfahren letztlich die zweite Stimme des Aufsichtsratsvorsitzenden ausschlaggebend (§ 31 MitbestG); dies gilt auch für den im Mitbestimmungsgesetz ebenfalls vorgesehenen, aber mit einer schwächeren Position als in der Montanmitbestimmung ausgestatteten Arbeitsdirektor (§ 33 MitbestG). Deshalb ist die Wahl des Aufsichtsratsvorsitzenden besonders bedeutsam. Für seine Wahl bedarf es im ersten Wahlgang einer 2/3-Mehrheit des gesamten Aufsichtsrats. Wird diese nicht erreicht, wählen im zweiten Wahlgang die **Anteilseignervertreter** den Vorsitzenden, die Arbeitnehmervertreter seinen Stellvertreter je allein (§ 27 MitbestG). Auf diese Weise ist gewährleistet, dass die Anteilseignerseite ihre Auffassung bei der Besetzung des Vorstandes und bei anderen Gegenständen der Beschlussfassung im Konfliktfall durchsetzen kann. Insofern besteht die **Parität** – real betrachtet – nur **nominell.**

939   Im Hinblick auf diese Ausgestaltung der Mitbestimmung hatte eine gegen das Gesetz gerichtete **Verfassungsbeschwerde von Unternehmerseite**, die insbesondere auf die Verletzung des durch Art. 14 GG geschützten Eigentums gestützt war, keinen Erfolg.[158] Wegen des Übergewichts der Anteilseignerseite bevorzugen die Gewerkschaften das Montan-Modell, denn der Neutrale hat dort als 11. Mann in der Praxis kaum je den Ausschlag durch einseitige Stimmabgabe gegeben, sondern auf eine Kompromisslösung gedrängt. Allerdings darf man die Einflussmöglichkeiten der Arbeitnehmervertreter in einem nach dem Mitbestimmungsgesetz gebildeten Aufsichtsrat trotz der gewerkschaftlichen Vorbehalte nicht unterschätzen. Die Arbeit in einem Aufsichtsrat bedarf des wechselseitigen Vertrauens, das bei einer ständigen Ausübung des Doppelstimmrechts durch den Aufsichtsratsvorsitzenden nicht entstehen kann. Insofern verlangt die gesetzliche Konzeption für eine den Interessen des Unternehmens verpflichtete Aufsichts-

---

158 BVerfG v. 1. 3. 1979 – 1 BvR 532, 533/77 u. a. –, BVerfGE 50, 290 ff.; vgl. Mitbestimmung und neue Unternehmenskulturen – Bilanz und Perspektiven (FN 1) S. 44 ff.

ratstätigkeit **faktisch** vor grundlegenden Entscheidungen mehr an Kompromiss- und Diskussionsbereitschaft, als das Gesetz von Rechts wegen zwingend gebietet. Die seit Langem während Debatte[159] um Korrekturen des Gesetzes im Interesse der Anteilseigner hat bislang zu keinen greifbaren Ergebnissen geführt[160]. Umso größer ist das Interesse an der Rechtsform der Europäischen Aktiengesellschaft (SE) mit kleinerem Aufsichtsrat und der Eröffnung von Verhandlungslösungen.[161]

Übersicht: Das Mitbestimmungsmodell nach dem MitbestG 1976

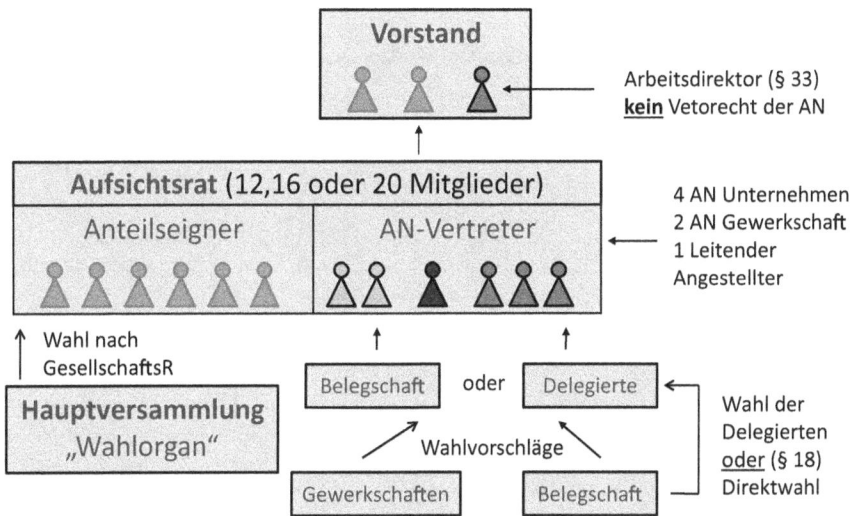

c) Drittelbeteiligungsgesetz

Das letzte Mitbestimmungsmodell ist im Drittelbeteiligungsgesetz geregelt, das 940 nunmehr die §§ 76 ff. des BetrVG von 1952 abgelöst hat. Sein Kennzeichen ist die **„Drittelparität"** im Aufsichtsrat (§ 4 Abs. 1 DrittelbG) und das Fehlen eines Ar-

---

159 Kommission Mitbestimmung von BDA und BDI „Mitbestimmung modernisieren", 11/2004, abrufbar unter bda-online, Suchbegriff: Mitbestimmung; Bitburger Gespräche 2006; 66. DJT Bonn 2006: Unternehmensmitbestimmung vor dem Hintergrund europarechtlicher Entwicklungen; Kommission zur Modernisierung der deutschen Unternehmensmitbestimmung, 12/2006, abrufbar unter REGIERUNGonline, Suchbegriff: Mitbestimmung.
160 Vgl. ArbuR 2006, 356; *Bernhardt*, BB 2007, 381 ff.
161 Unten RN 942 und 943.

beitsdirektors. Es gilt insbesondere für GmbH, Genossenschaften und Aktiengesellschaften, soweit sie – bei Aktiengesellschaften: abgesehen von Altfällen i.S. des § 1 Abs. 1 Nr. 1 S. 2 DrittelbG – regelmäßig **mehr als 500 Arbeitnehmer** beschäftigen und sofern **nicht eine weitergehende Mitbestimmungsregelung eingreift.** Da im Gegensatz zur paritätischen Mitbestimmung verlässliche und kontinuierliche Statistiken fehlen, kann über die praktische Bedeutung dieses Beteiligungsregimes nur spekuliert werden. Die Vorauflage ging für das Jahr 2006 von einer Geltung für ca. 3.500 Unternehmen aus[162]; *Bayer* gelangte hingegen wenig später nur auf knapp 1.500 erfasste Gesellschaften.[163] Angesichts des Stimmenverhältnisses wird die Durchschlagskraft der Arbeitnehmerseite praktisch allein in der Überzeugungskraft der Argumente zu suchen sein.

Übersicht: Das Mitbestimmungsmodell des DrittelbG

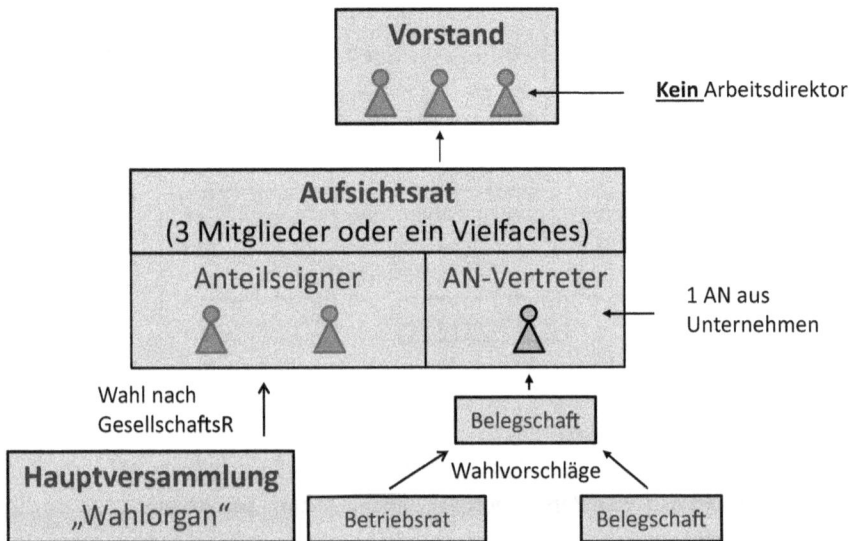

d) Zusammenfassung

941 Als wesentliches **Ergebnis** ist festzuhalten, dass die Arbeitnehmer in den Aufsichtsräten der Unternehmen mit eigener Rechtspersönlichkeit jedenfalls ab einer

---

162 iwd 35/2006, S. 4f.
163 *Bayer*, Drittelbeteiligung in Deutschland, 2009.

Zahl von mehr als 500 Beschäftigten vertreten sind (DrittelbG-Modell: Drittelparität). Stärkeres Gewicht kommt der Arbeitnehmerbank jedoch in der Regel erst in Unternehmen mit mehr als 2.000 Beschäftigten zu (Mitbestimmungsgesetz-Modell: nominelle Parität). Besonders ausgeprägt ist ihre Rechtsstellung nach dem Montan-Modell, weil die Anteilseignerseite hier den Neutralen für sich gewinnen muss, um eine Stimmenmehrheit zu erreichen (materielle Parität). Bei den anderen Unternehmen und Betrieben muss sich die Arbeitnehmerseite mit den Beteiligungsrechten des Betriebsrats in wirtschaftlichen Angelegenheiten[164] begnügen, die sonst zusätzlich zur Mitbestimmung auf Unternehmensebene bestehen.

3. Mitbestimmung in supranationalen Gesellschaften

Nach der Verordnung 2001/2157/EG über das Statut der **Europäischen** [Aktien-] 942 **Gesellschaft** vom 8.10.2001[165] besteht für Unternehmen ab dem 8.10.2004 die Möglichkeit, eine derartige Gesellschaft (**Societas Europaea – SE**) zu gründen.[166] Die Verordnung ist für Deutschland durch das SE-Ausführungsgesetz (SEAG) vom 22.12.2004 konkretisiert worden.[167] Die SE hat den Vorteil, dass sie europaweit agieren kann und die Gründung nationaler Tochtergesellschaften entbehrlich macht. Die Gründung einer SE erfolgt z.B. durch Verschmelzung von zwei Aktiengesellschaften aus mindestens zwei verschiedenen Mitgliedstaaten.[168] Erste „deutsche" SE ist seit dem 13.10.2006 die Allianz SE nach der Verschmelzung der Allianz AG mit der italienischen Riunione Adriatica di Sicurtà S.p.A. Weitere prominente Vertreter sind z.B. die Fresenius SE sowie die Porsche Automobil Holding SE trotz des heftigen Streits über die vereinbarte Besetzung der sechsköpfigen Arbeitnehmerbank mit je drei Vertretern von der Porsche AG und der Volkswagen AG.[169]

Ergänzend zur SE-Verordnung ist eine EG-Richtlinie zur **Beteiligung der** 943 **Arbeitnehmer** vom 8.10.2001 ergangen,[170] die duch das Gesetz über die Beteiligung der Arbeitnehmer in einer Europäischen Gesellschaft (SEBG) vom 22.12. 2004 in deutsches Recht umgesetzt worden ist.[171] Danach wird über Inhalt und

---

164 Vgl. oben RN 912.
165 Abl. EG Nr. L 294 S. 1.
166 *Herfs-Röttgen*, NZA 2001, 424 ff.
167 BGBl. I S. 3675.
168 *Teichmann*, ZGR 2002, 383, 410 ff.
169 Der Spiegel v. 29.10.2007 Nr. 44, S. 108. S. auch Mitbestimmung 12/2007, S. 48 ff.
170 ABl. EG L 294 S. 22.
171 BGBl. I S. 3675, 3686.

Umfang der Beteiligungsrechte der Arbeitnehmer an den Unternehmensentscheidungen und auch auf der betriebsverfassungsrechtlichen Ebene zunächst in einem **besonderen Verhandlungsgremium** gerungen. Hier können Vereinbarungslösungen entwickelt werden, die vom Mitbestimmungsgesetz z.B. hinsichtlich der Zahl der Aufsichtsratsmandate abweichen. Nur wenn diese Verhandlungen scheitern, gelten bestimmte Mindestbedingungen, wie z.B. Unterrichtungs- und Anhörungsrechte. Außerdem gilt das weitestgehende nationale Mitbestimmungsmodell weiter, das vor der Gründung bei einem der beteiligten Unternehmen gegolten hat.[172] Diese Auffangregelung kann dazu führen, dass z.B. in England Gesellschaften mit deutscher Mitbestimmung und in Deutschland Unternehmen ohne Mitbestimmung auf Unternehmensebene bestehen. Ob allerdings eine solche Entwicklung von unterschiedlichen Standards eintritt, bleibt abzuwarten. Langfristig wird eine Angleichung der unterschiedlichen nationalen Regelungen in einem immer mehr zusammenwachsenden Europa unvermeidbar sein.

944　　Eine mit der Mitbestimmung in der SE vergleichbare Konzeption besteht bereits für die **Europäische Genossenschaft.**[173] Dasselbe gilt im Zusammenhang mit der **grenzüberschreitenden Verschmelzung von Kapitalgesellschaften** – ohne Bildung einer SE – vor dem Hintergrund der sog. Fusionsrichtlinie[174], aus der jedoch keine europäische, sondern eine nationale Rechtsform hervorgeht.[175]

4. Europäischer Betriebsrat

945　Für gemeinschaftsweit tätige Unternehmen oder Unternehmensgruppen werden, wenn dort mehr als 1000 Arbeitnehmer insgesamt und in mindestens zwei Mitgliedstaaten der Union jeweils mindestens 150 Mitarbeiter beschäftigt sind (§ 3 Abs. 1 des Gesetzes über Europäische Betriebsräte (EBRG), ursprünglich vom 28.10.1996 [176], neu bekannt gemacht am 7.12.2011[177]) , Europäische Betriebsräte gebildet, und zwar

---

172 *Teichmann,* ZGR 2002, 383, 392ff.

173 *Societas Cooperativa Europaea (SCE),* Verordnung 1435/2003/EG und Richtlinie 2003/72/EG des Rates, jeweils v. 22.7.2003 (Abl. L 207 S. 1 bzw. S. 25).

174 Richtlinie 2005/56/EG v. 26.10.2005 (Abl. L 310 S. 1). Dazu Gesetz zur Umsetzung der Regelungen über die Mitbestimmung der Arbeitnehmer bei einer Verschmelzung von Kapitalgesellschaften aus verschiedenen Mitgliedstaaten v. 21.12.2006 (BGBl. I S. 3322).

175 Dazu *Kisker,* RdA 2006, 206ff.

176 Einzelheiten bei MünchArbR/*Grau* § 354. Das Gesetz eröffnet allerdings viel Spielraum und lässt vor Ablauf der Umsetzungsfrist getroffene freiwillige Regelungen fortbestehen, wenn sie Mindestvoraussetzungen genügen (§ 41); s.auch *Junker,* RdA 2002, 32ff.

177 BGBl. I, 2650.

entweder primär kraft Vereinbarung (§§ 17 ff. EBRG) oder subsidiär kraft Gesetzes (§ 1 EBRG). Hilfsweise kann auch ein anderes Verfahren zur Unterrichtung und Anhörung der Arbeitnehmer (§ 19 EBRG) installiert werden. Derartige Konsultationsverfahren gab es 2009 in Deutschland nach Angaben des BDA in über 1.000 Unternehmen.[178] Überhaupt ist die Bundesrepublik europaweit Spitzenreiter bei der Installation Europäischer Betriebsräte: 2016 existierten hier 224 Unternehmen mit einem solchen Gremium, in Frankreich und dem Vereinigten Königreich hingegen nur 131 bzw. 112 Unternehmen.

Der Begriff „Betriebsrat" ist in diesem Regelungszusammenhang eigentlich **946** verfehlt, weil es nicht um arbeitstechnische Zwecke von Betrieben geht, sondern um wirtschaftliche Angelegenheiten des Unternehmens bzw. in der Regel eines Konzerns. Da der – nach Maßgabe der §§ 21 ff. EBRG zu bildende – EBR die Binnenstruktur nicht berührt, handelt es sich um eine mit der Mitbestimmung auf Unternehmensebene verwandte, aber doch **eigenständige Beteiligungsform.** Der EBR kraft Gesetzes[179] hat bei grenzübergreifenden Angelegenheiten bestimmte Anhörungs- und Unterrichtungsrechte gegenüber der zentralen Leitung des Unternehmens bzw. der Unternehmensgruppe (§§ 29 ff. EBRG). So ist der EBR einmal jährlich über die Entwicklung der Geschäftslage und die Perspektiven zu unterrichten und anzuhören. Hierzu gehören insbesondere die wirtschaftliche Lage, die Beschäftigungslage und ihre voraussichtliche Entwicklung, Investitionsprogramme, Unternehmensverlegungen und Stilllegungen (§ 29 Abs. 2 EBRG). Bei außergewöhnlichen Umständen, die erhebliche Auswirkungen auf die Interessen der Arbeitnehmer haben (z. B. Massenentlassungen), ist er rechtzeitig zu unterrichten und auf Verlangen anzuhören (§ 30 Abs. 1 EBRG). Bei sämtlichen Rechten handelt es sich lediglich um Mitwirkungsrechte; echte Mitbestimmungsrechte bestehen nicht.

---

178 So, auch zum Folgenden, https://www.arbeitgeber.de/www%5Carbeitgeber.nsf/id/DE_Euro paeische_Betriebsraete.
179 Dazu MünchArbR/*Grau* § 356.

Stichwortverzeichnis

https://doi.org/10.1515/9783110285826-005

www.ingramcontent.com/pod-product-compliance
Lightning Source LLC
Chambersburg PA
CBHW020856210326

41598CB00018B/1686